MAX-PLANCK-INSTITUT
FÜR AUSLÄNDISCHES ÖFFENTLICHES RECHT
UND VÖLKERRECHT

Beiträge zum ausländischen öffentlichen Recht und Völkerrecht

Begründet von Viktor Bruns

Herausgegeben von
Armin von Bogdandy · Anne Peters

Band 256

Christopher Peters

Praxis Internationaler Organisationen – Vertragswandel und völkerrechtlicher Ordnungsrahmen

Subsequent Practice of International Organizations

(English Summary)

Springer

ISSN 0172-4770 ISSN 2197-7135 (electronic)
Beiträge zum ausländischen öffentlichen Recht und Völkerrecht
ISBN 978-3-662-49645-9 ISBN 978-3-662-49646-6 (eBook)
DOI 10.1007/978-3-662-49646-6

Die Deutsche Nationalbibliothek verzeichnet diese Publikation in der Deutschen Nationalbibliografie; detaillierte bibliografische Daten sind im Internet über http://dnb.d-nb.de abrufbar.

Springer

Gedruckt auf säurefreiem und chlorfrei gebleichtem Papier

Springer ist Teil von Springer Nature
Die eingetragene Gesellschaft ist Springer-Verlag GmbH Berlin Heidelberg

Meinen Eltern

Vorwort

Diese Arbeit ist im Wesentlichen zwischen April 2009 und Mai 2012 an der Juristischen Fakultät der Humboldt-Universität zu Berlin entstanden. Sie wurde im Rahmen des DFG-Graduiertenkollegs „Verfassung jenseits des Staates: Von der europäischen zur globalen Rechtsgemeinschaft?“ sowie während meiner Beschäftigung als wissenschaftlicher Mitarbeiter am Lehrstuhl für Öffentliches Recht, Völkerrecht und Europarecht von Prof. Dr. Georg Nolte angefertigt. Vorarbeiten zum dritten Teil konnte ich begleitend zu meiner sechsmonatigen Tätigkeit als *Research Assistant* in der Rechtsabteilung des Sekretariats der Vereinten Nationen in New York 2010/11 leisten. Die Arbeit wurde nach ihrer Einreichung am 14. März 2013 und der mündlichen Prüfung am 22. September 2014 mit der Note *summa cum laude* bewertet. Sie wurde mit einem Promotionspreis der Absolventen und Freunde der Juristischen Fakultät der Humboldt-Universität zu Berlin – Bibliotheksgesellschaft – e.V. ausgezeichnet. Literatur, Rechtsprechung und Beschlüsse Internationaler Organisationen konnten bis einschließlich November 2014 berücksichtigt werden. Die wesentlichen Anregungen und Kritikpunkte aus den Gutachten wurden aufgenommen. Die Arbeit spiegelt lediglich die Meinung des Verfassers wider.

Während der Bearbeitungszeit sind zwei Aufsätze erschienen, in denen ich wichtige Gedanken, auf denen diese Dissertation mit beruht, schon vorab formulieren konnte. Es handelt sich um „Subsequent Practice and Established Practice of International Organizations: Two Sides of the Same Coin?“ im Göttingen Journal of International Law, Vol. 3, No. 2 (2011) sowie „Informelle Anpassungsmechanismen der Gründungsverträge Internationaler Organisationen und ihre Bedeutung für die Konstitutionalisierung des Völkerrechts“ im Sammelband Pernice/Müller/Peters (Hrsg.), „Konstitutionalisierung jenseits des Staates: Zur Verfassung der Weltgemeinschaft und den Gründungsverträgen internationaler Organisationen“, Baden-Baden 2012.

Ganz besonderen Dank schulde ich Prof. Dr. Georg Nolte für entscheidende thematische Impulse, seine vorbildliche Betreuung und Unterstützung über reine Fragen der Dissertation hinaus sowie dafür, dass er trotz seiner anspruchsvollen Tätigkeit in der Völkerrechtskommission der Vereinten Nationen und seiner weiteren Verpflichtungen immer Zeit für ein Gespräch hatte.

Weiterhin möchte ich Prof. Dr. Dr. h.c. Ingolf Pernice für die Begleitung des Graduiertenkollegs und für die Erstellung des Zweitgutachtens danken. Ohne das Kolleg wäre die Arbeit sicher nicht dieselbe: Ich verdanke ihm und damit auch der Deutschen Forschungsgemeinschaft die Möglichkeit, sechs Monate in New York praktisch zu arbeiten und zu forschen. Hinzu kommen wertvolle inhaltliche Anregungen durch das Gastvortragsprogramm und die Diskussionen meiner Fortschrittsberichte sowie die Gelegenheit, einen Workshop inhaltlich mitzugestalten. Vor allem aber durfte ich in interdisziplinärer Atmosphäre mit großartigen Kollegen zusammenarbeiten, von denen einige gute Freunde geworden sind. Sie alle aufzuzählen, fehlt mir leider der Raum. Besonders danken möchte ich aber Manuel Müller, der auch so freundlich war, mich bei der Korrektur meiner Arbeit zu unterstützen. Auch den Koordinatoren gebührt große Anerkennung für ihre Betreuung; wertvolle Hinweise stammen insbesondere von Dr. Ann-Katrin Kaufhold. Unter den Trägern möchte ich mich vor allem bei Prof. Dr. Dr. h.c. Christian Tomuschat bedanken, der den Vorsitz der Prüfungskommission übernahm, und bei Prof. Dr. Susanne Baer, von der ich in einem Modulworkshop des Kollegs viel über Verfassungsvergleichung lernen konnte.

Prof. Dr. Armin von Bogdandy und Prof. Dr. Anne Peters gebührt besonderer Dank wegen ihrer schnellen Entscheidung, die Arbeit in die renommierte „Schwarze Reihe“ des Heidelberger Max-Planck-Instituts für ausländisches öffentliches Recht und Völkerrecht aufzunehmen, durch die ich mich sehr geehrt fühle. Ebenfalls dankbar bin ich Dr. Jan Bonhage, Partner bei Hengeler Mueller Rechtsanwälte, der es mir ermöglichte, die Aktualisierung der Arbeit vorzunehmen und gleichzeitig einer anspruchsvollen beruflichen Tätigkeit nachzugehen.

Der Studienstiftung des deutschen Volkes schulde ich außerordentlich viel. Sie unterstützte nicht nur mein Studium, sondern förderte auch mein Promotionsvorhaben ideell. Zu erwähnen sind insbesondere die Doktorandenforen, in denen ich meine Arbeit einem geneigten, aber dennoch auf konstruktive Weise kritischen Publikum vortragen konnte. Für Beratung im Vorfeld meiner Dissertation schulde ich Marius Spiecker gen. Döhmann, meinem ehemaligen Referenten bei der Studienstiftung, seiner Frau Prof. Dr. Indra Spiecker sowie Prof. Dr. Oliver Dörr, meinem ehemaligen Vertrauensdozenten, großen Dank. Gleiches gilt für Prof. Dr. Matthias Ruffert, der mir im Rahmen meines Auswahlgesprächs für die ideelle Promotionsförderung wertvolle Anregungen gab.

Keinesfalls vergessen möchte ich meine ehemaligen Kollegen am Lehrstuhl von Prof. Dr. Nolte: Dr. Heiko Meiertöns und Dr. Isabelle Ley verdanke ich wertvolle Hinweise und Ratschläge. Christian Djeffal und Dr. Helmut Aust haben mich darüber hinaus dankenswerterweise bei der Überprüfung von Teilen der Arbeit fachkundig unterstützt. Bei den Vereinten Nationen möchte ich ganz besonders meinem Supervisor Gionata Buzzini für die gute Zusammenarbeit und die inspirierenden Gespräche danken.

Weiterhin möchte ich meiner Verlobten Gunthild Storeck meinen Dank aussprechen, die mich durch die letzte Phase meiner Arbeit begleitet und wesentliche Teile zu Korrekturzwecken gelesen hat. Schließlich und endlich hätte ich ohne die Unterstützung meiner Eltern Angelika und Manfred nicht erfolgreich studieren und promovieren können; und das ist bei Weitem nicht alles, was ich ihnen verdanke. Ihnen möchte ich diese Arbeit widmen.

Berlin im März 2015 Christopher Peters

Gliederung

Inhaltsverzeichnis

F. Fünfter Teil: Zusammenfassung, Rechtsvergleichung und Ausblick 393

Abkürzungsverzeichnis

a.A.	anderer Ansicht
a.E.	am Ende
a.F.	alte Fassung
ACABQ	Advisory Committee on Administrative and Budgetary Questions
ACC	Administrative Committee on Coordination
AEUV	Vertrag über die Arbeitsweise der Europäischen Union
AFDI	Annuaire Français de Droit International
AJIL	American Journal of International Law
APuZ	Aus Politik und Zeitgeschichte
ASIL Proc.	Proceedings of the American Society of International Law
AU	Afrikanische Union
Aufl.	Auflage
AVR	Archiv des Völkerrechts
Bd.	Band
BDGVR	Berichte der Deutschen Gesellschaft für Völkerrecht
BGBl.	Bundesgesetzblatt
BIT	Bilateral Investment Treaty
BRT	Bruttoregistertonnen
BVerfGE	Entscheidungen des Bundesverfassungsgerichts
BYIL	British Yearbook of International Law
CAN	Comunidad Andina de Naciones
CCM	Comisión de Comercio del MERCOSUR
CEB	United Nations System Chief Executives Board for Coordination
CEPS	Center for European Policy Studies
CMC	Consejo del Mercado Común
CMLR	Common Market Law Review

COP	Conference of the Parties
CSSR	Tschechoslowakische Sozialistische Republik
DESA	Department of Economic and Social Affairs
Doc.	Document
DÖV	Die öffentliche Verwaltung
DPRK	Democratic People's Republic of Korea
DSU	Dispute Settlement Understanding
ECOSOC	Economic and Social Council
EG	Europäische Gemeinschaft
EGKS	Europäische Gemeinschaft für Kohle und Stahl
EGMR	Europäischer Gerichtshof für Menschenrechte
EGV	Vertrag zur Gründung der Europäischen Gemeinschaft
EJIL	European Journal of International Law
EJLS	European Journal of Legal Studies
EL.	Ergänzungslieferung
EMRK	Europäische Menschenrechtskonvention
EPC	European Policy Center
EPIL	Encyclopedia of Public International Law
ES	Emergency Special Session
ESC Res.	Economic and Social Council Resolution
EU	Europäische Union
EuGH	Europäischer Gerichtshof
EuR	Europarecht
EUV	Vertrag über die Europäische Union
EuZW	Europäische Zeitschrift für Wirtschaftsrecht
EWG	Europäische Wirtschaftsgemeinschaft
EWGV	Vertrag über die Europäische Wirtschaftsgemeinschaft
FAO	Food and Agriculture Organization
FAZ	Frankfurter Allgemeine Zeitung
Fn.	Fußnote
FS	Festschrift
FW	Friedens-Warte
GA Res.	General Assembly Resolution

GASP	Gemeinsame Außen- und Sicherheitspolitik
GATT	General Agreement on Tariffs and Trade
GC	General Conference
GG	Grundgesetz
GLJ	German Law Journal
GMC	Grupo Mercado Común
GoJIL	Göttingen Journal of International Law
GYIL	German Yearbook of International Law
h.L.	herrschende Lehre
h.M.	herrschende Meinung
i.S.d.	im Sinne des/der
i.V.m.	in Verbindung mit
IAEA	International Atomic Energy Agency
ICAO	International Civil Aviation Organization
ICJ Reports	International Court of Justice – Reports of Judgments, Advisory Opinions and Orders
ICLQ	International and Comparative Law Quarterly
ICLR	International Community Law Review
ICON	International Journal of Constitutional Law
ICTY	International Criminal Tribunal for the former Yugoslavia
IFC	International Finance Corporation
IGH	Internationaler Gerichtshof
IGO	Intergovernmental Organization
IJIL	Indian Journal of International Law
IKRK	Internationales Komitee vom Roten Kreuz
ILC	International Law Commission
ILO	International Labour Organization
IMCO	Inter-Governmental Maritime Consultative Organization
IMO	International Maritime Organization
IOC	International Olympic Committee
IOLR	International Organizations Law Review

IPBürgR	Internationaler Pakt über bürgerliche und politische Rechte
IPU	Inter-Parlamentarische Union
ISBA	International Seabed Authority
IStGH	Internationaler Strafgerichtshof
ITLOS	International Tribunal for the Law of the Sea
IUCN	International Union for Conservation of Nature
IWF	Internationaler Währungsfonds
JZ	JuristenZeitung
KJ	Kritische Justiz
KSZE	Konferenz für Sicherheit und Zusammenarbeit in Europa
LKV	Landes- und Kommunalverwaltung
MERCOSUR	Mercado Común del Sur
MPEPIL	Max Planck Encyclopedia of Public International Law
n.F.	neue Fassung
NATO	North Atlantic Treaty Organization
NGO	Non-Governmental Organization
NILR	Netherlands International Law Review
NJW	Neue Juristische Wochenschrift
NordJIL	Nordic Journal of International Law
NVwZ	Neue Zeitschrift für Verwaltungsrecht
NY Times	New York Times
NYIL	Netherlands Yearbook of International Law
NZWehrR	Neue Zeitschrift für Wehrrecht
OAS	Organisation Amerikanischer Staaten
ONUC	Opération des Nations Unies au Congo
OP	Operative Paragraph
OPCW	Organisation for the Prohibition of Chemical Weapons
OSZE	Organisation für Sicherheit und Zusammenarbeit in Europa
PAL	Pakt der Liga der Arabischen Staaten
PCIJ Series A	Collection of Judgments – Publications of the Permanent Court of International Justice

PCIJ Series B	Collection of Advisory Opinions – Publications of the Permanent Court of International Justice
PLO	Palestine Liberation Organization
PO	Protocolo de Olivos
POP	Protocolo de Ouro Preto
PRGF	Poverty Reduction and Growth Facility
R2P	Responsibility to Protect
RdC	Recueil des Cours
RGDIP	Revue Générale de Droit International Public
Rn.	Randnummer
RuP	Recht und Politik
SC Res.	Security Council Resolution
StIGH	Ständiger Internationaler Gerichtshof
STL	Special Tribunal for Lebanon
SVN	Satzung der Vereinten Nationen/UN-Charta
TA	Tratado de Asunción
TPR	Tribunal Permanente de Revisión del MERCOSUR
UN	United Nations
UNAT	United Nations Administrative Tribunal
UNCIO	United Nations Conference on International Organization
UNEF	United Nations Emergency Force
UNEP	United Nations Environment Programme
UNESCO	United Nations Educational, Scientific and Cultural Organization
UNFCCC	United Nations Framework Convention on Climate Change
UNHCR	United Nations High Commissioner for Refugees
UNO	United Nations Organization
UNOCI	United Nations Operation in Côte d'Ivoire
UNRIAA	United Nations Reports of International Arbitral Awards
UNTC	United Nations Treaty Collection
UNTS	United Nations Treaty Series

v.	vom
VN	Vereinte Nationen
VO	Verordnung
WEU	Westeuropäische Union
WHA	World Health Assembly
WHO	World Health Organization
WMO	World Meteorological Organization
WTO	World Trade Organization
WVK	Wiener Übereinkommen über das Recht der Verträge
WVKIO	Wiener Übereinkommen über das Recht der Verträge zwischen Staaten und Internationalen Organisationen oder zwischen Internationalen Organisationen
YBILC	Yearbook of the International Law Commission
ZaöRV	Zeitschrift für ausländisches öffentliches Recht und Völkerrecht
ZG	Zeitschrift für Gesetzgebung
ZÖR	Zeitschrift für Öffentliches Recht

A. Einführung: Die (spätere) Praxis Internationaler Organisationen – Theorie, Empirie und Rechtsvergleichung

Völkerrechtliche Verträge unterliegen im Laufe der Zeit beträchtlichen Wandlungen. Die Dynamik der internationalen Beziehungen und die rasante soziale, ökonomische und technologische Entwicklung auf regionaler wie globaler Ebene setzen sie unter einen erheblichen Anpassungsdruck.[1] Jüngere Entwicklungen wie das wiederholte Aufkeimen des internationalen Terrorismus, die Finanz- und Wirtschaftskrise und die Beschleunigung des Klimawandels illustrieren dies aufs Neue. Teilweise wird darauf mit der Schaffung neuer Vertragsregime reagiert, häufig müssen jedoch bereits bestehende Verträge den gewandelten Anforderungen angepasst werden. Dies geschieht allerdings nicht immer durch formelle Vertragsänderungsverfahren,[2] was damit zusammenhängen mag, dass diesen komplexen Verfahren oft langwierige Verhandlungen vorausgehen und sie meist das ausdrückliche Einvernehmen aller oder einer großen Mehrheit der Vertragsparteien inklusive innerstaatlicher Zustimmungsverfahren erforderlich machen. Häufig werden Verträge auf informellem Wege adaptiert.

Für solche informellen Anpassungen gibt es zwei Wege: zum einen die Auslegung, zum anderen die – schwer davon abzugrenzende – informelle Änderung. Ein im Völkerrecht allgemein anerkanntes – aber oftmals nicht mit der gebotenen Aufmerksamkeit behandeltes – Mittel zu diesem Zweck ist die spätere Praxis der Vertragsparteien,[3] auf Englisch

---

[1] Vgl. Helmersen, Evolutive Treaty Interpretation, EJLS 6 (2013), 127, 129 f.

[2] So wurde z. B. die UN-Charta während ihrer gesamten Lebensdauer nur dreimal formell abgeändert: Witschel, in: Simma u. a. (Hrsg.), The Charter of the United Nations, 3. Aufl., Bd. 2, 2012, Art. 108 Rn. 43 ff.

[3] Die nicht-authentische deutsche Fassung der WVK (BGBl. 1985 II, S. 926) spricht von späterer Übung, aber zum Zwecke der besseren Anpassung an die amtliche englische Fassung und der besseren Eingängigkeit soll folgend der Begriff spätere Praxis verwendet werden.

subsequent practice. Vereinfacht beruht sie auf dem Grundgedanken, dass es den Vertragsparteien in ihrer Eigenschaft als Rechtssetzer überlassen bleiben muss, über das von ihnen geschaffene Regelwerk im Nachhinein auch informell durch ihre einhellige Anwendungspraxis zu disponieren. Für den Zweck der besseren Verständlichkeit dieser Einleitung soll spätere Praxis vorläufig definiert werden als *konsistente, vertragsbezügliche Handlungen oder Unterlassungen der Vertragsparteien oder von (Vertrags-)organen auf internationaler Ebene, welche die gemeinsamen Vorstellungen der Parteien über die Auslegung oder den Inhalt des Vertrags widerspiegeln.*[4] Als Auslegungsmethode ist die spätere Praxis in Art. 31 Abs. 3 lit. b WVK niedergelegt, als Grundlage einer Vertragsänderung ist sie nach wohl h.M. völkergewohnheitsrechtlich verankert, wobei über Voraussetzungen, Reichweite und Rechtsnatur Uneinigkeit besteht.[5] Diese Uneinigkeit ist nicht zuletzt darauf zurückzuführen, dass eine Praxis, welche die Grenzen der Auslegung überschreitet, *prima facie* als vertragswidrig gelten müsste.

Spätere Praxis weist ein beträchtliches Potenzial zur Fortentwicklung völkerrechtlicher Verträge auf, sie muss jedoch Grenzen haben. Das wird durch eine Bemerkung von *Ress* illustriert: „Die Vertragsidentität ist schwer eingrenzbar, wenn die Fortbildungsmöglichkeiten durch Parteikonsens und nachfolgende Praxis als nahezu unbegrenzt angesehen werden, also der ‚Vertrag auf Räder' gesetzt wird."[6] *Subsequent practice* steht nämlich in einem ausgeprägten Spannungsverhältnis zu zwei wesentlichen Konzepten, die jeder Rechtsordnung, so auch dem Völkerrecht, zu eigen sind: Legitimation[7] und Rechtssicherheit[8] als Teil der

---

[4] Vgl. u. a. Karl, Vertrag und spätere Praxis im Völkerrecht, 1983, S. 111 ff.; eine ausführlichere Herleitung dieser Definition wird auf diese Einleitung folgen, siehe unten, B. I.

[5] Statt vieler ebd., S. 245 ff.

[6] Ress, Verfassungsrechtliche Auswirkungen der Fortentwicklung völkerrechtlicher Verträge, in: Fürst u. a. (Hrsg.), FS Zeidler, Bd. 2, 1987, S. 1775, 1779.

[7] Kadelbach, in: Simma u. a. (Hrsg.), The Charter of the United Nations, 3. Aufl., Bd. 1, 2012, Interpretation Rn. 37; Kadelbach, Domestic Constitutional Concerns with Respect to the Use of Subsequent Agreements and Practice at the International Level, in: Nolte (Hrsg.), Treaties and Subsequent Practice, 2013, S. 145, 150 ff.; A. Peters, Das Gründungsdokument internationaler Organisationen als Verfassungsvertrag, ZÖR 68 (2013), 1, 50, 53; Wuerth, Treaty

rule of law.[9] So spenden formelle Änderungsverfahren einer Vertragsänderung angesichts ihrer Transparenz und der innerstaatlichen Zustimmung – in demokratisch verfassten Staaten durch die Volksvertretung – Legitimität, die informellen Modifikationen fehlt.[10] Gleichzeitig schadet es der Rechtssicherheit bzw. der *rule of law*, wenn der Wortlaut der Verträge nicht mehr in ausreichendem Maße ihren Inhalt widerspiegelt und stattdessen Regeln Anwendung finden, die allenfalls dezentral und in den seltensten Fällen allgemein zugänglich niedergeschrieben worden sind.[11]

Der Schwerpunkt der Arbeit liegt allerdings nicht beim vertragsrechtlichen Institut der späteren Praxis allgemein,[12] sondern speziell auf dem Einfluss, den dieses Phänomen auf die Gründungsverträge Internationaler Organisationen ausübt. Die Existenz von Organen macht eine Untersuchung der Praxis Internationaler Organisationen zu einem besonders vielversprechenden Unterfangen. Sie wenden die Gründungsverträge ihrer Organisation auf täglicher Basis an und sind häufig mit Fragen ihrer Auslegung konfrontiert, die sie oftmals selbstständig lösen (müssen).[13] Es stellt sich die Frage nach der Bedeutung dieser Praxis. Ist sie z. B. bei Plenarorganen, in denen alle Mitglieder vertreten sind, mit der späteren Praxis der Mitgliedstaaten gleichzusetzen? Was gilt für die Praxis von Organen mit beschränkter Mitgliedschaft? Kann sie von den anderen Staaten konkludent oder sogar stillschweigend gebilligt werden? Was geschieht mit Organpraxis, die nicht einstimmig ist oder auf

---

Interpretation, Subsequent Agreements and Practice, and Domestic Constitutions, in: Nolte (Hrsg.), Treaties and Subsequent Practice, 2013, S. 154.

8 A. Peters, Das Gründungsdokument internationaler Organisationen als Verfassungsvertrag, ZÖR 68 (2013), 1, 50 f.

9 Vgl. Nolte, Treaties over time, Annex A to the ILC Report 2008 (UN Doc. A/63/10), http://legal.un.org/ilc/reports/2008/english/annexA.pdf (16.12.2014), S. 365.

10 A. Peters, Das Gründungsdokument internationaler Organisationen als Verfassungsvertrag, ZÖR 68 (2013), 1, 50 ff.

11 Ebd., 51.

12 Es existiert bereits eine nicht mehr ganz aktuelle monographische Untersuchung zu diesem Thema: Karl, Vertrag und spätere Praxis im Völkerrecht, 1983.

13 Orakhelashvili, The Interpretation of Acts and Rules in Public International Law, 2008, S. 519; vgl. schon UNCIO Doc. 750, IV/2/B/1, 831 f.

Protest außerhalb des Organs stößt? Kann ihr eine selbstständige Bedeutung beigemessen werden, wenn etwa die WVK den Konsens aller Vertragsparteien fordert?[14]

Das sind nur die wichtigsten Fragen, die andeuten, warum gerade die Praxis Internationaler Organisationen und ihrer Mitglieder eine monographische Untersuchung verdient. Keinesfalls darf jedoch die materielle Bedeutung der Internationalen Organisationen für die internationale Sicherheit und Friedenserhaltung, für die globale Wirtschaft sowie für Menschenrechte, Umwelt und Entwicklungshilfe vergessen werden. Allein die zentralen und häufigen Wandlungen unterliegenden Funktionen, die ihnen anvertraut sind, sprechen dafür, sich eingehend mit der dynamischen Anpassung ihrer Gründungsverträge an diese Aufgaben durch Praxis zu beschäftigen.

Um das Phänomen der satzungsrelevanten Praxis der Mitglieder und der Organe in seiner Gesamtheit zu erfassen, bietet sich der von nun an verwendete Oberbegriff Organisationspraxis[15] an. Dabei ist darauf hinzuweisen, dass die *practice of the organization* in der Literatur verschiedentlich als von der späteren Praxis zu trennendes Konzept behandelt wird, das auf einer eigenen Rechtsgrundlage beruht und gerade nicht auf die Praxis der Mitgliedstaaten als solche zurückgeführt werden könne.[16] Der Terminus Organisationspraxis soll jedoch im Gegenteil jede für die Auslegung und den Inhalt des Gründungsvertrags rele-

---

[14] Art. 31 Abs. 3 lit. a und b, 39 WVK.

[15] A. Peters, Das Gründungsdokument internationaler Organisationen als Verfassungsvertrag, ZÖR 68 (2013), 1, 22 spricht von „organizational practice."

[16] Blokker, Beyond ‚Dili', in: Kreijen u. a. (Hrsg.), State, Sovereignty, and International Governance, 2002, S. 299, 312, 316; Blokker, Constituent Instruments, Grotius Centre Working Paper 2014/024-PIL, 1, 19; Brölmann, Specialized Rules of Treaty Interpretation, in: Hollis (Hrsg.), The Oxford Guide to Treaties, Oxford 2012, S. 507, 515; Brölmann, The Institutional Veil in Public International Law, 2007, S. 120; Lauterpacht, The Development of the Law of International Organization by the Decision of International Tribunals, RdC 152 (1976-IV), 379, 464; Schermers/Blokker, International Institutional Law, 5. Aufl. 2011, § 1347; differenzierend A. Peters, Das Gründungsdokument internationaler Organisationen als Verfassungsvertrag, ZÖR 68 (2013), 1, 22 f.: „Diese besondere Berücksichtigung der ‚organizational practice' bei der Auslegung von Gründungsdokumenten kann dogmatisch auf verschiedene Weise erklärt und gerechtfertigt werden [...]."

vante Praxis der Akteure, die den Gründungsvertrag ins Leben gerufen haben oder von ihm ins Leben gerufen wurden, erfassen.[17]

Die Analyse der Praxis der Vereinten Nationen macht einen wesentlichen Teil dieser Arbeit aus. Ihr Ziel ist eine Antwort auf die Frage, ob die Vereinten Nationen diesbezüglich einen Modellfall für andere Internationale Organisationen darstellen oder ob der erhebliche Einfluss von Praxis auf die UN-Charta auf Besonderheiten dieser Organisation wie ihre Universalität, ihren vielfach vertretenen konstitutionellen Charakter oder die herausragende Stellung des Sicherheitsrats zurückzuführen sind. Zu diesem Zweck folgt der Analyse der UN-Praxis ein Vergleich mit der Rolle, die Praxis für andere Internationale Organisationen spielt.

Vor allem aber ist das Ziel der Arbeit, folgende Fragen zu beantworten: Was sind die Voraussetzungen und möglichen Rechtsfolgen von Organisationspraxis? Wie intensiv hat sie die Gründungsverträge der wichtigsten Internationalen Organisationen – insbesondere die Charta der Vereinten Nationen – bereits beeinflusst, gerade im Vergleich untereinander? Was bedeutet das für die Völkerrechtsordnung, insbesondere aus dem Blickwinkel der Konstitutionalisierung, der *rule of law* und der Legitimation? Kurz: Wie ist der völkerrechtliche Ordnungsrahmen für die Fortentwicklung Internationaler Organisationen durch Praxis beschaffen?

Der Weg zu diesem Ziel ist das Schlagen mehrerer Brücken: Eine Brücke vom allgemeinen Recht der Verträge zu den Besonderheiten der Satzungen Internationaler Organisationen; eine Brücke von der abstrakten Untersuchung des Phänomens *subsequent practice* zur Analyse konkreter Beispiele; eine letzte von der Praxis der Mitglieder bzw. Organe der Vereinten Nationen bei der Anwendung der UN-Charta zur Praxis anderer Internationaler Organisationen, wie der NATO, der EU und der UN-Sonderorganisationen.

Weitgehend ausgeblendet sind die Auswirkungen, welche die Fortentwicklung von Gründungsverträgen durch spätere Praxis auf innerstaat-

[17] So z. B. auch verwendet von IGH, Certain Expenses, Advisory Opinion, ICJ Reports 1962, 151, 160; Brölmann, The Institutional Veil in Public International Law, 2007, S. 120; Lauterpacht, The Development of the Law of International Organization by the Decision of International Tribunals, RdC 152 (1976-IV), 379, 460; Stein, Der Sicherheitsrat der Vereinten Nationen und die Rule of Law, 1999, S. 93.

liches Verfassungsrecht zeitigt, etwa welche informellen Veränderungen z. B. nach dem Grundgesetz oder der US-Verfassung dem parlamentarischen Zustimmungsvorbehalt unterliegen. Diese Fragen sind bereits Gegenstand zahlreicher Aufsätze[18] und Monographien[19] gewesen. Überdies versteht sich die vorliegende Arbeit vornehmlich als eine solche auf dem Gebiet des Völkerrechts und nicht auf dem des Verfassungsrechts. Diese Probleme werden daher weitgehend auf die Ebene der völkerrechtlichen Legitimation verlagert und u. a. im abschließenden fünften Teil behandelt.

Die Arbeit besteht aus fünf Teilen. Der erste Teil beschäftigt sich ausgehend von Art. 31 Abs. 3 lit. b WVK mit dem Konzept der späteren Praxis im Vertragsrecht und der Rechtsquellenlehre. Er definiert spätere Praxis, erklärt ihr Verhältnis zu den anderen Auslegungsmethoden der WVK und untersucht ihre Rechtsnatur als Auslegungsmittel und informeller Vertragsänderungsgrund.

Der zweite Teil setzt sich abstrakt mit den Besonderheiten satzungsrelevanter Praxis Internationaler Organisationen auseinander. Sein Ziel ist die Erarbeitung eines theoretisch-dogmatischen Fundaments für die empirische Untersuchung von Organisationspraxis. Wesentlicher Ausgangspunkt, um die besonderen Voraussetzungen und Wirkungen dieser Praxis herauszuarbeiten, ist Art. 5 WVK, der die hierfür entscheidenden Konzepte *rules of the organization* und – implizit – *established practice* enthält. Zentral ist sodann die Betrachtung der akteursbezogenen Dimension von Organpraxis, der Versuch ihrer Klassifizierung anhand des handelnden Organs und der Unterstützung der Mitgliedstaaten.

Es sei noch einmal betont, dass das Thema der Arbeit die Praxis Internationaler Organisationen *zu ihren Gründungsverträgen* ist. Das be-

---

[18] Für das GG: Bernhardt, Völkerrechtliche und verfassungsrechtliche Aspekte konkludenter Vertragsänderung, in: Arndt u. a. (Hrsg.), Völkerrecht und deutsches Recht, FS Rudolf, 2001, S. 15 ff.; Ress, Verfassungsrechtliche Auswirkungen der Fortentwicklung völkerrechtlicher Verträge, in: Fürst u. a. (Hrsg.), FS Zeidler, Bd. 2, 1987, S. 1775 ff.; für die US-Verfassung statt vieler: Moore, Treaty Interpretation, the Constitution, and the Rule of Law, Virginia Journal of International Law 42 (2001), 163 ff.

[19] Meyring, Die Entwicklung zustimmungsbedürftiger völkerrechtlicher Verträge nach ihrem Abschluss und ihre Auswirkungen in der deutschen Rechtsordnung, 2001; Schöneweiß, Die parlamentarische Kontrolle der authentischen Vertragsauslegung im Völkerrecht, 2002.

deutet im Umkehrschluss, dass die Praxis der Organisationen zu den von ihnen mit Staaten oder untereinander abgeschlossenen Verträgen, die in der zweiten Wiener Vertragsrechtskonvention von 1986[20] geregelt sind, keine besondere Relevanz für das Thema der Arbeit besitzt. Sie soll sich mit der dynamischen Entwicklung der Organisationen selbst und nicht der von ihnen abgeschlossenen Verträge befassen.[21] Das schließt jedoch nicht aus, dass die WVKIO als Auslegungshilfe oder Rechtserkenntnisquelle relevant wird.

Multilaterale Vertragswerke mit eigenen Vertragsorganen, die insbesondere mangels Völkerrechtssubjektivität nicht unter die Definition der Internationalen Organisationen fallen,[22] werden kein Untersuchungsgegenstand dieser Arbeit sein. Zwar sind ihnen wichtige Funktionen in den internationalen Beziehungen anvertraut, die ebenfalls erheblichem Anpassungsdruck unterliegen, wie der globale Umwelt- und Klimaschutz (*United Nations Framework Convention on Climate Change*) oder der internationale Menschenrechtsschutz (z. B. der IPBürgR mit Menschenrechtsausschuss). Dementsprechend überrascht es auch nicht, dass spätere Praxis (und Übereinkünfte) der Vertragsorgane und *Conferences of the Parties* (COP) einen erheblichen Einfluss auf die Auslegung der jeweiligen Vertragswerke haben.[23] Dennoch fehlen ihnen

---

[20] Vienna Convention on the Law of Treaties between States and International Organizations or between International Organizations (WVKIO), UN Doc. A/CONF.129/15; mangels der erforderlichen Mindestzahl von 35 Ratifikationen durch Staaten gem. Art. 85 WVKIO noch nicht in Kraft getreten.

[21] Zwar kann auch der Anwendungsbereich der WVKIO nach deren Art. 5 die Gründungsverträge Internationaler Organisationen umfassen, allerdings nur in dem seltenen Fall, dass andere Internationale Organisationen Parteien dieser Verträge sind. Dies trifft auf keine der in der Arbeit untersuchten Organisationen zu und kann daher vernachlässigt werden.

[22] Ruffert/Walter, Institutionalisiertes Völkerrecht, 2009, Rn. 15.

[23] Ausführlich zu COPs: Draft Conclusion 10, ILC Report on the work of its sixty-sixth session, UN Doc. A/69/10 (2014), 166, 170, 205 ff.; Nolte, Second Report on subsequent agreements and subsequent practice in relation to the interpretation of treaties, UN Doc. A/CN.4/671 (2014), Rn. 76 ff.; ausführlich zu unabhängigen Vertragsorganen: Berner, Treaty Bodies and Subsequent Practice, http://ssrn.com/abstract=2042461 (20.12.2014); ausführlich zu unabhängigen Vertragsorganen und COPs: Nolte, Subsequent Agreements and Subsequent Practice of States Outside of Judicial or Quasi-judicial Proceedings, in: Nolte (Hrsg.), Treaties and Subsequent Practice, 2013, S. 307, 364 ff.; zur Auslegung

manche Besonderheiten, die für diese Arbeit gerade von Interesse sind: Ihre Organstrukturen sind im Vergleich zu denen Internationaler Organisationen nur rudimentär ausgeprägt. Den Organen dieser multilateralen Vertragswerke fehlt es zu großen Teilen an Völkerrechtspersönlichkeit bzw. der erforderlichen Autonomie, auch wenn sie sich in der Praxis teilweise wie Internationale Organisationen gerieren mögen.[24] So sind COP eher Zusammenkünfte der Vertragsparteien als Organe im eigentlichen Sinne, die primär einer Organisation und ihren Zielen verpflichtet wären.[25]

Der zweite Teil dient als Grundlage für den dritten und vierten Teil, in denen konkrete Fallbeispiele aus der Praxis verschiedener Internationaler Organisationen analysiert werden. Dabei geht die Arbeit bewusst aus einer dogmatisch-theoretischen Perspektive vom geltenden Völkerrecht aus. Die Fallbeispiele werden anhand der theoretischen Erkenntnisse auf ihren normativen Einfluss bzw. ihre Rechtmäßigkeit hin überprüft. Die Alternative zu diesem deduktiven Ansatz wäre ein induktives Vorgehen, das den Einfluss von Praxis auf die Gründungsverträge Internationaler Organisationen an der Praxis selbst festmacht. Dies würde jedoch zwei methodische Probleme mit sich bringen: Erstens würden die Grenzen von normbeeinflussender Praxis ihrerseits primär anhand von Praxis bestimmt werden. Zweitens würde die Praxis ohne dogmatisch-theoretische Vorarbeit, quasi im luftleeren Raum, empirisch untersucht werden; noch problematischer ist es aber, diese dogmatische Vorarbeit nach der Empirie erneut vor deren Hintergrund in Frage zu stellen oder zu modifizieren. Freilich fließt auch bei der gewählten deduktiven Vorgehensweise die Praxis vermittelt durch Literatur und Rechtsprechung in den ersten und den zweiten Teil (die theoretischen Teile) mit ein.

---

multilateraler Umweltschutzabkommen durch ihre COPs: Churchill/Ulfstein, Autonomous Institutional Arrangements in Multilateral Environmental Agreements, AJIL 94 (2000), 623, 641; zur Bedeutung der General Comments des Menschenrechtsausschusses für die Auslegung des IPBürgR: Ruffert/Walter, Institutionalisiertes Völkerrecht, 2009, Rn. 509.

[24] Vgl. Sands/Klein, Bowett's Law of International Institutions, 6. Aufl. 2009, Rn. 1-025.

[25] A.A. Churchill/Ulfstein, Autonomous Institutional Arrangements in Multilateral Environmental Agreements, AJIL 94 (2000), 623, 632 ff.

Die Fallbeispiele im dritten Teil zur Praxis der Vereinten Nationen stammen größtenteils aus einer systematischen Aufarbeitung des *Repertory of Practice of United Nations Organs.*[26] Eine Bemerkung von *Sohn* dürfte deutlich machen, dass dabei naturgemäß eine Auswahl getroffen werden musste und dass auch innerhalb dieser Auswahl einige Verkürzungen notwendig sind: „Many volumes would be required to provide a detailed picture of the Charter as interpreted in the practice of the United Nations."[27]

Im vierten Teil wird keine in gleichem Maße ausführliche Untersuchung der satzungsrelevanten Praxis der ausgewählten Organisationen vorgenommen. Stattdessen wurden Stichproben ausgewertet, die vor allem in der Literatur identifiziert werden konnten. Es sollten im Wesentlichen drei Zwecke mit diesem Teil verfolgt werden, denen sehr gut mit Stichproben gedient werden kann: Erstens sollten die Fallbeispiele ebenfalls nach dem im zweiten Teil herausgearbeiteten Konzept klassifiziert werden, um sie besser verstehen zu können. Zweitens dienten sie als Basis für die vergleichende Untersuchung, die insbesondere nach den Gemeinsamkeiten und Unterschieden der Voraussetzungen und Rechtsfolgen von Organisationspraxis fragt. Drittens sollte die Grundlage für eine Beantwortung der Frage, inwieweit die Vereinten Nationen als Modell für die satzungsrelevante Praxis Internationaler Organisationen dienen können, geschaffen werden.

Der abschließende fünfte Teil enthält neben dem Vergleich der Rolle von Praxis in den untersuchten Internationalen Organisationen – unter besonderer Berücksichtigung eines möglichen Modellcharakters der Vereinten Nationen – Betrachtungen zur Konstitutionalisierung des Völkerrechts,[28] zu Flexibilität, Legitimation, und *rule of law*.

---

[26] http://www.un.org/law/repertory/ (16.12.2014).

[27] Sohn, The UN System as Authoritative Interpreter of its Law, in: Schachter u. a. (Hrsg.), United Nations Legal Order, Bd. 1, 1995, S. 169, 205.

[28] Zunächst statt vieler Fassbender, The United Nations Charter as Constitution of the International Community, Columbia Journal of Transnational Law 36 (1997/98), 529 ff.; Kadelbach/Kleinlein, Überstaatliches Verfassungsrecht, AVR 44 (2006), 235 ff.; Klabbers/A. Peters/Ulfstein, The Constitutionalization of International Law, 2009; Pernice, The Global Dimension of Multilevel Constitutionalism, in: Dupuy u. a. (Hrsg.), Völkerrecht als Wertordnung, FS Tomuschat, 2006, S. 973 ff.

Eine wesentliche Motivation der Arbeit ist es, ‚Ordnung ins Chaos zu bringen.' Organisationspraxis ist ein äußerst vielschichtiges Phänomen. Sie kann auf den verschiedensten Organbeschlüssen und Realakten beruhen, bis zu fünf unterscheidbare Rechtsfolgen haben und diverse Grade an Unterstützung durch zahlreiche Akteure erfahren. Die vorliegende Arbeit möchte einen Beitrag zur rechtlichen Systematisierung dieser disparaten Phänomene leisten.

Damit sollte der Frage nachgegangen werden, ob nicht bereits in der WVK ein differenzierter völkerrechtlicher Ordnungsrahmen für die informelle Fortentwicklung der Gründungsverträge Internationaler Organisationen angelegt ist. Die Existenz eines solchen Ordnungsrahmens, der Anpassungen durch Praxis in geordnete Bahnen lenkt, indem er insbesondere einen breiten Konsens der Organe und Mitgliedstaaten postuliert, könnte die eingangs geschilderten Bedenken, auf die solche Anpassungen vor dem Hintergrund der Legitimation und der *rule of law* treffen, zumindest teilweise abmildern. Es könnte bereits jetzt ein normatives Gleichgewicht zwischen *rule of law* und Flexibilität[29] existieren, das friedenswahrend und kooperationsfördernd wirken kann. Im Angesicht der zentralen Bedeutung Internationaler Organisationen für die globale Ordnung ist es möglich, dass dem völkerrechtlichen Ordnungsrahmen für die Voraussetzungen und Wirkungen von Organisationspraxis aus verfassungstheoretischer Perspektive gar eine konstitutionelle Bedeutung für die internationale Gemeinschaft zukäme.

---

[29] Helmersen, Evolutive Treaty Interpretation, EJLS 6 (2013), 127, 130; Sohn, Expulsion or Forced Withdrawal from an International Organization, Harvard Law Review 77 (1964), 1381, 1423.

B. Erster Teil: *Subsequent practice* im Recht der Verträge

I. Was ist *subsequent practice*? – Art. 31 Abs. 3 lit. b WVK als Ausgangspunkt für eine Definition der späteren Praxis

Eine Arbeit, die sich mit der späteren Praxis Internationaler Organisationen auseinandersetzt, kommt nicht umhin, zunächst die Frage zu beantworten, worum es sich bei späterer Praxis eigentlich handelt[30] – und zwar im allgemeinen, vertragsrechtlichen Sinne.

Bereits in der Einleitung wurde eine sehr kurze Definition gebraucht. Sie soll an dieser Stelle wiederholt werden, doch diesmal nicht von der Begründung entkleidet: Spätere Praxis bezeichnet *konsistente, vertragsbezügliche Handlungen oder Unterlassungen der Vertragsparteien oder von Vertragsorganen auf internationaler Ebene, welche die gemeinsamen Vorstellungen der Parteien über die Auslegung oder den Inhalt des Vertrags widerspiegeln.* Diese Arbeitsdefinition beruht teilweise auf den Erkenntnissen von *Karl*[31] und der Rechtsprechung des IGH.[32] Sie dürfte in ihren groben Umrissen im Einklang mit der h.L. stehen,[33] auch wenn dort spätere Praxis selten prägnant definiert wird.

---

30 A.A. Boisson de Chazournes, Subsequent Practice, Practices, and 'Family-Resemblance', in: Nolte (Hrsg.), Treaties and Subsequent Practice, 2013, S. 3: „Being as it is volatile, multifaceted, amorphous, omnipresent, flexible, and dynamic, 'practice' defies precise definition."

31 Karl, Vertrag und spätere Praxis im Völkerrecht, 1983, S. 114 ff.

32 Für die Definition späterer Praxis besonders relevant: IGH, Temple of Preah Vihear (Cambodia v. Thailand), ICJ Reports 1962, 6, 22 ff.; Certain Expenses, Advisory Opinion, ICJ Reports 1962, 151, 157 ff.; Kasikili/Sedudu Island (Botswana v. Namibia), ICJ Reports 1999, 1045, 1094.

33 Vgl. statt vieler Dixon, Textbook on International Law, 7. Aufl. 2013, S. 75; Gardiner, Treaty Interpretation, 2008, S. 226 ff.; Karl, Vertrag und spätere Praxis im Völkerrecht, 1983, S. 114 ff.; McGinley, Practice as a Guide to Treaty Interpretation, Fletcher Forum 9 (1985), 211, 212 ff.; Ress, Die Bedeutung der nachfolgenden Praxis für die Vertragsinterpretation nach der Wiener Vertrags-

Art. 31 Abs. 3 lit. b WVK ist zwar der normative Anknüpfungspunkt für die Definition der späteren Praxis, und ohne eine Analyse seiner Tatbestandsmerkmale wäre eine umfassende Beschreibung des Instituts der späteren Praxis im heutigen Völkerrecht nicht möglich. Das heißt jedoch nicht, dass ausschließlich von dieser Norm ausgegangen wird. Die spätere Praxis ist nach freilich zumindest früher nicht unumstrittener Ansicht eine im Völkergewohnheitsrecht verankerte Auslegungsmethode,[34] welche nicht ausschließlich durch die Vertragsrechtskonvention legitimiert ist, deren Ratifikationsstatus ohnehin nicht universell ist.[35] Überdies muss die hier entwickelte Definition Gültigkeit sowohl für die Auslegung als auch für die Änderung von Verträgen durch spätere Praxis beanspruchen. Das wäre bei einer ausschließlichen Bezugnahme auf Art. 31 Abs. 3 lit. b WVK, der nach seinem eindeutigen Wortlaut und den Materialien der ILC[36] nur für die Auslegung, nicht aber für die Änderung von Verträgen durch spätere Praxis Geltung beansprucht, nicht gewährleistet. Die Möglichkeit der informellen Änderung völkerrechtlicher Verträge durch spätere Praxis wird nämlich teilweise als völkergewohnheitsrechtlich normiert anerkannt.[37] Es soll also auch die gewohnheitsrechtliche Kontur des Begriffs spätere Praxis nachgezeichnet werden, soweit sie über Art. 31 Abs. 3 lit. b WVK hinausgeht.

Die Definition weist sieben Elemente auf, die im folgenden näher ausgeführt werden sollen: Handlungen und Unterlassungen (1.), Vertrags-

---

rechtskonvention (WVK), in: Bieber/Ress (Hrsg.), Die Dynamik des Europäischen Gemeinschaftsrechts, 1987, S. 49, 56 ff.

34 IGH, Pulau Ligitan and Pulau Sipadan (Indonesia v. Malaysia), ICJ Reports 2002, 625, 645; Bernhardt, Interpretation in International Law, in: Bernhardt u. a. (Hrsg.), EPIL Bd. 2, 1995, S. 1416, 1419; Karl, Vertrag und spätere Praxis im Völkerrecht, 1983, S. 361; vgl. Villiger, Commentary on the 1969 Vienna Convention on the Law of Treaties, 2009, Art. 31 Rn. 38.

35 Am 28.2.2015 wies die WVK 114 Parteien auf, https://treaties.un.org/pages/ViewDetailsIII.aspx?&src=TREATY&mtdsg_no=XXIII~1&chapter=23&Temp=mtdsg3&lang=en (28.2.2015).

36 ILC-Kommentar zu Draft Article 38, YBILC 1966 II, S. 236; vgl. Kommentar zu Draft Article 27 (heute Art. 31 WVK), YBILC 1966 II, S. 221 f.

37 Akehurst, The Hierarchy of the Sources of International Law, BYIL 47 (1974-75), 273, 277; Jacobs, Varieties of Approach to Treaty Interpretation, ICLQ 18 (1969), 318, 332; vgl. Karl, Vertrag und spätere Praxis im Völkerrecht, 1983, S. 295.

bezüglichkeit (2.), später als Vertragsschluss (3.), durch Vertragsparteien (oder Vertragsorgane) (4.), auf internationaler Ebene (5.), Konsens der Parteien über den Inhalt des Vertrags (6.) und Konsistenz der Praxis (7.).

1. Erstes Definitionselement: Handlungen und Unterlassungen

Das erste Element weist darauf hin, dass es zahlreiche unterschiedliche Erscheinungsformen späterer Praxis gibt. Anders als der Begriff „Praxis" nahelegt, dem ein Moment des aktiven Tuns innewohnt, kann eine solche eben auch in einem Unterlassen bestehen. Beispielsweise kann dem Unterlassen eines Protests gegen einen Realakt, der die Ausübung vertraglicher Rechte oder die Geltendmachung von Ansprüchen impliziert, im Völkerrecht eine rechtliche Bedeutung zukommen, wie insbesondere die Rechtsinstitute *acquiescence* (Schweigen als Zustimmung, wenn die Umstände eigentlich Protest verlangen würden[38]) und *acquisitive prescription* (Übergang territorialer Rechte durch faktische Ausübung von Hoheitsgewalt einer Partei bei Untätigkeit der anderen Partei[39]) illustrieren. Der IGH hat die Relevanz von Unterlassen als spätere Praxis in zahlreichen Entscheidungen sowohl direkt als auch indirekt bestätigt.[40] In der Literatur ist dies ebenfalls unumstritten.[41] Auch die

---

[38] Marques Antunes, Acquiescence, in: Wolfrum (Hrsg.), MPEPIL 2006, opil.ouplaw.com/home/ORIL (25.11.2014), Rn. 2.

[39] Wouters/Verhoeven, Prescription, in: Wolfrum (Hrsg.), MPEPIL 2008, opil.ouplaw.com/home/ORIL (25.11.2014), Rn. 1, 3; zum verwandten Konzept der *extinctive prescription* siehe ebd., Rn. 2, 4.

[40] IGH, Temple of Preah Vihear (Cambodia v. Thailand), ICJ Reports 1962, 6, 22; Military and Paramilitary Activities (Nicaragua v. USA), Jurisdiction and Admissibility, ICJ Reports 1984, 392, 410; Border and Transborder Armed Actions (Nicaragua v. Honduras), Jurisdiction and Admissibility, ICJ Reports 1988, 69, 87; Oil Platforms (Iran v. USA), Preliminary Objections, ICJ Reports 1996, 803, 815.

[41] Statt vieler Gardiner, Treaty Interpretation, 2008, S. 232 ff.; Linderfalk, On the Interpretation of Treaties, 2007, S. 166; McGinley, Practice as a Guide to Treaty Interpretation, Fletcher Forum 9 (1985), 211, 212; Nolte, Subsequent Agreements and Subsequent Practice of States Outside of Judicial or Quasi-judicial Proceedings, in: Nolte (Hrsg.), Treaties and Subsequent Practice, 2013,

ILC hat sich entsprechend festgelegt.[42] Die faktischen Erscheinungsformen späterer Praxis sind so vielfältig, dass auf sie noch in einem eigenen Abschnitt einzugehen sein wird.[43]

2. Zweites Element: Vertragsbezüglichkeit

Mit Vertragsbezüglichkeit[44] wird nur die Selbstverständlichkeit ausgesprochen, dass spätere Praxis ohne Bezug zu einem völkerrechtlichen Vertrag schlechthin nicht denkbar ist.[45] Dies kommt auch in Art. 31 Abs. 3 lit. b WVK mehr als deutlich zum Ausdruck, wenn von Praxis „bei der Anwendung des Vertrags" die Rede ist. Die Parteien müssen einen solchen Bezug wollen bzw. ihn sich zumindest vorstellen.[46]

3. Drittes Element: Später

Wie der Name dieses Rechtsinstituts schon besagt und die Vertragsbezüglichkeit impliziert, muss spätere Praxis eine Anwendungspraxis sein, die zeitlich auf den Vertrag folgt. Dies könnte jedoch Verschiedenes be-

---

S. 307, 309 f.; Thirlway, The Law and Procedure of the International Court of Justice 1960-1989, BYIL 62 (1991), 1, 50 f.

42 ILC Report on the work of its sixty-fifth session, UN Doc. A/68/10 (2013), 9, 35.

43 Siehe unten, B. IV.

44 Karl, Vertrag und spätere Praxis im Völkerrecht, 1983, S. 118; vgl. Linderfalk, On the Interpretation of Treaties, 2007, S. 166 f.

45 ILC Report on the work of its sixty-fifth session, UN Doc. A/68/10 (2013), 9, 36; ILC Report on the work of its sixty-sixth session, UN Doc. A/69/10 (2014), 166, 172; Hafner, Subsequent Agreements and Practice: Between Interpretation, Informal Modification and Informal Amendment, in: Nolte (Hrsg.), Treaties and Subsequent Practice, 2013, S. 105, 114; Nolte, First report on subsequent agreements and subsequent practice in relation to treaty interpretation, UN Doc. A/CN.4/660 (2013), Rn. 111; Nolte, Second Report on subsequent agreements and subsequent practice in relation to the interpretation of treaties, UN Doc. A/CN.4/671 (2014), Rn. 4 ff.; Orakhelashvili, The Interpretation of Acts and Rules in Public International Law, 2008, S. 357.

46 Siehe auch unten, B. I. 6.

deuten. Fraglich ist der exakte, maßgebliche Zeitpunkt. In Betracht kommen drei verschiedene Momente: Die verbindliche Festlegung des Vertragstexts z. B. durch Unterzeichnung[47] (Art. 10 WVK), der Zeitpunkt des erstmaligen Inkrafttretens des Vertrags (Art. 24 WVK)[48] oder danach die jeweils letzte Zustimmung, durch den Vertrag gebunden zu sein (Art. 11 ff. WVK).[49]

Der letztgenannte Zeitpunkt lässt sich leicht ad adsurdum führen: Er würde bedeuten, dass jede Ratifikation bzw. jeder Beitritt einer neuen Vertragspartei das Spiel von neuem beginnen lassen würde. Eine von den früheren Vertragsparteien geschaffene Praxis würde mit jeder weiteren Ratifikation ihre Wirksamkeit verlieren, weil sie für den neuen Staat keine spätere Praxis mehr darstellen würde.[50] Die erreichte Konkretisierung, Stabilisierung oder Flexibilisierung wäre mit jedem Beitritt hinfällig, d. h. die spätere Praxis wäre ihrer Funktionen beraubt. Dies würde einen einmal erreichten *acquis* zunichtemachen. Das ist ein Umstand, der sogar den Effekt haben könnte, Verträge, die nach ihrem Zweck eigentlich für neue Parteien offen sein sollen, praktisch zu ‚versiegeln' oder zumindest die Erweiterung erheblich zu erschweren.

Die beiden anderen Zeitpunkte, die in Betracht kommen, lassen sich nicht so leicht ausschließen. Für die Maßgeblichkeit der Unterzeichnung spricht die Erwägung, dass ein Text, sobald er endgültig feststeht, der eigentlichen Auslegung nach Art. 31 WVK und damit auch derjenigen im Lichte der späteren Praxis zugänglich ist. Zuvor können allenfalls Vorschläge oder vorläufig angenommene Texte im Rahmen der Verhandlungen interpretiert werden, ein Vorgang, der anderen Regeln als denen des Art. 31 WVK folgt. Praxis, die nach Unterzeichnung, aber vor Inkrafttreten stattfindet, wird sogar eine besondere Aussagekraft haben, da sie in zeitlicher Nähe zu den Verhandlungen erfolgt und die

---

47 Folgend soll aus Gründen der Einfachheit stellvertretend für alle Arten der Festlegung des Vertragstextes die Unterzeichnung genannt werden.

48 Hafner, Subsequent Agreements and Practice: Between Interpretation, Informal Modification and Informal Amendment, in: Nolte (Hrsg.), Treaties and Subsequent Practice, 2013, S. 105, 118.

49 Linderfalk, On the Interpretation of Treaties, 2007, S. 163 f.: Linderfalk diskutiert die Problematik in Zusammenhang mit den späteren Übereinkünften (*subsequent agreements*) gem. Art. 31 Abs. 3 lit. a WVK. Auf S. 167 überträgt er seine Erörterungen jedoch vollständig auf die spätere Praxis.

50 Ebd., S. 163.

Parteien die zu lösenden Probleme noch deutlich vor Augen haben.[51] Das weist auf die abschließende Vereinbarung des Texts (also i. d. R. die Unterzeichnung) als regulären zeitlichen Anknüpfungspunkt für spätere Praxis hin.[52]

Dieses theoretische Ergebnis sollte jedoch einem Praxistest unterzogen werden: Anders als bei Art. 31 Abs. 3 lit. a WVK, wo eine Auslegungsvereinbarung vor Inkrafttreten des Vertrages durchaus sinnvoll ist, da man ja strittige oder nicht bedachte Auslegungsfragen noch rechtzeitig vor dem tatsächlichen Ins-Werk-Setzen der Vertragsbestimmungen klären kann, ist dies bei lit. b alles andere als selbstverständlich. Zu einer eigentlichen Praxis bei der Anwendung des Vertrages wird es nämlich in aller Regel erst kommen, wenn seine Bestimmungen durch Inkrafttreten für die Vertragsparteien als Anwender verbindlich geworden sind. Eine Praxis nach Abschluss, aber vor Inkrafttreten ist zwar möglich, z. B. auf der Grundlage von Protesten, Deklarationen oder Interpretationserklärungen, welche die Zustimmung der anderen Vertragsparteien bzw. Signatarstaaten finden. Sie wird jedoch in der Realität kurz nach den Verhandlungen und der Einigung, wenn sich die praktischen Anwendungsprobleme noch nicht offenbart haben, eher selten vorkommen.[53] Eine bedeutende Ausnahme gilt freilich bei der in der Praxis

---

[51] Nolte, Jurisprudence of the International Court of Justice and Arbitral Tribunals of Ad Hoc Jurisdiction Relating to Subsequent Agreements and Subsequent Practice, in: Nolte (Hrsg.), Treaties and Subsequent Practice, 2013, S. 169, 189.

[52] Für diesen Zeitpunkt: Linderfalk, On the Interpretation of Treaties, 2007, S. 167; Nolte, Jurisprudence of the International Court of Justice and Arbitral Tribunals of Ad Hoc Jurisdiction Relating to Subsequent Agreements and Subsequent Practice, in: Nolte (Hrsg.), Treaties and Subsequent Practice, 2013, S. 169, 189; Nolte, First report on subsequent agreements and subsequent practice in relation to treaty interpretation, UN Doc. A/CN.4/660 (2013), Rn. 84 ff., 116; ILC Report on the work of its sixty-fifth session, UN Doc. A/68/10 (2013), 9, 31.

[53] Vgl. Hafner, Subsequent Agreements and Practice: Between Interpretation, Informal Modification and Informal Amendment, in: Nolte (Hrsg.), Treaties and Subsequent Practice, 2013, S. 105, 118, der das Inkrafttreten aber als Voraussetzung für jede Anwendung und damit für jede spätere Praxis begreift. Diese Aussage dürfte jedoch angesichts der dargestellten Möglichkeit der Parteien, schon vor dem Inkrafttreten auslegungsrelevante Erklärungen abzugeben, in ihrer Ausschließlichkeit zu restriktiv sein.

weit verbreiteten[54] vorläufigen Anwendung eines völkerrechtlichen Vertrags gem. Art. 25 WVK. Hier wird der Vertrag nach Abschluss, aber vor Inkrafttreten bereits ganz oder teilweise ins Werk gesetzt, mit der Konsequenz, dass der späteren Praxis bereits früher eine zentrale Rolle bei der Auslegung zukommen kann.

Kurz gesagt ist richtigerweise bereits nach Vertragsschluss eine spätere Übung denkbar und möglich, sie wird jedoch in der Praxis meist erst nach Inkrafttreten vorkommen, es sei denn, ein Vertrag findet gem. Art. 25 WVK vorläufig Anwendung.

4. Viertes Element: Vertragsparteien (oder Vertragsorgane)

Der Praxis der Vertragsparteien kommt in ihrer Eigenschaft als Rechtsetzer dann, wenn sie auch als Rechtsanwender in Erscheinung treten, eine besondere Bedeutung zu. Die Parteien bleiben als Schöpfer der Verträge nach einer gängigen Formulierung in der deutschen Literatur und Rechtsprechung zum Europarecht, die erst recht im Völkerrecht Geltung beanspruchen kann, auch bei der Auslegung und Änderung deren „Herren".[55] Dementsprechend ist in Art. 31 Abs. 3 lit. b WVK von der Übereinstimmung der Vertragsparteien die Rede.

Dies erklärt allerdings noch nicht die Relevanz der Praxis von Organen, die durch einen Vertrag geschaffen werden. Diese bestehen in den meisten Fällen aus (häufig weisungsgebundenen) Vertretern der Mitgliedstaaten bzw. Vertragsparteien. Organpraxis kann daher in vielen Fällen zunächst einmal theoretisch mit der Praxis der Parteien gleichgesetzt werden. Das stellt die Grundlage der Anwendung von Art. 31 Abs. 3

---

[54] Mathy, in: Corten/Klein (Hrsg.), The Vienna Convention on the Law of Treaties, Bd. 1, 2011, Art. 25 WVK Rn. 6 m. w. N.

[55] Bernhardt, Völkerrechtliche und verfassungsrechtliche Aspekte konkludenter Vertragsänderung, in: Arndt (Hrsg.), Völkerrecht und deutsches Recht, FS Rudolf, 2001, S. 15, 17; Blokker, Constituent Instruments, Grotius Centre Working Paper 2014/024-PIL, 1, 20; Orakhelashvili, The Interpretation of Acts and Rules in Public International Law, 2008, S. 359; Seidl-Hohenveldern/Loibl, Das Recht der Internationalen Organisationen einschließlich der Supranationalen Gemeinschaften, 7. Aufl. 2000, Rn. 1538.

lit. b WVK auf Internationale Organisationen dar.[56] Selbst wenn Organe sich aus unabhängigen Experten, Beamten oder Richtern zusammensetzen, die in erster Linie der durch den Vertrag errichteten Internationalen Organisation oder den Zielen des zugrunde liegenden multilateralen Vertrags verpflichtet sein sollen, kann deren Praxis auf die Zustimmung der Mitgliedstaaten bzw. Vertragsparteien treffen.[57] Das macht die Praxis dieser Organe zwar nicht zur Praxis der Mitgliedstaaten im engeren Sinne, bringt aber in diesem Fall deren Übereinkunft über die Auslegung des Vertrags, wie Art. 31 Abs. 3 lit. b WVK sie verlangt, zum Ausdruck. Schließlich wird der Praxis solcher Vertragsorgane oftmals sogar eine von den Parteien unabhängige Rolle zugestanden, wobei freilich die Meinungen über die Bedeutung solcher Praxis auseinandergehen.[58] Damit würde der originäre Anwendungsbereich des Art. 31 Abs. 3 lit. b WVK verlassen. Wie bereits in der Einführung angekündigt, wird dies ein zentrales Thema des zweiten Teils sein.

Schließlich sei noch darauf hingewiesen, dass keineswegs alle für Vertragsauslegung und -änderung relevante Praxis unmittelbar von Vertragsstaaten oder Vertragsorganen stammen muss. Sie muss diesen Akteuren lediglich zurechenbar sein. Mit anderen Worten ist eine

---

[56] IGH, Use of Nuclear Weapons, Advisory Opinion, ICJ Reports 1996, 66, 75; Alvarez, International Organizations as Law-Makers, 2005, S. 87; Gardiner, Treaty Interpretation, 2008, S. 247; Ruffert/Walter, Institutionalisiertes Völkerrecht, 2009, Rn. 141; Klein, Vertragsauslegung und spätere Praxis Internationaler Organisationen, in: Bieber/Ress (Hrsg.), Die Dynamik des Europäischen Gemeinschaftsrechts, 1987, S. 101, 102; Ress, in: Simma u. a. (Hrsg.), The Charter of the United Nations, 2. Aufl., Bd. 1, 2002, Interpretation Rn. 26; a. A. Sep. Op. Spender, Certain Expenses, ICJ Reports 1962, 182 ff.; Brölmann, The Institutional Veil in Public International Law, 2007, S. 120 f.; Lauterpacht, The Development of the Law of International Organization by the Decisions of International Tribunals, RdC 152 (1976-IV), S. 379, 460 f.; Rosenne, Developments of the Law of Treaties 1945-1986, 1989, S. 241; Schermers/Blokker, International Institutional Law, 5. Aufl. 2011, § 1347.

[57] Alvarez, International Organizations as Law-Makers, 2005, S. 79 f.

[58] Ebd., S. 87 ff.; Amerasinghe, Principles of the institutional law of international organizations, 2. Aufl. 2005, S. 51 ff.; Karl, Vertrag und spätere Praxis im Völkerrecht, 1983, S. 81, 90; Klein, Vertragsauslegung und „spätere Praxis" Internationaler Organisationen, in: Bieber/Ress (Hrsg.), Die Dynamik des europäischen Gemeinschaftsrechts, 1987, S. 101, 105 f.; vgl. IGH, Certain Expenses, Advisory Opinion, ICJ Reports 1962, 151, 157 ff.; Namibia, Advisory Opinion, ICJ Reports 1971, 16, 22.

Zurechnung des Handelns von multinationalen Unternehmen, NGOs oder gar Individuen an die Staaten oder Organe zumindest theoretisch denkbar,[59] auch wenn es wahrscheinlich um seltene Fälle geht. Dass auf diese Zurechnung aber nicht verzichtet werden kann, ist trivial: Der Einfluss der späteren Praxis beruht auf der Eigenschaft ihrer Urheber als Rechtsetzer bzw. als Autointerpreten ihrer eigenen Befugnisse.

5. Fünftes Element: Auf internationaler Ebene

Das fünfte Element, „auf internationaler Ebene", bedeutet, dass rein innerstaatliche Vorgänge, die den anderen Vertragsparteien nicht zur Kenntnis gelangen (können), per se keine auslegungs- oder änderungsrelevante spätere Praxis darstellen.[60] Dieses Erfordernis erscheint auf den ersten Blick aus verschiedenen Gründen zwingend und einleuchtend.

So handelt es sich zunächst bei der späteren Praxis um ein völkerrechtliches Konzept und Völkerrecht ist nun einmal traditionell das Recht des zwischenstaatlichen Verkehrs. Dabei ist allerdings einzuräumen, dass das Völkerrecht auf seinem gegenwärtigen Entwicklungsstand, in Zeiten von zunehmender Interdependenz und Globalisierung,[61] weit

---

[59] Vgl. ILC, Report on the work of its sixty-fifth session, UN Doc. A/68/10 (2013), 9, 44; vgl. Karl, Vertrag und spätere Praxis im Völkerrecht, 1983, S. 309; vgl. Nolte, First report on subsequent agreements and subsequent practice in relation to treaty interpretation, UN Doc. A/CN.4/660 (2013), Rn. 117; Ress, Die Bedeutung der nachfolgenden Praxis für die Vertragsinterpretation nach der Wiener Vertragsrechtskonvention (WVK), in: Bieber/Ress (Hrsg.), Die Dynamik des europäischen Gemeinschaftsrechts, 1987, S. 49, 57.

[60] Nolte, First report on subsequent agreements and subsequent practice in relation to treaty interpretation, UN Doc. A/CN.4/660 (2013), Rn. 111 ff.; Nolte, Second report on subsequent agreements and subsequent practice in relation to the interpretation of treaties, UN Doc. A/CN.4/671 (2014), Rn. 42 und die ILC, Report on the work of its sixty-fifth session, UN Doc. A/68/10 (2013), 9, 36; Report on the work of its sixty-sixth session, UN Doc. A/69/10 (2014), 166, 178 erachten hingegen u. a. nationalstaatliche Gesetzgebung und Rechtsprechung als potenziell auslegungsrelevant.

[61] Vgl. dazu Hobe, Einführung in das Völkerrecht, 10. Aufl. 2014, S. 57 ff.; Hobe, Die Zukunft des Völkerrechts im Zeitalter der Globalisierung, AVR 37 (1999), 253 ff.

über den Punkt hinaus ist, innerstaatlichen Vorgängen jede Relevanz abzusprechen. Dies wird durch die Existenz von Menschenrechtsverträgen, die Behandlung innerstaatlicher bewaffneter Konflikte im humanitären Völkerrecht und die kollektive humanitäre Intervention hinreichend belegt. So ist es auch in der Vertragspraxis allgemein üblich, vertragliche Verpflichtungen zu übernehmen, die vorwiegend oder ausschließlich innerstaatliches Verhalten zum Gegenstand haben.[62] Der Gedanke allein, aus dem völkerrechtlichen Charakter der späteren Praxis das Erfordernis „auf internationaler Ebene" abzuleiten, ist daher alles andere als zwingend. Dies gilt umso mehr, als sich „rein innerstaatliche" und internationale Vorgänge in einer globalisierten Welt selten trennscharf voneinander abgrenzen lassen.

Ein überzeugenderer Grund für dieses Erfordernis könnte jedoch aus rechtsgeschäftstheoretischen Erwägungen folgen. Eine Vereinbarung – und sei es nur über die Auslegung einer bereits getroffenen früheren Vereinbarung – kann grundsätzlich nur dann zustande kommen, wenn die notwendigen Willenserklärungen auch ihren Empfänger erreicht haben oder ihm zumindest je nach angemessenem Sorgfaltsmaßstab nicht hätten entgehen dürfen. Dies ist bei rein innerstaatlichen Vorgängen (wie z. B. einem parlamentarischen Zustimmungsverfahren zu einem völkerrechtlichen Vertrag) in aller Regel nicht der Fall.

Der IGH war zumindest früher anscheinend anderer Auffassung, als er im *Anglo-Iranian Oil Co. Case* die Zustimmung des iranischen Parlaments (des *Madschles*) zur Unterwerfungserklärung unter die Rechtsprechung des StIGH bei deren Auslegung heranzog:

> „It is contended that (...) this Iranian law is a purely domestic instrument, unknown to other governments. The law is described as 'a private document written only in the Persian language which was not communicated to the League or to any of the other States which had made declarations'.
>
> The Court is unable to see why it should be prevented from taking this piece of evidence into consideration. The law was published in the Corpus of Iranian laws voted and ratified during the period from January 15th, 1931, to January 15th, 1933. **It has thus been**

---

[62] Beispiele sind zahlreiche Verträge zum Schutz der Menschenrechte und der Umwelt sowie das humanitäre Völkerrecht der nicht-internationalen bewaffneten Konflikte.

available for the examination of other governments during a period of about twenty years.“[63]

Bei diesem Fall ist zwar zu berücksichtigen, dass hier eine einseitige Handlung und kein Vertrag ausgelegt wurde und dass gute Gründe dafür existieren, einseitige Handlungen mit stärkerer Berücksichtigung des Willens ihres Urhebers auszulegen, da sie ja nur ihn verpflichten.[64] Andererseits ist die Kehrseite der Verpflichtung eines Staates oftmals die Berechtigung eines anderen Staates (vorliegend des Vereinigten Königreichs) und deswegen einer rein subjektiven Auslegung nicht zugänglich,[65] wie auch der IGH mit seinen Ausführungen („available for the examination of other governments“) implizit anerkannte. Es liegt daher nahe, dass der Gerichtshof zum damaligen Zeitpunkt auch bei der Auslegung eines Vertrags eine ganz ähnliche Auffassung vertreten hätte.

Später machte sich der IGH in *Kasikili/Sedudu Island* die gegenteilige Ansicht zu eigen, indem er ein internes Dokument (den sog. *Eason Report*), das niemals der anderen Vertragspartei (Deutschland) zugänglich gemacht wurde, aus diesem Grund nicht als Basis für spätere Praxis bzw. eine Auslegung in deren Licht akzeptieren wollte.[66]

Das Erfordernis einer Praxis, welche auf die internationale Ebene vorgedrungen ist, entspricht dem Konsensprinzip, dem Wortlaut von Art. 31 Abs. 3 lit. b WVK, der eine Übereinkunft der Parteien verlangt, und rechtsgeschäftstheoretischen Erwägungen: Von einem Rechtssubjekt kann nicht verlangt werden, dass es sich über alle potenziell für die von ihm abgeschlossenen Vereinbarungen relevanten Vorgänge informiert, egal wie tief sie in der Sphäre anderer Rechtssubjekte verborgen sein mögen. Dies wird von einigen Stimmen in der Literatur verkannt, wenn sie den *Anglo-Iranian Oil Co. Case* ohne weitere Erörterung sei-

---

63 IGH, Anglo-Iranian Oil Co. Case (UK v. Iran), ICJ Reports 1952, 93, 107 (Hervorhebung des Verfassers).

64 Dahm/Delbrück/Wolfrum, Völkerrecht, 2. Aufl., Bd. I/3, 2002, S. 768; vgl. Hobe, Einführung in das Völkerrecht, 10. Aufl. 2014, S. 233.

65 Man könnte eine solche Erklärung mit einer empfangsbedürftigen Willenserklärung nach der deutschen Rechtsgeschäftslehre vergleichen, die anders als beispielsweise ein Testament nach dem objektiven Empfängerhorizont auszulegen ist, gerade weil die Interessen des Empfängers zu berücksichtigen sind.

66 IGH, Kasikili/Sedudu Island (Botswana v. Namibia), ICJ Reports 1999, 1045, 1077 f.

ner Besonderheiten als Präzedenzfall für die Bedeutung von späterer Praxis anführen.[67]

Der zuletzt vom IGH in *Kasikili/Sedudu Island* vertretene Ansatz ist also vorzugswürdig.[68] Die Entscheidung im *Anglo-Iranian Oil Co.* Fall ist entweder auf Besonderheiten des Einzelfalls (einseitige Handlung, immerhin Bezug des innerstaatlichen Aktes zum Völkerrechtsverkehr) zurückzuführen und aus diesem Grund nicht zu verallgemeinern oder stellt zumindest eine aufgegebene Rechtsprechung des IGH dar, der heute keine besondere Aussagekraft im Sinne des Art. 38 Abs. 1 lit. d IGH-Statut mehr zukommt.

6. Sechstes Element: Subjektives Element

Das sechste Element der Definition späterer Praxis sind die gemeinsamen subjektiven Vorstellungen der Parteien über Auslegung und Inhalt des Vertrags. Diese sollen im folgenden als subjektives Element der späteren Praxis bezeichnet werden.[69] Während die konkrete Praxis in ihren tatsächlichen Erscheinungsformen (d. h. die Deklarationen, Realakte, Protestnoten etc.) das objektive Element bei der Entstehung späterer Praxis darstellt,[70] wird einhellig gesehen, dass diese Praxis allein nicht genügt, um die Auslegung bzw. den Inhalt eines Vertrages zu beeinflussen. Stattdessen muss sie auch vom Willen bzw. zumindest den korrespondierenden Meinungen der handelnden, zustimmenden oder duldenden Parteien gedeckt sein.[71] Nach diesem Willen bzw. diesen Mei-

---

[67] Harris, Cases and Materials on International Law, 7. Aufl. 2010, S. 678 f.; Jacobs, Varieties of Approach to Treaty Interpretation, ICLQ 18 (1969), 318, 328.

[68] Vgl. Dixon, Textbook on International Law, 7. Aufl. 2013, S. 75.

[69] Dies sollte nicht mit dem subjektiven Aspekt der späteren Praxis verwechselt werden, erdacht von Karl, Vertrag und spätere Praxis im Völkerrecht, 1983, S. 127 ff., 143 ff.; siehe dazu unten, B. III. 2. a).

[70] Seinerseits nicht zu verwechseln mit dem „objektiven Aspekt", ebd., S. 164 ff; siehe unten, B. III. 2. b).

[71] Vgl. statt vieler IGH, Kasikili/Sedudu Islands (Botswana v. Namibia), ICJ Reports 1999, 1045, 1094; Karl, Vertrag und spätere Praxis im Völkerrecht, 1983, S. 190 ff.; McGinley, Practice as a Guide to Treaty Interpretation, Fletcher Forum 9 (1985), 211, 218.

nungen muss die Praxis auch auf den betroffenen Vertrag gerichtet sein.[72] Die Feinheiten dieses subjektiven Elements sollen an anderer Stelle[73] eingehend untersucht werden. Für die Arbeitsdefinition ist lediglich das Erfordernis eines solchen zu konstatieren, wie es für die Auslegung in Art. 31 Abs. 3 lit. b WVK durch das Tatbestandsmerkmal „Übereinstimmung der Vertragsparteien" *(agreement of the parties)* zum Ausdruck kommt.

Ein wichtiger Grundsatz, der in Art. 31 Abs. 3 lit. b WVK angedeutet wird, besagt, dass die Übereinstimmung *aller* Vertragsparteien erforderlich ist, um die Auslegung im Sinne dieser Norm zu beeinflussen.[74] Das ist eine Regel, die erst recht für eine Vertragsänderung gelten muss, da es sich ja um den intensiveren Eingriff in die originäre Vertragsintegrität handelt. Für die Zwecke der Arbeitsdefinition sei jedoch an dieser Stelle lediglich angemerkt, dass die Geltung dieser Regel bezüglich Auslegung und insbesondere Änderung vor allem im Bereich der Internationalen Organisationen, die ja den zentralen Gegenstand dieser Arbeit bilden, angezweifelt und relativiert,[75] teilweise sogar völlig bestritten wird.[76]

---

72 Siehe oben, B. I. 2.

73 Siehe unten, B. III. 2. a), 3. c).

74 Die Streichung des Wortes „all" durch die ILC sollte nur klarstellen, dass nicht die Praxis aller Vertragsparteien erforderlich ist, sondern nur die Übereinstimmung aller Parteien mit der Praxis der aktiven unter ihnen: YBILC 1966 II, S. 222. Dies wurde von der ILC jüngst bestätigt: Draft Conclusion 9 Abs. 2, ILC Report on the work of its sixty-sixth session, UN Doc. A/69/10 (2014), 166, 170, 201 f.; Nolte, Second Report on subsequent agreements and subsequent practice in relation to the interpretation of treaties, UN Doc. A/CN.4/671 (2014), Rn. 59 ff. und trifft auf fast einhellige Zustimmung im Schrifttum: Gardiner, Treaty Interpretation, 2008, S. 235 f.; Linderfalk, On the Interpretation of Treaties, 2007, S. 167; Thirlway, The Law and Procedure of the International Court of Justice 1960-1989, BYIL 62 (1991), 1, 56; restriktiver Arato, Treaty Interpretation and Constitutional Transformation, Yale Journal of International Law 38 (2013), 289, 293.

75 Alvarez, International Organizations as Law-Makers, 2005, S. 87 ff.

76 Akehurst, The Hierarchy of the Sources of International Law, BYIL 47 (1974-1975), 273, 278; Amerasinghe, Principles of the institutional law of international organizations, 2. Aufl. 2005, S. 51 ff.; im Ergebnis tut dies auch der IGH in Certain Expenses, Advisory Opinion, ICJ Reports 1962, 151, 157 ff.; Namibia, Advisory Opinion, ICJ Reports 1971, 16, 22.

Dies wird ein zentrales Thema nicht nur des zweiten Teils, sondern der gesamten Arbeit sein.

7. *Concordant, common and consistent* und das siebte Definitionselement

Beim Studium von Literatur[77] und Rechtsprechung, vor allem der WTO-Spruchkörper (*Panels* und *Appellate Body*),[78] die sich mit späterer Praxis beschäftigen, stößt man häufig auf die Formulierung, spätere Praxis müsse *concordant, common and consistent* sein.

Man könnte sich also die Frage stellen, ob es sich hierbei um weitere Definitionselemente handelt, die zu den bereits vorhandenen hinzugefügt werden müssen. Zumindest was *concordant* und *common* angeht, kann dies ohne große Begründungsschwierigkeiten negiert werden. *Concordant* oder einträchtig bedeutet nichts anderes, als dass unter den Parteien ein Konsens bezüglich der Auslegung (oder Änderung) herrschen muss.[79] Es handelt sich also lediglich um eine andere Umschreibung für das subjektive Element der späteren Praxis, also für die Übereinkunft *(agreement)* der Parteien, d. h. das sechste Definitionselement.[80] *Common* bedeutet bei richtigem Verständnis des Begriffs nur, dass alle Parteien der entsprechenden Praxis (möglicherweise auch konkludent oder schweigend) zugestimmt haben müssen.[81] Die Verwendung dieses Begriffes birgt ob seines natürlichen Wortsinnes sogar die Gefahr, dass, wenn er direkt auf die Praxis bezogen wird *(common practice)*, das Missverständnis entsteht, dass eine von allen Parteien gemein-

---

77 Hafner, Subsequent Agreements and Practice: Between Interpretation, Informal Modification and Informal Amendment, in: Nolte (Hrsg.), Treaties and Subsequent Practice, 2013, S. 105, 112; Gardiner, Treaty Interpretation, 2008, S. 227 f.; Sinclair, The Vienna Convention on the Law of Treaties, 2. Aufl. 1984, S. 137.

78 WTO Appellate Body, Japan – Alcoholic Beverages II, 4.10.1996, WT/DS8/AB/R, WT/DS10/AB/R, WT/DS11/AB/R, 11.

79 Hafner, Subsequent Agreements and Practice: Between Interpretation, Informal Modification and Informal Amendment, in: Nolte (Hrsg.), Treaties and Subsequent Practice, 2013, S. 105, 112.

80 Siehe oben, B. I. 6.

81 Siehe oben, ebd.

sam ausgeübte Praxis erforderlich sei und eine bloße Zustimmung nicht ausreiche.[82]

Lediglich dem Bedeutungsgehalt des Begriffs *consistent* kann eine eigenständige Bedeutung zukommen. Er besagt, dass eine uneinheitliche, wechselnde und wankelmütige Praxis nur einen geringen bis gar keinen Aussagegehalt besitzt.[83] Die spärliche Rechtsprechung zu diesem Thema ist vordergründig uneinheitlich. Das Urteil des IGH im Fall *U.S. Nationals in Morocco*, welches sich mit der Problematik befasst, postuliert indirekt ein solches Konsistenzerfordernis.[84] Andererseits berücksichtigte der IGH in seiner *Wall Opinion* bei der Auslegung von Art. 12 SVN eine Praxis des Sicherheitsrats und der Generalversammlung, die sich in wenigen Jahren völlig gewandelt hatte.[85] Vorläufig soll das Augenmerk lediglich auf die Rolle der Konsistenz der in diesem Gutachten berücksichtigten Praxis gerichtet werden. Die Praxis beider Organe gestaltete sich nach der Gründung der UN dahingehend, dass die Generalversammlung es ablehnte, sich mit einer Angelegenheit zu befassen, solange der Sicherheitsrat damit beschäftigt war; gleichzeitig entfernte der Sicherheitsrat oftmals Fälle von seiner Agenda, um eine Befassung der Generalversammlung zu ermöglichen. Aber schon 1961 wandelte sich diese Praxis mit den Resolutionen 1955 (XV) und 1600 (XVI) der Generalversammlung. Seitdem stellte der IGH eine „zunehmende Tendenz" beider Organe fest, gleichzeitig zu handeln.[86]

Eine solche Praxis kann man in der Tat als inkonsistent bezeichnen. Daraus lässt sich jedoch nicht die generelle Schlussfolgerung ziehen, dass der IGH grundsätzlich auch eine inkonsistente Praxis berücksichtigen

---

82 Dem wurde bereits oben mit der einhelligen Meinung entgegengetreten: siehe oben, ebd., insbesondere Fn. 74.

83 Vgl. Hafner, Subsequent Agreements and Practice: Between Interpretation, Informal Modification and Informal Amendment, in: Nolte (Hrsg.), Treaties and Subsequent Practice, 2013, S. 105, 112: „ [...] must be a conduct that reflects a certain given pattern of state acts over a certain period of time."

84 IGH, US Nationals in Morocco (France v. USA), ICJ Reports 1952, 176, 211; siehe auch IGH, Competence of Admission, Advisory Opinion, ICJ Reports 1950, 4, 9: „The organs [...] have consistently interpreted the text in the sense that [...]."; dies wurde in Certain Expenses, Advisory Opinion, ICJ Reports 1962, 151, 157 aufgegriffen.

85 IGH, Wall, Advisory Opinion, ICJ Reports 2004, 136, 149 ff.

86 Ebd., 149.

würde, um sein Auslegungsergebnis zu begründen. Die Praxis zu Art. 12 SVN, die der Gerichtshof betrachtete, weist nämlich die Besonderheit auf, dass sie erst in die eine Richtung wies, sich dann aber über einen Zeitraum von vierzig Jahren kontinuierlich in die andere Richtung entwickelte. Die betrachtete Praxis war also nicht in dem Sinne uneinheitlich, dass mehr oder weniger willkürlich in manchen Fällen eine Entscheidung, in anderen Fällen eine andere Entscheidung getroffen wurde. Vielmehr beschäftigten sich beide Organe seit 1961 immer häufiger gleichzeitig mit derselben friedens- und sicherheitsrelevanten Angelegenheit und der IGH konnte wie angemerkt diesbezüglich eine „zunehmende Tendenz" feststellen.[87] Wenn ein solcher Trend vorliegt, kann das dafür sprechen, eine ausreichend konsistente Praxis anzunehmen, wie es der IGH im geschilderten Gutachten im Ergebnis getan hat. Jedenfalls lässt sich das erörterte Gutachten des IGH nicht gegen ein Konsistenzerfordernis anführen, sondern allenfalls für eine Anwendung mit Augenmaß.

Dabei ist zuzugeben, dass der Begriff *consistent* einige Abgrenzungsschwierigkeiten aufwirft und seinerseits ein sehr offener Begriff mit einem großen Auslegungsspielraum ist. Er könnte bloße Freiheit von Widersprüchen fordern oder eine Vielzahl von inhaltlich deckungsgleichen Akten. Ist Ersteres gemeint, stellt sich die Frage, bis wann eine bloße Abwandlung vorheriger Akte für eine andere Fallkonstellation und ab wann ein Widerspruch vorliegt. Ist Letzteres gemeint, ist unklar, wie viele solcher Akte mindestens zu verlangen sind, damit eine konsistente Praxis vorliegt. Überdies findet der Begriff *consistent* in Art. 31 Abs. 3 lit. b WVK keine ausdrückliche Erwähnung.

Ein solches Erfordernis bewegt sich jedoch keinesfalls jenseits der in Art. 31 WVK festgelegten Grundsätze. Denn nur aus einer konsistenten, einheitlichen und damit aussagekräftigen Praxis kann die Übereinstimmung der Parteien über die Auslegung (und erst recht die Änderung) eines Vertrages hinreichend sicher gefolgert werden,[88] die ein

---

[87] Ebd.

[88] Dörr, in: Dörr/Schmalenbach (Hrsg.), Vienna Convention on the Law of Treaties, 2012, Art. 31 Rn. 79; vgl. Karl, Vertrag und spätere Praxis im Völkerrecht, 1983, S. 196, der dies aber nur für eine Vertragsgestaltung/Vertragsänderung als zwingend erforderlich betrachtet; vgl. Sinclair, The Vienna Convention on the Law of Treaties, 2. Aufl. 1984, S. 137.

zentrales Tatbestandsmerkmal von Art. 31 Abs. 3 lit. b WVK darstellt.[89] Das Konsistenzerfordernis ist also ein siebtes Definitionselement der späteren Praxis, das jedoch sehr eng mit dem sechsten Charakteristikum – der Übereinstimmung der Parteien bzw. dem subjektiven Element – verbunden ist.

Im Zusammenhang mit dem Konsistenzerfordernis steht die Frage nach der Bedeutung eines einmaligen Aktes für die Auslegung oder gar Änderung, z. B. einer einzelnen Resolution eines Organs. Diese Frage ist in Literatur und Rechtsprechung umstritten. Internationale Gerichte haben in zwei Fällen einen einmaligen Akt zumindest für auslegungsrelevant erachtet, nämlich der StIGH in *European Commission of the Danube*[90] und der IGH in seiner *IMCO Advisory Opinion.*[91] Dabei haben sie sich aber nicht ausdrücklich mit dieser Frage auseinandergesetzt, sondern einfach den jeweiligen Akt bei der Auslegung berücksichtigt.

Nach einer Ansicht kann schon begrifflich nur eine Abfolge von Akten eine Praxis konstituieren.[92] *Gardiner* z. B. sieht dies als wesentliches Unterscheidungskriterium zu *subsequent conduct*, für ihn die Vorstufe von bzw. der Oberbegriff für *subsequent practice*, die nicht die Voraussetzungen des Art. 31 Abs. 3 lit. b WVK erfüllt.[93] Nach anderer Auffassung spricht nichts dagegen, dass auch ein einzelner, isolierter Anwendungsakt eine entsprechende Übereinkunft der Parteien zumindest über die Auslegung widerspiegelt.[94]

---

[89] Siehe oben, B. I. 6.

[90] StIGH, European Commission of the Danube, PCIJ Series B, No. 14 (1927), 57 f.

[91] IGH, IMCO, Advisory Opinion, ICJ Reports 1960, 150, 168.

[92] Gardiner, Treaty Interpretation, 2008, S. 230 f.; Sinclair, The Vienna Convention on the Law of Treaties, 2. Aufl. 1984, S. 137.

[93] Gardiner, Treaty Interpretation, 2008, S. 230; dieser Terminologie soll allerdings nicht gefolgt werden, denn sie birgt in Anbetracht der Rechtsprechung des IGH, der oftmals *subsequent conduct* synonym mit *subsequent practice* gebraucht, beträchtliche Unsicherheiten.

[94] ILC Report on the work of its sixty-sixth session, UN Doc. A/69/10 (2014), 166, 196; nach der ILC, Draft Conclusion 8 Abs. 2, ebd. 169 ist es aber durchaus für die Bedeutung von Praxis im Auslegungsvorgang von Belang, ob und ggf. wie oft sie wiederholt wurde; vgl. Amerasinghe, Interpretation of Texts in open International Organizations, BYIL 65 (1994), 175, 199; Karl, Vertrag

In der Tat ist den Verfechtern der Beschränkung auf wiederholte Anwendungsakte zuzugestehen, dass diese dem soeben bejahten Konsistenzerfordernis besser gerecht wird und eindeutigere Rückschlüsse auf die Übereinkunft bzw. die Rechtsauffassung der Parteien zulässt. So kann man in der Tat fragen, was vom Konsistenzerfordernis übrig bleibt, wenn man eine Praxis, die sich in einem einmaligen Vorgang erschöpft, als ausreichend konsistent erachtet. Weiterhin impliziert allein der Begriff Praxis bereits eine Abfolge von mehreren gleichförmigen Akten. Die Betonung liegt aber auf „impliziert", und so schließt die natürliche und gewöhnliche Wortbedeutung des Art. 31 Abs. 3 lit b WVK die Berücksichtigung eines einmaligen Anwendungsaktes nicht aus.

Einem solch engen Verständnis des Konsistenzerfordernisses ist vielmehr entgegenzuhalten, dass auch eine einmalige Handlung, wenn sie nur eindeutig und aussagekräftig genug ist, geeignet ist, einen Rückschluss auf eine entsprechende Übereinstimmung der Vertragsparteien zuzulassen.[95] Vergleichbar ist der konkludente Abschluss eines völkerrechtlichen Vertrages durch einen einzigen Akt. Ein solcher ist schwer genug zu erkennen und wurde vom IGH bereits in alles andere als eindeutigen Fällen angenommen.[96] Es ist kein Grund ersichtlich, warum ein einmaliger Anwendungsakt, der lediglich eine konkludente Auslegungsvereinbarung begründet, anders behandelt werden sollte. Wenn ein solch einmaliger Akt den Willen der Parteien deutlich zum Ausdruck bringt, einer Vertragsbestimmung einen bestimmten Inhalt beizumessen, ist das Konsistenzerfordernis restriktiv auszulegen. Dann genügt es für eine spätere Praxis, dass die fragliche Handlung nicht im Widerspruch zu späteren Akten steht.

Ein weiteres Argument für die Relevanz einmaliger Vorgänge als spätere Praxis ist das bereits oben gefundene Ergebnis, dass auch ein Dulden

---

und spätere Praxis im Völkerrecht, 1983, S. 114; vgl. Lauterpacht, The Development of the Law of International Organization by the Decisions of International Tribunals, RdC 152 (1976-IV), 379, 457; Linderfalk, On the Interpretation of Treaties, 2007, S. 166; Nolte, Subsequent Agreements and Subsequent Practice of States Outside of Judicial or Quasi-judicial Proceedings, in: Nolte (Hrsg.), Treaties and Subsequent Practice, 2013, S. 307, 310 f.; vgl. Nolte, Second report on subsequent agreements and subsequent practice in relation to the interpretation of treaties, UN Doc. A/CN.4/671 (2014), Rn. 44 ff.

[95] Linderfalk, On the Interpretation of Treaties, 2007, S. 166.

[96] Vgl. IGH, Qatar v. Bahrain, Jurisdiction and Admissibility, ICJ Reports 1994, 112, 122.

bzw. Unterlassen eine solche Praxis konstituieren kann.[97] Es wäre widersprüchlich, einem Unterlassen Auslegungsrelevanz oder sogar ein Änderungspotenzial zuzusprechen und dies bei einer einmaligen aktiven Handlung abzulehnen.

Abschließend ist festzuhalten, dass ein Konsistenzerfordernis grundsätzlich zu bejahen ist, dass es aber nur mit Einschränkungen gilt. So kann eine nicht ganz einheitliche Praxis, die aber eine klare inhaltliche Entwicklungstendenz für ein bestimmtes Auslegungsergebnis aufweist, genügen; und auch eine Praxis, die sich in einem einmaligen Vorgang erschöpft, kann zumindest auslegungsrelevante spätere Praxis darstellen. Dem Konsistenzerfordernis ist dann schon genüge getan, wenn keine anderweitige Praxis existiert, die ein anderes Auslegungsergebnis impliziert.

8. Andere Definitionsversuche

Andere Definitionsansätze sollen nicht verschwiegen werden. So bezeichnet *Linderfalk* spätere Praxis als „output of a treaty".[98] Er selbst räumt ein, dass es sich dabei u.U. um einen zu einfachen und zu kurzen Definitionsversuch handeln könnte.[99] Gegen diese Kurzdefinition spricht in der Tat, dass sie nicht alle soeben erörterten Definitionselemente umfasst. Es dürften zwar Handlungen und Unterlassungen mit dem vermutlich nur unwesentlich weiteren Begriff *output* abgedeckt sein. Auch die Vertragsbezüglichkeit wird mit *of a treaty* hinreichend deutlich. Aber schon das Erfordernis, dass die Praxis direkt oder indirekt von allen oder zumindest einer kritischen Zahl der Vertragsparteien in ihrer Eigenschaft als Rechtssetzer stammen muss, kommt damit nicht genügend zum Ausdruck. Auch einseitige Auslegungserklärungen, Vorbehalte, innerstaatliche Umsetzungsakte, Vollzugsakte auf unterer Verwaltungsebene usw. gehören strenggenommen zum *output* eines Vertrags. Dies deutet bereits darauf hin, dass die internationale Ebene und das subjektive Element ebenfalls fehlen. *Linderfalk* hatte, wie er implizit zum Ausdruck bringt, wahrscheinlich auch nicht den

---

97 Siehe oben, B. I. 1.

98 Linderfalk, On the Interpretation of Treaties, 2007, S. 165.

99 Ebd.

Anspruch, eine trennscharfe Definition zu liefern. Er selbst erkennt im weiteren Verlauf seiner Ausführungen die meisten der geschilderten Elemente an.[100] Was ihm aber gelungen ist, ist eine anschauliche Erläuterung und Illustration sowie Kurzbeschreibung des Phänomens spätere Praxis.

Es existieren noch weitere Definitionsansätze, die Teilaspekte der hier erarbeiten Definition aus einem anderen Blickwinkel betrachten, die aber kaum zu unterschiedlichen Ergebnissen führen dürften. Beispielhaft sei *Gardiner* genannt, der englische Wörterbücher zu Rate zieht, um zu bestimmen, was Praxis i.S.v. Art. 31 Abs. 3 lit. b WVK bedeutet.[101] Betrachtet man Art. 31 Abs. 1 WVK und dessen *natural and ordinary meaning rule*, so handelt es sich dabei um eine legitime Vorgehensweise, die jedoch wie jede Auslegungsmethode keinen Absolutheitsanspruch erheben kann. Die Ergebnisse dieser Recherche sind „action", „doing something", „habitual doing or carrying on of something" und „customary and constant action."[102] Daraus leitet *Gardiner* ab, bei späterer Praxis handele es sich um „what can be shown to have been done systematically or repeatedly in implementation and application of a treaty."[103] Bis auf die Betonung des Konsistenzerfordernisses, dessen grundsätzliche Richtigkeit bei gleichzeitigem Relativierungsbedarf bereits ausführlich dargelegt wurde,[104] enthält diese Definition aber keine abweichenden Erkenntnisse.

Auch eine Aufzählung der verschiedenen Erscheinungsformen von späterer Praxis, wie sie ebenfalls bei *Gardiner*[105] und anderen[106] erfolgt, vermag nur eine annähernde Beschreibung der Entäußerungen des

---

[100] Ebd., S. 165 ff.

[101] Gardiner, Treaty Interpretation, 2008, S. 226.

[102] Shorter English Dictionary, 1973, zitiert nach Gardiner, Treaty Interpretation, 2008, S. 226.

[103] Gardiner, Treaty Interpretation, 2008, S. 226.

[104] Siehe oben, B. I. 7.

[105] Ebd., S. 227, mit einem ausführlichen Zitat Brownlies, in dem dieser die Erscheinungsformen von Staatenpraxis, die Völkergewohnheitsrecht konstituiert, auflistet.

[106] McGinley, Practice as a Guide to Treaty Interpretation, Fletcher Forum 9 (1985), 211, 212 f.

Konzeptes spätere Praxis in der Realität und somit eine Illustration zu leisten, aber keine umfassende Definition.

Vorzugswürdig ist somit die hier erarbeitete Definition: Spätere Praxis meint *konsistente, vertragsbezügliche Handlungen oder Unterlassungen der Vertragsparteien oder von Vertragsorganen auf internationaler Ebene, welche die gemeinsamen subjektiven Vorstellungen der Parteien über die Auslegung oder den Inhalt des Vertrags widerspiegeln.*

II. Spätere Praxis im Kontext der Auslegung völkerrechtlicher Verträge gem. Art. 31 und 32 WVK

Art. 31 Abs. 3 lit. b WVK kann bei einer komplexen, von zahlreichen Faktoren bestimmten Operation wie der Auslegung keinesfalls isoliert betrachtet werden. Die Auslegung im Lichte der späteren Praxis ist in ihrer Eigenschaft als spezifisch völkerrechtliche Interpretationsmethode in das System der klassischen Auslegungsmethoden einzuordnen. Gleichzeitig steht sie im (Spannungs-)Verhältnis zu anderen Konzepten wie der dynamischen Auslegung[107] und der Lehre von den *implied powers*.[108] Sie weist Schnittmengen mit und Abgrenzungsprobleme zu den späteren Übereinkünften gem. Art. 31 Abs. 3 lit. a WVK,[109] zur systematischen Integration gem. Art. 31 Abs. 3 lit. c WVK und zu den subsidiären Auslegungsmethoden, die in Art. 32 WVK niedergelegt sind, auf.

---

[107] Vgl. IGH, Costa Rica v. Nicaragua, ICJ Reports 2009, 213, 242 f.; Sep. Op. Skotnikov, ebd., 283, 284 f.; Nolte, Jurisprudence of the International Court of Justice and Arbitral Tribunals of Ad Hoc Jurisdiction Relating to Subsequent Agreements and Subsequent Practice, in: Nolte (Hrsg.), Treaties and Subsequent Practice, 2013, S. 169, 185.

[108] Siehe dazu näher unten, C. V.; vgl. Alvarez, International Organizations as Law-Makers, 2005, S. 92 ff.

[109] Karl, Vertrag und spätere Praxis im Völkerrecht, 1983, S. 191; Linderfalk, On the Interpretation of Treaties, 2007, S. 170; Orakhelashvili, The Interpretation of Acts and Rules in Public International Law, 2008, S. 355.

1. Der Auslegungsvorgang nach der WVK als *single combined operation*

Drei Grundfragen der Auslegung sind eng miteinander verbunden und für die Rolle von späterer Praxis besonders relevant: Gibt es eine Hierarchie der Auslegungsmethoden? Existiert ein einziges, objektiv richtiges Auslegungsergebnis, auf das verschiedene Interpreten unabhängig voneinander kommen müssen? Wie verhält sich eine authentische Auslegung – insbesondere durch die Praxis der Vertragsparteien – zu diesen Fragen?

Der Wortlaut von Art. 31 WVK enthält keinerlei Hinweise auf eine allgemeine Hierarchie der Auslegungsmethoden Wortlaut, Telos und Kontext.[110] Solche Hinweise finden sich auch nicht in der Rechtsprechung des IGH. Zwar hat der Gerichtshof in verschiedenen Urteilen die Auslegung nach dem Wortlaut besonders hervorgehoben oder exklusiv zur Anwendung gebracht.[111] Ein Bekenntnis zur Hierarchie lässt sich daraus aber nicht ableiten. Es gibt auch keine ausreichenden Hinweise dafür, dass sich eine solche Hierarchie aus dem Völkergewohnheitsrecht ergeben könnte. Richtig ist lediglich, dass der Wortlaut der logische Ausgangspunkt einer jeglichen Auslegung ist[112] und ihm somit, wenn auch kein theoretischer, so doch ein faktischer Vorrang zukommt: Jeder Interpret betrachtet zunächst den Wortlaut, versucht seine Bedeutung zu erfassen und stellt sich erst danach die Frage, ob die herausdestillierten Tatbestandsmerkmale und Rechtsfolgen in Anbetracht von Sinn und Zweck der Norm sowie ihrer systematischen Umgebung bestehen können. Im Übrigen unterscheiden sich die verschiedenen Regime des Völkerrechts viel zu sehr, um immer den gleichen Auslegungsmethoden für jede Art von Regime Vorrang einzuräumen. So wird z. B. der Telos bei der Auslegung des Gründungsvertrags einer Internationalen Organisation häufig eine wichtigere Rolle spielen als bei

---

[110] Moloo, When Actions Speak Louder Than Words, Berkeley Journal of International Law 31 (2013), 39, 43; Nolte, Introduction, in: Nolte (Hrsg.), Treaties and Subsequent Practice, 2013, S. 1, 2.

[111] IGH, Libya v. Chad, ICJ Reports 1994, 6, 21; Legality of the Use of Force (Serbia and Montenegro v. Belgium), Preliminary Objections, ICJ Reports 2004, 279, 318.

[112] V. Arnauld, Völkerrecht, 2. Aufl. 2014, Rn. 224 f.; Heintschel v. Heinegg, in: Ipsen (Hrsg.), Völkerrecht, 6. Aufl. 2014, § 12 Rn. 12; Villiger, Commentary on the 1969 Vienna Convention on the Law of Treaties, 2009, Art. 31 Rn. 9.

der Interpretation einer Bestimmung in einem bilateralen Grenzvertrag.[113]

Etwas anderes gilt freilich für die *travaux préparatoires* und die in Art. 31 WVK nicht aufgezählten Auslegungsmethoden. Diese treten gem. Art. 32 WVK hinter die des Art. 31 WVK zurück und sind nur bestätigend zu berücksichtigen oder dann, wenn Art. 31 WVK die Bedeutung im Dunkeln lässt bzw. zu einem eindeutigen, aber unvernünftigen Resultat führt. Diese Einschränkung dürfte angesichts des prägenden Einflusses der WVK auf die Völkerrechtspraxis und einer entsprechenden Tendenz in der internationalen Rechtsprechung inzwischen auch völkergewohnheitsrechtlich gelten.[114]

Wenn es aber keine eindeutige Hierarchie gibt, ist gleichzeitig auch schwer vorstellbar, dass für jedes Auslegungsproblem eine eindeutige Lösung existiert, zu der alle Interpreten unabhängig voneinander kommen müssten.[115] Es ist zwar eine verlockende Vorstellung, dass die Anwendung des Völkerrechts in so einheitlichen Bahnen verläuft. Dies ist jedoch angesichts der in völkerrechtlichen Verträgen üblichen langen Verhandlungsprozesse, die oftmals zu unbestimmten Formelkompromissen führen sowie aufgrund der zahlreichen Auslegungsinstanzen, die unterschiedlicher nicht sein könnten,[116] nicht mehr als eine Idealvorstellung. Das Völkerrecht funktioniert in wesentlichen Aspekten dezentral (dezentrale Rechtssetzung, dezentrale Rechtsdurchsetzung) und auch bei der Auslegung muss man sich damit abfinden, dass es zahlreiche verschiedene Akteure gibt, die das Vertragsrecht in unterschiedlichen Zusammenhängen unterschiedlich zur Anwendung bringen, ohne dass dies in einem vollends anarchischen System endet.

---

[113] Sato, Evolving Constitutions of International Organizations, 1996, S. 231.

[114] Vgl. Villiger, Commentary on the 1969 Vienna Convention on the Law of Treaties, 2009, Art. 32 Rn. 13.

[115] Aust/Rodiles/Staubach, Unity or Uniformity?, LJIL 27 (2014), 75, 83; vgl. Gardiner, Treaty Interpretation, 2008, S. 6 f.; Linderfalk, On the Interpretation of Treaties, 2007, S. 4 f., 373 f., Linderfalk bezeichnet das treffend als die „one-right-answer-thesis."

[116] Staaten, internationale Gerichte, Schiedsgerichte, Organe Internationaler Organisationen, Vertragsorgane, Völkerrechtswissenschaftler – um nur die völkerrechtlich anerkannten Interpreten zu nennen.

Der Auslegungsprozess ist vielmehr mit *Sir Humphrey Waldock* als eine „single combined operation" zu betrachten,[117] in der alle Auslegungsmethoden teils konsekutiv, teils simultan zusammenfließen und in einem nur durch die verbindlichen Auslegungsregeln begrenzten, aber ansonsten freien, hermeneutischen Gewichtungsprozess zu einer Synthese gebracht werden. Nur dies ermöglicht es dem Interpreten, mit der gebotenen Flexibilität zu einer Lösung zu kommen, welche dem jeweiligen Vertragsregime und den Umständen des Einzelfalls angemessen ist.

Wenn es nun aber eine Hierarchie der Auslegungsmethoden in Art. 31 WVK grundsätzlich nicht gibt, genauso wenig wie ein einzig richtiges Ergebnis der Auslegung, was bedeutet dies dann für ein so essenzielles Konzept des Rechts der Verträge wie die authentische Auslegung, also die verbindliche Auslegung durch die Vertragsparteien selbst? Diese Frage ist gerade für eine Untersuchung, die sich der späteren Praxis widmet, von besonderer Relevanz. Denn die Auslegung in ihrem Licht wird ebenso wie die Auslegung anhand späterer Übereinkünfte in Art. 31 Abs. 3 lit. a WVK von vielen Stimmen mit authentischer Auslegung gleichgesetzt.[118] Ob authentische Auslegung letztlich grenzenlos ist und faktisch einer Vertragsänderung gleichkommt, ist eine Frage, die noch an anderer Stelle zu beantworten sein wird.[119] Hier soll nur interessieren, wie eine u.U. authentische und verbindliche Auslegung durch die Praxis der Vertragsparteien in das gewissermaßen ergebnisoffene, nicht-hierarchische System der *single combined operation* einfließen kann, ohne es vollständig zu verdrängen.[120]

---

[117] YBILC 1966 II, 219; ILC Draft Conclusion 1 Abs. 5, ILC Report on the work of its sixty-fifth session, UN Doc. A/68/10 (2013), 9, 11; French, Treaty Interpretation and the Incorporation of Extraneous Legal Rules, ICLQ 55 (2006), 281, 301; Heintschel v. Heinegg, in: Ipsen (Hrsg.), Völkerrecht, 6. Aufl. 2014, § 12 Rn. 12.

[118] YBILC 1966 II, 221 f.; differenziert ILC Draft Conclusion 2, ILC Report on the work of its sixty-fifth session, UN Doc. A/68/10 (2013), 9, 12, 22; Heintschel v. Heinegg, in: Ipsen (Hrsg.), Völkerrecht, 6. Aufl. 2014, § 12 Rn. 2; Köck, Vertragsinterpretation und Vertragsrechtskonvention, 1976, S. 44; Villiger, Commentary on the 1969 Vienna Convention on the Law of Treaties, 2009, Art. 31 Rn. 16.

[119] Siehe unten, B. III. 3. a) aa) (4)-(6).

[120] Vgl. Bos, Theory and Practice of Treaty Interpretation, NILR 27 (1980), 135, 145.

Zumindest, was die Ergebnisoffenheit betrifft, ist die Antwort einfach: Dass eine bestimmte Auslegung verbindlich ist, bedeutet nicht, dass sie auch das einzige mögliche Auslegungsergebnis beinhaltet. Schwieriger ist die Frage zu beantworten, ob durch authentische Auslegung nicht doch eine Hierarchie der Auslegungsmethoden geschaffen wird, die Art. 31 Abs. 3 lit. b WVK grundsätzlich Vorrang vor den anderen Auslegungsmethoden in Art. 31 WVK einräumt. Richtig ist, dass nach dem geltenden Völkerrecht das Ergebnis einer authentischen Auslegung Vorrang vor allen anderweitig erzielten Auslegungsergebnissen hat.[121] Eine Auslegung, die von den Parteien, also den Schöpfern des Vertrages stammt, kann nicht von vertragsferneren Akteuren konterkariert werden, auch nicht unter Berufung auf die übrigen Auslegungsmethoden des Art. 31 Abs. 3 WVK. Es ist jedoch keinesfalls zwingend, dass die Anwendung des Art. 31 Abs. 3 lit. b WVK immer die Berücksichtigung einer authentischen Auslegung bedeutet.[122]

So sieht es anscheinend auch der IGH: Zwar existieren mehrere Urteile, bei denen spätere Praxis entscheidungserheblich war und die anderen Gesichtspunkte der Auslegung weitgehend verdrängt hat.[123] In zahlreichen anderen Urteilen spielt spätere Praxis aber eine untergeordnete, unterstützende Rolle in der Argumentation des Gerichts.[124] Der aktuellste Beleg dafür, dass eine spätere Praxis der Vertragsparteien nach Ansicht des IGH nicht immer das Maß aller Dinge ist, ist der Fall *Costa Rica v. Nicaragua:* Dort zeigte der IGH die Möglichkeit einer späteren Praxis auf, entschied sich dann aber doch für eine dynamische Ausle-

---

[121] Linderfalk, On the Interpretation of Treaties, 2007, S. 170; Orakhelashvili, The Interpretation of Acts and Rules in Public International Law, 2008, S. 514; Reuter, Introduction to the law of treaties, 2. Aufl. 1995, Rn. 138.

[122] Karl, Vertrag und spätere Praxis im Völkerrecht, 1983, S. 194; Linderfalk, On the Interpretation of Treaties, 2007, S. 170; vgl. Nolte, Jurisprudence of the International Court of Justice and Arbitral Tribunals of Ad Hoc Jurisdiction Relating to Subsequent Agreements and Subsequent Practice, in: Nolte (Hrsg.), Treaties and Subsequent Practice, 2013, S. 169, 173 f.

[123] Z. B. IGH, Temple of Preah Vihear (Cambodia v. Thailand), ICJ Reports 1962, 6, 22 ff.; Namibia, Advisory Opinion, ICJ Reports 1971, 16, 22.

[124] IGH, Competence of Admission, Advisory Opinion, ICJ Reports 1950, 4, 8 f.; Border and Transborder Armed Actions (Nicaragua v. Honduras), Jurisdiction and Admissibility, ICJ Reports 1988, 69, 87 f.; Pulau Ligitan and Pulau Sipadan (Indonesia v. Malaysia), ICJ Reports 2002, 625, 665, 668.

gung, ohne weiter auf Art. 31 Abs. 3 lit. b einzugehen.[125] Authentische Auslegung errichtet also keine generelle Hierarchie der Auslegungsmethoden, auch nicht zugunsten von Art. 31 Abs. 3 WVK, sie schafft nur einen Vorrang für manche Interpretationsresultate im Einzelfall.

Eine ähnliche Auffassung vertritt neuerdings die ILC. Sie bezeichnet spätere Übereinkünfte und spätere Praxis als „authentic means of interpretation", was für sie jedoch nicht gleichbedeutend mit „authentic interpretation" ist.[126] Späteren Übereinkünften komme diese Qualität *„ipso facto"* zu, späterer Praxis jedoch nur, wenn sie „the common understanding of the parties as to the meaning of the terms [of the treaty]" widerspiegelt.[127] Dabei hält die ILC jedoch – insoweit abweichend von der hier vertretenen Auffassung – eine Auslegung mit dieser Qualität nicht grundsätzlich für verbindlich, sondern nur dann, wenn die Parteien dies eindeutig so beabsichtigten.[128] Im Übrigen besitze sie eine „specific authority" bzw. sei sie „more or less authoritative."[129]

Dieser Ansatz hat zwar den Vorteil, dass er bei Bestimmung der Interpretationsrelevanz späterer Übereinkünfte und Praxis noch differenzierter auf den Parteiwillen Rücksicht nehmen kann, indem er von drei Bedeutungsstufen ausgeht: spätere Praxis, die nicht das gemeinsame Verständnis der Parteien widerspiegelt; spätere Praxis und Übereinkünfte, bei denen das der Fall ist und die daher besonders autoritativ sind; schließlich spätere Praxis und Übereinkünfte, die eine als verbindlich gewollte Auslegungsübereinkunft der Parteien darstellen. Zweifelhaft ist jedoch, ob dieser Grad an Differenzierung erforderlich ist und welche Aussagekraft er besitzt. Denn wenn die Parteien so weit gehen, ein *subsequent agreement* nach Art. 31 Abs. 3 lit. a WVK zu schließen, das ausdrücklich ein bestimmtes Auslegungsergebnis vorzieht, sind kaum Konstellationen vorstellbar, in denen diesem Ergebnis nach ihrem Willen keine Verbindlichkeit zukommen soll. Bei späterer Praxis, die manchmal ähnlich, manchmal deutlich weniger aussagekräftig ist, sollte das Ergebnis nach den Umständen des Einzelfalls entweder eine au-

---

[125] IGH, Costa Rica v. Nicaragua, ICJ Reports 2009, 213, 242 f.

[126] ILC Report on the work of its sixty-fifth session, UN Doc. A/68/10 (2013), 9, 22.

[127] Ebd., 23.

[128] Ebd., 21 f.

[129] Ebd.

thentische, verbindliche Auslegung sein, oder aber eine einfache Auslegung, die im Rahmen der *single combined operation* zu gewichten ist. Das berücksichtigt den Parteiwillen mehr als ausreichend. Die ILC scheint sich der Unbestimmtheit des Konzeptes „authentic means of interpretation“ bewusst zu sein, wenn sie wenig konkret von „specific authority“ spricht, oder solche Praxis als „more or less authoritative“ bezeichnet.[130]

2. Verhältnis von *subsequent agreement* und *subsequent practice*

Besonders schwierig ist die Abgrenzung zwischen Art. 31 Abs. 3 lit. a und lit. b WVK, zwischen *subsequent agreement* und *subsequent practice*. Beide scheinen ähnliche Tatbestandsmerkmale aufzuweisen, und bei beiden kommt es letztendlich auf die Übereinkunft der Vertragsparteien über die Auslegung des Vertrages an. Überdies könnte man angesichts ihrer systematischen Stellung davon ausgehen, dass sie beide die gleichen Rechtsfolgen nach sich ziehen und eine ähnliche Rolle im völkerrechtlichen Auslegungskanon spielen. Daher verwundert es auch nicht, dass Stimmen in der Literatur existieren, die keinen substanziellen Unterschied zwischen beiden Auslegungsmethoden festzustellen vermögen.[131]

Auffällig ist, dass *subsequent practice* ständig in der internationalen Rechtsprechung erscheint[132] und ausführlich in der Literatur behandelt wird,[133] wohingegen die späteren Übereinkünfte ein Schattendasein

---

130 Ebd.

131 Orakhelashvili, The Interpretation of Acts and Rules in Public International Law, 2008, S. 355.

132 Statt vieler IGH, Temple of Preah Vihear, ICJ Reports 1962, 6 ff.; Certain Expenses, Advisory Opinion, ICJ Reports 1962, 151 ff.; Namibia, Advisory Opinion, ICJ Reports 1971, 16 ff.; Use of Nuclear Weapons, Advisory Opinion, ICJ Reports 1996, 66 ff.; Kasikili/Sedudu Island (Botswana v. Namibia), ICJ Reports 1999, 1045 ff.; Pulau Ligitan and Pulau Sipadan (Indonesia v. Malaysia), ICJ Reports 2002, 635 ff.; Costa Rica v. Nicaragua, ICJ Reports 2009, 213, 242.

133 Statt vieler Cot, La Conduite Subséquente des Parties à un Traité, RGDIP 70 (1966), 632 ff.; Distefano, La Pratique Subséquente des États Parties à un Traité, AFDI 40 (1994), 41 ff.; Karl, Vertrag und spätere Praxis im Völkerrecht,

führen. Die Debatte über die richtige Abgrenzung beider Institute dürfte einen Großteil der Literatur über *subsequent agreements* ausmachen.

Dabei haben sich im Wesentlichen vier Ansätze herauskristallisiert: *Linderfalk* verlangt für ein *subsequent agreement* das Vorliegen einer „intention to create law", die bei einer *subsequent practice* gerade nicht vorliege.[134] *Karl* unterscheidet bei der Parteiübereinkunft zwischen zwei Formen von Konsens, dem Willenskonsens (einer eindeutigen Willensübereinstimmung der Parteien) und dem Meinungskonsens (einem bloßen Meinungsgleichklang unterhalb dieser Schwelle, womöglich auch ohne kommunikative Interaktion).[135] Art. 31 Abs. 3 lit. a WVK beziehe sich nur auf einen Willenskonsens, wohingegen Art. 31 Abs. 3 lit. b WVK beide Formen des Konsenses abdecke. Lit. b umfasse jeden Parteikonsens, der sich in Form von Praxis äußere, während lit. a die reine Willensübereinstimmung, losgelöst von einer eventuellen Praxis, erfasse.[136] Nach der ILC, *Gardiner, Moloo, Nolte,* und *Orakhelashvili* soll es sich bei späteren Übereinkünften um ausdrückliche Auslegungsvereinbarungen handeln, wohingegen Art. 31 Abs. 3 lit. b WVK konkludente Auslegungsübereinkünfte der Parteien umfasse, die sich aus ihrer Praxis ableiten lassen würden.[137] *Bernhardt* hält sowohl

---

1983; Gardiner, Treaty Interpretation, 2008, S. 225 ff.; McGinley, Practice as a Guide to Treaty Interpretation, Fletcher Forum 9 (1985), 211 ff.

[134] Linderfalk, On the Interpretation of Treaties, 2007, S. 162, 170.

[135] Karl, Vertrag und spätere Praxis im Völkerrecht, 1983, S. 145 ff, besonders S. 147.

[136] Ebd., S. 191 ff., besonders S. 194.

[137] ILC Report on the work of its sixty-fifth session, UN Doc. A/68/10 (2013), 9, 34 f. – nach der ILC setzt eine spätere Übereinkunft nach Art. 31 Abs. 3 lit. a WVK einen „single common act" voraus, ebd., 34; Gardiner, Treaty Interpretation, 2008, S. 208 f., 222; Moloo, When Actions Speak Louder Than Words, Berkeley Journal of International Law 31 (2013), 39, 57 f.; Nolte, Jurisprudence of the International Court of Justice and Arbitral Tribunals of Ad Hoc Jurisdiction Relating to Subsequent Agreements and Subsequent Practice, in: Nolte (Hrsg.), Treaties and Subsequent Practice, 2013, S. 169, 174; vgl. Nolte, Subsequent Agreements and Subsequent Practice of States Outside of Judicial or Quasi-judicial Proceedings, in: Nolte (Hrsg.), Treaties and Subsequent Practice, 2013, S. 307, 309; Nolte, First report on subsequent agreements and subsequent practice in relation to treaty interpretation, UN Doc. A/CN.4/660 (2013), Rn. 74 ff.; Orakhelashvili, The Interpretation of Acts and Rules in Public International Law, 2008, S. 355.

spätere Übereinkünfte als auch die Übereinstimmung der Parteien, die durch spätere Praxis zum Ausdruck kommt, für informelle Auslegungsverträge, die sich lediglich nach der Art und Weise ihres Zustandekommens unterscheiden. Eine formelle Übereinkunft könne ihm zufolge nicht als *subsequent agreement* eingeordnet werden.[138]

Für *Bernhardts* Auffassung, dass Art. 31 Abs. 3 WVK nur informelle Übereinkünfte abdeckt, sprechen Bestimmungen wie Art. 30 und Art. 59 WVK, welche die Beziehung aufeinanderfolgender schriftlicher Verträge[139] ausführlich regeln.[140] In der Tat kann man berechtigterweise die Frage stellen, was denn der eigenständige Regelungsbereich von Art. 31 Abs. 3 lit. a WVK gegenüber diesen Bestimmungen wäre, wenn diese Norm ebenfalls den Einfluss eines späteren schriftlichen Vertrags i. S. d. WVK auf einen zuvor abgeschlossenen Vertrag über den gleichen Gegenstand regeln würde. Auf diese Frage gibt es aber eine Antwort: Ein *subsequent agreement* muss sich – anders als ein Vertrag gem. Art. 30, 59 WVK – mehr oder weniger explizit auf den vorigen Vertrag beziehen, ihn gleichsam zu seinem eigenen und einzigen Regelungsgegenstand machen. Es muss sich um eine Übereinkunft über die Auslegung des Vertrags handeln und nicht bloß um einen Vertrag über denselben materiellen Gegenstand. Daher ist auch durchaus eine geschriebene Übereinkunft, sogar ein neuerlicher völkerrechtlicher Vertrag i. S. v. Art. 2 Abs. 1 lit. a WVK denkbar, der unter Art. 31 Abs. 3 lit. a WVK fällt. Diese Sichtweise wird indirekt von der Rechtsprechung des IGH im Fall *Greenland and Jan Mayen* unterstützt, in dem dieser einen geschriebenen Vertrag von 1979 als potenzielles Hilfsmittel für die Auslegung eines Vertrags von 1965 in Erwägung zog,[141] dessen Berücksichtigung u. a. aber ablehnte, weil es keine ausdrückliche Bezugnahme des späteren Vertrages auf den früheren Vertrag gab.[142] Schließlich würde dies bedeuten, die Unterschiede zwischen späteren

---

[138] Bernhardt, Interpretation and Implied (Tacit) Modification of Treaties, ZaöRV 27 (1967), 491, 499.

[139] Vgl. Art. 2 Abs. 1 lit. a WVK.

[140] Vgl. Bernhardt, Interpretation and Implied (Tacit) Modification of Treaties, ZaöRV 27 (1967), 491, 499.

[141] Allerdings als *subsequent practice* und nicht als *subsequent agreement*, vgl. IGH, Greenland and Jan Mayen (Denmark v. Norway), ICJ Reports 1993, 38, 51.

[142] Ebd.

Übereinkünften und späterer Praxis zu verwischen. Eine Abgrenzung zwischen mündlichen, informellen Übereinkünften und Übereinkünften durch Praxis, die ja selbst mündlichen (oder gar schriftlichen) Charakter haben können, dürfte schwer fallen. Es sprechen somit gute Gründe gegen eine Beschränkung auf konkludente, nicht-förmliche Übereinkünfte.

Der Ansatz *Linderfalks* wird im wesentlichen mit zwei Argumenten begründet: Zum einen mit der Annahme, dass ein Anwender, wenn er spätere Praxis bei der Auslegung heranziehe, davon ausgehe, dass diese sich in logischer Übereinstimmung mit dem Vertrag befinde; zum anderen mit drei Beispielen aus der Schiedsgerichtsbarkeit,[143] mit denen *Linderfalk* allerdings lediglich zeigen kann, dass es Fälle späterer Praxis ohne einen Rechtssetzungswillen der Parteien gibt, jedoch nicht, dass solch ein Rechtssetzungswille eine Praxis i.S.d. Art. 31 Abs. 3 lit. b WVK stets ausschließt. Ohnehin ist die Wahl des Rechtssetzungswillens als Unterscheidungsmerkmal zwischen zwei verschiedenen Methoden der *Auslegung* begründungsbedürftig. Auslegung ist keine Rechtssetzung und wer auslegt, kann zumindest vordergründig keinen Rechtssetzungswillen haben. Zugegebenermaßen sind die Grenzen von Auslegung und Rechtsfortbildung im Völkerrecht alles andere als trennscharf,[144] was sich vor allem an der authentischen Auslegung zeigt. Doch selbst wenn man den Rechtssetzungswillen bei der authentischen Auslegung akzeptiert, ist es doch schwer nachzuvollziehen, warum von zwei Auslegungsmethoden, die in der WVK die gleiche systematische Stellung einnehmen und die beide grundsätzlich die Übereinstimmung aller Parteien voraussetzen, nur eine in einer authentischen Auslegung gipfeln kann. Auch dieser Auffassung treten daher grundlegende Bedenken entgegen.

Der Unterscheidung nach Willens- und Meinungskonsens nach *Karl* ist zu konzedieren, dass es in der Tat Unterschiede beim Grad der Über-

---

143 Linderfalk, On the Interpretation of Treaties, 2007, S. 171 ff.

144 YBILC 1966 II, 236; Bernhardt, Völkerrechtliche und verfassungsrechtliche Aspekte konkludenter Vertragsänderungen, in: Arndt (Hrsg.), Völkerrecht und deutsches Recht, FS Rudolf, 2001, S. 15, 17; Karl, Vertragsauslegung – Vertragsänderung, in: Schreuer (Hrsg.), Autorität und internationale Ordnung, 1979, S. 9, 26; Nolte, Jurisprudence of the International Court of Justice and Arbitral Tribunals of Ad Hoc Jurisdiction Relating to Subsequent Agreements and Subsequent Practice, in: Nolte (Hrsg.), Treaties and Subsequent Practice, 2013, S. 169, 180, 200.

einstimmung zwischen den Parteien gibt. So ist eine Situation, in der die Parteien direkt miteinander in Kontakt getreten sind, gar verhandelt oder eine Praxis gemeinsam verfolgt haben, von einer solchen zu unterscheiden, in der sie parallel, aber unabhängig voneinander – lediglich mit ähnlichen Vorstellungen – agieren.[145] Jedoch weist eine Unterscheidung nach solch subjektiven Kriterien ihrerseits Unsicherheiten auf. So wird sich häufig nicht genau bestimmen lassen, wie intensiv das Zusammenwirken der Parteien war und welches Maß der voluntativen Übereinstimmung einer Übereinkunft zugrunde liegt.

Daher sollten die maßgeblichen Abgrenzungspole die ausdrückliche und die konkludente Auslegungsvereinbarung durch Praxis sein. Eine Vereinbarung, die sich unmittelbar auf die Auslegung einer oder mehrerer Vertragsbestimmungen richtet, sei sie mündlich oder schriftlich getroffen, sollte als *subsequent agreement* kategorisiert werden, wohingegen eine konkludent durch Praxis getroffene Vereinbarung unter Art. 31 Abs. 3 lit. b WVK fallen muss.[146]

3. *Subsequent practice* und dynamische Auslegung

Weiterhin klärungsbedürftig ist das Verhältnis späterer Praxis und dynamischer Auslegung. Dieses Problem verdient besondere Aufmerksamkeit, weil beide Auslegungsmethoden ähnliche Auswirkungen auf den Vertrag zeitigen können, auf den sie Anwendung finden.[147] Beide

---

[145] Vgl. Karl, Vertrag und spätere Praxis im Völkerrecht, 1983, S. 147; vgl. ILC Report on the work of its sixty-sixth session, UN Doc. A/69/10 (2014), 166, 178.

[146] Gardiner, Treaty Interpretation, 2008, S. 208 f., 222; Nolte, Jurisprudence of the International Court of Justice and Arbitral Tribunals of Ad Hoc Jurisdiction Relating to Subsequent Agreements and Subsequent Practice, in: Nolte (Hrsg.), Treaties and Subsequent Practice, 2013, S. 169, 173 f.; Orakhelashvili, The Interpretation of Acts and Rules in Public International Law, 2008, S. 355.

[147] Vgl. IGH, Costa Rica v. Nicaragua, ICJ Reports 2009, 213, 242 f.; Sep. Op. Skotnikov, ebd., 283, 284 f.: Bei der Auslegung des Terminus *comercio* kamen die Mehrheit des Gerichtshofs und Richter Skotnikov in seinem Sondervotum auf den unterschiedlichen Wegen der dynamischen Interpretation und der Auslegung im Lichte der späteren Praxis zum identischen Ergebnis, dass dieser heutzutage auch Tourismus mit einschließt; Nolte, Jurisprudence of the International Court of Justice and Arbitral Tribunals of Ad Hoc Jurisdiction

haben sie das Potenzial, völkerrechtliche Verträge an gewandelte tatsächliche und rechtliche Realitäten anzupassen.[148]

In der internationalen Rechtsprechung finden sich zahlreiche Fallbeispiele, in denen dynamische Auslegung zur richterlichen Anwendung gekommen ist.[149] Die Rechtsprechung des EGMR zur evolutiven Auslegung der EMRK sticht diesbezüglich besonders hervor.[150]

a) Die drei Kategorien dynamischer Auslegung

Die Erscheinungsformen dynamischer bzw. evolutiver Auslegung lassen sich in drei Kategorien[151] einteilen, die freilich nicht strikt verstanden werden dürfen und viele Berührungspunkte sowie Schnittmengen aufweisen: Dynamisches Begriffsverständnis,[152] Wandlung der Rechts-

---

Relating to Subsequent Agreements and Subsequent Practice, in: Nolte (Hrsg.), Treaties and Subsequent Practice, 2013, S. 169, 184 f., 188.

148 Arato, Subsequent Practice and Evolutive Interpretation, The Law and Practice of International Courts and Tribunals 9 (2010), 443.

149 IGH, Namibia, Advisory Opinion, ICJ Reports 1971, 16, 31 f.; Aegean Sea Continental Shelf Case (Greece v. Turkey), ICJ Reports 1978, 3, 32 f.; Threat or Use of Nuclear Weapons, Advisory Opinion, ICJ Reports 1996, 226, 256 ff.; Gabcikovo-Nagymaros Project (Hungary v. Slovakia), ICJ Reports 1997, 7, 53 f., 67 f.; Costa Rica v. Nicaragua, ICJ Reports 2009, 213, 242 ff.

150 EGMR, Tyrer v. The United Kingdom, 25.4.1978, Series A, No. 26, Rn. 31; Marckx v. Belgium, 13.6.1979, Series A, No. 31, Rn. 41; Soering v. The United Kingdom, 7.7.1989, Series A, No. 161, Rn. 102; Loizidou v. Turkey, 23.3.1995, Series A, No. 310, Rn. 71; Austin and Others v. The United Kingdom, 15.3.2012, http://hudoc.echr.coe.int/sites/eng/pages/search.aspx?i=001-109581 (28.2.2015); dazu Bernhardt, Evolutive Treaty Interpretation, GYIL 42 (1999), 11 ff.

151 Vgl. für eine ähnliche Kategorienbildung: French, Treaty Interpretation and the Incorporation of Extraneous Legal Rules, ICLQ 55 (2006), 281, 284; Helmersen, Evolutive Treaty Interpretation, EJLS 6 (2013), 127, 147 f. (Unterscheidung zwischen evolutiver Auslegung und Art. 31 Abs. 3 lit. c WVK); McLachlan, The Principle of Systemic Integration and Article 31(3)(c) of the Vienna Convention, ICLQ 54 (2005), 279, 317.

152 Linderfalk, Doing the Right Thing for the Right Reason, ICLR 10 (2008), 109, 128 ff.

lage jenseits des auszulegenden Instruments (Art. 31 Abs. 3 lit. c WVK)[153] und Wandel seines Telos bzw. „emergent purpose.“[154]

aa) Dynamisches Begriffsverständnis

Die erste Kategorie ist das dynamische Begriffsverständnis, das man auch als den grammatikalischen Gesichtspunkt dynamischer Auslegung bezeichnen kann. Diesem Konzept liegt die Vorstellung zugrunde, dass in einem Vertrag bestimmte Begriffe verwendet werden, die von Natur aus offen gestaltet sind und somit bereits die Saat einer späteren Weiterentwicklung in sich tragen (*generic terms*).[155] Ein Beispiel aus der Rechtsprechung des IGH ist *Costa Rica v. Nicaragua* (Auslegung des Begriffs „objetos de comercio“).[156] Eine dynamische Auslegung dieser Termini findet dann statt, wenn sich das allgemeine Begriffsverständnis im Laufe der Zeit wandelt. Dies ist vor allem bei wissenschaftlichen, technischen und ökonomischen[157] Begriffen der Fall. Verschiedentlich wird dieser Modus evolutiver Auslegung auf den ursprünglichen Parteiwillen zurückgeführt, dem jeweiligen Begriff von Anfang einen offenen Charakter beizumessen.[158] *French* hat diese Kategorie evolutiver

---

[153] French, Treaty Interpretation and the Incorporation of Extraneous Legal Rules, ICLQ 55 (2006), 281 ff.; Koskenniemi, Fragmentation of International Law, Report of the Study Group of the International Law Commission, UN Doc. A/CN.4/L.682, S. 206 ff., 240 ff.; McLachlan, The Principle of Systemic Integration and Article 31(3)(c) of the Vienna Convention, ICLQ 54 (2005), 279 ff.

[154] Entwickelt von Fitzmaurice, The Law and Procedure of the International Court of Justice (1951-4), BYIL 33 (1957), 203, 208; aufgegriffen von Nolte, Jurisprudence of the International Court of Justice and Arbitral Tribunals of Ad Hoc Jurisdiction Relating to Subsequent Agreements and Subsequent Practice, in: Nolte (Hrsg.), Treaties and Subsequent Practice, 2013, S. 169, 182.

[155] Linderfalk, Doing the Right Thing for the Right Reason, ICLR 10 (2008), 109, 128 ff.

[156] IGH, Costa Rica v. Nicaragua, ICJ Reports 2009, 213, 243.

[157] Arato, Subsequent Practice and Evolutive Interpretation, The Law and Practice of International Courts and Tribunals 9 (2010), 443, 469; Conclusions of the work of the Study Group on the Fragmentation of International Law, http://legal.un.org/ilc/texts/1_9.htm (16.12.2014), Nr. 23.

Auslegung daher auch passend als „subjective evolution of meaning“ bezeichnet.[159]

bb) Art. 31 Abs. 3 lit. c WVK

Die zweite Kategorie der dynamischen Auslegung bezieht sich auf eine gewandelte Rechtslage und findet in Art. 31 Abs. 3 lit. c WVK ihren Ausdruck. Nach dieser Vorschrift ist bei der Auslegung jede in den Beziehungen zwischen den Vertragsparteien anwendbare und relevante Regel des Völkerrechts zu berücksichtigen. Dies lässt sich auch als rechtssystematischer Aspekt der evolutiven Auslegung beschreiben. Wann immer sich Regeln des Völkerrechts ändern, die zwischen den Parteien des auszulegenden Vertrags ebenfalls anwendbar sind (das können alle Rechtsquellen, also andere Verträge, Völkergewohnheitsrecht und allgemeine Rechtsgrundsätze sein[160]) und die für die jeweilige Auslegungsfrage Relevanz besitzen, kann dies die Auslegung eines Vertrags in eine andere Richtung als die herkömmliche lenken.

Dabei gibt es zwei Auslegungsprobleme des Art. 31 Abs. 3 lit. c WVK. Erstens stellt sich die Frage, was „zwischen den Parteien anwendbar“ bei völkerrechtlichen Verträgen bedeutet. Müssen alle Parteien des Primärvertrags[161] auch Parteien des Sekundärvertrags[162] sein,[163] oder ist Art. 31 Abs. 3 lit. c weniger strikt zu verstehen, sodass eine gewisse Parteienkongruenz ausreicht oder die Norm sich gar nur auf die Parteien

---

158 IGH, Costa Rica v. Nicaragua, ICJ Reports 2009, 213, 242; Arato, Subsequent Practice and Evolutive Interpretation, The Law and Practice of International Courts and Tribunals 9 (2010), 443, 444 f; Linderfalk, Doing the Right Thing for the Right Reason, ICLR 10 (2008), 109, 134.

159 French, Treaty Interpretation and the Incorporation of Extraneous Legal Rules, ICLQ 55 (2006), 281, 292.

160 Dörr, in: Dörr/Schmalenbach (Hrsg.), Vienna Convention on the Law of Treaties, 2012, Art. 31 Rn. 92; Villiger, Commentary on the 1969 Vienna Convention on the Law of Treaties, Art. 31 Rn. 25 m.w.N.

161 Des Vertrags, der auszulegen ist.

162 Des Vertrags, der bei der Auslegung herangezogen werden soll.

163 Linderfalk, Doing the Right Thing for the Right Reason, ICLR 10 (2008), 109, 112; McLachlan, The Principle of Systemic Integration and Article 31(3)(c) of the Vienna Convention, ICLQ 54 (2005), 279, 315.

eines konkreten Rechtsstreits bezieht?[164] Eine strikte Herangehensweise hat nämlich die auf den ersten Blick schwer verständliche Konsequenz, dass sich viele multilaterale Verträge vom sie umgebenden Vertragsrecht bei der Auslegung vollkommen entkoppeln könnten.[165] Allerdings wird man ein Begriffsverständnis, auf das sich manche Parteien des Primärvertrags im Sekundärvertrag geeinigt haben, kaum den übrigen Vertragspartnern im Wege der *systemic integration* aufzwingen können. Dies spricht für die restriktive Interpretation von Art. 31 Abs. 3 lit. c WVK, deren Konsequenzen man freilich durch einen differenzierteren Ansatz, wie *McLachlan* ihn verfolgt, abmildern kann. Wenn Hinweise darauf existieren, dass im Sekundärvertrag ein gemeinsames Begriffsverständnis aller Parteien des Primärvertrags zum Ausdruck gekommen ist, ist es in der Tat weniger zwingend, den Sekundärvertrag nicht zu berücksichtigen.[166] Ebenso möglich und mit dem Konsensprinzip sicherlich besser zu vereinbaren dürfte ein subsidiärer Rückgriff auf Art. 32 WVK sein, wenn die für Art. 31 Abs. 3 lit. c erforderliche Parteienkongruenz fehlt.[167]

Das zweite Problem ist intertemporaler Natur. Die Frage lautet, ob bei der Anwendung des Art. 31 Abs. 3 lit. c WVK auf das umgebende Recht zum Zeitpunkt der Auslegung oder zum Zeitpunkt, zu dem der Primärvertrag geschlossen wurde, zurückgegriffen werden sollte.[168] Neben zwei Ansichten, die sich für einen dieser beiden Zeitpunkte entscheiden, existiert eine vermittelnde Auffassung, welche die Entscheidung in jedem Einzelfall – je nach dem auszulegenden Primärvertrag – unterschiedlich treffen möchte.[169] Als Autorität für den früheren Zeit-

---

[164] French, Treaty Interpretation and the Incorporation of Extraneous Legal Rules, ICLQ 55 (2006), 281, 305.

[165] Marceau, WTO Dispute Settlement and Human Rights, EJIL 13 (2002), 753, 781; McLachlan, The Principle of Systemic Integration and Article 31(3)(c) of the Vienna Convention, ICLQ 54 (2005), 279, 314.

[166] Ebd., 315.

[167] Linderfalk, Doing the Right Thing for the Right Reason, ICLR 10 (2008), 109, 139.

[168] Koskenniemi, Fragmentation of International Law, Report of the Study Group of the International Law Commission, UN Doc. A/CN.4/L.682, S. 240 ff.

[169] Übersicht bei Linderfalk, Doing the Right Thing for the Right Reason, ICLR 10 (2008), 109, 113, m.w.N.

punkt, der zu einer statischen Auslegung führt, wird häufig die *doctrine of inter-temporal law* aus der *Island of Palmas Arbitration* angeführt, in welcher der alleinige Schiedsrichter *Max Huber* postulierte, dass eine rechtliche Tatsache nach dem ihrer Entstehung zeitgenössischen Recht beurteilt werden muss.[170] Dieses Prinzip war von Huber zwar nicht auf Fragen der Auslegung eines völkerrechtlichen Vertrags bezogen worden, wurde später allerdings gerade für diese herangezogen.[171] Für den späteren Zeitpunkt und ein dynamischeres Konzept hingegen hat sich der IGH in seiner *Namibia Advisory Opinion* entschieden: „Moreover, an international instrument has to be interpreted and applied within the framework of the entire legal system prevailing at the time of interpretation."[172] Dieses Problem stellt sich ähnlich beim zuletzt genannten grammatikalischen Aspekt der dynamischen Auslegung und lässt sich auf die Frage „Wortbedeutung zur Zeit des Vertragsschlusses oder zum Zeitpunkt der Auslegung?" fokussieren.

Es ist nicht die Aufgabe dieser Arbeit, die zentrale intertemporale Frage der dynamischen Auslegung einer Lösung zuzuführen. Eine strikt statische oder rein dynamische Herangehensweise vermag jedenfalls kaum zu befriedigen. Genauso wie der ursprüngliche Sinn eines Vertrags im Laufe der Zeit nicht jede Bedeutung verlieren kann, kann dieser auch nicht für alle Zeit festgeschrieben werden. Vieles hängt von Vertragstypus, Vertragstelos und den im Einzelnen zu interpretierenden Bestimmungen und den in diesen enthaltenen Begriffen ab.

cc) *Emergent purpose*

Die dritte Kategorie der dynamischen Auslegung ist schließlich die teleologische. Dieser Aspekt wurde erstmals von *Fitzmaurice* in der internationalen Rechtsprechung identifiziert und eingängig als *emergent*

---

[170] „[...] a juridical fact must be appreciated in the light of the law contemporary with it, and not of the law in force at the time when a dispute in regard to it arises or falls to be settled.", Island of Palmas Case (Netherlands, USA), 4.4.1928, UNRIAA Bd. II, 829, 845.

[171] Helmersen, Evolutive Treaty Interpretation, EJLS 6 (2013), 127, 145.

[172] IGH, Namibia, Advisory Opinion, ICJ Reports 1971, 16, 30.

purpose bezeichnet.[173] Er erkannte in ihr Tendenzen, eine Wandlung des Sinns und Zwecks völkerrechtlicher Verträge im Laufe der Zeit festzustellen. Dieses Konzept führt im Vergleich zur ersten, aber besonders zur zweiten Kategorie, zu einem Höchstmaß an richterlichem Ermessen, welches nur schwerlich von Seiten der Vertragsparteien – die ja immerhin in den meisten Fällen Schöpfer und primäre Adressaten der Verträge sind – eingehegt werden kann.

b) Das Verhältnis zwischen dynamischer Auslegung und späterer Praxis

Wie verhält sich die dynamische Auslegung nun generell zur späteren Praxis, und wie gestaltet sich ihr Verhältnis zur Praxis Internationaler Organisationen?

Was Art. 31 Abs. 3 lit. c WVK betrifft, so kann es zu Überschneidungen zwischen anderen in den Beziehungen zwischen den Vertragsparteien anwendbaren einschlägigen Völkerrechtssätzen und späterer Praxis kommen. Spätere Praxis kann auch durch den Abschluss neuer einschlägiger völkerrechtlicher Verträge entstehen,[174] die gleichzeitig über Art. 31 Abs. 3 lit. c WVK bei der Auslegung zu berücksichtigen wären.[175] Außerdem existieren Schnittmengen zwischen späterer Praxis und dem ebenfalls über Art. 31 Abs. 3 lit. c WVK in den Auslegungsvorgang einfließenden Völkergewohnheitsrecht. Spätere Praxis zu einem Vertrag kann in neuem vertragsbezüglichem Gewohnheitsrecht münden, das zugleich in den Anwendungsbereich von Art. 31 Abs. 3 lit. c WVK fallen kann.[176]

---

[173] Fitzmaurice, The Law and Procedure of the International Court of Justice, BYIL 28 (1951), 1, 8 (Fn. 2); Fitzmaurice, The Law and Procedure of the International Court of Justice 1951-4, BYIL 33 (1957), 203, 208.

[174] Wobei dann die Abgrenzung zu Art. 31 Abs. 3 lit. a WVK besonders schwierig wird: siehe dazu oben, B. II. 2.; vgl. IGH, Greenland and Jan Mayen (Denmark v. Norway), ICJ Reports 1993, 38, 51.

[175] Moloo, When Actions Speak Louder Than Words, Berkeley Journal of International Law 31 (2013), 39, 44 f.

[176] Akehurst, The Hierarchy of Sources in International Law, BYIL 47 (1974-75), 273, 275; Karl, Vertrag und spätere Praxis im Völkerrecht, 1983, S. 248 ff.; Klabbers, Treaties, Amendment and Revision, in: Wolfrum (Hrsg.), MPEPIL 2006, opil.ouplaw.com/home/ORIL (25.11.2014), Rn. 16; vgl. Villiger,

Schon *Sir Gerald Fitzmaurice* hat implizit die Beziehung zwischen den Konzepten *emergent purpose* und *subsequent practice* aufgedeckt:

> „(…) the notion of object or purpose is itself not a fixed and static one, but is liable to change, or rather develop as *experience is gained in the operation and working of the convention.*“[177]

In den Berichten des ehemaligen *Chairman of the Study Group* der ILC zum Thema *Treaties over Time* und aktuellen *Special Rapporteur* zum Thema *Subsequent agreements and subsequent practice in relation to the interpretation of treaties*, *Nolte*, wird konstatiert, dass spätere Praxis ein Mittel sein kann, um Sinn und Zweck eines Vertrages oder einer Vertragsbestimmung zu konkretisieren.[178] Schließlich wohnt späterer Praxis selbst ein teleologisches Element inne: Sie dokumentiert die Auslegung eines Vertrages durch seine Anwender, welche ein größeres Wissen über die Probleme, denen er in der Realität begegnet, und seine praktischen Auswirkungen haben.[179]

Was die erste Kategorie – das dynamische Begriffsverständnis – betrifft, ist die bereits erwähnte jüngste Entscheidung des IGH im Fall *Costa Rica v. Nicaragua*[180] am besten dafür geeignet, das Verhältnis zwischen dynamischer Auslegung und späterer Praxis zu erläutern. Der IGH hatte zu entscheiden, ob Costa Rica nach einem Vertrag, den es 1858 mit Nicaragua abgeschlossen hatte, das Recht zukommt, den Fluss San Juan auch zu anderen Zwecken als zum Warentransport, z. B. im Rahmen

---

Customary International Law and Treaties, 2. Aufl. 1997, Rn. 302 ff., inbesondere Rn. 318 ff; siehe näher unten, B. III. 3. c) bb).

[177] Fitzmaurice, The Law and Procedure of the International Court of Justice 1951-4, BYIL 33 (1957), 203, 208 (Hervorhebung des Verfassers, Fn. nicht zitiert).

[178] Nolte, Jurisprudence of the International Court of Justice and Arbitral Tribunals of Ad Hoc Jurisdiction Relating to Subsequent Agreements and Subsequent Practice, in: Nolte (Hrsg.), Treaties and Subsequent Practice, 2013, S. 169, 181 f.; Nolte, First Report on subsequent agreements and subsequent practice in relation to treaty interpretation, UN Doc. A/CN.4/660 (2013), Rn. 51 m. w. N.; Nolte, Second report on subsequent agreements and subsequent practice in relation to the interpretation of treaties, UN Doc. A/CN.4/671 (2014), Rn. 27 m. w. N.

[179] McGinley, Practice as a Guide to Treaty Interpretation, Fletcher Forum 9 (1985), 211, 227.

[180] IGH, Costa Rica v. Nicaragua, ICJ Reports 2009, 213 ff.

des Tourismus, zu befahren. Dafür entscheidend war die Auslegung des Begriffs *objetos de comercio*, also Handelszwecke. Der IGH betonte zunächst, dass normalerweise die ursprünglichen Absichten der Parteien bei Vertragsschluss die Bedeutung eines Begriffs bestimmen.[181] Diese Bedeutung sei aber nicht auf ewig festgeschrieben, sondern sie könne aufgrund von zwei Mechanismen einen Wandel erfahren: der späteren Praxis und der dynamischen Auslegung. Voraussetzung der Letzteren sei es, dass die Parteien dem Begriff von Anfang an einen für zukünftige Auslegungsvorgänge offenen Charakter verleihen wollten. Der IGH entschied sich im vorliegenden Fall – weitgehend begründungslos – für letzteren Mechanismus und rechtfertigte damit, dass *objetos de comercio* heute mehr als nur Warentransport u. ä. beinhalten würden.[182] Lediglich in den Sondervoten der Richter *Guillaume* und *Skotnikov* kam zum Ausdruck, dass die Entscheidung für diesen Ansatz keine Selbstverständlichkeit war,[183] auch wenn beide Methoden im konkreten Fall zu ähnlichen Ergebnissen geführt hätten.

Der entscheidende Unterschied zwischen beiden Mechanismen ist die Instanz, von der das Auslegungsergebnis determiniert wird. Während die spätere Praxis von den Vertragsparteien, den Staaten, dominiert wird und jedes Gericht, welches sich ihrer bedient, die dahinterstehende Übereinkunft der Staaten respektieren muss, ist das Gericht in der dynamischen Auslegung freier, sowohl in der Wortlautkomponente als auch beim Rückgriff auf *emergent purpose*. So können spätere Praxis und dynamische Auslegung in die gleiche Richtung weisen wie in *Costa Rica v. Nicaragua*, sie müssen es aber nicht. In Berichten des *Chairman of the Study Group/Special Rapporteur* der ILC zum Thema *Treaties over Time/Subsequent Agreements and subsequent practice in relation to the interpretation of Treaties*, *Nolte*, wird dies als die rechtfertigende oder unterstützende Rolle späterer Praxis bezeichnet.[184] Sie kann ein

---

[181] Ebd., 242.

[182] Ebd., 244.

[183] Declaration Judge ad hoc Guillaume, ebd., 290, 298; Sep. Op. Skotnikov, ebd., 283, 285.

[184] Nolte, Jurisprudence of the International Court of Justice and Arbitral Tribunals of Ad Hoc Jurisdiction Relating to Subsequent Agreements and Subsequent Practice, in: Nolte (Hrsg.), Treaties and Subsequent Practice, 2013, S. 169, 188; Nolte, First report on subsequent agreements and subsequent practice in relation to treaty interpretation, UN Doc. A/CN.4/660, Rn. 60.

dynamisches Auslegungsergebnis mit einer entsprechenden Staatenübereinkunft legitimieren. Wenn beide Auslegungsmethoden nicht zu gleichen Ergebnissen führen, kann spätere Praxis, wenn sie das Niveau einer authentischen Auslegung erreicht, ebenso eine begrenzende Wirkung auf die dynamische Auslegung zeitigen.[185] Dies kann sogar so weit führen, dass das Scheitern einer späteren Praxis im Sinne von Art. 31 Abs. 3 lit. b WVK eine Sperrwirkung für eine eventuelle dynamische Auslegung entfaltet. Zumindest wenn eine oder mehrere Vertragsparteien unmissverständlich gegen eine Praxis protestieren, die zu einem bestimmten Auslegungsergebnis führt, dürfte es für ein internationales Gericht oder eine andere Auslegungsinstanz sehr schwierig werden, das gleiche Ergebnis mit einer dynamischen Auslegung zu begründen.[186]

Ein weiterer damit zusammenhängender Aspekt, der spätere Praxis und dynamische Auslegung voneinander unterscheidet, besteht darin, dass erstere zwar strengeren Tatbestandsvoraussetzungen unterliegt, aber in ihren Auswirkungen grundsätzlich deutlich weiter gehen kann, wohingegen sich dies bei dynamischer Auslegung genau entgegengesetzt verhält.[187] Spätere Praxis verlangt normalerweise konsistente oder eindeutige Übung, die von der Übereinkunft aller Parteien getragen wird. Dynamische Auslegung setzt nur einen wandelbaren Begriff oder Vertragstelos voraus. *Subsequent practice* kann eine authentische Auslegung begründen oder womöglich sogar zur informellen Änderung eines Vertrages führen,[188] während dynamische Auslegung den Grenzen einer jeden Interpretation unterworfen ist.[189]

---

[185] Ebd.

[186] Vgl. schon McGinley, Practice as a Guide to Treaty Interpretation, Fletcher Forum 9 (1985), 211, 225.

[187] Gardiner, Treaty Interpretation, 2008, S. 243.

[188] Siehe dazu näher unten, B. III. 3.

[189] Vgl. zu den Grenzen evolutiver Auslegung Arato, Subsequent Practice and Evolutive Interpretation, The Law and Practice of International Courts and Tribunals 9 (2010), 443, 476 f.

c) Dynamische Auslegung in Internationalen Organisationen

Der evolutiven Auslegung im Allgemeinen[190] und der *doctrine of emergent purpose* im Besonderen[191] wird oftmals ein erheblicher Einfluss auf die Auslegung der Gründungsverträge Internationaler Organisationen bescheinigt. Dieser Befund wird durch mehrere Gutachten des IGH gestützt,[192] auch wenn diese zugegebenermaßen nicht besonders zahlreich und teilweise nur von begrenzter Aussagekraft[193] sind.

Ein Fallbeispiel jedoch, das naturgemäß bisher nicht Gegenstand der Jurisprudenz geworden ist, nämlich Kapitel VII der UN-Charta, illustriert, wie eng beide Auslegungsprinzipien miteinander verknüpft sind. So kann man die fortlaufende erweiternde Auslegung des Begriffs der Friedensbedrohung in Art. 39 SVN durch den Sicherheitsrat zum einen als dynamische Auslegung auffassen.[194] Zum anderen ist es jedoch auch möglich, aus der Zusammensetzung des Sicherheitsrats aus Staatenvertretern sowie der Tatsache, dass viele seiner Entscheidungen auf mehr oder weniger ausdrückliche Zustimmung oder Schweigen, jedoch selten auf Protest der UN-Mitgliedstaaten treffen, die Schlussfolgerung zu

---

190 Diss. Op. Alvarez, Competence of Admission, ICJ Reports 1950, 12, 17 ff.; Bernhardt, Evolutive Treaty Interpretation, Especially of the European Convention on Human Rights, GYIL 42 (1999), 11, 17; Kadelbach, in: Simma u. a. (Hrsg.), The Charter of the United Nations, 3. Aufl., Bd. 1, 2012, Interpretation, Rn. 35.

191 Nolte, Jurisprudence of the International Court of Justice and Arbitral Tribunals of Ad Hoc Jurisdiction Relating to Subsequent Agreements and Subsequent Practice, in: Nolte (Hrsg.), Treaties and Subsequent Practice, 2013, S. 169, 182.

192 IGH, Reparations for Injuries, Advisory Opinion, ICJ Reports 1949, 174, 180; Namibia, Advisory Opinion, ICJ Reports 1971, 16, 31; Western Sahara, Advisory Opinion, ICJ Reports 1975, 12, 31 f.; Use of Nuclear Weapons, Advisory Opinion, ICJ Reports 1996, 66, 74 f.

193 So ist fraglich, inwieweit sich der IGH in Western Sahara, Advisory Opinion, ICJ Reports 1975, 12, 31 f. auf die Fortentwicklung des Selbstbestimmungsrechts der Völker als Satz des Völkergewohnheitsrechts bezog und inwieweit er eine dynamische Auslegung von Art. 1 Nr. 2 SVN vorgenommen hat.

194 Stein/v. Buttlar, Völkerrecht, 13. Aufl. 2012, Rn. 860; vgl. Herdegen, Völkerrecht, 13. Aufl. 2014, § 41 Rn. 10.

ziehen, dass es sich dabei um eine Art Organpraxis handelt.[195] Das Verhältnis zwischen beiden Mechanismen im Fall des Art. 39 SVN dürfte am besten mit der rechtfertigenden Rolle späterer Praxis,[196] einer Art Ineinandergreifen, umschrieben werden: Der Umstand, dass die Resolutionen des Sicherheitsrats in vielen Fällen von den Staaten konsentierte spätere Praxis darstellen, vermag den von ihm entwickelten Begriff der Friedensbedrohung stärker zu legitimieren, als es allein durch ein Verständnis als dynamische Auslegung möglich wäre.

4. *Subsequent practice* und Art. 32 WVK

Art. 32 WVK können zwei für die spätere Praxis relevante Kernaussagen entnommen werden: Erstens repräsentiert die Norm die Zurückdrängung der ursprünglichen Absichten der Parteien bei der Vertragsauslegung.[197] Art. 32 WVK misst den ursprünglichen Parteiabsichten und ihren Entäußerungen (den *travaux préparatoires* und den Umständen des Vertragsabschlusses) nämlich nur noch eine subsidiäre Rolle bei. Sie sind nunmehr lediglich als Bestätigung anderweitiger Auslegungsresultate oder als Korrektiv für mehrdeutige oder sinnwidrige Ergebnisse relevant. Dies hat Auswirkungen für die Verwendung der späteren Praxis als Anhaltspunkt für die ursprünglichen Parteiabsichten. Zweitens kann Art. 32 WVK als Auffangtatbestand fungieren, der alle übrigen Auslegungshilfen abdeckt, welche nicht von Art. 31 WVK erfasst werden (vgl. den Wortlaut: „insbesondere").

---

[195] Alvarez, International Organizations as Law-Makers, S. 91 f.; Herdegen, Der Sicherheitsrat und die autoritative Konkretisierung des VII. Kapitels der UN-Charta in: Beyerlin u. a. (Hrsg.), Recht zwischen Umbruch und Bewahrung, FS Bernhardt, 1995, S. 103 ff., 112; Orakhelashvili, The Interpretation of Acts and Rules in Public International Law, 2008, S. 543.

[196] Nolte, Jurisprudence of the International Court of Justice and Arbitral Tribunals of Ad Hoc Jurisdiction Relating to Subsequent Agreements and Subsequent Practice, in: Nolte (Hrsg.), Treaties and Subsequent Practice, 2013, S. 169, 188.

[197] Orakhelashvili, The Interpretation of Acts and Rules in Public International Law, 2008, S. 312; Sinclair, The Vienna Convention on the Law of Treaties, 2. Aufl. 1984, S. 116.

a) „Historisch-subjektive" Ausprägung der späteren Praxis[198]

Lange Jahre wurde spätere Praxis lediglich als Indikator für die historischen Absichten der Vertragsparteien bei Vertragsschluss diskutiert,[199] v. a. im Anschluss an die korrespondierende Rechtsprechung des StIGH.[200] Erst seit Ende der fünfziger/Anfang der sechziger Jahre wurde sie als selbstständige Auslegungsmethode entdeckt, die den aktuellen Konsens der Parteien über die Auslegung zum Zeitpunkt des Interpretationsvorgangs widerspiegelt.[201] Nach Verabschiedung der WVK mit ihrem Art. 31 Abs. 3 lit. b setzte sich diese Auffassung mehr und mehr durch. Heute entspricht sie der ganz h.M.[202] Der Rückschluss auf die historische Absicht der Vertragsparteien wurde damit in den Anwendungsbereich des Art. 32 WVK verbannt. In dieser Verwendung steht die spätere Praxis auf einer Stufe mit den *travaux préparatoires.*[203]

Daher rührt auch die Debatte in Literatur und Rechtsprechung um die Frage, ob spätere Praxis nur in solchen Fällen bei der Auslegung herangezogen werden dürfe, in denen die anderen Auslegungsmethoden nicht zu eindeutigen Ergebnissen führen, weil die Bestimmung zu un-

---

[198] Karl, Vertrag und spätere Praxis im Völkerrecht, 1983, S. 135 ff.

[199] Bowett, Estoppel before International Tribunals and its Relation to Acquiescence, BYIL 33 (1957), 176, 178; Lauterpacht, The Development of International Law by the International Court, 1958, S. 170; McNair, The Law of Treaties, 1961, S. 424.

[200] StIGH, Interpretation of Article 3, Paragraph 2, of the Treaty of Lausanne, Advisory Opinion, PCIJ Series B No. 12 (1925), 6, 24; Jurisdiction of the Courts of Danzig, Advisory Opinion, PCIJ Series B, No. 15 (1928), 4, 18.

[201] Bernhardt, Die Auslegung völkerrechtlicher Verträge, 1963, S. 131 f.; Fitzmaurice, The Law and Procedure of the International Court of Justice 1951-4, BYIL 33 (1957), 203, 225.

[202] Vgl. nur IGH, Costa Rica v. Nicaragua, ICJ Reports 2009, 213, 242; Karl, Vertrag und spätere Praxis im Völkerrecht, 1983, S. 139 ff.; Linderfalk, On the Interpretation of Treaties, 2007, S. 169 ff.; McDougal/Lasswell/Miller, The Interpretation of Agreements and World Public Order, 1967, S. 134 ff.

[203] Karl, Vertrag und spätere Praxis im Völkerrecht, 1983, S. 135 ff., 140; a.A. Arato, Treaty Interpretation and Constitutional Transformation, Yale Journal of International Law 38 (2013), 289, 307; Murphy, The Relevance of Subsequent Agreement and Subsequent Practice for the Interpretation of Treaties, in: Nolte (Hrsg.), Treaties and Subsequent Practice, 2013, S. 82, 86.

klar ist (*ambiguity debate*).[204] Sie ist auf das nunmehr weithin abgelehnte Verständnis von späterer Praxis in ausschließlich „historisierender Verwendung"[205] zurückzuführen. Art. 31 Abs. 3 lit. b WVK lässt eine solche Einschränkung nicht erkennen und stellt die spätere Praxis mindestens als gleichberechtigte Auslegungsmethode[206] neben die Absätze 1 und 2 des Art. 31 WVK.[207] Die spätere Praxis kann also auch zur Auslegung von Normen mit einem eher klaren Wortlaut herangezogen werden.

Die Debatte um die ausschließlich „historisierende Verwendung"[208] und die Selbstständigkeit der Auslegung im Lichte der späteren Praxis muss nun, nachdem sich die Interpretationsregeln der WVK und mit ihnen Art. 32 WVK weitgehend als Völkergewohnheitsrecht durchgesetzt haben,[209] als erledigt betrachtet werden. Im Übrigen sei auch auf

---

[204] Der StIGH plädierte in ständiger Rechtsprechung für eine solche Beschränkung: Competence of the ILO in Regard to International Regulation of the Conditions of Labour of Persons Employed in Agriculture, Advisory Opinion, PCIJ Series B, No. 2 (1922), 9, 39 ff.; Competence of the ILO to Regulate, Incidentally, The Personal Work of the Employer, Advisory Opinion, PCIJ Series B, No. 13 (1926), 6, 19; Jurisdiction of the Courts of Danzig, Advisory Opinion, PCIJ Series B, No. 15 (1928), 4, 20; der IGH hat diese Rechtsprechung zwar teilweise fortgesetzt: IGH, Arbitral Award made by the King of Spain (Honduras v. Nicaragua), ICJ Reports 1960, 192, 208 ff.; es gibt aber auch mehrere Urteile, in denen Praxis für die Auslegung (bzw. eher Modifikation) recht klarer Bestimungen herangezogen wurde: IGH, Temple of Preah Vihear (Cambodia v. Thailand), ICJ Reports 1962, 6, 22 ff.; Namibia, Advisory Opinion, ICJ Reports 1971, 16, 22, insbesondere Sep. Op. Dillard, ebd., 153 f.; Wall, Advisory Opinion, ICJ Reports 2004, 136, 150; dazu Nolte, Jurisprudence of the International Court of Justice and Arbitral Tribunals of Ad Hoc Jurisdiction Relating to Subsequent Agreements and Subsequent Practice, in: Nolte (Hrsg.), Treaties and Subsequent Practice, 2013, S. 169, 180 f.; allgemein zu dieser Frage: Amerasinghe, Principles of the institutional law of international organizations, 2. Aufl. 2005, S. 49; McGinley, Practice as a Guide to Treaty Interpretation, Fletcher Forum 9 (1985), 211, 222 ff.

[205] Karl, Vertrag und spätere Praxis im Völkerrecht, 1983, S. 135.

[206] Zur faktischen Vorrangstellung durch Einordnung als authentische Auslegung siehe oben, B. II. 1. und unten, B. III. 3. a) aa) (5).

[207] Siehe oben, Fn. 201 f.

[208] Siehe oben, Fn. 205.

[209] Villiger, Commentary on the 1969 Vienna Convention on the Law of Treaties, 2009, Art. 32 Rn. 13.

die heute noch Gültigkeit beanspruchenden Ausführungen von *Karl* verwiesen,[210] die freilich 1983, als der Bedeutungsgewinn der Art. 31 ff. WVK noch nicht in seiner ganzen Tragweite abzusehen war, deren entscheidende Rolle für die Lösung des Problems noch nicht ausreichend herausstellen.[211]

Das bedeutet zwar nicht, dass die historische Verwendungsweise der Auslegungsmethode spätere Praxis völlig der Vergangenheit angehören würde. Auch heute noch ist es grundsätzlich vorstellbar, aus der Praxis auf die ursprüngliche Absicht der Vertragsparteien zu schließen, wenn die Voraussetzungen des Art. 32 WVK erfüllt sind (also Unklarheit oder Sinnwidrigkeit nach Anwendung des Art. 31 WVK). Gerade bei der Mehrzahl der Internationalen Organisationen wird dieser Dimension der späteren Praxis aber eine geringe Bedeutung zukommen. Je länger der Abschluss des Gründungsvertrags der jeweiligen Organisation zurückliegt, desto geringer wird die Korrelation zwischen aktueller späterer Praxis und der ursprünglichen Absicht der Vertragsparteien sein. Im Verlauf von sechzig Jahren oder mehr – was dem Alter der bedeutendsten Internationalen Organisationen entspricht – wandeln sich die Absichten und Einstellungen der Vertragsparteien bzw. Mitgliedstaaten oftmals erheblich. Folglich kann ein Rückschluss aus aktueller Praxis auf mehrere Jahrzehnte alte Vorstellungen nur noch wenig Sinn ergeben. Je größer der Abstand zwischen Vertragsschluss und Praxis, desto weniger Nutzen wird die historische Verwendungsweise späterer Praxis bringen.[212] Ganz davon zu schweigen, dass in dieser Zeit in aller Regel auch ein erheblicher Zuwachs im Mitgliederbestand stattgefunden haben wird, der bei der historischen Verwendung – anders als bei Ermittlung des aktuellen Parteienkonsenses – auch nicht durch die Idee des *acquis* kompensiert werden kann.

b) Praxis unterhalb der Schwelle des Art. 31 Abs. 3 lit. b WVK

Hinsichtlich des zweiten erwähnten Aspekts ist zunächst noch einmal unter Bezugnahme auf den Wortlaut des Art. 32 WVK – „insbesondere" – darauf hinzuweisen, dass die *travaux préparatoires* und die Um-

---

210 Karl, Vertrag und spätere Praxis im Völkerrecht, 1983, S. 139 ff.

211 Vgl. ebd., S. 184 ff.

212 Ebd., S. 138.

stände des Vertragsabschlusses nicht die einzigen von der WVK anerkannten ergänzenden Mittel der Auslegung sind.[213] So kann auch Praxis, die nicht den oben unter maßgeblichem Rückgriff auf Art. 31 Abs. 3 lit. b WVK aufgestellten Voraussetzungen einer späteren Praxis i. e. S. genügt,[214] doch zumindest subsidiär im Rahmen des Art. 32 WVK Berücksichtigung finden.[215] *Karl* hat für solche Praxis den Begriff des „objektiven Aspekts" späterer Praxis geprägt, die er ihrerseits in mehrere Unteraspekte gliedert.[216] Hier wird hingegen ein engerer Begriff von späterer Praxis vertreten, der nur solche Übung umfasst, welche eine Art. 31 Abs. 3 lit. b WVK äquivalente Bedeutung für die Auslegung erlangen oder darüber hinaus zu informeller Änderung oder Ergänzung führen kann.[217] Das schließt aber nicht aus, sich an späterer Stelle mit dieser Praxis zu beschäftigen, die unterhalb der Schwelle des Art. 31 Abs. 3 lit. b WVK liegt.

Zwei Kategorien solcher Praxis, die besondere Aufmerksamkeit verdienen, sind unilaterale Praxis oder *inter-se*-Praxis zwischen einzelnen Parteien eines Vertrags. Sie können zumindest eine Rolle im Rahmen des Art. 32 WVK bzw. seines völkergewohnheitsrechtlichen Pendants spielen.[218]

---

213 Corten/Klein, Les Conventions de Vienne sur le Droit des Traités, Bd. 2, 2006, Art. 32 Rn. 42 ff.; Villiger, Commentary on the 1969 Vienna Convention on the Law of Treaties, 2009, Art. 32 Rn. 5.

214 Siehe umfassend zu Praxis, die Bezüge zu völkerrechtlichen Verträgen und Ähnlichkeiten mit späterer Praxis aufweist, ohne unter Art. 31 Abs. 3 lit. b WVK zu fallen: Boisson de Chazournes, Subsequent Practice, Practices, and 'Family-Resemblance', in: Nolte (Hrsg.), Treaties and Subsequent Practice, 2013, 53 ff., 59 ff.

215 ILC Draft Conclusion 1 Abs. 4, 4 Abs. 3, ILC Report on the work of its sixty-fifth session, UN Doc. A/68/10 (2013), 9, 11 f.; Moloo, When Actions Speak Louder Than Words, Berkeley Journal of International Law 31 (2013), 39, 76 f; Nolte, First report on subsequent agreements and subsequent practice in relation to treaty interpretation, UN Doc. A/CN.4/660 (2013), Rn. 106.

216 Vertragswirklichkeit, Präjudiz, Gleichförmigkeit der Vertragsanwendung, Autorität: Karl, Vertrag und spätere Praxis im Völkerrecht, 1983, S. 164 ff.

217 Siehe für die Verwendung eines weiteren Begriffs: Nolte, First report on subsequent agreements and subsequent practice in relation to treaty interpretation, UN Doc. A/CN.4/660 (2013), Rn. 93 ff.

218 ILC Report on the work of its sixty-sixth session, UN Doc. A/69/10 (2014), 166, 178 f.

5. Gewohnheitsrechtliche Geltung der Art. 31 ff. WVK

Der IGH, die meisten Stimmen in der Literatur und nunmehr auch ausdrücklich die ILC gehen von einer parallelen Geltung der in Art. 31 und 32 WVK niedergelegten Auslegungsregeln als Völkergewohnheitsrecht aus.[219] Die klassischen Methoden der völkerrechtlichen Interpretation waren schon vor der Kodifikation der WVK teilweise als Gewohnheitsrecht anerkannt.[220] Nach Inkrafttreten der WVK wurde die allgemeine Tendenz von der subjektiven zur objektiven Auslegung verstärkt und dieser ebenso (Gewohnheits-)Rechtscharakter verliehen.[221] Es gibt im Angesicht von Staatenpraxis und Rechtsüberzeugung auch keinen Grund, an dieser Geltung von Art. 31 WVK zu zweifeln: Die Norm wurde auf der Wiener Staatenkonferenz einstimmig beschlossen[222] und wird seitdem in zunehmenden Maße nicht nur von und gegenüber Parteien der WVK, sondern auch von und gegenüber anderen Staaten zur Anwendung gebracht.[223] Nur bezüglich der bereits erörter-

---

[219] Statt vieler IGH, LaGrand Case (Germany v. United States of America), ICJ Reports 2001, 466, 501; Legality of Use of Force (Serbia and Montenegro v. Belgium), Preliminary Objections, ICJ Reports 2004, 279, 318; ILC Draft Conclusion 1 Abs. 1, ILC Report on the work of its sixty-fifth session, UN Doc. A/68/10 (2013), 9, 11; Aust/Rodiles/Staubach, Unity or Uniformity?, LJIL 27 (2014), 75, 80; Gardiner, The Vienna Convention Rules on Treaty Interpretation, in: Hollis (Hrsg.), The Oxford Guide to Treaties, 2012, S. 475, 493; Kadelbach, in: Simma u. a. (Hrsg.), The Charter of the United Nations, 3. Aufl., Bd. 1, 2012, Interpretation Rn. 8 m. w. N.; A. Peters, Das Gründungsdokument internationaler Organisationen als Verfassungsvertrag, ZÖR 68 (2013), 1, 20; Villiger, Commentary on the 1969 Vienna Convention on the Law of Treaties, 2009, Art. 31 Rn. 37 f.; für Art. 31 Abs. 1 WVK: Graf Vitzthum in: Graf Vitzthum/Proelß (Hrsg.), Völkerrecht, 6. Aufl. 2013, Rn. 123.

[220] Bernhardt, Die Auslegung völkerrechtlicher Verträge, 1963, S. 187; vgl. Lauterpacht, The Development of International Law by the International Court, 1958, S. 27.

[221] Vgl. Bernhardt, Interpretation, in: Bernhardt (Hrsg.), EPIL Bd. 2, 1995, S. 1416, 1419; Orakhelashvili, The Interpretation of Acts and Rules in Public International Law, 2008, 312.

[222] United Nations Conference on the Law of Treaties, Official Records, 2nd session, UN Doc. A/CONF.39/11/Add.1, S. 60.

[223] IGH, Libya v. Chad, ICJ Reports 1994, 6, 21; Use of Nuclear Weapons, Advisory Opinion, ICJ Reports 1996, 66, 75; Oil Platforms (Iran v. United

ten Hierarchie oder besser Gleichrangigkeit der Auslegungsregeln bestehen hieran noch Zweifel, gibt u. a. der IGH doch beizeiten der Wortlautauslegung den Vorrang.[224]

Aus der geschilderten Rechtslage lassen sich für die Reichweite der Auslegung im Lichte späterer Praxis zwei bedeutende Folgerungen ableiten: Erstens kann der materielle Gehalt des Art. 31 Abs. 3 lit. b WVK grundsätzlich als Völkergewohnheitsrecht auch auf völkerrechtliche Verträge Anwendung finden, deren Mitgliederkreis über die 114 Parteien der WVK[225] hinausgeht.[226] Zweitens ist es trotz Art. 4 WVK für diese Anwendung unschädlich, wenn der jeweilige Vertrag vor Inkrafttreten der WVK am 27.1.1980 geschlossen wurde. Diese beiden Aspekte sind für die spätere Praxis Internationaler Organisationen von besonderer Bedeutung: Der Kreis der Mitglieder aller universellen Organisationen ist deutlich größer als der der Parteien der WVK; und die meisten im heutigen Völkerrechtsverkehr einflussreichen Organisationen wurden vor 1980 gegründet.[227]

States), Preliminary Objections, ICJ Reports 1996, 803, 812; Kasikili/Sedudu Islands (Botswana v. Namibia), ICJ Reports 1999, 1045, 1059 ff.; EGMR, Golder v. United Kingdom, 21.2.1975, Series A, No. 18, Rn. 30; Beagle Channel Arbitration (Argentina v. Chile), 18.2.1977, UNRIAA Bd. XXI, 53, 185 ff.; WTO Panel, EC – Computer Equipment, 5.2.1998, WT/DS62/R, WT/DS67/R, WT/DS68/R, Rn. 87; Heintschel v. Heinegg, in: Ipsen (Hrsg.), Völkerrecht, 6. Aufl. 2014, § 12 Rn. 11.

[224] IGH, Libya v. Chad, ICJ Reports 1994, 6, 21; Qatar v. Bahrain, Jurisdiction and Admissibility, ICJ Reports 1995, 6, 18; Legality of the Use of Force (Serbia and Montenegro v. Belgium), Preliminary Objections, ICJ Reports 2004, 279, 318.

[225] UNTC Chapter XXIII No. 1, https://treaties.un.org/pages/ViewDetailsIII.aspx?&src=TREATY &mtdsg_no=XXIII~1&chapter=23&Temp=mtdsg3&lang=en (28.2.2015).

[226] IGH, Pulau Ligitan and Pulau Sipadan, ICJ Reports 2002, 625, 645; Bernhardt, Interpretation in International Law, in: EPIL Bd. 2, 1995, S. 1416, 1419; Karl, Vertrag und spätere Praxis im Völkerrecht, 1983, S. 361; vgl. Villiger, Commentary on the 1969 Vienna Convention on the Law of Treaties, 2009, Art. 31 Rn. 38.

[227] Ausnahmen sind WTO (1995), IStGH (1998) und MERCOSUR (1991).

III. Rechtsnatur

Behandelt man die verschiedenen völkerrechtlichen Erscheinungsformen der späteren Praxis – sprich ihre Rechtsnatur –, könnte man mit einer terminologischen Anleihe aus der Biologie auch vom Genotyp der späteren Praxis sprechen, wohingegen ihr Phänotyp, ihre faktischen Erscheinungsformen, Gegenstand des folgenden Abschnitts IV werden wird. Nach einer Vorüberlegung (1.) wird anknüpfend an *Karl*[228] der Charakter der späteren Praxis als Auslegungsmethode betrachtet (2.), woraufhin ihre Ausprägung als Vertragsänderungs- (3.) und Vertragsergänzungsmechanismus (4.) Gegenstand der Untersuchung sein wird. Die zuletzt genannte Rechtsnaturtrias der späteren Praxis ist elementar und kann immer wieder als Orientierungshilfe für die Klassifizierung vertragsrelevanter Praxis dienen.

1. Vorüberlegung: Identität von Rechtssetzer und Rechtsanwender, insbesondere bei Internationalen Organisationen

Es lohnt sich zunächst auf ein Merkmal des Völkerrechts näher einzugehen, welches von fundamentaler Bedeutung für die Rechtsnatur und das Potenzial späterer Praxis ist: die Personenidentität von Rechtssetzer und Rechtsanwender, die bei allen Rechtsquellen nach Art. 38 Abs. 1 IGH-Statut, aber bei den völkerrechtlichen Verträgen ganz besonders virulent wird. Staaten sind die Urheber der völkerrechtlichen Verträge, und sie sind auch nach wie vor deren primäre Adressaten, Anwender bzw. Akteure der Durchsetzung. Wer wie die Staaten ein rechtliches Instrument wie einen völkerrechtliche Vertrag geschaffen hat, der muss auch nach dessen Abschluss und Inkrafttreten im Rahmen der Anwendung einen erheblichen Einfluss darauf behalten. Dem steht auch das Prinzip *pacta sunt servanda* (Art. 26 WVK) vor allem dann grundsätzlich nicht im Weg, wenn alle Urheber des Instruments bezüglich seiner späteren Beeinflussung der gleichen Meinung sind.[229] Das ist letztendlich das Prinzip, welches der späteren Praxis zugrunde liegt. Damit ist

---

[228] Karl, Vertrag und spätere Praxis im Völkerrecht, 1983, S. 123 ff., 195 ff., 211.

[229] A.A. Moloo, When Actions Speak Louder Than Words, Berkeley Journal of International Law 31 (2013), 39, 80.

überhaupt erst die Existenz dieses Auslegungs- und Modifikationsmechanismus im Völkerrecht zu erklären. In Rechtssystemen, die vom Prinzip der Gewaltenteilung geprägt sind, befremdet die Vorstellung, dass die von der Legislative als Rechtsschöpfer getrennte Exekutive als Rechtsanwender die Auslegung der Gesetze mit ihrer eigenen Praxis beeinflussen könnte. Auch wenn sie einen beträchtlichen faktischen Einfluss auf die Auslegung hat, wird sie sich doch stets auf die allgemein anerkannten Interpretationsmethoden stützen müssen, um ihre Ergebnisse gegenüber den anderen Gewalten tragfähig zu begründen. Nicht so die Staaten bei der Auslegung völkerrechtlicher Verträge: Es genügt, wenn sie sich auf ihre eigene Praxis und die ihrer Vertragspartner berufen.

Das ist auch der Grund für die weiteren Dimensionen späterer Praxis, die sie potenziell über ihren Charakter als einfache Auslegungsmethode erhebt: zum einen ihre Bedeutung als authentische Auslegung, zum anderen ihr damit verbundenes Potenzial zur Modifikation und Ergänzung von Verträgen.

Dass die Behörden, die staatlicherseits Völkerrecht schaffen, nicht immer oder gar selten mit den Behörden identisch sind, die staatlicherseits für seine Umsetzung sorgen,[230] kann dem gerade im Recht der Verträge nicht im Wege stehen. Dort kommt es auf die Staaten als Völkerrechtssubjekte an, und so hat innerstaatliches Recht z. B. auch nur in Ausnahmefällen Auswirkungen auf die Bindung eines Staates an völkerrechtliche Verträge (Art. 46 WVK). Der Einfluss des innerstaatlichen Rechts auf völkerrechtliche Verträge ist ohnehin sehr begrenzt (vgl. nur Art. 27, 46 WVK). So wie der Vertragsschluss und die Ratifikation auf den Staat als Rechtssubjekt zurückzuführen sind, ist auch die Anwendung des Vertrags dem Staat als Ganzes zuzurechnen, wenn eine Zurechnung denn überhaupt erfolgen kann. Denn selbstverständlich kann nicht jede untergeordnete Behörde den ganzen Staat durch ihre Praxis binden. Während die Frage, welche Stellen einen Staat völkerrechtlich repräsentieren bzw. verpflichten können, im Rahmen von Vertragsschlüssen mit Art. 7 und Art. 9 WVK noch einigermaßen leicht zu beantworten ist und im Übrigen das kodifizierte Diplomaten- und Kon-

[230] McGinley, Practice as a Guide to Treaty Interpretation, Fletcher Forum 9 (1985), 211, 221.

sularrecht sowie das Völkergewohnheitsrecht Regelungen treffen,[231] ist diese Grenze in Bezug auf Praxis schwieriger zu bestimmen.[232]

Ausgerechnet bei den Internationalen Organisationen ist die Gleichung jedoch nicht ganz so einfach. Die Rechtssetzer der Gründungsverträge sind klassischerweise die Staaten, aber der Großteil der Vertragsanwendung wird im Rahmen der Internationalen Organisation vollzogen und wäre diesem Völkerrechtssubjekt zuzurechnen. Rechtsschöpfer und Rechtsanwender wären also per definitionem in diesem Fall nicht identisch, was eigentlich die Grundannahmen, auf denen die Rolle der späteren Praxis im Völkerrecht beruht, gerade bei den Internationalen Organisationen zu Fall bringen müsste.

Eine Lösung wäre, Organpraxis als ein autonomes Phänomen der Organisation zu betrachten, für das gerade die Gleichung Rechtsschöpfer = Rechtsanwender keine Gültigkeit beansprucht und dies auch nicht muss, weil die Organe unabhängig von den Staaten die Kompetenz besitzen, ihre Gründungsverträge fortzuentwickeln. Dies würde darauf hinauslaufen, Art. 31 Abs. 3 lit. b WVK seine Relevanz für die Praxis Internationaler Organisationen abzusprechen.

Die Arbeit soll jedoch im Folgenden zeigen, dass dies nicht in Absolutheit gelten kann, sondern dass vielmehr der Zusammenhang Rechtsschöpfer/Rechtsanwender und mit ihm Art. 31 Abs. 3 lit. b WVK – nicht zuletzt aus Gründen der Legitimation – keinesfalls jede Bedeutung für die Gründungsverträge Internationaler Organisationen verlieren kann. Auch wenn das Handeln von Organen vor allem dem Orga-

---

231 Ein Überblick findet sich bei Salmon, Representatives of States in International Relations, in: Wolfrum (Hrsg.), MPEPIL 2007, opil.ouplaw.com/home/ORIL (25.11.2014).

232 Vgl. Karl, Vertrag und spätere Praxis im Völkerrecht, 1983, S. 281, 308; nach der ILC, Report on the work of its sixty-fifth session, UN Doc. A/68/10 (2013), 9, 43 kann die Praxis lokaler Behörden spätere Praxis sein, wenn sie ausreichend deutlich ist, man davon ausgehen kann, dass die Regierung des betreffenden Staates die Praxis kennt und sie ihr nicht binnen eines vernünftigen Zeitraums entgegengetreten ist; sehr ähnlich Nolte, First report on subsequent agreements and subsequent practice in relation to treaty interpretation, UN Doc. A/CN.4/660 (2013), Rn. 124; nach Moloo, When Actions Speak Louder Than Words, Berkeley Journal of International Law 31 (2013), 39, 69 ff. ist potenziell die Praxis aller innerstaatlichen Stellen von Bedeutung, die mit dem Abschluss, der Auslegung oder der Umsetzung des betreffenden Vertrags betraut sind.

nisationszweck dienen soll und Organe existieren, bei denen das „mitgliedstaatliche Element“[233] weitgehend zurückgedrängt ist,[234] so bestehen die formell einflussreichsten Organe doch aus Vertretern der Staaten. Wenn diese in den Organen Akte vornehmen, die für die Auslegung oder den Inhalt der Gründungsverträge relevant werden, so können sie die ursprüngliche Funktion der Staaten als Schöpfer des Gründungsvertrags trotz ihrer Organeigenschaft mit ausüben. Daher ist eine Zurechnung des Organhandelns an die Staaten in vielen Fällen denkbar, was die Anwendung von Art. 31 Abs. 3 lit. b WVK[235] und die Gleichung Rechtssetzer = Rechtsanwender auch bei Internationalen Organisationen wieder grundsätzlich möglich macht. Dies schließt natürlich nicht aus, dass in bestimmten Konstellationen auch eine weitgehend von den Staaten autonome Praxis der Organisation deren Gründungsvertrag beeinflusst.

2. Auslegungsmethode

Spätere Praxis dient zuerst und unbestritten der Auslegung. Sie ist ihre erste rechtliche Erscheinungsform. Viele Aspekte der Auslegung im Lichte der späteren Praxis sind schon besprochen worden: Spätere Praxis wurde definiert, und sie wurde allgemein in den Kontext der Auslegung nach der WVK eingeordnet. Eine ausführlichere Auseinandersetzung verdienen jedoch die Unterkategorien späterer Praxis, deren Aufdeckung zu großen Teilen *Karl* zu verdanken ist.[236] An seinen Erkenntnissen orientiert sich der nun folgende Abschnitt.

---

233 Klein/Schmahl, in: Graf Vitzthum/Proelß (Hrsg.), Völkerrecht, 6. Aufl. 2013, Rn. 118.

234 Jaenicke, Die Sicherung des übernationalen Charakters der Organe internationaler Organisationen, ZaöRV 14 (1951), 46, 50; Klein/Schmahl, in: Graf Vitzthum/Proelß (Hrsg.), Völkerrecht, 6. Aufl. 2013, Rn. 118.

235 Dafür z. B. IGH, Use of Nuclear Weapons, ICJ Reports 1996, 66, 75; Alvarez, International Organizations as Law-Makers, 2006, S. 87; Amerasinghe, Principles of the institutional law of international organizations, 2. Aufl. 2005, S. 39 ff.; Klein, Vertragsauslegung und „spätere Praxis“ Internationaler Organisationen, in: Bieber/Ress (Hrsg.), Die Dynamik des europäischen Gemeinschaftsrechts, 1987, S. 101, 102.

236 Karl, Vertrag und spätere Praxis im Völkerrecht, 1983, S. 123 ff.

a) „Aktuell-subjektiver Aspekt“[237]

Zuerst ist der von *Karl* so betitelte „aktuell-subjektive Aspekt“[238] zu behandeln, die spätere Praxis als Ausdruck der gemeinsamen Auffassungen der Parteien über die Auslegung des Vertrags zum Zeitpunkt der vorzunehmenden Auslegung. Er fächert diesen Aspekt weiter auf in das „Konsensargument“, also spätere Praxis, die auf der Übereinstimmung der Parteien im eigentlichen Sinne beruht[239] und das „Konsistenzargument“, welches sich darauf stützt, dass die Parteien sich nicht in Widerspruch zu einer Auslegung setzen können, die sie früher konsistent vertreten haben.[240] Das Konsistenzargument weist zahlreiche Parallelen und Verbindungslinien zum allgemeinen Rechtsgrundsatz des *estoppel* auf.

Das Konsensargument wiederum untergliedert *Karl* in den bereits erwähnten „Willenskonsens“, d. h. die tatsächliche rechtsgeschäftsähnliche Übereinstimmung der Parteien über die Auslegung,[241] und den bloßen „Meinungskonsens“, eine kongruente Auffassung der Parteien über die Auslegung ohne direkten rechtsgeschäftlichen Kontakt.[242] Nur dem „Willenskonsens“ misst er die Bedeutung einer authentischen Auslegung bei.

Zunächst lässt sich diese Einteilung kritisieren. Erstens handelt es sich beim Konsistenzargument streng genommen, wie *Karl* selbst erkennt,[243] nicht um einen Ausdruck der gemeinsamen Parteiauffassung zum Zeitpunkt der Auslegung, sondern vielmehr allenfalls um einen früheren (vielleicht sogar vermeintlichen) Konsens, den einige der relevanten Akteure längst verlassen haben. Anderenfalls müsste man ihnen das Argument der fehlenden Konsistenz nicht entgegenhalten. Das „Konsistenzargument“ findet auch keine Stütze in Art. 31 Abs. 3 lit. b WVK.

---

[237] Karl, Vertrag und spätere Praxis im Völkerrecht, 1983, S. 143 ff.

[238] Ebd.

[239] Ebd., S. 144 ff.

[240] Ebd., S. 157 ff.

[241] Ebd., S. 145 f.

[242] Ebd.

[243] Ebd., S. 150 f.

Zweitens wird eine klare Unterscheidung von „Willens- und Meinungskonsens" kaum zuverlässig möglich sein. Die Grenzen zwischen rechtsgeschäftlichem Kontakt und bloßer Meinungsübereinstimmung, die sich ja auch nach außen manifestieren muss, sind äußerst fließend. Dementsprechend unsicher wären die Grenzen zwischen einfacher und authentischer Auslegung im Rahmen des Art. 31 Abs. 3 lit. b WVK.

Schließlich überbetont die Bezeichnung als „aktuell-subjektiver Aspekt" das subjektive Element der späteren Praxis. Die Praxis selbst, als entscheidender objektiver Gesichtspunkt, gerät dabei aus dem Fokus.

Dennoch fehlt es bisher an einem Alternativkonzept mit vergleichbarer dogmatischer Tiefe. Jüngere vertragsrechtliche Abhandlungen über spätere Praxis bauen entweder maßgeblich auf *Karl* und seinen Wegbereitern *Cot*[244] und *Yasseen*[245] auf,[246] oder sie greifen nicht auf ihn zurück und beschäftigen sich mit Einzelfragen der Auslegungsmethode späterer Praxis sowie mit ihrem Einfluss auf die Rechtsprechung internationaler Gerichte, ohne eine umfassende theoretische Analyse.[247] Da der Versuch, ein Modell zu entwickeln, das sich nicht den genannten Kritikpunkten ausgesetzt sähe, zum Scheitern verurteilt wäre und da dieser Versuch den Fokus vom Recht der Internationalen Organisationen nehmen würde, soll dem Modell von *Karl*, wo es Relevanz für Organisationspraxis entfaltet, in diesen Punkten gefolgt werden.

b) „Objektiver Aspekt"[248]

Dem „aktuell-subjektiven Aspekt" stellt *Karl* den „objektiven Aspekt" gegenüber. Neben der gemeinsamen Auffassung der Vertragsparteien über die Auslegung einer Vertragsbestimmung könne die spätere Praxis auch noch aus anderen, objektiven Erwägungen bei der Auslegung Be-

---

244 Cot, La Conduite Subséquente des Parties à un Traité, RGDIP 70 (1966), 632.

245 Yasseen, Interprétation des traités d'après la Convention de Vienne sur le droit des traités, RdC 151 (1976-III), 1, 46 ff.

246 Z. B. Bieber/Ress (Hrsg.), Die Dynamik des Europäischen Gemeinschaftsrechts, 1987.

247 Gardiner, Treaty Interpretation, 2008, S. 225 ff.; Orakhelashvili, The Interpretation of Acts and Rules in Public International Law, 2008, S. 355 ff.

248 Karl, Vertrag und spätere Praxis im Völkerrecht, 1983, S. 164 ff.

rücksichtigung finden. Diese ließen sich freilich nicht mehr unter den Wortlaut des Art. 31 Abs. 3 lit. b WVK subsumieren, sondern lediglich unter Art. 32 WVK.[249] Die im Rahmen des Art. 32 WVK subsidiär zu berücksichtigende Praxis, welche die Voraussetzungen von Art. 31 Abs. 3 lit. b WVK nicht erfüllt, wurde bereits als Praxis unterhalb der Schwelle des Art. 31 Abs. 3 lit. b WVK definiert, die von der späteren Praxis i. e. S. zu unterscheiden ist.[250]

Karl unterscheidet wiederum mehrere Unterkategorien des „objektiven Aspekts", die „Vertragswirklichkeit", die „faktische" und „rechtliche Präzedenzwirkung" (Autorität) und die „Gleichförmigkeit der Vertragsanwendung."[251] Als Ausdruck der Vertragswirklichkeit spiegele die spätere Praxis die „soziale Realität" des Vertrages wider, d. h. das Interessengleichgewicht, das sich zwischen den Parteien oder Akteuren des Vertrags entwickelt habe.[252] Die „faktische Präzedenzwirkung" sei dadurch geprägt, dass ein Interpret sich oftmals von älteren Auslegungsentscheidungen staatlicher Organe, der Organe Internationaler Organisationen und internationaler Gerichte leiten lasse, obwohl er an sie rechtlich nicht gebunden sei.[253] „Rechtliche Präzedenzwirkung" oder Autorität bedeute, dass bestimmten Entscheidungen solcher Organe und Gerichte eine rechtliche Leitfunktion unterhalb der Schwelle der Rechtsverbindlichkeit zukomme.[254] Die „Gleichförmigkeit der Vertragsanwendung" oder Einheitlichkeit der Auslegung, bei der Gleiches grundsätzlich gleich behandelt werden müsse, sei ein letztes Argument für die Berücksichtigung von objektiver Praxis bei der Auslegung, wo diese Einheitlichkeit bzw. Gleichheit einen Rechtswert darstelle.[255]

Karls Konzept des „objektiven Aspekts" der (späteren) Praxis hat zahlreiche Stärken, aber es trifft auch auf einige Kritikpunkte. So spaltet es manche Aspekte künstlich auf, die sich kaum trennen lassen. Die Vertragswirklichkeit wird im Wesentlichen von „Präzedenzfällen" im nicht-rechtlichen Sinne bestimmt. Eine Trennung zwischen „faktischer"

---

[249] Ebd., S. 194.

[250] Siehe oben, B. II. 4. b).

[251] Karl, Vertrag und spätere Praxis im Völkerrecht, 1983, S. 164 ff.

[252] Ebd., S. 165.

[253] Ebd., S. 171.

[254] Ebd., S. 172.

[255] Ebd., S. 177 ff., 183.

und „rechtlicher Präzedenzwirkung" wird kaum möglich sein, zumal eine „rechtliche Präzedenzwirkung" unterhalb der Schwelle der Rechtsverbindlichkeit kaum Rechtscharakter haben kann. Das Konzept der „Gleichförmigkeit der Vertragsanwendung" ist ebenfalls schwer fassbar.

Der „objektive Aspekt" der (späteren) Praxis kann für die Auslegung der Gründungsverträge Internationaler Organisationen eine besondere Bedeutung haben.[256] Es ginge jedoch zu weit, mit *Karl*[257] Organpraxis dann, wenn sie sich nicht gänzlich auf alle Mitgliedstaaten zurückführen lässt, nur aufgrund ihrer Präzedenzwirkung bzw. Autorität subsidiär im Rahmen des Art. 32 WVK zu berücksichtigen. Die Rechtsprechung des IGH spricht in der *Namibia Advisory Opinion* und in der *Wall Opinion* eine andere Sprache.[258] Auch wenn es zumindest im erstgenannten Gutachten nach weit verbreiteter Ansicht um eine informelle Änderung durch Organpraxis ging,[259] könnte ein Vorgang, der nicht als Auslegung nach Art. 31 WVK zulässig wäre, *a fortiori* kaum im Bereich der Änderung möglich sein. Weiterhin verortet *Karl* die Berücksichtigung mehrheitlicher Praxis der Generalversammlung bei der Auslegung des Art. 17 Abs. 2 SVN durch den IGH in seinem *Certain-Expenses*-Gutachten beim „objektiven Aspekt" späterer Praxis und damit bei Art. 32 WVK.[260] Dem ist zu widersprechen. Der IGH verwendet die Praxis der Versammlung nicht subsidiär. Weder scheint die Angelegenheit für den Gerichtshof so klar zu sein, dass sie nur eine bestätigende Rolle spielen kann – dafür äußert er sich zu ausführlich zu dieser Frage.[261] Noch würde eine Auslegung nach Art. 31 WVK ohne Heranziehung von Praxis die Bedeutung der „Ausgaben der Organisation"

---

256 Ebd., S. 164.

257 Ebd.

258 IGH, Namibia, Advisory Opinion, ICJ Reports 1971, 16, 22; Wall, Advisory Opinion, ICJ Reports 2004, 136, 149 f.

259 Kunig, United Nations Charter, Interpretation of, in: Wolfrum (Hrsg.), MPEPIL 2006, opil.ouplaw.com/home/ORIL (25.11.2014), Rn. 16; Stavropoulos, The Practice of Voluntary Abstentions by Permanent Members of the Security Council Under Article 27, Paragraph 3, of the Charter of the United Nations, AJIL 61 (1967), 737, 746; a.A. Zimmermann, in: Simma u. a. (Hrsg.), The Charter of the United Nations, 3. Aufl., Bd. 1, 2012, Art. 27 Rn. 188.

260 Karl, Vertrag und spätere Praxis im Völkerrecht, 1983, S. 169.

261 IGH, Certain Expenses, Advisory Opinion, ICJ Reports 1962, 151, 157 ff.

mehrdeutig, dunkel oder sinnwidrig erscheinen lassen, wie es Art. 32 WVK für die Eröffnung seines Anwendungsbereiches verlangt.

Es existieren vielmehr Faktoren im Recht der Internationalen Organisationen, die Art. 31 Abs. 3 lit. b WVK überformen und seine Anforderungen senken können, sodass Organpraxis in bestimmten Konstellationen auch über Art. 32 WVK hinaus ein Eigenwert zukommen kann. Es wird die Aufgabe des zweiten Teils dieser Arbeit sein, diese Faktoren zu beleuchten.

c) *Effektivitätsaspekt*

Die Auslegungsmethode spätere Praxis weist noch mehr Aspekte auf, als *Karl* aufdeckte. Sie ist ein weitaus vielschichtigeres Phänomen. Einer dieser Gesichtspunkte, den *McGinley* herausstellte, soll als Effektivitätsaspekt bezeichnet werden. *McGinley* zufolge liege der Auslegungswert von Praxis nicht so sehr in den ursprünglichen oder aktuellen Absichten der Vertragsparteien begründet, sondern im pragmatischen Verständnis der Individuen, deren Aufgabe es sei, den Vertrag anzuwenden. Denn

> „those actually engaged in working under the treaty are likely to have more knowledge and experience about the realities of the functioning of the treaty than either those who prepared it or those who have dealt with it from a distance or for a limited period of time.“[262]

Er nennt diesen seinen Ansatz eine „common-sense practical interpretation of the treaty under the varied contingencies of its ongoing operation.“[263]

Dieses Verständnis der späteren Praxis als „common-sense practical interpretation“ zeigt einen wichtigen Gesichtspunkt dieses Interpretationsmechanismus auf, geht aber in der Verabsolutierung, die *McGinley* befürwortet, zu weit. Der Wortlaut des Art. 31 Abs. 3 lit. b WVK, der geltendes Gewohnheitsrecht zum Ausdruck bringt,[264] legt die Betonung ganz eindeutig auf das *agreement of the parties*, das subjektive Element der späteren Praxis. Überdies ist eine so funktionalistische, auf

---

[262] McGinley, Practice as a Guide to Treaty Interpretation, Fletcher Forum 9 (1985), 211, 227.

[263] Ebd.

[264] Siehe oben, B. II. 5.

output zentrierte Sichtweise auch aus legitimationstheoretischen Überlegungen sehr zweifelhaft. Trotzdem kann gerade auch aus einer teleologischen Perspektive mit der Effektivität einer in der Praxis durch den sachnahen Anwender erprobten Auslegung argumentiert werden, sodass dieser Gesichtspunkt alles andere als von der Hand zu weisen ist.

d) Systematischer Aspekt

Ein letzter Aspekt der Auslegungsmethode spätere Praxis ist deren systematische Dimension. Die spätere Praxis teilt selbst viele Eigenschaften mit der systematischen Auslegung. Erstere unterscheidet sich aber dadurch von letzterer, dass v. a. rechtsquellenexterne Faktoren bei ihr eine maßgebliche Rolle spielen und nicht die Systematik der Vertragsbestimmungen bzw. anderer Verträge und Rechtsquellen allgemein. Die spätere Praxis kann aber auch selbst im Rahmen einer systematischen Auslegung angewendet bzw. mit dieser gemischt werden.[265]

Ein Fallbeispiel aus der Rechtsprechung des IGH soll das sogleich verdeutlichen: das IMCO-Gutachten. Dort ging es um die Frage, ob die Versammlung der Organisation gegen Art. 28 lit. a der IMCO-Konvention[266] verstoßen habe, indem sie Panama und Liberia nicht in ein Organ der IMCO mit beschränkter Mitgliedschaft, das *Maritime Safety Committee*, wählte. Dort hieß es nämlich, dass sich das Komitee aus den *largest ship-owning nations* zusammensetzen solle, und nach Bruttoregistertonnen waren das damals Panama und Liberia. Um die Frage zu beantworten, ob sich dieser unbestimmte Rechtsbegriff auf BRT als Kriterium bezog, griff der Gerichtshof auf die Praxis der Versammlung zu anderen Bestimmungen der IMCO-Konvention zurück (Art. 17 lit. c, 41), die diesen Terminus beinhalteten. Aus der Tatsache, dass die Versammlung dort immer auf BRT als Kriterium zurückgegriffen hatte, bezog der IGH einen seiner Anhaltspunkte, dass ein Verstoß gegen Art. 28 lit. a IMCO-Konvention vorlag.[267] Damit wurde die spätere Praxis zu Bestimmungen, die ebenfalls den entscheidungsrelevanten Rechtsbegriff beinhalteten, für die zu interpretierende Norm nutzbar

---

[265] Nolte, Second Report on subsequent agreements and subsequent practice in relation to the interpretation of treaties, UN Doc. A/CN.4/671 (2014), Rn 25.

[266] UNTS Bd. 289, S. 3 (inzwischen IMO-Konvention).

[267] IGH, IMCO, Advisory Opinion, ICJ Reports 1960, 150, 167.

gemacht.[268] Dies kann man als Auslegung im Lichte der späteren Praxis in systematischer Verwendung bezeichnen.

3. Vertragsänderung

a) Abgrenzung von Vertragsauslegung und Vertragsänderung?

Im nächsten Schritt kann nun die informelle Vertragsänderung durch Praxis näher betrachtet werden. Bevor jedoch auf das Für und Wider sowie die Modalitäten der informellen Modifikation durch spätere Praxis eingegangen wird, empfiehlt sich die Auseinandersetzung mit einer bedeutenden Vorfrage: Lassen sich Auslegung und Änderung überhaupt voneinander abgrenzen und wenn ja, wie zuverlässig? Was sind die Kriterien einer solchen Abgrenzung? Oder muss jeder Versuch im Ansatz scheitern, sodass die Wirkungen einer (insbesondere authentischen) Auslegung im Lichte der späteren Praxis gem. Art. 31 Abs. 3 lit. b WVK geradezu grenzenlos sein können?

aa) Ist eine Abgrenzung überhaupt möglich?

(1) Dimensionen völkerrechtlicher Vertragsauslegung

Bei einer systematischen Aufbereitung der Problematik empfiehlt es sich, zwischen mehreren Dimensionen der Auslegung im Völkerrecht zu differenzieren, der hier sog. „einfachen" oder „regulären" Auslegung und der autoritativen bzw. authentischen Auslegung.

Die einfache Auslegung kann von allen Akteuren des Völkerrechtsverkehrs – also den Völkerrechtssubjekten und ihren Organen, den internationalen Gerichten und Spruchkörpern sowie der Wissenschaft – praktiziert werden, ohne dass ihr eine Rechtsverbindlichkeit zukom-

---

[268] Moloo, When Actions Speak Louder Than Words, Berkeley Journal of International Law 31 (2013), 39, 64; Nolte, Jurisprudence of the International Court of Justice and Arbitral Tribunals of Ad Hoc Jurisdiction Relating to Subsequent Agreements and Subsequent Practice, in: Nolte (Hrsg.), Treaties and Subsequent Practice, 2013, S. 169, 179; Nolte, First report on subsequent agreements and subsequent practice in relation to treaty interpretation, UN Doc. A/CN.4/660 (2013), Rn. 48.

men würde. Sie kann allerdings von Akteuren mit unterschiedlicher Autorität stammen.

Während es sich bei der authentischen Auslegung um eine Interpretation durch die Vertragsparteien handelt, wird bei der autoritativen Auslegung ein zur Interpretation einzelner Bestimmungen oder des gesamten Vertrags besonders ermächtigtes Organ tätig.[269] Den Ergebnissen der authentischen Auslegung und einer Teilmenge der Ergebnisse autoritativer Auslegung wird allgemein, anders als bei der regulären Auslegung, Rechtsverbindlichkeit gegenüber den Parteien und Organen auch für alle zukünftigen Anwendungsfälle beigemessen, sodass sie anderen Auslegungsergebnissen vorgehen.[270] Damit steigen die Schwierigkeiten einer Abgrenzung von Auslegung und Änderung exponentiell.

Diesen Schwierigkeiten soll sich dieser Abschnitt schrittweise nähern: Zunächst werden die Charakteristika und Probleme der einfachen Auslegung geschildert (2), sodann die relevanten Eigenschaften der autoritativen (3) und der authentischen Auslegung (4). Im nächsten Schritt können dann die durch beide aufgeworfenen Abgrenzungsprobleme erörtert werden (5). Schließlich sollen all diesen Abgrenzungsschwierigkeiten, die letzten Endes Argumente für die Aufgabe der Unterscheidung zwischen Auslegung und Änderung sind, die Gesichtspunkte entgegengesetzt werden, die für eine Aufrechterhaltung dieser Differenzierung sprechen (6).

(2) Probleme der regulären Auslegung

Schon bei der einfachen Auslegung, die keine Rechtsverbindlichkeit aufweist und von den unterschiedlichsten Akteuren betrieben werden kann, tauchen Abgrenzungsprobleme zur Änderung auf. Der Interpretationsprozess wurde bereits als eine *single combined operation* ohne

---

[269] Karl, Vertragsauslegung – Vertragsänderung, in: Schreuer (Hrsg.), Autorität und internationale Ordnung, 1979, S. 9, 11; Orakhelashvili, The Interpretation of Acts and Rules in Public International Law, 2008, S. 514 ff.; Pan, Authoritative Interpretation of Agreements, Harvard International Law Journal 38 (1997), 503, 509 f.

[270] Orakhelashvili, The Interpretation of Acts and Rules in Public International Law, 2008, S. 514 ff.; Reuter, Introduction to the law of treaties, 2. Aufl. 1995, Rn. 138.

klare Hierarchien und ohne ein in jedem Fall definitiv vorgezeichnetes, korrektes Ergebnis gekennzeichnet.[271]

Überdies demonstriert die Vielzahl der Ansätze für eine Abgrenzung zwischen Auslegung und Änderung – die weit über die in der deutschen Methodenlehre immer noch präsente Wortlautgrenze[272] hinausgeht[273] – deutlich, wie schwer diese Aufgabe zu lösen ist. Auf diese Vorschläge wird noch weiter einzugehen sein, wenn nach dem *ob* das *wie* der Unterscheidung betrachtet wird. Dass es nicht zuletzt angesichts der Notwendigkeit von unbestimmten Rechtsbegriffen gerade im Völkerrecht einen klaren Wortlaut kaum geben kann, der als trennscharfe Grenze zwischen Auslegung und Änderung operationalisierbar ist, ist allgemein anerkannt.[274] Unbestimmte Rechtsbegriffe sind unvermeidbar, wenn politische Kompromisse zu verrechtlichen sind und wenn völkerrechtliche Normen der Vielgestaltigkeit der regulierten Lebenssachverhalte bzw. der notwendigen Zukunftsoffenheit gerecht werden sollen.

Dem Interpreten kommt ein umfangreicher Ermessensspielraum zu, solange er sich auf die ihm von der WVK oder dem korrespondierenden Völkergewohnheitsrecht vorgegebenen Auslegungsmechanismen beschränkt und die Trennung zwischen primären und subsidiären Methoden beachtet. Damit nicht genug, unterliegt er – sowohl als Individuum als auch als Konglomerat von mehreren Individuen im Rahmen eines Organs oder einer Behörde – zahlreichen unterbewussten Vorprägungen und Vorverständnissen. Diese können persönlicher, funktionaler, nationaler, beruflicher oder sonstiger Natur sein. Das birgt insbesondere im Völkerrecht Risiken, das auf neutrale und interkulturell denkende Interpreten angewiesen ist. Ein wesentliches Problem der völkerrechtli-

---

[271] Siehe oben, B. II. 1.

[272] Canaris, Die Feststellung von Lücken im Gesetz, 2. Aufl. 1983, S. 19 ff.; Larenz/Canaris, Methodenlehre der Rechtswissenschaft, 3. Aufl. 1995, S. 143; Müller/Christensen, Juristische Methodik, 11. Aufl., Bd. 1, 2013, Rn. 304 ff.; kritisch zur Wortlautgrenze z. B. Rüthers/Fischer/Birk, Rechtstheorie, 7. Aufl. 2013, Rn. 734 ff.

[273] Siehe sogleich unten, B. III. 3. a) cc).

[274] Vgl. allgemein zu den Schwierigkeiten der Trennung zwischen Auslegung und Änderung im Völkerrecht: YBILC 1966 II, 236; Bos, Theory and Practice of Treaty Interpretation, NILR 27 (1980), 1, 12; vgl. Heintschel v. Heinegg in: Ipsen (Hrsg.), Völkerrecht, 6. Aufl. 2014, § 12 Rn. 12; Karl, Vertrag und spätere Praxis im Völkerrecht, 1983, S. 36 f.

chen Auslegung ist letztendlich die Pluralität der interpretierenden Akteure unterschiedlicher Autorität ohne zentrale Kontrollinstanz.[275]

Von daher verwundert es nicht, dass ein Auslegungsvorgang leicht in eine informelle, faktische und nur durch die jeweils auslegende Instanz legitimierte Änderung des Vertrags umschlagen kann, und dass mithin eine Änderung unter dem „Mantel der Auslegung"[276] möglich ist. Dieses Problem wird insbesondere bei einer lückenfüllenden Auslegung akut: Es ist der Interpret, der entscheidet, ob überhaupt eine (planwidrige) Lücke im Vertragstext vorliegt und wie sie auszufüllen ist. Von der Lückenfüllung ist der Weg zur Ergänzung nicht mehr weit.[277]

Die einfache völkerrechtliche Auslegung setzt sich jedoch von der authentischen bzw. autoritativen Auslegung und v. a. der Änderung entscheidend dadurch ab, dass sie keine allgemeine Rechtsverbindlichkeit für zukünftige Anwendungsfälle beanspruchen kann.[278] Auch wenn der einfache Auslegungsvorgang *inhaltlich* aus den genannten Gründen sogar das Ausmaß einer Änderung erreichen kann, unterscheidet er sich doch durch seinen schwächeren Geltungsanspruch und sein geringeres Durchsetzungspotenzial fundamental von ihr.

(3) Grenzfall: autoritative Auslegung

Wenn schon bei regulärer Auslegung zumindest vom inhaltlichen Ausmaß her die Grenze zur Änderung überschritten werden kann, verwundert es nicht, dass diese bei Verbindlichkeit oder höherer Autorität eines Auslegungsergebnisses noch deutlich schwieriger zu bestimmen ist. Dem begegnet man zunächst bei der sog. autoritativen Auslegung, also der allgemein auch für die Zukunft verbindlichen Auslegung durch vertraglich besonders ermächtigte Organe.

---

[275] Vgl. Bos, Theory and Practice of Treaty Interpretation, NILR 27 (1980), 1, 27 f.; vgl. Sur, L'Interpretation en Droit International Public, 1974, S. 99.

[276] Karl, Vertragsauslegung – Vertragsänderung, in: Schreuer (Hrsg.), Autorität und internationale Ordnung, 1979, S. 9, 23.

[277] Ebd.

[278] Vgl. Bos, Theory and Practice of Treaty Interpretation, NILR 27 (1980), 1, 14 f.; Karl, Vertragsauslegung – Vertragsänderung, in: Schreuer (Hrsg.), Autorität und internationale Ordnung, 1979, S. 9.

Bei der autoritativen Auslegung bietet es sich an, anhand der Grundlage im jeweiligen Vertrag zwischen drei Kategorien zu unterscheiden: der ausdrücklichen und der impliziten Ermächtigung im Vertrag sowie der besonderen Autorität der auslegenden Instanz, z. B. aufgrund ihrer besonderen Stellung im institutionellen Gefüge des Vertrags.

Autoritative Auslegung kann aber nicht nur nach der Rechtsgrundlage klassifiziert werden, sondern auch nach der Rechtsfolge. Einerseits ist eine strenge Rechtsverbindlichkeit möglich, die hier als autoritative Auslegung i. e. S. bezeichnet werden soll. Sie kommt der authentischen Auslegung in ihrer Wirkung gleich oder zumindest nahe. Andererseits kommt autoritative Auslegung vor, die lediglich mit einer besonderen rechtlichen (oder gar außerrechtlichen) Autorität ausgestattet ist. Diese vermag sie über andere Auslegungsergebnisse und Akteure zu erhöhen, kann aber nicht zu deren vollständiger Verdrängung führen.[279] Erstere kann auch als echte und letztere als unechte autoritative Auslegung bezeichnet werden.

Beispiele für eine ausdrückliche Ermächtigung finden sich in Art. XXIX IWF-Abkommen, in der parallelen Vorschrift des Weltbank-Abkommens (Art. IX) sowie in Art. IX Abs. 2 WTO-Abkommen. In IWF und Weltbank kann das Exekutivdirektorium alle vor es gebrachten Auslegungsfragen verbindlich entscheiden, mit einer Anfechtungsmöglichkeit vor dem Gouverneursrat. Art. IX Abs. 2 WTO-Abkommen sieht eine ausschließliche Auslegungskompetenz der Ministerkonferenz und des Allgemeinen Rats vor.

Deutlich schwächere Formen vergleichbarer Regelungen bestehen bei manchen nichtwirtschaftlichen UN-Sonderorganisationen: Ein Beispiel findet sich in Art. 75 WHO-Verfassung,[280] nach dem Auslegungsstreitigkeiten vorrangig durch nicht näher spezifizierte Verhandlungen oder die Gesundheitsversammlung und erst subsidiär durch den IGH geklärt werden. Ein weiteres Beispiel ist Art. 84 Chicago-Konvention,[281] nach der der Rat der ICAO beim Scheitern von Verhandlungen eine freilich

---

[279] Ebd., S. 26 ff.; Miehsler, Zur Autorität von Beschlüssen internationaler Institutionen, in: Schreuer (Hrsg.), Autorität und Internationale Ordnung, 1979, S. 35 ff.

[280] UNTS Bd. 14, S. 85.

[281] UNTS Bd. 15, S. 295.

anfechtbare Auslegungsentscheidung zu treffen vermag.[282] Interessant ist, dass die Kompetenz zur autoritativen Auslegung nicht immer bei den Plenarorganen, sondern häufig auch bei Organen mit beschränkter Mitgliedschaft zu finden ist.

Bei den stärkeren Bestimmungen des IWF und der WTO handelt es sich klar um eine autoritative, verbindliche und exklusive Auslegung im engeren Sinne. Eine Klärung durch Verhandlungen eines Organs mit subsidiären Alternativen der Streitbeilegung kommt dem nahe, jedoch fehlt es an der ausdrücklichen Verbindlichkeit und erst recht an der Exklusivität, sodass diese Beispiele wohl eher der impliziten Kompetenz zur Auslegung mit besonderer rechtlicher Autorität zuzuordnen sein dürften.

Ein eindeutiges Beispiel für eine autoritative Auslegung mit impliziter Rechtsgrundlage stellt aber Art. 39 SVN dar. In der Formulierung „Der Sicherheitsrat stellt fest (…)“ wird deutlich, dass ihm eine entscheidende Rolle bei der Auslegung der Begriffe Angriffshandlung, Friedensbruch und Friedensbedrohung zukommt. Das wird durch Art. 25 SVN unterstrichen. Ob es sich dabei um eine autoritative Auslegung i. e. S. handelt, d. h. eine gegenüber den übrigen Mitgliedern rechtsverbindliche und grenzenlose Auslegung, gegen die u. a. kein Protest mehr möglich ist, bleibt jedoch umstritten.[283] Auf diese Frage wird noch zurückzukommen sein,[284] hier kann sie vorläufig offen bleiben.

Schließlich gibt es Akteure mit anderweitig rechtlich anerkannter besonderer Autorität bei der Vertragsauslegung im Allgemeinen, wie den IGH und die Völkerrechtswissenschaft (Art. 38 Abs. 1 lit. d IGH-Statut) oder bei bestimmten Verträgen, wie die UN-General-

---

[282] Vgl. zu diesen und weiteren Beispielen Sands/Klein, Bowett's Law of International Institutions, 6. Aufl. 2009, Rn. 14-015.

[283] Gegen eine autoritative Auslegungskompetenz: vgl. statt vieler UNCIO Doc. 750, IV/2/B/1, 832; Krisch, in: Simma u. a. (Hrsg.), The Charter of the United Nations, 3. Aufl., Bd. 2, 2012, Introduction to Chapter VII Rn. 38; Herdegen, Der Sicherheitsrat und die autoritative Konkretisierung des VII. Kapitels der UN-Charta in: Beyerlin u. a. (Hrsg.), Recht zwischen Umbruch und Bewahrung, FS Bernhardt, 1995, S. 103, 111; für eine solche: Heintschel v. Heinegg, in: Ipsen (Hrsg.), Völkerrecht, 6. Aufl. 2014, § 12 Rn. 3; Kunig, United Nations Charter, Interpretation of, in: Wolfrum (Hrsg.), MPEPIL 2006, opil.ouplaw.com/home/ORIL (25.11.2014), Rn. 16.

[284] Siehe unten, C. III. 3. b) bb) (2).

versammlung für u. a. die UN-Charta. Sie nehmen allerdings keine autoritative Auslegung i. e. S. vor, sondern lediglich eine Auslegung mit besonderer (faktischer) Autorität im Vergleich zu anderen Akteuren der Auslegung.[285] Diese unechte autoritative Auslegung wirft nicht in gleichem Maße Probleme der Abgrenzung zwischen Auslegung und Änderung auf und soll daher vorläufig nicht betrachtet werden.

Die autoritative Auslegung weist erhebliche Relevanz für die spätere Praxis auf, vor allem für die Praxis der Organe Internationaler Organisationen. Ähnlich wie bei der authentischen Auslegung ist spätere Praxis denkbar, die eine autoritative oder eine mit besonderer Autorität versehene Auslegung darstellt, wenn sie von einem Organ stammt, das über eine besondere Interpretationskompetenz verfügt. Dies könnte gerade eines von mehreren Einfallstoren für eine autonome Organpraxis wider eventuellen Staatenprotest sein, wenn ein Plenarorgan mit Mehrheitsentscheidung oder ein Organ mit beschränkter Mitgliedschaft ermächtigt ist. Die autoritative Auslegung findet ihre Rechtsgrundlage anders als die spätere Praxis nicht im allgemeinen Recht der Verträge, sondern allein im jeweiligen völkerrechtlichen (Gründungs-)Vertrag, den *rules of the organization*.

(4) Grenzfall: authentische Auslegung

Der zweite Grenzfall, der die Linien zwischen Auslegung und Änderung verwischt, ist die authentische Auslegung. Wie die autoritative bezeichnet die authentische Auslegung den Grad der Verbindlichkeit, der einem bestimmten Auslegungsergebnis zukommt. Die besondere Wirkung der authentischen Auslegung ist darauf zurückzuführen, dass es sich um eine Interpretation handelt, die von den Schöpfern der auszulegenden Bestimmung, den Vertragsparteien, stammt. Spätere Übereinkünfte gem. Art. 31 Abs. 3 lit. a WVK stellen grundsätzlich eine authentische Auslegung dar; für spätere Praxis gem. Art. 31 Abs. 3 lit. b WVK kann dies der Fall sein, muss es aber nicht.[286] Nach weit verbreiteter

---

[285] Für den IGH: Heintschel v. Heinegg in: Ipsen (Hrsg.), Völkerrecht, 6. Aufl. 2014, § 22 Rn. 2 f.; Klein/Schmahl, in: Graf Vitzthum/Proelß (Hrsg.), Völkerrecht, 6. Aufl. 2013, Rn. 138 f.; Schmalenbach, Die rechtliche Wirkung der Vertragsauslegung durch IGH, EuGH und EGMR, ZÖR 59 (2004), 213, 217.

[286] Siehe oben, B. II. 1.

Ansicht kommt der authentischen Auslegung einer Bestimmung gar die gleiche Verbindlichkeit zu wie der ausgelegten Bestimmung selbst.[287]

(5) Probleme der beiden Formen rechtsverbindlicher Auslegung

Zunächst einmal stellen sich Probleme der Unterscheidung der authentischen und der autoritativen Auslegung. Sie werden oftmals verwischt, indem beide Begriffe wie austauschbar verwendet werden.[288] Das illustriert ihre enge Verwandtschaft. Dennoch ist an der Unterscheidung beider Konzepte festzuhalten: Sie ruhen auf unterschiedlichen Fundamenten. Während die authentische Auslegung auf dem primären Parteiwillen beruht, einen Vertrag inhaltlich zu konkretisieren, fußt die autoritative Auslegung auf dem Willen der Parteien, einige Fragen für eine spätere Konkretisierung offen zu lassen und diese an ein Gremium zu delegieren, das erst durch den Vertrag geschaffen wird.[289] Hier steht also mit anderen Worten eine primäre Legitimation durch die Parteien einer Delegation, einer sekundären Legitimation, gegenüber.[290] Dementsprechend ist es auch naheliegend, dass der authentischen Auslegung im wahrscheinlich seltenen Kollisionsfall Vorrang gebührt. Relativiert wird diese Unterscheidung wiederum dadurch, dass Organe, die Träger autoritativer Interpretation sind, sich aus Vertretern der Vertragsparteien bzw. der Mitgliedstaaten zusammensetzen, die ihrerseits als solche grundsätzlich auch zu einer authentischen Interpretation fähig sind.

Die zentrale Frage der authentischen und autoritativen Auslegung ist jedoch nicht die nach ihren Gemeinsamkeiten und Unterschieden, sondern die nach ihrer Bedeutung für die Trennung zwischen Auslegung

---

[287] Bernhardt, Interpretation in International Law, in: Bernhardt (Hrsg.), EPIL Bd. 2, 1995, 1416, 1423; Karl, Vertrag und spätere Praxis im Völkerrecht, 1983, S. 40; Orakhelashvili, The Interpretation of Acts and Rules in Public International Law, 2008, S. 514 m.w.N.

[288] Z. B. in YBILC 1966 II, 236; vgl. Orakhelashvili, The Interpretation of Acts and Rules in Public International Law, 2008, S. 515; auch A. Peters, Das Gründungsdokument internationaler Organisationen als Verfassungsvertrag, ZÖR 68 (2013) 1, 18, stellt fest, dass „[...] die Terminologie nicht einheitlich ist."

[289] Ebd., 18.

[290] Kadelbach, in: Simma u. a. (Hrsg.), The Charter of the United Nations, 3. Aufl., Bd. 1, 2012, Interpretation Rn. 47.

und Änderung im Völkervertragsrecht. Wie kann man diese Unterscheidung überhaupt noch aufrechterhalten, wenn über die authentische Auslegung gesagt wird, ihr komme die gleiche Geltungskraft wie der durch sie interpretierten Norm zu?[291] Bedeutet das nicht gleichzeitig, dass das Auslegungsergebnis automatisch ein integraler Bestandteil der Norm selbst wird, auch wenn es sich nicht in ihrem Wortlaut niederschlägt? Wie kann noch von Auslegung gesprochen werden, wenn sie entweder vom Rechtssetzer selbst oder von einem von ihm mit einem entsprechenden Mandat ausgestatteten Organ mit dieser Verbindlichkeit vorgenommen wird? Bedeutet die Tatsache, dass eine Auslegung rechtsverbindlich ist und dass es keinen Akteur gibt, der über den Interpreten steht und über sie wacht, gleichzeitig, dass ihr Ergebnis keinerlei Grenzen unterworfen ist? Wenn eine solche Auslegung auch eine Geltung *erga omnes* und für zukünftige Anwendungsfälle der Norm bedeutet, was unterscheidet sie dann noch von einer informellen Änderung?

(6) Gründe für die Aufrechterhaltung der Unterscheidung zwischen Auslegung und Änderung

Trotz dieser gewichtigen Fragen bestehen gute Gründe, die Unterscheidung zwischen regulärer Vertragsauslegung und Vertragsänderung aufrechtzuerhalten, die über den konzeptionellen Unterschied[292] hinausgehen.

Zunächst existieren zahlreiche völkerrechtliche Verträge mit universeller oder beinahe universeller Geltung, die wie selbstverständlich Auslegung und Änderung voneinander unterscheiden und getrennte Bestimmungen für beide Vorgänge enthalten. Die WVK enthält solche Normen in Art. 31 ff. und Art. 39 ff., das IWF-Abkommen in Art. XXIX und Art. XXVIII, das Weltbank-Abkommen in Art. VIII und Art. IX und das WTO-Abkommen in Art. IX Abs. 2 und Art. X. Diese Liste ließe sich noch verlängern.[293] Besonders hervorzuheben ist Art. IX

---

[291] Siehe oben, Fn. 287.

[292] So YBILC 1966 II, 236; Karl, Vertrag und spätere Praxis im Völkerrecht, 1983, S. 43.

[293] Vgl. z. B. Alvarez, Limits of Change by Way of Subsequent Agreements and Practice, in: Nolte (Hrsg.), Treaties and Subsequent Practice, 2013, S. 123, 129: „UN Charter art 108 appears to anticipate some demarcation between a

Abs. 2 S. 4 WTO-Abkommen, in dem die exklusive autoritative Interpretationskompetenz von Ministerkonferenz und Allgemeinem Rat ausdrücklich von den Änderungsbestimmungen des Art. X WTO-Abkommen abgegrenzt wird, mit der Aussage, dass letztere nicht durch erstere unterlaufen werden dürften. Auch wenn diese Norm keine Aussage über den Modus dieser Abgrenzung trifft,[294] so postuliert sie doch unmissverständlich ein eindeutiges Prinzip. Auch wenn aus universellem Vertragsrecht nicht ohne Weiteres auf korrespondierendes Völkergewohnheitsrecht geschlossen werden kann, so kann es doch als deutlicher Anhaltspunkt für eine entsprechende *opinio iuris* in der Staatenwelt über die prinzipielle Trennung von Auslegung und Änderung dienen, nach der sich die Staaten in ihrer Vertragspraxis richten.[295]

Der *Special Rapporteur* der ILC zum Thema Recht der Verträge, *Sir Humphrey Waldock*, ging ebenfalls von einer entsprechenden Unterscheidung aus, obwohl ihm die Schwierigkeiten, wenn nicht sogar die Unmöglichkeit einer (genauen) Abgrenzung zwischen beiden Vorgängen, gerade im Bereich der späteren Praxis, bewusst waren:

> „Although, as already stated, the line may sometimes be blurred between interpretation and amendment through *subsequent practice*, legally the processes are quite distinct."[296]

Schließlich unterschied auch der IGH in seinem *Peace-Treaties*-Gutachten deutlich zwischen Auslegung und Änderung: „It is the duty of the Court to interpret the Treaties, not to revise them."[297]

---

mere interpretation and an 'amendment', laying down arduous approval processes [...]."; A. Peters, Das Gründungsdokument internationaler Organisationen als Verfassungsvertrag, ZÖR 68 (2013), 1, 45 verweist auf Art. 3 Abs. 2 DSU.

[294] Schollendorf, Die Auslegung völkerrechtlicher Verträge in der Spruchpraxis des Appellate Body der Welthandelsorganisation, 2005, S. 169, Fn. 290.

[295] Zum entsprechenden Einfluss von Vertragsrecht auf Gewohnheitsrecht: IGH, Military and Paramilitary Activities (Nicaragua v. USA), ICJ Reports 1986, 14, 29 f.; Heintschel v. Heinegg, in: Ipsen (Hrsg.), Völkerrecht, 6. Aufl. 2014, § 17 Rn. 22.

[296] YBILC 1964 II, 60 (3. Waldock Report).

[297] IGH, Peace Treaties (second phase), Advisory Opinion, ICJ Reports 1950, 221, 229. Das heißt allerdings nicht, dass der IGH nicht eine informelle Änderung anerkennen kann, die anderweitig stattgefunden hat: „As regards an agreed revision or amendment of treaty terms, if, as already stated, it is, in the

Aber selbst unabhängig davon, dass es sich bei der Unterscheidung von (authentischer bzw. autoritativer) Auslegung und Änderung um eine Regel des Völkergewohnheitsrechts handelt, sprechen zahlreiche Argumente dafür, in der Völkerrechtswissenschaft weiterhin eine solche Trennung für normativ sinnvoll zu erachten und zu postulieren.

Da wäre zunächst die internationale *rule of law*. Die Kehrseite einer jeden informellen Änderung durch grenzenlose Auslegung ist potenziell ein Verstoß gegen das geltende Recht.[298] Mit der Rechtssicherheit ist eine weitere Dimension der *rule of law* betroffen: Wenn Auslegung keine Grenzen kennt und ohne Weiteres fließend in einer informellen Rechtsänderung ohne Änderung des Textes resultieren kann, dann sind die Rechte, Kompetenzen und Pflichten der Staaten und Organe nicht mehr aus dem Wortlaut ersichtlich.[299] Selbst wenn sie bzw. eine Stelle innerhalb des gleichen Rechtsträgers oder Organs vor Jahren selbst an dieser Änderung mitgewirkt haben mögen, ist dieses institutionelle Wissen unter Umständen nicht mehr vorhanden.

Das hat auch Implikationen für das innerstaatliche Verfassungsrecht. Vor allem in demokratisch verfassten Staaten müssen formelle Änderungen völkerrechtlicher Verträge das Parlament durchlaufen. Wenn materiell eine informelle Änderung ohne weitere Anforderungen durch authentische bzw. autoritative Auslegung stattfinden kann, werden die demokratisch legitimierten nationalen Parlamente potenziell umgan-

---

language of the Court, the duty of a tribunal 'to interpret treaties, not to revise them', it is equally the duty of a tribunal to interpret them *as* [Hervorhebung im Original] revised, and to give effect to any revision arrived at by the parties.", Fitzmaurice, The Law and Procedure of the International Court of Justice 1951-4, BYIL 33 (1957), 203, 225.

[298] Blum, Eroding the United Nations Charter, 1993, S. 250 ff., 253 ff.; Hexner, Teleological Interpretation of Basic Instruments of International Organizations, in: Engel u. a. (Hrsg.), Law, State and International Legal Order, 1964, S. 119, 129; A. Peters, Das Gründungsdokument internationaler Organisationen als Verfassungsvertrag, ZÖR 68 (2013), 1, 52; Rosenne, Developments of the Law of Treaties 1945-1986, 1989, S. 225; Sohn, Expulsion or Forced Withdrawal from an International Organization, Harvard Law Review 77 (1964), 1381, 1423.

[299] Vgl. A. Peters, Das Gründungsdokument internationaler Organisationen als Verfassungsvertrag, ZÖR 68 (2013), 1, 51.

gen,[300] auch wenn in einzelnen Verfassungsordnungen teilweise eine formalistische Sichtweise auf die Problematik vertreten wird.[301] Es handelt sich also nicht nur um eine Frage der *rule of law*, sondern auch der Legitimation.[302]

Ein mögliches Argument für die Aufgabe der Trennung zwischen Auslegung und Änderung gerade im Recht der völkerrechtlichen Verträge ist die weitgehende Personenidentität zwischen Rechtsschöpfern und Rechtsanwendern, sprich den Staaten.[303] So kann man sich auf den Standpunkt stellen, dass es kaum möglich ist, den Urhebern eines Vertrags, die theoretisch die volle Dispositionsmacht über diesen Vertrag innehaben,[304] zu verwehren, sie formell auf dem Wege der Auslegung auszuüben, auch wenn dies materiell in einer Änderung resultiert.

Dann muss man sich aber die Frage stellen, warum ein solches prozedurales Regelungsungleichgewicht zwischen Auslegung und Änderung

300 United Nations Conference on the Law of Treaties, Official Records, 1st Session, UN Doc. A/CONF.39/11, 208 ff.; Alvarez, Limits of Change by Way of Subsequent Agreements and Practice, in: Nolte (Hrsg.), Treaties and Subsequent Practice, 2013, S. 123, 130 f.; Kadelbach, Domestic Constitutional Concerns with Respect to the Use of Subsequent Agreements and Practice at the International Level, in: Nolte (Hrsg.), Treaties and Subsequent Practice, 2013, S. 145, 150 f.; Meyring, Die Entwicklung zustimmungsbedürftiger völkerrechtlicher Verträge nach ihrem Abschluss und ihre Auswirkungen in der deutschen Rechtsordnung, 2001, S. 24 ff.; A. Peters, Das Gründungsdokument internationaler Organisationen als Verfassungsvertrag, ZÖR 68 (2013), 1, 51, 54.

301 BVerfGE 104, 151, 206 ff.

302 A. Peters, Das Gründungsdokument internationaler Organisationen als Verfassungsvertrag, ZÖR 68 (2013), 1, 51, 53 f.

303 Siehe oben, B. III. 1.

304 Arato, Treaty Interpretation and Constitutional Transformation, Yale Journal of International Law 38 (2013), 289, 308: „Acting together, the parties remain free to do with their agreements what they will: whether interpretation, reinterpretation, the progressive development of vague terms, outright modification, or even letting the agreement wither away through *desuetude* [Fn. ausgelassen].“; Crawford, A Consensualist Interpretation of Article 31(3) of the Vienna Convention on the Law of Treaties, in: Nolte (Hrsg.), Treaties and Subsequent Practice, 2013, S. 29, 31: „[...] it is too often forgotten that the parties to a treaty [...] own the treaty. It is their treaty. It is not anyone else's treaty.“; Gardiner, The Vienna Convention Rules on Treaty Interpretation, in: Hollis (Hrsg.), The Oxford Guide to Treaties, 2012, S. 475, 484 f.

besteht. Während sich Art. 31 WVK und die meisten völkerrechtlichen Verträge (auch die Gründungsverträge der meisten Internationalen Organisationen) über das Verfahren der Auslegung ausschweigen, sehen Art. 40 ff. WVK und die meisten multilateralen Verträge ein komplexes Änderungsverfahren vor, das die Zustimmung oder zumindest die argumentative Beteiligung aller Staaten garantiert. Auf diesem Wege wird formelle Legitimation vermittelt.[305] Diese Regeln wären überflüssig, wenn die gleichen materiellen Ergebnisse auch ohne die Sicherstellung dieser Beteiligung in jedem Fall auf informellem Wege erreicht werden könnten. Wenn eine Änderung auf informellem Wege stattfindet, dann darf sie nicht unter dem „Mantel der Auslegung"[306] erfolgen, sondern sie muss als Änderung erkennbar sein und strengeren Anforderungen als die Auslegung unterliegen.[307] So kann es bereits ein Fortschritt für Legitimation und Rechtssicherheit sein, wenn dieser Deckmantel terminologisch gelüftet und der Bedarf nach einem besseren Fundament der Entscheidung aufgedeckt wird, z. B. durch eine breitere Beteiligung von Staaten und Organen. Mit einer bloßen Umbenennung kann es jedoch nicht sein Bewenden haben, aus dieser müssen auch rechtliche Konsequenzen folgen.

Auch die Tatsache, dass es keine zentrale Instanz gibt, welche die Einhaltung der Grenzen der Auslegung bzw. Auslegungskompetenz überwacht und die Nichtigkeit eines Auslegungsakts verbindlich feststellen kann,[308] sollte nicht dazu verleiten, der Trennung ihre Bedeutung abzusprechen. Gerade in einem dezentralen System der Anwendung und

---

305 Vgl. Alvarez, International Organizations as Law-Makers, 2005, S. 101 ff.; A. Peters, Das Gründungsdokument internationaler Organisationen als Verfassungsvertrag, ZÖR 68 (2013), 1, 45.

306 Siehe oben, Fn. 276.

307 Amerasinghe, Principles of the institutional law of international organizations, 2. Aufl. 2005, S. 51 ff. i.V.m. S. 463; vgl. für Praxis des Sicherheitsrats und die Anforderungen bezüglich der Zustimmung der übrigen Mitgliedstaaten: Herdegen, Der Sicherheitsrat und die autoritative Konkretisierung des VII. Kapitels der UN-Charta, in: Beyerlin u. a. (Hrsg.), Recht zwischen Umbruch und Bewahrung, FS Bernhardt, 1995, S. 103, 112 f.; White, The law of international organisations, 2. Aufl. 2005, S. 27 f.

308 Engel, Procedures for the De Facto Revision of the Charter, ASIL Proc. 59 (1965), 108, 113; für die Vereinten Nationen Kadelbach, in: Simma u. a. (Hrsg.), The Charter of the United Nations, 3. Aufl., Bd. 1, 2012, Interpretation Rn. 72.

Fortentwicklung von Recht verspricht eine Differenzierung, welche die Weichen für unterschiedlich strenge Verfahren der dezentralen Entscheidungsfindung stellt, zusätzliche Kontrolle. Auch einzelne Staaten und Organe können die Überschreitung einer Auslegungskompetenz monieren und andere Akteure auf ihre Seite ziehen, um ein Auslegungsergebnis zu konterkarieren.[309] Durch politischen Druck können sie so das Auslegungsergebnis irrelevant werden lassen oder es auf eine breitere informelle oder formell-prozedurale Basis stellen.

bb) Modifikation zwischen Vertragsauslegung und Vertragsänderung?

Nun könnte es einen Mittelweg zur Vermeidung mancher Probleme der Abgrenzung zwischen Vertragsauslegung und Vertragsänderung geben, nämlich eine dritte Kategorie jenseits der Auslegung, aber unterhalb der Schwelle der formellen Änderung, die Modifikation, anzunehmen.[310]

Diese Herangehensweise hat den zweifelhaften Vorteil, dass sie Rechtfertigungsnöte der informellen Änderung gegenüber besser legitimierten formellen Änderungsverfahren terminologisch umschifft. Sie erleichtert jedoch nicht die Abgrenzung, da die Modifikation nach wie vor schwer von der authentischen und autoritativen Auslegung zu unterscheiden wäre und dieselben unsicheren Abgrenzungskriterien vonnöten wären. Darüber hinaus würde eine zusätzliche Abgrenzungsfront zwischen Modifikation und Änderung eröffnet, ohne dass sich daran etwas ändern würde, dass Modifikation und Änderung die gleiche materielle Tragweite aufweisen. Schließlich ist der Begriff Modifikation in der WVK der *inter-se*-Modifikation gem. Art. 41 WVK, d. h. der Änderung nur im Verhältnis zwischen einigen Parteien eines multilateralen Vertragswerks vorbehalten,[311] was die Verwirrung gemeinsam mit der

---

309 Vgl. Kadelbach, in: Simma u. a. (Hrsg.), The Charter of the United Nations, 3. Aufl., Bd. 1, 2012, Interpretation Rn. 72.

310 Crawford, Brownlie's Principles of Public International Law, 8. Aufl. 2012, S. 386; vgl. Nolte, Jurisprudence Under Special Regimes Relating to Subsequent Agreements and Subsequent Practice, in: Nolte (Hrsg.), Treaties and Subsequent Practice, 2013, S. 210, 305; Pan, Authoritative Interpretation of Agreements, Harvard International Law Journal 38 (1997), 503, 509 ff.

311 Brunnée, Treaty Amendments, in: Hollis (Hrsg.), The Oxford Guide to Treaties, 2012, S. 347; Moloo, When Actions Speak Louder Than Words, Berkeley Journal of International Law 31 (2013), 39, 55, Fn. 70.

teilweise synonymen Verwendung der Begriffe *modification* und *amendment* in Teilen der Literatur[312] vervollständigt. Daher ist an einem einheitlichen Begriff der Änderung, sei er formell oder informell, festzuhalten. Wo im Folgenden der Begriff Modifikation verwendet wird, ist er synonym mit einer Änderung zu verstehen.

cc) Kriterien der Abgrenzung

Nach der Feststellung, dass die Frage nach dem *ob* der Abgrenzung positiv zu beantworten ist, stellt sich nun die Folgefrage nach dem Modus dieser Abgrenzungsoperation. Mögliche Abgrenzungskriterien, zu denen folgend einzeln Stellung genommen wird, sind der Wortlaut (1), eine Gesamtschau aus Wortlaut, Telos, Systematik und Absicht der Parteien (2), die Abweichung von der historischen Absicht der Parteien (3), die Beachtung der Auslegungsregeln (4) und die *interpretative range* (5).

(1) Wortlaut als Grenze der Auslegung?

Bereits erwähnt wurde die Wortlautgrenze. Ihr zufolge sind die Schranken der Auslegung anhand des Wortlauts zu bestimmen.[313] Sie geht von der gerade aus linguistischer Warte schwer haltbaren Prämisse[314] aus, dass sich der vom Wortlaut umfasste Bereich mit hinreichender Klarheit bestimmen lässt. Außerdem gibt es Überschreitungen der Wortlautgrenze, die keine Änderung darstellen, wie z. B. bei Anwendung des

---

312 Vgl. z. B. Dinstein, The Interaction between Customary International Law and Treaties, RdC 322 (2006), 243, 408 ff.; Moloo, When Actions Speak Louder Than Words, Berkeley Journal of International Law 31 (2013), 39, 55, Fn. 70; Villiger, Commentary on the 1969 Vienna Convention on the Law of Treaties, 2009, Issues of Customary Law, Rn. 30 ff. unter Bezug auf die ILC Draft Articles 68 lit. c (YBILC 1964 II, 198) und 38 (YBILC 1966 II, 182).

313 Bernhardt, Interpretation and Implied (Tacit) Modification of Treaties, ZaöRV 27 (1967), 491, 499; Köck, Vertragsinterpretation und Vertragsrechtskonvention, 1976, S. 43; Thirlway, The Law and Procedure of the International Court of Justice 1960-1989, BYIL 77 (2006), 1, 48.

314 Koskenniemi, From Apology to Utopia, 2005, S. 333 f., 530 ff.; vgl. Rüthers/Fischer/Birk, Rechtstheorie, 7. Aufl. 2013, Rn. 171 ff., 732 ff.

Grundsatzes *falsa demonstratio non nocet.*[315] Dass es auf der anderen Seite Änderungen innerhalb der Wortlautgrenze geben kann, z. B. weil der Telos der Norm enger ist als der Wortlaut,[316] ist nicht von der Hand zu weisen. Die Feststellung, dass jede Konkretisierung durch Interpretation einen zuvor umfassten Sachverhalt ausscheidet und somit eine Änderung innerhalb des Wortlauts darstellen kann,[317] geht aber zu weit. Gerade die Konkretisierung von Normen ist eine genuine Aufgabe der Interpretation und sie der Änderung zuzuschlagen, würde ihr einen viel zu geringen Wirkungsraum belassen.

(2) Gesamtschau aus Wortlaut, Telos, Systematik, Absicht der Parteien

Eine weitere Möglichkeit ist es, für eine Gesamtschau aus Wortlaut, Telos der Norm, ihrer systematischen Stellung und der Absicht der Parteien zu plädieren,[318] bzw. auf die Auslegungsregeln der WVK selbst als Abgrenzungskriterien zurückgreifen.[319] Danach gilt, dass solange man sich im Rahmen der anerkannten Interpretationsmethoden bewegt, man sich auch innerhalb der Grenzen zulässiger Auslegung befindet.[320] *An-*

---

[315] Karl, Vertragsauslegung – Vertragsänderung, in: Schreuer (Hrsg.), Autorität und internationale Ordnung, 1979, S. 9, 16.

[316] Ebd.

[317] Ebd., S. 24; Virally, in: Voïcu, De l'Interprétation Authentique des Traités Internationaux, 1968, S. X.

[318] Vgl. Karl, Vertrag und spätere Praxis im Völkerrecht, 1983, S. 43, der allerdings keine Gesamtschau, keine kumulative Betrachtung in Form einer *single combined operation*, sondern eine alternative Verwendung der verschiedenen Auslegungsmethoden als Abgrenzungskriterien anregt; vgl. Hafner, Subsequent Agreements and Practice: Between Interpretation, Informal Modification and Informal Amendment, in: Nolte (Hrsg.), Treaties and Subsequent Practice, 2013, S. 105, 119 f., der den klaren Schwerpunkt der Abgrenzung freilich bei Sinn und Zweck sieht.

[319] Moloo, When Actions Speak Louder Than Words, Berkeley Journal of International Law 31 (2013), 39, 83; Orakhelashvili, The Interpretation of Acts and Rules in Public International Law, 2008, S. 514; A. Peters, Das Gründungsdokument internationaler Organisationen als Verfassungsvertrag, ZÖR 68 (2013), 1, 46.

[320] Orakhelashvili, The Interpretation of Acts and Rules in Public International Law, 2008, S. 514.

ne Peters stellt teilweise deckungsgleich, teilweise ergänzend auf die Absicht hinter der relevanten Praxis (Absicht der „Umgestaltung der Rechte und Pflichten“), ihren Inhalt („Grad der inhaltlichen Abweichung [...] vom Text des Gründungsdokuments“) und ihre Wirkung (konkret für den Einzelfall oder generell für die Zukunft) ab.[321]

Diese Herangehensweise hat den Vorteil der größeren Flexibilität und Ausgewogenheit, da sie sich nicht auf einen einzigen Faktor beschränkt. In der Tat ist es schwer nachvollziehbar, warum Auslegung selbst mit einer Vielzahl von Methoden betrieben wird, aber nur eine dieser Methoden ihre Grenze darstellen soll. Freilich würde so aus dem Abgrenzungsvorgang zwischen Auslegung und Änderung selbst eine *single combined operation*, welche eine Gewichtung der verschiedenen Faktoren durch den Interpreten (bzw. Interpretationswächter) verlangt und die damit verbundenen Unsicherheiten mit sich bringt.

(3) Abweichung von der historischen Absicht der Vertragsparteien

Eine andere Ansicht möchte die Grenze der Auslegung anhand des Ausmaßes der Abweichung von der ursprünglichen Absicht der Vertragsparteien bei Vertragsschluss bestimmen.[322] Die ursprüngliche Absicht wurde in die WVK nur als Anknüpfungspunkt subsidiärer Auslegungsmethoden übernommen (Umstände des Vertragsschlusses und *travaux préperatoires* in Art. 32 WVK) und hat infolgedessen im völkerrechtlichen Auslegungskanon an Bedeutung verloren.[323] Als Kriterium der Abgrenzung zwischen Auslegung und Änderung ist sie nur bedingt tauglich, denn sie trifft vor allem auf folgende Bedenken: Zum einen spiegelt sie nicht immer die *gemeinsame* Absicht der Parteien wider und kann daher irreführend sein, zum anderen ist es um ihre Zuverlässigkeit nicht gut bestellt, da die ursprüngliche Absicht der Vertragsparteien bei einer fehlenden, falschen oder unvollständigen Proto-

---

321 A. Peters, Das Gründungsdokument internationaler Organisationen als Verfassungsvertrag, ZÖR 68 (2013), 1, 46.

322 Stein/v. Buttlar, Völkerrecht, 13. Aufl. 2012, Rn. 83 (konkret zur Bestimmung der Grenzen dynamischer Auslegung); Voïcu, De l'Interprétation Authentique des Traités Internationaux, 1968, S. 159.

323 Freilich sollte ihre verbleibende Relevanz nicht unterschätzt werden, wie ein jüngeres Urteil des IGH demonstriert: IGH, Costa Rica v. Nicaragua, ICJ Reports 2009, 213, 242.

kollierung der Verhandlungen schwer zu rekonstruieren ist.[324] Sie macht die Abgrenzung also noch unzuverlässiger als die Wortlautgrenze.

(4) *Interpretative range*

Hexner schließlich hat den Begriff der *interpretative range* geprägt, die sich am ehesten mit Auslegungsspielraum oder Auslegungsbereich übersetzen lässt.[325] Diese Vorstellung eines zulässigen Bereichs der Auslegung dürfte nur von begrenztem materiellen Mehrwert sein. Stattdessen vermag sie die anderen Ansichten zur Abgrenzung zwischen Auslegung und Änderung zu veranschaulichen und insoweit zu konkretisieren, als sie keine klare Grenze ziehen, sondern immer nur einen Grenzbereich aufzeigen können.

(5) Stellungnahme

Ob der aufgezeigten Defizite, unter denen jeder Ansatz leidet, wird sich eine vollends befriedigende Lösung kaum finden lassen. Trotz des wackligen linguistischen Fundaments, auf dem sie sich befindet, ist die Wortlautgrenze (1) bei der Abgrenzung unverzichtbar. Der Wortlaut ist der Ausgangspunkt jeder Auslegung im Völkerrecht,[326] und es existieren trotz aller Unschärfe und einer umfangreichen Grauzone klare Fälle, in denen er eindeutig überschritten ist. Das schließt nicht aus, dass auch andere Faktoren wie der Telos der Norm eine wesentliche Hilfestellung bei der Abgrenzung zwischen Auslegung und Änderung leisten können (2). Dass bei Missachtung einzelner Auslegungsregeln die Grenze zur Änderung überschritten sein kann, steht außer Frage. Das Resultat kann aber auch schlichtweg ein unrichtiges Ergebnis sein, dass sich dennoch grundsätzlich im Rahmen der Auslegung bewegt, z. B. wenn ein bedeutendes systematisches Argument übersehen wird, aber das Ergebnis eindeutig vom Wortlaut gedeckt ist. Nichtsdestoweniger

---

[324] YBILC 1966 II, 220; Le Bouthillier, in: Corten/Klein (Hrsg.), The Vienna Convention on the Law of Treaties, Bd. 1, 2011, Art. 32 WVK Rn. 32 ff.

[325] Hexner, Teleological Interpretation of Basic Instruments of International Organizations, in: Engel u. a. (Hrsg.), Law, State and International Legal Order, 1964, S. 119, 123 f.

[326] Siehe oben, Fn. 112.

sind Art. 31 und 32 WVK nicht nur für die Art und Weise der Auslegung, sondern auch für die Bestimmung ihrer Grenzen von Bedeutung. Die befriedigendste Abgrenzung dürfte in der Tat eine Gesamtschau der verschiedenen Auslegungsmethoden leisten. Das Konzept der *interpretative range* (4) kann dabei verdeutlichen, dass die Unterscheidung in vielen Fällen nicht trennscharf ist.

dd) Zusammenfassung

Abschließend bleibt somit festzuhalten, dass eine Trennung zwischen Auslegung und Änderung im geltenden Völkerrecht verankert ist und dass auch aus normativ-theoretischer Perspektive gute Argumente für eine solche Unterscheidung sprechen. Dabei muss sich der Interpret jedoch bewusst sein, dass eine klare Trennung kaum jemals möglich ist, dass vielmehr ein Bereich der Unsicherheit besteht,[327] für den auch keine Entscheidungshilfe im Sinne einer Regel wie „im Zweifel Änderung" angeboten werden kann. Wie beim Vorgang der Auslegung selbst muss der Interpret eine begründete Entscheidung darüber treffen, ob die Grenzen des Interpretationsvorganges gewahrt sind. Für den Interpreten bedeutet ein negatives Resultat, dass er sein Auslegungsergebnis überdenken oder zurückhalten sollte; für einen damit dennoch konfrontierten staatlichen oder institutionellen Akteur folgt daraus, dass er z. B. durch einen förmlichen Protest dagegen vorgehen kann. Das schließt aber nicht aus, dass es zu einer informellen Änderung unter dem „Mantel der Auslegung"[328] kommt. Das ist vor allem bei Praxis, die authentische oder autoritative Qualität besitzt, ein wahrscheinlicher und häufiger Fall. Ein solcher Vorgang sollte aber von der Völkerrechtswissenschaft als Änderung entlarvt werden. So besteht zumindest die Möglichkeit für betroffene staatliche oder institutionelle Akteure, nachträglich sicherzustellen, dass den gesteigerten völkerrechtlichen Anforderungen an eine Modifikation genüge getan wird – oder die Umsetzung der als Auslegung getarnten Änderung zu verhindern.

---

[327] YBILC 1964 II, 60 (3. Waldock-Report).

[328] Siehe oben, Fn. 276.

b) Für und Wider der informellen Vertragsänderung

aa) Die Vertragsänderung durch Praxis in Rechtsprechung, Literatur, ILC- und Staatenpraxis

Nachdem soeben festgestellt wurde, dass eine Unterscheidung zwischen Auslegung und Änderung trotz ihrer enormen praktischen Schwierigkeiten unverzichtbar ist, soll im Folgenden ein einführender Überblick über die Positionen in Völkerrechtswissenschaft und -praxis zur Möglichkeit einer *informellen* Vertragsänderung durch Praxis gegeben werden.

Der IGH stellte in mehreren Fällen implizit oder explizit die Modifikation eines Vertrags durch Praxis der Parteien fest. Im *Temple-of-Preah-Vihear*-Fall wurde die Praxis der Vertragsparteien Frankreich und Siam so gedeutet, dass eine von der vertraglich vereinbarten *watershed line* abweichende *map line* als vereinbart galt.[329] Im *Namibia*-Gutachten wurde Art. 27 Abs. 3 SVN im Angesicht der ständigen Praxis des Sicherheitsrats dahingehend gedeutet, dass der Begriff „Zustimmung sämtlicher ständiger Mitglieder" (*concurring votes* in der nicht ganz so eindeutigen, aber authentischen englischen Fassung der Charta) auch Enthaltungen mit einschloss:

> „However, the proceedings of the Security Council extending over a long period supply abundant evidence that presidential rulings and the positions taken by members of the Council, in particular its permanent members, have consistently and uniformly interpreted the practice of voluntary abstention by a permanent member as not constituting a bar to the adoption of resolutions. [...] This procedure followed by the Security Council, which has continued unchanged after the amendment in 1965 of Article 27 of the Charter, has been generally accepted by Members of the United Nations and evidences a general practice of that Organization."[330]

Im *Wall*-Gutachten zur israelischen Sperrmauer an der Grenze zu den Palästinensergebieten wurde Art. 12 SVN im Angesicht der Praxis von Sicherheitsrat und Generalversammlung so verstanden, dass die Generalversammlung Empfehlungen zu einer Streitigkeit oder Situation geben kann, auch während sich der Sicherheitsrat mit derselben auseinan-

---

[329] IGH, Temple of Preah Vihear (Cambodia v. Thailand), ICJ Reports 1962, 6 ff.

[330] IGH, Namibia, Advisory Opinion, ICJ Reports 1971, 16, 22.

dersetzt – obwohl Art. 12 SVN als zentrale Norm, die das institutionelle Gleichgewicht zwischen beiden Organen regelt, dies ihrem Wortlaut nach untersagt:[331]

> „Indeed, the Court notes that there has been an increasing tendency over time for the General Assembly and the Security Council to deal in parallel with the same matter concerning the maintenance of international peace and security [...] The Court considers that the accepted practice of the General Assembly, as it has evolved, is consistent with Article 12, paragraph 1, of the Charter."[332]

In *Costa Rica v. Nicaragua* äußerte sich der IGH wie folgt: „[...] the subsequent practice of the parties, within the meaning of Article 31 paragraph 3 (b) of the Vienna Convention, can result in a departure from the original intent on the basis of a tacit agreement."[333] Diese Aussage kann jedoch nur bedingt als argumentative Stütze für die Möglichkeit informeller Modifikationen durch spätere Praxis herangezogen werden, da viel dafür spricht, dass der IGH auf die klassische Methode der Vertragsauslegung anhand der ursprünglichen Absicht der Vertragsparteien Bezug nahm. Eine Abweichung von dieser Absicht ist aber im Rahmen der Interpretation möglich; daraus folgt nicht zwangsläufig eine Vertragsänderung.[334]

Ein besonders deutliches Beispiel der Änderung durch spätere Praxis stammt aus der Schiedsgerichtsbarkeit: Der Fall *Air Transport Services Agreement*. Das Schiedsgericht nahm an, dass Frankreich durch seine Akzeptanz der einseitigen Ausdehnung von Luftverkehrswegen durch die USA auch das vertragliche Recht zu ihrer Nutzung eingeräumt hatte, und zwar auf dem Wege der späteren Praxis:

> „This course of conduct may, in fact, be taken into account not merely as a means useful for interpreting the Agreement, but also as

---

[331] Vgl. Klein/Schmahl, in: Simma u. a. (Hrsg.), The Charter of the United Nations, 3. Aufl., Bd. 1, 2012, Art. 12 Rn. 3, 24, 33; siehe dazu näher unten, D. II. 3. c).

[332] IGH, Wall, Advisory Opinion, ICJ Reports 2004, 136, 149 f.

[333] IGH, Costa Rica v. Nicaragua, ICJ Reports 2009, 213, 242.

[334] ILC Report on the work of its sixty-sixth session, UN Doc. A/69/10 (2014), 166, 188; Nolte, Second Report on subsequent agreements and subsequent practice in relation to the interpretation of treaties, UN Doc. A/CN.4/671 (2014), Rn. 115; siehe dazu bereits oben, B. III. 3. a) cc) (3).

> something more: that is, as a possible source of a subsequent modification, arising out of certain actions or certain attitudes, having a bearing on the juridical situation of the Parties and on the rights that each of them could properly claim."[335]

Der finale Entwurf der ILC für die Vertragsrechtskonvention enthielt bereits einen *Draft Article 38* mit folgendem Inhalt:

> **Article 38 Modification of treaties by subsequent practice**
>
> A treaty may be modified by subsequent practice in the application of the treaty establishing the agreement of the parties to modify its provisions.

Dieser Artikel wurde allerdings auf der Wiener Vertragsrechtskonferenz nach einer ausführlichen Debatte als einziger von den vertretenen Staaten entfernt.[336] Dennoch wird die Möglichkeit der rechtsgeschäftlichen Änderung oder Modifikation durch spätere Praxis spätestens seit den geschilderten Entscheidungen des IGH im *Temple-of-Preah Vihear*-Fall und des Schiedsgerichts in *Air Transport Services Agreement* als im Völkergewohnheitsrecht verankert betrachtet.[337]

Insbesondere *Karl* hat begründet, warum der Charakter der späteren Praxis als Vertragsgestaltungsgrund auch nach Inkrafttreten der WVK und trotz Streichung des *Draft Article 38* auf der repräsentativen Wiener Vertragsrechtskonferenz Gültigkeit als eine Regel des Völkergewohnheitsrechts beanspruchen kann. Seine wesentlichen Argumente gegen eine von Rechtsüberzeugung getragene Staatenpraxis, die die Rechtsfolge des *Draft Article 38* für die Zukunft hätte ausschließen

---

[335] Air Transport Services Agreement (USA v. France), 22.12.1963, UNRIAA Bd. XVI, 5, 62 f.

[336] United Nations Conference on the Law of Treaties, 1st Session, Official Records, UN Doc. A/CONF.39/11, 207 ff.

[337] Crawford, A Consensualist Interpretation of Article 31(3) of the Vienna Convention on the Law of Treaties, in: Nolte (Hrsg.), Treaties and Subsequent Practice, 2013, S. 29; Heintschel v. Heinegg, in: Ipsen (Hrsg.), Völkerrecht, 6. Aufl. 2014, § 14 Rn. 5; Jacobs, Varieties of Approach to Treaty Interpretation, ICLQ 18 (1969), 318, 332; Karl, Vertrag und spätere Praxis im Völkerrecht, 1983, S. 312 f.; Müller, Vertrauensschutz im Völkerrecht, 1971, S. 185 f.; vgl. Reuter, Introduction to the law of treaties, 2. Aufl. 1995, Rn. 211 f.; Verdross/Simma, Universelles Völkerrecht, 3. Aufl. 1984, § 793; Villiger, Commentary on the 1969 Vienna Convention on the Law of Treaties, 2009, Issues of Customary Law Rn. 33.

können, sind: 1. eine nennenswerte Minderheit von Unterstützern und eine nicht unerhebliche Zahl von Desinteressierten auf der Wiener Vertragsrechtskonferenz;[338] 2. Einwände seitens der Gegner des *Draft Article 38*, die nicht grundsätzlicher Natur waren und dem vertragsändernden Potenzial der späteren Praxis nicht den völkergewohnheitsrechtlichen Charakter absprachen, sondern nur gegen die Aufnahme in die Kodifikation angeführt wurden;[339] 3. die etwas zu provokante Formulierung im *Draft Article 38*;[340] 4. der Einwand, *Draft Article 38* sei redundant, da schon in *Draft Article 27* (jetzt Art. 31 WVK) enthalten;[341] 5. innerstaatliche Verfassungsbedenken, die aber keine völkerrechtlichen Einwände gewesen seien.[342] Auch in Teilen der neueren Literatur wird die Möglichkeit einer rechtsgeschäftlichen Vertragsänderung durch spätere Praxis anerkannt.[343]

Dies gilt ebenso, wenn auch mit Einschränkungen, für die ILC. In einigen Berichten des *Chairman of the Study Group/Special Rapporteur* zum Thema *Treaties over Time/Subsequent agreements and subsequent practice in relation to the interpretation of treaties*, *Nolte*, wird die Möglichkeit einer Modifikation von Vertragsbestimmungen durch spätere Praxis sehr vorsichtig bestätigt und in der Judikatur nachgewiesen.[344]

---

338 Karl, Vertrag und spätere Praxis im Völkerrecht, 1983, S. 288 ff.

339 United Nations Conference on the Law of Treaties, 1st Session, Official Records, UN Doc. A/CONF.39/11, 215.

340 Karl, Vertrag und spätere Praxis im Völkerrecht, 1983, S. 293.

341 United Nations Conference on the Law of Treaties, 1st Session, Official Records, UN Doc. A/CONF.39/11, 207 f., 213.

342 Ebd., 208 ff.

343 Crawford, A Consensualist Interpretation of Article 31(3) of the Vienna Convention on the Law of Treaties, in: Nolte (Hrsg.), Treaties and Subsequent Practice, 2013, S. 29; Gardiner, The Vienna Convention Rules on Treaty Interpretation, in: Hollis (Hrsg.), The Oxford Guide to Treaties, 2012, S. 475, 497; Heintschel v. Heinegg, in: Ipsen (Hrsg.), Völkerrecht, 6. Aufl. 2014, § 14 Rn. 5; Villiger, Commentary on the 1969 Vienna Convention on the Law of Treaties, 2009, Issues of Customary Law Rn. 33.

344 Nolte, Treaties over time, Annex A to the ILC Report 2008 (UN Doc. A/63/10), http://legal.un.org/ilc/reports/2008/english/annexA.pdf (16.12.2014), S. 365, 379; Nolte, Jurisprudence of the International Court of Justice and Arbitral Tribunals of Ad Hoc Jurisdiction Relating to Subsequent Agreements and Subsequent Practice, in: Nolte (Hrsg.), Treaties and Subse-

Freilich äußerte sich *Nolte* in seinem jüngsten Bericht zunehmend kritisch zu dieser Möglichkeit:

> „Thus, while there are indications in international jurisprudence that [...] the agreed subsequent practice of the parties may lead to certain limited modifications of a treaty, the actual occurrence of that effect is not to be presumed. Instead, States and courts should make every effort to conceive an agreed subsequent practice of the parties as an effort to interpret the treaty in a particular way.“[345]

Die ILC hat dies in ihrer *Draft Conclusion* 7, Abs. 3 in ihrem Bericht zum Thema aus dem Jahr 2014 entsprechend aufgegriffen:

> „3. It is presumed that the parties to a treaty, by an agreement subsequently arrived at or a practice in the application of the treaty, intend to interpret the treaty, not to amend or to modify it. The possibility of amending or modifying a treaty by subsequent practice of the parties has not been generally recognized. The present draft conclusion is without prejudice to the rules on the amendment or modification of treaties under the Vienna Convention on the Law of Treaties and under customary international law.“[346]

In ihrem Kommentar zu dieser *Draft Conclusion*, in dem sie dem Bericht von *Nolte* weitgehend folgte, machte die Kommission jedoch auch deutlich, dass sie die Möglichkeit einer informellen Modifikation durch Praxis nicht ausschließt:

> „In conclusion, while there exists some support in international case-law that [...] the agreed subsequent practice of the parties theoretically may lead to modifications of a treaty, the actual occurrence of that effect is not to be presumed.“[347]

---

quent Practice, 2013, S. 169, 200 ff.; vgl. Nolte, Jurisprudence Under Special Regimes Relating to Subsequent Agreements and Subsequent Practice, in: Nolte (Hrsg.), Treaties and Subsequent Practice, 2013, S. 210, 305; Nolte, Subsequent Agreements and Subsequent Practice of States Outside of Judicial or Quasi-judicial Proceedings, in: Nolte (Hrsg.), Treaties and Subsequent Practice, 2013, S. 307, 353 ff.

[345] Nolte, Second report on subsequent agreements and subsequent practice in relation to the interpretation of treaties, UN Doc. A/CN.4/671 (2014), Rn. 142.

[346] ILC Report on the work of its sixty-sixth session, UN Doc. A/69/10 (2014), 166, 169.

[347] Ebd., 192.

Nicht nur eine rechtsgeschäftliche Modifikation nach dem Modell des *Draft Article 38*, sondern auch eine Derogation durch nach Vertragsschluss entstandenes Völkergewohnheitsrecht wurde und wird in der Literatur unter dem Begriff der späteren Praxis nach allgemeiner Rechtsquellenlehre für möglich gehalten, solange sich das entsprechende Recht durch Praxis und *opinio iuris* der Vertragsparteien entwickelt, die sich auf den Vertrag beziehen.[348]

Auch dafür fand sich in einer früheren Entwurfsfassung der Vertragsrechtskonvention mit Art. 68 lit. c des Entwurfs von 1964[349] einmal eine Stütze, gegen die sich aber bereits die ILC noch vor der Wiener Konferenz entschied, um die Konvention nicht zu überlasten und die komplexe Beziehung zwischen Vertrags- und Gewohnheitsrecht auszuklammern.[350]

Zuletzt haben sich auch in der Literatur zunehmend kritische Stimmen zu Wort gemeldet, welche die Völkerrechtskonformität informeller Vertragsänderungen durch spätere Praxis verneinen; ihnen zufolge war die Ablehnung des *Draft Article 38* eine bewusste Entscheidung der Wiener Staatenkonferenz gegen die Zulässigkeit informeller Änderungen durch Praxis.[351] Schwerpunkte der Kritik sind dabei die Umgehung

---

[348] Akehurst, The Hierarchy of the Sources of International Law, BYIL 47 (1974-75), 273, 275; Dinstein, The Interaction between Customary International Law and Treaties, RdC 322 (2006), 243, 415; Karl, Vertrag und spätere Praxis im Völkerrecht, 1983, S. 248 ff., 266; Klabbers, Treaties, Amendment and Revision, in: Wolfrum (Hrsg.), MPEPIL 2006, opil.ouplaw.com/home/ORIL (25.11.2014), Rn. 16; A. Peters, Das Gründungsdokument internationaler Organisationen als Verfassungsvertrag, ZÖR 68 (2013), 1, 48; Villiger, Customary International Law and Treaties, 2. Aufl. 1997, Rn. 351; differenziert Hafner, Subsequent Agreements and Practice: Between Interpretation, Informal Modification, and Formal Amendment, in: Nolte (Hrsg.), Treaties and Subsequent Practice, 2013, S. 105, 115 ff., demzufolge keine informelle Änderung eines Vertrags erfolgen kann, sehr wohl aber eine Modifikation der aus ihm resultierenden Rechte und Pflichten durch Praxis, die zu Völkergewohnheitsrecht erstarkt ist.

[349] YBILC 1964 (II), 198.

[350] YBILC 1966 (II), 236; eine entsprechende Bestimmung fand sich nicht mehr in der finalen Entwurfsfassung von 1966.

[351] Alvarez, Limits of Change by Way of Subsequent Agreements and Practice, in: Nolte (Hrsg.), Treaties and Subsequent Practice, 2013, S. 123, 126, 129 f.; Hafner, Subsequent Agreements and Practice: Between Interpretation,

des Vertragsschluss- bzw. Vertragsänderungsverfahrens und das Fehlen der durch innerstaatliche Zustimmungsverfahren vermittelten (demokratischen) Legitimation.[352] Die ILC hat diese Kritik bei der Formulierung ihres vorsichtigen Ansatzes aufgegriffen.[353]

Es bleibt dennoch festzuhalten, dass nach wohl noch h.M. in der Literatur und nach gefestigter Rechtsprechung des IGH Vertragsänderungen durch spätere Praxis trotz der Streichung des *Draft Article 38* grundsätzlich nach Völkergewohnheitsrecht möglich sind. Dies wird auch von der ILC in ihrer Arbeit am Thema *Subsequent Agreements and subsequent practice in relation to the interpretation of treaties* – trotz ihres restriktiven Ansatzes in dieser Hinsicht – nicht verneint.

Informal Modification, and Formal Amendment, in: Nolte (Hrsg.), Treaties and Subsequent Practice, 2013, S. 105, 115 ff. (der freilich eine Modifikation der Vertragspflichten durch Völkergewohnheitsrecht für möglich hält, siehe oben, Fn. 348); Kohen, Keeping Subsequent Agreements and Practice in Their Right Limits, in: Nolte (Hrsg.), Treaties and Subsequent Practice, 2013, S. 34, 35 ff.; Moloo, When Actions Speak Louder Than Words, Berkeley Journal of International Law 31 (2013), 39, 77 ff. (der aber einen Verlust vertraglicher Rechte durch *estoppel* anerkennt: Eine Partei könne ihre vertraglichen Rechte als Konsequenz ihrer Praxis u. U. nicht mehr ausüben – dabei ändere sich aber nicht der Inhalt des Vertrags, ebd., 83 ff.); Murphy, The Relevance of Subsequent Agreement and Subsequent Practice for the Interpretation of Treaties, in: Nolte (Hrsg.), Treaties and Subsequent Practice, 2013, S. 82, 89 f.

[352] Alvarez, Limits of Change by Way of Subsequent Agreements and Practice, in: Nolte (Hrsg.), Treaties and Subsequent Practice, 2013, S. 123, 130; Hafner, Subsequent Agreements and Practice: Between Interpretation, Informal Modification, and Formal Amendment, in: Nolte (Hrsg.), Treaties and Subsequent Practice, 2013, S. 105, 115 f.; Kohen, Keeping Subsequent Agreements and Practice in Their Right Limits, in: Nolte (Hrsg.), Treaties and Subsequent Practice, 2013, S. 34, 36; Moloo, When Actions Speak Louder Than Words, Berkeley Journal of International Law 31 (2013), 39, 80 f.; A. Peters, Das Gründungsdokument internationaler Organisationen als Verfassungsvertrag, ZÖR 68 (2013), 1, 49 ff.

[353] ILC Report on the work of its sixty-sixth session, UN Doc. A/69/10 (2014), 166, 191; Nolte, Second report on subsequent agreements and subsequent practice in relation to the interpretation of treaties, UN Doc. A/CN.4/671 (2014), Rn. 141.

bb) Normative Erwägungen zur vertragsändernden Praxis

Gerade im Angesicht der jüngsten Kritik ist zu prüfen, ob die wohl noch h.M. einer näheren theoretisch-normativen Betrachtung standzuhalten vermag.

Das rechtsgeschäftliche Argument, welches ihr maßgeblich zugrundeliegt, ist, dass die Parteien als Schöpfer eines völkerrechtlichen Vertrages auch die volle Dispositionsbefugnis über seinen Inhalt haben müssen. Sie sind, um ein häufig in diesem Kontext benutztes Schlagwort zu gebrauchen, die „Herren der Verträge."[354] Somit könnten sie mangels eines Formzwangs im Recht der Verträge auch berechtigt sein, seinen Inhalt auf die Weise zu verändern, die ihnen richtig erscheint, soweit sie dabei zusammenwirken.[355]

Dagegen lassen sich in dieser Absolutheit allerdings einige grundlegende sowie verschiedene potenzielle Einwände anführen. Zunächst vereinbaren die Parteien eines völkerrechtlichen Vertrages häufig alles andere als grundlos schon bei Abschluss des Vertrags ein formelles Verfahren zu seiner Änderung. Es ist oftmals Teil eines mühsam ausgehandelten Kompromisses und soll das erreichte Interessengleichgewicht so weit konsolidieren, dass es nicht leichtfertig wieder aufgegeben wird. Es stellt in aller Regel umfassende Informationen und Konsultationen im Vorfeld sicher und garantiert, dass alle Parteien die Möglichkeit haben, sich im Sinne des Grundsatzes der souveränen Staatengleichheit gleichermaßen an den Verhandlungen zu beteiligen.[356] Ähnliches gilt selbst dann, wenn kein spezielles Verfahren vereinbart wurde. Zumindest für multilaterale Vertragswerke sehen Art. 40 und 41 WVK ein detailliertes Verfahren vor. Dies könnte zu der Schlussfolgerung verleiten, dass ein formelles Änderungsverfahren von den Parteien als ausschließliches Änderungsverfahren beabsichtigt wurde. Mit anderen Worten könnte seine Existenz im Angesicht obiger teleologischer Erwägungen

---

[354] Siehe oben, Fn. 55.

[355] Bernhardt, Völkerrechtliche und verfassungsrechtliche Aspekte konkludenter Vertragsänderungen, in: Arndt (Hrsg.), Völkerrecht und deutsches Recht, FS Rudolf, 2001, S. 15, 16 f.; Karl, Vertrag und spätere Praxis im Völkerrecht, 1983, S. 345; Orakhelashvili, The Interpretation of Acts and Rules in Public International Law, 2008, S. 359.

[356] Karl, Vertrag und spätere Praxis im Völkerrecht, 1983, S. 342 f., 352; Kohen, Keeping Subsequent Agreements and Practice in Their Right Limits, in: Nolte (Hrsg.), Treaties and Subsequent Practice, 2013, S. 34, 36.

jegliche informelle Änderung, auch auf dem Wege der späteren Praxis, präkludieren.[357] Selbst wenn die Parteien sich gegen ein spezielles Verfahren und für das allgemeine Regelwerk in der WVK entscheiden, kann dieses Argument in etwas abgeschwächter Form gelten.

Dem kann wiederum zweierlei entgegengesetzt werden: erstens, dass Staaten grundsätzlich nicht das Recht abgesprochen werden kann, sich über im Vertrag vereinbarte und somit selbst gesetzte Formerfordernisse einvernehmlich hinwegzusetzen;[358] zweitens, dass die Einführung eines geordneten Verfahrens oftmals nicht einzig und allein den Zweck hat, die gleichmäßige Information und Beteiligung aller Parteien zu gewährleisten. Gerade wenn wie in Art. 108 SVN vom Einstimmigkeitserfordernis abgesehen wird, kann ein formelles Verfahren auch die Funktion erfüllen, Änderungen zu erleichtern oder überhaupt erst realisierbar werden zu lassen. Aus dieser teleologischen Perspektive würde ein förmliches Änderungsverfahren informellen Änderungen keineswegs im Wege stehen.[359]

Daraus sollte jedoch nicht gefolgert werden, dass informelle Modifikationen pauschal den gleichen Mehrheitsanforderungen unterliegen wie förmliche Änderungen. So kann die Zweidrittelmehrheit aus Art. 108 SVN nicht auf die Modifikation der UN-Charta durch Praxis übertragen werden.[360] Denn der Preis für das Mehrheitserfordernis ist gerade das geordnete Verfahren, welches die Information und Beteiligung aller Mitgliedstaaten sicherstellt. Das Verfahren gewährleistet den Minderheitenschutz, der gerade bei informellen Modifikationsprozessen nicht garantiert ist, vor allem wenn auf das Kennen, Kennenmüssen oder das

---

[357] Sep. Op. Spender, Certain Expenses, ICJ Reports 182, 191; vgl. einen französischen Änderungsvorschlag zu Draft Article 38, A/CONF.39/C.1/L.21, United Nations Conference of the Law of Treaties, Official Records, 1st session, UN Doc. A/CONF.39/11, 209; Alvarez, Limits of Change by Way of Subsequent Agreements and Practice, in: Nolte (Hrsg.), Treaties and Subsequent Practice, 2013, S. 123, 130; A. Peters, Das Gründungsdokument internationaler Organisationen als Verfassungsvertrag, ZÖR 68 (2013), 1, 49 ff. m. w. N.

[358] Siehe oben, Fn. 355; Fitzmaurice, The Law and Procedure of the International Court of Justice, 1951-54, BYIL 30 (1953), 1, 55, Fn. 1.

[359] Karl, Vertrag und spätere Praxis im Völkerrecht, 1983, S. 343 f.

[360] So aber Akehurst, The Hierarchy of the Sources of International Law, BYIL 47 (1974-75), 273, 278.

bloße Schweigen von Mitgliedern vertraut wird.[361] Ein geordnetes Verfahren, das die Einbindung möglichst vieler interessierter und betroffener Akteure fördert, stellt auch per se – lässt man demokratische Standards i. e. S. vorläufig außer Betracht – eine begrenzte Legitimationsquelle dar.[362] Diese Legitimation fehlt einem informellen Modifikationsprozess völlig.[363]

Weiterhin ist es in vielen Fällen denkbar, dass Dritte von einer späteren Praxis der Parteien betroffen sind, seien es Drittstaaten[364] oder private Akteure.[365] Während dies nach den herkömmlichen Grundsätzen des bislang weitgehend von Staaten dominierten Völkerrechts zumindest in letzterem Fall nur von geringem Belang gewesen sein dürfte, wirft es wesentliche Probleme in einigen Bereichen des *modernen* Völkerrechts auf. Es sei z. B. auf bilaterale Investitionsschutzverträge (BITs) hingewiesen, in denen die (informelle) Praxis der Parteien das berechtigte Vertrauen des privaten Investors in den Schutz seiner Anlagen, das ja der wesentliche Zweck eines jeden BIT ist, jederzeit zu erschüttern vermag – ohne dass der Investor darauf Einfluss nehmen könnte.[366] Ein längeres und öffentlicheres Änderungsverfahren hingegen würde die

---

[361] Karl, Vertrag und spätere Praxis im Völkerrecht, 1983, S. 351 f.

[362] Vgl. Alvarez, International Organizations as Law-Makers, 2005, S. 101; vgl. zu Konzepten von Legitimation internationaler Institutionen durch „deliberative Demokratie“ in der Rechtstheorie und Politikwissenschaft: Dryzek, Deliberative Democracy and Beyond, 2002; vgl. A. Peters, Das Gründungsdokument internationaler Organisationen als Verfassungsvertrag, ZÖR 68 (2013), 1, 45; vgl. A. Peters, in: Klabbers/A. Peters/Ulfstein, The Constitutionalization of International Law, 2009, S. 268.

[363] Ebd., S. 293.

[364] Dann dürfte Art. 37 Abs. 2 WVK einschlägig sein; so auch Ress, Die Bedeutung der nachfolgenden Praxis für die Vertragsinterpretation nach der Wiener Vertragsrechtskonvention (WVRK), in: Bieber/Ress (Hrsg.), Die Dynamik des Europäischen Gemeinschaftsrechts, 1987, S. 49, 73.

[365] Ebd., S. 72 ff; Alvarez, Limits of Change by Way of Subsequent Agreements and Practice, in: Nolte (Hrsg.), Treaties and Subsequent Practice, 2013, S. 123, 126 f., 131 f.; Moloo, When Actions Speak Louder Than Words, Berkeley Journal of International Law 31 (2013), 39, 75.

[366] Vgl. Alvarez, Limits of Change by Way of Subsequent Agreements and Practice, in: Nolte (Hrsg.), Treaties and Subsequent Practice, 2013, S. 123, 126 f., 131 f.; vgl. Moloo, When Actions Speak Louder Than Words, Berkeley Journal of International Law 31 (2013), 39, 75.

Chancen, im Vorfeld gehört zu werden, deutlich erhöhen. Eine ähnliche Problematik ergibt sich im Hinblick auf eine etwaige Praxis der Mitgliedstaaten zum Primärrecht der EU, besonders wo dieses unmittelbare Individualrechte verleiht.[367]

Gerade bei Internationalen Organisationen sind institutionelle Interessen zu berücksichtigen. Ihre Organe sind, selbst wenn sie sich aus Staatenvertretern zusammensetzen, mehr als nur deren Summe und haben auch als Gremium Interessen und eine Eigendynamik.[368] Dies gilt umso mehr für mit unabhängigen Experten besetzte Gremien, die ebenfalls eine durch den Gründungsvertrag verbürgte institutionelle Stellung in der Organisation einnehmen. Während zumindest erstere bei formellen Änderungsprozessen in aller Regel eingebunden sind (vgl. z. B. Art. 108 SVN), sind informelle Änderungen des Gründungsvertrags vorstellbar, die sich nur im schriftlichen oder gar mündlichen Verkehr zwischen Regierungen bzw. Delegationen abspielen. So könnten im Extremfall die institutionellen Grundlagen eines Organs ohne jegliche Beteiligung seinerseits weitgehend verändert werden.[369]

Ebenfalls bereits angedeutet wurden durch informelle Änderungen auf völkerrechtlicher Ebene verursachte Probleme des innerstaatlichen Verfassungsrechts. In vielen nationalen Rechtsordnungen bedarf die Änderung eines völkerrechtlichen Vertrages der Zustimmung der Legislative. Bei einer informellen Änderung wird diese aber in aller Regel vermieden werden können; über den konkreten Verfassungsverstoß hinaus kann dies auf lange Sicht zu einer „Exekutivlastigkeit" nationaler Entscheidungen über Inhaltsanpassungen völkerrechtlicher Verträge führen, mit anderen Worten zu einem Defizit an demokratischer Legitimation.[370] Dies könnte sogar als ein weiterer Aspekt im Gesamtbild des

---

[367] Ress, Die Bedeutung der nachfolgenden Praxis für die Vertragsinterpretation nach der Wiener Vertragsrechtskonvention (WVRK), in: Bieber/Ress (Hrsg.), Die Dynamik des Europäischen Gemeinschaftsrechts, 1987, S. 49, 72 ff.

[368] Schreuer, Die Bedeutung Internationaler Organisationen im heutigen Völkerrecht, AVR 22 (1984), 363, 398.

[369] Vgl. zu diesem Komplex Ress, Die Bedeutung der nachfolgenden Praxis für die Vertragsinterpretation nach der Wiener Vertragsrechtskonvention (WVRK), in: Bieber/Ress (Hrsg.), Die Dynamik des Europäischen Gemeinschaftsrechts, 1987, S. 49, 70.

[370] Bernhardt, Völkerrechtliche und verfassungsrechtliche Aspekte konkludenter Vertragsänderung, in: Arndt (Hrsg.), Völkerrecht und deutsches Recht, FS Rudolf, 2001, S. 19 ff.; Kadelbach, Domestic Constitutional Concerns with

seit längerer Zeit in der Politik-[371] und Völkerrechtswissenschaft[372] diskutierten demokratischen Defizits bzw. allgemeinen Legitimationsdefizits des Völkerrechts angesehen werden. Der schlichte Verweis auf die grundsätzliche Trennung zwischen Völkerrecht und nationalem Verfassungsrecht und ein Zitat der Art. 27 und 46 WVK, welche Einwände nationalen (Verfassungs-)Rechts wenn überhaupt nur im Extremfall auf das Recht der Verträge durchschlagen lassen, genügt allein nicht, um diese Bedenken zu entkräften.[373] Zum einen mag es sich bei einer solchen Umgehung durchaus um einen offenkundigen Verstoß gegen innerstaatliches Recht handeln. Zum anderen wäre dies eine sehr formalistische Argumentation.

Bereits in der Einführung wurde der zunehmende Anpassungsdruck auf völkerrechtliche Regime[374] durch moderne Entwicklungen wie Terrorismus, Massenvernichtungswaffen, Umweltverschmutzung, globale wirtschaftliche Verwerfungen u.v.m. angesprochen. Die geringe Zahl an formellen Änderungen der UN-Charta[375] trotz eines offensichtlichen

---

Respect to the Use of Subsequent Agreements and Practice at the International Level, in: Nolte (Hrsg.), Treaties and Subsequent Practice, 2013, S. 145, 150 ff.; Karl, Vertrag und spätere Praxis im Völkerrecht, 1983, S. 221; A. Peters, Das Gründungsdokument internationaler Organisationen als Verfassungsvertrag, ZÖR 68 (2013), 1, 50 ff.; A. Peters, in: Klabbers/A. Peters/Ulfstein, The Constitutionalization of International Law, 2009, S. 293; siehe oben, Fn. 352.

371 Statt vieler Buchanan/Powell, Constitutional Democracy and the Rule of International Law, Journal of Political Philosophy 16 (2008), 326, 327 ff.; Moravcsik, Is there a "Democratic Deficit" in World Politics?, Government and Opposition 39 (2004), 336 ff.

372 Statt vieler McGinnis/Somin, Should International Law be Part of our Law?, Stanford Law Review 59 (2007), 1175, 1193 ff.; A. Peters, in: Klabbers/A. Peters/Ulfstein, The Constitutionalization of International Law, 2009, S. 263 ff.

373 Vgl. Kadelbach, Domestic Constitutional Concerns with Respect to the Use of Subsequent Agreements and Practice at the International Level, in: Nolte (Hrsg.), Treaties and Subsequent Practice, 2013, S. 145, 152.

374 Nolte, Treaties over time, Annex A to the ILC Report 2008 (UN Doc. A/63/10), http://legal.un.org/ilc/reports/2008/english/annexA.pdf (16.12.2014), S. 365.

375 GA Res. 1991 (XVIII) (Art. 23, 27 und 61); GA Res. 2101 (XX) (Art. 109); GA Res. 2847 (XXVI) (Art. 61).

Reformbedarfs[376] und das bisherige Scheitern der Bemühungen um eine Nachfolgekonvention für das Kyoto-Protokoll sind nur zwei Gegebenheiten, welche die Schwierigkeiten formeller Änderungsverfahren insbesondere bei multilateralen Vertragswerken mit hoher Mitgliederzahl deutlich aufzeigen. Es klafft eine immer größer werdende Schere zwischen Reformbedarf und Reformkapazitäten, die häufig, aber nicht immer, durch einen Mangel an Reformwillen verursacht wird. Sie kann auch auf die Schwierigkeiten des gewählten Verfahrens, genauer die Überforderung durch die Beteiligung zu vieler Akteure und *stakeholder* zurückzuführen sein.[377] In manchen dieser Fälle ist vorstellbar, dass eine informelle Änderung durch Praxis Abhilfe zu verschaffen vermag.[378] Das ist zwar ein sehr funktionalistisches Argument, es sollte aber dennoch in eine Gesamtabwägung mit einfließen.

cc) Insbesondere: Spätere Praxis jenseits der Grenzen der Auslegung als Vertragsverstoß?

Ein ganz besonders ins Auge stechendes Problem der Vertragsänderung durch spätere Praxis ist, dass sie auf den ersten Blick eine Vertragsverletzung darstellt und dass die Gefahr besteht, eine Reihe von Vertragsverletzungen ab einem gewissen Punkt durch die Feststellung einer informellen Vertragsänderung durch Praxis zu legitimieren.[379] *Rosenne*

---

[376] Dieser Reformbedarf wird immer wieder aufs Neue durch das Scheitern zahlreicher Initiativen zu einer Reform der Vereinten Nationen demonstriert: Liang, Modifying the UN Charter through Subsequent Practice, NordJIL 81 (2012), 1, 3 f.; allgemein zu Reformbedarf und Reformversuchen statt vieler: Danchin/Fischer (Hrsg.), United Nations Reform and the New Collective Security, 2010; Varwick, Die Reform der Vereinten Nationen, APuZ 44 (2004), 37; Varwick/Zimmermann (Hrsg.), Die Reform der Vereinten Nationen, 2006.

[377] Zur Konferenz von Kopenhagen: Robinson, The Sands of Time, Pace Environmental Law Review 27 (2010), 599, 601 f.

[378] Liang, Modifying the UN Charter through Subsequent Practice, NordJIL 81 (2012), 1 ff., vertritt dies beinah einschränkungslos und ohne genügende Rücksicht auf die *rule of law*.

[379] Blum, Eroding the United Nations Charter, 1993, S. 253 ff.; White, The law of international organisations, 2. Aufl. 2005, S. 28; Blokker, Beyond 'Dili', in: Kreijen u. a. (Hrsg.), State Sovereignty and International Governance, 2002, S. 299, 318 spricht in diesem Zusammenhang eingängig vom „Problem of Circularity“.

spricht in diesem Zusammenhang gar von „legal nihilism".[380] Wie bereits im Rahmen der Abgrenzung von Auslegung und Änderung ausgeführt,[381] ist dies vor allem aus dem Blickwinkel der *rule of law* hochproblematisch, welche die Postulate der Rechtmäßigkeit, Rechtssicherheit und Rechtsklarheit umfasst.[382]

Es geht auch und gerade im Kontext der Internationalen Organisationen zu weit, aus dem Fehlen eines *judicial review* darauf zu schließen, dass die Frage der Rechtmäßigkeit („constitutionality") von abweichender Praxis irrelevant sei und diese daher grundsätzlich in neues Recht erwachse könne.[383] Gleichzeitig ist es mit geltendem Völkergewohnheitsrecht nicht vereinbar, jegliche informelle Fortentwicklungsmöglichkeit durch spätere Praxis mit dem Verweis auf die *rule of law* zu negieren und völkerrechtliche Verträge in erheblichem Ausmaß ihrer Fähigkeit zur flexiblen Anpassung an neue Gegebenheiten zu berauben. Es muss vielmehr eine Balance zwischen *rule of law* auf der einen Seite und Flexibilität auf der anderen Seite geben.[384]

Wie nun lässt sich dieses Gleichgewicht im Bereich der späteren Praxis finden? Ohne bereits jetzt auf Einzelheiten einzugehen, spricht einiges dafür, an informelle Änderungen durch Praxis hohe Anforderungen bezüglich Konsistenz, subjektivem Element, Kreis der Beteiligten etc. zu stellen. Falls diese Anforderungen aber nicht erfüllt sind, ist eine materiell auf Änderung gerichtete Praxis (sei es auch unter dem „Mantel der Auslegung"[385]) als völkerrechtswidrige Praxis zu identifizieren.[386]

---

[380] Rosenne, Developments of the Law of Treaties 1945-1986, 1989, S. 225 ff.

[381] Siehe oben, B. III. 3. a) aa) (6).

[382] The rule of law and transitional justice in conflict and post-conflict societies, Report of the Secretary-General, UN Doc. S/2004/616, 4; A. Peters, Das Gründungsdokument internationaler Organisationen als Verfassungsvertrag, ZÖR 68 (2013), 1, 51; vgl. allgemein zum Konzept der *rule of law* im Völkerrecht Chesterman, Rule of Law, in: Wolfrum (Hrsg.), MPEPIL 2007, opil.ouplaw.com/home/ORIL (25.11.2014).

[383] So aber Engel, The Changing Charter of the United Nations, Yearbook of World Affairs 7 (1953), 71, 96 ff.

[384] Helmersen, Evolutive Treaty Interpretation, EJLS 6 (2013), 127, 130; Sohn, Expulsion or Forced Withdrawal from an International Organization, Harvard Law Review 77 (1964), 1381, 1423.

[385] Siehe oben, Fn. 276.

dd) Zusammenfassung und Schlussfolgerungen

Gegen den kategorischen Ausschluss informeller Änderungen in der Praxis sprechen mehrere Gesichtspunkte: die Dispositionsbefugnis der Vertragsparteien, der moderne Anpassungsdruck auf völkerrechtliche Vertragsregime und schließlich die Tatsache, dass formelle Änderungsverfahren häufig zumindest auch den Zweck haben, Modifikationen zu erleichtern, um die Flexibilität des Vertrags zu erhöhen. Somit wird seine Lebensdauer verlängert und seine Implementierung auf lange Sicht gefördert. Der wohl h.M. in Literatur und Rechtsprechung ist diesbezüglich beizupflichten.

Solche Modifikationen sind jedoch alles andere als unproblematisch. Sie treffen vielmehr auf ernsthafte rechtliche Einwände, welche auf der *rule of law*, einem formellen und demokratischen Legitimationsdefizit sowie der potenziellen Betroffenheit von Dritten beruhen. Daher sollten Änderungen durch Praxis auf der Tatbestandsseite ihre Grenzen finden, also nur unter restriktiven Voraussetzungen Anerkennung durch die Völkerrechtsordnung finden. Wenn auf ein formelles Änderungsverfahren mitsamt seiner legitimierenden Wirkung verzichtet wird, dann sind, wenn materiell die Schwelle zur Änderung überschritten wird, alle Vertragsparteien in den informellen Prozess einzubeziehen; damit sie wirksam auf den Vertrag durchschlagen kann, müssen sie ihr qualifiziert zustimmen.[387] In welchem Umfang dies geschehen muss und welche Anforderungen an eine Zustimmung zu stellen sind, ist eine weiterführende Frage, die noch zu erörtern sein wird.

Dieses Postulat könnte mit der Nachfrage kritisiert werden, ob diese Erfordernisse denn wirklich restriktiver seien als bei der Auslegung im Lichte späterer Praxis, da ja Art. 31 Abs. 3 lit. b WVK ohnehin die Übereinkunft aller Parteien verlangt. Art. 31 Abs. 3 lit. b WVK lässt aber offen, welche Anforderungen an die individuelle Zustimmung der

[386] A. Peters, Das Gründungsdokument internationaler Organisationen als Verfassungsvertrag, ZÖR 68 (2013), 1, 52.

[387] Vgl. Amerasinghe, Principles of the institutional law of international organizations, 2. Aufl. 2005, S. 51 ff. i.V.m. S. 463; vgl. Herdegen, Der Sicherheitsrat und die autoritative Konkretisierung des VII. Kapitels der UN-Charta, in: Beyerlin u. a. (Hrsg.), Recht zwischen Umbruch und Bewahrung, FS Bernhardt, 1995, S. 103, 112 f., der sich ausschließlich mit der Praxis des Sicherheitsrats beschäftigt und seine Schlussfolgerungen nicht verallgemeinert; vgl. White, The law of international organisations, 2. Aufl. 2005, S. 27 f.

einzelnen Parteien gestellt werden müssen. Während so bei der Auslegung ein qualifiziertes Schweigen genügen kann, ist es naheliegend, bei der Änderung eine aktivere Form der Zustimmung zu verlangen.[388] Schließlich bleibt noch zu untersuchen, ob Art. 31 Abs. 3 lit. b WVK auf alle Typen von Vertragsregimen gleichermaßen einheitlich und unverändert angewendet werden muss, oder ob nicht vielmehr bei bestimmten Arten von Verträgen – insbesondere den Gründungsverträgen Internationaler Organisationen – gewisse Modifikationen wie eine Senkung der Anforderungen an spätere Praxis geboten sind. Auch darauf wird noch näher einzugehen sein.

Ein weiterer Anknüpfungspunkt für restriktivere Tatbestandsvoraussetzungen informeller Modifikationen ist das subjektive Element der späteren Praxis, also die Übereinkunft der Parteien bzw. ihre *opinio iuris*. Bei subjektiven Voraussetzungen einer Rechtsfolge sind die Anforderungen, die an die objektiven Anhaltspunkte für den Nachweis ihrer Existenz gestellt werden, von entscheidender Bedeutung. Es ist nun naheliegend, bei einer informellen Modifikation gegenüber der Auslegung erhöhte Anforderungen an diese Anhaltspunkte zu stellen, sowohl was Quantität als auch Qualität anbelangt. Beispielsweise könnten für eine Modifikation direkt auf hochrangige Parteivertreter zurückzuführende, mit der Praxis verbundene schriftliche Dokumente verlangt werden, seien es Briefe, Protokolle oder öffentliche Erklärungen. Für eine Auslegung könnte eine geringere Zahl solcher Dokumente oder das Äquivalent mehrerer qualifizierter „Zeugenaussagen“[389] genügen. Es fehlt jedoch die Grundlage in Völkerrechtspraxis und -wissenschaft, um systematische Kriterien für diese Nachweisanforderungen zu entwickeln. Viel hängt von den Umständen des Einzelfalles ab. Selbstverständlich wird es oft Überschneidungen zwischen der Praxis selbst, also dem objektiven Element, und den objektiven Anhaltspunkten für das subjektive Element geben.

---

388 Vgl. Herdegen, Der Sicherheitsrat und die autoritative Konkretisierung des VII. Kapitels der UN-Charta, in: Beyerlin u. a. (Hrsg.), Recht zwischen Umbruch und Bewahrung, FS Bernhardt, 1995, S. 103, 113 (bezüglich der Anforderungen an eine Zustimmung anderer Mitgliedstaaten zur Praxis des Sicherheitsrats).

389 Zur Eignung von Zeugenaussagen als Beweis für spätere Praxis: Nolte, Subsequent Agreements and Subsequent Practice of States Outside of Judicial or Quasi-judicial Proceedings, in: Nolte (Hrsg.), Treaties and Subsequent Practice, 2013, S. 307, 322.

Vertragsänderungen durch spätere Praxis sind also nach geltendem Völkergewohnheitsrecht grundsätzlich möglich. Sie müssen angesichts ihrer (Legitimitäts-) Defizite und Risiken die Ausnahme bleiben, und es sind strengere Anforderungen an sie zu stellen, als an eine bloße Auslegung durch spätere Praxis.[390]

Dieses theoretische Postulat bedeutet natürlich nicht, dass die Praxis ihm immer genügt. Es schließt nicht aus, dass es faktisch zu informellen Vertragsänderungen durch Praxis gekommen ist oder noch kommt, welche diese Voraussetzungen nicht erfüllen. Sie wären damit als nicht mit dem Völkerrecht im Einklang einzuschätzen. Freilich dürfte die Behauptung der Nichtigkeit oft mangels einer zentralen Durchsetzungsinstanz, die über die Praxis der Parteien und Organe wacht, nicht der Rechtswirklichkeit entsprechen.[391] Dem wird im dritten und vierten Teil der Arbeit im Hinblick auf die Gründungsverträge Internationaler Organisationen durch die Betrachtung konkreter Beispielsfälle noch nachzugehen sein.

c) Einordnung der vertragsändernden Praxis in die Rechtsquellenlehre

Zunächst soll aber die bereits aufgeworfene Frage erörtert werden, ob es sich bei der Änderung durch spätere Praxis um einen rechtsgeschäftlichen oder einen völkergewohnheitsrechtlichen Vorgang handelt. Zu diesem Zweck werden erstens die Argumente für die rechtsgeschäftliche Konzeption erörtert (aa), zweitens die Aspekte, die für ein völkergewohnheitsrechtliches Verständnis sprechen (bb), drittens die Vor- und Nachteile einer *sui-generis*-Konzeption (cc) und schließlich die Unterscheidung je nach Einzelfall (dd). Unter (ee) soll dann aufgrund dieser Argumente eine Entscheidung für die vorzugswürdige Sichtweise getroffen werden.

---

[390] Vgl. Herdegen, Der Sicherheitsrat und die autoritative Konkretisierung des VII. Kapitels der UN-Charta, in: Beyerlin u. a. (Hrsg.), Recht zwischen Umbruch und Bewahrung, FS Bernhardt, 1995, S. 103, 113.

[391] Vgl. Engel, The Changing Charter of the United Nations, Yearbook of World Affairs 7 (1953), 71, 96 ff.

aa) Spätere Praxis als Ausdruck eines konkludenten Änderungsvertrags?

Eine informelle Vertragsänderung durch spätere Praxis ließe sich zunächst als rechtsgeschäftlicher Vorgang, mithin als konkludenter Änderungsvertrag deuten. Genauer dient dabei Praxis bei der Anwendung eines Vertrags als objektiver Anhaltspunkt, um auf einen Konsens der Parteien zu schließen, eine bestehende Norm inhaltlich zu ändern, ohne den Vertragstext selbst anzutasten.[392]

Für eine solche Rechtsnatur der Änderung durch spätere Praxis spricht zunächst, dass die ILC mit der Fassung des *Draft Article 38* ausdrücklich einen solchen rechtsgeschäftlichen Ansatz verfolgt hat. Es existiert kein Anhaltspunkt, dass seine Ablehnung auf der Wiener Vertragsrechtskonferenz auch auf diesen Aspekt zurückzuführen gewesen wäre,[393] und es gibt mehrere Autoren, die ohnehin die gewohnheitsrechtliche Geltung des *Draft Article 38* postulieren.[394]

Weiterhin verfolgt Art. 31 Abs. 3 lit. b WVK für den Bereich der Auslegung eine rechtsgeschäftliche Herangehensweise, indem er maßgeblich auf die Übereinkunft der Parteien abstellt. Wie bereits erörtert wurde, geht er in den Fällen, in denen die Praxis in eine authentische, verbindliche Auslegung erwächst, zumindest faktisch – angesichts der Schwierigkeiten einer genauen Abgrenzung – teilweise in eine Änderung über. In diesen Fällen wäre der rechtsgeschäftliche Charakter der Modifikation sozusagen vertragsrechtlich festgelegt. Wie jedoch dargelegt wurde, sind Auslegung und Änderung voneinander zu unterscheiden. Neben einem Graubereich gibt es eindeutige Fälle der Änderung und eindeutige Fälle der Auslegung.[395] Wenn beide Phänomene sowohl konzeptionell-theoretisch als auch in vielen Fällen praktisch abgegrenzt werden

---

[392] Siehe oben, Fn. 337.

[393] Vgl. United Nations Conference on the Law of Treaties, Official Records, 1st Session, UN Doc. A/CONF.39/11, 207 ff.

[394] Jacobs, Varieties of Approach to Treaty Intepretation, ICLQ 18 (1969), 318, 332; Karl, Vertrag und spätere Praxis im Völkerrecht, 1983, S. 312 f., 376; a.A. Blum, Eroding the United Nations Charter, 1993, S. 243; Zoller, The "Corporate Will" of the United Nations and the Rights of the Minority, AJIL 81 (1987), 610, 616.

[395] Siehe oben, B. III. 3. a) aa) (6).

können, spricht nichts dagegen, von einer unterschiedlichen Rechtsnatur auszugehen.

Für den rechtsgeschäftlichen Charakter der vertragsändernden späteren Praxis ließe sich Art. 39 WVK anführen, wenn er dahingehend ausgelegt werden könnte, dass sein Regelungsbereich auch die Vertragsänderung durch spätere Praxis erfasst. Nach h.M. regelt Art. 39 WVK trotz Art. 2 Abs. 1 lit. a WVK nicht nur in Schriftform abgeschlossene Änderungen, sondern auch solche konkludenter bzw. informeller Natur.[396] Damit kann man sich auf den Standpunkt stellen, dass auch die vertragsändernde spätere Praxis von Art. 39 WVK erfasst wird und somit doch eine mehr oder weniger ausdrückliche Rechtsgrundlage in der Konvention findet.[397] Damit wäre auch gleichzeitig ihr rechtsgeschäftlicher Charakter durch geltendes Völkervertragsrecht determiniert.

Dem widersprechen jedoch Systematik und Entstehungsgeschichte der WVK. Ein Entwurf des *Draft Article 38* wäre unter dieser Prämisse überflüssig gewesen. Die Mehrzahl der Staaten, die diese Bestimmung auf der Wiener Vertragsrechtskonferenz ablehnten, hätten dies nicht in dem Wissen getan, dass der spätere Art. 39 WVK die gleiche Rechtsfolge mit einem deutlich geringer ausdifferenzierten Tatbestand ohnehin einer Kodifikation zugeführt hätte. Auch aus systematischer Perspektive ist kein Grund ersichtlich, warum Art. 31 Abs. 3 lit. b WVK die spätere Praxis im Rahmen der Auslegung *expressis verbis* und sehr ausführlich regeln sollte, wohingegen die modifizierende spätere Praxis mit

---

[396] ILC Report on the work of its sixty-sixth session, UN Doc. A/69/10 (2014), 166, 186; Bernhardt, Völkerrechtliche und verfassungsrechtliche Aspekte konkludenter Vertragsänderungen, in: Arndt (Hrsg.), Völkerrecht und deutsches Recht, FS Rudolf, 2001, S. 15, 17; Heintschel v. Heinegg, in: Ipsen (Hrsg.), Völkerrecht, 6. Aufl. 2014, § 14 Rn. 4 f.; Nolte, Second Report on subsequent agreements and subsequent practice in relation to the interpretation of treaties, UN Doc. A/CN.4/671 (2014), Rn. 144; A. Peters, Das Gründungsdokument internationaler Organisationen als Verfassungsvertrag, ZÖR 68 (2013), 1, 47; Villiger, Commentary on the 1969 Vienna Convention on the Law of Treaties, 2009, Art. 39 Rn. 7.

[397] Heintschel v. Heinegg, in: Ipsen (Hrsg.), Völkerrecht, 6. Aufl. 2014, § 14 Rn. 4 f.; Villiger, Commentary on the 1969 Vienna Convention on the Law of Treaties, 2009, Art. 39 Rn. 7; vgl. Obendahl, in: Dörr/Schmalenbach (Hrsg.), Vienna Convention on the Law of Treaties, 2012, Art. 39 Rn. 11, 13; vorsichtig Sands, in: Corten/Klein (Hrsg.), The Vienna Convention on the Law of Treaties, Bd. 2, 2011, Art. 39 Rn. 35, 38 f.

ihren deutlich weitergehenden Rechtsfolgen vom so allgemein wie nur möglich gehaltenen Art. 39 WVK erfasst wird. Die spätere Praxis ist daher aus dessen Anwendungsbereich auszuscheiden, sodass Art. 39 WVK nicht für die Beantwortung der Frage nach der Rechtsnatur fruchtbar gemacht werden kann.[398]

bb) Spätere Praxis als ablösendes Gewohnheitsrecht?

Weiterhin kann die vertragsändernde Wirkung späterer Praxis auf vertragsbezügliches, den Vertrag derogierendes Völkergewohnheitsrecht zurückgeführt werden.[399] Dies lässt sich dogmatisch mit der *lex-posterior*-Regel begründen. Mit anderen Worten kann vom Vertrag abweichende – aber dennoch auf diesen bezogene – spätere Anwendungspraxis der Vertragsparteien, die von einer entsprechenden *opinio iuris* gedeckt ist, in Völkergewohnheitsrecht erwachsen, welches als *lex posterior* die ursprüngliche vertragliche Regel modifiziert oder gar verdrängt.[400]

Unentbehrlich ist dabei die Vertragsbezüglichkeit,[401] d. h. Praxis und *opinio* müssen erkennbar auf den Vertrag bzw. eine seiner Bestimmungen bezogen sein und die handelnden Staaten müssen gerade die Parteien des Vertrags sein[402] – und zwar alle Parteien.[403] *Akehurst* ist hingegen der Ansicht, dass auch neues allgemeines Völkergewohnheitsrecht,

---

[398] Karl, Vertrag und spätere Praxis im Völkerrecht, 1983, S. 355.

[399] Siehe oben, Fn. 348.

[400] Akehurst, The Hierarchy of the Sources of International Law, BYIL 47 (1974/75), 273, 275; Karl, Vertrag und spätere Praxis im Völkerrecht, 1983, S. 108 f., 265 f.; Klabbers, Treaties, Amendment and Revision, in: Wolfrum (Hrsg.), MPEPIL 2006, opil.ouplaw.com/home/ORIL (25.11.2014), Rn. 16; Obendahl, in: Dörr/Schmalenbach (Hrsg.), Vienna Convention on the Law of Treaties, 2012, Art. 39 Rn. 12, 13; Sands, in: Corten/Klein (Hrsg.), The Vienna Convention on the Law of Treaties, Bd. 2, 2011, Art. 39 Rn. 35 m.w.N.; Villiger, Commentary on the 1969 Vienna Convention on the Law of Treaties, 2009, Issues of Customary Law, Rn. 30.

[401] Siehe schon in Bezug auf Art. 31 Abs. 3 lit. b WVK oben, B. I. 2.

[402] Siehe insbesondere Karl, Vertrag und spätere Praxis im Völkerrecht, 1983, S. 265 f.

[403] Siehe allgemein zum Erfordernis der Einhelligkeit für eine Vertragsänderung durch Praxis oben, B. III. 3. b) dd) sowie ebd., S. 265.

welches über den Kreis der Vertragsparteien hinausgeht, eine vertragliche Regel modifizieren kann, wenn ein inhaltlicher Bezug existiert.[404] Dem kann in den Fällen, in denen eine (beinahe) universell geltende Vertragsbestimmung parallel mit (beinahe) universell geltendem Völkergewohnheitsrecht koexistiert und beide einem Wandel unterliegen, ohne Weiteres beigepflichtet werden. Gegen eine Erweiterung von *Akehursts* These auf andere Fälle spricht jedoch entscheidend der *lex-specialis*-Grundsatz: Eine vertragliche Norm, die eine Akteursmenge A (die Vertragsparteien) erfasst, wird in aller Regel die entsprechende Materie für A sachnäher regeln als eine inhaltlich davon abweichende spätere gewohnheitsrechtliche Norm, die eine Akteursmenge A U X bindet (die Vertragsparteien sowie weitere Staaten).[405] Ohnehin wird dieser Fall recht selten sein und dürfte überdies beim subjektiven Element, der *opinio iuris*, auf erhebliche Widersprüche stoßen.

Dies ist ohnehin eine Schwachstelle der Vorstellung von gewohnheitsrechtlicher vertragsändernder Praxis: Wie können die Vertragsparteien eine Rechtsüberzeugung haben, die von den Bestimmungen eines Vertrages abweicht, den sie selbst zuvor abgeschlossen haben? Das ist grundsätzlich weder bei *opinio iuris* im traditionellen Sinne vorstellbar, also der Überzeugung, zu einem bestimmten Handeln verpflichtet zu sein,[406] noch bei einem Verständnis der *opinio* als Überzeugung, dass eine bestimmte Handlung zumindest rechtmäßig ist.[407] In beiden Fällen müssten der Staat bzw. seine Handlungsträger zunächst davon ausgehen, eine Vertragsverletzung zu begehen.

Dieser Widerspruch lässt sich, wenn auch nicht auflösen oder zerstreuen, so doch zumindest entkräften: Wenn Völkergewohnheitsrecht nicht auf ewig veränderungsresistent sein soll, müssen seine Regeln auch durch abweichende Praxis und *opinio* modifizierbar sein. Zumindest zu

---

[404] Akehurst, The Hierarchy of the Sources of International Law, BYIL 47 (1974/75), 273, 276.

[405] Vgl. Kontou, The Termination and Revision of Treaties in the Light of New Customary International Law, 1994, S. 141.

[406] Das ist die überwiegende Vorstellung von *opinio iuris*, statt vieler Graf Vitzthum, in: Graf Vitzthum/Proelß (Hrsg.), Völkerrecht, 6. Aufl. 2013, Rn. 131; Treves, Customary International Law, in: Wolfrum (Hrsg.), MPEPIL 2006, opil.ouplaw.com/home/ORIL (25.11.2014), Rn. 8.

[407] Amerasinghe, Interpretation of Texts in open International Organizations, BYIL 65 (1994), 175, 199.

Beginn einer jeden Modifikation müssten die ersten aktiv werdenden Staaten zwangsläufig gegen die alte Regel verstoßen[408] und könnten sich dementsprechend strenggenommen allenfalls eine irrtümlich abweichende Rechtsüberzeugung bilden.[409] Wenn schon der Normalfall der Ablösung von veraltetem Völkergewohnheitsrecht solchen logischen Widersprüchen unterliegt, kann dies kaum der Ablösung von Vertragsrecht durch Völkergewohnheitsrecht entgegengehalten werden.

Einen anderen Ausweg scheint *Karl* zu sehen, demzufolge auch eine irrtümliche Auffassung mitunter für eine *opinio iuris* genügen kann.[410] Ohnehin ist für ihn die Meinung über den Vertragsinhalt weniger relevant. Es genüge die Ansicht, zur Praxis aufgrund faktischer Erfordernisse sowie Handlungen der anderen Vertragsparteien berechtigt zu sein.[411] Auch *Verdross'* Hinweis, dass mitunter die Beachtung einer im Werden befindlichen Norm für eine *opinio iuris* genügen kann, vermag für den Widerspruch bei der Derogation von Vertragsrecht einen Ausweg anzubieten.[412] Eine noch bessere Lösung könnte es sein, wenn man im Bereich des Vertragsrecht derogierenden Völkergewohnheitsrechts eine *opinio* der Staaten, zur gemeinsamen Rechtsänderung berechtigt zu sein, verlangen würde – ohne dass sie notwendigerweise auf eine Änderung gerichtet sein muss. Es dürfte vielmehr genügen, dass die handelnden Staaten und Organe eine Überschreitung der Grenzen der Auslegung für möglich halten und in Kauf nehmen, weil sie sich für befugt halten, ggf. auch eine Modifikation vorzunehmen. Das vermeidet Abgrenzungsprobleme zum Vertragsrecht bzw. der rechtsgeschäftlichen Konzeption vertragsändernder Praxis und senkt gleichzeitig die Anforderungen an das subjektive Element auf ein realistisches Maß. Wenn man jedoch am herkömmlichen Konzept der *opinio iuris* festhält und anerkennt, dass Völkergewohnheitsrecht sich auch ändern kann, wie die h.M. es tut, dann kann zur *opinio* bei vertragsmodifizierendem späteren

---

408 Stein/v. Buttlar, Völkerrecht, 13. Aufl. 2012, Rn. 144 f.

409 Vgl. zur verwandten Frage der Entstehung einer neuen Norm des Völkergewohnheitsrechts Kunz, The Nature of Customary International Law, AJIL 47 (1953), 662, 667.

410 Karl, Vertrag und spätere Praxis im Völkerrecht, 1983, S. 109.

411 Ebd., S. 109; dazu auch (allerdings mit Bezug auf die NATO): Kühne, Friedenssicherung durch regionale Organisationen in Europa, 1998, S. 194.

412 Verdross, Entstehungsweisen und Geltungsgrund des universellen völkerrechtlichen Gewohnheitsrechts, ZaöRV 29 (1969), 635, 640.

Gewohnheitsrecht nichts anderes gelten als bei der *opinio* zu gewohnheitsrechtsmodifizierendem neuen Gewohnheitsrecht.

Wenn dagegen vorausgesetzt sei, dass die rechtliche Möglichkeit der Modifikation von Vertragsrecht durch Gewohnheitsrecht bestünde: Was spricht nun weiterhin für und gegen den dargestellten Ansatz der gewohnheitsrechtlichen späteren Praxis, vor allem im Vergleich zur rechtsgeschäftlichen Herangehensweise?

Zunächst sei daran erinnert, dass die ILC in einem ihrer frühen Entwürfe für die WVK mit Art. 68 lit. c diese Möglichkeit schon einmal ernsthaft für eine Kodifikation in Erwägung gezogen hatte[413] und sich nur dagegen entschied, um die Konvention nicht mit der viel zu komplexen Beziehung zwischen Vertrags- und Gewohnheitsrecht zu überlasten,[414] und nicht etwa, weil sie keine Grundlage im Völkergewohnheitsrecht gehabt hätte.

Überdies drängen sich Parallelen zwischen der Genese späterer Praxis und der von Völkergewohnheitsrecht geradezu auf.[415] In beiden Prozessen gibt es ein objektives Element, die Praxis, und ein subjektives Element, sei es eine *opinio iuris* oder die Übereinkunft der Parteien. Letztere wird ja sogar von manchen Autoren, die das Gewohnheitsrecht für eine besondere informelle Spielart des Vertragsrechts und eine weitere Ausprägung der Maxime *pacta sunt servanda* halten, auch bei der Bildung von Gewohnheitsrecht für maßgeblich erachtet.[416]

Von hauptsächlich ästhetischem und literarischem Wert dürfte *Wolfkes* Feststellung sein, dass eine Modifikation von Vertragsregeln durch späteres Gewohnheitsrecht in manchen Fällen eine Aufhebung von Wider-

---

[413] YBILC 1964 (II), 198; siehe oben, B. III. 3. b) aa).

[414] YBILC 1966 (II), 236; siehe dazu auch Villiger, Commentary on the 1969 Vienna Convention on the Law of Treaties, 2009, Issues of Customary Law Rn. 32.

[415] Boisson de Chazournes, Subsequent Practice, Practices, and 'Family-Resemblance', in: Nolte (Hrsg.), Treaties and Subsequent Practice, 2013, S. 53 f.; Karl, Vertrag und spätere Praxis im Völkerrecht, 1983, S. 247.

[416] Sog. Konsenstheorie: Zusammenfassung bei Verdross, Entstehungsweisen und Geltungsgrund des universellen völkerrechtlichen Gewohnheitsrechts, ZaöRV 29 (1969), 635, 636 ff.

sprüchen, mithin eine Symbiose beider Rechtsquellen zur Folge haben könne.[417]

Akehurst hat auf einen Nachteil der Gewohnheitsrechtsthese hingewiesen: Der genaue Zeitpunkt, zu dem eine derogierende Regel des Gewohnheitsrechts entstanden ist (und somit auch das *später* der späteren Praxis) lässt sich aufgrund des langsamen und stetigen Prozesses der Gewohnheitsrechtsbildung nur schwer feststellen.[418] Das ist bei der rechtsgeschäftlichen These aber auch nur vordergründig anders. Wenn es sich nicht um eine einmalige, sondern wie in aller Regel um eine konsistente Praxis handelt, stößt man auf das gleiche Problem, das jeglicher Ableitung von Recht aus praktischen Vorgängen immanent ist.

Überdies sei noch auf eine Inkompatibilität zwischen dem oben postulierten Grundsatz der Zustimmung *aller* Vertragsparteien zur modifizierenden Praxis und einem Strukturmerkmal des Völkergewohnheitsrechts hingewiesen. Zumindest das universelle Gewohnheitsrecht lässt nach vorherrschender Auffassung den *persistent objector* zu, der mit seinem konsistenten Protest nicht die Entstehung der entsprechenden gewohnheitsrechtlichen Regel zu verhindern vermag, sondern nur seine eigene Bindung an dieselbe.[419] Ob die Anwendung der *persistent objector rule* bei regionalem bzw. partikulärem Völkergewohnheitsrecht überhaupt sinnvoll ist, kann dahingestellt bleiben. Jedenfalls würde sie bei der gewohnheitsrechtlichen Änderung von Vertragsbeziehungen letztendlich zu einer informellen *inter-se*-Modifikation führen, die eine Minderheit der Parteien von Teilen des Vertragsregimes und dessen Fortentwicklung abkoppelt. Eine solche *inter-se*-Modifikation müsste zumindest den formellen und materiellen Anforderungen des Art. 41 WVK genügen,[420] der gerade verhindern soll, dass eine solche Entwicklung zu Lasten der Vertragsziele oder der schutzwürdigen Interessen

---

[417] Wolfke, Treaties and Custom, in: Klabbers u. a. (Hrsg.), Essays on the Law of Treaties, 1998, S. 31, 38 f.

[418] Akehurst, The Hierarchy of the Sources of International Law, BYIL 47 (1974/75), 273.

[419] Statt vieler Crawford, Brownlie's Principles of Public International Law, 8. Aufl. 2012, S. 28; Stein/v. Buttlar, Völkerrecht, 13. Aufl. 2012, Rn. 138 ff.

[420] Moloo, When Actions Speak Louder Than Words, Berkeley Journal of International Law 31 (2013), 39, 82.

einer Minderheit geht.[421] Das übersieht *Akehurst*, wenn er unter Hinweis auf den *lex-specialis*-Grundsatz ohne Weiteres eine *inter-se*-Modifikation durch späteres Völkergewohnheitsrecht, welches zwischen einem Teil der Parteien entstanden ist, für möglich erachtet.[422]

cc) Rechtsquelle *sui generis*

Eine dritte Möglichkeit neben der rechtsgeschäftlichen und der gewohnheitsrechtlichen Konzeption ist die Klassifikation vertragsändernder späterer Praxis als Rechtsquelle *sui generis*.[423] Dafür spricht in der Tat, dass sie, wie gezeigt, sowohl rechtsgeschäftliche als auch gewohnheitsrechtliche Merkmale in sich vereint.[424] Zum einen würde dies jedoch keine Stütze in Art. 38 IGH-Statut finden und zum anderen auch keinerlei Erkenntnisgewinn bei der Beschreibung und Erfassung des Phänomens der vertragsändernden späteren Praxis zeitigen.

dd) Bestimmung der Rechtsnatur nach den Umständen des Einzelfalls

Eine letzte Möglichkeit wäre es, je nach den Umständen des Einzelfalls der Modifikation durch spätere Praxis entweder einen rechtsgeschäftlichen oder einen gewohnheitsrechtlichen Vorgang anzunehmen.[425] Mit besonderen Umständen ist aber nicht gemeint, dass die Klassifizierung

---

[421] Ress, Die Bedeutung der nachfolgenden Praxis für die Vertragsinterpretation nach der Wiener Vertragsrechtskonvention (WVRK), in: Bieber/Ress (Hrsg.), Die Dynamik des Europäischen Gemeinschaftsrechts, 1987, S. 49, 65 f.

[422] Akehurst, The Hierarchy of the Sources of International Law, BYIL 47 (1974/75), 273, 275.

[423] Karl, Vertrag und spätere Praxis im Völkerrecht, 1983, S. 246 (wird von ihm allerdings nur in Erwägung gezogen und dann verworfen).

[424] Vgl. Villiger, Commentary on the 1969 Vienna Convention on the Law of Treaties, 2009, Art. 31 Rn. 23; Wolfke, Treaties and Custom, in: Klabbers u. a. (Hrsg.), Essays on the Law of Treaties, 1998, S. 31, 38 (Wolfke geht von einer Mischung von Vertrags- und Völkergewohnheitsrecht aus, die einem *sui-generis*-Charakter nahekommt).

[425] Vgl. Thirlway, The Law and Procedure of the International Court of Justice 1960-1989, BYIL 77 (2006), 1, 48 f.; Villiger, Commentary on the 1969 Vienna Convention on the Law of Treaties, 2009, Issues of Customary Law Rn. 33.

willkürlich oder *ad hoc* vorgenommen werden muss. Es könnten sich vielmehr verschiedene Anhaltspunkte bzw. Kriterien finden lassen, welche diese Einstufung erleichtern.

So spricht es z. B. für einen rechtsgeschäftlichen Vorgang, wenn sich die Praxis im Wesentlichen in einem einmaligen Vorgang erschöpft. Je intensiver die Kommunikation ist, je näher die Beteiligten bzw. ihre Handlungen oder Erklärungen räumlich und/oder zeitlich zusammentreffen und je besser eine gegenseitige Kenntnisnahme derselben gewährleistet ist, desto eher wird von einem rechtsgeschäftlichen Vorgang auszugehen sein.

Handelt es sich hingegen um einen langen Prozess zahlreicher kongruenter Aktivitäten, in dem die Beteiligten eher indirekt miteinander kommunizieren, spricht mehr für einen gewohnheitsrechtliche Charakter der Praxis. In diesem Zusammenhang bietet sich ein erneuter Rückgriff auf die von *Karl* eingeführte Unterscheidung zwischen Willens- und Meinungskonsens an.[426] Wenn die Vertragsparteien zu einer wechselbezüglichen Willensübereinstimmung über einen u. a. vom Wortlaut abweichenden Inhalt des Vertrages finden, die auch in direkter Interaktion ihren Niederschlag findet, spricht vieles für eine rechtsgeschäftliche Vereinbarung. Wenn sie hingegen mehr oder weniger unabhängig voneinander eine kongruente Rechtsauffassung über die Modifikation des Vertrages entwickeln, die einer *opinio iuris* ähnelt und in ähnlicher, allerdings voneinander unabhängiger Praxis ihren Niederschlag findet, spricht mehr für einen gewohnheitsrechtlichen Vorgang.

Die hier vor allem interessierende Praxis der Organe Internationaler Organisationen liegt nun, so scheint es, zwischen diesen beiden Extremfällen. Einerseits treffen die Akteure bei Organpraxis unmittelbar zeitlich und räumlich zusammen; sie kommunizieren auch direkt und intensiv, was für eine rechtsgeschäftliche Klassifikation spricht. In aller Regel werden Entscheidungen nach einer Debatte im Konsens oder durch Abstimmung getroffen. Andererseits kann sich eine modifizierende Praxis in einer Internationalen Organisation über lange Zeiträume entwickeln, wie es z. B. bei der Enthaltungspraxis im Sicherheitsrat zu Art. 27 Abs. 3 SVN der Fall war[427] oder bei der stetigen Zunahme von Empfehlungen der Generalversammlung zu Angelegenheiten, mit

---

[426] Siehe oben, B. III. 2. a).

[427] IGH, Namibia, Advisory Opinion, ICJ Reports 1971, 16, 22.

denen sich auch der Sicherheitsrat befasst (Art. 12 SVN).[428] Sie erschöpft sich häufig gerade nicht in einem einmaligen Vorgang. Die Zahl der unterschiedlichen Akteure in einer Internationalen Organisation, die Urheber von Praxis sein können oder deren Akzeptanz für ihren Einfluss auf den Gründungsvertrag maßgeblich ist – d. h. die Mitgliedstaaten, die Gruppen von Mitgliedstaaten, die Plenarorgane, ggf. eines oder mehrere reduzierte Organe, das Verwaltungsorgan und ggf. ein Streitschlichtungsorgan – erschwert eine simultane Willensbildung und Konsensfindung. Das spricht eher gegen einen rechtsgeschäftlichen Prozess. Außerdem ist ein Beschluss in einem Organ, bei dem die Mitglieder für die Organisation handeln und zumindest theoretisch zur Förderung ihrer Ziele entscheiden sollen, etwas anderes als ein bloßes Zusammenkommen in ihrer Eigenschaft als Staaten, anlässlich dessen ein rechtsgeschäftlicher Akt beschlossen wird.[429]

Bei Internationalen Organisationen spricht also mehr für einen gewohnheitsrechtsartigen Prozess der Modifikation von Gründungsverträgen durch Praxis.[430] Dies schließt nicht aus, dass in einigen Fällen mehr Anhaltspunkte für die Annahme eines rechtsgeschäftlichen Konsenses bestehen. Es schließt jedoch auch weiterhin nicht aus, dass noch andere Besonderheiten des Rechts Internationaler Organisationen existieren, welche diesen Vorgang von der Bildung einfachen Gewohnheitsrechts unterscheiden. Aber darauf wird an späterer Stelle noch einzugehen sein.

ee) Zusammenfassung und Zwischenergebnis

Es sprechen gute Argumente sowohl für die rechtsgeschäftliche (z. B. *Draft Article 38*) als auch für die gewohnheitsrechtliche These (z. B. die strukturelle Ähnlichkeit der Genese von späterer Praxis und Gewohnheitsrecht). Dennoch sollte die Vielgestaltigkeit von späterer

---

[428] Vgl. dazu schon in einem anderen Zusammenhang oben, B. I. 7.; siehe näher unten, D. II. 3. c).

[429] Vgl. Klein/Schmahl, in: Graf Vitzthum/Proelß (Hrsg.), Völkerrecht, 6. Aufl. 2013, Rn. 119.

[430] Besonders deutlich in diesem Sinne: Witschel, in: Simma u. a. (Hrsg.), The Charter of the United Nations, 3. Aufl., Bd. 2, 2012, Art. 108 Rn. 10.

Praxis[431] im Bereich der Modifikation, in dem gerade keine ausdrückliche Regel des Vertragsrechts wie Art. 31 Abs. 3 lit. b WVK existiert, zum Anlass genommen werden, im Einzelfall entweder einen rechtsgeschäftlichen oder einen gewohnheitsrechtlichen Charakter des Modifikationsvorganges anzunehmen.[432] Im Recht der Internationalen Organisationen wird aber in aller Regel mehr für einen gewohnheitsrechtsartigen Vorgang sprechen. Dies wird im zweiten Teil noch weiter auszuführen sein.

4. Rechtsfortbildung durch ergänzende Praxis (*praeter legem*)

Bisher wurden zwei Dimensionen der späteren Praxis behandelt: Die Auslegung und die Änderung durch spätere Praxis. Es bietet sich jedoch an, über eine dritte Spielart der späteren Praxis nachzudenken: ergänzende oder erweiternde spätere Praxis, also Praxis *praeter legem*. Nun wird solche Übung häufig der Auslegungsdimension untergeordnet.[433] Gerade das Recht der Internationalen Organisationen im Allgemeinen und der Vereinten Nationen im Besonderen erlaubt jedoch auch eine eigenständige Klassifizierung als dritte Dimension, als erweiternde Praxis.[434]

Hier sei vor allem auf die Entwicklung des *Peacekeeping* hingewiesen, welches ohne unmittelbare Grundlage in der UN-Charta erschaffen wurde. Obwohl diese Verbindung bisher in Literatur und Rechtsprechung selten gesehen wurde,[435] liegt es nahe, die Entwicklung des

---

[431] Karl, Vertrag und spätere Praxis im Völkerrecht, 1983, S. 114; McGinley, Practice as a Guide to Treaty Interpretation, Fletcher Forum 9 (1985), 211, 212 f.

[432] Vgl. Karl, Vertrag und spätere Praxis im Völkerrecht, 1983, S. 266, 311 ff.

[433] Karl, Vertragsauslegung – Vertragsänderung, in: Schreuer (Hrsg.), Autorität und internationale Ordnung, 1979, S. 9, 19 ff.

[434] Allgemein zur erweiternden Praxis Karl, Vertrag und spätere Praxis im Völkerrecht, 1983, S. 211.

[435] Z. B. von Bothe, in: Simma u. a. (Hrsg.), The Charter of the United Nations, 2. Aufl., Bd. 1, 2002, Peace-keeping Rn. 86, 91 (Passage in der 3. Aufl. gestrichen); Liang, Modifying the UN Charter through Subsequent Practice, NordJIL 81 (2012), 1, 10 ff.; vgl. Engel, Procedures for the De Facto Revision

Peacekeeping als Resultat späterer Praxis oder eines verwandten Phänomens einzuordnen.

Wenn man diese dritte Dimension der späteren Praxis anerkennt, stellen sich allerdings einige Folgeprobleme. Das erste – die Abgrenzung zwischen Erweiterung einerseits und Auslegung und Änderung andererseits – ist noch relativ einfach zu handhaben. Bei Interpretation und Modifikation wird es immer einen Bezug zu einer oder zu mehreren konkreten Bestimmungen des betroffenen Vertrags geben, während eine Erweiterung zwar dem Vertrag als Ganzem zugeordnet werden kann, jedoch ihr Inhalt keine unmittelbare Grundlage in einer seiner spezifischen Normen findet.

Ein zweites Problem der erweiternden Praxis zu völkerrechtlichen Verträgen ist Folgendes: Wonach entscheidet sich, ob eine bestimmte Praxis bedeutsam genug ist, um erweiternde Praxis zu sein und mithin neue Normen zu kreieren? Mit anderen Worten könnte es sich auch um einfache, auf die eine oder andere Art mit dem Vertrag verbundene Praxis handeln, die aber unterhalb der erforderlichen Wesentlichkeitsschwelle für eine Vertragsrelevanz bleibt.

Dieses Problem lässt sich im Recht der Internationalen Organisationen illustrieren: Eine administrative Organentscheidung, die Einzelheiten des Beschaffungswesens der Organisation regelt (z. B. den Kauf von Computern oder die Anmietung von Büroräumen) oder eine solche, die die Beschäftigung von Praktikanten normiert, mag keine direkte Stütze im Gründungsvertrag finden und nicht aus der direkten Anwendung einer konkreten Bestimmung resultieren. Sie mag aber dennoch naturgemäß mit der Satzung verbunden sein, ohne ausreichende Bedeutung zu besitzen, um jemals ein materieller Teil von ihr zu werden. Wie eine nationale Verfassung soll der Gründungsvertrag nämlich nur die grundlegenden Strukturprinzipien der Organisation bestimmen und andere Dinge der Praxis überlassen, jedoch ohne dass jede Praxis gleich eine Rückwirkung auf ihn zeitigen müsste.

Die bisher genannten Beispiele dürften recht eindeutig sein. Schwieriger ist jedoch z. B. die Schaffung eines Streitentscheidungsmechanismus für Rechtsstreitigkeiten zwischen der Organisation und ihren Mitarbeitern, dessen Entscheidungen auch die Hauptorgane der Organisation binden

---

of the Charter, ASIL Proc. 59 (1965), 108, 111 (der die Entwicklung des *Peacekeeping* freilich als Interpretation in der Praxis einordnet).

können, wie in den Vereinten Nationen geschehen.[436] Es ist keine Bestimmung der Charta ersichtlich, die eine konkrete Rechtsgrundlage dafür darstellen würde,[437] der generelle Bezug zur Charta ist offensichtlich und die für eine Gleichrangigkeit mit anderen Chartabestimmungen erforderliche Wesentlichkeit dieser Entscheidung lässt sich mit guten Argumenten sowohl bejahen als auch verneinen.

Der IGH dürfte im Gutachten *Reservations to the Genocide Convention* eine ähnliche Frage erörtert haben, als er einer einfachen „Verwaltungspraxis" („administrative practice") des Generalsekretärs in seiner Eigenschaft als Depositar von multilateralen Konventionen weitgehend die Relevanz für die Bestimmung der Rechtsfolgen von Vorbehalten zur Völkermordkonvention absprach.[438] Diese Praxis war vermutlich nach Auffassung des Gerichtshofs unterhalb der Bedeutungsschwelle einer für die Völkermordkonvention relevanten Übung geblieben.[439]

---

[436] Schaffung des United Nations Administrative Tribunal (UNAT) als Nebenorgan der Generalversammlung i.S.v. Art. 22 SVN mit GA Res. 351 A (IV); abgelöst durch das UN Internal Justice System, bestehend aus dem United Nations Dispute Tribunal (UNDT) und dem United Nations Appeals Tribunal (UNAT), eingerichtet mit GA Res. 61/261 und 62/228. An der vom IGH in einem Gutachten festgestellten und in der Praxis der Organisation akzeptierten Verbindlichkeit der Entscheidungen des UNAT auch für die Generalversammlung (und das Sekretariat) hat sich mit der Reform nichts geändert, IGH, Effects of Awards made by the United Nations Administrative Tribunal, Advisory Opinion, ICJ Reports 1954, 47, 62.

[437] Art. 7 und 22 SVN, die lediglich eine abstrakte Kompetenz zur Schaffung von Nebenorganen einräumen, bilden keine ausreichende Rechtsgrundlage für eine die Generalversammlung bindende Streitbeilegung. Dies erkennt auch der IGH an, wenn er die Kompetenz der Generalversammlung, ein solches Organ zu schaffen, mit *implied powers* begründet. Auf die Beziehung von *implied powers* und *subsequent practice* wird noch zurückzukommen sein.

[438] IGH, Reservations to Genocide Convention, Advisory Opinion, ICJ Reports 1951, 15, 25.

[439] Auch wenn der IGH strenggenommen lediglich untersuchte, ob die Parteien der Völkermordkonvention diese vorige administrative Praxis bei Vertragsschluss in ihre Absichten aufgenommen hatten, also mithin eine subjektive Interpretation anhand früherer Praxis vornahm. Dennoch lehnte er die Relevanz der Praxis auch aufgrund ihres administrativen Charakters ab, eine Argumentation, die auf die hier betrachteten Fallkonstellationen übertragbar sein dürfte.

Wenn man nun also zwischen vertragsrelevanter erweiternder Praxis und bloßer administrativer Praxis unterscheidet, die über die Ausführung einer Vertragsbestimmung hinausgeht, aber dennoch eine gewisse Wesentlichkeitsschwelle nicht überschreitet, stellt sich aber ein Folgeproblem: Was sind die Kriterien für diese Unterscheidung?

Nun ist es eine Möglichkeit, unter Hinweis auf die Vielfältigkeit Internationaler Vertragsregime mit politischem, administrativem, ökonomischen und technischem Charakter die Aufstellung konkreter Kriterien für die Vertragsrelevanz von erweiternder Praxis als willkürlich zu verwerfen. Ein ähnlicher Ansatz wäre es, sich auf den Standpunkt zu stellen, dass die Vertragsparteien ohnehin frei entscheiden, welche Materien sie für bedeutend genug erachten, um sie in den Vertrag aufzunehmen. Wenn sie dies frei und ohne objektive Kriterien entscheiden würden, gäbe es auch keine Anhaltspunkte für die Wesentlichkeit bzw. Vertragsrelevanz von späterer Praxis.

Für das Völkervertragsrecht in seiner Gesamtheit mag dies nachvollziehbar sein, nicht so jedoch für das hier im Fokus stehende Primärrecht Internationaler Organisationen. Auch wenn es Organisationen mit politischem, administrativen, ökonomischem und technischem Charakter gibt, so haben sich doch vor allem im Verlauf der Gründungspraxis der letzten ca. 60 Jahre starke Gemeinsamkeiten zwischen den Gründungsverträgen Internationaler Organisationen herausgebildet. Sie enthalten alle in der Regel Bestimmungen über Grundsätze und Ziele, Zusammensetzung und Wahl der Organe, Kompetenzen der Organisation und ihre Verteilung zwischen den Organen, über die Änderung des Vertrags sowie über die Mitgliedschaft. Zumindest wenn solche Bereiche von erweiternder Praxis betroffen sind, also z. B. wenn die Kompetenzen der Organisation erweitert werden (Beispiel: *Peacekeeping* der UN), wenn ihr eine neue Aufgabe übertragen wird (Beispiel: Wandlung der NATO von einer Organisation der kollektiven Selbstverteidigung zu einer Organisation, die zusätzlich für ihre Mitglieder weit jenseits ihrer Grenzen Sicherheit projizieren soll[440]), wenn ihr ein neues Grundprinzip oder Ziel hinzugefügt wird (Beispiel: Dekolonisa-

---

[440] The Alliance's Strategic Concept, 24.4.1999, http://www.nato.int/cps/en/natolive/official_texts_27433.htm (16.12.2014); BVerfGE 104, 151 ff.; Reiter, Die neue Sicherheitsarchitektur der NATO, KJ 40 (2007), 124 ff; siehe dazu aber schon hier Nolte, Die „neuen Aufgaben" von NATO und WEU, ZaöRV 54 (1994), 95 ff., demzufolge diese neuen Aufgaben sehr wohl im NATO-Vertrag angelegt waren; siehe zu dieser Frage ausführlich unten, E. II.

tion bei den Vereinten Nationen, die ursprünglich, wie Kapitel IX illustriert, nicht vorgesehen war, auch wenn sie ihre Grundlage im Selbstbestimmungsrecht der Völker findet[441]), wenn die Mitgliedstaaten neue Rechte bekommen oder ihnen neue Pflichten auferlegt werden (möglicherweise im Werden begriffenes Beispiel: *responsibility to protect*[442]) oder wenn in der Praxis neue Organe entstehen, die das institutionelle Gleichgewicht der Organisation[443] erheblich tangieren (Beispiel: der Europäische Rat, bevor er in die Verträge aufgenommen wurde[444]), muss man von nicht-administrativer, erweiternder Praxis ausgehen.

Es bleibt aber noch eine Frage offen: Welchen Voraussetzungen muss eine erweiternde Praxis genügen? Sind sie ebenso restriktiv wie bei einer informellen Änderung durch Praxis zu handhaben oder müssen sie lediglich den geringeren Anforderungen für eine Auslegung genügen? Die *Kosovo Advisory Opinion* des IGH hat zuletzt deutlich gezeigt, dass es Akte gibt, zu denen das Völkerrecht zwar nicht notwendig berechtigt, die ihm aber gleichzeitig auch nicht widersprechen, weil es schlichtweg keine Regelung über sie trifft.[445] Dieser Rechtsgedanke lässt sich vorsichtig auf die erweiternde Praxis übertragen. Grundsätzlich können die Anforderungen an eine informelle Erweiterung geringer sein als die an eine informelle Modifikation. Je eher sie jedoch die Grundstruktur der Organisation bzw. die Rechte und Pflichten der Parteien umgestaltet, desto mehr werden sich ihre Voraussetzungen denen der modifizierenden Praxis annähern.

---

441 GA Res. 1514 (XV); IGH, Namibia, Advisory Opinion, ICJ Reports 1971, 16, 31 f.; Western Sahara, Advisory Opinion, ICJ Reports 1975, 12, 31 ff.

442 Vgl. z. B. Stahn, Responsibility to Protect, AJIL 101 (2007), 99 ff.; Konzept entwickelt in: The Responsibility to Protect, Report of the International Commission on Intervention and State Sovereignty, Annex zu UN Doc. A/57/303; übernommen vom UN-Generalsekretär in: A More Secure World, Report of the High-Level Panel on Threats, Challenges and Change, UN Doc. A/59/565 (2004), 56 f.; siehe ausführlich unten, D. II. 4. g) aa) (1) (b).

443 EuGH, Rs. C-9/56, Slg. 1958, 11 (*Meroni/EGKS Hohe Behörde*); Ruffert/Walter, Institutionalisiertes Völkerrecht, 2009, Rn. 355 ff.

444 Siehe dazu näher unten, E. III. 3. c).

445 IGH, Kosovo, Advisory Opinion, ICJ Reports 2010, 403, 426.

IV. Wie entsteht *subsequent practice*? Tatsächliche Erscheinungsformen

Die Frage nach den Erscheinungsformen, mit denen sich spätere Praxis objektiv manifestiert, also nach der Typologie von späterer Praxis, wird in der Literatur meist sehr kurz behandelt. Häufig beschränkt man sich auf den Verweis auf das Völkergewohnheitsrecht und die diesbezüglich bekannten Variationen von Staatenpraxis.[446] Dies illustriert erneut die Parallelen, mithin den engen Verwandtschaftsgrad, zwischen der Entstehung späterer Praxis und der Genese von Gewohnheitsrecht.[447] Es gibt in der Tat auch keine Veranlassung anzunehmen, dass sich beide Arten von Praxis grundlegend voneinander unterscheiden würden, da Staaten bei beiden Prozessen die Hauptakteure sind.

Folgend werden einzelne Kategorien von Akten oder besser von Verhalten, welche die Übereinkunft der Vertragsparteien oder ihre *opinio iuris* zum Ausdruck bringen können, im Einzelnen behandelt. Dabei wurde auch auf einschlägige Literatur zum Völkergewohnheitsrecht zurückgegriffen.[448]

1. Realakt

Dass in Anwendung eines Vertrags vorgenommene Realakte in spätere Praxis münden können, ist selbstverständlich. Einfache Beispiele lassen sich bei der Anwendung von Grenzverträgen finden. So kann das Aufstellen von Grenzsäulen,[449] die Inbesitznahme eines Gebiets durch eine

---

[446] Gardiner, Treaty Interpretation, 2008, S. 227, der die Aufzählung möglicher Arten von Staatenpraxis bei der Bildung von Gewohnheitsrecht aus Brownlie, Principles of Public International Law, 6. Aufl. 2003, S. 6 zitiert; McGinley, Practice as a Guide to Treaty Interpretation, Fletcher Forum 9 (1985), 211, 212 f.

[447] Karl, Vertrag und spätere Praxis im Völkerrecht, 1983, S. 247; siehe oben, B. III. 3. c) bb).

[448] Zemanek, What is "State Practice" and who Makes It?, in: Beyerlin u. a. (Hrsg.), Recht zwischen Umbruch und Bewahrung, FS Bernhardt, 1995, S. 289, 293 ff.

[449] The Indo-Pakistan Western Boundary (Rann of Kutch) between India and Pakistan, 30.6.1965, UNRIAA Bd. XVII, 1, 532.

Bevölkerungsgruppe,[450] das Erstellen und Bekanntmachen von Karten,[451] ein Staatsbesuch im Grenzgebiet[452] etc. spätere Praxis konstituieren. Organpraxis wird sich allerdings in den seltensten Fällen als Realakt äußern, da sie in aller Regel von Resolutionen, Entscheidungen, Debatten und Stellungnahmen – sprich von Wort und Schrift – dominiert ist.

2. Deklarationen und einseitige Handlungen

Deklarationen von Staaten oder Organen Internationaler Organisationen können ebenfalls relevante Praxis darstellen, insbesondere dann, wenn es sich um mit Rechtsbindungswillen vorgenommene einseitige Handlungen handelt. Aber Deklarationen können nicht nur den rechtsgeschäftlichen Willen von Staaten, sondern auch Meinungen und Absichten ausdrücken.[453] Zumindest im Bereich der Auslegung ist eine Praxis, welche eine Interpretationsübereinkunft zum Ausdruck bringt, auch ohne einen Rechtsbindungswillen im engeren Sinne möglich (Stichwort: „Meinungskonsens").[454]

In diesem Zusammenhang sei noch ohne Anspruch auf Vollständigkeit[455] auf einen Meinungsstreit in Bezug auf für das Völkergewohnheitsrecht relevante Staatenpraxis hingewiesen. So gibt es restriktive Stimmen in der Literatur, die für Staatenpraxis grundsätzlich Realakte verlangen und mehr als nur bloße verbale oder schriftliche Äußerun-

---

[450] IGH, Kasikili/Sedudu Island (Botswana v. Namibia), ICJ Reports 1999, 1045, 1094.

[451] IGH, Temple of Preah Vihear (Cambodia v. Thailand), ICJ Reports 1962, 6, 22 f.

[452] Ebd., 30 f.

[453] Dörr, Declaration, in: Wolfrum (Hrsg.), MPEPIL 2006, opil.ouplaw.com/home/ORIL (25.11.2014), Rn. 1.

[454] Karl, Vertrag und spätere Praxis im Völkerrecht, 1983, S. 145 ff; siehe oben, B. III. 2. a).

[455] Die Debatte ist nicht in all ihren Verästelungen für die spätere Praxis relevant.

gen.[456] Andere Autoren wollen lediglich Akte berücksichtigen, die nach der Absicht ihres Urhebers unmittelbar Rechtsbeziehungen beeinflussen sollen und dafür konstitutiv und nicht lediglich deklaratorisch oder affirmativ sein sollen.[457] Eine extensive Auffassung hält hingegen jede Handlung (auch Äußerung) und Unterlassung für potenziell relevant, aus der eine völkerrechtlich relevante Sichtweise abgeleitet werden kann.[458] Wenn man die hier geteilte Auffassung vertritt, dass auch ein in Praxis ausgedrückter „Meinungskonsens"[459] auslegungsrelevant sein kann, scheidet eine Beschränkung auf Realakte aus. Tatsächlich können Realakte nur einen kleinen Teil der heutigen Vertragsanwendungsaktivität erfassen. Auch eine Begrenzung auf Akte, die mit einer konstitutiven Absicht vorgenommen werden, erscheint problematisch. Dadurch wird die Identifizierung relevanter Akte durch Einführung eines zusätzlichen subjektiven Kriteriums erschwert und mit der *opinio iuris* bzw. mit der Übereinkunft der Vertragsparteien vermengt. Daher sollten Deklarationen von Staaten oder Organen grundsätzlich als geeignet erachtet werden, spätere Praxis zu konstituieren oder zu perpetuieren.

3. Einseitige Interpretationserklärungen

Eine Unterkategorie der Deklarationen, die eine gesonderte Behandlung verdient, ist die einseitige Interpretationserklärung. Häufig ziehen es Staaten vor, anstelle eines Vorbehalts mit den womöglich politisch nachteiligen Rechtsfolgen der Art. 19 ff. WVK (z. B. Nichtanwendung von Teilen[460] oder Nichtinkrafttreten der Gesamtheit des Vertrags im Verhältnis zu einer oder mehreren anderen Parteien[461] etc.) einseitig zu

---

[456] D'Amato, The Concept of Custom in International Law, 1971, S. 51, 88; vgl. MacGibbon, Means for the Identification of International Law, in: Cheng (Hrsg.), International Law, 1982, S. 10, 19 f., 22.

[457] Thirlway, International Customary Law and Codification, 1972, S. 58.

[458] Akehurst, Custom as a Source of International Law, BYIL 47 (1974-75), 1, 10; Skubiszewski, Elements of Custom and the Hague Court, ZaöRV 31 (1971), 810, 812.

[459] Siehe oben, Fn. 454.

[460] Vgl. Art. 21 Abs. 3 WVK.

[461] Vgl. Art. 20 Abs. 4 lit. b WVK.

erklären, wie eine oder mehrere Bestimmungen ihrer Auffassung nach zu interpretieren sind.[462] Eine solche Erklärung kann ebenfalls mit Rechtsbindungswillen vorgenommen werden, und zwar auch, ohne zu einem Vorbehalt zu werden.[463]

Für den freilich recht theoretischen Fall, dass sich mehrere einseitige Interpretationserklärungen verschiedener Staaten ganz oder in Teilen inhaltlich decken, ist es naheliegend, aus ihnen auf eine Auslegungsübereinkunft zu schließen.[464] Da es aber zumindest zeitnah nach Abschluss des Vertrages äußerst unwahrscheinlich ist, dass alle Parteien gleichlautende Interpretationserklärungen abgeben (meist wird ein Staat sich damit ja gerade von den Auffassungen der anderen Parteien distanzieren wollen) ist eine Übereinkunft *aller* Vertragsparteien unwahrscheinlich. Das schließt aber eine Berücksichtigung gem. Art. 32 WVK oder gem. eines bei bestimmten Verträgen modifiziert anzuwendenden Art. 31 Abs. 3 lit. b WVK nicht aus. Dabei darf jedoch nicht vergessen werden, dass man sich bei ausdrücklichen Interpretationserklärungen im Randbereich zwischen späterer Praxis und späterer Übereinkunft gem. Art. 31 Abs. 3 lit. a WVK bewegt.[465]

4. Vorbehalte

Auch Vorbehalte selbst können indirekt eine Auslegung beinhalten. So impliziert das Anbringen eines Vorbehalts die Auslegungsbehauptung, dass dieser gem. Art. 19 WVK mit dem Vertrag vereinbar ist. Dies wird im Rahmen des Art. 19 lit. c WVK besonders evident. Es muss erst durch Auslegung ermittelt werden, was Ziel und Zweck des Vertrags ist, bevor entschieden werden kann, ob der Vorbehalt mit ihm vereinbar ist.[466] Darüber hinaus hängen Inhalt und Tragweite des Vorbehalts un-

---

[462] Cameron, Treaties, Declarations of Interpretation, in: Wolfrum (Hrsg.), MPEPIL 2007, opil.ouplaw.com/home/ORIL (25.11.2014), Rn. 1.

[463] Ebd., Rn. 3; vgl. Pellet, Third Report on Reservations to Treaties, Addendum, UN Doc. A/CN.4/491/Add.4, insbesondere Rn. 302.

[464] Ebd., Rn. 337 ff.

[465] Ebd., Rn. 337.

[466] Pellet, Tenth Report on Reservations to Treaties, Addendum, UN Doc. A/CN.4/558/Add.1, Rn. 91.

ter Umständen auch von der Auslegung der Bestimmung ab, zu welcher der Vorbehalt erklärt wird. Bezüglich der Vorbehalte gelten allerdings die gleichen Bedenken wie bei den einseitigen Interpretationserklärungen, was ihre praktische Relevanz als spätere Übung angeht: Es wird sehr selten sein, dass die Partei, die einen Vorbehalt erklärt, auf kongruente, ihrerseits durch Vorbehalte oder andere Praxis ausgedrückte Auffassungen über die Auslegung des Vertrags stoßen wird.

5. Protest

Auch der Protest ist wiederum eine Sonderform der Deklaration.[467] Damit erklärt ein Völkerrechtssubjekt, dass es das Verhalten eines anderen Völkerrechtssubjektes für völkerrechtswidrig erachtet.[468]

Bei der späteren Praxis können ihm zwei Rollen zufallen. Zum einen kann er Staaten und anderen Akteuren als Instrument dienen, um ausdrücklich und unmissverständlich zu verhindern, dass eine einhellige Übereinkunft der Vertragsparteien über die Auslegung des Vertrages zustande kommt und damit unter Umständen eine authentische und verbindliche Auslegung verhindern. Zum anderen beinhaltet ein Protest natürlich auch seinerseits häufig eine Auslegung, die besagt, dass der Akt, gegen den protestiert wird, gerade nicht vom Vertrag gedeckt sei. In einer solchen Konstellation ist eine einhellige Parteiübereinkunft selbstverständlich logisch nicht denkbar, selbst wenn ein Staat eine bestimmte Praxis verfolgt und alle anderen Parteien protestieren.

In Internationalen Organisationen kann Protest eine besondere Rolle spielen und auch spezielle Formen annehmen. So kann eine Stimmabgabe in einem Organ gegen Entscheidungen mit bestimmtem Inhalt einem Protest gegen das ihnen zugrunde liegende Verständnis des Grün-

[467] Dörr, Declaration, in: Wolfrum (Hrsg.), MPEPIL 2006, opil.ouplaw.com/home/ORIL (25.11.2014), Rn. 14; Zemanek, What is "State Practice" and who Makes It?, in: Beyerlin u. a. (Hrsg.), Recht zwischen Umbruch und Bewahrung, FS Bernhardt, 1995, S. 289, 295.

[468] Eick, Protest, in: Wolfrum (Hrsg.), MPEPIL 2006, opil.ouplaw.com/home/ORIL (25.11.2014), Rn. 1; Hobe, Einführung in das Völkerrecht, 10. Aufl. 2014, S. 233.

dungsvertrags ähneln.[469] Wenn die Entscheidungen von Organen mit beschränkter Mitgliedschaft stammen, kann an die Stelle der negativen Stimme ein Protest im herkömmlichen Sinne treten.

6. Organhandeln

Weiterhin kann jede Form von Organhandeln (sowohl der Organe Internationaler Organisationen als auch von durch multilaterale Vertragswerke errichteten Organen) potenziell relevante Praxis darstellen.[470] Den Besonderheiten der Anwendung des Art. 31 Abs. 3 lit. b WVK auf die Praxis von Organen Internationaler Organisationen wird sich der folgende zweite Teil eingehend widmen. Für alles Weitere sei auf ihn verwiesen.

7. Debatte in einem Organ oder auf einer internationalen Konferenz

Überdies ist es in besonderen Fällen vorstellbar, dass bereits die Debatte in einem Organ oder auf einer internationalen Konferenz den objektiven Anknüpfungspunkt für spätere Praxis darstellt – vor allem dann, wenn es zu keiner Abstimmung über die diskutierte Frage kommt. Wenn sich in Redebeiträgen geäußerte Rechtsansichten mehrerer Staatenvertreter über die Interpretation des Gründungsvertrags – oder auf einer internationalen Konferenz über die Auslegung eines dort diskutierten Vertrages – decken, ohne auf Widerspruch zu stoßen, ist es möglich, daraus auf einen Meinungskonsens oder eine *opinio iuris* zu schließen. Meist wird es jedoch naheliegender zu sein, sich auf das Abstimmungsergebnis zu konzentrieren. Dies schließt natürlich nicht aus, bei dessen Interpretation auf die Debatte zurückzugreifen, soweit dies möglich ist.[471]

---

[469] Freilich erfolgt eine negative Stimmabgabe häufiger aus politischen denn aus rechtlichen Gründen.

[470] Siehe oben, Fn. 56.

[471] Vgl. Joint Diss. Op. Onyeama, Dillard, Jiménez de Aréchaga, Waldock, Nuclear Tests (Australia v. France), ICJ Reports 1974, 312, 335 f.; Bos, The Interpretation of Decisions of International Organizations, NILR 28 (1980), 1, 8; Wood, The Intepretation of Security Council Resolutions, Max Planck Year-

8. Geschäftsordnungen

Geschäftsordnungen der Organe Internationaler Organisationen können nicht nur selbst relevante Praxis bzw. Ausgangspunkt für eine solche sein, es spricht auch einiges dafür, dass es sich um eine Praxis von besonderer Relevanz für Auslegung oder gar Modifikation handelt – und dies auch, aber nicht allein wegen ihres besonderen formellen Charakters. Geschäftsordnungen werden zu großen Teilen erlassen, um die Verfahrensbestimmungen des Gründungsvertrags zu konkretisieren bzw. auszulegen.

Die Ansicht, dass Geschäftsordnungen zumindest Ausgangspunkt satzungsrelevanter Praxis sein können, wird vom IGH und manchen Stimmen in der Literatur geteilt.[472] Der Richter des IGH *Azevedo* widersprach dieser Ansicht jedoch entschieden. Ihm zufolge ist das Zitieren der Geschäftsordnung als Praxis überflüssig, da es sich nur um eine Ergänzung des Rechts handele, die ihm aber niemals zuwiderlaufen könne. Sie möge lediglich andere Praxis bestätigen. Deren Auslegungsrelevanz hält *Azevedo* jedoch ohnehin für begrenzt.[473]

Dem ist insoweit zuzustimmen, als es eigentlich eine Selbstverständlichkeit ist, dass Geschäftsordnungen mit dem Gründungsvertrag vollends übereinstimmen müssen und dass es somit befremdlich erscheint, anzunehmen, dass sie als Ausdruck, Ausgangspunkt oder Nachweis von Praxis entscheidend auf die Gründungsverträge zurückwirken können. Bei Ergänzung bzw. Auslegung mag dies noch unbedenklich sein, nicht jedoch, wenn sie informelle Modifikationen herbeiführen sollen.

Trotzdem muss es möglich sein, selbst informelle Modifikationen, die durch Praxis herbeigeführt worden sind, in der Geschäftsordnung festzuschreiben. Eine dem Vertrag widersprechende konsistente und von

---

book of United Nations Law 2 (1998), 73, 80 ff., 93 f. (speziell für den UN-Sicherheitsrat).

[472] IGH, Competence of Admission, Advisory Opinion, ICJ Reports 1950, 4, 9; Fitzmaurice, The Law and Procedure of the International Court of Justice, BYIL 28 (1951), 1, 22; Klein, Zur Beschränkung von Mitgliedsrechten in den Vereinten Nationen, VN 1975, 51, 54; McGinley, Practice as a Guide to Treaty Interpretation, Fletcher Forum 9 (1985), 211, 213 in Fn. 9; Rosenne, Developments of the Law of Treaties 1945-1986, 1989, S. 239.

[473] Diss. Op. Azevedo, Competence of Admission, ICJ Reports 1950, 22, 24.

der Übereinkunft oder der *opinio iuris* der Parteien getragene Praxis, die nicht nur nicht zu einer formellen Änderung desselben führt, sondern auch nicht in der Geschäftsordnung festgeschrieben wird, kaschiert die *rule-of-law*-Problematik nur zusätzlich.

Interessanterweise scheint dies in der Praxis aber dennoch selten zu geschehen. So finden sich z. B. keine ausdrücklichen Bestimmungen zur Art. 18 SVN abbedingenden *adoption without a vote* in der Geschäftsordnung der Generalversammlung oder zur freiwilligen Enthaltung ständiger Mitglieder in der des Sicherheitsrats, die als *concurring vote* gezählt wird. Die Vermutung liegt nahe, dass solche schriftlichen Nachweise einer den Gründungsvertrag derogierenden Praxis aus politischen Gründen vermieden werden. So ist eine den Satzungen gegenüber nachrangige Norm, die ihnen widerspricht, unter Umständen eher nach außen rechtfertigungsbedürftig, als eine bloße Praxis, die weniger leicht wahrzunehmen ist und häufig im internen Bereich der Organisationen verbleiben wird.

Eine Auslegung durch Geschäftsordnungen dürfte jedenfalls weitgehend unproblematisch sein, da es eine ihrer Hauptfunktionen ist, die prozeduralen Bestimmungen des Gründungsvertrags zu konkretisieren und auszulegen.

9. Urteil

Abgesehen davon, dass Urteile internationaler Gerichte und Spruchkörper Fälle späterer Praxis identifizieren können, wenn sie Einfluss auf die Auslegung eines streitrelevanten Vertrages haben oder haben könnten,[474] können sie auch selbst Ausgangspunkt einer späteren Praxis sein. So ist es möglich, dass in einem Urteil eine auf anderen Faktoren wie Wortlaut, Systematik oder Telos (Stichwort: dynamische Auslegung) beruhende Interpretationsentscheidung getroffen wird, die Anklang in

---

[474] Z. B. in IGH, Temple of Preah Vihear (Cambodia v. Thailand), ICJ Reports 1962, 6, 22 ff.; Certain Expenses, Advisory Opinion, ICJ Reports 1962, 151, 157 ff.; Threat or Use of Nuclear Weapons, Advisory Opinion, ICJ Reports 1996, 226, 248 ff.; Kasikili/Sedudu Island (Botswana v. Namibia), ICJ Reports 1999, 1045, 1072 ff.; Pulau Ligitan and Pulau Sipadan (Indonesia v. Malaysia), ICJ Reports 2002, 625, 645 ff.; Wall, Advisory Opinion, ICJ Reports 2004, 136, 148 ff.

Staaten- oder Organpraxis findet und daraufhin in spätere Praxis erwächst. Dies kann entweder zusätzliche Argumente für das im Rahmen einer *single combined operation*[475] erzielte Auslegungsergebnis liefern oder der ursprünglichen einfachen Auslegung nachträglich authentischen Charakter verleihen.

10. Abschluss von späteren Verträgen

Auch der Abschluss von neuen Verträgen kann spätere Praxis zu älteren Verträgen darstellen, die auf deren Auslegung zurückwirkt.[476] So können z. B. von Internationalen Organisationen abgeschlossene Übereinkommen den Gründungvertrag beeinflussen. Ein gutes, noch zu vertiefendes Beispiel aus der UN-Praxis ist der Abschluss von *special agreements* mit Internationalen Organisationen, die keine Sonderorganisationen sind, wie Art. 57 und 63 SVN es eigentlich verlangen.[477] Dies mag Rückwirkungen auf diese Bestimmungen gezeitigt haben.

Davon zu unterscheiden sind natürlich Fälle, in denen später abgeschlossene Verträge oder Teile von ihnen ganz oder teilweise an die Stelle des früheren Vertrags treten und entweder Anwendungsvorrang gem. Art. 30 WVK besitzen oder den vorigen Vertrag gar gem. Art. 59 WVK beenden. Gerade eine informelle Modifikation durch Praxis in Form eines Vertrages dürfte häufig äußerst schwer von einem Fall des Art. 30 WVK zu unterscheiden sein. Ob eine Bestimmung weiterhin angewendet wird und nur durch eine oder mehrere spätere Normen modifiziert wurde oder ob sie durch eine andere Bestimmung – die aber teilweise einen ähnlichen Regelungsgehalt besitzt – vollständig abgelöst wurde, dürfte sich allenfalls theoretisch unterscheiden lassen. In der Praxis wird eine solche Konstellation aber in aller Regel zu ähnlichen Ergebnissen führen.

---

[475] Siehe oben, B. II. 1.

[476] Siehe oben, B. II. 2.

[477] Siehe unten, D. II. 5.

11. Unterlassen

Schließlich kann auch ein Unterlassen wie die Nichtanwendung eines Vertrags spätere Praxis darstellen. Dieses Konzept ist also trotz der Bezeichnung „Praxis“, wie bereits dargestellt,[478] nicht auf aktives Handeln begrenzt.

[478] Siehe oben, B. I. 1.

C. Zweiter Teil: Organisationspraxis

Der zweite Teil soll allein die verallgemeinerungsfähigen Eigenschaften der satzungsrelevanten Praxis Internationaler Organisationen behandeln. Zu Beginn werden besondere Eigenschaften einer Internationalen Organisation – also die Existenz von Organen, der vielbeschworene Verfassungscharakter der Gründungsverträge,[479] Typologie und Auslegung der Satzungsbestimmungen – betrachtet, erläutert und auf ihre Relevanz für Organisationspraxis untersucht (I.).

Der Diskussion des Verfassungscharakters kommt dabei eine besondere Bedeutung zu: Verfassungen müssen als Grundgerüst für ein Gemeinwesen mit potenziell erheblicher Lebensdauer entwicklungsoffen sein, wobei Interpretation im Allgemeinen und Interpretation durch Praxis im Besonderen eine hervorgehobene Rolle spielen kann. Zugleich verfügen moderne Verfassungen über zahlreiche Kontrollmechanismen, die Innovationen behindern können, welche nicht gewisse konsensuelle Anforderungen erfüllen. Ein wie auch immer gearteter konstitutioneller Charakter der Gründungsverträge Internationaler Organisationen kann also nicht unerhebliche Auswirkungen auf die Rolle von Praxis zeitigen.[480]

---

479 Alvarez, International Organizations as Law-Makers, 2005, S. 65 ff; Crawford, The Charter of the United Nations as a Constitution, in: Fox (Hrsg.), The Changing Constitution of the United Nations, 1997, S. 3 ff.; Dupuy, The Constitutional Dimension of the Charter of the United Nations Revisited, Max Planck Yearbook of United Nations Law 1 (1997), 1 ff.; Fassbender, The United Nations Charter as Constitution of the International Community, Columbia Journal of Transnational Law 36 (1997/98), 529 ff.; A. Peters, in: Klabbers/A. Peters/Ulfstein, The Constitutionalization of International Law, 2009, S. 201 ff.; Rosenne, Developments in the Law of Treaties 1945-1986, 1989, S. 181 ff.; Ruffert/Walter, Institutionalisiertes Völkerrecht, 2009 Rn. 135 f.; White, The law of international organizations, 2. Aufl. 2005, S. 14 ff.

480 A. Peters, Das Gründungsdokument internationaler Organisationen als Verfassungsvertrag, ZÖR 68 (2013), 1, 24, 49 ff.; C. Peters, Informelle Anpassungsmechanismen der Gründungsverträge Internationaler Organisationen und

Das zentrale Unterfangen dieses Teils ist sodann die Erarbeitung eines theoretisch-dogmatischen Fundaments für die empirische Untersuchung von Organpraxis. Art. 5 WVK ist der normative Ausgangspunkt, um vor dem Hintergrund der *rules of the organization* und der *established practice* die Unterschiede zwischen späterer Praxis nach dem allgemeinen Recht der Verträge und der Praxis Internationaler Organisationen in Bezug auf Voraussetzungen, Rechtsfolgen und Rechtsnatur herauszuarbeiten (II.).

Anschließend kann die akteursbezogene Dimension der Organpraxis näher betrachtet werden. Vorgeschlagen wird eine Unterteilung in drei Kategorien: 1. Organpraxis als Ausdruck von Staatenpraxis, 2. Organpraxis von Organen mit beschränkter Mitgliedschaft und zustimmende Staatenpraxis, 3. autonome Rolle von Organpraxis. Vor allem die dritte Kategorie wirft erhebliche Probleme auf (III.).

Abgerundet wird der zweite Teil mit einer Betrachtung der Wechselwirkungen der Organisationspraxis mit dem Konzept der *ultra-vires*-Akte, der *implied powers doctrine* und dem *principle of effectiveness* (IV.-VI.). Auch auf den politischen Charakter der Organisationspraxis wird kurz eingegangen (VII.). Von Bedeutung ist schließlich die Frage, ob es allgemeine Grenzen für Satzungsänderungen durch Praxis der Organisation gibt (VIII.).

Ein Zitat von *Hersch Lauterpacht* mag verdeutlichen, worum es bei der Organisationspraxis geht und welche Bedeutung ihr für die Gründungsverträge einer internationalen Organisation zukommen kann:

> „A proper interpretation of a constitutional instrument must take into account not only the formal letter of the original instrument, but also its operation in actual practice and in the light of the revealed tendencies in the life of the Organization.“[481]

---

ihre Bedeutung für die Konstitutionalisierung des Völkerrechts, in: Pernice/Müller/C. Peters, Konstitutionalisierung jenseits des Staates, 2012, S. 17, 26 ff.

[481] Sep. Op. Lauterpacht, South West Africa Voting Procedure, ICJ Reports 1955, 90, 106.

I. Besonderheiten Internationaler Organisationen und ihrer Gründungsverträge

Soll die Analyse der späteren Praxis im allgemeinen Recht der Verträge für die Analyse von Organisationspraxis fruchtbar gemacht werden, ist eine Betrachtung der rechtlichen Besonderheiten, welche Internationale Organisationen allgemein, ihre Gründungsverträge und deren Auslegung gegenüber anderen völkerrechtlichen Regimen auszeichnen, angezeigt.

1. Trias von Organisation, Organen und Mitgliedstaaten

Das Beziehungsgeflecht der rechtlich relevanten Akteure einer Internationalen Organisation, ihrer Organe und Mitgliedstaaten, hat entscheidenden Einfluss auf die Praxis der Organisation.

Gem. Art. 31 Abs. 3 lit. b WVK ist die Praxis der Vertragsparteien maßgeblich für die Auslegung, also die Praxis der Mitgliedstaaten. Diese kommen in einer Internationalen Organisation jedoch hauptsächlich in den Organen zusammen, in denen ein bedeutender, wenn nicht sogar der überwiegende Teil[482] der Praxis zu ihren Gründungsverträgen stattfindet. Zwar setzen sich die bedeutsamsten Organe aus gegenüber ihren Regierungen weisungsgebundenen Vertretern der Mitgliedstaaten zusammen,[483] sodass sich ein beachtliches „mitgliedstaatliches Element" ihrer Praxis abzeichnet.[484] Gleichzeitig besitzen Organe jedoch auch ei-

---

[482] Darauf weist z. B. das Repertory of Practice of United Nations Organs (http://www.un.org/law/repertory/ (16.12.2014)) hin, das sich bewusst auf die Praxis der Organe der Organisation beschränkt und ihr anscheinend vorrangige Relevanz für die Auslegung der UN-Charta einräumt. Dies kann freilich auch auf politisch begründete Zurückhaltung zurückzuführen sein oder praktische Ursachen – wie Arbeitsaufwand und Schwierigkeiten der Identifikation von mitgliedstaatlicher Praxis für das Office of Legal Affairs – haben.

[483] Einen besonderen Fall stellt insofern die EU dar, in welcher der EuGH und die Kommission sowie die nur ihrem Gewissen unterworfenen Parlamentarier den Vergleich ihrer konstitutionellen Stellung mit der des Rates der EU und des Europäischen Rates nicht zu scheuen brauchen.

[484] Siehe zum „mitgliedstaatlichen Element": Klein/Schmahl, in: Graf Vitzthum/Proelß (Hrsg.), Völkerrecht, 6. Aufl. 2013, Rn. 118 f.

ne gewisse Eigendynamik: In ihnen treten die mitgliedstaatlichen Delegationen in regelmäßigen Abständen, teilweise mit großer Häufigkeit, zusammen. Die Form der Treffen richtet sich nach einer Geschäftsordnung bzw. nach festen Verfahrensregeln, welche die Arbeit des Gremiums erleichtern und häufig auch seine Entscheidungsfähigkeit steigern sollen. Man denke nur an die in vielen Organen ungeschriebene Regel, dass Konsensentscheidungen möglich und erwünscht sind. Ihre Mitglieder kennen sich untereinander und interagieren laufend. Sie treffen sich am Sitz der Organisation und sind dem Einfluss der international besetzten Verwaltungsorgane ausgesetzt. Oftmals entsteht bei bedeutenden Themen ein nicht zu unterschätzender Druck von verschiedenen Seiten (andere Delegationen, Sekretariate, NGOs, andere Organe, andere Internationale Organisationen, Presse u.v.m.), zu Entscheidungen zu kommen.[485] Aber nicht nur in der Praxis, sondern auch rechtlich unterliegen die Organe Einflüssen, welche ihre mitgliedstaatliche Prägung relativieren. So sind die Organe in erster Linie den gemeinsamen Zielen und Grundsätzen der Organisation verpflichtet.[486] Sie wurden überhaupt errichtet, um diesen zu dienen.

Schließlich existiert neben den Organen und den Mitgliedstaaten noch das rechtliche Konstrukt der Organisation als Ganzes, das aus den Mitgliedstaaten besteht, aber eine eigene Rechtspersönlichkeit aufweist und sich durch die Organe einen „eigenen Willen“[487] bilden oder gar ein „Eigenleben“[488] entwickeln kann.

---

485 Vgl. Schreuer, Die Bedeutung Internationaler Organisationen im heutigen Völkerrecht, AVR 22 (1984), 363, 398: „Das Gruppenverhalten entwickelt vor allem bei Abstimmungen gewisse Eigengesetzlichkeiten, welchen sich einzelne Mitglieder oft nicht entziehen können.“

486 Vgl. z. B. Epping, in: Ipsen (Hrsg.), Völkerrecht, 6. Aufl. 2014, § 6 Rn. 47.

487 Statt vieler Blokker, Beyond ‚Dili‘, in: Kreijen u. a. (Hrsg.), State, Sovereignty, and International Governance, 2002, S. 299, 313; Ruffert/Walter, Institutionalisiertes Völkerrecht, 2009, Rn. 288.

488 Blokker, Constituent Instruments, Grotius Centre Working Paper 2014/024-PIL, 1, 9: „This new actor will have its own life that cannot be fully controlled by those who once founded it. In other words: it may become the proverbial genie that may escape from the bottle.“; Sep. Op. Lauterpacht, South West Africa Voting Procedures, Advisory Opinion, ICJ Reports 1955, 67, 106; Fassbender, The United Nations Charter As Constitution of the International Community, Columbia Journal of Transnational Law 36 (1997/98), 529, 540; Fitzmaurice, Hersch Lauterpacht, BYIL 39 (1963), 133, 166.

Organisation, Organe und Mitgliedstaaten sind also Teil eines äußerst diffizilen Beziehungsgeflechtes. Die Praxis der verschiedenen Akteure zum Gründungsvertrag mag sich manchmal mehr auf die Mitgliedstaaten, manchmal mehr auf ein Organ oder mehrere Organe und damit auf die Organisation zurückführen lassen; oft wird eine Zuordnung aber nur schwer möglich sein.[489]

Auf den ersten Blick scheint *Anne Peters* eine andere Auffassung zu vertreten, wenn sie unter Anknüpfung an *Brölmann*[490] postuliert, dass „die *Praxis* der Organe *der Organisation* und nicht den Mitgliedern zugerechnet werden [muss] [...] – unabhängig von einem Willen oder einer Absicht der Parteien." Jedoch erkennt sie an, dass Organpraxis ein „Ausdruck der *Rechtsüberzeugung* der Mitglieder" sein kann, eine „[...] Passerelle, ‚*aus der die Übereinstimmung der Vertragsparteien*' über die Vertragsauslegung hervorgehen kann, im Sinne von Art 31 Abs 3 lit b WVK."[491] Sie spricht von einer „Transmissionsfunktion der Organpraxis"[492] und führt aus, dass die „Praxis der *Mitgliedstaaten* oder der *Organe* [...] oft nicht klar unterscheidbar [ist], da die Mitglieder in den Organen vertreten sind und durch diese handeln."[493] Das kommt der hier vertretenen Auffassung sehr nahe.

Eine treffende Metapher für die komplexe Struktur einer Internationalen Organisation, die hilfreich sein mag, um ihre Praxis besser zu verstehen, stammt von *Dupuy*, der von der „Transparenz der Organisation" spricht: Obwohl die Organisation als Einheit existiert, sind hinter ihrer Oberfläche die Mitgliedstaaten sehr wohl zu erkennen, sie ist

---

[489] Nolte, Subsequent Agreements and Subsequent Practice of States Outside of Judicial or Quasi-judicial Proceedings, in: Nolte (Hrsg.), Treaties and Subsequent Practice, 2013, S. 307, 312; Ruiz Fabri, Subsequent Practice, Domestic Separation of Powers, and Concerns of Legitimacy, in: Nolte (Hrsg.), Treaties and Subsequent Practice, 2013, S. 160, 163.

[490] Brölmann, Specialized Rules of Treaty Interpretation, in: Hollis (Hrsg.), The Oxford Guide to Treaties, 2012, S. 507, 515.

[491] A. Peters, Das Gründungsdokument internationaler Organisationen als Verfassungsvertrag, ZÖR 68 (2013), 1, 23.

[492] Ebd.

[493] Ebd., 44, Fn. ausgelassen.

transparent.[494] Auch hinter der Praxis der Organisation sind die Mitgliedstaaten manchmal mehr, manchmal weniger im Hintergrund wahrnehmbar. *Brölmann* spricht mit einer Anleihe im Gesellschaftsrecht auch vom „institutional veil" der Organisation.[495]

Diese Struktur liegt der folgenden Darstellung zugrunde. Nur in Teilaspekten werden Staatenpraxis, Organpraxis und Organisationspraxis trennscharf zu unterscheiden sein.

2. Gründungsvertrag

a) Verfassungscharakter

Was bedeuten die Theorien vom Verfassungscharakter der Gründungsverträge Internationaler Organisationen einerseits,[496] und der Konstitutionalisierung des Völkerrechts – auch angetrieben durch Internationale Organisationen – andererseits für die Rolle von Organisationspraxis bei Auslegung bzw. Inhaltsbestimmung der Satzungen im Vergleich zu anderen, strukturell einfacheren Vertragsregimen?

In Bezug auf die Konstitutionalisierung des Völkerrechts insgesamt wäre der Versuch einer Antwort zu diesem Zeitpunkt übereilt. Sie gehört in den abschließenden fünften Teil der Arbeit, in dem es um die Einordnung in die Makroebene der Völkerrechtsordnung gehen wird.[497]

---

[494] Dupuy, Le Droit International, 10. Aufl. 1996, S. 121 (zitiert nach Blokker, Beyond ‚Dili', in: Kreijen u. a. (Hrsg.), State, Sovereignty, and International Governance, 2002, S. 299, 314).

[495] Brölmann, The Institutional Veil in Public International Law, 2007.

[496] Statt vieler Alvarez, Constitutional interpretation in international organizations, in: Coicaud u. a. (Hrsg.), The legitimacy of international organizations, 2001, S. 104 ff.; Fassbender, The United Nations Charter As Constitution of The International Community, Columbia Journal of Transnational Law 36 (1997/98), 529 ff.; A. Peters, in: Klabbers/A. Peters/Ulfstein, The Constitutionalization of International Law, 2009, S. 201 ff.; Rosenne, Developments of the Law of Treaties 1945-1986, 1989, S. 191 ff; dieses Thema wurde vom Verfasser bereits anderweitig behandelt: C. Peters, Informelle Anpassungsmechanismen der Gründungsverträge Internationaler Organisationen und ihre Bedeutung für die Konstitutionalisierung des Völkerrechts, in: Pernice/Müller/C. Peters (Hrsg.), Konstitutionalisierung jenseits des Staates, 2012, S. 17 ff.

[497] Siehe unten, F. III. 1.

Die Beziehung zwischen Organisationspraxis und Konstitutionalisierungsprozessen ist auf der Ebene einzelner Gründungsverträge deutlich einfacher zu handhaben.

aa) Einführung in die Diskussion über den Verfassungscharakter

Diesbezüglich sind diverse Strömungen in der Völkerrechtswissenschaft zu beobachten. Zunächst wird der Gründungsvertrag einer Internationalen Organisation sehr häufig als deren Verfassung bzw. *constitution* bezeichnet: Teilweise ist dies ohne nennenswerte materielle Aussage im völkerrechtlichen Sprachgebrauch angelsächsischer Herkunft verankert und wird synonym mit *constituent instrument* verwendet.[498] Häufig ist damit aber auch eine substanzielle Stellungnahme beabsichtigt.[499] Ist dies der Fall, lässt sich mit einem groben Raster und unter Anlehnung an den *rule-of-law*-Diskurs zwischen *thin* und *thick theories* unterscheiden, Ansätzen mit eher deskriptiven Schwerpunkten und Ansätzen mit normativem Fokus.[500]

In erstere Kategorie fällt die zutreffende Feststellung, dass die Satzung einer Internationalen Organisation zunächst einmal eine Entität mit eigener Rechtspersönlichkeit und selbstständiger Handlungsfähigkeit kreiert, ihr Ziele und Zwecke gibt und grundlegende materielle Normen zur Verfolgung dieser Ziele beinhaltet.[501] Sie errichtet eine Organstruktur mit einer Kompetenzordnung sowohl nach innen als auch nach außen und erschafft damit ein gewisses institutionelles Gleichgewicht.[502]

---

[498] Vgl. Blokker, Constituent Instruments, Grotius Centre Working Paper 2014/024-PIL, 1, 3; Engel, "Living" International Constitutions and the World Court, ICLQ 16 (1967), 865.

[499] Siehe oben, Fn. 496.

[500] Zu *thin* und *thick theories* zur *rule of law* Chesterman, An International Rule of Law?, American Journal of Comparative Law 56 (2008), 331, 340 ff.

[501] Vgl. Arato, Treaty Interpretation and Constitutional Transformation, Yale Journal of International Law 38 (2013), 289, 302.

[502] Vgl. ebd., 299 ff.; vgl. Kadelbach, in: Simma u. a. (Hrsg.), The Charter of the United Nations, 3. Aufl., Bd. 1, 2012, Interpretation Rn. 20; vgl. Ruffert/Walter, Institutionalisiertes Völkerrecht, 2009, Rn. 135, 355 ff.; zum institutionellen Gleichgewicht in den UN vgl. Fassbender, The United Nations Charter As Constitution of The International Community, Columbia Journal of Transnational Law 36 (1997/98), 529, 576, der zwar zutreffend feststellt, dass es

Wenn auch teilweise gewisse Parallelen zur Verfassung eines Nationalstaates erkannt werden,[503] ist man bei diesen *thin theories* sehr weit von einer Gleichsetzung zwischen Verfassungen im herkömmlichen Sinne und Verfassungen Internationaler Organisationen entfernt. Diese Ansätze dürften eher als vorsichtig deskriptiv verstanden werden. Niemals wird dabei die Vorstellung aufgegeben, dass die Satzung einer Internationalen Organisation immer auch ein völkerrechtlicher Vertrag bleibt, der lediglich einige besondere Eigenschaften aufweist, die ihn in gewissen Aspekten von gewöhnlichen bilateralen oder multilateralen Vertragswerken unterscheiden.[504]

Thick theories meist jüngeren Datums erkennen hingegen bedeutendere Parallelen zum innerstaatlichen Verfassungsrecht. Sie ordnen Internationale Organisationen häufig in den größeren Kontext eines allgemeinen Konstitutionalisierungsprozesses der internationalen Ordnung ein und erachten sie als wichtige Elemente und Triebkräfte dieser Prozesse. Das Stichwort lautet Konstitutionalisierung des Völkerrechts.[505] Teilweise wird nicht besonders deutlich zwischen der Mikroebene der einzelnen Organisation und der Makroebene der internationalen Gemeinschaft als Ganzes unterschieden.[506] *Anne Peters* ist dies mit dem Begriff der „sektoriellen Konstitutionalisierung" gelungen.[507] Auch innerhalb dieser *thick approaches* lassen sich wiederum formellere und materiellere Ten-

---

keine echte Gewaltenteilung in den Vereinten Nationen gibt, aber ein System von gewissen „Checks and Balances".

503 Alvarez, International Organizations as Law-Makers, 2005, S. 65 ff.

504 Arato, Treaty Interpretation and Constitutional Transformation, Yale Journal of International Law 38 (2013), 289, 299 ff.; Rosenne, Developments of the Law of Treaties 1945-1986, 1989, S. 191 ff.

505 Statt vieler Klabbers/A. Peters/Ulfstein, The Constitutionalization of International Law, 2009; Kleinlein, Konstitutionalisierung im Völkerrecht, 2012; Ruffert/Walter, Institutionalisiertes Völkerrecht, 2009, Rn. 64 ff.; Uerpmann, Internationales Verfassungsrecht, JZ 2001, 565 ff.

506 Dazu ausführlicher C. Peters, Informelle Anpassungsmechanismen der Gründungsverträge Internationaler Organisationen und ihre Bedeutung für die Konstitutionalisierung des Völkerrechts, in: Pernice/Müller/C. Peters (Hrsg.), Konstitutionalisierung jenseits des Staates, 2012, S. 17 ff.

507 A. Peters, in: Klabbers/A. Peters/Ulfstein, The Constitutionalization of International Law, 2009, S. 201 ff; auch Ley, Kant versus Locke, ZaöRV 69 (2009), 317, 327 ff. trifft diese Unterscheidung anschaulich.

denzen, bzw. eher zurückhaltende und radikale Ansätze unterscheiden. *Fassbender* geht wohl am weitesten, wenn er die UN-Charta nicht nur als Verfassung der Vereinten Nationen bezeichnet, sondern ihr sogar den Rang der Verfassung der gesamten internationalen Gemeinschaft einräumt.[508] Andere Stimmen beziehen meist weitere Faktoren mit ein, wie die Existenz elementarer Grundregeln der internationalen Gemeinschaft (*ius cogens*)[509] und die durch Art. 103 UN-Charta errichtete Normenhierarche,[510] universelle Verträge zum Schutz der Menschenrechte, die für eine individualrechtliche Komponente sorgen,[511] die zunehmende Bedeutung des Konzepts der *rule of law*[512] und schließlich gar demokratiefördernder Tendenzen im Völkerrecht selbst und in der völkerrechtlichen Praxis.[513] Aus diesen und anderen Aspekten, wie einer rudimentären Gewaltenteilung[514] auf internationaler Ebene, leiten sie eine konstitutionelle, eine verfassungsartige Entwicklung der internationalen Gemeinschaft – mit Internationalen Organisationen als einer ihrer bedeutendsten Triebkräfte – ab.[515]

---

[508] Fassbender, The United Nations Charter as Constitution of The International Community, Columbia Journal of Transnational Law 36 (1997/98), 529 ff.; siehe auch Dupuy, The Constitutional Dimension of the Charter of the United Nations revisited, Max Planck Yearbook of United Nations Law 1 (1997), 1 ff.

[509] Grundlegend: Mosler, The International Society as a Legal Community, RdC 140 (1974-IV), 1, 33 ff.; Simma, From Bilateralism to Community Interest in International Law, RdC 250 (1994-VI), 221, 233 ff.

[510] Fassbender, UN Security Council Reform and the Right of Veto, 1998, S. 103 f.

[511] Dörr, „Privatisierung" des Völkerrechts, JZ 2005, 905 ff.; Kadelbach/Kleinlein, Überstaatliches Verfassungsrecht, AVR 44 (2006), 235, 246 ff; Ley, Kant versus Locke, ZaöRV 69 (2009), 317, 329, 335 ff.

[512] Watts, The International Rule of Law, GYIL 36 (1993), 15, 22.

[513] A. Peters, in: Klabbers/A. Peters/Ulfstein, The Constitutionalization of International Law, 2009, S. 263 ff.

[514] Ruffert/Walter, Institutionalisiertes Völkerrecht, 2009, Rn. 66 ff.

[515] Siehe zum Ganzen auch Pernice, The Global Dimension of Multilevel Constitutionalism, in: Dupuy u. a. (Hrsg.), Völkerrecht als Wertordnung, FS Tomuschat, 2006, S. 973 ff., der das zur rechtlichen Charakterisierung der EU entwickelte Konzept des Verfassungsverbundes (Multilevel Constitutionalism)

Anne Peters hat einen vermittelnden Ansatz entwickelt, der einer *thick theory* gleicht, sich aber stark auf die einzelne Internationale Organisation und den Verfassungscharakter ihres jeweiligen Gründungsvertrags konzentriert. Dabei nimmt sie insbesondere die Auslegungs- und Änderungsmechanismen in den Blick. Sie stellt – kurz zusammengefasst – einem herkömmlichen „Vertragsparadigma“, demzufolge der Gründungsvertrag einer Internationalen Organisation den Regeln des Rechts der Verträge unterfällt, die Mitgliedstaaten Herren des Vertrags bleiben und ihn insbesondere auch informell ändern können, ein „Verfassungsparadigma“ gegenüber, wonach die Fortentwicklung im Wesentlichen den Organen unterliegt.[516]

bb) Die Bedeutung des Verfassungscharakters für die Organisationspraxis

Der Verfassungscharakter könnte nun zweierlei bedeuten: Zum einen, dass eine Verfestigung, eine Konsolidierung der durch den Gründungsvertrag errichteten Strukturen eintritt, dass die Bedeutung der Praxis geringer wird. Dies wäre aus einer kontinentalen nationalstaatlichen Perspektive naheliegend, mit einer Tradition geschriebener Verfassungen mit strikter Gewaltenteilung und der realistischen Option von Verfassungsänderungen.

Zum anderen könnte aber auch das Gegenteil der Fall sein, nämlich, dass die Kreation einer Art Verfassung und die Errichtung der durch sie vorgesehenen teilautonom handlungsfähigen Organisation – bei gleichzeitig zurückhaltender und souveränitätsschonender Grundkonzeption materieller Bestimmungen des Gründungsvertrags durch die Mitgliedstaaten – zu einer zusätzlichen Verselbstständigung gerade durch die

---

auch für Konstitutionalisierungsprozesse auf internationaler Ebene fruchtbar machen möchte.

[516] A. Peters, Das Gründungsdokument internationaler Organisationen als Verfassungsvertrag, ZÖR 68 (2013), 1 ff.

Praxis der Organe führt.[517] Dies dürfte auch der vorherrschenden Tendenz unter den Verfechtern des Verfassungscharakters entsprechen.[518]

(1) Argumente für die praxisbegrenzende Wirkung der Konstitutionalisierung

Es gibt gute Argumente für beide Thesen. Zunächst sind Legitimation, *rule of law* und eine geordnete institutionelle Struktur zentrale Aspekte einer konstitutionellen Ordnung, die begrenzend auf die Rolle von Organpraxis wirken können.[519] Diese drei Gesichtspunkte werden im Folgenden einzeln betrachtet.

Mit Legitimation kann im Völkerrecht auf positiver Ebene – obwohl dies normativ zu Recht beklagt wird[520] und trotz vielversprechender Entwicklungen in diese Richtung[521] – nicht demokratische Legitimation im eigentlichen Sinne gemeint sein. Diese muss vielmehr nach wie vor im Wesentlichen auf die Mitgliedstaaten zurückgehen, von denen

---

[517] Vgl. Hexner, Teleological Interpretation of Basic Instruments of International Organizations, in: Engel u. a. (Hrsg.), Law, State and International Legal Order, 1964, S. 119, 121 f.

[518] Alvarez, International Organizations as Law-Makers, 2005, S. 81; Fassbender, The United Nations Charter as Constitution of The International Community, Columbia Journal of Transnational Law 36 (1997/98), 529, 594 ff.; Ruffert/Walter, Institutionalisiertes Völkerrecht, 2009, Rn. 136 ff.

[519] Zur *rule of law*: Blum, Eroding the United Nations Charter, 1993, S. 254 ff.; vgl. auch Alvarez, International Organizations as Law-Makers, 2005, S. 90; zu Legitimation und *rule of law*: A. Peters, Das Gründungsdokument internationaler Organisationen als Verfassungsvertrag, ZÖR 68 (2013), 1, 50 f., 53 f.; zur institutionellen Struktur vgl. Ruffert/Walter, Institutionalisiertes Völkerrecht, 2009, Rn. 355 ff.

[520] Ein guter Überblick über die Debatte findet sich aus politikwissenschaftlicher Perspektive bei Moravcsik, Is there a 'Democratic Deficit' in World Politics?, Government and Opposition 39 (2004), 336 ff.; Dahl, Can International Organizations Be Democratic? in: Shapiro/Hacker-Cordón (Hrsg.), Democracy's Edges, 1999, S. 19 ff.; aus rechtswissenschaftlicher Perspektive bei A. Peters, in: Klabbers/A. Peters/Ulfstein, The Constitutionalization of International Law, 2009, S. 263 ff.

[521] Beispiele für die (zunehmende) Bedeutung der Demokratie im geltenden Völkerrecht bei A. Peters, ebd., S. 273 ff.; siehe auch Franck, The Emerging Right to Democratic Governance, AJIL 86 (1992), 46 ff.

nur sehr begrenzt und indirekt – über ihre Zustimmung und Beteiligung per se hinaus, mit der sich das traditionelle Völkerrecht üblicherweise begnügt – Legitimation durch innerstaatliche Prozesse abgeleitet werden kann.[522] Das wird natürlich in den meisten Internationalen Organisationen (z. B. in allen universellen Organisationen) zusätzlich dadurch erschwert, dass nur ein Teil der Staatenlandschaft demokratisch verfasst ist.[523] Mit anderen Worten: Es existiert nur ein beschränktes Maß an sog. *input*-Legitimation.

Die Legitimation völkerrechtlicher Verträge kann darüber hinaus auch durch ein geordnetes, transparentes und viele Akteure einbindendes Verfahren zu ihrem Abschluss und ihrer Änderung gestärkt werden.[524] Vertreter deliberativer Demokratiekonzepte betonen die Bedeutung der diskursiven Konsensfindung durch die Akteure, die von einer Entscheidung betroffen oder zumindest an einer Entscheidung interessiert sind.[525] Selbstverständlich kann dies auf der internationalen Ebene, wo Staaten und Organe und nur in sehr begrenztem Maße andere Akteure wie NGOs oder unabhängige Experten eine Rolle spielen, nur begrenzt gelten.[526] Es finden zwar deliberative Prozesse statt, jedoch solche sehr exklusiver Natur mit einem sehr begrenzten Teilnehmerkreis, der, um eine Metapher aus der Wirtschaftswelt zu gebrauchen, zahlreiche *stakeholder* ausschließt und sich vor allem auf die *shareholder* des Vertragsregimes bzw. der Internationalen Organisation begrenzt.

Schließlich kann auch die Expertise internationaler Funktionsträger legitimierend wirken. Stimmen in der Literatur betonen den Wert sachgerechter Ergebnisse, die durch Entscheidungsträger mit besonderer fach-

---

[522] V. Bogdandy, Globalization and Europe, EJIL 15 (2004), 885, 896 ff.; Wolfrum, Legitimacy of International Law from a Legal Perspective, in: Wolfrum/Röben (Hrsg.), Legitimacy in International Law, 2008, S. 1, 7 ff.

[523] A. Peters, in: Klabbers/A. Peters/Ulfstein, The Constitutionalization of International Law, 2009, S. 212.

[524] Vgl. A. Peters, Das Gründungsdokument internationaler Organisationen als Verfassungsvertrag, ZÖR 68 (2013), 1, 50 f.

[525] Dryzek, Deliberative Democracy and Beyond, 2002, S. 115 ff.; Verveij/Josling, Deliberately Democratizing Multilateral Organization, Governance 16 (2003), 1, 10.

[526] Dryzek, Deliberative Democracy and Beyond, 2002, S. 115 ff.

licher Kompetenz sichergestellt werden.[527] Dies wird auch als *output*-Legitimation bezeichnet.[528]

Informelle Interpretationen oder gar Änderungen durch Praxis, die häufig nur implizit von den maßgeblichen Akteuren, also vor allem von den Mitgliedstaaten, gestützt werden und denen gar die Absicherung durch innerstaatliche Zustimmungsverfahren fehlt, sind in aller Regel der begrenzten vermittelten „protodemokratischen" Legitimation abträglich. *Anne Peters* spricht in diesem Kontext auch vom „Blankoscheck-Problem": Die ursprünglichen Kompetenzen, die in der förmlich angenommenen und ratifizierten Satzung begründet wurden, werden zunehmend informell unter Hinweis auf die ursprüngliche Ermächtigung im Gründungsvertrag ausgeweitet. Diese wird mithin von der Exekutive als „Blankoscheck" für weitere Kompetenzerweiterungen verstanden, sodass eine Rückbindung an innerstaatliche demokratische Prozesse nicht mehr stattfindet.[529] Es bedarf auch keiner weiteren Erklärung, warum es solchen informellen Anpassungen an Verfahrenslegitimation fehlt.[530] Lediglich das auf Expertise gestützte Argument wird durch sie nicht zwangsläufig entkräftet, wenn hinter der Praxis inhaltlich das Sekretariat der Organisation oder eine bzw. die professionellen Delegationen der Mitgliedstaaten stehen, aber dieses allein genügt bei einer Gesamtbetrachtung wohl kaum.

Insgesamt kann aber festgestellt werden, dass das Legitimationsniveau von Organisationspraxis begrenzt ist. Sie kann sich lediglich auf Expertise und exklusive Deliberationsprozesse stützen, also im Wesentlichen auf *output*, sowie auf die traditionelle staatliche Legitimation des Völkerrechts, mit ihrem nur bedingt demokratischen *input*. Aus einer normativ-konstitutionellen Perspektive auf den einzelnen Gründungsvertrag müsste Organpraxis also kritisch betrachtet werden. Mit anderen

---

[527] Klabbers, in: Klabbers/A. Peters/Ulfstein, The Constitutionalization of International Law, 2009, S. 40; vgl. Scharpf, Governing in Europe, 1999, S. 10 ff.

[528] Siehe allgemein zur Begrifflichkeit die Einführung von Krajewski, International Organizations or Institutions, Democratic Legitimacy, in: Wolfrum (Hrsg.), MPEPIL 2008, opil.ouplaw.com/home/ORIL (25.11.2014), Rn. 2 f.

[529] A. Peters, in: Klabbers/A. Peters/Ulfstein, The Constitutionalization of International Law, 2009, S. 293 f.

[530] A. Peters, Das Gründungsdokument internationaler Organisationen als Verfassungsvertrag, ZÖR 68 (2013), 1, 50 ff.

Worten wäre ein Verfassungscharakter des Gründungsvertrags als tendenziell praxishemmend aufzufassen.[531]

Was die geordnete institutionelle Struktur[532] betrifft, so kommt es hier zuvorderst auf die Regelung in der jeweiligen Organisation an. Wenn ein gerichtliches Organ mit Letztentscheidungskompetenz über die Auslegung des Gründungsvertrags/der Gründungsverträge wie bei der EU der EuGH existiert (Art. 19 EUV), dürfte zu vermuten sein, dass dieses die Auslegung weitgehend an sich zieht und nur wenig Raum für interpretierende Praxis anderer Organe lässt.[533] Bei den Vereinten Nationen, in denen kein Organ vorhanden ist, das zur verbindlichen Auslegung der Charta befugt wäre, dürfte die durch die UN-Charta errichtete institutionelle Struktur je nach Materie zum Tragen kommen und die Praxis eines Organs zu Gunsten derjenigen eines anderen, sachnäheren Organs unterbinden. Dies schließt jedoch nicht aus, dass sich die institutionelle Struktur durch Praxis verschiebt. Solange keine traditionelle Internationale Organisation über eine Gewaltenteilung verfügt, bedeuten die Anlagen zu einer solchen nur ein geringes Hindernis für Organisationspraxis.

Die Schwierigkeiten, welche die *rule of law* einer modifizierenden Praxis bereitet, sind bereits ausführlich erörtert worden.[534] An dieser Stelle dürfte es genügen, auf den unzweifelhaften konstitutionellen Aspekt dieser Problematik hinzuweisen.

---

[531] Deutlich in diesem Sinne – zumindest bezüglich informeller Änderungen durch Praxis: A. Peters, Das Gründungsdokument internationaler Organisationen als Verfassungsvertrag, ZÖR 68 (2013), 1 ff., insbesondere 49 ff.

[532] Der EuGH sprach bei der zwischenzeitig am weitesten einer staatlichen Verfassung angenäherten EU bereits sehr früh von einem „für den organisatorischen Aufbau der Gemeinschaft kennzeichnende[n] Gleichgewicht der Gewalten“: EuGH, Rs. C-9/56, Slg. 1958, 11, 44 (*Meroni/EGKS Hohe Behörde*); dieser Begriff kann mit der gebotenen Vorsicht auch auf Internationale Organisationen wie die Vereinten Nationen übertragen werden; vgl. Ruffert/Walter, Institutionalisiertes Völkerrecht, 2009, Rn. 355 ff.

[533] Vgl. EuGH, Rs. C-68/86, Slg. 1988, 855, Rn. 24; Rs. C-131/86, Slg. 1988, 905, Rn. 29; Rs. C-327/91, Slg. 1994, I-3641, Rn. 36; Rs. C-415/93, Slg. 1995, I-4921, Rn. 136 (*Bosman*); Gutachten 1/94, Slg. 1995, I-5276, Rn. 52, 61; Rs. C-271/94, Slg. 1996, I-1689, Rn. 24; dazu A. Peters, Das Gründungsdokument internationaler Organisationen als Verfassungsvertrag, ZÖR 68 (2013), 1, 50.

[534] Siehe oben, B. III. 3. a) aa) (6), b) cc).

(2) Argumente für die praxisfördernde Wirkung der Konstitutionalisierung

Inwiefern begünstigt nun der konstitutionelle Charakter der Gründungsverträge die Wirkung von Organisationspraxis? Verfassungen sind ebenso wie die verfassungsartigen Satzungen Internationaler Organisationen auf eine lange Geltungsdauer angelegt und können und sollen dementsprechend nur die materiellen Grundentscheidungen für die Gemeinschaft – sei es eine Gesellschaft von Individuen oder eine Gemeinschaft von Staaten – sowie die Verfahren für ihre spätere Konkretisierung und Anpassung im Bedarfsfall regulieren. Ebenso wie sich gesellschaftliche Realitäten bei einer staatlichen Verfassung ändern können, unterliegen auch faktische Gegebenheiten in den internationalen Beziehungen einem ständigen Wandel.[535] Je älter ein Verfassungsdokument und je rasanter die politische und/oder soziale Entwicklung, desto größeren Anpassungen wird es im Laufe der Zeit unterliegen. Ein wesentlicher Unterschied zwischen (demokratischen) staatlichen Verfassungen und den „verfassungsartigen" Gründungsdokumenten Internationaler Organisationen sind die Akteure und Methoden einer solchen Anpassung. Während in vielen Demokratien das Verfassungsgericht bzw. oberste Gericht der wesentliche Motor der Anpassung abstrakter Bestimmungen ist – meist auf dem Wege teleologisch-dynamischer Interpretation oder gar auf dem Wege der richterlichen Rechtsfortbildung[536] –, müssen in einer Internationalen Organisation die jeweils mit

---

[535] Siehe oben, A.

[536] Vgl. z. B. für die zentrale Rolle des Bundesverfassungsgerichts bei der Fortentwicklung des Grundgesetzes: Maunz, in: Maunz/Dürig, Grundgesetz, Bd. 6 (Stand: 2014), Art. 94 Rn. 4; Schlaich/Korioth, Das Bundesverfassungsgericht, 9. Aufl. 2012, Rn. 14 ff.; dabei wird durchaus gesehen, dass auch die Praxis anderer Staatsorgane eine begrenzte Bedeutung für die Auslegung des Grundgesetzes haben kann: Maurer, Staatsrecht I, 6. Aufl. 2010, § 1 Rn. 56; in den USA übt der Supreme Court eine ähnliche Funktion aus: siehe schon Justice Oliver Wendell Holmes als Berichterstatter in Missouri v. Holland, 252 U.S. 416, 433: „ […] when we are dealing with words that also are a constituent act, like the Constitution of the United States, we must realize that they have called into life a being the development of which could not have been foreseen completely by the most gifted of its begetters."; dies wird u. a. von Vertretern des Originalism, einer statischen Konzeption, angegriffen: statt vieler Scalia, Originalism, University of Cincinnati Law Review 57 (1989), 849 ff.

den konkreten Fragen befassten Organe diese Funktion in ihrer Praxis erfüllen.

Arato hingegen sieht auch bei den Vereinten Nationen den IGH als entscheidende Antriebskraft, die im Wege konstitutioneller Auslegung insbesondere über die Absenkung der Anforderungen an satzungsrelevante Organisationspraxis die anderen Organe wie Sicherheitsrat und Generalversammlung – und damit auch die Organisation insgesamt – dynamisch vorantreibt und vom Staatenkonsens entfernt.[537] Diese Entwicklung, die *Arato* kritisch, aber differenziert betrachtet,[538] liest er aus dem *Certain-Expenses*-Gutachten, v. a. aber aus dem *Namibia*- und dem *Wall*-Gutachten ab.[539] Diese gründliche und in vielen Punkten sehr überzeugende Analyse läuft jedoch Gefahr, die Rolle des IGH im Angesicht seiner beschränkten Kompetenzen – schließlich handelt es sich um unverbindliche Gutachten – zu überschätzen. Eine ebenso plausible Erklärung ist, dass der Gerichtshof die bereits vom Sicherheitsrat und der Generalversammlung (bzw. den in ihnen vertretenen Mitgliedstaaten) in ihrer Praxis durchgesetzten Ergebnisse aufgreift und – möglicherweise auch in Anerkennung der politischen Realitäten – mit rechtlichen Argumenten bestätigt. Im *Wall*-Gutachten, in dem der IGH, wie *Arato* richtig erkennt, eine mit dem Wortlaut kaum zu vereinbarende Auslegung des Art. 12 SVN an der – oder jenseits der Grenze zur Modifikation – auf nicht einhellige Praxis der Generalversammlung gestützt hat,[540] mag der Gerichtshof schließlich mit diesem Ansatz zu weit gegangen sein.[541]

Welcher institutionelle Akteur auch immer die Triebkraft konstitutioneller Innovationen sein mag: Ohne seine diesbezüglichen Aktivitäten besteht jedenfalls die Gefahr, dass die Organisation von den Realitäten in den internationalen Beziehungen überholt wird. Dann kann die Organisation an Ansehen, Relevanz und letztendlich auch an Legitimation

---

[537] Arato, Treaty Interpretation and Constitutional Transformation, Yale Journal of International Law 38 (2013), 289, 330 ff.

[538] Ebd., 351 ff.

[539] Ebd., 316 ff.

[540] Ebd., 325 ff.

[541] Siehe dazu ausführlich unten, D. II. 3. c).

verlieren, die *rule of law* zum reinen Selbstzweck verkommen.[542] Dies gilt natürlich nur unter der Bedingung, dass informelle Adaptationsmechanismen in der Lage sind, etwas zu leisten, das formelle, im Gründungsvertrag vorgesehene Mechanismen wie Revisionsverfahren nicht bewältigen können.

(3) Andere Ansätze und Zwischenergebnis

Als Zwischenergebnis kann somit festgehalten werden, dass der „Verfassungscharakter" der Satzungen Internationaler Organisationen potenziell sowohl einen hemmenden als auch einen förderlichen Einfluss auf die Rolle von Organisations- und vor allem Organpraxis ausüben kann. Die Waagschale mag je nach Organisationstypus und verschiedenen weiteren Faktoren in die eine oder andere Richtung ausschlagen.

Anne Peters kommt hingegen zu dem Ergebnis, dass unter Zugrundelegung des Verfassungsparadigmas bei Existenz einer Änderungsklausel im Gründungsvertrag zumindest informelle Änderungen durch Praxis „revolutionär" und damit stets völkerrechtswidrig seien.[543] Im Übrigen – also im Bereich der Auslegung – sieht sie unter Zugrundelegung des „Vertragsparadigmas" die Staatenpraxis (wie sie in den Organen zum Ausdruck kommt) und vor dem Hintergrund des „Verfassungsparadigmas" die Organpraxis per se als wesentlich an.[544] Trotz des weitgehenden Ausschlusses formeller Änderungen steht für *Anne Peters* das „Verfassungsparadigma" für „[...] Dynamik, Flexibilität und Evolutionsoffenheit der Organisation."[545] Welches Paradigma jeweils entscheidend ist, hängt ihr zufolge von der Organisation und dem zu entscheidenden Einzelfall ab.[546]

Das kommt dem hier vertretenen Ansatz in vielerlei Hinsicht nahe, insbesondere was die Überlegungen zur hemmenden Wirkung des Verfassungskonzepts auf Praxis im Angesicht von Problemen der Legitimati-

---

[542] Liang, Modifying the UN Charter through Subsequent Practice, NordJIL 81 (2012), 1, 15 f.

[543] A. Peters, Das Gründungsdokument internationaler Organisationen als Verfassungsvertrag, ZÖR 68 (2013), 1, 51 ff.

[544] Ebd., 22 ff.

[545] Ebd., 55.

[546] Ebd., 54 f.

on und der *rule of law* betrifft.[547] Jedoch liegt hierauf ersichtlich der Schwerpunkt; eine etwaige fördernde Wirkung deutet *Anne Peters* nur an.[548] Die Argumente, die gegen einen Ausschluss informeller Modifikationen durch eine Änderungsklausel im Gründungsvertrag sprechen, wurden schon an anderer Stelle erörtert.[549]

Vor allem aber ist eine allzu deutliche Dichotomie zwischen mitgliedstaatlicher Praxis in den Organen und Organpraxis als solcher schwer damit zu vereinbaren, dass die Organe, denen in klassischen Internationalen Organisationen die entscheidenden Kompetenzen zukommen, aus Vertretern der Mitgliedstaaten bestehen. Organisationen, in denen dies nicht der Fall ist – insbesondere die EU –, sind eher die Ausnahme. Ein entsprechender Gegensatz kommt somit in den klassischen Internationalen Organisationen selten vor. Wo er jedoch bestehen kann, z. B. mit unabhängigen Verwaltungsorganen oder Gerichten, wird er selten eine ausschlaggebende Rolle spielen. So ist es z. B. schwer vorstellbar, dass der Generalsekretär der Vereinten Nationen oder der IGH eine einhellige Praxis von Sicherheitsrat, Generalversammlung und den in ihnen vertretenen Mitgliedstaaten rechtswirksam unterbinden können. Hier verfängt auch der Hinweis auf die Änderungsklausel nicht, denn Art. 108 f. SVN räumen weder dem Generalsekretär noch dem IGH eine Rolle im formellen Änderungsverfahren ein. Vielmehr sollten das „Vertragsparadigma" und das „Verfassungsparadigma" weniger als strikte Gegensätze verstanden werden, sondern sie sollten zu einem flexiblen Ausgleich gebracht werden. Den Modalitäten dieses Ausgleichs durch die Wechselwirkungen von WVK und Gründungsverträgen wird in den folgenden Abschnitten dieses zweiten Teils der Arbeit weiter nachgegangen werden.

b) Verschiedene Arten von Satzungsbestimmungen

Die in Gründungsverträgen Internationaler Organisationen enthaltenen Bestimmungen lassen sich nach diversen Kriterien in verschiedene Kategorien einteilen, denen über eine konzeptionelle Bedeutung hinaus auch eine substanziell-praktische Relevanz zukommt.

---

[547] Ebd., 49 ff.

[548] Ebd., 55.

[549] Siehe oben, B. III. 3. b) bb).

Klassisch ist die Unterscheidung zwischen institutionellem/organisatorischem/konstitutionellem Recht auf der einen und konventionalem/rechtsgeschäftlichem/vertraglichem Recht – also Bestimmungen, die primär die Mitgliedstaaten untereinander berechtigen oder verpflichten – auf der anderen Seite.[550]

Von der Vorstellung, dass diese verschiedenen Kategorien von Normen unterschiedlich ausgelegt werden müssen,[551] ist es nicht mehr weit zu der Auffassung, dass Praxis der verschiedenen Akteure (also der Organe und Mitgliedstaaten) je nach Typus der Norm ein unterschiedlich großes Potenzial bei deren Interpretation oder gar deren informeller Änderung zukommen kann.[552] So ließe sich die These aufstellen, dass der Einfluss der Praxis eines Organs davon abhängt, wie eng eine Bestimmung mit diesem Organ verknüpft ist bzw. wie sehr ihm die Anwendung einer bestimmten Norm zunächst selbst anvertraut ist. Das ist bei

---

550 Klein/Schmahl, in: Graf Vitzthum/Proelß (Hrsg.), Völkerrecht, 6. Aufl. 2013, Rn. 37; Kunig, United Nations Charter, Interpretation of, in: Wolfrum (Hrsg.), MPEPIL 2006, opil.ouplaw.com/home/ORIL (25.11.2014), Rn. 3 ff.; A. Peters, Das Gründungsdokument internationaler Organisationen als Verfassungsvertrag, ZÖR 68 (2013), 1 ff.; Ruffert/Walter, Institutionalisiertes Völkerrecht, 2009, Rn. 136; vgl. auch Alvarez, International Organizations as Law-Makers, 2005, S. 65.

551 Kunig, United Nations Charter, Interpretation of, in: Wolfrum (Hrsg.), MPEPIL 2006, opil.ouplaw.com/home/ORIL (25.11.2014), Rn. 3 ff., der für die Auslegung eher rechtsgeschäftlicher Bestimmungen der UN-Charta v. a. Art. 31 ff. WVK anwenden möchte und für normative bzw. institutionelle Normen einen funktionellen Auslegungsansatz vertritt, der im Wesentlichen auf Telos, *implied powers* und *effet utile* beruht und die WVK weitgehend hinter sich lässt; A. Peters, Das Gründungsdokument internationaler Organisationen als Verfassungsvertrag, ZÖR 68 (2013), 1, 29; gegen die Relevanz einer solchen Unterscheidung für die Auslegung Kadelbach, in: Simma u. a. (Hrsg.), The Charter of the United Nations, 3. Aufl., Bd. 1, 2012, Interpretation Rn. 23.

552 Vgl. auch Miehsler, Zur Autorität von Beschlüssen internationaler Institutionen, in: Schreuer (Hrsg.), Autorität und internationale Ordnung, 1979, S. 35, 49 f., der je nachdem, ob sich eine Organentscheidung an die Mitglieder richtet oder interne organisatorische Fragen betrifft, dieser ein unterschiedliches Maß an Autorität beimisst; Lauterpacht, The Development of the Law of International Organization by the Decisions of International Tribunals, RdC 152 (1976-IV), 379, 454 ff. gliedert seine Beispiele nach Kompetenzbestimmungen, materiellen Bestimmungen und Verfahrensbestimmungen, äußert jedoch selbst Zweifel an dieser Gliederung.

institutionellen Bestimmungen zu seiner internen Verfahrensweise besonders einleuchtend. Diese These steht im Einklang mit dem allgemein anerkannten Prinzip, dass jedem Organ die Konkretisierung seiner Kompetenzen und damit der sie determinierenden Vorschriften des Gründungsvertrags zuerst selbst obliegt,[553] selbstverständlich ohne dass damit eine Kompetenz-Kompetenz verbunden wäre. Es spricht vieles dafür, diesen Grundsatz über den Bereich der Kompetenzen hinaus allgemein auf die Auslegung der Satzung zu übertragen: Diejenigen Bestimmungen, die ein Organ in erster Linie anzuwenden hat, darf es zu diesem Zwecke auch im Erstzugriff auslegen.

Gleichzeitig liegt es nahe, dass – je nach Art des Organs und der Regelungen über Stimmrecht und Mehrheiten – zumindest für eine interpretative Praxis, die lediglich das interne Verfahren betrifft, keine strikte Einstimmigkeit erforderlich ist. In den beiden einflussreichsten Organen der Vereinten Nationen werden andere als wichtige Entscheidungen gem. Art. 18 Abs. 3 SVN mit einfacher Mehrheit (in der Generalversammlung) bzw. gem. 27 Abs. 2 SVN prozedurale Entscheidungen mit neun Stimmen ohne Vetomöglichkeit getroffen (im Sicherheitsrat). Sie sind somit wesentlich einfacher zu treffen als materielle Entscheidungen, die in aller Regel mit Zweidrittelmehrheit in der Generalversammlung gem. Art. 18 Abs. 2 SVN und mit Vetomöglichkeit im Sicherheitsrat gem. Art. 27 Abs. 3 SVN getroffen werden. Das spricht dafür, dass für die Interpretation einer prozeduralen Bestimmung durch Organpraxis, wenn auch nicht unbedingt das für Entscheidungen im Einzelfall vorgesehene, so doch zumindest ein gegenüber parallelen materiellen Entscheidungen gesenktes Mehrheitserfordernis greift.

Je intensiver jedoch die materiellen Rechte und Pflichten der Mitgliedstaaten von einer Norm tangiert oder gar geregelt werden, desto gerin-

[553] Diese Aussage wurde erstmals in der United Nations Conference on International Organization getroffen, UNCIO Doc. 750, IV/2/B/1, 831 f.; sie wurde vom IGH in seinem *Certain-Expenses*-Gutachten aufgegriffen: IGH, Certain Expenses, Advisory Opinion, ICJ Reports 1962, 151, 168; von da an fand sie weite Verbreitung in der Literatur: statt vieler Bernhardt, Ultra Vires Activities of International Organizations, in: Makarczyk (Hrsg.), Theory of International Law at the Threshold of the 21st Century, 1996, S. 599, 600; Klabbers, An Introduction to International Institutional Law, 2. Aufl. 2009, S. 90; A. Peters, Das Gründungsdokument internationaler Organisationen als Verfassungsvertrag, ZÖR 68 (2013), 1, 16; Rosenne, Developments of the Law of Treaties 1945-1986, 1989, S. 225 ff.

ger würde auch der Einfluss von Organpraxis, vor allem soweit sie grundsätzlich unverbindlich ist und/oder nicht den gesamten Kreis der Mitglieder repräsentiert. Gleichzeitig würde der Einfluss der Praxis der Mitgliedstaaten als solche, soweit sie von der Organpraxis trennbar ist,[554] theoretisch zunehmen. Darüber hinaus ist davon auszugehen, dass die Mehrheitserfordernisse innerhalb der Organe für eine wirksame Praxis strikter sein können – und zwar bis zur Einstimmigkeit (die bei Änderungen freilich ohnehin zu verlangen ist). Das schließt nicht aus, dass wenn beides zutrifft – also besondere Organzuständigkeit und erhebliche Betroffenheit der Rechte und Pflichten der Mitgliedstaaten –, der Schwerpunkt auf der einen oder anderen Seite liegt.

Dies lässt sich an folgenden Beispielen veranschaulichen: Der Einfluss der Praxis des Sicherheitsrats auf Art. 39 SVN oder der Generalversammlung auf Art. 17 SVN ist zwar beträchtlich – insbesondere da ihre auf diese Vorschriften bezogenen Entscheidungen verbindlich sein können. Gleichzeitig sind jedoch auch die Rechte, Pflichten und Interessen der Mitglieder besonders intensiv betroffen, sodass hier sicherlich eine Entscheidung über den Schwerpunkt – Kompetenz des Organs oder Rechte der Mitgliedstaaten – zu treffen wäre.

Art. 20-22 sowie 28-32 SVN hingegen sind prozedurale Bestimmungen für die Generalversammlung bzw. den Sicherheitsrat. Auf diesem Gebiet können sie größtenteils verbindliche Entscheidungen fällen; die Interessen der Mitgliedstaaten sind weniger berührt. Hier kann die Praxis der beiden Organe eine hervorgehobene Rolles spielen und hier muss eine Mehrheitspraxis auch eher zulässig sein.

Zwischen diesen beiden Kategorien sind Normen über das Stimmrecht einzuordnen, wie Art. 27 SVN. Zum einen sind sie prozeduraler Natur, betreffen die alltägliche Arbeit des Organs und liegen eigentlich in seiner unmittelbaren Sphäre. Zum anderen ist das Stimmrecht ein, wenn nicht das, entscheidende Privileg des einzelnen Mitgliedstaates, was vor allem beim Vetorecht in Art. 27 Abs. 3 SVN besonders deutlich wird. Auch hier wäre eine Schwerpunktentscheidung vonnöten. An dieser Stelle sei an den intensiven – vom IGH in seinem *Namibia*-Gutachten anerkannten – Einfluss von Praxis auf die Bedeutung des Terminus „*concurring votes*“, d. h. die Subsumtion von Enthaltungen unter diesen Begriff, erinnert.[555]

---

[554] Siehe dazu näher unten, C. III. 1. und 2.

[555] IGH, Namibia, Advisory Opinion, ICJ Reports 1971, 16, 22.

Vor diesem Hintergrund empfiehlt sich eine feinere Klassifizierung, die sich besonders an der unterschiedlichen Offenheit für Praxis allgemein und für die Praxis bestimmter Akteure orientiert. Sie erhebt keinen Anspruch auf Vollständigkeit oder die Möglichkeit einer klaren Abgrenzung; manche Bestimmungen lassen sich sicherlich mit guten Gründen in zwei Kategorien platzieren. Entsprechende Mehrfachnennungen sind beabsichtigt. Aufgabe der Übersicht ist es vielmehr, Grundzüge aufzuzeigen und sie anhand von Beispielen aus der UN-Charta zu illustrieren:

- *Reine Intra-Organ-Bestimmungen* betreffen vor allem das Verfahren innerhalb eines Organs. Die unmittelbare Bedeutung für die Mitgliedstaaten ist begrenzt (Beispiele: Art. 20-22 sowie 28-32 SVN). Dementsprechend hoch dürfte die Relevanz von Organpraxis sein. Eine mehrheitliche Praxis wäre eher relevant.
- *Gemischte Intra-Organ-Bestimmungen*, die für die Mitgliedstaaten mitunter von erheblichem rechtlichem und politischem Interesse sind, z. B. Bestimmungen über das Stimmgewicht in und die Zusammensetzung von Organen (Beispiele: Art. 23, 27, 61 SVN). Bei ihnen stellt sich die Frage des Schwerpunktes. Danach richten sich die relative Rolle von Organ und Mitgliedstaaten bzw. die Anforderungen an die für satzungsrelevante Praxis erforderliche Mehrheit – bis hin zur Einstimmigkeit.
- *Inter-Organ-Bestimmungen*, welche die Kompetenzabgrenzung oder Zusammenarbeit zwischen verschiedenen Organen determinieren (Beispiele: Art. 4, 12 SVN): Hier ist die Praxis aller ermächtigten Organe, gerade auch im Verhältnis zueinander, relevant.
- *Die Mitgliedstaaten berechtigende und verpflichtende Bestimmungen* (Beispiele: Art. 2 Nr. 1, Nr. 4 und Nr. 7, Art. 51 und 105 SVN): Bei ihnen ist theoretisch vor allem Staatenpraxis relevant und ein Einstimmigkeitserfordernis macht grundsätzlich mehr Sinn.
- *Materielle Kompetenzen der Organisation* gegenüber den Mitgliedstaaten sowie nach außen (Kapitel VI und VII SVN): Hier muss die Organisation/das zuständige Organ durch Auto-Interpretation entscheiden, wie weit ihre/seine Kompetenzen gehen.[556] Ihre Grenzen werden durch die Reaktion der Mitgliedstaaten abgesteckt. Die ma-

[556] Siehe oben, Fn. 553; Hexner, Teleological Interpretation of Basic Instruments of Public International Organizations, in: Engel u. a. (Hrsg.), Law, State and International Legal Order, 1964, S. 119 ff.

teriellen Kompetenzen lassen sich nur schwerlich von der vorigen Kategorie abgrenzen, da sie unmittelbar Rechte und Pflichten der Mitgliedstaaten beeinflussen können.

- *Allgemeine Ziele und Grundsätze* (Art. 1, Teile von Art. 2 SVN): Die Konkretisierung durch Praxis findet zwar statt, ist aber ob der Abstraktheit der Bestimmungen schwer überschaubar und erfassbar. Mit ihnen kann sich die Arbeit daher kaum auseinandersetzen.
- *Kodifizierte Regeln des allgemeinen Völkerrechts* (z. B. Art. 2 Nr. 4 und 7, Art. 51 SVN): Dabei handelt es sich um doppelspuriges Recht, das seinen Ausdruck sowohl in der Charta als auch im Völkergewohnheitsrecht findet. Solche Regeln sind insoweit gesondert zu behandeln, als sie vor allem in der UN-Charta und nicht in den Gründungsverträgen anderer Internationaler Organisationen auftreten.

Dieses theoretische Rahmenwerk wird als Leitfaden und Gliederung für die empirische Untersuchung der UN-Charta anhand des *Repertory of Practice of United Nations Organs* im dritten Teil dienen.

c) Besonderheiten der Auslegung eines Gründungsvertrages

Die h.L.[557] und auch der IGH[558] gehen davon aus, dass die Auslegung der Gründungsverträge Internationaler Organisationen zwar den gleichen Grundregeln wie die Auslegung regulärer völkerrechtlicher Verträge unterliegt (wie in Art. 31 ff. WVK niedergelegt), dass jedoch zwischen den verschiedenen Auslegungsmethoden eine andere Schwerpunktsetzung angezeigt ist bzw. weitere – freilich meist mit den herkömmlichen Auslegungsregeln verwandte – Methoden hinzutreten, wie *effet utile* und *implied powers*.

---

[557] Statt vieler Alvarez, Constitutional interpretation in international organizations, in: Coicaud u. a. (Hrsg.), The legitimacy of international organizations, 2001, S. 104, 136 f; Ruffert/Walter, Institutionalisiertes Völkerrecht, 2009, Rn. 136 ff.; Sato, Evolving Constitutions of International Organizations, 1996, S. 231 f; a.A. Klabbers, An Introduction to International Institutional Law, 2. Aufl. 2009, S. 92.

[558] Noch vorsichtig in: IGH, Certain Expenses, Advisory Opinion, ICJ Reports 1962, 151, 157; eindeutig in: Use of Nuclear Weapons, Advisory Opinion, ICJ Reports 1996, 66, 75.

aa) Besondere Rolle von teleologischer/dynamischer Auslegung und Praxis der Organisation

Insbesondere der teleologischen bzw. der dynamisch-evolutiven Auslegung einerseits und der Praxis der Organisation andererseits wird allgemein eine hervorgehobene Rolle bei der Interpretation der Gründungsverträge Internationaler Organisationen eingeräumt.[559] Damit nimmt die Bedeutung anderer Aspekte – also des Wortlauts, der Systematik und ganz besonders der Entstehungsgeschichte – selbstverständlich automatisch ab. Dies wird vor allem mit dem erwähnten konstitutionellen Charakter der Gründungsverträge Internationaler Organisationen[560] und ihrer Eigenschaft als *living instrument/living constitution* begründet,[561] ebenso wie mit den wechselnden Anforderungen, welche die sich stetig wandelnden internationalen Beziehungen an die Organisationen stellen[562] und schließlich mit dem in den Organen gebildeten autonomen Willen der Organisation.[563] *Sato* stützt diese Feststellung größtenteils auf eine Analyse der Rechtsprechung des IGH.[564] Diese ist im Hinblick auf Art. 38 Abs. 1 lit. d IGH-Statut zwar aussagekräftig. Sie allein genügt jedoch nicht zu ihrer Begründung. Eine Gegenansicht betont – unter Hinweis auf den noch ausführlich zu besprechenden Art. 5 WVK – eher die Einheitlichkeit der Völkerrechtsordnung und auch des Auslegungsregimes der WVK und möchte die teleologische Auslegung bei den Gründungsverträgen Internationaler Organisationen nicht höher als bei anderen Vertragsregimen gewichten.[565]

---

[559] Siehe oben, Fn. 557.

[560] Alvarez, Constitutional interpretation in international organizations, in: Coicaud u. a. (Hrsg.), The legitimacy of international organizations, 2001, S. 104, 136 f.

[561] Alvarez, International Organizations as Law-Makers, 2005, S. 81; Bernhardt, Ultra Vires Activities of International Organizations, in: Makarczyk (Hrsg.), Theory of International Law at the Threshold of the 21st Century, 1996, S. 599, 602; Engel, "Living" International Constitutions and the World Court, ICLQ 16 (1967), 865 f., 909 f.

[562] Engel, ebd., 909 f.

[563] Siehe zum eigenen Willen der Organisation oben, Fn. 487.

[564] Sato, Evolving Constitutions of International Organizations, 1996, S. 39 ff., 231 f.

[565] Klabbers, An Introduction to International Institutional Law, 2. Aufl. 2009, S. 92.

Die Einschätzung der Mitgliedstaaten, bestimmte Ziele und Grundsätze für so bedeutsam zu erachten, dass die Kreation eines eigenständigen Gebildes mit einer institutionellen Struktur und mit oftmals beträchtlichen finanziellen Mitteln zu ihrer Verfolgung für erforderlich erachtet wird, spricht in der Tat für eine vorrangige Berücksichtigung dieser Ziele und Grundsätze bei der Auslegung eines Gründungsvertrags. Dass der Praxis der Organisation eine hervorgehobene Rolle zukommen muss, wurde bereits ausführlich begründet und wird noch weiter begründet werden. Das Ziel einer gewissen Einheitlichkeit der Völkerrechtsordnung darf jedoch nicht aus den Augen verloren werden; der Boden des Rechts der Verträge sollte nicht verlassen werden.

Es darf nicht vergessen werden, dass teleologische Auslegung und Praxis unter Umständen der Durchsetzung konfligierender Interessen unterschiedlicher Akteure dienen können.[566] Das wird im Bereich der Internationalen Organisationen besonders virulent. Während gerichtliche Streitbeilegungsorgane wie der IGH auf teleologische Ansätze zurückgreifen können, um das Recht von der Richterbank aus fortzuentwickeln und dieses Mittel auch bloßen Organmehrheiten oder aus unabhängigen Experten zusammengesetzten Organen zur Verfügung steht, kann das Praxisargument den Mitgliedstaaten helfen, ihren Einfluss auf die Organisation aufrechtzuerhalten oder zu festigen – insbesondere, wenn es auf Art. 31 Abs. 3 lit. b WVK gestützt wird. Bei Ansätzen, die hingegen die eigenständige Rechtsgrundlage von Organisationspraxis bejahen und auch Mehrheitspraxis per se eine größere Bedeutung beimessen, schlägt das Pendel des Praxisarguments mehr zugunsten der Organe und Organmehrheiten aus.

bb) Interpretationskompetenz, autoritative Auslegung und das Konzept *generally acceptable*

Ein weiteres hervorstechendes Merkmal der Auslegung von Gründungsverträgen ist die Interpretationskompetenz von Organen. Nach der Rechtsprechung des IGH und der wohl einhelligen Meinung in der Literatur gilt diesbezüglich der Grundsatz, dass jedes Organ bei der Erfüllung der ihm obliegenden Aufgaben seine Kompetenzen selbst auszulegen hat.[567]

---

[566] Siehe oben, B. II. 3.

[567] Siehe oben, Fn. 553.

Obwohl die Frage der Auslegungskompetenz oft unabhängig von der Frage nach der Relevanz der späteren Praxis bzw. der Organpraxis behandelt wird, sind beide eng miteinander verbunden. Denn die Auslegungskompetenz bestimmt, welche Wirkung Praxis auf die Normen des Gründungsvertrags haben kann: Hat ein Organ bezüglich aller oder bestimmter Vorschriften eine autoritative Interpretationskompetenz, kann seine Praxis die Reichweite dieser Vorschriften – innerhalb der Grenzen der Auslegung – verbindlich bestimmen. Die Interpretationskompetenz determiniert die möglichen Rechtsfolgen der Praxis. Umgekehrt kann die autoritative Auslegungskompetenz eines Organs überhaupt erst durch Praxis begründet werden, die freilich strengen Voraussetzungen genügen muss.

Die entscheidende Frage bei der Auslegungskompetenz ist nicht, ob sie überhaupt besteht. Zur Auslegung sind im Völkerrecht nämlich zahlreiche Akteure berechtigt und jedes Organ einer Internationalen Organisation kann sich mit Fragen der Satzungsauslegung befassen. Entscheidend ist vielmehr, ob die Auslegungskompetenz autoritativ ist, d. h. ob sie rechtsverbindlich ist und ihr Vorrang vor den Auslegungsresultaten anderer Akteure zukommt. Mit anderen Worten ist, bevor der Einfluss einer Organisationspraxis abgeschätzt werden kann, die potenzielle „Durchschlagskraft" einer von ihrem Urheber bzw. ihren Urhebern in ihrer Gesamtheit vertretenen Auslegung zu bestimmen.[568]

Was die Vereinten Nationen betrifft, so ist das Prinzip der grundsätzlichen Kompetenz zur Auto-Interpretation auch in den Entstehungsmaterialien der *United Nations Conference on International Organization* (UNCIO) in San Francisco verbürgt. Im zuständigen Unterausschuss des Ausschusses IV/2 zur Auslegung der Charta sprach man sich – trotz dahingehender Vorschläge z. B. Belgiens – gegen die explizite Ermächtigung eines bestimmten Organs wie Generalversammlung oder IGH zur exklusiven bzw. autoritativen Auslegung der UN-Charta aus. Vielmehr sei es bei der alltäglichen Arbeit der Organisation unvermeidlich, dass jedes Organ die Bestimmungen der Charta auslege, die auf seine Aufgaben bzw. Kompetenzen anwendbar seien. Bei Auslegungsstreitigkeiten zwischen den Organen, so der Ausschuss weiter, stünden zahlreiche unverbindliche Entscheidungsmechanismen wie IGH-Gutachten und Expertenkomitees zur Verfügung. Eine lediglich von einem

---

[568] Vgl. auch die oben gemachten Ausführungen zur autoritativen Auslegung, B. III. 3. a) aa) (3).

Organ vertretene Auslegung könne aber nur dann verbindlich werden, wenn sie „generally acceptable“ sei.[569]

Obwohl diese Aussage nur von einem Unterausschuss der Konferenz stammt, hat sie viel Anklang und Verbreitung in der Literatur gefunden und wurde von der h.M. zumindest für die UN übernommen[570] – und das trotz der geringen Bedeutung, die den Entstehungsmaterialien völkerrechtlicher Verträge heutzutage noch eingeräumt wird.[571]

Zusätzlich zu seinem peripheren institutionellen Hintergrund weist dieser Bericht des Unterausschusses vier weitere Schwierigkeiten auf: Erstens ist unklar, was genau unter dem Terminus *generally acceptable* zu verstehen ist. Zweitens stellt sich die Frage, wie und wann aus unverbindlichen Entscheidungen eines Organs eine autoritative und damit verbindliche Auslegung erwachsen kann. Genügt dafür wirklich die „generelle Akzeptierbarkeit“? Drittens ist zweifelhaft, ob dieser Ansatz auch auf andere Internationale Organisationen übertragen werden kann. Schließlich ist viertens zu klären, welche Rechtsfolgen eine verbindliche – weil „generell akzeptable“ – Auslegung nach sich zieht.

„Generell akzeptabel“ kann nur die Billigung durch Akteure meinen, die durch den Gründungsvertrag oder das Recht der Verträge zu dessen Auslegung berufen sind, also die Mitgliedstaaten und die durch sie errichteten Organe. Da hier von einer verbindlichen und exklusiven Auslegung die Rede ist, spricht viel dafür, die Zustimmung aller Mitgliedstaaten und Organe zu verlangen:[572] Eine verbindliche und exklusive Auslegung, die sich im Grenzbereich zur Änderung bewegt,[573] kann

---

569 UNCIO Doc. 750, IV/2/B/1, 831 f.

570 Alvarez, International Organizations as Law-Makers, 2005, S. 78 ff.; nach Blokker, Constituent Instruments, Grotius Centre Working Paper 2014/024-PIL, 1, 13, gilt dies für alle Organe Internationaler Organisationen; Krisch, in: Simma u. a. (Hrsg.), The Charter of the United Nations, 3. Aufl., Bd. 2, 2012, Introduction to Chapter VII Rn. 38; Skubiszewski, Remarks on the Interpretation of the United Nations Charter, in: Bernhardt u. a. (Hrsg.), Völkerrecht als Rechtsordnung, FS Mosler, 1983, S. 891, 898 f.; Sohn, The UN System as Authoritative Interpreter of its Law, in: Schachter u. a. (Hrsg.), United Nations Legal Order, 1995, S. 169, 173 ff.

571 Vgl. Art. 32 WVK; siehe dazu oben, B. II. 4.

572 A.A. A. Peters, Das Gründungsdokument internationaler Organisationen als Verfassungsvertrag, ZÖR 68 (2013), 1, 19.

573 Siehe oben, B. III. 3. a) aa) (3)-(5).

grundsätzlich kaum einer Minderheit von Mitgliedstaaten aufgezwungen werden,[574] es sei denn, der Gründungsvertrag sieht etwas anderes vor. Dem steht nämlich der Grundsatz entgegen, dass dann, wenn keine Sonderbestimmungen existieren, alle Staaten in einer Organisation grundsätzlich gleich zu behandeln sind. Dieser Grundsatz ist (auch) ein Ausfluss des Prinzips der souveränen Staatengleichheit.[575] Einem in einer essenziellen Auslegungsfrage überstimmten Mitglied steht nur noch der Austritt offen und der kann ihm in einer solchen Organisation ohne entsprechende Sonderbestimmungen, die ihm den Austritt in einem solchen Fall ausdrücklich ermöglichen und eventuell sogar nahelegen, nicht zugemutet werden. So lässt sich das schwache Fundament des *generally-acceptable*-Konzepts in den Entstehungsmaterialien der UN-Charta mit teleologischen Argumenten stabilisieren.

Wenn alle Mitgliedstaaten einer Auslegung zugestimmt haben, wird die Billigung durch alle Organe selten ein Problem sein, meist wird sie sogar in ihnen selbst stattgefunden haben. Etwas anderes ist nur in Bezug auf unabhängige (Streitbeilegungs-)Organe oder Expertengremien ohne Staatenvertreter vorstellbar, dürfte aber zumindest im Bereich des klassischen Völkerrechts selten vorkommen. Lediglich die EU gehorcht in diesem Kontext anderen Regeln.

Damit ist auch schon die Frage nach der Verallgemeinerungsfähigkeit teilweise beantwortet: Wenn eine Internationale Organisation kein zur autoritativen Auslegung i. e. S. befugtes Organ aufweist, dürfte das UN-Modell „generally acceptable" grundsätzlich übertragbar sein, obwohl es in der Literatur fast ausschließlich im UN-Kontext gebraucht wird.

---

[574] Crawford, Brownlie's Principles of Public International Law, 8. Aufl. 2012, S. 382; etwas ambivalent Sep. Op. Fitzmaurice, Certain Expenses, ICJ Reports 1962, 198, 201 f.: „[…] a majority vote cannot in the formal sense bind the minority [but] it can, if consistently exercised in a particular way, suffice to establish a settled practice which a tribunal can usefully and properly take account of."; noch deutlicher Sep. Op. Spender, Certain Expenses, ICJ Reports 1962, 182, ff., der einer von der Mehrheit gestützten Praxis keinerlei Auslegungsrelevanz beimessen möchte.

[575] Fassbender, Die souveräne Gleichheit der Staaten, APuZ 43 (2004), 7 ff.; Klein/Schmahl, in: Graf Vitzthum/Proelß (Hrsg.), Völkerrecht, 6. Aufl. 2013, Rn. 75; Mosler, Die Aufnahme in Internationale Organisationen, ZaöRV 19 (1958), 275, 307; Ruffert/Walter, Institutionalisiertes Völkerrecht, 2009, Rn. 258.

Bedenken vermag allerdings die Formulierung *acceptable* zu wecken: Wenn damit die Zustimmung aller Mitglieder und Organe gemeint ist, müsste die Formulierung eigentlich *accepted* lauten. Dies hat *Engel* zu dem Schluss verleitet, dass nur *generally accepted* gemeint gewesen sein könne und dass es sich um eine Ungenauigkeit in der Formulierung handele.[576] Viel eher dürfte aber ein Versuch des Unterausschusses anzunehmen sein, den Grundsatz nicht in völliger Absolutheit zu formulieren und Möglichkeiten für flexiblere Lösungen im Einzelfall offen zu halten, wie es im Völkerrecht allgemein üblich ist.[577]

Ferner bedarf das Problem der Verbindlichkeit eigentlich unverbindlicher Entscheidungen einer näheren Betrachtung. Der Unterausschuss hat nicht ausgeschlossen, dass eine Auslegung, die von einem Organ in einer unverbindlichen Resolution vorgenommen wird, dann, wenn sie *generally acceptable* ist, zu einer autoritativen Auslegung erstarkt und damit in Verbindlichkeit erwächst.[578] Dies ist in der Tat erklärungsbedürftig: Wie können unverbindliche Beschlüsse durch ihre ständige Wiederholung und die Berufung auf den Umweg der Satzungsinterpretation auf einmal doch verbindlich werden?[579]

Darauf gibt es zwei mögliche Antworten: Zum einen können auch unverbindliche Auslegungsentscheidungen – wenn sie einstimmig akzeptiert werden – eine verbindliche Bestimmung des Gründungsvertrags konkretisieren und damit an deren Verbindlichkeit teilhaben.[580] Zum

---

[576] Engel, Procedures for the De Facto Revision of the Charter, ASIL Proc. 59 (1965), 108, 109.

[577] Weitergehend A. Peters, Das Gründungsdokument internationaler Organisationen als Verfassungsvertrag, ZÖR 68 (2013), 1, 19: „[...] ‚acceptable' ist nicht ‚accepted', so dass auch die vermutete Anerkennung oder die Annerkennungswürdigkeit ausreicht."

[578] UNCIO Doc. 750, IV/2/B/1, 832; zwischen den Bereichen, in denen ein Organ, z. B. die Generalversammlung von Anfang an verbindlich entscheiden kann (z. B. in Haushaltsfragen, vgl. Art. 17 SVN) und solchen, in denen nur unverbindliche Entscheidungen möglich sind (vgl. z. B. Art. 11 Abs. 2 und 14 SVN) hat er dabei nicht unterschieden.

[579] Blum, Eroding the United Nations Charter, 1993, S. 248; Rosenne, Developments of the Law of Treaties 1945-1986, 1989, S. 241 f.

[580] A. Peters, Das Gründungsdokument internationaler Organisationen als Verfassungsvertrag, ZÖR 68 (2013), 1, 19; Tammes, Decisions of International Organs as a Source of International Law, RdC 94 (1958-II), 261, 337.

anderen war bereits mehrfach vom subjektiven Element der späteren Praxis die Rede. Wenn zunächst in unverbindlichen Resolutionen niedergelegte Praxis laufend bestätigt, wiederholt und konkretisiert wird, ist das ein Anzeichen dafür, dass sich auf der subjektiven Seite, bei der Übereinkunft der Parteien, etwas verändert. Das in den unverbindlichen Resolutionen zum Ausdruck gebrachte Prinzip kann im Laufe der Zeit für die Mitgliedstaaten und/oder die Organisation eine solche Bedeutung erlangen, dass ihm nach ihrer Ansicht nun Verbindlichkeit eingeräumt werden sollte – auch wenn das vielleicht anfangs nicht beabsichtigt war. Die Ursachen dafür können verschieden sein. Die Akteure mögen sich in der Praxis daran gewöhnt haben, das Prinzip auf die immer gleiche Art und Weise umzusetzen, trotz eines allmählichen Bedeutungsgewinns. Oder die Mechanismen einer verbindlichen Umsetzung *ab initio* mögen nicht zur Verfügung stehen. Es werden jedoch hohe Anforderungen an eine solche Annahme zu stellen sein.

Weiterhin stellt sich die Frage nach den Rechtsfolgen einer solchen „generell akzeptablen" autoritativen Auslegung i. e. S. Die einzelnen Aspekte dieser Problematik hat *Orakhelashvili* – zwar im Hinblick auf die WTO, aber durchaus verallgemeinerungsfähig – zusammengefasst: Ist eine solche Auslegung exklusiv? Verstößt ein Staat, der sich nicht an die autoritative Auslegung hält, gegen die ausgelegte Satzungsbestimmung?[581]

Auch für eine solche Auslegung bestehen Grenzen, die sich aus einer Gesamtschau verschiedener Faktoren, so z. B. Wortlaut und Telos der Norm, ergeben. Sie ist von einer Änderung zu unterscheiden.[582] Selbst eine verbindliche Interpretation muss mit den in Art. 31 f. WVK niedergelegten Auslegungsmethoden zu rechtfertigen sein. Die Unterschiede bei der Anwendung dieser Auslegungsmethoden auf die Gründungsverträge Internationaler Organisationen im Vergleich zu anderen völkerrechtlichen Verträgen rechtfertigen keine Willkür, die letztendlich zur bekannten Änderung unter dem „Mantel der Auslegung"[583] führt. Ein Verstoß einzelner Mitgliedstaaten gegen eine Satzungsbestimmung, gerade in der durch eine verbindliche Auslegung konkretisierten Form, ist grundsätzlich denkbar und in der dezentralisierten Ordnung des

---

[581] Orakhelashvili, The Interpretation of Acts and Rules in Public International Law, 2008, S. 516.

[582] Siehe oben, B. III. 3. a) aa) (6).

[583] Siehe oben, Fn. 276.

Völkerrechts mitunter schwer zu vermeiden. Er wäre nach den allgemeinen Regeln der Staatenverantwortlichkeit zu behandeln, solange keine Sonderregeln der Organisation greifen.

Eine Abgrenzung zwischen authentischer und autoritativer Auslegung, die konzeptionell grundsätzlich möglich ist,[584] fällt in Bezug auf die Interpretation der Gründungsverträge Internationaler Organisationen schwer. Da der Terminus autoritative Auslegung der Existenz von Organen besser gerecht wird und das authentische Element der Zustimmung der Mitgliedstaaten nicht ausschließt, dürfte er trotz oder gerade wegen der weit verbreiteten terminologischen Unsicherheit in diesem Bereich im Recht der Internationalen Organisationen vorrangig Verwendung finden.

Das Konzept der autoritativen Auslegung hat für die spätere Praxis Internationaler Organisationen eine herausragende Bedeutung. Unter bestimmten Voraussetzungen (v. a. Einstimmigkeit und entsprechende Übereinkunft der Parteien/Organe) kann spätere Praxis in eine verbindliche Auslegung erwachsen, wenn keine ausdrückliche Ermächtigung im Gründungsvertrag besteht. Eine solche dürfte eher den Regeln der Organisation als der späteren Praxis i.S.v. Art. 31 Abs. 3 lit. b WVK zuzuordnen sein. Sie findet ihre Rechtsgrundlage ausschließlich im Gründungsvertrag und nicht im Recht der Verträge.

II. Art. 5 WVK, *rules of the organization* und *established practice*[585]

1. Art. 5 WVK und *rules of the organization*

Art. 5 WVK statuiert die Anwendbarkeit der Konvention insgesamt und auch des Art. 31 Abs. 3 lit. b WVK auf die Gründungsverträge Internationaler Organisationen, mit einer wichtigen Einschränkung: Dem Vorbehalt zugunsten der einschlägigen Vorschriften der Organisation

584 Siehe oben, B. III. 3. a) aa) (5).

585 Der folgende Abschnitt der Arbeit (C. II., insbesondere 5.-7.) beruht in wesentlichen Teilen auf dem Aufsatz des Verfassers: C. Peters, Subsequent Practice and Established Practice of International Organizations, GoJIL 3 (2011), 617 ff.; siehe schon oben, Vorwort.

(*rules of the organization*). Auf diese Regeln wird verschiedentlich Bezug genommen, nicht nur in Art. 5 WVK, sondern auch in Art. 5 WVKIO, der Wiener Konvention über die Vertretung von Staaten in ihren Beziehungen mit Internationalen Organisationen universellen Charakters von 1975[586] und zuletzt in den *Draft Articles on the Responsibility of International Organizations.*[587] Alle Bestimmungen der WVK sind dann, wenn sie Anwendung auf Gründungsverträge finden, über Art. 5 WVK dem Einfluss der *rules of the organization* unterworfen. Art. 5 WVK wird allgemein als Ausdruck von Völkergewohnheitsrecht betrachtet, womit sein Inhalt auch auf Organisationen, die vor Inkrafttreten der WVK entstanden sind und deren Mitgliederkreis über die Parteien der WVK hinausgeht, anwendbar ist.[588]

Rules of the organization bedeutet z. B. nach der Definition in Art. 2 Abs. 1 lit. j WVKIO

> „in particular, the constituent instruments, decisions and resolutions adopted in accordance with them, and established practice of the organization."

Die Konvention von 1975 und die *Draft Articles on Responsibility of International Organizations* enthalten ähnliche Definitionen.[589] Interessanterweise fehlt gerade in der WVK, die u. a. aufgrund ihres fortgeschrittenen Ratifikationsstatus als das bedeutendste der genannten Instrumente eingestuft werden kann, eine solche Definition.

---

[586] Vienna Convention on the Representation of States in their Relations with International Organizations of Universal Character, UN Doc. A/CONF.67/16.

[587] ILC Report on the work of its sixty-third session, UN Doc. A/66/10 (2011), 52, 54 ff.

[588] Villiger, Commentary on the 1969 Vienna Convention on the Law of Treaties, 2009, Art. 5 Rn. 10.

[589] Art. 1 (34) Vienna Convention on the Representation of States in their Relations with International Organizations of a Universal Character; Draft Art. 2 (b) on Responsibility of International Organizations, http://legal.un.org/ilc/texts/9_11.htm (16.12.2014).

2. *Established practice* und *subsequent practice*

Nach den genannten Bestimmungen kann u. a. *established practice* der Organisation zur Bildung von *rules of the organization* führen. Sie hat somit das Potenzial, die Anwendung der WVK auf die Gründungsverträge und damit das gesamte Beziehungsgeflecht zwischen dem allgemeinen Recht der Verträge und dem Recht der Internationalen Organisationen nachhaltig zu beeinflussen. Wie verhalten sich nun die begrifflich so ähnlichen Konzepte *established practice* und *subsequent practice* Internationaler Organisationen zueinander?

Rosenne hat sich zu diesem Problem wie folgt geäußert:

> „ […] the practice of the organization does not operate in the same way as the subsequent conduct of the parties to a treaty as a guide to interpretation, though there may be a certain functional similarity between the two processes […]. […] it is the ensemble of the action of the organ in question, or indeed of the Organizations as a whole […] that constitutes the living interpretation of the constituent instrument, the 'established practice of the organization' in the words of the 1986 Vienna Convention.“[590]

Obwohl *Rosenne* einen Unterschied beim Entstehungsprozess (einerseits durch die Parteien und andererseits durch die Organisation) und beim Bezugsobjekt (einerseits reguläre bi- und multilaterale Verträge, andererseits Gründungsverträge Internationaler Organisationen) von späterer Praxis und *established practice* sieht, gibt er ihnen die gleiche Funktion, nämlich die der Auslegung.

Danach wären spätere Praxis und *established practice* kaum mehr als Synonyme.[591] Auch *Rosenne* übersieht zwar nicht die zweite Funktion

---

[590] Rosenne, Developments in the Law of Treaties 1945-1986, 1989, S. 241; mehrere Autoren benutzen ebenfalls den Begriff *established practice*, wenn sie die Relevanz (späterer) Praxis für die Auslegung von Gründungsverträgen diskutieren: Engel, "Living" International Constitutions and the World Court, ICLQ 16 (1967), 865, 894; Kadelbach, in: Simma u. a. (Hrsg.), The Charter of the United Nations, 3. Aufl., Bd. 1, 2012, Interpretation Rn. 18; vgl. Schermers/Blokker, International Institutional Law, 5. Aufl. 2011, § 1347.

[591] Vgl. ILC, Report on the work of its sixty-fifth session, UN Doc. A/68/10 (2013), 9, 45: „Decisions, resolutions and other practice by international organizations can be relevant for the interpretation of treaties in their own right. This is recognized, for example, in article 2 (j) of the Vienna Convention on the Law of Treaties between States and International Organizations and between Inter-

der *established practice*, nämlich in *rules of the organization* zu erwachsen.[592] Doch dass ihnen beide Funktionen zukommen können, ist ein Widerspruch: Regeln wie die *rules of the organization* können die Auslegung durch Vorgabe der Methoden auf der Meta-Ebene determinieren (wie z. B. Art. 31 WVK), bei der Auslegung ergänzend herangezogen werden (vgl. z. B. Art. 31 Abs. 3 lit. c WVK) und vor allem selbst ausgelegt werden. Doch sie können das Auslegungsergebnis nicht selbst *materiell-inhaltlich* vorgeben. Mit anderen Worten sind Regeln Ausgangspunkt für eine Auslegung oder sie bestimmen die Art und Weise einer Auslegung, mithin den Weg zu einem bestimmten Auslegungsergebnis. Sie können das Resultat der Interpretation jedoch nicht selbst vorwegnehmen.

Wenn es sich aber um zwei unterschiedliche Arten von Praxis handelt und *established practice* ausschließlich *rules of the organization* entstehen lässt, kann sie über Art. 5 WVK Art. 31 Abs. 3 lit. b WVK modifizieren, mit der Konsequenz, dass spätere Praxis bei der Auslegung der Gründungsverträge Internationaler Organisationen anders wirken könnte als bei der Auslegung anderer völkerrechtlicher Verträge. Dies würde bedeuten, dass eine Art von Praxis in eine „Auslegungstradition“[593] bzw. eine Meta-Regel über Interpretation erwachsen kann, wel-

---

national Organizations which mentions the "established practice of the organization" as one form of the "rules of the organization". [Fn. ausgelassen]"; vgl. Blokker, Constituent Instruments, Grotius Centre Working Paper 2014/024-PIL, 1, 17, der *established practice* – statt *subsequent practice* – „generally accepted practice“ gegenüberstellt, beide als „slightly different“ bezeichnet und sie der Interpretation zuordnet (zum Konzept *generally accepted* siehe bereits oben, C. I. 2. c) bb)). *Subsequent Practice* lehnt Blokker als Grundlage für Organisationspraxis ab, u. a. mit der Begründung, dass jene die Übereinstimmung aller Parteien benötige, im Gegensatz zu *established practice*: ebd., 19; vgl. Rodiles, Non-permanent Members of the United Nations Security Council and the Promotion of the International Rule of Law, GoJIL 5 (2013), 333, 336, Fn. 7: „The practice of an organization is not always easily differentiated from the practice of the parties to the constituent treaty of that organization, and there are good reasons for not trying to impose a priori divisions in this regard. In the present case, an 'established practice' of the SC can be viewed as a rule of the Organization, a subsequent practice of a UN Charter provision, or both.“

592 Rosenne, Developments in the Law of Treaties 1945-1986, 1989, S. 191.

593 Karl, Die spätere Praxis im Rahmen eines dynamischen Vertragsbegriffs, in: Bieber/Ress (Hrsg.), Die Dynamik des Europäischen Gemeinschaftsrechts, 1987, S. 81, 91.

che wiederum die Voraussetzungen und die rechtliche Wirkung einer anderen Form von Praxis determiniert.

Rules of the organization müssen jedoch keinesfalls auf diese Meta-Funktion beschränkt bleiben. Der Terminus *rules of the organization* und die erwähnten Definitionen (z. B. in Art. 2 Abs. 1 lit. j WVKIO) legen bereits nahe, dass sie auch materielle Regeln zum Inhalt haben können, die sich gerade in der Praxis entwickeln, Regeln, welche die Gründungsverträge entweder inhaltlich modifizieren oder sie mit weiteren Regeln ergänzen. Damit würde *established practice*, die *rules of the organization* entstehen lässt, im Recht der Internationalen Organisationen die Funktion der vertragsändernden oder vertragserweiternden späteren Praxis[594] übernehmen.

3. Beispiele aus der Rechtsprechung des IGH

Beide Konstellationen können mit konkreten Fallbeispielen aus der Rechtsprechung des IGH nachvollzogen werden. Im *Certain-Expenses*-Gutachten hat der Gerichtshof für die Auslegung des Begriffes „Ausgaben der Organisation" in Art. 17 Abs. 2 SVN die Praxis der Generalversammlung herangezogen, und zwar ausdrücklich auch Resolutionen, die nur mit Zweidrittelmehrheit und gerade nicht einstimmig angenommen worden waren.[595] Wenn der IGH diese Praxis der Generalversammlung aufgrund der Regel des Völkergewohnheitsrechts herangezogen hat, die heute in Art. 31 Abs. 3 lit. b WVK kodifiziert ist – und dafür spricht das freilich deutlich später erstellte Gutachten des IGH *Use of Nuclear Weapons*[596] –, hätte er eigentlich nur einstimmige Praxis

[594] Siehe dazu oben, B. III. 3. und 4.

[595] IGH, Certain Expenses, Advisory Opinion, ICJ Reports 1962, 151, 174; siehe Arato, Treaty Interpretation and Constitutional Transformation, Yale Journal of International Law 38 (2013), 289, 320 f., Fn. 142.

[596] IGH, Use of Nuclear Weapons, Advisory Opinion, ICJ Reports 1996, 66, 75: „According to the customary rule of interpretation as expressed in Article 31 of the 1969 Vienna Convention on the Law of Treaties, the terms of a treaty must be interpreted 'in their context and in the light of its object and purpose' and there shall be 'taken into account, together with the context: [...] (b) any subsequent practice in the application of the treaty which establishes the agreement of the parties regarding its interpretation'. [...] The Court has had occasion to apply this rule of interpretation several times [...]; it will also apply it in this

bei der Auslegung der Charta berücksichtigen dürfen.[597] Daher muss diese Regel irgendwie beeinflusst worden sein. Genauer könnte die *established practice* der Vereinten Nationen eine *rule of the organization* mit dem Inhalt geschaffen haben, dass spätere Praxis doch nicht den strikten Konsens *aller* Mitgliedstaaten erfordert.[598]

Im *Namibia*-Gutachten hat der IGH die ständige Praxis des Sicherheitsrats, die nach seinem Dafürhalten von den Mitgliedstaaten außerhalb dieses Organs allgemein akzeptiert worden war, zum Anlass genommen, Enthaltungen eines ständigen Mitglieds für *concurring votes* i.S.v. Art. 27 Abs. 3 SVN genügen zu lassen und sie nicht als Veto zu behandeln. Die h.M. in der Literatur ordnet diese Berücksichtigung von Organisationspraxis als informelle Änderung der Charta ein.[599] Hier

---

case for the purpose of determining whether, according to the WHO Constitution, the question to which it has been asked to reply arises 'within the scope of [the] activities' of that Organization."; a. A. Brölmann, Specialized Rules of Treaty Interpretation, in: Hollis (Hrsg.), The Oxford Guide to Treaties, 2012, S. 507, 515; Arato, Treaty Interpretation and Constitutional Transformation, Yale Journal of International Law 38 (2013), 289, 321 f. folgert bereits aus der Erwähnung der Mitglieder des Sicherheitsrats und der „general accept[ance] by Members of the United Nations" im *Namibia*-Gutachten (IGH, Namibia, Advisory Opinion, ICJ Reports 1971, 16, 22), dass der IGH Art. 31 Abs. 3 lit. b WVK auch seiner Vorstellung von Organisationspraxis zugrundelegt. Diese Formulierung schließt jedoch nicht aus, dass der Gerichtshof die Organisationspraxis damals noch als Phänomen *sui generis* auffasste. Boisson de Chazournes, Subsequent Practice, Practices, and 'Family-Resemblance', in: Nolte (Hrsg.), Treaties and Subsequent Practice, 2013, S. 53, 57 spricht von „swinging from one to another of these categories " durch den IGH.

[597] Siehe zum Einstimmigkeitserfordernis oben, B. I. 6, Fn. 74.

[598] Rama-Montaldo, Contribution of the General Assembly to the Constitutional Development and Interpretation of the UN Charter, in: Macdonald/Johnston (Hrsg.), Towards World Constitutionalism, Leiden 2005, S. 493, 510 ist hingegen der Ansicht, dass die Praxis der UN-Organe und die Auslegung der UN-Charta durch den IGH völlig konform mit den Auslegungsregeln der WVK ist und dass es keine *rules of the organization* der Vereinten Nationen gebe, die von diesen Regeln abweichen würden.

[599] Auch die h.M. geht von einer informellen Modifikation aus: Hexner, Teleological Interpretation of Basic Instruments of International Organizations, in: Engel u. a. (Hrsg.), Law, State and International Legal Order, 1964, S. 119, 128; Karl, Vertrag und spätere Praxis im Völkerrecht, 1983, S. 234; Kunig, United Nations Charter, Interpretation of, in: Wolfrum (Hrsg.), MPEPIL 2006,

könnte eine *established practice* der Organisation eine vom Wortlaut des Art. 27 Abs. 3 SVN und der ursprünglichen Absicht der Vertragsparteien abweichende *rule of the organization* geschaffen haben, die diesen modifizierte.

Die beiden aus diesen Gutachten abgeleiteten Thesen sollen in den unmittelbar folgenden Ausführungen theoretisch fundiert werden, die sich insbesondere den Unterschieden zwischen späterer Praxis und *established practice* in Bezug auf ihre Entstehung und ihre Rechtsfolgen, sowie dem Zusammenspiel beider Phänomene widmen werden.

4. Tatbestandliche Struktur von Art. 5 WVK

Art. 5 WVK besteht aus drei Tatbestandsmerkmalen. Das erste und das zweite bezeichnen die beiden Typen völkerrechtlicher Verträge, auf welche die WVK Anwendung finden soll, also die Gründungsverträge und andere multilaterale Verträge, die im Rahmen einer Internationalen Organisation angenommen wurden. Das dritte Tatbestandsmerkmal ist der Vorbehalt zugunsten der *relevant rules of the organization*.

Eine Stimme in der Literatur vertritt die Ansicht, dass sich dieser Vorbehalt lediglich auf das zweite Tatbestandsmerkmal – die im Rahmen der Organisation angenommenen Verträge – bezieht, sodass *rules of the organization* und *established practice* für Gründungsverträge irrelevant wären. Sie argumentiert, dass Abschluss und Wirksamkeit der Gründungsverträge nach dem allgemeinen Recht der Verträge und nicht nach den in ihnen selbst enthaltenen *rules of the organization* beurteilt wer-

---

opil.ouplaw.com/home/ORIL (25.11.2014), Rn. 16; Stavropoulos, The Practice of Voluntary Abstentions by Permanent Members of the Security Council Under Article 27, Paragraph 3, of the Charter of the United Nations, AJIL 61 (1967), 737, 746; Wolfke, Treaties and Custom, in: Klabbers u. a. (Hrsg.), Essays on the Law of Treaties, 1998, S. 31, 34; a.A.: Amerasinghe, Principles of the institutional law of international organizations, 2. Aufl. 2008, S. 55; Zacklin, The Amendment of the Constitutive Instruments of the United Nations and the Specialized Agencies, 2005, S. 185 f; differenziert: Arato, Treaty Interpretation and Constitutional Transformation, Yale Journal of International Law 38 (2013), 289, 323; Gardiner, Treaty Interpretation, 2008, S. 245; Zimmermann, in: Simma u. a. (Hrsg.), The Charter of the United Nations, 3. Aufl., Bd. 1, 2012, Art. 27 Rn. 188.

den sollten, da dies eine zirkuläre Argumentation darstelle.[600] Dagegen sprechen zunächst die Materialien von ILC und Vertragsrechtskonferenz, die ganz deutlich machen, dass die Gründungsverträge das wichtigste Bezugsobjekt des Vorbehalts zugunsten der *rules of the organization* sind.[601] Weiterhin sind die Gründungsverträge eng mit der gesamten institutionellen Struktur der Internationalen Organisation verknüpft, die sie konstituieren. Daher können sie auch Gegenstand von Rückwirkungen dieser Strukturen sein, im Gegensatz zu Verträgen, die lediglich in ihrem Rahmen angenommen worden sind, die schnell die Sphäre der Organisation verlassen und reguläre multilaterale Verträge werden. Schließlich ist es nicht ungewöhnlich und sogar eine praktische Notwendigkeit, dass ein völkerrechtlicher Vertrag Bestimmungen über sein eigenes Inkrafttreten, seine eigene Änderung, Beendigung und – im Falle der WVK – seine eigene Auslegung treffen kann.[602] Aus all diesen Gründen muss das dritte Tatbestandsmerkmal des Art. 5 WVK, der Vorbehalt zugunsten der *rules of the organization*, sich auf beide Vertragskategorien beziehen.

5. Kann *established practice* überhaupt in *rules of the organization* gem. Art. 5 WVK erwachsen?

Die WVK definiert die *rules of the organization* nicht, deshalb trifft sie erst recht keine ausdrückliche Aussage darüber, ob dieses Konzept die *established practice* mit umfasst.

Art. 5 WVK selbst gibt nur eine begrenzte Hilfestellung für die Beantwortung dieser Frage. Der Begriff *rules* ist wenig aussagekräftig. Er macht nicht deutlich, ob die Norm sich ausschließlich auf die Satzungen selbst bezieht oder auch auf die *established practice*. *Rules* impliziert le-

---

600 Köck/Fischer, Das Recht der Internationalen Organisationen, 3. Aufl. 1997, S. 537.

601 YBILC 1966 II, 191.

602 Karl, Vertrag und spätere Praxis im Völkerrecht, 1983, S. 358 ff.; Villiger, Commentary on the 1969 Vienna Convention on the Law of Treaties, 2009, Art. 31 Rn. 35, Issues of Customary International Law Rn. 27; vgl. auch Art. 24 Abs. 4 WVK. Die Anwendbarkeit der WVK auf sich selbst ist jedoch nicht unumstritten: Marek, Thoughts on Codification, ZaöRV 31 (1971), 489, 510.

diglich, dass es sich um einen rechtsverbindlichen Sollenssatz handeln muss.[603]

Das Wort „aller (*any*)" ist jedoch ein erster Hinweis. Denn die Formulierung „aller einschlägiger Vorschriften" muss sich auf mehr als nur die Gründungsverträge selbst beziehen;[604] denn sonst wäre die klarstellende Formulierung „einschlägige Vorschriften des Gründungsvertrags der Organisation" die einfachere und bessere Alternative gewesen.

Die Entstehungsmaterialien stützen diese Interpretation: Nicht nur dem Vorsitzenden des *ILC Drafting Committee*, *Yasseen*, zufolge, gehören zu den *rules of the organization* auch die (ungeschriebenen) gewohnheitsrechtlichen Regeln, die in der Praxis entwickelt wurden.[605] Der abschließende Kommentar zum Entwurf der ILC von 1966 bestimmt die *rules of the organization* freilich nicht näher. Er befasst sich nicht mit der Rolle von Praxis. [606]

Ob dieses Schweigens der WVK liegt es nahe, auf die anderen Konventionen und *Draft Articles* zurückzugreifen, die das Konzept *rules of the organization* explizit definieren, wie Art. 2 Abs. 1 lit. j WVKIO. Diese Vorschrift gleicht im Großen und Ganzen Art. 1 Abs. 1 Nr. 34 der Wiener Konvention über die Vertretung von Staaten in ihren Beziehungen mit Internationalen Organisationen universellen Charakters[607] sowie den *Draft Articles on Responsibility of International Organizations*[608]:

---

[603] Vgl. United Nations Conference on the Law of Treaties, Official Records, 1st session, UN Doc. A/CONF.39/11, 147 (Yasseen).

[604] Bernhardt, Interpretation and Implied (Tacit) Modification of Treaties, ZaöRV 27 (1967), 491, 494.

[605] Official Records of the UN Conference on the Law of Treaties, 1st session, UN Doc. A/CONF.39/11, 147: „The Drafting Committee [...] had taken the view that the term "rules" in article 4 applied both to written rules and to unwritten customary rules."; YBILC 1963 II, 213 (Kommentar zu Draft Art. 48); Official Records of the United Nations Conference on the Law of Treaties, 2nd session, UN Doc. A/CONF.39/11/Add.1, 4.

[606] YBILC 1966 II, 191.

[607] Ihm fehlt lediglich die Hierarchie zwischen den einzelnen Elementen der Definition in Art. 2 Abs. 1 lit. j WVKIO („in accordance with them").

[608] ILC Report on the work of its sixty-first session, UN Doc. A/64/10 (2009), 13, 43; der Bericht spricht von „a few minor stylistic changes": ebd., 49. Der einzige offensichtliche Unterschied ist die Ergänzung der Definition der

> „in particular, the constituent instruments, decisions and resolutions adopted in accordance with them, and *established practice* of the organization."

Vor diesem Hintergrund leuchtet es intuitiv ein, dass die h. L. Art. 2 Abs. 1 lit. j WVKIO für die Auslegung von Art. 5 WVK heranzieht und *established practice* mit unter die *rules of the organization* subsumiert.[609] Dies ist vor allem aus der Perspektive einer systematischen Auslegung nicht selbstverständlich[610] – v. a. weil die WVKIO noch nicht in Kraft getreten ist[611] –, jedoch geben teleologische Erwägungen den Ausschlag für diese Auffassung: Telos von Art. 5 WVK ist es einerseits, den Geltungsbereich der Konvention auf möglichst viele Gründungsverträge Internationaler Organisationen zu erstrecken und andererseits, den (konstitutionellen) Charakter dieser Verträge und die Besonderheiten der durch sie kreierten Organisationen nicht zu ver-

---

rules of the organization um „other acts of the organization." Dies bedeutet keinen substanziellen Unterschied in Anwendungsbereich und Inhalt, gerade unter Berücksichtigung der Worte „in particular" in allen Definitionen. Sie stellen bereits klar, dass die Aufzählung der Gründungsverträge, der Entscheidungen, Resolutionen und der *established practice* nicht als abschließend verstanden werden kann. Daher sind die Vorteile dieser Ergänzung zweifelhaft, umso mehr als „other acts of the organization" auch als Teil der Praxis der Organisation verstanden werden können. Roucounas, Practice as a Relevant Factor for the Responsibility of International Organizations, in: Ragazzi (Hrsg.), Responsibility of International Organizations, 2013, S. 159, 165 sieht den Unterschied darin, dass Praxis Wiederholung impliziert; das ist nachvollziehbar, kann aber nicht in Absolutheit gelten, da auch einmalige Akte auslegungsrelevante Praxis darstellen können; siehe ausführlich oben, B. I. 7.

[609] Karl, Die spätere Praxis im Rahmen eines dynamischen Vertragsbegriffs, in: Bieber/Ress (Hrsg.), Die Dynamik des europäischen Gemeinschaftsrechts, 1987, S. 81, 90 f.; Verdross/Simma, Universelles Völkerrecht, 3. Aufl. 1984, S. 434 f.; Villiger, Commentary on the 1969 Vienna Convention on the Law of Treaties, 2009, Art. 5 Rn. 8.

[610] Siehe zu diesen systematischen Bedenken: C. Peters, Subsequent Practice and Established Practice of International Organizations, GoJIL 3 (2011), 617, 627 f.

[611] UNTC Chapter XXIII Nr. 3, http://treaties.un.org/Pages/ViewDetails.aspx?src=TREATY&mtdsg_no=XXIII-3&chapter=23&lang=en (16.12.2014): lediglich 30 Staaten and 12 Internationale Organisationen haben die WVKIO ratifiziert (zuletzt Malta am 26.9.2012), Art. 85 WVKIO setzt für das Inkrafttreten aber die Ratifikation durch mindestens 35 Staaten voraus.

nachlässigen.[612] Dem kann ohne Beachtung der *established practice* nicht nachgekommen werden: Häufig fehlen den Satzungen selbst die erforderlichen Vorschriften, um das effektive Funktionieren der Organisation in allen Bereichen zu gewährleisten, wohingegen die Normen der WVK ohne Anpassung an die Eigenheiten der Organisationen kaum als sachgerechter Ersatz dienen können. Nur durch einen Rückgriff auf die Praxis der Organisation können die Nachteile beider Regime kompensiert werden.

Die Satzungsinterpretation ist ein gutes Beispiel für diese Notwendigkeit. In aller Regel enthalten die Verträge selbst keine Auslegungsvorschriften, sodass auf Art. 31 ff. WVK zurückgegriffen werden muss[613] – und das obwohl weitgehende Übereinstimmung in Völkerrechtslehre und -rechtsprechung besteht, dass die Satzungen Internationaler Organisationen anders auszulegen sind als Verträge ohne institutionellen Charakter oder mit lediglich untergeordneten institutionellen Elementen.[614]

Insgesamt sprechen also der Wortlaut, die *travaux* und der Zweck von Art. 5 WVK dafür, dass *established practice* zu den *rules of the organization* zählt.

6. Was ist *established practice* und wie kann sie von späterer Praxis unterschieden werden?

a) Fehlen einer Definition

Es gibt keine Legaldefinition für *established practice*. Der ILC-Kommentar zur WVKIO bestimmt zwar annäherungsweise die Voraussetzungen für die Qualifikation von Praxis als *established*, schweigt aber

---

[612] Vgl. spanische Delegation, United Nations Conference on the Law of Treaties, Official Records, 1st session UN Doc. A/CONF.39/11, 44.

[613] Ausnahmen sind Bestimmungen in den Satzungen einiger UN-Sonderorganisationen, welche eine autoritative Interpretationskompetenz bestimmter Organe vorsehen, z. B. Art. XXIX IWF-Abkommen, UNTS Bd. 2, S. 39; Art. IX Weltbank-Abkommen, UNTS Bd. 2, S. 134; Art. IX (2) WTO-Abkommen, UNTS Bd. 1867, S. 3; siehe zur autoritativen Auslegung oben, B. III. 3. a) aa) (3) und C. I. 2. c) bb).

[614] Siehe oben, C. I. 2. c), Fn. 557 f.

zu ihrer Entstehung und rechtlichen Einordnung; schließlich nennt er keine Beispiele.[615]

Es kann jedoch davon ausgegangen werden, dass sich die faktischen Erscheinungsformen von *established practice* nicht erheblich von denen der späteren Praxis unterscheiden.[616] Ihr Charakter als Unterkategorie der *rules of the organization* verdeutlicht jedoch die intensivere Beziehung dieser Form von Praxis zur Organisation selbst. Den Resolutionen und Entscheidungen von Organen muss daher eine tragende Rolle bei der Genese von *established practice* zukommen.

Das rückt die Frage nach dem Verhältnis zwischen *established practice* und den „decisions and resolutions adopted in accordance with them [the constituent instruments]",[617] die Art. 2 Abs. 1 lit. j WVKIO ebenfalls unter die *rules of the organization* fasst, in den Fokus. Es sollte ein Rangverhältnis zwischen diesen verschiedenen Kategorien der *rules of the organization* angenommen werden,[618] mit einem Vorrang der *established practice*. Dafür spricht entscheidend die tatbestandliche Einschränkung „in accordance with them", die sich nicht mit auf die *established practice* erstreckt, sondern nur auf die *„decisions and resolutions"*.[619] Daraus folgt, dass mehrere inhaltlich kongruente Entscheidungen und Resolutionen Schritt für Schritt eine *established practice* kreieren können, die über ihre Relevanz als isolierte Einzelakte hinausgeht.

b) Rechtsnatur und Rechtsfolgen von established practice

Oben wurden bereits zwei Hypothesen über die möglichen Rechtsfolgen einer *established practice* aufgestellt: 1. Sie kann die WVK auf die

---

[615] YBILC 1982 II 2, 21.

[616] Siehe zu den Erscheinungsformen späterer Praxis oben, B. IV.

[617] Anmerkung des Verfassers in eckigen Klammern.

[618] ILC Report on the work of its sixty-first session, UN Doc. A/64/10 (2009), 13, 50; Responsibility of international organizations, UN Doc. A/CN.4/637 (2011), 18, note 12 (gemeinsame Stellungnahme mehrerer Internationaler Organisationen).

[619] Gaja, A New Vienna Convention on Treaties between States and International Organizations or between International Organizations, BYIL 58 (1987), 253, 262.

Gründungsverträge Internationaler Organisationen abstimmen; 2. sie vermag es, die Gründungsverträge zu ergänzen und zu modifizieren. Diese Hypothesen bedürfen der theoretischen Prüfung. Auch die Rechtsnatur der *established practice* ist zu klären.

aa) *Established practice* als Meta-Regel zur Anpassung der WVK an die Gründungsverträge Internationaler Organisationen und ihr Zusammenspiel mit *subsequent practice*

Um das genaue Zusammenspiel zwischen späterer Praxis und *established practice* zu bestimmen, muss das Verhältnis zwischen den *rules of the organization* und der WVK allgemein betrachtet werden. Die Frage lautet, ob die Regeln der Organisation das Recht der Verträge voll und ganz verdrängen, oder ob sie es lediglich modifizieren.

(1) Das allgemeine Verhältnis zwischen *rules of the organization* und WVK

Rosenne hat überzeugend dargelegt, dass das Verhältnis zwischen den *rules of the organization* und den Bestimmungen der WVK nur vor dem Hintergrund des Verfassungscharakters der Gründungsverträge betrachtet werden kann.[620] Dieser beeinflusst die Interaktion zwischen den *rules of the organization* und der WVK. Die Grenze zwischen dem allgemeinen Recht der Verträge und den Regeln der Organisation kann wie die Grenze zwischen Vertrag und Verfassung nicht trennscharf bestimmt werden. Deshalb weist ein flexibler und ausgewogener Ansatz[621] erhebliche Vorteile gegenüber der Annahme eines hierarchischen Vorrangs zwischen beiden Regelkomplexen auf.

Rosenne berief sich auf die allgemeine *lex-specialis*-Regel, als er die Einschränkung „without prejudice to the relevant rules of the organization“ in Art. 5 WVK auslegte. Dabei schien er diese bisweilen als eine

---

[620] Rosenne, Developments of the Law of Treaties 1945-1986, 1989, S. 181 ff; siehe zum Verfassungscharakter oben, C. I. 2. a).

[621] Vgl. spanische Delegation, United Nations Conference on the Law of Treaties, Official Records, 1st session UN Doc. A/CONF.39/11, 44; Villiger, Commentary on the 1969 Vienna Convention on the Law of Treaties, 2009, Art. 5 Rn. 7.

strenge Vorrangregel[622] und an anderen Stellen als einen differenzierteren Ausgleichsmechanismus aufzufassen.[623] Die *lex-specialis*-Regel ist grundsätzlich für beides offen, sowohl für eine klare Ausnahme vom Anwendungsbereich der *lex generalis* als auch für eine angemessene Anpassung an den Einzelfall.[624] Angewendet auf die *rules of the organization* und die WVK hat allerdings nur die zweite Alternative, die einem Ausgleich zwischen dem allgemeinen Recht der Verträge und den Besonderheiten Internationaler Organisationen den Vorzug gibt, den Vorteil der flexiblen Anpassung an den Einzelfall auf ihrer Seite.

Flexibilität allein genügt freilich nicht als Argument für einen abwägenden Ansatz. Es gibt weitere Argumente, so z. B. die Änderung des früheren *Draft Articles 4* von „[…] *shall be subject to*[625] […]“ zu „[…] *without prejudice to*[626] the relevant rules of the organization“ durch die ILC. Überdies wurde Art. 5 WVK geschaffen, um eine weitreichende Geltung der Konvention für die Satzungen Internationaler Organisationen zu ermöglichen, ohne gleichzeitig ihre rechtlichen Besonderheiten zu vernachlässigen.[627] Die Alternative wäre es, entweder eine allgemeine Regel anzuwenden, die nur vordergründig geeignet ist, das sich stellende rechtliche Problem zu lösen oder die Anwendung der WVK vollständig abzulehnen und damit der Fragmentierung des Völkerrechts Vorschub zu leisten. Schließlich gibt es zahlreiche unterschiedliche Formen Internationaler Organisationen; und jeder Typus hat seine spezifischen Bedürfnisse. Das gilt für politische, administrative, universelle, regionale und wirtschaftliche Organisationen. Es ist schwer vorstellbar, dass eine allgemeine Regel der WVK ihnen allen angemessen ist.

---

[622] Rosenne, Developments of the Law of Treaties 1945-1986, 1989, S. 211.

[623] Ebd., S. 257.

[624] Koskenniemi, Fragmentation of International Law, Report of the Study Group of the International Law Commission, UN Doc. A/CN.4/L.682, S. 34 f.; vgl. Moloo, When Actions Speak Louder Than Words, Berkeley Journal of International Law 31 (2013), 39, 48.

[625] Hervorhebung des Autors.

[626] Hervorhebung des Autors.

[627] Vgl. spanische Delegation, United Nations Conference of the Law of Treaties, Official Records, 1st session UN Doc. A/CONF.39/11, 44; siehe oben, C. II. 5.

Eine solch flexible Herangehensweise bedeutet, die anzuwendenden Normen der WVK je nach der rechtlichen Grundstruktur und den Aufgaben der jeweiligen Organisation anzupassen. Auf der einen Seite müssen dabei in einer Abwägung die grundsätzliche Gleichberechtigung der Mitglieder[628] sowie das Konsensprinzip berücksichtigt werden und auf der anderen Seite der erreichte Konstitutionalisierungsgrad gemeinsam mit dem „Eigenleben der Organisation".[629]

(2) Das Verhältnis von Art. 5 WVK und Art. 31 Abs. 3 lit. b WVK

Vor dem Hintergrund dieses allgemeinen Verhältnisses zwischen den *rules of the organization* und dem Recht der Verträge wird der Einfluss von *established practice* auf die Rolle des Art. 31 Abs. 3 lit. b WVK bei der Satzungsinterpretation verständlicher. Dieses allgemeine Verhältnis kann bei der Beantwortung der Frage helfen, inwieweit Art. 31 Abs. 3 lit. b WVK auf die Praxis einer Internationalen Organisation, v. a. Organpraxis, übertragen werden kann und welchen Voraussetzungen eine solche Praxis unterliegt – insbesondere, ob sie von *allen* Mitgliedstaaten unterstützt werden muss.

Established practice Internationaler Organisationen kann Art. 31 Abs. 3 lit. b WVK – vermittelt durch Art. 5 WVK – dahingehend beeinflussen, dass die Anforderungen an den Parteikonsens verringert werden. Eine *established practice* kann also in eine *(customary) rule of the organization* erwachsen, welche die Relevanz von Organpraxis im Vergleich zur Praxis der Mitgliedstaaten stärkt. Die Tragweite dieses Vorgangs richtet sich nach der Selbstständigkeit der betroffenen Organisation und den Regelungsmaterien, die auszulegen sind. So kann der geschilderte flexible Abwägungsprozess konkret in Bezug auf Art. 31 Abs. 3 lit. b WVK umgesetzt werden.

---

[628] Siehe oben, C. I. 2. c) bb) und Fn. 575.

[629] Siehe oben, Fn. 488.

bb) *Established practice* als satzungsmodifizierendes und satzungserweiterndes Quasi-Völkergewohnheitsrecht Internationaler Organisationen

Das Konzept *established practice* ist jedoch nicht auf den Anwendungsbereich beschränkt, der ihm ausdrücklich in den von der ILC entworfenen Konventionen und *Draft Articles* zugestanden wird.

Dafür spricht bereits die weite Formulierung in Art. 5 WVK und Art. 2 Abs. 1 lit. j WVKIO. *Rules of the organization* ist ein Begriff, der grundsätzlich nicht auf vertragsrechtsrelevante Regeln begrenzt ist. Die Einschränkung *relevant* widerspricht dem nicht; im Gegenteil, die Einschränkung des Anwendungsbereiches des Ausnahmetatbestandes in Art. 5 WVK auf die relevanten Regeln deutet darauf hin, dass es auch andere Regeln der Organisation gibt, die zwar für die Anwendung der WVK auf die Gründungsverträge nicht bedeutsam sind, aber darüber hinaus durchaus Relevanz beanspruchen können – z. B. materielle Regeln, welche die Gründungsverträge ergänzen.

Überdies spricht die Position der Worte „in accordance with" in der Definition des Art. 2 Abs. 1 lit. j WVKIO eine deutliche Sprache. Sie beziehen sich lediglich auf die Resolutionen und Entscheidungen der Organe,[630] aber nicht auf die *established practice*. Die ILC ging beim Entwurf der WVKIO also ersichtlich davon aus, dass *established practice* nicht immer im Einklang mit den Gründungsverträgen sein muss, sondern dass sie diese auch ergänzen und modifizieren kann. Ansonsten hätte sie die Praxis unter den gleichen Vorbehalt gestellt.[631]

In der Literatur,[632] bei der ILC[633] und auf der Wiener Vertragsrechtskonferenz[634] finden sich schließlich häufig Bezugnahmen auf ein nicht

---

630 Siehe oben, C. II. 6. a).

631 Gaja, A New Vienna Convention on Treaties between States and International Organizations or between International Organizations, BYIL 58 (1987), 253, 262.

632 Higgins, The Development of International Law by the Political Organs of the United Nations, ASIL Proc. 59 (1965), 116, 121; Lauterpacht, The Development of the Law of International Organization by the Decision of International Tribunals, RdC 152 (1976-IV), 379, 464; Pollux, The Interpretation of the Charter, BYIL 23 (1946), 54.

633 YBILC 1963 II, 213 (Kommentar zu Draft Art. 48).

näher konkretisiertes Gewohnheitsrecht Internationaler Organisationen, dass die Gründungsverträge selbst materiell weiterentwickeln kann. Nun weist *established practice*, allein weil sie in Regeln – nämlich *rules of the organization* – erwächst, starke Parallelen zum Völkergewohnheitsrecht auf. Denn Völkergewohnheitsrecht ist schließlich nichts anderes als Praxis, die in Verbindung mit anderen Faktoren zu Regeln gerinnt. *Established practice* sollte also als Quasi-Gewohnheitsrecht der Organisation betrachtet werden, hervorgebracht durch die Organisation und lediglich auf die Organisation anwendbar.

Wie gezeigt, kann vertragsbezügliches Völkergewohnheitsrecht prinzipiell einen Vertrag modifizieren.[635] Das ist ein Vorgang, der im allgemeinen Recht der Verträge eine Sonderform späterer Praxis jenseits des Art. 31 Abs. 3 lit. b WVK darstellt. Es gibt keinen Grund, warum das nicht auch für das Quasi-Gewohnheitsrecht Internationaler Organisationen gelten sollte, also die *established practice*, die in *rules of the organization* erwächst. Damit ist *established practice* nicht nur ein Bindeglied zwischen dem allgemeinen Recht der Verträge und dem Recht Internationaler Organisationen, sondern ein umfassenderes Konzept im Recht der Internationalen Organisationen:[636] ein Mechanismus, der

---

[634] Official Records of the UN Convention on the Law of Treaties, 1st session UN Doc. A/CONF.39/11, 147; 2nd session, UN Doc. A/CONF.39/11/Add.1, 4.

[635] Siehe oben, B. III. 3. c) bb) und Fn. 348.

[636] In der Literatur wird verschiedentlich angedeutet, dass *established practice* eine Bedeutung haben könnte, die über ihre vordergründige Rolle in den ILC-Konventionen und Entwürfen hinausgeht: Alvarez, International Organizations as Law-Makers, 2005, S. 81; Rosenne, Developments in the Law of Treaties 1945-1986, 1989, S. 241: „it is the ensemble of the action of an organ in question, or indeed of the Organization as a whole, rather than a series of deliberate interpretative decisions, that constitutes the living interpretation of the constituent instrument, the 'established practice of the organization' in the words of the 1986 Vienna Convention"; Sato, Evolving Constitutions of International Organizations, 1996, S. 240; teilweise wird der Begriff *established practice* auch unabhängig von den ILC-Konventionen und Entwürfen ohne nähere Erläuterung mit dem Gewohnheitsrecht Internationaler Organisationen in Verbindung gebracht: Higgins, The Development of International Law by the Political Organs of the United Nations, ASIL Proc. 59 (1965), 116, 119: „It seems to me that the repeated practice here of the organ, in interpreting the treaty, establishes a *practice* and ultimately *custom*." und ebd., 121: „Decisions which U.N. organs take concerning their own jurisdiction and competence,

Gründungsverträge modifizieren kann, um ihnen die Anpassung an sich wandelnde Rahmenbedingungen jenseits formeller Änderungsverfahren zu ermöglichen.

Die Besonderheiten Internationaler Organisationen und ihrer Gründungsverträge (wie z. B. ihr Verfassungscharakter[637]) führen also dazu, dass vertragsändernde Praxis nicht in Form eines neuen rechtsgeschäftlichen Konsenses oder späteren vertragsbezüglichen Völkergewohnheitsrechts auftritt – wie es noch das Konzept der ILC im von den Staaten gestrichenen *Draft Article 38* war –, sondern in Form der *established practice*. Sie wird der Struktur der Organisationen, d. h. der Rolle der Organe und der hohen Mitgliederzahl, die einen umfassenden rechtsgeschäftlichen Konsens erschwert, besser gerecht als diese herkömmlichen Mechanismen des allgemeinen Völkerrechts. Sie findet anders als jene mit Art. 5 WVK einen normativen Anknüpfungspunkt, der Eingang in eine einflussreiche Konvention gefunden hat.

Spätere Praxis Internationaler Organisationen gem. Art. 31 Abs. 3 lit. b WVK dient somit der Auslegung der Gründungsverträge. *Established practice* kann ihre Wirkungsweise als *rule of the organization*, die Art. 31 Abs. 3 lit. b WVK modifiziert, beeinflussen oder den Gründungsvertrag – ebenfalls in dieser Eigenschaft – um neue Regeln ergänzen. Als Oberbegriff für beide Formen von Praxis kann der bereits eingeführte Terminus Organisationspraxis dienen.

---

when acquiesced in by sufficient members over a period of time, form "Charter Law" if they fall into some recognizable pattern. A customary practice of internal Charter practice thus becomes established."; Sands/Klein, Bowett's Law of International Institutions, 6. Aufl. 2009, Rn. 14-033 behandeln die Namibia- und Wall-Gutachten des IGH unter der Überschrift „Established Practice of the Organisation", ohne auf die Arbeit der ILC einzugehen; Wolfke, Practice of International Organizations and Customary Law, Polish Yearbook of International Law 1 (1966/67), 183, 191: „not every kind of opposition precludes the formation of an established practice and hence customary rule."

[637] Siehe oben, C. I. 2. a).

c) *Voraussetzungen von established practice*

Established practice muss deutlich höheren Anforderungen genügen als spätere Praxis.[638] Denn sie hat das Potenzial, einen stärkeren Einfluss auf die Gründungsverträge auszuüben; ein gesteigertes Risiko der Aushebelung formeller Änderungsverfahren ist ihr immanent. Voraussetzungen für *established practice* werden im ILC-Kommentar zur WVKIO nur angedeutet: Die Praxis darf nicht unsicher oder umstritten sein.[639]

Es gibt gute Argumente dafür, der ILC zu folgen und unsichere Praxis abzulehnen. Wo verschiedene widersprüchliche Praktiken existieren oder sie lediglich vereinzelt von Akteuren mit nachrangiger Bedeutung verfolgt wurden, kann kaum entschieden werden, ob und inwieweit ihnen zu folgen ist. Es droht ein Verlust von Rechtssicherheit. Voraussetzung für die rechtliche Relevanz von Praxis ist ihre Konsistenz.[640] Anders als bei der späteren Praxis, für die das Konsistenzerfordernis grundsätzlich ebenfalls gilt,[641] wird eine einmalige Praxis für *established practice* nicht genügen. Da ihre Genese sich gewohnheitsrechtsartig vollzieht, begegnet eine einmalige Praxis den gleichen Bedenken wie die Idee des *instant customary law*.[642] Ein rechtsgeschäftlicher Konsens kann sich leicht in einem einmaligen Akt manifestieren, für eine Regel des Gewohnheitsrechts ist das aber ungleich schwerer.[643]

---

638 Vgl. zu höheren Anforderungen für eine Änderung durch Praxis als für eine Auslegung durch Praxis: Herdegen, Der Sicherheitsrat und die autoritative Konkretisierung des VII. Kapitels der UN-Charta in: Beyerlin u. a. (Hrsg.), Recht zwischen Umbruch und Bewahrung, FS Bernhardt, 1995, S. 103, 112 f., allerdings mit Ausführungen, die weitgehend auf die Praxis des Sicherheitsrats begrenzt bleiben.

639 YBILC 1982 II, 21: „uncertain or disputed".

640 Siehe für nähere Ausführungen und Nachweise oben, B. I. 7.

641 Siehe oben, ebd.

642 Siehe dazu Ago, Der Begriff des positiven Rechts in der Völkerrechtstheorie, AVR 6 (1956/57), 257, 301 ff.; Mendelson, The Formation of Customary International Law, RdC 272 (1998), 155, 370 ff.

643 Siehe zum Kriterium der Dauerhaftigkeit der Staatenpraxis: Heintschel v. Heinegg, in: Ipsen (Hrsg.), Völkerrecht, 6. Aufl. 2014, § 17 Rn. 8 f.; Stein/v. Buttlar, Völkerrecht, 13. Aufl. 2012, Rn. 128.

Auch das Merkmal der Unstreitigkeit ist sinnvoll. Es sollte in der Tat Praxis nötig sein, die von den zuständigen Organen initiiert und unterstützt wird und welche zumindest die konkludente Zustimmung der Mitgliedstaaten genießt. Schweigen wird in aller Regel nicht genügen. Protest auch nur eines einzigen Mitgliedstaats muss einer solchen Praxis entgegenstehen. Denn eine Internationale Organisation ist auf ihre rechtliche Homogenität angewiesen. Ihr Fundament ist die Kooperation. Ein einziger Mitgliedstaat kann ihre Tätigkeit unterbinden oder zumindest erheblich stören. *Established practice* muss auch strengeren Ansprüchen genügen als das allgemeine Gewohnheitsrecht, trotz der Verwandtschaft beider Phänomene. Die internationale Staatengemeinschaft in ihrer Gesamtheit kann in der Regel leichter mit einigen *persistent objectors* umgehen. Wenn es aber um die informelle Modifikation des Gründungsvertrages einer Internationalen Organisation – an dessen formellen Änderungsverfahren vorbei – geht, kann nicht über den oder die *persistent objectors* hinweggegangen werden.[644]

Weiterhin liegt es nicht nur angesichts der Nähe der *established practice* zum Völkergewohnheitsrecht nahe, eine Art *opinio iuris* bzw. ein subjektives Element zu verlangen, das den Eigenheiten einer Internationalen Organisation gerecht wird. Diese *opinio* muss von den Organen und den in ihnen repräsentierten Mitgliedstaaten geteilt und unterstützt werden. Bei ihr wird theoretisch zu verlangen sein, dass die Staaten und Organe angesichts der Möglichkeit einer Überschreitung der Auslegungsgrenzen der Meinung sind, zur gemeinschaftlichen Modifikation oder Erweiterung berechtigt zu sein.[645] Das bedeutet allerdings nicht, dass *established practice*, gerade auch im Hinblick auf die Probleme der Legitimation und der *rule of law*, zusätzlich zu den gesteigerten Anforderungen an ihre Entstehung keine absoluten materiellen Grenzen hätte.

---

[644] Mit der Einschränkung, dass z. B. die UN vom *persistent objector* Südafrika in Bezug auf Art. 2 Nr. 7 der UN-Charta nicht gelähmt wurde.

[645] Siehe oben, B. III. 3. c) bb); vgl. in einem anderen Zusammenhang Arato, Treaty Interpretation and Constitutional Transformation, Yale Journal of International Law 38 (2013), 289, 304: „Unlike amendment of the formal constituent instrument, which depends on the willful use of formal procedures, constitutional transformation can occur through the less-than-intentional action of the constituted bodies."

7. Zusammenfassung

Spätere Praxis und *established practice* sind nicht lediglich verschiedene Bezeichnungen für das gleiche Phänomen. Spätere Praxis gem. Art. 31 Abs. 3 lit. b WVK dient der Auslegung und beruht auf der rechtsgeschäftlichen Übereinkunft der Parteien bzw. Mitgliedstaaten. Bei *established practice* handelt es sich hingegen um Quasi-Gewohnheitsrecht der Organisation. Sie kann weite Teile des allgemeinen Vertragsrechts für eine Anwendung auf die Gründungsverträge adaptieren. *Established practice of interpretation* ist eine Auslegungstradition, die u. a. Art. 31 Abs. 3 lit. b WVK beeinflussen kann und dessen Anforderungen an eine interpretative Praxis zu den Gründungsverträgen zu senken vermag,[646] ohne selbst Teil des Auslegungsvorgangs zu werden. Noch wichtiger ist jedoch, dass *established practice* die Gründungsverträge unter restriktiven Voraussetzungen inhaltlich ergänzen und sogar auf informellem Wege modifizieren kann.

Bisher sind somit fünf mögliche Rechtsfolgen der Praxis Internationaler Organisationen für ihre Gründungsverträge zur Sprache gekommen, die zumindest theoretisch zu unterscheiden sind, auch wenn die Abgrenzung in der Praxis schwerfällt: die subsidiäre Auslegung durch Praxis unterhalb der Schwelle des Art. 31 Abs. 3 lit. b WVK, die Art. 32 WVK unterfällt,[647] die „einfache" Auslegung und die autoritative Auslegung durch Praxis gem. Art. 31 Abs. 3 lit. b WVK[648] sowie schließlich die ändernde und die erweiternde *established practice*.[649]

---

646 Karl, Die spätere Praxis im Rahmen eines dynamischen Vertragsbegriffs, in: Bieber/Ress (Hrsg.), Die Dynamik des Europäischen Gemeinschaftsrechts, 1987, S. 81, 91.

647 Siehe oben, B. II. 4. b).

648 Siehe oben, B. III. 3. a) aa) (3), C. I. 2. c) bb).

649 Die h.L. unterscheidet ebenfalls zwischen Auslegung und Änderung von Gründungsverträgen durch Organisationspraxis: statt vieler Amerasinghe, Principles of the institutional law of international organizations, 2. Aufl. 2005, S. 460; Klein/Schmahl, in: Graf Vitzthum/Proelß (Hrsg.), Völkerrecht, 6. Aufl. 2013, Rn. 39 ff.; Ruffert/Walter, Institutionalisiertes Völkerrecht, 2009, Rn. 123 ff., 136 ff.; bemerkenswert ist diesbezüglich Bernhardt, der zwischen Organpraxis unterscheidet, die (1.) „ein zusätzliches Argument für eine auch auf andere Anhaltspunkte gestützte Auslegung" liefert, Praxis, die (2.) „einen Bedeutungswandel des Vertragstextes [...], der noch mit dem Wortlaut in Einklang gebracht werden kann, aber den Intentionen der Vertragsschöpfer kaum

III. Akteure der Organisationspraxis und die Mehrheitsfrage

Organisationspraxis wirft sowohl ein Akteursproblem auf, also die Frage nach der Unterscheidbarkeit und dem Verhältnis von Staaten- und Organpraxis, als auch ein Mehrheitsproblem, also die Frage, welche Mehrheiten in bestimmten Fallkonstellationen für eine rechtliche anerkennenswerte Praxis erforderlich sind. Akteurs- und Mehrheitsproblem lassen sich nicht getrennt voneinander, sondern nur gemeinsam behandeln: So stellt sich die Mehrheitsfrage bei „reiner" Staatenpraxis oder in einem Plenarorgan vollständig anders als in einem Organ mit beschränkter Mitgliedschaft.

1. Unterscheidung zwischen Organ- und Staatenpraxis?

Staatenpraxis und Organpraxis lassen sich in einer Internationalen Organisationen zwar theoretisch unterscheiden,[650] beide Faktoren wirken aber vielfach sehr eng zusammen.

So existieren einzelstaatliche Akte, die einen klaren Bezug zum Gründungsvertrag einer Internationalen Organisation haben, sich aber nicht innerhalb ihres institutionellen Rahmens bewegen und dem einzelnen Staat klar zuzuordnen sind. Das mögen z. B. einseitige Interpretationserklärungen, Pressemitteilungen oder Briefe eines Außenministeriums bzw. einer ständigen Vertretung an den Vorsitzenden eines Organs sein.[651]

Relevante Redebeiträge weisungsgebundener Staatenvertreter in den Debatten eines Organs wie der UN-Generalversammlung sind schwieriger zu klassifizieren: Zwar lässt sich der Beitrag dem Einzelstaat unproblematisch zuordnen, jedoch handelt es sich um ein Tätigwerden im

---

entspricht", und schließlich Praxis, die (3.) „über den Vertragstext hinausführen und einen von ihm abweichenden Zustand hervorbringen" kann: Bernhardt, Die Auslegung völkerrechtlicher Verträge, 1963, S. 169.

[650] Kunig, Interpretation of the United Nations Charter, in: Wolfrum (Hrsg.), MPEPIL 2006, opil.ouplaw.com/home/ORIL (25.11.2014), Rn. 18.

[651] Vgl. dazu auch oben, B. IV.

Organ selbst, welches (auch) der Arbeit des Organs und damit den Zwecken der Organisation dienen soll.

Das Pendel schlägt noch deutlicher zugunsten einer Klassifizierung als Organpraxis aus, wenn es um die Entscheidungen und Resolutionen von Organen geht. Diese sind genuine Akte des Organs und damit der Organisation.[652] Zwar wird das Stimmverhalten der Staatenvertreter, wenn es zur Abstimmung kommt, protokolliert und lässt sich den Staaten zuordnen; allerdings wird das Stimmverhalten beispielsweise bei der UN-Generalversammlung anonymisiert, indem nur die Zahl der Stimmen dafür, dagegen und der Enthaltungen wiedergegeben wird, ohne diese jeweils den einzelnen Staaten zuzuordnen.[653] Das ist auch den Erfordernissen der Verfahrenseffizienz geschuldet. Das individuelle Stimmverhalten lässt sich dann nur anhand der Redebeiträge rekonstruieren, es sei denn, bei wichtigeren Entscheidungen wird es anderweitig publik.

Eine Zwischenkategorie ist die Entscheidungspraxis eines Organs mit beschränkter Mitgliedschaft. Soweit die Praxis aufgrund der Verbindlichkeit der Entscheidung nicht für sich allein stehen kann, ist sie für ihre rechtliche Durchschlagskraft auf eine positive Resonanz durch individuelle Staatenpraxis und/oder Praxis von Plenarorganen angewiesen. Gerade hier sind die Übergänge zwischen Organ- und Staatenpraxis besonders fließend.

Spätestens bei den Entscheidungen von Organen, die sich aus unabhängigen Experten oder Beamten Internationaler Organisationen rekrutieren, ist das andere Ende der gleitenden Skala von Organ- und Staatenpraxis erreicht.

Die Existenz solch einer gleitenden Skala illustriert, dass der Begriff Organisationspraxis nicht nur als Oberbegriff für *subsequent practice* und *established practice* – wenn nach den Rechtsfolgen unterschieden wird –, sondern auch als Oberbegriff für Staaten- und Organpraxis – wenn nach den Akteuren unterschieden wird – unverzichtbar ist. Orga-

---

[652] Bernhardt, Die Auslegung völkerrechtlicher Verträge, 1963, S. 169.

[653] Vgl. die Wiedergabe der Abstimmungsergebnisse in den Protokollen der Generalversammlung, z. B. zu GA Res. 65/259 in: UN Doc. A/65/PV.73, 20. Im Sicherheitsrat hingegen werden die gegen eine Resolution stimmenden und die sich enthaltenden Mitglieder teilweise namentlich genannt, sodass auch ein Rückschluss auf die mit ja stimmenden Mitglieder möglich ist, z. B. SC Res. 706 (1991) a.E.

nisationspraxis ist dabei keineswegs die Summe von reiner Organpraxis und reiner Staatenpraxis.[654] Vielmehr kommt es in vielen Bereichen zu einer Synthese beider Elemente.

Es ist also ein Ausgleich zu finden zwischen

1. einer reinen Stimmarithmetik, welche die Bedeutung einer Organpraxis nur danach bemisst, wie viele Staaten hinter ihr stehen[655] und

2. einer Herangehensweise, die mit Organisationspraxis vor allem Organpraxis meint, sie vollständig von Art. 31 Abs. 3 lit. b WVK loslöst[656] und ihr teilweise auch dann, wenn hinter ihr nur eine Mehrheit der Staaten steht, ohne weitere Differenzierung eine mitunter gar verbindliche Wirkung einräumt.[657]

Gegen diese letztere Auffassung sprechen nicht nur der gewohnheitsrechtliche Charakter der in Art. 31 Abs. 3 lit. b WVK zum Ausdruck

---

[654] Vgl. Brölmann, Specialized Rules of Treaty Interpretation, in: Hollis (Hrsg.), The Oxford Guide to Treaties, Oxford 2012, S. 507, 515 f., die ebenfalls zwischen Organisationspraxis und Organpraxis differenziert, beides jedoch strikt von Art. 31 Abs. 3 lit. b WVK trennt und das mitgliedstaatliche Element in der Organpraxis für wenig bedeutsam zu halten scheint.

[655] Generell kritisch zur Berücksichtigung von Organpraxis, wohl aber allenfalls für eine solche Stimmarithmetik: Sep. Op. Spender, Certain Expenses, ICJ Reports 1962, 182, 192; kritisiert von Crawford, Brownlie's Principles of Public International Law, 8. Aufl. 2012, S. 195; vgl. für eine tendenziell stimmarithmetische Perspektive zum Einfluss der Generalversammlung auf das Völkergewohnheitsrecht sowie allgemein zum Verhältnis von Organ und mitgliedstaatlichen Delegierten: Sørenson, Principes de Droit International Public, RdC 101 (1960-III), 1, 100 f., 105 f.

[656] Bereits vor Inkrafttreten der WVK gegen eine Anwendung der Auslegung im Lichte der späteren Praxis auf Internationale Organisationen: Sep. Op. Spender, Certain Expenses, ICJ Reports 1962, 182 ff.; Bernhardt, Die Auslegung völkerrechtlicher Verträge, 1963, S. 168 f.; Lauterpacht, The Development of the Law of International Organization by the Decisions of International Tribunals, RdC 152 (1976-IV), S. 379, 460 f.; nach ihrem Inkrafttreten: Blokker, Constituent Instruments, Grotius Centre Working Paper 2014/024-PIL, 1, 19; Brölmann, The Institutional Veil in Public International Law, 2007, S. 120 f.; Rosenne, Developments of the Law of Treaties 1945-1986, 1989, S. 241; Schermers/Blokker, International Institutional Law, 5. Aufl. 2011, § 1347.

[657] Amerasinghe, Principles of the institutional law of international organizations, 2. Aufl. 2005, S. 51 ff.

kommenden Auslegungsregel und die Aussage des Art. 5 WVK, die ebenfalls gewohnheitsrechtlich abgesichert ist.[658] Auch die körperschaftliche Struktur Internationaler Organisationen kann ihr entgegengesetzt werden. Die einflussreichsten Organe, ob Plenarorgane oder Organe mit beschränkter Mitgliedschaft, bestehen aus weisungsgebundenen Vertretern der Mitgliedstaaten, die von den jeweiligen Regierungen entsandt werden. Die Willensbildung findet im Wesentlichen im Kreis der Staatenvertreter statt; auch wenn autonome Organe einen Rahmen für sie schaffen und sie beeinflussen, sollte deren Einfluss nicht überschätzt werden. Bevor autonome Organe wie das Sekretariat der Vereinten Nationen wichtige Entscheidungen über die Auslegung der Gründungsverträge treffen, werden sie sich in aller Regel der Unterstützung der Mitgliedstaaten versichern. Das mitgliedstaatliche Element ist in den Organisationen allgegenwärtig. Die Staaten sind in weiten Teilen nach wie vor die „Herren der Verträge."[659] Die *rules of the organization* können diese Rolle modifizieren oder gar abschwächen, aber nur in supranationalen Organisationen wie der EU können sie sie auch signifikant zurückdrängen. Obwohl Organisationspraxis, insbesondere *established practice*, sich in wesentlichen Punkten von späterer Praxis zu anderen Verträgen unterscheidet, kommt den Staaten bei ihrer Genese eine wesentliche Rolle zu. Das Modell des Art. 31 Abs. 3 lit. b WVK ist daher auch für die Praxis Internationaler Organisationen sachgerecht, ein reines *sui-generis*-Modell überzeugt nicht.

Die Praxis von Vertragsorganen i. e. S. bzw. von *Conferences of the Parties* wird in dieser Arbeit nicht behandelt, da der institutionelle Einfluss auf die Praxis deutlich geringer ist als bei Internationalen Organisationen. Art. 5 WVK ist nicht anwendbar und die Konzepte der *rules of the organization* sowie der *established practice* sind somit nicht relevant. Solche Praxis unterliegt in den wesentlichen Punkten den allgemeinen Regeln zur späteren Praxis.[660]

---

[658] Siehe oben, B. II. 5. und C. II. 1.

[659] Siehe oben, Fn. 55.

[660] Gewisse Abweichungen können aber dennoch beobachtet werden. So ist die 16. Conference of the Parties des UNFCCC in Cancún 2010 mit einem „Konsensbeschluss" zu Ende gegangen, bei dem die mündlichen Einwände der Delegation Boliviens von der Konferenzleitung nicht als Beschlusshindernis empfunden wurden; dazu Rajamani, The Cancun Climate Agreements, ICLQ 60 (2011), 499, 515 ff.

Alles in allem bilden Staatenpraxis und Organpraxis zu den Gründungsverträgen Internationaler Organisationen eine Synthese, die als Organisationspraxis bezeichnet werden sollte. In ihr können das „mitgliedstaatliche Element“[661] und das „autonome Element“ unterschiedlich stark ausgeprägt sein. Reine mitgliedstaatliche Praxis oder völlig autonome Organpraxis wird es nur selten geben.

2. Staatenpraxis

Soweit Staatenpraxis zu den Gründungsverträgen Internationaler Organisationen identifizierbar ist, befindet sie sich gem. Art. 5 WVK im unmittelbaren Anwendungsbereich von Art. 31 Abs. 3 lit. b WVK. Es handelt sich um genuine Praxis der Parteien.

Diese – auch mangels entsprechender Praxissammlungen – schwer identifizier- und nachweisbare Staatenpraxis wird von der Organpraxis in der Anwendungsrealität des Gründungsvertrages zurückgedrängt. Gerade in Internationalen Organisationen mit einem großen Mitgliederkreis – wie z. B. den universellen Organisationen der UN-Familie – droht einzelstaatliche Praxis unterzugehen. Die Anwendung geschieht in aller Regel in den Organen. Sie verfolgen den Vertragszweck, sie müssen ihn in ihrer alltäglichen Arbeit umsetzen. Die Koordination von Praxis fällt in einem organisierten multilateralen Rahmen, mit festen Verfahrensregeln und bei gleichzeitiger Anwesenheit von Repräsentanten der Mitgliedstaaten sowie häufig auch weiterer Akteure/*stakeholder* deutlich leichter, als im traditionellen zwischenstaatlichen Verkehr. Auch wenn moderne Kommunikationsformen wie E-Mail, Telefon- und Videokonferenzen sowie schnellere Reisemöglichkeiten diesbezüglich Erleichterung schaffen, werden sie es kaum vermögen, die physische Konzentration der Diplomaten in den Organen und die festgelegten und erprobten Interaktionsstrukturen zu ersetzen.

Obgleich generell in der internationalen Kooperation ein Trend zu eher informellen intergouvernementalen Kooperationsmechanismen wie den G-20 zu beobachten ist,[662] wird deren Einfluss auf die Auslegung und

---

[661] Klein/Schmahl, in: Graf Vitzthum/Proelß (Hrsg.), Völkerrecht, 6. Aufl. 2013, Rn. 118.

[662] Zur steigenden Bedeutung der G-20 siehe Napolitano, The two ways of global governance after the financial crisis, ICON 9 (2011), 310 ff.; Nolte, Per-

Modifikation der Gründungsverträge Internationaler Organisationen mangels Sachnähe begrenzt bleiben. Sie können vielleicht den Anstoß zu Entwicklungen im Verantwortungsbereich des IWF oder der Weltbank geben,[663] aber ohne deren Organe und die Beteiligung eines weiteren Mitgliederkreises wird ihnen der Zugriff auf Auslegung und Inhalt der Abkommen schwerfallen.

Die Mitgliedstaaten bleiben zwar die „Herren der Verträge" im Recht der Internationalen Organisationen,[664] aber diese Herrschaft ist keine absolute und sie kann am besten in den Organen ausgeübt werden. Zwar gilt auch für die Satzungen Internationaler Organisationen der allgemeine Grundsatz des Rechts der Verträge, dass den Staaten das Recht zur „Auto-Interpretation" des Vertrages zukommt[665] – aber einer solchen „Auto-Interpretation" durch eine Vielzahl von Akteuren mit teilweise sehr gegenläufigen Interessen wohnt ein anarchisches bzw. chaotisches Moment inne.[666] Gerade dem Meinungsaustausch und der Kooperation in gefestigten Organstrukturen kann eine Ordnungsfunktion[667] zukommen, welche die unterschiedlichen Auslegungen in geordnete Bahnen lenken kann. Dies dürften weitere Gründe für die Ver-

---

sisting and Developing between Hope and Threat, in: Select Proceedings of the European Society of International Law 3 (2010), 75, 78 spricht sogar von einer „G20 world."

663 Vgl. Gramlich, Eine neue internationale „Finanzarchitektur", AVR 38 (2000), 399, 425 ff.; vgl. Ruffert/Walter, Institutionalisiertes Völkerrecht, 2009, Rn. 607.

664 Bernhardt, Völkerrechtliche und verfassungsrechtliche Aspekte konkludenter Vertragsänderung, in: Arndt (Hrsg.), Völkerrecht und deutsches Recht, FS Rudolf, 2001, S. 15, 17; Schreuer, Die Bedeutung Internationaler Organisationen im heutigen Völkerrecht, AVR 22 (1984), 363, 399; Seidl-Hohenveldern/Loibl, Das Recht der Internationalen Organisationen einschließlich der Supranationalen Gemeinschaften, 7. Aufl. 2000, Rn. 1538.

665 Orakhelashvili, The Interpretation of Acts and Rules in Public International Law, 2008, S. 511; Schermers/Blokker, International Institutional Law, 5. Aufl. 2011, § 1387.

666 Vgl. ebd.

667 Zur Ordnungsfunktion späterer Praxis: Karl, Vertrag und spätere Praxis im Völkerrecht, 1983, S. 121; Ress, Die Bedeutung der nachfolgenden Praxis für die Vertragsinterpretation nach der Wiener Vertragsrechtskonvention (WVRK), in: Bieber/Ress (Hrsg.), Die Dynamik des Europäischen Gemeinschaftsrechts, 1987, S. 49, 74.

drängung von Staatenpraxis durch Organpraxis sein. Denn wenn Staaten die Notwendigkeit für eine Zusammenarbeit in einem bestimmten Bereich der internationalen Beziehungen einmal erkannt und zu diesem Zweck ein institutionelles Rahmenwerk in Form einer Internationalen Organisation geschaffen haben, liegt es in ihrem eigenen Interesse, es nicht durch konfligierende Interpretationen seiner Satzung zu lähmen.

Zwei Sonderprobleme stellen sich besonders in Verbindung mit „reiner Staatenpraxis", nämlich das der Relevanz von Praxis besonders interessierter Staaten und das der *inter-se*-Abkommen durch Praxis.

a) Relevanz der Praxis besonders interessierter Staaten

Der IGH hat in seinem Gutachten *Status of South-West Africa* aus dem Jahre 1950 die Frage angesprochen, ob die (Auslegungs-)Praxis eines bestimmten Staates, der von der zu interpretierenden Bestimmung besonders betroffen ist, eine spezielle Relevanz zukommt. Der Gerichtshof selbst scheint das bejaht zu haben:

> „Interpretations placed upon legal instruments by the parties to them, though not conclusive as to their meaning, have considerable probative value when they contain recognition by a party of its own obligations under an instrument."[668]

Der Gerichtshof hat das Thema nur im soeben zitierten Gutachten aus dem Jahre 1950 angesprochen und seine Auffassung von damals nicht wiederholt. Sie war sicher auch den Umständen des Einzelfalls geschuldet: Es ging nämlich konkret um die Verpflichtung eines einzelnen Staates, auch nach Ende des Völkerbundes weiterhin seine Pflichten aus einer Mandatsvereinbarung zu erfüllen, und nicht um die Auslegung des Völkerbundspaktes selbst mit Wirkung *erga omnes*. Ein einziger Staat wird, selbst wenn er besonders betroffen ist, kaum jemals selbst eine spätere Praxis i.S.v. Art. 31 Abs. 3 lit. b WVK prägen können.[669] Das ist nur in dem seltenen Fall möglich, dass seine unilaterale Praxis auf die Übereinkunft (grundsätzlich) aller übrigen Parteien trifft. Schließlich würde eine Anerkennung der unterschiedlichen Bedeutung von Praxis verschiedener Mitgliedstaaten der Kohärenz der Satzungsinterpretation,

---

[668] IGH, Status of South West Africa, ICJ Reports 1950, 128, 135 f.

[669] Orakhelashvili, The Interpretation of Acts and Rules in Public International Law, 2008, S. 358.

dem Organisationsfrieden und dem politischen Kooperationspotenzial der Organisation abträglich sein. Auch in diesem Zusammenhang kommt das Prinzip der grundsätzlichen Gleichheit der Mitgliedstaaten in einer Internationalen Organisation[670] ihrer effektiven Aufgabenerfüllung am ehesten entgegen.

b) Art. 41 WVK, inter-se-Abkommen durch Praxis

Wenn eine allgemeine *subsequent* oder *established practice* wegen zu geringer Unterstützung durch die Mitgliedstaaten scheitert oder wenn von Anfang an praktisch eine verstärkte oder reduzierte Zusammenarbeit mehrerer Mitgliedstaaten angestrebt wird, kann ein *inter-se*-Abkommen durch Praxis die Folge sein. Dies könnte sowohl auf eine bestimmte Auslegung[671] als auch auf eine Modifikation des Gründungsvertrags gerichtet sein. *Inter-se*-Abkommen sind grundsätzlich in Art. 41 WVK geregelt.

Art. 41 WVK ist auf informelle Konstellationen übertragbar,[672] in denen ja eine vergleichbare Interessenlage herrscht. Auch bei informellen Auslegungs- oder Modifikationsübereinkünften, die aus Praxis ableitbar sind, ist es sachgerecht, diese nur dann zuzulassen, wenn sie vom Vertrag nicht ausdrücklich verboten sind (was selten der Fall sein wird), nicht den wesentlichen Rechten der unbeteiligten und den wesentlichen Pflichten der beteiligten Staaten zuwiderlaufen und mit Ziel und Zweck des Vertrages im Einklang stehen (vgl. Art. 41 WVK).

Ein Beispiel aus der Praxis ist einer der verschiedenen Lösungsansätze, die von den übrigen Parteien der EMRK ernsthaft erwogen wurden, um das überraschende – letztendlich nur vorübergehende – Unterbleiben

---

670 Siehe oben, Fn. 575.

671 A.A. Moloo, When Actions Speak Louder Than Words, Berkeley Journal of International Law 31 (2013), 39, 63, der eine *inter-se*-Auslegung durch spätere Übereinkünfte und Praxis generell für unzulässig hält.

672 Ress, Die Bedeutung der nachfolgenden Praxis für die Vertragsinterpretation nach der Wiener Vertragsrechtskonvention (WVRK), in: Bieber/Ress (Hrsg.), Die Dynamik des Europäischen Gemeinschaftsrechts, 1987, S. 49, 65 f.; Villiger, Commentary on the 1969 Vienna Convention on the Law of Treaties, 2009, Art. 41 Rn. 4, Art. 39 Rn. 7; Yasseen, L'interprétation des traités d'après la Convention de Vienne sur le droit des traités, RdC 151 (1976-III), 1, 46 möchte Art. 41 WVK auf informelle Modifikationen anwenden.

der Ratifikation des 14. Zusatzprotokolls zur EMRK durch Russland zu kompensieren.[673]

In Internationalen Organisationen dürfte der Rechtsgedanke des Art. 41 WVK auf informelle *inter-se*-Abkommen zur Auslegung oder Modifikation ihrer Gründungsverträge deutlich schwerer übertragbar sein.[674] Internationale Organisationen sind für die Aufrechterhaltung ihrer Kooperations- und damit Funktionsfähigkeit auf ihre homogene Struktur, die prinzipielle Gleichberechtigung der Mitglieder und die einheitliche Anwendung des Primär- und Sekundärrechts angewiesen.[675] *Inter-se*-Abkommen vermögen all das zu unterminieren, insbesondere wenn sie informell vorangetrieben werden und häufiger auftreten. Dafür spricht auch Art. 20 Abs. 3 WVK, der Vorbehalte von der Zustimmung der (für die Aufnahme neuer Mitglieder) zuständigen Organe abhängig macht. Genau wie *inter*-se-Abkommen können Vorbehalte nämlich zu einem rechtlichen Partikularismus innerhalb der Organisation führen, mit anderen Worten zu einer Fragmentierung schon des Rechts einer einzelnen Internationalen Organisation.[676] Das galt es augenscheinlich auch nach Auffassung der ILC und der Wiener Staatenkonferenz zu vermeiden.

Alles in allem dürfte den von Praxis etablierten *inter-se*-Abkommen nach dem Rechtsgedanken des Art. 41 WVK in Bezug auf die Gründungsverträge Internationaler Organisationen – wenn überhaupt – nur eine sehr begrenzte Rolle zukommen. Art. 41 WVK dürfte gem. Art. 5 WVK ohnedies von den *rules of the organization* – vor allem von den Gründungsverträgen selbst, die zwar förmliche Änderungs- und Revi-

---

[673] So wurde u. a. in Erwägung gezogen, ein provisorisches Zusatzprotokoll 14bis abzuschließen sowie das Zusatzprotokoll 14 gem. Art. 25 WVK vorläufig bzw. inter-se anzuwenden, vgl. Mowbray, Crisis Measures of Institutional Reform for the European Court of Human Rights, Human Rights Law Review 9 (2009), 647, 649 f.

[674] Ress, Die Bedeutung der nachfolgenden Praxis für die Vertragsinterpretation nach der Wiener Vertragsrechtskonvention (WVRK), in: Bieber/Ress (Hrsg.), Die Dynamik des Europäischen Gemeinschaftsrechts, 1987, S. 49, 66.

[675] C. Peters, Subsequent Practice and Established Practice of International Organizations, GoJIL 3 (2011), 617, 633; siehe oben, C. II. 6. c).

[676] Müller, in: Corten/Klein (Hrsg.), The Vienna Conventions on the Law of Treaties, Bd. 1, 2011, Art. 20 Rn. 85; A. Peters, Das Gründungsdokument Internationaler Organisationen als Verfassungsvertrag, ZÖR 68 (2013), 1, 14.

sionsverfahren, aber kaum *inter-se*-Änderungsklauseln vorsehen – weitgehend verdrängt werden.

3. Organpraxis

Um das Phänomen Organpraxis besser theoretisch erfassen zu können, wird eine Unterteilung in drei Kategorien vorgeschlagen, welche gleichermaßen die Faktoren Organstruktur und Akzeptanz durch die Mitgliedstaaten berücksichtigen. Diese sind: Organpraxis als Ausdruck einhelliger Staatenpraxis, also die Praxis von Plenarorganen (Kategorie 1, Abschnitt a); Praxis von Organen mit beschränkter Mitgliedschaft oder unabhängig besetzten Verwaltungs-, Streibeilegungs- oder Fachorganen, die auf die Akzeptanz der übrigen Mitgliedstaaten trifft (Kategorie 2, Abschnitt b); und hier sog. autonome Organpraxis, die von Plenarorganen, reduzierten Mitgliederorganen und von unabhängig besetzten Organen stammen kann und die auf den Widerstand/Protest von Mitgliedstaaten (innerhalb oder außerhalb des handelnden Organs) trifft (Kategorie 3, Abschnitt c).

Bei der Schilderung der Charakteristika und Fallgruppen, die diesen drei Kategorien unterfallen, dienen die Vereinten Nationen als Ausgangspunkt. Die möglichen Rechtsfolgen von Praxis einer jeden Kategorie sind subsidiäre Auslegungsrelevanz, einfache Auslegung, autoritative Auslegung (in ihren von den *rules of the organization* überformten Ausprägungen) sowie erweiternde und modifizierende *established practice.*[677] Fraglich ist, unter welchen weiteren Voraussetzungen diese Rechtsfolgen eintreten können.

a) Kategorie 1: Einhellige Organpraxis

aa) Charakteristika und Fallgruppen

Es ist eine intuitive Annahme, dass die einhellige Praxis eines Plenarorgans unter bestimmten Bedingungen mit der Praxis aller Mitgliedstaaten in ihrer Gesamtheit annähernd gleichgesetzt werden kann.[678] Einhellig

---

[677] Siehe oben, C. II.

[678] Ress, in: Simma u. a. (Hrsg.), The Charter of the United Nations, 2. Aufl., Bd. 1, 2002, Interpretation Rn. 29; kritisch Klein/Schmahl, in: Graf Vitz-

kann dabei nicht nur einstimmig bedeuten (1), sondern auch eine Annahme der die Praxis konstituierenden Entscheidungen allein mit Ja-Stimmen und Enthaltungen (2) sowie eine Annahme im Konsensverfahren (3). Als Beispiele können Resolutionen der UN-Generalversammlung dienen: So wird u. a. der *Friendly Relations Declaration*,[679] die im Konsensverfahren bzw. ohne Abstimmung angenommen wurde,[680] allgemein eine erhebliche Auslegungsrelevanz für mehrere Bestimmungen der Charta beigemessen.[681]

(1) Plenarorgane bei Einstimmigkeit

Zunächst kann eine einstimmige Entscheidung zu satzungsrelevanter Praxis erstarken. In der Praxis der Plenarorgane der meisten Internationalen Organisationen mit einem großen Mitgliederkreis ist Einstimmigkeit, wenn es zur Abstimmung kommt, eher selten.[682] Wenn die Möglichkeit eines Konsensverfahrens besteht und diese nicht genutzt wird, deutet das bereits auf eine kontroverse Entscheidung hin.

Wenn der Blick – mit der gebotenen Vorsicht – auf Abstimmungsergebnisse gerichtet wird, um die Satzungsrelevanz einer Praxis einzuschätzen,[683] darf er nicht auf das einzelne Ergebnis verengt bleiben. Es wurde bereits begründet, warum eine Praxis, die sich in einem einmaligen Akt erschöpft, jedenfalls in einer Internationalen Organisation nur sel-

---

thum/Proelß (Hrsg.), Völkerrecht, 6. Aufl. 2013, Rn. 138; Klein, Vertragsauslegung und spätere Praxis Internationaler Organisationen, in: Bieber/Ress (Hrsg.), Die Dynamik des Europäischen Gemeinschaftsrechts, 1987, S. 101, 104.

679 GA Res. 2625 (XXV).

680 UN Doc. A/PV.1883, 1, vgl. auch http://research.un.org/en/docs/ga/quick/regular/25 (16.12.2014).

681 Keller, Friendly Relations Declaration (1970), in: Wolfrum (Hrsg.), MPEPIL 2009, opil.ouplaw.com/home/ORIL (25.11.2014), Rn. 30; Scheuner, Zur Auslegung der Charta durch die Generalversammlung, VN 1978, 111, 116.

682 Ruffert/Walter, Institutionalisiertes Völkerrecht, 2009, Rn. 343.

683 Zur Bedeutung von Abstimmungsergebnissen für die Auslegungsrelevanz von Organpraxis Kadelbach, in: Simma u. a. (Hrsg.), The Charter of the United Nations, 3. Aufl., Bd. 1, 2012, Interpretation Rn. 38, 52 (insbesondere in der Generalversammlung der Vereinten Nationen); A. Peters, Das Gründungsdokument internationaler Organisationen als Verfassungsvertrag, ZÖR 68 (2013), 1, 23 f.

ten ein *subsequent agreement* oder eine *subsequent practice* und kaum jemals eine *established practice* hervorbringen wird.[684] Im Regelfall wird man es mit einer Reihe von Entscheidungen zu tun haben, bei denen das Stimmverhalten variieren mag. Eine einstimmige Entscheidung mag nach Änderung der politischen Rahmenbedingungen nur mit Mehrheit oder überhaupt nicht wiederholt werden. Eine Praxis kann auch mit Mehrheit begonnen worden und langsam in eine einstimmig akzeptierte Praxis übergegangen sein. Wenn eine klare Entwicklungstendenz hin zur Einstimmigkeit festzustellen ist, liegt eher ein Fall der hier betrachteten Kategorie 1 vor. Wenn die fragliche Praxis hingegen wechselnden Mehrheiten unterworfen ist, muss auch bei einer vereinzelten einstimmigen Unterstützung Kategorie 3 der Ausgangspunkt der Prüfung sein.

Wo die seltene Konstellation einer konsistenten und offen einstimmigen Praxis des Plenarorgans einer Internationalen Organisation auftritt, hat sie jedenfalls den größtmöglichen potenziellen Einfluss auf die Auslegung oder den Inhalt eines Gründungsvertrags. Zum einen ist dann – zumindest soweit das Abstimmungsverhalten der Mitgliedstaaten einen Rückschluss auf eine entsprechende rechtsgeschäftliche Übereinkunft zulässt – die entscheidende Tatbestandsvoraussetzung von Art. 31 Abs. 3 lit. b WVK in ihrer restriktivsten Auslegung, nämlich als Erfordernis der Zustimmung aller Vertragsparteien,[685] erfüllt. Zum anderen bringt eine solche Praxis auch die besten Voraussetzungen für die Entstehung von Organisationsgewohnheitsrecht, einer *established practice*, mit sich.

(2) Plenarorgane bei Mehrheitsentscheidung ohne Gegenstimmen

Fraglich ist, ob sich dies dann ändert, wenn die Entscheidungen zwar von der laut Satzung erforderlichen Mehrheit getragen werden und auch nicht auf Gegenstimmen treffen, es jedoch eine Minderheit von Staaten gibt, die sich der Stimme enthält.

Die entscheidende Frage ist dann, wie eine Enthaltung aus dem Blickwinkel der Organisationspraxis zu bewerten ist. Kann ein Staat auch mit einer Enthaltung seine „Zustimmung“ zu einer Parteiübereinkunft

---

684 Siehe oben, B. III. 3. c) dd), C. II. 6. c).

685 Siehe oben, B. I. 6, Fn. 74.

i.S.v. Art. 31 Abs. 3 lit. b WVK zum Ausdruck bringen? Kann hinter einer Enthaltung eine die materielle Entscheidung stützende *opinio iuris* zur Ergänzung oder Modifikation der Satzung stehen?

Als Ausgangspunkt für die Beantwortung dieser Fragen müssen die Motive gelten, die zu einer Enthaltung geführt haben können. Dabei lässt sich bei der hier notwendigen Abstraktion lediglich eine Annäherung leisten. Selbstverständlich entspringen die Motive einer Enthaltung dem jeweiligen Einzelfall und können auf einer komplexen rechtlichen oder politischen Einschätzung beruhen. Häufig wird der sich enthaltende Akteur nicht von der politischen Opportunität oder der rechtlichen Grundlage der Entscheidung überzeugt sein, oder er möchte sich aus einem Disput heraushalten, um negative Folgen für die Beziehungen zu betroffenen bzw. interessierten Akteuren zu vermeiden. Gleichzeitig hat er aber auch Gründe, sich trotz seiner Bedenken nicht gegen die Entscheidung zu wenden, sei es, weil seitens der Befürworter Druck ausgeübt wird, er das Gelingen des betreffenden Vertragsregimes nicht gefährden möchte oder er sich Vorteile auf anderen Gebieten erhofft. Dabei können die Bedenken auch nur gegen einen bestimmten Aspekt der Entscheidung im Einzelfall gerichtet sein und nicht so sehr auf die hier interessierende Auslegung oder gar Modifikation des Gründungsvertrags.

In so einem Fall von einer Zustimmung des sich enthaltenden Staates zu einer Übereinkunft der Parteien über eine bestimmte Auslegung bzw. von einer *opinio iuris* über einen bestimmten Vertragsinhalt auszugehen, erscheint zunächst keineswegs zwingend. Andererseits ist im Rahmen des Art. 31 Abs. 3 lit. b WVK allgemein anerkannt, dass grundsätzlich auch eine *acquiescence*, d. h. eine implizite Zustimmung durch Schweigen einiger Parteien im Angesicht der Praxis anderer Parteien genügen kann, um eine spätere Praxis zu begründen.[686] Eine gewisse Unsicherheit herrscht lediglich bei den Anforderungen, die an eine solche *ac-*

---

[686] IGH, Temple of Preah Vihear (Cambodia v. Thailand), ICJ Reports 1962, 6, 23; Karl, Vertrag und spätere Praxis im Völkerrecht, 1983, S. 276 ff; MacGibbon, The Scope of Acquiescence in International Law, BYIL 31 (1954), 143, 146 f.; speziell in Bezug auf Internationale Organisationen: Kadelbach, in: Simma u. a. (Hrsg.), The Charter of the United Nations, 3. Aufl., Bd. 1, 2012, Interpretation Rn. 39; A. Peters, Das Gründungsdokument internationaler Organisationen als Verfassungsvertrag, ZÖR 68 (2013), 1, 48 f.

quiescence zu stellen sind.[687] Wenn im Gegensatz dazu auf jede Praxis eine ausdrückliche Zustimmung folgen müsste, käme eine einhellige Parteiübereinkunft i.S.v. Art. 31 Abs. 3 lit. b WVK bei multilateralen und erst recht bei universellen Vertragswerken kaum jemals zustande. Die spätere Praxis wäre damit kein in der Realität handhabbares Auslegungswerkzeug mehr. Wenn aber eine *acquiescence* möglich ist – bei der häufig fraglich sein wird, ob die betroffenen Staaten über die Praxis informiert waren oder informiert hätten sein müssen, ob sie überhaupt Gelegenheit hatten, zu widersprechen[688] –, kann eine Enthaltung in einem Plenarorgan einer satzungsrelevanten Organisationspraxis *a fortiori* kaum im Wege stehen. Im Vorfeld einer solchen kann ein Staat sich über die anstehende Entscheidung umfassend informieren, denn ihm stehen alle offiziellen Informationsmöglichkeiten über den Vorschlag offen. Eine Enthaltung in einem Organ ist mehr als ein einfaches Untätigsein im normalen völkerrechtlichen Verkehr. Es handelt sich um einen formellen Akt, mit fest an ihn geknüpften Rechtsfolgen.

Verstärkend kommt hinzu, dass Enthaltungen gerade im Recht der Internationalen Organisationen ständige Praxis und gerade in ihnen ein Instrument sind, um Bedenken und Vorbehalten Ausdruck zu verleihen, ohne gleichzeitig die Handlungsfähigkeit der Organisation zu lähmen. Es gibt Grund zu der Annahme, dass in vielen Organisationen ungeschriebene *rules of the organization* in Form einer *established practice* bestehen, welche die Enthaltung eher der Ja- als der Nein-Stimme annähern.

Aus diesen Gründen dürften Enthaltungen für eine satzungsrelevante Organisationspraxis – anders als Gegenstimmen und Protest – wenig hinderlich sein.[689] Eine konsistente Praxis, die von einer ausreichenden Zahl an Ja-Stimmen getragen ist, ansonsten vor allem auf Enthaltungen

---

[687] Vgl. Karl, Vertrag und spätere Praxis im Völkerrecht, 1983, S. 279 ff.; MacGibbon, The Scope of Acquiescence in International Law, BYIL 31 (1954), 143, 168 ff.; Müller, Vertrauensschutz im Völkerrecht, 1971, S. 38 f.

[688] Vgl. zur Voraussetzung des Kennen- oder Kennenmüssens (*notoriety*): Karl, Vertrag und spätere Praxis im Völkerrecht, 1983, S. 279; MacGibbon, The Scope of Acquiescence in International Law, BYIL 31 (1954), 143, 173 ff.; Marques Antunes, Acquiescence, in: Wolfrum (Hrsg.), MPEPIL 2006, opil.oupl aw.com/home/ORIL (25.11.2014), Rn. 21.

[689] So auch Kadelbach, in: Simma u. a. (Hrsg.), The Charter of the United Nations, 3. Aufl., Bd. 1, 2012, Interpretation Rn. 39.

trifft und die übrigen Anforderungen an wirksame Organisationspraxis des jeweiligen Typus erfüllt, ist also weitgehend mit einstimmiger Praxis gleichzusetzen.

(3) Plenarorgane im Konsensverfahren

Mit die größte Relevanz in der Praxis kommt dem Konsensverfahren zu, im UN-Jargon *adoption without a vote*, Annahme ohne Abstimmung.[690] Dabei wird ein Resolutions- oder Entscheidungsvorschlag vom Vorsitzenden/Präsidenten des Organs verkündet und direkt im Anschluss die Frage gestellt, ob es Einwände gegen den Vorschlag gebe. Ist dies nicht der Fall, wird die Vorlage ebenfalls vom Vorsitz für angenommen erklärt und sodann zum nächsten Tagesordnungspunkt übergegangen.[691] Nach der aktuellsten verfügbaren Statistik für den Zeitraum von 2000 bis 2009 wurden rund 77 % aller angenommenen Resolutionen und 99 % aller angenommenen Entscheidungen der UN-Generalversammlung im Konsensverfahren (*without a vote*) getroffen.[692] Drei im Folgenden näher zu betrachtende Umstände sind dabei besonders bemerkenswert und für die Entstehung von Organisationspraxis äußerst relevant.

Erstens ist mit dem Konsensverfahren ein psychologisches Moment verbunden. Es erfordert eine größere Überwindung, bei der Frage nach Einwänden in einer großen Gruppe die Stimme zu erheben – mit der Gefahr, einen Konsens von bis zu 193 mitgliedstaatlichen Delegationen

---

[690] Vgl. z. B. für die UN-Generalversammlung Repertory, Supplement 10, Bd. II, Art. 18, Rn. 2 und Statistik unter Rn. 22 im Vergleich z. B. zu Repertory, Supplement 4, Bd. I, Art. 18, Statistik unter Rn. 10; zur allgemeinen Zunahme von Entscheidungen im Konsensverfahren siehe statt vieler Ruffert/Walter, Institutionalisiertes Völkerrecht, 2009, Rn. 351; theoretisch gibt es einen Unterschied zwischen Konsens und *adoption without a vote*: Bei letzterer ist zumindest formell keine vorige Verhandlung erforderlich. In der Praxis findet sie meist dennoch statt, sodass die Unterscheidung vernachlässigt werden kann: Wolfrum/Pichon, Consensus, in: Wolfrum (Hrsg.), MPEPIL 2010, opil.ouplaw.com/home/ORIL (25.11.2014), Rn. 9.

[691] Fitschen, in: Simma u. a. (Hrsg.), The Charter of the United Nations, 3. Aufl., Bd. 1, 2012, Art. 21 Rn. 78.

[692] Repertory, Supplement 10, Bd. II, Art. 18, Statistik unter Rn. 22 (die prozentualen Angaben wurden aus den im Repertory angegebenen absoluten Zahlen errechnet).

zu unterbinden. Das gilt insbesondere dann, wenn das Scheitern des Konsenses nicht wie in der UN-Generalversammlung durch eine Mehrheitsentscheidung kompensiert werden kann.[693] Umso schwieriger ist der Protest, wenn zwischen der Frage nach Einwänden und der Feststellung eines Konsenses nur eine kurze Zeitspanne vergeht. Auch wenn diese Entscheidung in wichtigen Angelegenheiten zumindest von größeren Delegationen gut vorbereitet sein wird und das Stimmverhalten im Vorfeld abgesprochen und geplant ist, gibt es sicher auch Gegenbeispiele, vor allem in Delegationen mit geringeren personellen Möglichkeiten. Dann stellt sich ein Fairnessproblem. Es ist anzunehmen, dass die zunehmende Verbreitung des Konsensverfahrens die internationale Kooperation insgesamt erheblich erleichtert hat. Gerade in Organisationen, in denen die Alternative einer Mehrheitsentscheidung die Gefahr mit sich bringt, überstimmt zu werden, besteht ein beträchtlicher Druck zum Konsens. Das befördert freilich unklare Kompromisslösungen.[694] Dabei ist einzuräumen, dass sich die Effekte des Konsensverfahrens kaum zuverlässig von substanziellen Entwicklungen wie z. B. zunehmendem Kooperationsdruck durch wachsende wirtschaftliche Interdependenz im Zuge der Globalisierung isolieren lassen.

Zweitens gibt es – u. a. auch in der UN-Generalversammlung und im UN-Sicherheitsrat – Fälle, in denen sich Delegationen nach Feststellung des Konsenses zu Wort melden und sich von ebendiesem Konsens, zu dem sie selbst beigetragen haben, direkt im Anschluss distanzieren. Dies kann sich so äußern, dass die Delegationen darlegen, wie ihre „Zustimmung" zu verstehen ist und unter welchen Vorbehalten sie steht, wie sie den Konsens oder bestimmte Teile auslegen und welche Kritikpunkte aus der Sicht der eigenen Delegation/Regierung bestehen (*dissociation*).[695]

Drittens steht das Konsensverfahren häufig selbst auf einem unsicheren rechtlichen Fundament. Um erneut die Vereinten Nationen als Beispiel

---

[693] Wolfrum/Pichon, Consensus, in: Wolfrum (Hrsg.), MPEPIL 2010, opil.ouplaw.com/home/ORIL (25.11.2014), Rn. 19.

[694] Schermers/Blokker, International Institutional Law, 5. Aufl. 2011, §§ 782, 785; White, The law of international organisations, 2. Aufl. 2005, S. 134.

[695] Vgl. z. B. Repertory, Supplement 6, Bd. III, Art. 27, Rn. 5, insbesondere Fn. 6; Conforti/Focarelli, The Law and Practice of the United Nations, 4. Aufl. 2010, S. 97; Wolfrum/Pichon, Consensus, in: Wolfrum (Hrsg.), MPEPIL 2010, opil.ouplaw.com/home/ORIL (25.11.2014), Rn. 20.

heranzuziehen: *Adoption without a vote* ist weder in der Charta, noch in den Geschäftsordnungen von Generalversammlung und Sicherheitsrat erwähnt[696] – dennoch wird sie alltäglich von diesen Organen praktiziert.[697] Das Konsensverfahren ist also sowohl eine Antriebskraft als auch ein Produkt der Organisationspraxis.

Einen Hinweis auf die Bedeutung der geschilderten Eigenschaften des Konsensverfahrens für die Satzungsrelevanz einer überwiegend auf ihm beruhenden Organisationspraxis gibt bereits die in den Organisationen gebräuchliche Terminologie: Auch eine *adoption without a vote* wird allgemein als eine *adoption*, eine Annahme, betrachtet. Wenn nun diese Begrifflichkeit von den dieses Verfahren praktizierenden Organisationen und ihren Mitgliedstaaten akzeptiert wird, deutet das darauf hin, dass sie Rechtsfolgen, die denen einer einstimmigen positiven Entscheidung weitgehend entsprechen, allgemein akzeptieren und ihr Verhalten am Bewusstsein dieser Rechtsfolgen ausrichten. Es handelt sich damit beim Unterlassen eines Widerspruchs rechtlich betrachtet um mehr als eine Enthaltung, denn dieses Unterlassen ist unmittelbar auf Annahme des Vorschlags gerichtet. Gleichzeitig kann dieses Unterlassen aber auch nicht als völlig gleichbedeutend mit der positiven Zustimmung betrachtet werden. Eine Konsensentscheidung befindet sich bezüglich des Ausmaßes an Übereinstimmung zwischen einer Mehrheitsentscheidung und einer solchen einstimmiger Natur.[698] Das *Repertory of Practice of United Nations Organs* jedoch setzt einstimmige Beschlüsse und solche im Konsensverfahren teilweise gleich.[699]

Ebenso wie bei der Enthaltung ist es schwierig, das subjektive Element, also die Übereinkunft bzw. die *opinio iuris*, aus einem solchen Unterlas-

---

[696] Rules of Procedure of the General Assembly, UN Doc. A/520/Rev.15; Provisional Rules of Procedure of the Security Council, UN Doc. S/96/Rev.7; die Geschäftsordnung des ECOSOC sieht die *adoption without a vote* hingegen ausdrücklich vor: *Rule 59 S. 2* der Rules of Procedure of the Economic and Social Council, UN Doc. E/5715/Rev.2.

[697] Statt vieler Repertory, Supplement 10, Bd. II, Art. 18, Statistik unter Rn. 22 (UN-Generalversammlung); Repertoire of the Practice of the Security Council, Supplement 2004-2007, Chapter IV, 11; 17th Supplement 2010-2011, Part II, 70 f. (UN-Sicherheitsrat).

[698] Wolfrum/Pichon, Consensus, in: Wolfrum (Hrsg.), MPEPIL 2010, opil.ouplaw.com/home/ORIL (25.11.2014), Rn. 4, 18, 23.

[699] Repertory, Supplement 2, Bd. II, Art. 18, Rn. 3.

sungsakt abzuleiten. Wie die Enthaltung kann das Unterlassen eines Widerspruchs auf einem ganzen Motivbündel oder einer Absprache beruhen, sodass der interpretierende oder modifizierende Teil der Entscheidung von einzelnen – im Konsensverfahren nicht identifizierbaren – Akteuren nicht wirklich unterstützt wird. Solche Motive sind jedoch zum einen weitgehend der Sphäre des nicht widersprechenden Akteurs zuzurechnen, sodass er sich an seinem objektiv gesetzten Rechtsschein der Zustimmung grundsätzlich wird festhalten lassen müssen. Zum anderen müssen bei Rechtsfolgen, die über eine einfache unverbindliche Auslegung hinausgehen, weitere objektive Anhaltspunkte für das subjektive Element hinzutreten, wie langjährige Wiederholung und Konsistenz der Praxis.

Auch eine Entscheidung im Konsensverfahren steht einer einstimmigen Entscheidung somit durchaus nahe, sie kann mit ihr aber keinesfalls völlig gleichgesetzt werden.[700] An sie werden – ähnlich wie an Entscheidungen mit Ja-Stimmen und Enthaltungen – weitere Anforderungen zu stellen sein. Auch bei ihr wird es darauf ankommen, welches Organ zu welchen Bestimmungen der Gründungsverträge in welcher Form und Verbindlichkeit mit welcher Konsistenz praktiziert.

(4) Reaktion anderer Organe

Praxis eines Plenarorgans kann nicht isoliert als einhellige Staatenpraxis betrachtet werden. Um nicht in eine reine Stimmarithmetik abzugleiten, vor der *Brownlie* ja zu Recht warnt,[701] dürfen die Stellung des Plenarorgans im institutionellen Gefüge der Organisation und die Reaktion anderer Organe auf dessen Praxis nicht vernachlässigt werden. Das gilt vor allem dann, wenn den Entscheidungen des Plenarorgans überwiegend empfehlender Charakter zukommt und gleichzeitig Organe mit verbindlichen Entscheidungskompetenzen existieren, wie es bei den Vereinten Nationen der Fall ist.

Andererseits muss berücksichtigt werden, dass es in den hier behandelten Fällen, in denen die Praxis des Plenums einmütig ist bzw. nicht auf Protest stößt, kaum jemals zu Organkonflikten kommen wird. Wenn ein Mitgliedstaat einer Praxis im Plenarorgan zugestimmt hat und ihr in

---

[700] Vgl. Wolfrum/Pichon, Consensus, in: Wolfrum (Hrsg.), MPEPIL 2010, opil.ouplaw.com/home/ORIL (25.11.2014), Rn. 4, 18, 23.

[701] Siehe oben, Fn. 655.

einem Organ mit beschränkter Mitgliedschaft entgegentritt, setzt er sich zu seinem eigenen Verhalten in Widerspruch, was nach den Grundsätzen des *estoppel* zu beurteilen wäre.[702] Zwar hat derselbe Staat in verschiedenen Organen mit unterschiedlichen Aufgaben und Kompetenzen theoretisch andere Funktionen zu erfüllen und auch das institutionelle Interesse des jeweiligen Organs zu berücksichtigen. Doch ist ein solch inkonsistentes Verhalten eines Staates kaum im Interesse der Ziele der Organisation in ihrer Gesamtheit. Es dürfte in der Praxis ohnehin kaum auftreten. Jeder Staat wird vielmehr bestrebt sein, ein solch unseriös wirkendes Verhalten zu vermeiden.

Eine Stellungnahme oder gar Widerspruch zur einhelligen Praxis eines Plenarorgans ist also eher von einem unabhängigen Verwaltungs- oder Streitbeilegungsorgan zu erwarten. So hat z. B. der IGH sowohl im *Certain-Expenses-* als auch im *Wall*-Gutachten zur Praxis der Generalversammlung zu Art. 17 und 12 SVN Stellung genommen, sie aber bei beiden Gelegenheiten trotz problematischer Aspekte[703] rechtlich bestätigt.[704] Der EuGH hingegen räumt der Praxis der Mitgliedstaaten im Angesicht seiner Letztentscheidungskompetenz über die Auslegung des Unionsrechts gem. Art. 267 AEUV nur geringe und für eine Modifikation keinerlei Bedeutung ein.[705] Und der WTO *Appellate Body* verweigerte einem vom *Dispute Settlement Body* – einem Plenarorgan der WTO (Art. IV Abs. 2, 3 WTO-Abkommen) – gem. Art. 16 Abs. 4 DSU gebilligten *Panel*-Bericht die Qualifikation als spätere Praxis.[706] Je nach institutioneller Stellung des Streitbeilegungsorgans und Zentralisie-

---

[702] Vgl. zur Rolle des *estoppel* für das Stimmverhalten von Staaten in Internationalen Organisationen Cottier/Müller, Estoppel, in: Wolfrum (Hrsg.), MPEPIL 2007, opil.ouplaw.com/home/ORIL (25.11.2014), Rn. 12 f.

[703] Sep. Op. Spender, Certain Expenses, ICJ Reports 1962, 182 ff.; die vom IGH in der Wall Opinion völkerrechtlich sanktionierte Praxis der Generalversammlung wurde bereits vor Erlass des Gutachtens kritisiert: Blum, Eroding the United Nations Charter, 1993, S. 103 ff.; Hailbronner/Klein, in: Simma u. a. (Hrsg.), The Charter of the United Nations, 2. Aufl., Bd. 1, 2002, Art. 12 Rn. 22.

[704] IGH, Certain Expenses, Advisory Opinion, ICJ Reports 1962, 151, 160 ff.; Wall, Advisory Opinion, ICJ Reports 2004, 136, 149 ff.

[705] Siehe oben, Fn. 533.

[706] WTO Appellate Body, Japan – Alcoholic Beverages II, 4.10.1996, WT/DS8/AB/R, WT/DS10/AB/R, WT/DS11/AB/R, 12 ff.

rungsgrad der Auslegungsvorgänge in der Organisation hat dieses unterschiedliche Chancen, einer Praxis erfolgreich die rechtliche Wirkung auf den Gründungsvertrag abzusprechen oder sie gar zu unterbinden. Dem IGH steht mit dem Gutachtenverfahren lediglich ein rechtlich schwaches – weil unverbindliches – Instrument zur Verfügung. Obgleich es mit hoher Autorität versehen ist und einen intensiven rechtlich vermittelten politischen Einfluss auszuüben vermag, dürfte es wohl kaum geeignet sein, eine ständige einhellige Praxis der Generalversammlung zu unterbinden – ganz abgesehen davon, dass kaum zu erwarten ist, dass der IGH dieses Instrument gegen die gesamte Mitgliedschaft in Stellung bringen würde. Selbst wenn die Richter eine Praxis für fragwürdig halten, wäre anzunehmen, dass sie aus institutionspolitischen Gründen *judicial self-restraint* üben, wie sie es in Bezug auf ihr eigenes Verhältnis zum Sicherheitsrat auch im *Lockerbie*-Urteil getan haben.[707]

Der EuGH hingegen befindet sich mit Art. 19 EUV grundsätzlich in einer hinreichend abgesicherten rechtlichen Stellung, um eine seiner Auffassung nach vertragswidrige Praxis der Mitgliedstaaten zu unterbinden. Darauf wird noch zurückzukommen sein.[708]

Es bleibt abschließend festzustellen, dass die Möglichkeiten eines Verwaltungsorgans, sich der einstimmigen Praxis des Plenarorgans entgegenzusetzen, in der Regel noch beschränkter sind. In vielen, wenn auch nicht in allen Organisationen, binden die Entscheidungen des Plenarorgans das Verwaltungsorgan.[709] Es selbst kann sich dabei ebenso wenig wie ein unabhängig besetztes Streitbeilegungsorgan auf Art. 31 Abs. 3 lit. b WVK berufen. Seine Zustimmung ist auch keine notwendige Voraussetzung für eine einstimmige Praxis mit all ihren möglichen Rechtsfolgen.

---

[707] IGH, Lockerbie (Libya v. USA/Libya v. UK), Preliminary Objections, ICJ Reports 1998, 9/115 ff.; zur Bewertung der Entscheidung als judicial self-restraint: McWhinney, Judicial Wisdom, and the World Court as Special Constitutional Court, in: Beyerlin u. a. (Hrsg.), Recht zwischen Umbruch und Bewahrung, FS Bernhardt, 1995, S. 705, 709.

[708] Siehe unten, E. III. 2.

[709] Vgl. z. B. Art. 98 S. 1, 2. HS, Art. 101 Abs. 1 SVN; vgl. Schmalenbach, International Organizations or Institutions, General Aspects, in: Wolfrum (Hrsg.), MPEPIL 2006, opil.ouplaw.com/home/ORIL (25.11.2014), Rn. 86.

bb) Mögliche Rechtsfolgen und ihre Voraussetzungen

(1) Einfache spätere Praxis

Eine spätere Praxis gem. Art. 31 Abs. 3 lit. b WVK wird durch eine einhellige Entscheidung – mit oder ohne Enthaltungen, mit oder ohne Abstimmung – ohne Weiteres begründet werden können. An die Parteiübereinkunft bzw. die Übereinkunft der Mitgliedstaaten über die Auslegung werden keine allzu hohen Anforderungen zu stellen sein und auch eine besondere Konsistenz ist nicht zu verlangen. So können unter Umständen auch einige wenige einhellige Entscheidungen, welche eine Auslegung der Satzung beinhalten, als einer unter mehreren gleichberechtigten Faktoren in die *single combined operation* einbezogen werden. Ein Rückgriff auf Art. 32 WVK mit der Folge, dass die Praxis nur subsidiär berücksichtigt werden darf, wird bei einer einhelligen Praxis nicht erforderlich sein, auch dann nicht, wenn Enthaltungen vorliegen oder das Konsensverfahren zum Einsatz gekommen ist.

(2) Autoritative spätere Praxis

Auch die nächsthöhere Stufe der möglichen Rechtsfolgen von Organisationspraxis, eine autoritative und damit verbindliche spätere Praxis, wird sich am ehesten mit der einhelligen Praxis eines Plenarorgans verwirklichen lassen. Eine solche Praxis hat zwar prinzipiell Vorrang vor den mit anderen Methoden ermittelten Auslegungsresultaten (soweit sie nicht ohnehin zum gleichen Ergebnis kommen), muss sich aber innerhalb der Grenzen der Auslegung halten.[710]

Wenn eine besondere Bestimmung im Gründungsvertrag existiert, die einem Organ ausdrücklich die Kompetenz zur verbindlichen Auslegung zuweist (sei es ein Plenarorgan oder ein Organ mit beschränkter Mitgliedschaft) ist diese Rechtsfolge von interpretierender Organpraxis selbstverständlich.[711] Dann wird aber in aller Regel der Anwendungsbereich des Art. 31 Abs. 3 lit. b WVK verlassen. Vielmehr handelt es sich in diesem Fall um eine *rule of the organization* gem. Art. 5 WVK, die als *lex specialis* die allgemeine Vorschrift im Recht der Verträge vollständig verdrängt.

---

[710] Siehe oben, B. III. 3. a) aa) (6), C. I. 2. c) bb).

[711] Siehe oben, B. III. 3. a) aa) (3); Beispiele sind, wie erwähnt, Art. XXIX IWF-Abkommen und Art. IX IBRD-Abkommen.

Weiterhin kann auch aus unverbindlichen Entscheidungen eines Plenarorgans, soweit sie *generally acceptable* sind, eine autoritative, verbindliche Organpraxis entstehen.[712] Die *general acceptability* wird in allen drei Unterkategorien einer einhelligen Praxis des Plenarorgans gegeben sein. Zur Überwindung etwaiger Unverbindlichkeit müssen jedoch, wie bereits aufgezeigt, deutlich über die bloße Einhelligkeit bzw. *general acceptability* hinausgehende Anforderungen erfüllt sein.[713] Zu fordern ist zum einen eine besondere Häufigkeit und Konsistenz der Entscheidungen, welche allesamt eine gleichlautende Interpretationsaussage treffen. Zum anderen muss der dahingehende Wille der Mitgliedstaaten, dass der von ihnen in der Praxis vorgenommenen Auslegung Verbindlichkeit zukommen soll, deutlich zum Ausdruck kommen. Das könnte z. B. durch wiederkehrende bekräftigende Formulierungen in den einzelnen Resolutionen geschehen. Je geringer das Maß an Ausdrücklichkeit (also z. B. bei Konsensentscheidungen und Enthaltungen) und Konsistenz ist, desto deutlichere Hinweise auf eine allgemeine, auf Verbindlichkeit gerichtete Willensübereinstimmung werden erforderlich sein.

(3) Ändernde und erweiternde *established practice*

Eine *established practice* muss den strengsten Anforderungen an Konsistenz und subjektives Element genügen. Sie ist theoretisch nur im Rahmen der hier behandelten Kategorie 1 oder – seltener – der Kategorie 2 denkbar. Eine Abweichung von den in der Satzung vorgesehenen formellen Änderungsverfahren bedarf der hochgradig konsistenten Mitwirkung wirklich aller Mitgliedstaaten.[714] Es muss eine klare *opinio iuris* – also eine Ansicht der Staaten, zu einer Modifikation oder Erwei-

---

[712] UNCIO Doc. 750 IV/2/B/1, 832; Alvarez, International Organizations as Law-Makers, 2005, S. 80; Sohn, The UN System as Authoritative Interpreter of its Law, in: Schachter u. a. (Hrsg.), United Nations Legal Order, 1995, S. 169, 173 ff.; die zitierte Literatur bezieht sich nur auf die Vereinten Nationen, aber oben unter C. I. 2. c) bb) wurde bereits dargelegt, warum der Gedanke der *general acceptability* auch auf andere Internationale Organisation ohne ausdrückliche Bestimmungen zur autoritativen Auslegung übertragbar ist.

[713] Siehe oben, C. I. 2. c) bb).

[714] Siehe oben, C. II. 6. c).

terung ggf. berechtigt zu sein[715] – vorliegen, um entsprechendes Organisationsgewohnheitsrecht zu bilden.

Es ist dabei naheliegend, anzunehmen, dass eine Erweiterung der Satzung etwas einfacher möglich ist als die informelle Änderung einer ausdrücklichen Regelung, gar eines expliziten Verbotes oder Gebotes.[716] Zwar stellen sich in beiden Konstellationen massive Probleme der *rule of law* und der Legitimation.[717] Zwischen beiden besteht jedoch ein nicht unerheblicher Intensitätsunterschied.[718] So werden Enthaltungen und Konsensentscheidungen leichter den Anforderungen an eine lediglich erweiternde *established practice* genügen als denen an eine solche mit Änderungswirkung.

b) Kategorie 2: Praxis von Organen mit beschränkter Mitgliedschaft oder von unabhängig besetzten Organen, die auf allgemeine Akzeptanz der Mitgliedstaaten trifft

aa) Charakteristika und Fallgruppen

Die zweite zu untersuchende Kategorie von Organpraxis betrifft die einhellige Praxis von Organen mit beschränkter Mitgliedschaft (ohne eine Kompetenz zur autoritativen Auslegung i. e. S.), die auf eine einhellige Unterstützung der übrigen Mitglieder trifft, sei sie dort einstimmig, mit Enthaltungen oder im Konsensverfahren beschlossen.[719]

Sie unterscheidet sich von der soeben behandelten Kategorie 1 dadurch, dass bei ihr nicht alle Mitgliedstaaten gleichberechtigt beteiligt sind.

---

[715] Siehe oben, B. III. 3. c) bb).

[716] Siehe oben, B. III. 4.; vgl. dazu auch in Ansätzen Sep. Op. Spender, Certain Expenses, ICJ Reports 1962, 182, 196.

[717] Siehe oben, B. III. 3. b); vgl. Blum, Eroding the United Nations Charter, 1993, S. 253 ff.; vgl. Hexner, Teleological Interpretation of Basic Instruments of International Organizations, in: Engel u. a. (Hrsg.), Law, State and International Legal Order, 1964, S. 119, 129; A. Peters, Das Gründungsdokument internationaler Organisationen als Verfassungsvertrag, ZÖR 68 (2013), 1, 50 f., 53 f.

[718] Siehe oben, B. III. 4.

[719] Vgl. allgemein zu dieser Fallgruppe: IGH, Namibia, Advisory Opinion, ICJ Reports 1971, 16, 22; Herdegen, Der Sicherheitsrat und die autoritative Konkretisierung des VII. Kapitels der UN-Charta, in: Beyerlin u. a. (Hrsg.), Recht zwischen Umbruch und Bewahrung, FS Bernhardt, 1995, 103, 112.

Vielmehr existiert eine die Praxis aktiv vorantreibende Gruppe von Organmitgliedern oder „Insidern“, die auf eine aktiv oder passiv reagierende Gruppe der restlichen Mitglieder der Organisation oder „Outsider“ trifft. Das Paradebeispiel ist die Praxis des UN-Sicherheitsrats vor allem zu Kapitel VII der UN-Charta. Andere Beispiele sind die Praxis des ECOSOC, des ILO-Verwaltungsrates und des WHO-Exekutivrates.

Sobald die Praxis des Organs jedoch auf Protest von „Insidern“ (durch Gegenstimmen) oder von „Outsidern“ trifft (z. B. durch Protest oder Verweigerung der Implementierung) oder sobald die „Zustimmung“ der „Outsider“ nicht den an sie zu stellenden Anforderungen entspricht, handelt es sich um einen Fall von Kategorie 3, also von autonomer Organpraxis.

Besonderes Augenmerk ist dabei auf die verschiedenen Modalitäten einer Reaktion durch die „Outsider“ zu richten: Welche Bedeutung hat eine ausdrückliche Zustimmung als Beobachter im Organ oder auf schriftlichem Wege (1), ein konkludentes Einverständnis – z. B. durch Umsetzung der Beschlüsse oder die Erfüllung von Berichtspflichten (2) – und welche Tragweite hat ein bloßes Schweigen (3)?

Sodann sind die möglichen Rechtsfolgen von Praxis dieser Kategorie zu untersuchen (bb). Es soll so weit wie möglich und unter maßgeblichem Rückgriff auf Art. 5 WVK spezifiziert werden, welche Anforderungen an den Zustimmungsakt der „Outsider“ für welche Rechtsfolge zu stellen sind.

(1) Ausdrückliche Zustimmung

Eine ausdrückliche Zustimmung der Nichtmitglieder des Organs ist als solche zwar vorstellbar. So können z. B. im UN-Sicherheitsrat gem. Art. 31 SVN Nichtmitglieder ohne Stimmrecht an den Debatten teilnehmen, wenn der Rat der Auffassung ist, dass die Interessen dieser Mitglieder besonders von einer anstehenden Entscheidung betroffen sind. Diese Bestimmung wird in der Praxis äußerst großzügig gehandhabt.[720] Sie bezieht regelmäßig eine erhebliche Zahl von Mitgliedstaaten

[720] Aus dem Repertory of Practice ist nur ein einziger Fall ersichtlich, in dem der Antrag eines Nichtmitglieds, an einer offenen Sitzung teilzunehmen, negativ beschieden wurde; diese Entscheidung wurde freilich später revidiert, Repertory, Bd. II, Art. 31, Rn. 13; siehe dazu ausführlich unten, D. II. 2. a).

in den Diskurs des Rates mit ein.[721] Hier haben „Outsider" bereits die Gelegenheit, ihrer Einwilligung in eine oder mehrere zukünftige Entscheidungen mit einen bestimmten Inhalt explizit und unmittelbar in deren Vorfeld Ausdruck zu verleihen.[722] Dennoch werden sie bei der Aushandlung konkreter Kompromisse mangels Stimmrechts häufig außen vor bleiben, sodass sich die Entscheidung nach ihrem Diskussionsbeitrag erheblich verändern kann und von einer etwaigen Zustimmung dann nicht mehr gedeckt wäre. Staaten können sich z. B. auch schriftlich an den Präsidenten des Sicherheitsrats wenden und ihre Unterstützung für eine bestimmte Praxis signalisieren oder dies in einem anderen Kontext, z. B. in Pressemitteilungen, tun.

Dennoch wird es zumindest in einer universellen Organisation kaum jemals möglich sein, die ausdrückliche Zustimmung aller Nichtmitglieder eines Organs mit beschränkter Mitgliedschaft nachzuweisen. Das ist lediglich dann vorstellbar, wenn das Plenarorgan in einer oder mehreren einhelligen Resolution(en) die Praxis des Organs mit beschränkter Mitgliedschaft ausdrücklich gutheißt. Wenn allerdings eine solche ausdrückliche und einhellige Billigung der Praxis vorliegt, die eine entsprechende rechtsgeschäftliche Übereinkunft bzw. *opinio iuris* zum Ausdruck bringt, dann wird sie ähnlich satzungsrelevant sein wie eine Praxis der Kategorie 1.

(2) Konkludente Zustimmung

Eine konkludente Zustimmung zur Praxis reduzierter Organe könnte z. B. durch die Implementierung der sie konstituierenden Entscheidungen oder durch die Erfüllung von den Staaten auferlegten Nebenpflichten – wie z. B. von Berichtspflichten nach dem gegen den internationa-

---

721 Dolzer, in: Simma u. a. (Hrsg.), The Charter of the United Nations, 3. Aufl., Bd. 1, 2012, Art. 31 Rn. 17.

722 Rodiles, Non-Permanent Members of the United Nations Security Council and the Promotion of the International Rule of Law, GoJIL 5 (2013), 333, 369 weist insbesondere auf die Relevanz von Äußerungen der „Outsider" im Rahmen von *open (thematic) debates* hin, welche die Zustimmung oder den Widerspruch der übrigen Mitgliedstaaten zu einer Praxis des Sicherheitsrats signalisieren können.

len Terrorismus gerichteten Regime des Sicherheitsrats – ausgedrückt werden.[723]

In diesen Fällen wird der Nachweis des subjektiven Elementes schwierig sein, vor allem, wenn die betreffenden Entscheidungen des Organs vom Gründungsvertrag mit verbindlicher Wirkung versehen werden (vgl. z. B. Art. 25 SVN). So mögen die UN-Mitglieder den Berichtspflichten aus politischen Opportunitätsgründen nachkommen, oder weil sie sich von der UN-Charta dazu ohne inhaltliche Prüfung verpflichtet sehen – ohne dass sie notwendigerweise die damit verbundene Auslegung des Kapitels VII teilen.

Im Übrigen wird eher eine Gemengelage von ausdrücklichen, konkludenten und vollständig passiven Reaktionen vorliegen, weshalb die Frage der Beurteilung von Schweigen von besonderer Relevanz ist.

(3) Schweigen als Zustimmung? – *Acquiescence*

Fraglich ist die Beurteilung einer Situation, in der die Praxis eines reduzierten Organs auf wenig oder gar keine Reaktion der übrigen Mitgliedstaaten trifft. Spricht ein solches Schweigen dagegen, eine der Praxis entsprechende Übereinkunft der Parteien über die Auslegung des Gründungsvertrags bzw. eine *opinio iuris* anzunehmen, oder kann das Schweigen zumindest in manchen Konstellation auch als Zustimmung gewertet werden? Im Rahmen des Art. 31 Abs. 3 lit. b WVK wird insbesondere die *acquiescence* als Konzept diskutiert, das eine Annäherung an diese Frage erleichtern kann.[724]

---

[723] Beispiele für die Erfüllung solcher Berichtspflichten: SC Res. 1267 (1999), 1455 (2003): http://www.un.org/sc/committees/1267/memstatesreports.shtml (16.12.2014); SC Res. 1373 (2001): http://www.un.org/en/sc/ctc/resources/1373.html (16.12.2014); SC Res. 1540 (2004): http://www.un.org/en/sc/1540/national-implementation/national-reports.shtml (16.12.2014); dazu Neusüß, Legislative Maßnahmen des UN-Sicherheitsrats im Kampf gegen den internationalen Terrorismus, 2008, S. 244.

[724] IGH, Temple of Preah Vihear (Thailand v. Cambodia), ICJ Reports 1962, 6 ff.; Harris, Cases and Materials on International Law, 7. Aufl. 2010, S. 678; Karl, Vertrag und spätere Praxis im Völkerrecht, 1983, S. 276 ff.; MacGibbon, The Scope of Acquiescence in International Law, BYIL 31 (1954), 143, 146 f.; Marques Antunes, Acquiescence, in: Wolfrum (Hrsg.), MPEPIL 2006, opil.ouplaw.com/home/ORIL (25.11.2014), Rn. 14; Orakhelashvili, The Interpretation of Acts and Rules in Public International Law, 2008, S. 359.

Bei *acquiescence* handelt es sich um die Zustimmung eines Staates, die durch sein Schweigen im Angesicht von Umständen ausgedrückt wird, die nach einer Reaktion – z. B. einem Protest – verlangen würden.[725] Diese aus dem anglo-amerikanischen Rechtskreis stammende Doktrin wird seit jeher mit der lateinischen Formel „qui tacit consentire videtur si loqui debuisset ac potuisset" Ausdruck verliehen, d. h. wer schweigt, scheint zuzustimmen, wenn er hätte sprechen müssen und auch können.[726] Wenn also ein Staat außerhalb des Organs mit beschränkter Mitgliedschaft Kenntnis von dessen Praxis hat (oder haben müsste) und die Umstände dergestalt sind, dass ein Widerspruch von ihm zu erwarten wäre und er dennoch untätig bleibt, wäre seine Zustimmung somit anzunehmen bzw. gar zu fingieren.

Eine *acquiescence* unterliegt jedoch bestimmten Voraussetzungen, die das „si loqui debuisset ac potuisset" näher konkretisieren: Die Umstände, denen er zustimmt, müssen oder sollten ihm bekannt sein und er muss ein unmittelbares Interesse an ihnen haben. Sie müssen über einen gewissen Zeitraum existiert haben, sie dürfen sich währenddessen nicht nennenswert geändert haben und schließlich müssen sie dem handelnden Akteur zurechenbar sein.[727]

Fast alle diese Tatbestandsvoraussetzungen sind inhaltlich unbestimmt und werfen Probleme auf. Ist positive Kenntnis erforderlich, oder genügt fahrlässige Unkenntnis? Welcher Grad an Fahrlässigkeit ist erforderlich? Wie lässt sich das Interesse des Staates, das häufig subjektiv sein wird, anhand externer Faktoren hinreichend konkret und objektiv bestimmen? Wie lang ist der erforderliche Zeitraum, und was ist eine nennenswerte Änderung der relevanten Umstände? Nicht all diese Fragen können hier ausführlich behandelt werden. Der Schwerpunkt soll insbesondere auf die Problematik der Kenntnis bzw. des Kennenmüssens und des Interesses gelegt werden. Dabei ist zu berücksichtigen, dass nur eine Gesamtbetrachtung der Umstände des jeweiligen Einzel-

---

[725] MacGibbon, The Scope of Acquiescence in International Law, BYIL 31 (1954), 143.

[726] IGH, Temple of Preah Vihear (Cambodia v. Thailand), ICJ Reports 1962, 6, 23; MacGibbon, The Scope of Acquiescence in International Law, BYIL 31 (1954), 143, 170; Marques Antunes, Acquiescence, in: Wolfrum (Hrsg.), MPEPIL 2006, opil.ouplaw.com/home/ORIL (25.11.2014), Rn. 2.

[727] Ebd., Rn. 21; MacGibbon, The Scope of Acquiescence in International Law, BYIL 31 (1954), 143, 183.

falls die Entscheidung ermöglicht, ob eine *acquiescence* vorliegt.[728] Die folgenden Ausführungen können daher lediglich eine Annäherung leisten.

Für die Auslegung von bilateralen Verträgen, insbesondere von Grenzverträgen, in denen *acquiescence* immer eine hervorgehobene Rolle gespielt hat,[729] hat der IGH in seiner neueren Rechtsprechung implizit zum Ausdruck gebracht, dass ein völlig unqualifiziertes Schweigen eines Staates auf die Praxis eines anderen Staates wohl nicht für eine Auslegungsübereinkunft der Parteien genügen kann: In *Kasikili/Sedudu Island* verlangte er für eine Auslegungsübereinkunft, dass die passive Partei „(...) were fully aware of and accepted this [die Inbesitznahme einer Insel durch einen Stamm] as a confirmation of the Treaty boundary."[730] Es spricht viel dafür, dass diese Aussage verallgemeinerungsfähig ist und nicht den Umständen des Einzelfalls entsprang. Das bedeutet, dass nach der Ansicht des IGH für eine *acquiescence* gar positive Kenntnis der Umstände bzw. der Praxis zu verlangen ist.[731] In *Pulau Ligitan/Pulau Sipadan* wurde die Passivität der britischen Regierung auf die Übermittlung einer niederländischen Karte an eine untere Hierarchieebene ebenfalls nicht als *acquiescence* eingeordnet,[732] obwohl es

---

[728] ILC Report on the work of its sixty-sixth session, UN Doc. A/69/10 (2014), 166, 203: „The relevance of silence or inaction for the establishment of an agreement regarding interpretation depends to a large extent on the circumstances of the specific case."; Marques Antunes, Acquiescence, in: Wolfrum (Hrsg.), MPEPIL 2006, opil.ouplaw.com/home/ORIL (25.11.2014), Rn. 19; Moloo, When Actions Speak Louder Than Words, Berkeley Journal of International Law 31 (2013), 39, 67; Nolte, Second Report on subsequent agreements and subsequent practice in relation to the interpretation of treaties, UN Doc. A/CN.4/671 (2014), Rn. 66; A. Peters, Das Gründungsdokument internationaler Organisationen als Verfassungsvertrag, ZÖR 68 (2013), 1, 49.

[729] Marques Antunes, Acquiescence, in: Wolfrum (Hrsg.), MPEPIL 2006, opil.ouplaw.com/home/ORIL (25.11.2014), Rn. 11.

[730] IGH, Kasikili/Sedudu Island (Botswana v. Namibia), ICJ Reports 1999, 1045, 1094.

[731] ILC Report on the work of its sixty-sixth session, UN Doc. A/69/10 (2014), 166, 200; Nolte, Second Report on subsequent agreements and subsequent practice in relation to the interpretation of treaties, UN Doc. A/CN.4/671 (2014), Rn. 55.

[732] IGH, Pulau Ligitan/Pulau Sipadan (Indonesia v. Malaysia), ICJ Reports 2002, 625, 650.

in diesem Fall immerhin zu einer offiziellen Übermittlung und zur positiven Kenntnis nachgeordneter Regierungsstellen kam. Der Gerichtshof scheint jedoch ein Vordringen der Information auf eine höhere Ebene verlangt zu haben.

Für eine solch tendenziell restriktive Herangehensweise an *acquiescence* spricht, dass selbst einem Staat mit seinen erheblichen Ressourcen und seinem diplomatischen sowie nachrichtendienstlichen Apparat kaum zugemutet werden kann, sich über jede die eigenen Interessen womöglich tangierende Praxis aller Vertragspartner sowie aller Internationaler Organisationen, denen er angehört, umfassend zu informieren. Dies ist im Angesicht der Vielzahl von Akteuren und Themen nur schwer möglich. Das gilt erst recht für personell und finanziell schlechter ausgestattete Entwicklungs- und Schwellenländer. Würde allen Staaten gleichermaßen vom Völkerrecht eine so weitreichende Verpflichtung auferlegt, würde dies den entwickelteren Staaten einen beträchtlichen Vorteil verschaffen, während alle übrigen ins Hintertreffen gerieten.

Andererseits verlangt das Völkerrecht allgemein von der Staatenwelt – nicht zuletzt im Recht der Staatenverantwortlichkeit – mitunter ein beträchtliches Maß an Sorgfalt. Womöglich vor diesem Hintergrund wird auch vertreten, dass ein bloßes Kennenmüssen genügt.[733] Mit einer Anleihe aus dem deutschen Privatrecht gleicht der Staat eher einem informierten und mit dem Geschäftsverkehr umfassend vertrauten Kaufmann als einem schützenswerten – weil geschäftlich unerfahrenen – Verbraucher. Gleichzeitig lässt sich den Bedenken, dass Entwicklungs- und Schwellenländer benachteiligt werden können, formaljuristisch der Grundsatz der souveränen Staatengleichheit entgegensetzen, der faktisch auch dem Schutz von Staaten mit geringeren Ressourcen gegenüber mächtigeren Staaten dient, dessen Telos aber u. a. die Funktionsfähigkeit der internationalen Beziehungen und nicht der Ausgleich real existierender Machtungleichgewichte ist.[734] D.h. er kann selbstver-

---

[733] Casanovas La Rosa, La modificación de los acuerdos internacionales por la práctica posterior, Revista Española de Derecho Internacional 21 (1968), 328, 341; Harris, Cases and Materials on International Law, 7. Aufl. 2010, S. 678; Karl, Vertrag und spätere Praxis im Völkerrecht, 1983, S. 279; Moloo, When Actions Speak Louder Than Words, Berkeley Journal of International Law 31 (2013), 39, 67.

[734] Vgl. zur Irrelevanz des Grundsatzes der souveränen Staatengleichheit für faktisch-politische Ungleichgewichte: Epping, in: Ipsen (Hrsg.), Völkerrecht,

ständlich zugunsten und zulasten jedes Staates wirken. So hat auch der IGH in seiner älteren Rechtsprechung das Schweigen eines Staates im Angesicht von Praxis häufig unter geringeren Voraussetzungen gegen ihn verwandt.[735]

Angesichts der guten Argumente sowohl für einen extensiven Maßstab, der jede fahrlässige Unkenntnis oder gar ein unqualifiziertes Schweigen für eine *acquiescence* genügen lässt, als auch für einen restriktiven Maßstab, der auf positive Kenntnis der Praxis abstellt, mag ein vermittelnder Ansatz, der eine grob fahrlässige Unkenntnis als Voraussetzung der *acquiescence* verlangt, am sachgerechtesten sein.

Die bisherigen Ausführungen beanspruchen Gültigkeit für das allgemeine Recht der Verträge. In Internationalen Organisationen könnte die Rolle von *acquiescence* im Bereich der Auslegung jedoch eine andere sein,[736] vor allem im Hinblick auf die bisherigen Erkenntnisse zu Art. 5 WVK und zum Einfluss der *rules of the organization*, insbesondere der *established practice*, auf Art. 31 Abs. 3 lit. b WVK.[737] So könnte sich in bestimmten Organisationen eine *established practice* entwickelt haben oder noch entwickeln, welche die Anforderungen an die Zustimmung der Mitgliedstaaten senkt. Dies hätte den Effekt, dass in bestimmten Bereichen ein bloßes Schweigen einiger Mitgliedstaaten für eine spätere Praxis mit Auslegungsrelevanz genügen würde – unabhängig von der Kenntnis der Praxis bzw. vom Grad an Fahrlässigkeit, der im Einzelfall zu ihrer Unkenntnis geführt hat.

---

6. Aufl. 2014, § 5 Rn. 260; Hobe, Einführung in das Völkerrecht, 10. Aufl. 2014, S. 291.

[735] IGH, Corfu Channel Case (UK v. Albania), ICJ Reports 1949, 4, 25; Asylum Case (Colombia v. Peru), ICJ Reports 1950, 266, 283; Anglo-Iranian Oil Co. Case (UK v. Iran), ICJ Reports 1952, 93, 106 f.; vgl. dazu auch McGinley, Practice as a Guide to Treaty Interpretation, Fletcher Forum 9 (1985), 211, 215.

[736] Vgl. Nolte, Second report on subsequent agreements and subsequent practice in relation to the interpretation of treaties, UN Doc. A/CN.4/671 (2014), Rn. 69, Fn. 158.

[737] Siehe oben, C. II. 6. b) aa) (2); die folgenden Gedanken wurden vom Verfasser bereits an anderer Stelle formuliert: C. Peters, Subsequent Practice and Established Practice of International Organizations, GoJIL 3 (2011), 617, 638 f.

Dies wird gestützt von der Überlegung, dass mit einem höheren Grad an institutioneller Verflechtung und Zusammenarbeit ein höherer Sorgfaltsmaßstab einhergeht. Mit anderen Worten kann es in Internationalen Organisationen höhere rechtliche Anforderungen an die Mitgliedstaaten geben, sich über Praxis zu informieren und zu ihr Stellung zu beziehen. Untätigkeit im Angesicht stetiger Organisationspraxis kann – selbst dann, wenn der Staat die Praxis nicht wahrgenommen hat – einen Sorgfaltsmangel bedeuten. Das Recht der einzelnen Internationalen Organisation kann vom Staat fordern, sich über Praxis auf dem Laufenden zu halten und zu protestieren, wenn er ihre Auslegungsrelevanz verhindern möchte.[738] Auch das für eine wirksame *acquiescence* erforderliche objektive Interesse des stillschweigend konsentierenden Akteurs wäre damit in einer Internationalen Organisation so gut wie immer gegeben.

Die Praxis eines Organs, welche nicht auf ablehnende Reaktionen der Mitgliedstaaten trifft, wäre nicht autonom im Sinne der noch zu behandelnden Kategorie 3 von Organpraxis. Vielmehr wäre sie von den Staaten gebilligt. Folgerichtig würde sie im Rahmen des – unter Umständen durch Art. 5 WVK modifizierten – Art. 31 Abs. 3 lit. b WVK bleiben. Die Überlegungen zur erhöhten Kooperations- und Informationspflicht sind grundsätzlich auch auf die Erweiterung und Modifikation der Gründungsverträge durch *established practice* übertragbar, wenn auch nicht annähernd im gleichen Maße.

Das erwähnte Ungleichgewicht der personellen Mittel von entwickelten, Schwellen- und Entwicklungsländern, das es Letzteren ungleich schwerer macht, sich über jede Praxis in jedem Organ und in allen Ausschüssen zu unterrichten, ist ein Problem von Treu und Glauben (vgl. Art. 26 WVK). Es gibt drei mögliche Herangehensweisen, diesem Ungleichgewicht angemessen zu begegnen: erstens, auf dem Prinzip der souveränen Staatengleichheit zu beharren; zweitens, auf Staaten mit ge-

[738] Vgl. A. Peters, Das Gründungsdokument internationaler Organisationen als Verfassungsvertrag, ZÖR 68 (2013), 1, 48: „Aus einem Stillschweigen der Mitglieder kann deren acquiescence [...] nur dann vermutet werden, wenn nach Treu und Glauben ihr Widerspruch zu erwarten gewesen wäre. [Fn. ausgelassen.] Dies ist normalerweise der Fall, weil sie durch ihre Mitgliedschaft eng mit den anderen Mitgliedern und Organen verbunden sind. Somit kann im Normalfall von fehlendem Protest auf acquiescence geschlossen werden."; a.A. wohl Arato, Treaty Interpretation and Constitutional Transformation, Yale Journal of International Law 38 (2013), 289, 323.

ringeren Ressourcen einen weniger strengen Sorgfaltsmaßstab anzuwenden; drittens, besser ausgestatteten Staaten in Zusammenarbeit mit unabhängigen Organen Pflichten aufzuerlegen, über Praxis zu unterrichten. Alle drei Ansätze haben gravierende Nachteile. Der erst löst das Fairness-Problem nicht einmal ansatzweise. Das zweite und das dritte Modell sind impraktikabel und im dezentralisierten internationalen System kaum umsetzbar.

Diesen und anderen Bedenken ist am ehesten mit dem Hinweis Rechnung zu tragen, dass es zum einen jeder Internationalen Organisation und der Gesamtheit ihrer Mitglieder selbst überlassen ist, mit den *rules of the organization* – bzw. der deutlich höheren Anforderungen unterworfenen *established practice* – maßgeschneiderte Lösungen für ihre Auslegungspraxis und die diesbezügliche Rolle von Schweigen zu entwickeln. Darüber hinaus sollte auch eine Differenzierung nach dem zu interpretierenden Teil des Gründungsvertrags stattfinden, und zwar auf der Grundlage der bereits vorgenommenen Kategorisierung der Satzungsbestimmungen.[739] Intra- und Inter-Organ-Bestimmungen können eher durch Praxis von Organen mit beschränkter Mitgliedschaft beeinflusst werden, wenn sie auf das Schweigen der „Outsider" treffen, als Bestimmungen, welche die Staaten unmittelbar berechtigen und verpflichten bzw. die materiellen Kompetenzen der Organisation betreffen. Je höher das objektive rechtliche Interesse eines Staates somit an der jeweiligen Bestimmung bzw. an der auf sie bezogenen Praxis ist, je besser also die zweite Voraussetzung einer wirksamen *acquiescence* erfüllt ist, desto geringere Anforderungen müssen an die Erfüllung der ersten Tatbestandsvoraussetzung, des Kennens oder Kennenmüssens, gestellt werden.

bb) Mögliche Rechtsfolgen und ihre Voraussetzungen

Bezüglich der Rechtsfolgen im Bereich der Auslegung steht lediglich noch ein Versuch der Differenzierung zwischen den Anforderungen an eine einfache spätere Praxis und eine autoritative/verbindliche Praxis aus. Weitgehend neues Terrain wird jedoch bei der ändernden und erweiternden *established practice* betreten.

---

[739] Siehe oben, C. I. 2. b).

(1) Einfache spätere Praxis

Wie bereits bei Kategorie 1 konstatiert, unterliegt eine bloß mit anderen Interpretationsmethoden gleichwertige Berücksichtigung von späterer Praxis bei der Auslegung relativ geringen Anforderungen. Im Hinblick auf Art. 5 WVK und die Überlegungen zur besonderen Informations- und Kooperationspflicht der Staaten in Internationalen Organisationen wird für eine solch einfache Auslegungsübereinkunft eine weitgehend unqualifizierte *acquiescence* zur Bestätigung der Praxis des reduzierten Organs genügen.

(2) Autoritative spätere Praxis

An eine autoritative Praxis sind höhere Anforderungen zu stellen. Hier wird man auch im Angesicht der gesteigerten Informations- und Kooperationspflichten in Internationalen Organisationen eine wirksame *acquiescence* grundsätzlich nur bei positiver Kenntnis oder – wenn andere Umstände wie außerordentliche Konsistenz hinzutreten – grob fahrlässiger Unkenntnis der Praxis annehmen können. Im Übrigen ist eine ausdrückliche oder konkludente Zustimmung zu verlangen.

Darüber hinaus lässt sich eine allgemeingültige Aussage kaum treffen. Wie erwähnt, hängt die Anerkennung einer *acquiescence* nämlich in erheblichem Maße von den Umständen des Einzelfalls ab.[740] Weitere Faktoren, welche die Voraussetzungen der Zustimmung mit determinieren und damit unglücklicherweise noch konturloser werden lassen, sind das Maß an Verbindlichkeit des Organbeschlusses nach der Satzung sowie die Kategorie von Satzungsbestimmungen, die Ausgangspunkt und Gegenstand der Praxis ist. Hier können lediglich antiproportionale Verhältnisse aufgezeigt werden: Je höher das Maß an Verbindlichkeit des Organbeschlusses ist und/oder je empfänglicher eine Kategorie von Satzungsbestimmungen für Organisationspraxis ist, desto geringere Anforderungen müssen an eine *acquiescence* gestellt werden.

Ist die Entscheidung des reduzierten Organs laut der Satzung verbindlich, kann das die Anforderungen an die Zustimmung senken, wenn die Auslegungsentscheidung von der Verbindlichkeit mit umfasst ist.[741]

---

[740] Siehe oben, Fn. 728.

[741] Zu diesem Problemkreis, der noch ausführlicher zu behandeln sein wird: Heintschel v. Heinegg, in: Ipsen (Hrsg.), Völkerrecht, 6. Aufl. 2014, § 12 Rn. 3;

Denn das weist auf eine Grundentscheidung in der Satzung hin, der Praxis des reduzierten Organs eine hervorgehobene Rolle zuzuweisen, was auch im Rahmen des Art. 31 Abs. 3 lit. b WVK unter Berücksichtigung von Art. 5 WVK nicht ignoriert werden kann. Bei einer unverbindlichen Entscheidung hingegen muss das subjektive Element auch auf die Verbindlichkeit gerichtet sein,[742] was sich aus einem Schweigen wohl kaum ableiten lässt, wohl aber z. B. aus einhelligen Implementierungsanstrengungen.

(3) Ändernde und erweiternde *established practice*

Acquiescence kann auch bei der Entstehung einer *established practice* in Anbetracht ihrer Eigenschaft als Organisationsgewohnheitsrecht ein relevanter Faktor sein, obwohl es sich um ein Phänomen rechtsgeschäftlicher Natur handelt.[743] In der Tat ist anerkannt, dass *acquiescence* auch bei der Entstehung von allgemeinem Völkergewohnheitsrecht eine maßgebliche Rolle spielen kann und in der Praxis auch spielt.[744]

Für eine satzungsändernde *established practice* wird ein Schweigen der „Outsider" jedoch nur ausnahmsweise im Fall einer besonders langanhaltenden und konsistenten Praxis des reduzierten Organs in Bereichen des internen Organisationsrechts (Intra- und Inter-Organ-Vorschriften), die von einer eindeutigen *opinio iuris* getragen wird, genügen. Ein klassisches Beispiel, in dem das Vorliegen dieser Voraussetzungen angenommen werden kann, ist die seit ihren Anfangstagen ununterbrochene

---

Herdegen, Der Sicherheitsrat und die autoritative Konkretisierung des VII. Kapitels der UN-Charta, in: Beyerlin u. a. (Hrsg.), Recht zwischen Umbruch und Bewahrung, FS Bernhardt, 1995, 103, 111; Kunig, United Nations Charter, Interpretation of, in: Wolfrum (Hrsg.), MPEPIL 2006, opil.ouplaw.com/home/ORIL (25.11.2014), Rn. 16; Skubiszewski, Remarks on the Interpretation of the UN Charter, in: Bernhardt u. a. (Hrsg.), Völkerrecht als Rechtsordnung, FS Mosler, 1983, S. 891, 900.

742 Siehe oben, C. I. 2. c) bb).

743 MacGibbon, The Scope of Acquiescence in International Law, BYIL 31 (1954), 143 ff.; Marques Antunes, Acquiescence, in: Wolfrum (Hrsg.), MPEPIL 2006, opil.ouplaw.com/home/ORIL (25.11.2014), Rn. 2.

744 MacGibbon, Customary International Law and Acquiescence, BYIL 33 (1957), 115 ff.; Marques Antunes, Acquiescence, in: Wolfrum (Hrsg.), MPEPIL 2006, opil.ouplaw.com/home/ORIL (25.11.2014), Rn. 15.

Praxis des Sicherheitsrats, Enthaltungen als *concurring votes* im Sinne von Art. 27 Abs. 3 SVN zu bewerten.[745] Überdies müssen die schweigenden Staaten von der Praxis positive Kenntnis haben. Denkbar ist dieses auch für materielle Teile der Satzung, bei deren Anwendung dem reduzierten Organ eine zentrale Rolle, eine besondere Autorität und ein weites Ermessen zukommen, wie dem Sicherheitsrat im Rahmen des Kapitels VII der UN-Charta (vgl. Art. 39, 25 SVN).[746]

Bei erweiternder *established practice* ist aus den bekannten Gründen eine Herangehensweise mit weniger strengen Anforderungen möglich.[747]

c) Kategorie 3: Autonome Rolle der Organpraxis

aa) Charakteristika und Fallgruppen

Die dritte hier vorgeschlagene Kategorie umfasst erstens durch jede Art von Mehrheitsbeschlüssen mit Gegenstimmen konstituierte Organpraxis, wobei es unerheblich ist, ob sie von Plenarorganen oder reduzierten Organen herrührt. Darüber hinaus ist zweitens auch einhellige Praxis von reduzierten Organen, die auf Protest von „Outsidern" trifft oder den Anforderungen an zustimmungsäquivalente Akte nicht genügt, in diese Kategorie mit einzubeziehen. Schließlich ist drittens auch die Praxis von unabhängigen Verwaltungsorganen, Expertengremien und Streitschlichtungsorganen hier einzuordnen. Ihre Rechtsfolgen richten sich u. a. nach der Resonanz der anderen Organe und der Mitgliedstaaten. Nur wenn die positive Resonanz einhellig ist, unterfällt diese Praxis der soeben besprochenen Kategorie 2.

Die Kategorie 3 soll im Folgenden auch als autonome Organpraxis bezeichnet werden. Sobald es also eine einzige Gegenstimme oder einen einzigen Protest gibt, oder die Anforderungen an einen Konsens von „Outsidern" nicht erfüllt sind, unterfällt eine Organpraxis dieser Kategorie. Dabei kann es in aller Regel keine Rolle spielen, aus welchen Motiven Gegenstimmen abgegeben oder Protest eingelegt wird. Wiederum ist es möglich, dass die Ablehnung einer Praxis aus Gründen erfolgte, die mit der durch sie gestützten Auslegung (oder gar Erweiterung bzw. Modifikation) nichts zu tun haben, sondern sich nur gegen eine be-

---

[745] IGH, Namibia, Advisory Opinion, ICJ Reports 1971, 16, 22.

[746] Vgl. dazu oben, B. III. 3. a) aa) (3).

[747] Siehe oben, B. III. 4.

stimmte Einzelentscheidung oder eine bestimmte Aussage richten. Das kann auch durchaus im Protest zum Ausdruck kommen oder in den Protokollen des jeweiligen Organs ersichtlich sein. Es besteht dabei aber die Gefahr einer „Kaffeesatzleserei" in den Motiven des protestierenden Mitgliedstaates, mit dem Risiko irrtümlicher Annahmen über die „wahren" Motive der Staaten. Eine Ablehnung ist daher für die Zwecke der Analyse von Organisationspraxis als Ablehnung der Entscheidung bzw. Praxis in ihrer Gesamtheit zu betrachten.

„Autonom" bedeutet hier nicht völlig unabhängig bzw. gänzlich frei von externen Zwängen. Es soll vielmehr ausdrücken, dass die Praxis zwar immer noch teilweise auf der Zustimmung der Mitgliedstaaten beruht, dass sie aber auch gleichzeitig einen großen Teil ihrer Bedeutung durch die Organisation als solche verliehen bekommt, durch ihre Organstruktur, ihren eigenen Willen und den konstitutionellen Charakter ihres Gründungsvertrags.

bb) Rechtliche Faktoren, die autonome Organpraxis begünstigen könnten

Es existieren verschiedene rechtliche Faktoren, welche der autonomen Organpraxis einen partiell eigenständigen Charakter verleihen können.

(1) Mehrheitserfordernisse für formelle Änderungen

Akehurst vertritt die Auffassung, dass dann, wenn ein Gründungsvertrag für ein formelles Änderungsverfahren lediglich ein qualifiziertes Mehrheitserfordernis aufstellt – wie z. B. Art. 108 SVN lediglich eine Zweidrittelmehrheit verlangt –, die gleiche Mehrheit auch auf eine informelle Änderung durch Praxis übertragbar ist.[748] Dem wird in der übrigen Literatur teilweise vehement widersprochen.[749]

In der Tat dienen formelle Änderungsklauseln mit einem bloßen Mehrheitserfordernis auch dem Zweck, eine Änderung zu erleichtern oder überhaupt erst möglich zu machen[750] – zumal in universellen Organisa-

---

[748] Akehurst, The Hierarchy of the Sources of International Law, BYIL 47 (1974-75), 273, 277 f.

[749] Karl, Vertrag und spätere Praxis im Völkerrecht, 1983, S. 351 f.

[750] Siehe oben B. III. 3. b) bb), Fn. 359.

tionen mit einer potenziell dreistelligen Zahl an Vetospielern. Man könnte sich nun auf den Standpunkt stellen, eine vergleichbare Interessenlage bestehe auch für informelle Änderungen. Dem ist jedoch zu widersprechen. Das Mehrheitserfordernis in den förmlichen Änderungsklauseln wird nämlich durch restriktive Verfahrensvorschriften erkauft bzw. überhaupt erst möglich gemacht. Es stellt in aller Regel durch die Verlagerung des Verfahrens in das Plenarorgan sicher, dass alle Mitglieder der Organisation gleichermaßen in den Entscheidungsprozess mit einbezogen werden und sich im Vorfeld der Abstimmung am Diskurs über vorzunehmende Änderungen beteiligen können.[751] Vor allem aber verlangen solche Verfahren grundsätzlich die Ratifikation[752] bzw. das einer solchen vorgelagerte innerstaatliche Zustimmungsverfahren, welches bei einer informellen Änderung übergangen werden könnte.[753] Ein Mehrheitserfordernis aus einer Änderungsklausel auf informelle Modifikationen zu übertragen ist eine zu einfache Lösung, um die Reformfähigkeit Internationaler Organisationen zu erhöhen und ihre Strukturen und Entscheidungsprozesse zu dynamisieren. Die Minderheit kann somit nicht nur überstimmt, sondern auch völlig übergangen werden und die ohnehin problematische Legitimation einer informellen Änderung würde unter das kritische Maß sinken. Alles in allem sind formelle Änderungsklauseln in den Gründungsverträgen also nur sehr begrenzt dafür geeignet, die an eine satzungsrelevante Organisationspraxis zu stellenden Anforderungen zu determinieren.

---

[751] Ebd., S. 352.

[752] Nur selten ist die Ratifikation einer Satzungsänderung entbehrlich – und dies auch nur bei Änderungen mit überwiegend technisch-administrativer Natur bzw. ohne neue Verpflichtungen für die Mitgliedstaaten; Beispiele finden sich in Art. 41 lit. d Europarats-Satzung, UNTS Bd. 87, S. 103; Art. XX Abs. 2 FAO-Verfassung (Basic texts of the Food and Agriculture Organization of the United Nations, Bd. 1, 2011, http://www.fao.org/docrep/meeting/022/K8024E.pdf (16.12.2014)); Art. XIII Abs. 1 UNESCO-Verfassung, UNTS Bd. 4, S. 275; Art. 28 lit. c WMO-Konvention, UNTS Bd. 77, S. 143.

[753] Siehe oben, Fn. 300; ebenso Ruffert/Walter, Institutionalisiertes Völkerrecht, 2009, Rn. 133; teilweise wird das aus einer strikt völkerrechtlichen Perspektive für unerheblich gehalten: vgl. Karl, Vertrag und spätere Praxis im Völkerrecht, 1983, S. 294; Seidl-Hohenveldern, Das Recht der Internationalen Organisationen einschließlich der Supranationalen Gemeinschaften, 7. Aufl. 2000, Rn. 1539; es wird sogar mitunter aus einer eher technischen Perspektive als Vorteil betrachtet: Pan, Authoritative Interpretation of Agreements, Harvard International Law Journal 38 (1997), 503, 510.

(2) Art. 5 WVK, *rules of the organization* und *established practice*

Die *rules of the organization* und insbesondere die *established practice* einer Internationalen Organisation können die Voraussetzungen einer späteren Praxis i.S.v. Art. 31 Abs. 3 lit. b WVK absenken.[754] Das kann zur Folge haben, dass die Anforderungen an ein zustimmungsäquivalentes Verhalten im Rahmen der Kategorie 2 gegenüber Art. 31 Abs. 3 lit. b WVK in seiner Reinform reduziert werden.[755] Darüber hinaus kann in bestimmten Konstellationen – in erster Linie je nach den betroffenen Satzungsbestimmungen, aber auch je nach Konsistenz der Praxis und Deutlichkeit der objektiven Anhaltspunkte für das subjektive Element – eine autonome interpretative Praxis auch gegen den Protest oder die Gegenstimmen einer Minderheit nicht nur faktisch sondern auch rechtlich durchsetzungsfähig sein.

(3) Insbesondere: Ableitung einer autoritativen Auslegungskompetenz aus verbindlichen Sachentscheidungskompetenzen

Die *rules of the organization* – insbesondere der Gründungsvertrag – können vorsehen, dass einem Organ bestimmte verbindliche Entscheidungskompetenzen zukommen, wie z. B. dem Sicherheitsrat im Bereich des Kapitels VII der UN-Charta. Das wirft in Bezug auf autonome Organpraxis die Frage auf, ob sich dann, wenn ein Organ mit Mehrheit verbindliche Entscheidungen in der Sache treffen kann – wie z. B. der Sicherheitsrat gem. Kapitel VII i.V.m. Art. 25 SVN oder die Generalversammlung bei Haushaltsentscheidungen gem. Art. 17 SVN –, die Verbindlichkeit der Sachentscheidung im Einzelfall auch auf eine ihr zugrundeliegende Auslegungsentscheidung erstreckt. Dies wird in der Literatur z. B. für den Sicherheitsrat teilweise bejaht,[756] teilweise wird es verneint.[757]

---

[754] Siehe oben, C. II. 6. b) aa) (2).

[755] Siehe oben, C. III. 3. b) aa) (3).

[756] Heintschel v. Heinegg, in: Ipsen (Hrsg.), Völkerrecht, 6. Aufl. 2014, § 12 Rn. 3; Kunig, United Nations Charter, Interpretation of, in: Wolfrum (Hrsg.), MPEPIL 2006, opil.ouplaw.com/home/ORIL (25.11.2014), Rn. 16.

[757] Herdegen, Der Sicherheitsrat und die autoritative Konkretisierung des VII. Kapitels der UN-Charta, in: Beyerlin u. a. (Hrsg.), Recht zwischen Umbruch und Bewahrung, FS Bernhardt, 1995, S. 103, 111; Skubiszewski, Remarks

Eine pauschale Antwort auf diese Frage lässt sich nicht geben, vielmehr dürfte es auf das jeweilige Organ, seine Stellung im institutionellen Gefüge der Organisation und den Wortlaut der Bestimmung über die Verbindlichkeit seiner Entscheidungen ankommen. So spricht z. B. bei den Entscheidungen des Sicherheitsrats nach Kapitel VII der UN-Charta für eine Verbindlichkeit, die sich über den Tenor hinaus auch auf die mit ihm verbundenen Auslegungsentscheidungen erstreckt, die systematische bzw. teleologische Argumentation, dass diese Kompetenz der Hauptverantwortung des Sicherheitsrats für Frieden und internationale Sicherheit gem. Art. 24 SVN bzw. seiner zentralen Rolle bei der Implementierung des Systems der kollektiven Sicherheit der Art. 39 ff. SVN gerecht wird. Ohne eine über den Einzelfall hinausgehende Auslegungsgewalt des Sicherheitsrats besteht die Gefahr, dass seine Autorität durch zahlreiche konfligierende Interpretationsansprüche der Mitgliedstaaten unterminiert wird. Art. 25 SVN bietet auch eine ausreichende Grundlage für eine solche Interpretation. Von einer Aushebelung des Art. 31 Abs. 3 lit. b WVK kann also keine Rede sein, vielmehr von einer Modifikation gemäß den Regeln der UN-Charta als *rules of the organization* i.S.v. Art. 5 WVK. Man kommt ohnedies kaum daran vorbei, dass der Sicherheitsrat die Auslegung der Art. 39 ff. SVN faktisch nachhaltig beeinflusst hat, z. B. bei den Themen innerstaatliche Konflikte und Menschenrechtsverletzungen.[758]

Auch ohne ausführlichere Stellungnahme zur in der Literatur kontrovers diskutierten Frage der Grenzen der Entscheidungsgewalt des Sicherheitsrats dürften die bisherigen Ausführungen zur Abgrenzung von Auslegung und Änderung,[759] zur *rule of law*,[760] zu Legitimationsfra-

---

on the Interpretation of the United Nations Charter, in: Bernhardt u. a. (Hrsg.), Völkerrecht als Rechtsordnung, FS Mosler, 1983, S. 891, 900; differenziert Kadelbach, in: Simma u. a. (Hrsg.), The Charter of the United Nations, 3. Aufl., Bd. 1, 2012, Interpretation Rn. 38, der Gegenstimmen nicht-ständiger Mitglieder als Anzeichen dafür nimmt, dass der Auslegungswert der Entscheidung kritisch zu betrachten ist.

758 Statt vieler Krisch, in: Simma u. a. (Hrsg.), The Charter of the United Nations, 3. Aufl., Bd. 2, 2012, Introduction to Chapter VII Rn. 7 ff; ebd., Art. 39 Rn. 12 ff.; Herdegen, Der Sicherheitsrat und die autoritative Konkretisierung des VII. Kapitels der UN-Charta, in: Beyerlin u. a. (Hrsg.), Recht zwischen Umbruch und Bewahrung, FS Bernhardt, 1995, S. 103 ff.; Kirgis, The Security Council's First Fifty Years, AJIL 89 (1995), 506 ff.

759 Siehe oben, B. III. 3. a).

gen[761] und zum Verfassungscharakter der Gründungsverträge Internationaler Organisationen[762] deutlich gemacht haben, aus welchen Gründen hier die Auffassung geteilt wird, dass trotz des Fehlens einer unabhängigen Überprüfungsinstanz das Ermessen des Sicherheitsrats auch im Rahmen des Kapitels VII nicht als grenzenlos betrachtet werden sollte.[763] So muss auch die autonome Auslegungskompetenz des Sicherheitsrats dort, wo sie nicht auf die Akzeptanz der übrigen Mitglieder stößt, Grenzen haben: Die ansonsten verbindliche Auslegung darf dann nicht zu einer *ultra-vires*-Modifikation „unter dem Mantel der Auslegung"[764] führen. Während die Mitgliedstaaten einer verbindlichen Auslegung insbesondere des Kapitels VII der Charta in der Praxis des Sicherheitsrats nicht rechtswirksam widersprechen können, muss ihnen die Möglichkeit zugestanden werden, dem Versuch einer *ultra-vires*-Modifikation durch ihren Protest die völkerrechtliche Anerkennung zu verweigern.[765]

Der fehlenden Abgrenzungsschärfe zwischen verbindlicher Auslegung und Änderung[766] kann gerade bei der Auslegungspraxis des Sicherheitsrats zu Kapitel VII mit einem Rechtsgedanken aus dem *Certain-Expenses*-Gutachten des IGH begegnet werden: Es gilt wie bei der verbindlichen Haushaltspraxis der Generalversammlung die Vermutung, dass die satzungsrelevante Praxis des Sicherheitsrats nicht *ultra vires* erfolgt.[767] Wenn aber ein offensichtlicher Modifikationsversuch bzw. ein

---

[760] Siehe oben, B. III. 3. b) cc), dd).

[761] Siehe oben, B. III. 3. b) bb).

[762] Siehe oben, C. I. 2. a).

[763] Ausführlich zu diesem klassischen Meinungsstreit statt vieler: Conforti/Focarelli, The Law and Practice of the United Nations, 4. Aufl. 2010, S. 215 ff.; Krisch, in: Simma u. a. (Hrsg.), The Charter of the United Nations, 3. Aufl., Bd. 2, 2012, Introduction to Chapter VII, Rn. 38 ff.; Nolte, The Limits of the Security Council's Powers and its Functions in the International Legal System, in: Byers (Hrsg.), The Role of Law in International Politics, 2000, S. 315 ff.

[764] Siehe oben, Fn. 276.

[765] Angelet, Protest against Security Council Decisions, in: Wellens (Hrsg.), International Law, 1998, S. 277, 278.

[766] Siehe oben, B. III. 3. a) aa) (5).

[767] IGH, Certain Expenses, Advisory Opinion, ICJ Reports 1962, 151, 168.

konsistenter Verstoß gegen die Charta vorliegt, muss es den Mitgliedstaaten unbenommen bleiben, mit einer substantiierten *ultra-vires*-Behauptung zu widersprechen, sodass zumindest keine anerkennenswerte *established practice* zustande kommt.

(4) „Objektiver Aspekt“[768] und Art. 32 WVK

Im Bereich der autonomen Organpraxis darf nicht vergessen werden, dass es unterhalb der Schwelle des Art. 31 Abs. 3 lit. b WVK, also einer autoritativen oder einfachen Auslegung durch Praxis, noch die Möglichkeit einer gem. Art. 32 WVK subsidiär zu berücksichtigenden Praxis gibt.[769] Art. 32 WVK kann gem. Art. 5 WVK ebenfalls Anwendung auf die Gründungsverträge Internationaler Organisationen finden. Dafür muss die Auslegung mit allen Mitteln des Art. 31 WVK zu keinem eindeutigen oder zu einem offenkundig unlogischen Ergebnis führen.[770]

Trotz seiner Subsidiarität besitzt Art. 32 WVK eine erhebliche Praxisrelevanz:[771] Insbesondere die Variante in lit. a, das Ausbleiben eines klaren Ergebnisses gem. Art. 31 WVK, wird sich vom Interpreten leicht begründen lassen. Wenn z. B. vereinfacht der Wortlaut für Interpretation A spricht, der Zweck der Norm für Interpretation B und eine den Anforderungen des Art. 31 Abs. 3 lit. b WVK genügende Praxis nicht existiert, kann der Interpret Wortlaut oder Telos im Einzelfall den Vorrang einräumen, sodass Art. 31 WVK zu einem eindeutigen Ergebnis führt; oder er kann beide gleich gewichten, ein unklares Ergebnis nach Art. 31 WVK konstatieren und sich somit den Weg zur Berücksichti-

---

768 Siehe oben, Fn. 248.

769 Karl, Vertrag und spätere Praxis im Völkerrecht, 1983, S. 164 ff. i.V.m. 194 f.; Sinclair, The Vienna Convention on the Law of Treaties, 2. Aufl. 1973, S. 138; McGinley, Practice as a Guide to Treaty Interpretation, Fletcher Forum 9 (1985), 211, 221; Ress, Die Bedeutung der nachfolgenden Praxis für die Vertragsinterpretation nach der Wiener Vertragsrechtskonvention (WVRK), in: Bieber/Ress (Hrsg.), Die Dynamik des europäischen Gemeinschaftsrechts, 1987, S. 49, 60.

770 Siehe oben, B. II. 4.

771 Vgl. Villiger, Commentary on the 1969 Vienna Convention on the Law of Treaties, 2009, Art. 32 Rn. 11: „In the light of these conditions, it is difficult to imagine situations where the means of Article 32 may not be employed.“

gung einer autonomen Organpraxis eröffnen, die ihm nach Art. 31 Abs. 3 lit. b WVK versperrt wäre.

Auch eine Organpraxis, der es an der häufig erforderlichen Einhelligkeit, an Konsistenz oder der Eindeutigkeit des subjektiven Elementes fehlt, kann – wie *Karl* zutreffend feststellt – immer noch Ausdruck der objektiven „Vertragswirklichkeit" sein. Ihr kann eine „faktische Präzedenzwirkung" zukommen und sie mag mit einer besonderen – nur teilweise rechtlich fassbaren – Autorität versehen sein.[772]

(5) Antizipierte Zustimmung zu Fortentwicklungen

Ein weiterer Gedanke, der für die Satzungsrelevanz von autonomer Organpraxis sprechen könnte, ist, dass die Mitgliedstaaten mit dem weitreichenden Schritt der Organisationsgründung bzw. des Beitritts die Entscheidungsprozesse der Organisation und damit auch die satzungsgemäß ohne ihre Zustimmung im Einzelfall getroffenen materiellen Entscheidungen antizipieren und implizit billigen, selbst wenn sie sich auf eine Auslegung oder gar eine Modifikation der Satzung beziehen.[773] *Amerasinghe* folgert insbesondere aus diesem Argument, dass eine kleine Minderheit das Funktionieren der Organisation nicht behindern könne bzw. dürfe, wohingegen eine substanzielle Minderheit durchaus erfolgreich Protest einlegen könne.[774]

Dagegen lassen sich zwei Einwände formulieren: Erstens lässt sich nicht hinreichend bestimmen, wie groß eine kleine Minderheit maximal sein darf und was die Mindestgröße für eine substanzielle Minderheit ist. Das ist eine Unterscheidung, die keinen Anknüpfungspunkt in den Satzungen Internationaler Organisationen findet und sich mangels einer unabhängigen, verbindlichen Entscheidungsinstanz für solche Fragen auch gar nicht wirksam treffen lässt. Die einzige maßgebliche Größe

---

[772] Karl, Vertrag und spätere Praxis im Völkerrecht, 1983, S. 172 ff.; allgemein zu dieser Frage: Miehsler, Zur Autorität von Beschlüssen internationaler Institutionen, in: Schreuer (Hrsg.), Autorität und internationale Ordnung, 1979, S. 35 ff.

[773] Amerasinghe, Principles of the institutional law of international organizations, 2. Aufl. 2005, S. 53; A. Peters, Das Gründungsdokument internationaler Organisationen als Verfassungsvertrag, ZÖR 68 (2013), 1, 22 f.

[774] Amerasinghe, Principles of the institutional law of international organizations, 2. Aufl. 2005, S. 54.

kann die satzungsgemäße Mehrheit für die jeweilige Entscheidung sein. Die protestierende Minderheit ist entweder unbeachtlich (nämlich dann, wenn eine autonome satzungsrelevante Organpraxis rechtlich möglich ist) oder es ist zu fordern, dass die Entscheidung einhellig getroffen wird.

Zweitens wäre es bei der Annahme eines antizipierten Konsenses über die Entscheidungsverfahren und die aus ihnen resultierende Praxis unerheblich, wie groß die protestierende oder mit nein stimmende Minderheit ist. Es kommt bei dieser Argumentation mit dem Rechtsgedanken des *estoppel* bzw. mit dem „Konsistenzargument“[775] vielmehr darauf an, ob der einzelne Staat angesichts seines antizipierten Konsenses noch berechtigt ist, im späteren Einzelfall der Auslegung oder Modifikation zu widersprechen. Der Umfang der mit ihm protestierenden Minderheit tut dabei nichts zur Sache, er beeinflusst weder die Bedeutung des antizipierten Konsenses noch das Ausmaß seines Bedeutungsverlusts in der konkreten Auslegungs- oder Änderungsfrage.

Sicher hat das „Konsistenzargument“[776] in der hier beschriebenen Ausformung des antizipierten Konsenses einen Einfluss auf die Voraussetzungen autonomer Organpraxis; doch die Schlussfolgerung, generell satzungsrelevante Weichenstellungen mit einer Mehrheit von gewisser Größe für zulässig zu halten, kann daraus nicht gezogen werden. Vielmehr ist das „Konsistenzargument“[777] neben Art. 5 WVK und den *rules of the organization* eine weitere Begründung dafür, autonome Organpraxis zumindest bei der Auslegung zu berücksichtigen, je eher die Entscheidung in die Sphäre des „internen“ Organisationsrechts fällt: Gerade in diesem Bereich werden die Mitgliedstaaten bei Gründung bzw. Beitritt eine höhere Dynamik auch mit satzungsgemäßer Mehrheit vorausgesehen und gebilligt haben als z. B. bei den materiellen Kernkompetenzen.

(6) Der Verfassungscharakter der Gründungsverträge

Der Verfassungscharakter ihrer Gründungsverträge kann gerade bei Internationalen Organisationen die Rolle von Praxis im Rahmen der Aus-

---

[775] Karl, Vertrag und spätere Praxis im Völkerrecht, 1983, S. 156 ff.

[776] Ebd.

[777] Ebd.

legung oder gar Modifikation allgemein befördern.[778] Die Überlegung, dass verfassungsähnliche Dokumente auf eine lange Geltungsdauer angelegt sind, daher lediglich Grundentscheidungen vorgeben können, die interpretations- bzw. anpassungsbedürftig sind und für die Veränderung der politischen und „gesellschaftlichen" Rahmenbedingen offen bleiben müssen,[779] lässt sich auch für eine Relevanz der autonomen Organpraxis ins Feld führen. Das konstitutionelle Gründungsdokument schafft eine eigenständige Entität und gibt ihr durch ihre Organe Handlungsfähigkeit. Es liegt nahe, dass diese ihr besonders nahestehenden Akteure die Verfassungskonkretisierung mitprägen, und dass sie dies – je nach den konstitutionellen Eigenheiten der Organisation und nach Art der betroffenen Bestimmung – teilweise auch mit der im konstitutionellen Gründungsdokument vorgesehenen Mehrheit tun können.

(7) Die Rechtsprechung des IGH

Es existieren mehrere Gutachten des IGH, in denen dieser die allein mit der satzungsgemäßen Mehrheit angenommene Praxis von Organen der Vereinten Nationen als Mittel zur Auslegung der Charta anerkannt hat.

In *Certain Expenses* benutzte der Gerichtshof Resolutionen der Generalversammlung für die Auslegung des Terminus „Ausgaben der Organisation" in Art. 17 Abs. 2 SVN, die nicht einstimmig verabschiedet worden waren.[780] Im *Wall*-Gutachten interpretierte er Art. 12 SVN im Lichte der Praxis von Generalversammlung und Sicherheitsrat dahingehend, dass die Generalversammlung auch Empfehlungen zu Situationen abgeben kann, mit denen sich der Sicherheitsrat ebenfalls beschäftigt. Er ging dabei nicht auf den Charakter des Sicherheitsrats als reduziertes Mitgliedsorgan, die Abstimmungsergebnisse in beiden Organen oder die Position der Mitgliedstaaten ein.[781] Tatsächlich sind die vom Gerichtshof zur Unterstützung der gewandelten Praxis zitierten Resoluti-

---

[778] Siehe oben, C. I. 2. a).

[779] Siehe oben, C. I. 2. a).

[780] IGH, Certain Expenses, Advisory Opinion, ICJ Reports 1962, 151, 174; dazu auch Arato, Treaty Interpretation and Constitutional Transformation, Yale Journal of International Law 38 (2013), 289, 325.

[781] IGH, Wall, Advisory Opinion, ICJ Reports 2004, 136, 149.

onen der Generalversammlung mit Gegenstimmen ergangen.[782] Während die Literatur beim *Certain-Expenses*-Gutachten mit guten Gründen von einer Auslegung des Art. 17 Abs. 2 SVN und nicht von einer informellen Änderung ausgeht,[783] ist dies für das *Wall*-Gutachten nicht gerade eindeutig,[784] auch wenn der Gerichtshof für sich in Anspruch nimmt, lediglich eine Auslegung vorgenommen zu haben.[785]

In *Namibia* bezog sich der IGH auf die konsistente Praxis des Sicherheitsrats, als er postulierte, dass Enthaltungen ständiger Mitglieder als *concurring votes* i.S.v. Art. 27 Abs. 3 SVN betrachtet werden sollten. Zwar tat er dies mit einer Bezugnahme auf die allgemeine Akzeptanz der Mitgliedstaaten („has been generally accepted by Members of the United Nations"), aber er spezifizierte nicht, um welche Mitgliedstaaten es sich handelte und wie sie ihre Zustimmung zum Ausdruck gebracht hatten.[786]

---

782 IGH, Wall, Advisory Opinion, ICJ Reports 2004, 136, 149: GA Res. 1599 (XV), 5 Gegenstimmen, UN Doc. A/PV.985; GA Res. 1600 (XV), 16 Gegenstimmen, UN Doc. A/PV.985; GA Res. 1913 (XVIII), 2 Gegenstimmen, UN Doc. A/PV.1270 (im Gutachten des IGH wurden die Resolutionen teilweise falsch zitiert; in der vorliegenden Fußnote wurde ein Berichtigungsversuch unternommen); dazu auch Arato, Treaty Interpretation and Constitutional Transformation, Yale Journal of International Law 38 (2013), 289, 325, Fn. 174.

783 Dörr, Certain Expenses of the United Nations (Advisory Opinion), in: Wolfrum (Hrsg.), MPEPIL 2013, opil.ouplaw.com/home/ORIL (25.11.2014), Rn. 11 ff.; Karl, Vertrag und spätere Praxis im Völkerrecht, 1983, S. 168; Klein/Schmahl, in: Graf Vitzthum/Proelß (Hrsg.), Völkerrecht, 6. Aufl. 2013, Rn. 42.

784 Arato, Treaty Interpretation and Constitutional Transformation, Yale Journal of International Law 38 (2013), 289, 327; vgl. Conforti/Focarelli, The Law and Practice of the United Nations, 4. Aufl. 2010, S. 308; vgl. Klein/Schmahl, in: Simma u. a. (Hrsg.), The Charter of the United Nations, 3. Aufl., Bd. 1, 2012, Art. 12 Rn. 24, 33; siehe ausführlich unten, D. II. 3. c).

785 IGH, Wall, Advisory Opinion, ICJ Reports 2004, 136, 149: „However, this interpretation of Article 12 has evolved subsequently" und 150: „The Court considers that the accepted practice of the General Assembly, as it has evolved, is consistent with Article 12, paragraph 1, of the Charter."

786 IGH, Namibia, Advisory Opinion, ICJ Reports 1971, 16, 22.

cc) Mögliche Rechtsfolgen und ihre Voraussetzungen

Die soeben analysierten rechtlichen Faktoren sprechen in der Gesamtschau eindeutig dafür, dass auch autonome Organpraxis grundsätzlich satzungsrelevant sein kann und dass sie zumindest bei der Auslegung zu berücksichtigen ist. Damit stellt sich erneut die Frage, welche Rechtsfolgen eine solche Praxis haben kann, also inwieweit einfache spätere Praxis, autoritative spätere Praxis und ändernde bzw. erweiternde *established practice* auch auf autonome Organpraxis gestützt werden können.

(1) Einfache spätere Praxis

Eine einfache Auslegung durch autonome/mehrheitliche spätere Praxis ohne Verbindlichkeits- oder Vorranganspruch gegenüber den Resultaten anderer Auslegungsmethoden dürfte in den meisten Internationalen Organisationen gem. Art. 31 Abs. 3 lit. b WVK i.V.m. Art. 5 WVK (bzw. ihrer gewohnheitsrechtlichen Entsprechung) möglich sein. Je nach den *relevant rules of the organization*, vor allem der *established practice* der jeweiligen Organisation, sowie den betroffenen Teilen der Satzung, können diese mehr oder weniger Gewicht in der *single combined operation* erhalten. Wenn eine bestimmte Auslegung von der satzungsgemäßen Mehrheit der Mitgliedstaaten oder einem nach der Satzung kompetenten reduzierten Mitgliedsorgan vertreten wird, ist sie grundsätzlich berücksichtigungsfähig. Sie verliert diese Eigenschaft nicht etwa durch den Protest einer Minderheit von Mitgliedstaaten. Dies gilt erst recht, wenn andere Auslegungsgesichtspunkte wie Sinn und Zweck oder der Wortlaut die mehrheitliche Auslegung stützen. Das *Certain-Expenses*-Gutachten des IGH, in dem der Gerichtshof den Wortlaut, den Telos und zusätzlich die Mehrheitspraxis der Generalversammlung für seine Auslegung des Begriffs „Ausgaben der Organisation“ berücksichtigte, lässt sich in diese Richtung verstehen.[787] Selbstverständlich ist auch hier Konsistenz der Praxis zu verlangen[788] und es müssen hinreichende objektive Anhaltspunkte dafür bestehen, dass die Mehrheitsentscheidungen auch subjektiv der Auslegung der Charta

---

[787] IGH, Certain Expenses, Advisory Opinion, ICJ Reports 1962, 151, 174.

[788] Vgl. ebd., 160.

dienen sollten. Wenn diese Voraussetzungen nicht vorliegen, ist immer noch eine subsidiäre Berücksichtigung gem. Art. 32 WVK möglich.[789]

(2) Autoritative spätere Praxis

Schwieriger ist die Annahme einer für alle Mitgliedstaaten verbindlichen Auslegung des Gründungsvertrags durch eine Mehrheit der Mitglieder oder gar allein durch ein im Bereich der Auslegungsfrage kompetentes Organ, wenn dieses nicht im Gründungsvertrag zu einer autoritativen Auslegung ermächtigt ist.

Diese Annahme ist jedoch nicht ausgeschlossen, wenn verschiedene Anforderungen erfüllt werden. Wenn Intra- oder Inter-Organ-Bestimmungen betroffen sind, wenn eine Vielzahl an konsistenten Entscheidungen getroffen wurde, bei überzeugenden Anhaltspunkten für einen Auslegungskonsens und wenn die Praxis von den *rules of the organization* gedeckt ist, ist eine autoritative Auslegung grundsätzlich möglich. Je mehr eine Auslegungsfrage in die organisationsinterne Sphäre gehört, desto eher müssen auch satzungsgemäße Mehrheitsentscheidungen als verbindlich betrachtet werden können. Das gilt insbesondere dann, wenn die Bestimmung wegen ihres unklaren Wortlauts konkretisierungsoffen ist und andere, z. B. auf den Telos gestützte Erwägungen, ebenfalls für die jeweilige Auslegung sprechen. Dafür lassen sich auch die antizipierte Zustimmung zu Fortentwicklungen und der Verfassungscharakter der Gründungsverträge anführen. Es sind an eine solche Praxis jedoch selbstverständlich deutlich höhere Anforderungen jenseits der mitgliedstaatlichen Unterstützung zu stellen als an eine autoritative Praxis der Kategorien 1 und 2. Eine autoritative autonome Organpraxis, wie sie wohl beim Sicherheitsrat im Bereich des Kapitels VII der Charta anzunehmen ist,[790] wird beim Fehlen entsprechender Bestimmungen im Gründungsvertrag die Ausnahme bleiben.

(3) Ändernde und erweiternde *established practice*

Ebenso wenig wie ein Organ mit beschränkter Mitgliedschaft den Gründungsvertrag ohne die Akzeptanz und die *opinio iuris* der übrigen

---

[789] Siehe oben, C. III. 3. c) bb) (4).

[790] Siehe oben, C. III. 3. c) bb) (3).

Mitgliedstaaten modifizieren kann, ist dies der Mehrheit der Staaten in einem Plenarorgan oder gar den Verwaltungs-, Streitbeilegungs- oder Fachorganen der Organisation möglich.

Dagegen sprechen die Existenz formeller Änderungsverfahren, die bei bloßer Mehrheit vorrangig sind, Erfordernisse der *rule of law* und der Legitimation sowie Art. 31 Abs. 3 lit. b WVK selbst. Schon bei der Auslegung verlangt diese Norm die Übereinstimmung aller Vertragsparteien. Obgleich diese Voraussetzung bei Internationalen Organisationen aus den genannten Gründen – insbesondere aufgrund von Art. 5 WVK – weitgehend abgeschwächt und relativiert wird, muss das Einhelligkeitspostulat bei der Modifikation erst recht gelten,[791] auch und gerade bei den Internationalen Organisationen: Andernfalls würde die Gefahr bestehen, dass einige Mitgliedstaaten ihren Einfluss auf die Entwicklung der Organisation verlieren. Dies würde ihre gleichen Rechte als Gründer und Mitglieder der Organisation verletzen und die Gefahr ernster Konflikte innerhalb des Kreises der Mitglieder in sich bergen, welche den im kooperativ angelegten Rahmen der Organisation gemeinsam verfolgten Zielen ernsthaft schaden könnten.[792]

Allenfalls in absoluten Ausnahmekonstellationen kann die völkerrechtliche Anerkennung einer Modifikation durch Mehrheitspraxis ohne formelles Änderungsverfahren rechtlich denkbar sein. Es ist aber erheblich wahrscheinlicher, dass es sich bei entsprechenden Vorgängen in der internationalen Praxis um rein politische Praxis bzw. isolierte oder auch lang anhaltende Verstöße gegen die Gründungsverträge handelt. Diesen ist die völkerrechtliche Anerkennung zwar zu verweigern, sodass aus ihnen gerade keine Rechte bzw. Verpflichtungen entstanden sind. Mangels einer zentralen Beurteilungs- oder Durchsetzungsinstanz können

---

[791] Amerasinghe, Principles of the institutional law of international organizations, 2. Aufl. 2005, S. 51 ff. i.V.m. 463; vgl. für durch den Sicherheitsrat angestoßene Modifikationen von Kapitel VII der UN-Charta: Herdegen, Der Sicherheitsrat und die autoritative Konkretisierung des VII. Kapitels der UN-Charta, in: Beyerlin u. a. (Hrsg.), Recht zwischen Umbruch und Bewahrung, FS Bernhardt, 1995, S. 103, 112 f.; Karl/Mützelburg/Witschel, in: Simma u. a. (Hrsg.), The Charter of the United Nations, 2. Aufl., Bd. 2, 2002, Art. 108 Rn. 12 (relevante Passage in der 3. Aufl. gestrichen); White, The law of international organisations, 2. Aufl. 2005, S. 27 f.

[792] Siehe auch oben, C. II. 6. c), C. III. 2. b).

sie sich jedoch mitunter faktisch-politisch auch auf lange Sicht behaupten.[793]

Es steht schließlich zu vermuten, dass eine Erweiterung der Satzung durch autonome *established practice* zumindest dann, wenn sie vom Zweck und den Zielen der Organisation gedeckt ist, etwas leichter möglich ist als eine offene Abweichung von bestehenden Vorschriften des Gründungsvertrags. Vor allem die *rule-of-law*-Problematik ist dann entschärft. Doch auch an erweiternde *established practice* sind strenge Anforderungen zu stellen; auch ihre völkerrechtliche Anerkennungswürdigkeit wird der Ausnahmefall bleiben.

IV. Organisationspraxis *ultra vires*

Um an den unter dem Begriff *ultra vires*, also „jenseits der Kompetenzen (einer Internationalen Organisation)" stattfindenden Diskurs in der Völkerrechtswissenschaft[794] anzuknüpfen, sind kaum inhaltliche Ergänzungen zu den bisherigen Ausführungen erforderlich. Organisationspraxis, welche die Grenzen der Auslegung überschreitet und somit eine Modifikation des Gründungsvertrags anstrebt, ist jedenfalls dann *ultra vires*, wenn sie die Anforderungen, die an eine *established practice* zu stellen sind, nicht erfüllt. Auch die Anfänge einer wirksamen *estab-*

---

[793] Vgl. Sep. Op. Spender, Certain Expenses, ICJ Reports 1962, 182, 197; Witschel, in: Simma u. a. (Hrsg.), The Charter of the United Nations, 3. Aufl., Bd. 2, 2012, Art. 108 Rn. 10; zu weit dürfte Engel gehen, der angesichts dieser faktisch-politischen Durchsetzungsfähigkeit mangels einer Kontrollinstanz auch auf eine rechtliche Anerkennungswürdigkeit schließt: Engel, Procedures for the De Facto Revision of the Charter, ASIL Proc. 59 (1965), 108, 113.

[794] Allgemein zum *ultra-vires*-Konzept statt vieler: Bernhardt, Ultra Vires Activities of International Organizations, in: Makarczyk (Hrsg.), Theory of International Law at the Threshold of the 21st Century, FS Skubiszewski, 1996, S. 599 ff.; Klein/Schmahl, in: Graf Vitzthum/Proelß (Hrsg.), Völkerrecht, 6. Aufl. 2013, Rn. 192 ff.; Osieke, The Legal Validity of Ultra Vires Decisions of International Organizations, AJIL 77 (1983), 239 ff.; zu Organisationspraxis *ultra vires*: Alvarez, Limits of Change by Way of Subsequent Agreements and Practice, in: Nolte (Hrsg.), Treaties and Subsequent Practice, 2013, S. 123, 129; Bernhardt, Ultra Vires Activities of International Organizations, in: Makarczyk (Hrsg.), Theory of International Law at the Threshold of the 21st Century, FS Skubiszewski, 1996, S. 599, 603.

lished practice könnten als ursprünglich *ultra vires* bezeichnet werden, bis es zu einer gesicherten einhelligen und konsistenten Praxis gekommen ist, welche auf den Gründungsvertrag einwirkt.

V. Organisationspraxis und die *implied-powers*-Doktrin

Die *implied-powers*-Lehre, also die Vorstellung, dass Internationalen Organisationen bzw. ihren Organen gewisse implizite Kompetenzen zukommen, die zwar nicht ausdrücklich im Gründungsvertrag vorgesehen, aber zur Erfüllung ihrer Aufgaben erforderlich sind,[795] steht in einer offensichtlichen Beziehung zum Konzept der satzungsrelevanten Organisationspraxis[796]: Eine Kompetenzerweiterung eines Organs kann einerseits unmittelbar mit dessen Praxis bzw. der Unterstützung dieser Praxis durch die Mitgliedstaaten begründet werden. Andererseits ist die Berufung auf die effektive Aufgabenerfüllung – mithin die Ziele und Zwecke der Organisation – möglich, um eine Kompetenz als implizit und komplementär zu ausdrücklichen Befugnissen anzuerkennen. Es ist gut möglich, dass letzteres ex post durch ein internationales Gericht oder Streitbeilegungsorgan festgestellt wird, nachdem es zu einer entsprechenden Praxis bereits gekommen ist.[797] Es besteht somit eine Pa-

---

[795] IGH, Reparations for Injuries, Advisory Opinion, ICJ Reports 1949, 174, 182; Blokker, International Organizations or Institutions, Implied Powers, in: Wolfrum (Hrsg.), MPEPIL 2009, opil.ouplaw.com/home/ORIL (25.11.2014), Rn. 3; Skubiszewski, Implied Powers of International Organizations, in: Dinstein u. a. (Hrsg.), International Law at a Time of Perplexity, 1989, S. 855, 856.

[796] Vgl. bereits IGH, Reparations for Injuries, Advisory Opinion, ICJ Reports 1949, 174, 180: „[…] the rights and duties of an entity such as the Organization must depend upon its purposes and functions as specified or implied in its constituent documents and developed in *practice* [Hervorhebung des Verfassers]"; Skubiszewski, Implied Powers of International Organizations, in: Dinstein u. a. (Hrsg.), International Law at a Time of Perplexity, 1989, S. 855, 857; vgl. White, The United Nations System, 2002, S. 38.

[797] Ein gutes Beispiel hierfür ist IGH, Effect of awards of compensation made by the U.N. Administrative Tribunal, Advisory Opinion, ICJ Reports 1954, 47, 56 f.: Das UNAT wurde in der Praxis der Generalversammlung errichtet, was der IGH ex post in seinem Gutachten mit der *implied-powers*-Doktrin billigte; vgl. Higgins, The Development of International Law by the Political Organs of the United Nations, ASIL Proc. 59 (1965), 116, 123: „[…]

rallele zum Verhältnis zwischen späterer Praxis und dynamischer Auslegung: Mit unterschiedlicher Begründung und legitimatorischer Rückbindung lassen sich mitunter ähnliche Ergebnisse erzielen.[798] Die Lehre von den *implied powers* kann somit auch als ein Konzept verstanden werden, das weniger von der Methode her gedacht ist, sondern vielmehr vom Ergebnis, nämlich einer Kompetenzerweiterung, die mit verschiedenen Methoden erreicht werden kann. Und so ist zwar eine theoretische Unterscheidung von *implied powers* und Organisationspraxis möglich, aber eine praktische Differenzierung im Einzelfall ist weitaus schwieriger.[799]

Der Ursprung der *implied-powers*-Doktrin in der teleologischen Auslegung[800] und die gleichzeitige Begründbarkeit einer impliziten Kompetenzerweiterung mit dem Praxisargument zeigen darüber hinaus auf, dass auch die spätere Praxis selbst mitunter nicht völlig isoliert von der teleologischen Auslegung betrachtet werden kann: Es ist vielmehr denkbar, dass Praxis den Telos eines Vertrages oder einer einzelnen Vorschrift näher zu bestimmen vermag.[801]

U.N. political organs have at least an initial discretion to decide what actions are necessary to carry out their functions […] and upon that practice its implied powers will be built.“

798 Siehe oben, B. II. 3. b).

799 Alvarez, International Organizations as Law-Makers, 2005, S. 92; Skubiszewski, der eine a.A. vertritt, bezieht sich bei der Abgrenzung lediglich auf die Schaffung neuer Kompetenzen durch modifizierendes Völkergewohnheitsrecht, vernachlässigt aber die Auslegung durch spätere Praxis: Skubiszewski, Implied Powers of International Organizations, in: Dinstein u. a. (Hrsg.), International Law at a Time of Perplexity, 1989, S. 855, 857.

800 Alvarez, Limits of Change by Way of Subsequent Agreements and Practice, in: Nolte (Hrsg.), Treaties and Subsequent Practice, 2013, S. 123, 128; Heintschel v. Heinegg, in: Ipsen (Hrsg.), Völkerrecht, 6. Aufl. 2014, § 12 Rn. 16.

801 Vgl. Fitzmaurice, The Law and Procedure of the International Court of Justice 1951-4, BYIL 33 (1957), 203, 208: „[…] the notion of object or purpose is itself not a fixed and static one, but is liable to change, or rather develop as experience is gained in the operation and working of the convention [Fn. ausgelassen]“; Nolte, Jurisprudence of the International Court of Justice and Arbitral Tribunals of Ad Hoc Jurisdiction Relating to Subsequent Agreements and Subsequent Practice, in: Nolte (Hrsg.), Treaties and Subsequent Practice, 2013, S. 169, S. 181 f.

Ein Beispiel für die enge Wechselwirkung von *implied powers*, Telos und Praxis findet sich im *Repertory of Practice of United Nations Organs*: Dort ist im Rahmen der politischen Kompetenzen des Generalsekretärs, die über den Wortlaut der Art. 97 S. 3, 98 S. 1 a.E. und 99 SVN hinausgehen – also u. a. der Kompetenz zur Mediation und Streitbeilegung – von *implicit* oder *inherent powers* die Rede.[802] Der Begriff *inherent powers* wird von der h.M. als Synonym zum Terminus *implied powers* betrachtet.[803] Dem ist zuzustimmen, und zwar nicht nur angesichts der ähnlichen Begrifflichkeit. Denn es ist nicht ersichtlich, anhand welcher Kriterien eine Unterteilung des Phänomens *implied powers* in verschiedene Kategorien/Fallgruppen erfolgen sollte. Nun beruhen diese politischen *inherent powers* des Generalsekretärs nicht allein auf einer teleologischen Argumentation mit der Notwendigkeit gewisser Kompetenzen zur Verfolgung der Ziele der Organisation. Sie bauen auch wesentlich auf dessen eigener Praxis und einer zustimmenden Haltung der UN-Mitgliedstaaten auf.[804]

Ein weiteres Beispiel findet sich im *Use-of-Nuclear-Weapons*-Gutachten des IGH. Bei der Untersuchung der Frage, ob der WHO die Kompetenz zukommt, sich mit der Rechtmäßigkeit des Einsatzes von Nuklearwaffen zu befassen, greift der Gerichtshof im selben Atemzug sowohl auf Ziel und Zweck der Organisation als auch auf ihre Praxis

---

[802] Implicit Powers: Repertory, Supplement 8, Bd. VI, Art. 99, Rn. 5; Inherent Powers: seit Repertory, Supplement 2, Bd. III, Art. 98, vor Rn. 253 in den folgenden Supplements zu Art. 98 SVN bis einschließlich Supplement 7, Bd. VI, Art. 98, Rn. 4; seit Supplement 8, Bd. VI, Art. 98 werden vergleichbare Begriffe nicht mehr verwendet.

[803] Blokker, Beyond 'Dili', in: Kreijen u. a. (Hrsg.), State Sovereignty and International Governance, 2002, S. 299, 305 m.w.N.; a.A. Tunkin, The Legal Nature of the United Nations, RdC 119 (1966-III), 1, 20 ff.

[804] Franck/Nolte, The Good Offices Function of the Secretary-General, in: Roberts (Hrsg.), United Nations, Divided World, 2. Aufl. 1993, S. 143, 172 ff.; Hammarskjöld, "Do We Need the United Nations?", Address Before the Students' Association, Kopenhagen, 2.5.1959, UN Press Release SG/812, 371 ff., http://www.un.org/depts/dhl/dag/docs/needun.pdf (16.12.2014); vgl. Kolb, An introduction to the law of the United Nations, 2010, S. 152.

zurück, die nach seiner Auffassung eine entsprechende Kompetenz nicht rechtfertigen kann.[805]

Im Zusammenhang mit den *implied powers* wird in der Literatur das Konzept der *customary powers* erörtert.[806] Letztere werden viel mehr als Erstere auf den Konsens und die Praxis der Mitgliedstaaten zurückgeführt. Das von *Blokker* verwendete Beispiel der Enthaltungspraxis im Sicherheitsrat[807] macht deutlich, dass es sich dabei um eine andere Beschreibung bzw. Terminologie für Phänomene handelt, die nach hier vertretener Auffassung besser als *established practice* beschrieben werden.

VI. Organisationspraxis und *principle of effectiveness*

Auch dem *principle of effectiveness*, einem mit den *implied powers* häufig in einem Atemzug genannten Auslegungsgrundsatz, der wie die *implied powers* keinen Eingang in die WVK gefunden hat, kommt insbesondere im Rahmen der Gründungsverträge Internationaler Organisationen nach ganz vorherrschender Auffassung eine hervorgehobene Bedeutung zu.[808] Geradezu allgegenwärtig ist dieses Prinzip im Recht der EU – dort meist unter der französischen Bezeichnung *effet utile*.[809] Wie bei den *implied powers* handelt es sich um eine besondere Ausprä-

---

[805] IGH, Use of Nuclear Weapons, Advisory Opinion, ICJ Reports 1996, 66, 75; vgl. dazu Blokker, Beyond 'Dili', in: Kreijen u. a. (Hrsg.), State Sovereignty and International Governance, 2002, S. 299, 308 f.

[806] Ebd., S. 307 ff.; Schermers/Blokker, International Institutional Law, 5. Aufl. 2011, § 232; Seidl/Hohenveldern, Das Recht der Internationalen Organisationen einschließlich der Supranationalen Gemeinschaften, 7. Aufl. 2000, S. 223 ff.; vgl. Skubiszewski, Implied Powers of International Organizations, in: Dinstein u. a. (Hrsg.), International Law at a Time of Perplexity, 1989, S. 855, 857.

[807] Blokker, Beyond 'Dili', in: Kreijen u. a. (Hrsg.), State Sovereignty and International Governance, 2002, S. 299, S. 307.

[808] Statt vieler Akande, in: Evans (Hrsg.), International Law, 4. Aufl. 2014, S. 258 f.; Ruffert/Walter, Institutionalisiertes Völkerrecht, 2009, Rn. 137.

[809] Statt vieler Nettesheim, in: Oppermann/Classen/Nettesheim, Europarecht, 6. Aufl. 2014, § 11 Rn. 7.

gung der teleologischen Auslegung.[810] Nach diesem Prinzip ist unter mehreren alternativen Auslegungsergebnissen dasjenige vorzugswürdig, welches das effektive Tätigwerden der Organisation am ehesten gewährleistet.[811]

Das *principle of effectiveness* weist ebenfalls Wechselwirkungen mit der späteren Praxis auf.[812] Es ist vorstellbar, unter Verweis auf dieses Prinzip für eine stärkere Rolle von autonomer Organpraxis bei der Auslegung der Gründungsverträge zu plädieren. Geht man davon aus, dass die Anwendungspraxis der auf täglicher Basis mit dem Vertrag beschäftigten Organe mit einer besonderen Sachkenntnis auch über die effiziente Vertragsimplementierung einhergeht,[813] würde es dem *principle of effectiveness* entsprechen, eine solche Praxis verstärkt zu berücksichtigen und die Anforderungen im Rahmen des Art. 31 Abs. 3 lit. b WVK weiter zu senken. *Karl* bewegt sich in diesem Rahmen, wenn er die Effektivität als Argument für die größere Autorität von Organentscheidungen bzw. für die Berücksichtigung der „Vertragswirklichkeit" im Rahmen des „objektiven Aspektes" späterer Praxis anführt.[814]

Dieser Annahme einer praxisfördernden Wirkung des *principle of effectiveness* ist zumindest für den Bereich der Auslegung grundsätzlich zuzustimmen, allerdings ist ein doppeltes *caveat* zu beachten: Erstens wurde dieses Prinzip ebenso wie die *implied-powers*-Doktrin nicht in der WVK anerkannt, sodass es aus *object and purpose* gem. Art. 31 Abs. 1 WVK abgeleitet werden muss. Das schmälert seine Bedeutung gerade im Hinblick auf Art. 31 Abs. 3 lit. b WVK. Zweitens kann ein Auslegungsansatz, der entscheidend auf Effektivität und Expertise der interpretierenden Akteure abstellt, leicht zu Legitimationsdefiziten führen.

---

810 Kadelbach, in: Simma u. a. (Hrsg.), The Charter of the United Nations, 3. Aufl., Bd. 1, 2012, Interpretation Rn. 18.

811 Lauterpacht, The Development of the Law of International Organization by the Decisions of International Tribunals, RdC 152 (1976-IV), 379, 420; Ruffert/Walter, Institutionalisiertes Völkerrecht, 2009, Rn. 137.

812 Alvarez, Limits of Change by Way of Subsequent Agreements and Practice, in: Nolte (Hrsg.), Treaties and Subsequent Practice, 2013, S. 123, 128.

813 Vgl. in Ansätzen und ohne direkte Bezugnahme auf das *principle of effectiveness*: McGinley, Practice as a Guide to Treaty Interpretation, Fletcher Forum 9 (1985), 211, 227; siehe oben, B. III. 2. c).

814 Karl, Vertrag und spätere Praxis im Völkerrecht, 1983, S. 182 f.

VII. Der politische Charakter der Organisationspraxis

Vor allem bei der Praxis politischer Organe der Vereinten Nationen, aber auch bei der Praxis anderer Internationaler Organisationen wie der NATO handelt es sich nach einer in der Literatur vertretenen Auffassung häufig um rein politische Praxis, der kaum oder keine rechtliche Relevanz – und damit auch wenig oder kein rechtlicher Einfluss auf die Auslegung bzw. den Inhalt der Satzung – beigemessen werden sollte.[815]

Dass die Praxis bestimmter Organe – sowohl aufgrund ihrer Besetzung mit Politikern und Diplomaten als auch aufgrund ihrer Aufgaben und Rechtsgrundlagen – einen politischen Entscheidungsprozess voraussetzt, ist zwar nicht von der Hand zu weisen. So wird z. B. die Erhaltung des Friedens und der internationalen Sicherheit auf dem Wege politischer Ermessensentscheidungen des Sicherheitsrats betrieben. Dennoch wäre es ein Fehlschluss, zwischen rein politischer Praxis und rein rechtlicher (internationaler Verwaltungs-)Praxis zu unterscheiden.[816] So wird z. B. die Praxis des Sicherheitsrats wesentlich von rechtlichen Argumenten beeinflusst, wie es aus den Protokollen des Rates und seinen Resolutionen eindeutig hervorgeht.[817] Die in ihm tätigen Politiker und Diplomaten werden von Völkerrechtlern der Außenministerien beraten. Die Politik ist insofern offen für Einflüsse des Rechts, als dieses ein Faktor im politischen Meinungsstreit sein kann.[818] Umgekehrt ist das Recht – insbesondere das Völkerrecht – seinerseits offen für politischen Einfluss, auch nach Abschluss des ‚legislativen' Prozesses.

---

[815] Vgl. Goodrich/Hambro/Simons, Charter of the United Nations, 3. Aufl. 1969, S. 15 f.; Rosenne, Developments of the Law of Treaties 1945-1986, 1989, S. 244.

[816] Vgl. Higgins, The Development of International Law by the Political Organs of the United Nations, ASIL Proc. 59 (1965), 116, 117 f., 122; Schreuer, Die Bedeutung internationaler Organisationen im heutigen Völkerrecht, AVR 22 (1984), 363, 398.

[817] Higgins, The Development of International Law by the Political Organs of the United Nations, ASIL Proc. 59 (1965), 116, 117 f.

[818] Vgl. zur Rolle des Rechts in den politischen Organen der Vereinten Nationen: ebd., 118: „[...] in fact these organs find it helpful politically to invoke legal principles in order to reach normative decisions."

Gerade vor dem Hintergrund der bisherigen Ausführungen zur *rule of law* und der Möglichkeit rechtswidriger Praxis, die sich dennoch faktisch-politisch auf lange Sicht durchsetzen kann, dürfte es eine ausgewogene Herangehensweise sein, den politischen Charakter bestimmter Formen von Praxis anzuerkennen, ohne ihr jegliche rechtliche Wirkung abzusprechen.

VIII. Gibt es materielle Grenzen für Satzungsänderungen durch *established practice*?

Ein Thema, das in der Literatur bisher wenig Beachtung gefunden hat, ist die Frage, ob informelle Satzungsänderungen (nach hier vertretener Auffassung durch *established practice*) über die formellen Voraussetzungen bzw. Beschränkungen hinaus (also Einhelligkeit, Konsistenz, subjektives Element, usw.[819]) auch absoluten materiellen Grenzen unterliegen. *White*, der sich mit dem Problem kurz auseinandersetzt, lehnt eine Änderung der UN-Charta durch Praxis, die ihren Zielen und Zwecken gem. Art. 1 und 2 SVN zuwiderläuft, entschieden ab.[820]

Mehr Aufmerksamkeit hat hingegen die eng verwandte Frage erfahren, ob förmliche Änderungsverfahren – wie z. B. nach Art. 108 und 109 SVN – materiellen Grenzen unterliegen, gerade in Anbetracht der Tatsache, dass sie Mehrheitsentscheidungen zulassen und möglicherweise ein Einfallstor für grundlegende Struktur- und Zweckänderungen der Organisation gegen den Willen einer Minderheit sein können. *Frowein* bejaht solch materielle Grenzen und legt bei deren Bestimmung eine Unterscheidung zwischen „normal changes" und „fundamental changes" zugrunde.[821] *Anne Peters* lehnt sie mit dem Argument ab, dass ein

---

[819] Siehe oben, C. II. 6. c).

[820] White, The United Nations System, 2002, S. 42.

[821] Frowein, Are there Limits to the Amendment Procedures in Treaties constituting International Organisations?, in: Hafner u. a. (Hrsg.), FS Seidl-Hohenveldern, 1998, S. 201 ff.; einhellig von den Mitgliedstaaten unterstützte Satzungsänderungen werden dabei unbeachtlich ihrer Tragweite und des zur Anwendung kommenden Verfahrens und seines Grades an Förmlichkeit grundsätzlich für unproblematisch befunden, ebd. S. 217; kritisch Witschel, in: Simma u. a. (Hrsg.), The Charter of the United Nations, 3. Aufl., Bd. 2, 2012, Art. 108 Rn. 7.

änderungsfester Kern keine Grundlage in den Änderungsverträgen, der Rechtsprechung und der Rechtstheorie findet.[822] Gegen absolute materielle Grenzen, gerade auch im informellen Bereich, könnte überdies mit *Karl* folgende Überlegung sprechen: Wenn bereits gem. Art. 54 lit. b WVK i.V.m. Art. 5 WVK die Beendigung eines Gründungsvertrags und damit die Auflösung bzw. Liquidation einer Internationalen Organisation durch ein formloses Einvernehmen zwischen allen Mitgliedstaaten möglich ist[823] – wie es im Übrigen auch für Vor-WVK-Zeiten die Auflösung des Völkerbundes durch einfachen einstimmigen Beschluss der Versammlung illustriert[824] –, muss diese Möglichkeit nicht erst recht für tiefgreifende Satzungsänderungen bestehen?[825] Wäre es nicht widersinnig, eine einstimmige informelle Auflösung gefolgt von einer einstimmigen Neugründung zu verlangen, wenn stattdessen auf den vorhandenen und bewährten Strukturen aufgebaut werden kann?

Dieser Gedanke vermag jedoch nicht zu überzeugen. *Froweins* Unterscheidung sollte zumindest im informellen Bereich Anwendung finden: „Fundamental changes"[826] können gerade auf informellem Wege nicht vorgenommen werden. Informellen Änderungen auf so fundamentaler Ebene fehlt es schlicht an der erforderlichen Legitimation durch Verfahren. Mit der *rule of law* ist eine informelle Transformation der grundlegenden Ziele der Organisation und ihrer institutionellen Grundstruktur nicht in Einklang zu bringen. Wo dies möglich ist, sollte auf das formelle Änderungsverfahren zurückgegriffen werden, ansonsten ist eine Auflösung und Neugründung aus rechtlicher Perspektive unvermeidbar.

Es bleibt festzustellen, dass diese Frage ohnehin weitgehend akademischer Natur ist[827] und in der Völkerrechtspraxis bisher selten relevant

---

822 A. Peters, Das Gründungsdokument internationaler Organisationen als Verfassungsvertrag, ZÖR 68 (2013), 1, 37.

823 Karl, Vertrag und spätere Praxis im Völkerrecht, 1983, S. 300.

824 Resolution der Völkerbundversammlung vom 18.4.1946, Société des Nations, Journal Officiel, Supplément Spécial No. 194, Actes des vingtième (fin) et vingt et unième sessions ordinaires.

825 Karl, Vertrag und spätere Praxis im Völkerrecht, 1983, S. 312.

826 Siehe oben, Fn. 821.

827 Witschel, in: Simma u. a. (Hrsg.), The Charter of the United Nations, 3. Aufl., Bd. 2, 2012, Art. 108 Rn. 7.

wurde. Häufiger ist in der Tat die Auflösung gefolgt von einer Neugründung.[828]

IX. Zusammenfassung des ersten und zweiten Teils[829]

Im allgemeinen Recht der Verträge ist spätere Praxis zu definieren als konsistente, vertragsbezügliche Handlungen oder Unterlassungen der Vertragsparteien oder von Vertragsorganen auf internationaler Ebene, welche die gemeinsamen subjektiven Vorstellungen der Parteien über die Auslegung oder den Inhalt des Vertrags widerspiegeln.[830] Sie kann unterschiedlichste Erscheinungsformen annehmen und umfasst nicht nur „Taten", sondern auch „Worte" wie Organbeschlüsse.

Spätere Praxis gem. Art. 31 Abs. 3 lit. b WVK ist zunächst eines von mehreren Auslegungsmitteln, die im Rahmen einer *single combined operation* in den Auslegungsvorgang einfließen.[831] Sie kann – muss aber nicht – in eine authentische oder autoritative Auslegung münden, die verbindlich und infolgedessen vorrangig vor anderen Auslegungsmethoden zu berücksichtigen ist. Hier wird die Abgrenzung zur Änderung besonders schwierig, was jedoch nicht als Anlass dienen darf, ihr auszuweichen.[832] Auf der anderen Seite des Spektrums befindet sich die gem. Art. 32 WVK subsidiär zu berücksichtigende Praxis, die z. B. dem Einhelligkeitserfordernis des Art. 31 Abs. 3 lit. b WVK nicht genügt und dennoch im Falle von Unklarheiten oder anderenfalls sinnwidrigen Ergebnissen Berücksichtigung finden darf.

Die spätere Praxis ist insbesondere abzugrenzen von der dynamischen Auslegung. Die drei Aspekte der dynamischen Auslegung, also der

---

828 Frowein, Are there Limits to the Amendment Procedures in Treaties constituting International Organisations?, in: Hafner u. a. (Hrsg.), FS Seidl-Hohenveldern, 1998, S. 201, 213.

829 Nur bei den wichtigsten Passagen dieser Zusammenfassung wird in Fußnoten nach oben verwiesen. Auf eine Wiederholung der Literaturnachweise wurde verzichtet; vgl. dazu die Fußnoten der jeweiligen ausführlichen Abschnitte.

830 Siehe oben, B. I.

831 Siehe oben, B. II. 1.

832 Siehe oben, B. III. 3. a) aa) (3)-(6).

terminologische Wandel, die Veränderung anderer Regeln des Völkerrechts gem. Art. 31 Abs. 3 lit. c WVK und der *emergent purpose* können nicht nur, aber auch von einer Praxis der Vertragsparteien oder -organe getragen werden. Genauso denkbar ist aber auch eine evolutive Auslegung durch ein unabhängiges Streitbeilegungsorgan, die vordergründig keine Schnittmengen mit einer späteren Praxis aufweist.[833] Vergleichbares gilt im Übrigen für die *implied-powers*-Doktrin im Recht der Internationalen Organisationen. Bestimmte Entwicklungen lassen sich alternativ oder kumulativ als *implied powers* und/oder Konsequenz von Organisationspraxis beschreiben.

Spätere Praxis kann nicht nur interpretieren, sie kann auch ändern. Die Bedenken aufgrund der Ablehnung des *Draft Article 38* auf der Staatenkonferenz zur Verabschiedung der WVK greifen insoweit nicht durch: völkergewohnheitsrechtlich ist eine informelle Modifikation durch Praxis nach wie vor möglich.[834]

Auslegung und Änderung sind voneinander zu unterscheiden, eine Zwischenkategorie der Modifikation ist abzulehnen. Die Abgrenzung ist keinesfalls trennscharf möglich. Im Gegenteil: Unsicherheiten sind kaum zu vermeiden. Freilich gibt es diesseits und jenseits des unsicheren Bereiches klare Fälle der Auslegung und klare Fälle der Änderung.[835] Eine Leugnung des Unterschiedes liefe im Ergebnis auf eine Unterminierung der *rule of law* hinaus – mit leichteren Rechtfertigungsmöglichkeiten für völkerrechtswidriges Verhalten. Die Abgrenzung zwischen Änderung und Auslegung kann nicht allein anhand des Wortlauts vorgenommen werden. Es handelt sich vielmehr ihrerseits um einen Auslegungsvorgang, eine *single combined operation*, welche die bekannten Methoden wie die Auslegung nach Sinn und Zweck und die Systematik mit einbeziehen muss. Ebenfalls zu unterscheiden ist die vertragserweiternde Praxis, die freilich einer Änderung näher steht. Die diesbezüglich entscheidenden Fragen sind, ob die Neuerung im Vertrag noch angelegt ist und ob sie so bedeutsam ist, dass sie einer Regelung im Vertrag bedarf (Vertragsäquivalenz).[836]

---

[833] Siehe oben, B. II. 3.

[834] Siehe oben, B. III. 3.

[835] Siehe oben, B. III. 3. a) aa) (6).

[836] Siehe oben, B. III. 4.

Änderungen durch Praxis können je nach Einzelfall sowohl als neue vertragliche Übereinkunft, die in der Praxis zum Ausdruck kommt, als auch als neues vertragsbezügliches Völkergewohnheitsrecht verstanden werden, das den Vertrag als *lex posterior* modifiziert.[837]

Die Gründungsverträge Internationaler Organisationen weisen einige bedeutende strukturelle Unterschiede zu anderen Vertragsregimen auf, die zu wesentlichen Abweichungen in Bezug auf spätere Praxis führen. Am offensichtlichsten ist die Rolle der Organe und ihrer Praxis. Überdies kann der Verfassungscharakter der Gründungsverträge Praxis sowohl behindern (dies gilt z. B. für seine Manifestation *rule of law*) als auch fördern, wenn man eine solche Verfassung als *living constitution* begreift.[838] Zwar ist die WVK bzw. das parallele Völkergewohnheitsrecht gem. Art. 5 WVK auch für die Gründungsverträge Internationaler Organisationen anwendbar. Art. 5 WVK selbst führt jedoch zu einigen Spezifika.

Im Recht der Internationalen Organisationen sollte satzungsmodifizierende (und auch satzungserweiternde) Praxis als *established practice* bezeichnet werden, womit auch materielle Unterschiede einhergehen. Dafür spricht Art. 5 WVK mit seinem Begriff der *rules of the organization* in einer Gesamtschau mit anderen Konventionen und Entwürfen der ILC sowie das ihnen zugrunde liegende Völkergewohnheitsrecht. *Established practice* ist als Quasi-Völkergewohnheitsrecht der jeweiligen Organisation zu verstehen.[839]

Während im allgemeinen Recht der Verträge gem. Art. 31 Abs. 3 lit. b WVK auch für interpretierende spätere Praxis grundsätzlich ein Einhelligkeitserfordernis gilt, ist dies für auslegende Organisationspraxis nicht selbstverständlich. Die *rules of the organization* können gem. Art. 5 WVK die Anwendung des Art. 31 Abs. 3 lit. b WVK modifizieren, sodass insbesondere bei Organpraxis zumindest für eine einfache (d. h. nicht-autoritative) Auslegung auch eine satzungsgemäße Mehrheit genügen kann. Das hängt freilich von verschiedenen anderen Faktoren ab:

---

837 Siehe oben, B. III. 3. c).

838 Siehe oben, C. I. 2. a).

839 Sie darf nicht mit einer einfachen Verwaltungspraxis verwechselt werden, die häufig im Jargon der Organisationen selbst als *established practice* bezeichnet wird: siehe oben, C. II. 6. b) cc).

von der Art der von der Praxis betroffenen Bestimmung,[840] von den Charakteristika der Organisation,[841] von der Konsistenz der Praxis sowie von ihrer Eindeutigkeit bzw. Ausdrücklichkeit.[842]

Bei einer *established practice* muss jedoch ein striktes Einhelligkeitserfordernis gelten, das nur bei Fällen der informellen Vertragserweiterung abgeschwächt werden kann.[843] Dies verlangen insbesondere ein Erst-Recht-Schluss aus Art. 31 Abs. 3 lit. b WVK und die *rule of law*. Vor allem können Mehrheitserfordernisse für formelle Änderungsverfahren nicht auf informelle Änderungen übertragen werden, da Erstere eine höhere Legitimation durch zuverlässige Einbindung der *shareholder*, d. h. der Mitgliedstaaten und Organe, garantieren. Das kompensiert den Verzicht auf das Einhelligkeitserfordernis.

Es können drei akteursbezogene Kategorien von Organisationspraxis unterschieden werden: Die erste Kategorie umfasst die einhellige Praxis von Plenarorganen und die zweite die einhellige Praxis von Organen mit beschränkter Mitgliedschaft, gestützt von den übrigen Mitgliedstaaten (je nachdem auch durch *acquiescence*). Die dritte Kategorie schließlich bezieht sich auf autonome Organpraxis, also bloße Mehrheitspraxis oder Praxis formell parteiunabhängiger Organe ohne einhellige Unterstützung der Mitgliedstaaten. Von Kategorie 1 zu Kategorie 3 nimmt die Spanne der möglichen Rechtsfolgen ab. Grundsätzlich ist eine Änderung nur bei Praxis der ersten beiden Kategorien denkbar. Abgeschwächt gilt dies auch für die erweiternde Praxis.[844]

Informelle Änderungen und Erweiterungen sind nicht grenzenlos möglich: Sie müssen ihre Schranken im Organisationzweck und der Grundstruktur der Internationalen Organisation finden. Alles was darüber

---

[840] D.h. Intra-Organ-Bestimmungen, Inter-Organ-Bestimmungen, Regelungen der Rechte und Pflichten der Mitgliedstaaten, „Doppelspuriges Recht“, Bestimmungen über die Außenbeziehungen der Organisation; siehe oben, C. I. 2. b).

[841] Siehe dazu ausführlich den fünften Teil, F. I. und II.

[842] D.h. ausdrückliche/konkludente Zustimmung, *adoption without a vote*, Enthaltung oder lediglich *acquiescence*. Draft Conclusion 8 Abs. 1, ILC Report on the work of its sixty-sixth session, UN Doc. A/69/10 (2014), 166, 169, 192 f. besagt, dass die Bedeutung späterer Praxis beim Auslegungsvorgang u. a. von ihrer „clarity and specifity“ abhängt.

[843] Siehe oben, C. II. 6. c) und 7.

[844] Siehe oben, C. III. 3. a) bb) (3) und b) bb) (3).

hinausgeht, verlangt zumindest eine formelle Änderung, wenn nicht sogar eine Auflösung und Neugründung.[845]

---

[845] Siehe oben, C. VIII.

D. Dritter Teil: Die Praxis der Vereinten Nationen und ihr Einfluss auf die Charta

I. Auswahl der Fallstudien und Operationalisierung des ersten und zweiten Teils

Mit dem dogmatisch-theoretischen Konzept des ersten und zweiten Teils, das soeben zusammenfassend dargestellt wurde, steht nun das Instrumentarium zur Verfügung, um Fallbeispiele aus der Praxis der Vereinten Nationen zu klassifizieren, zu analysieren und ihren Effekt auf die Auslegung bzw. den rechtlichen Gehalt der Charta näher zu bestimmen.

Diese Fallbeispiele stammen aus einer systematischen Auswertung des *Repertory of Practice of United Nations Organs.*[846] Bei der Recherche wurden zwar nur wenige Bereiche von vornherein ausgespart; dennoch war eine Auswahl unter den identifizierten Fällen zu treffen. Gewählt wurden erstens Konstellationen, in denen der Einfluss auf die Charta bzw. die Abweichung vom Wortlaut besonders auffällig war, was man auch als *impact-based approach* bezeichnen könnte. Zweitens wurden Fälle untersucht, in denen eine konsistente Konkretisierung durch Auslegung oder bestimmte interessante Sonderfälle der Organisationspraxis besonders instruktiv illustriert werden können. Bestimmungen, die gleichzeitig Grundprinzipien der Völkerrechtsordnung kodifiziert haben – wie Art. 1 Nr. 2, Art. 2 Nr. 4, Nr. 7 und Art. 51 SVN –, waren Gegenstand einer äußerst umfangreichen völkergewohnheitsrechtlichen Praxis, deren eingehende Analyse zu weit geführt hätte.[847] Die Auswahl

---

[846] http://www.un.org/law/repertory/ (16.12.2014); die Ergebnisse dieser Auswertung wurden in einem Paper mit dem Titel „Case Studies on Subsequent Practice in Relation to the Charter of the United Nations“ zusammengefasst, welches der Verfasser im Rahmen seiner Tätigkeit als *Research Assistant* für die Rechtsabteilung des Sekretariats der Vereinten Nationen erstellt hat.

[847] Gerade auch im Hinblick auf den fortgeschrittenen Forschungsstand zu diesen Normen: statt vieler Cassese, Self-Determination of Peoples, 1995; Dinstein, War, Aggression and Self-Defence, 5. Aufl. 2012; Gray, International Law

kann somit lediglich als begrenzt repräsentativ gelten. Neben dem *Repertory* beruhen die Fallstudien auch auf der Analyse von Resolutionen der UN-Organe, Gutachten des IGH und der völkerrechtlichen Sekundärliteratur.

Die Fallstudien folgen einer einheitlichen Gliederung: An die Darstellung der betroffenen Satzungsbestimmung und der sie beeinflussenden Praxis schließt sich jeweils die rechtsfolgenbezogene Klassifizierung an. Ausgangspunkt sind also die fünf möglichen Rechtsfolgen von Organisationspraxis,[848] die kurz als *impact* auf den Gründungsvertrag bezeichnet werden können. Es werden mehrfach nur Tendenzen aufgezeigt, da es nicht unerhebliche Grauzonen gibt. Sodann wird unter-untersucht, welches Organ mit welcher Zustimmung agiert hat. Danach beurteilen sich die Voraussetzungen einer rechtmäßigen Praxis: Je größer der *impact* ist, desto restriktiver sollten die Anforderungen an die zu prüfende Praxis bestimmt werden. Die wichtigste Voraussetzung ist die ausreichende Unterstützung der Praxis v. a. durch die Mitgliedstaaten. Sie lässt sich anhand der drei entwickelten akteursbezogenen Kategorien von Organisationspraxis systematisieren.[849] Hinzu treten weitere Faktoren wie die Konsistenz der Praxis, mit denen eine Gesamtbetrachtung vorzunehmen ist.[850] So kann beurteilt werden, ob dieser *impact* als rein faktisch-politisch bzw. die zugrunde liegende Pra-

---

and the Use of Force, 3. Aufl. 2008; Heintze, Selbstbestimmungsrecht und Minderheitenrecht im Völkerrecht, 1994; Schmidl, The Changing Nature of Self-Defence in International Law, 2009.

848 Subsidiäre Auslegungshilfe (Art. 32 WVK), Auslegungsmittel im Rahmen der *single combined operation* (Art. 31 Abs. 3 lit. b WVK), authentische bzw. autoritative Auslegung, ändernde *established practice*, erweiternde *established practice*; siehe oben, B. III., C. II. 6. b) bb), C. III. 3. a) bb), b) bb), c) cc).

849 Praxis von Plenarorganen, Praxis von Organen mit beschränkter Mitgliedschaft unter Zustimmung der übrigen Mitgliedstaaten, autonome Organpraxis; siehe oben, C. III. 3.

850 Die Bestimmtheit der von der Praxis betroffenen Norm (Murphy, The Relevance of Subsequent Agreement and Subsequent Practice for the Interpretation of Treaties, in: Nolte (Hrsg.), Treaties and Subsequent Practice, 2013, S. 82, 91), der Typus und die *rules of the organization* der jeweiligen Organisation, die Konsistenz der Praxis, die Eindeutigkeit der objektiven Anhaltspunkte für das Vorliegen des subjektiven Elements und die Art der betroffenen Bestimmungen des Gründungsvertrags; siehe oben, C. I. 2. b), C. II., C. III. 3., C. IX.

xis als rechtswidrig anzusehen ist, oder ob es sich um eine im Rahmen des Art. 31 Abs. 3 lit. b WVK bzw. der *rules of the organization* befindliche rechtmäßige Praxis handelt.[851]

Eine Gliederung der Fallstudien anhand der oben geschilderten Normkategorien in Gründungsverträgen[852] hat den Vorteil, dass Gemeinsamkeiten, aber auch Unterschiede innerhalb jeder Kategorie unmittelbar im Kontext deutlich werden können. Einige dieser Kategorien wurden in Gruppen zusammengefasst,[853] da sie sich zwar theoretisch, aber kaum praktisch voneinander unterschieden lassen.

Die Unterschiede und Gemeinsamkeiten der zu beobachtenden Praxis zu den verschiedenen Typen von Satzungsbestimmungen sind zuletzt Gegenstand einiger vorsichtiger Schlussfolgerungen, welche die begrenzte Repräsentativität der Fallstudien berücksichtigen.

II. Fallstudien

1. Intra-Organ-Vorschriften und gemischte Intra-Organ-Vorschriften

a) Art. 9 Abs. 2 SVN

Das erste Fallbeispiel betrifft Art. 9 Abs. 2 SVN. Der eindeutige Wortlaut dieser Norm sieht vor, dass jeder Mitgliedstaat maximal fünf Vertreter in die Generalversammlung entsenden darf.

---

851 Dabei wird es häufig angezeigt sein, aus Gründen der Übersichtlichkeit und Nachvollziehbarkeit auf eine umfassende, alle Faktoren berücksichtigende Analyse zu verzichten und stattdessen schwerpunktmäßig auf die jeweils entscheidenden Gesichtspunkte in der Faktorenabwägung einzugehen.

852 Intra-Organ-Bestimmungen, gemischte Intra-Organ-Bestimmungen, Inter-Organ-Bestimmungen, die Mitgliedstaaten berechtigende und verpflichtende Bestimmungen bzw. materielle Kompetenzen der Organisation, allgemeine Ziele und Grundsätze, kodifizierte Regeln des allgemeinen Völkergewohnheitsrechts; siehe oben, C. I. 2. b).

853 Intra-Organ-Vorschriften und gemischte Intra-Organ-Vorschriften; Bestimmungen über materielle Kompetenzen und über Rechte bzw. Pflichten der Mitgliedstaaten.

In der Praxis sind die mitgliedstaatlichen Delegationen in der Generalversammlung jedoch deutlich größer, was durch die Länge der Sitzungen, die Zahl der Ausschüsse und Nebenorgane sowie die Vielzahl weiterer Aufgaben faktisch kaum vermeidbar ist.[854] Im ersten *Repertory* zu Art. 9 SVN (1945-54) findet sich die Bemerkung, dass dieser Widerspruch zum Wortlaut dadurch abgemildert wurde, dass keine Delegation mehr als fünf Vertreter *gleichzeitig* in die Plenarsitzungen entsendete.[855] Eine solche teleologische Auslegung im Angesicht praktischer Zwänge ließe sich noch am ehesten mit dem Wortlaut in Einklang bringen.[856] In den folgenden *Supplements* des *Repertory* zu Art. 9 SVN finden sich allerdings keinerlei Ausführungen mehr zur Größe der Delegationen, lediglich die Überschrift, unter der das Problem behandelt wurde, wurde beibehalten.[857] Jedenfalls werden die diesbezüglichen Beschränkungen des Art. 9 SVN nicht mehr implementiert.[858] Dies hat sich auch in der Geschäftsordnung der Generalversammlung manifestiert.[859] Nicht einmal die Beschränkung auf fünf Delegierte zur gleichen Zeit ist damit noch gewährleistet.

Art. 9 Abs. 2 SVN ist eine klare, eindeutige und unmissverständliche Regelung, die zumindest eine Überschreitung der Höchstzahl von fünf Vertretern in den Plenarsitzungen nicht zulässt. Wenn dies aber in ständiger Praxis seit den Anfängen der Organisation von der großen Mehrheit der mitgliedstaatlichen Delegationen konsistent so gehandhabt und von der Präsidentschaft nicht gerügt wurde sowie – wie das *Repertory* es nahelegt – niemals zu Widerspruch in der Generalversammlung ge-

---

[854] Repertory, Bd. I, Art. 9, Rn. 12.

[855] Ebd.

[856] Vgl. Magiera, in: Simma u. a. (Hrsg.), The Charter of the United Nations, 3. Aufl., Bd. 1, 2012, Art. 9 Rn. 12, der damit freilich noch weitergehende Abweichungen vom Wortlaut des Art. 9 Abs. 2 SVN rechtfertigen möchte.

[857] Vgl. die Inhaltsverzeichnisse der Supplements 1-10 zum Repertory zu Art. 9.

[858] Magiera, in: Simma u. a. (Hrsg.), The Charter of the United Nations, 3. Aufl., Bd. 1, 2012, Art. 9 Rn. 11.

[859] Rules 25 und 26, dazu ausführlich Rama-Montaldo, Contribution of the General Assembly to the Constitutional Development and Interpretation of the United Nations Charter, in: Macdonald/Johnston (Hrsg.), Towards World Constitutionalism, Leiden 2005, S. 493, 495.

führt hat, so ist von einer Änderung des Art. 9 Abs. 2 SVN durch eine *established practice* auszugehen.

Diese entspricht allen dargelegten Anforderungen: Neben Konsistenz und Einhelligkeit (es handelt sich um einhellige Praxis eines Plenarorgans) sprechen auch der Charakter des Art. 9 Abs. 2 SVN als vorrangig mit dem internen Recht der Generalversammlung befasste Norm – über die ihr eine gewisse Dispositionsbefugnis zusteht – für eine wirksame Modifikation.

b) Art. 27 Abs. 3 SVN

Das bekannteste und wohl am meisten diskutierte Beispiel für einen erheblichen Einfluss von Organisationspraxis auf die Charta dürfte die vom IGH als „generally accepted by Members of the United Nations" gebilligte[860] Praxis des Sicherheitsrates sein, freiwillige Enthaltungen eines ständigen Mitglieds als Zustimmung (*concurring votes*) i.S.v. Art. 27 Abs. 3 SVN zu betrachten.

Vor allem in Anbetracht des recht eindeutigen Wortlauts der Norm[861] ist von einer Änderung durch *established practice* der akteursbezogenen Kategorie 2, also der allgemein unterstützten Praxis eines Organs mit beschränkter Mitgliedschaft, auszugehen.[862] Es handelt sich um die seit den Anfängen der Organisation äußerst konsistente Praxis[863] eines reduzierten Mitgliederorgans mit umfassender und allgemeiner Zustimmung der „Outsider". Sie betrifft eine Bestimmung über das Verfahren des Sicherheitsrates, das weitgehend seiner Disposition unterworfen ist – auch wenn die Rechte und Pflichten der Mitgliedstaaten natürlich in-

[860] IGH, Namibia, Advisory Opinion, ICJ Reports 1971, 16, 22.

[861] Arato, Treaty Interpretation and Constitutional Transformation, Yale Journal of International Law 38 (2013), 289, 323; Blokker, Constituent Instruments, Grotius Centre Working Paper 2014/024-PIL, 1, 15 f.; dafür können auch teleologische (ein intensiver Eingriff nach Kapitel VII kann nach der Konzeption der Charta eigentlich nicht ohne die Unterstützung eines ständigen Mitglieds erfolgen) und historische Argumente (Punkt 9 des San Francisco Statements) angeführt werden; siehe dazu insgesamt Conforti/Focarelli, The Law and Practice of the United Nations, 4. Aufl. 2010, S. 77.

[862] Siehe dazu oben, C. II. 3, insbesondere Fn. 599.

[863] Zimmermann, in: Simma u. a. (Hrsg.), The Charter of the United Nations, 3. Aufl., Bd. 1, 2012, Art. 27 Rn. 182 ff.

tensiv von dieser so zentralen Verfahrensbestimmung der Charta betroffen sind. Dafür wurde hier der Begriff der Gemischten Intra-Organ-Bestimmung geprägt.[864] Es herrscht inzwischen die unstrittige Rechtsauffassung unter den Mitgliedern der Vereinten Nationen, dass eine Enthaltung kein Veto bedeutet.[865] Auch am erforderlichen subjektiven Element fehlt es also nicht. Zwar ist die Zustimmung der „Outsider" sicher nicht immer ausdrücklich, sondern mitunter auch konkludent (z. B. durch Akzeptanz entsprechender Entscheidungen als nicht-ständiges Mitglied des Rates) oder durch Schweigen zum Ausdruck gekommen. Dieses Defizit[866] wird jedoch von den zuvor genannten Punkten aufgewogen.

c) Adoption without a vote

Art. 18, Art. 27 und Art. 67 SVN, die Bestimmungen der Charta, die sich mit der Entscheidungsfindung beschäftigen, gehen allein von Abstimmungen aus; andere Methoden finden keine Erwähnung. In der Generalversammlung, im Sicherheitsrat und im ECOSOC hat sich jedoch frühzeitig eine ständige Praxis der Entscheidungsfindung im Konsensverfahren (*adoption without a vote*) entwickelt.[867]

In der frühen Praxis der Generalversammlung wurden vor allem das Verfahren betreffende Entscheidungen im Konsens beschlossen, aber es gab auch erste materielle Entscheidungen wie die Aufnahme neuer Mitglieder.[868] Seit damals ist die Anzahl der ohne Abstimmung verabschiedeten Resolutionen und Entscheidungen stetig gestiegen. Der Wendepunkt, ab dem Konsensentscheidungen die mit Zweidrittelmehrheit getroffenen Entscheidungen bei weitem zahlenmäßig überwogen, wurde im Berichtszeitraum des *Repertory* zwischen 1985 und 1988 erreicht.[869] Zwischen 2000 und 2009 wurden bereits mehr als drei Viertel

---

[864] Siehe oben, C. I. 2. b).

[865] Conforti/Focarelli, The Law and Practice of the United Nations, 4. Aufl. 2010, S. 78.

[866] Vgl. Arato, Treaty Interpretation and Constitutional Transformation, Yale Journal of International Law 38 (2013), 289, 323.

[867] Siehe oben, C. III. 3. a) aa) (3).

[868] Repertory, Bd. I, Art. 18, Rn. 32.

[869] Repertory, Supplement 7, Bd. II, Art. 18, Rn. 2.

der Resolutionen und ein noch größerer Anteil der Entscheidungen der Generalversammlung ohne Abstimmung verabschiedet.[870] Auch in der aktuellen Praxis des Sicherheitsrats wird die große Mehrheit seiner prozeduralen Entscheidungen sowie sogar ein gewisser Anteil seiner substanziellen Resolutionen im Konsensverfahren getroffen.[871] Sowohl in der Geschäftsordnung der Generalversammlung, als auch in der Vorläufigen Geschäftsordnung des Sicherheitsrats findet das Konsensverfahren keine Erwähnung. Es hat lediglich Eingang in *Rule 59* der Geschäftsordnung des ECOSOC gefunden.[872]

Aus dem bloßen Fehlen einer Regelung zum Konsensverfahren und der alleinigen Bezugnahme auf Abstimmungen in Art. 18, 27 und 67 SVN auf einen Verstoß gegen diese Bestimmungen oder ihre Modifikation zu schließen, würde zu weit gehen. Daraus kann nicht grundsätzlich ein Verbot gefolgert werden. Wenn das Konsensverfahren die einstimmige Auffassung der Mitglieder in eine Entscheidung transferiert und damit über die Mehrheitserfordernisse für Abstimmungen hinausgeht, wäre das Beharren auf einer Abstimmung ein bloßer Formalismus, der nicht im Sinne der Charta sein kann.[873]

Andererseits handelt es sich um mehr als eine bloße Auslegung, wenn ein neues Entscheidungsverfahren in die Charta eingeführt wird. Auszugehen ist vielmehr von einer erweiternden *established practice*. Die Voraussetzungen für eine solche, die weniger streng als bei einer Modifikation sind, liegen vor: In den genannten Organen wird ein beträchtlicher Anteil der Entscheidungen im Konsensverfahren getroffen, ohne dass einzelne Mitgliedstaaten dagegen noch grundsätzlich Einwände erheben würden. Das Konsensverfahren ist seit Jahrzehnten konsistente und einhellige Praxis des Plenarorgans und der Organe mit beschränkter Mitgliedschaft, welche insoweit die Unterstützung der übrigen Mitglieder genossen (akteursbezogene Kategorien 1 und 2). Im Falle des ECOSOC ist diese Praxis gar in der Geschäftsordnung „geronnen."

---

870 Vgl. Repertory, Supplement 10, Bd. II, Art. 18, Rn. 22.

871 Z. B. Repertoire of the Practice of the Security Council, Supplement 2004-2007, Chapter IV, 11-13; 17th Supplement 2010-2011, Part II, 70 f.

872 Rules of Procedure of the Economic and Social Council, http://www.un.org/en/ecosoc/about/pdf/rules.pdf (16.12.2014).

873 Vgl. Conforti/Focarelli, The Law and Practice of the United Nations, 4. Aufl. 2010, S. 96; vgl. Zimmermann, in: Simma u. a. (Hrsg.), The Charter of the United Nations, 3. Aufl., Bd. 1, 2012, Art. 27 Rn. 161 ff.

d) Art. 101 Abs. 3 SVN

Gem. Art. 101 Abs. 3 SVN gelten bei der Einstellung der Bediensteten des Sekretariats „Leistungsfähigkeit, fachliche[r] Eignung und Ehrenhaftigkeit" als „ausschlaggebend[e]" Auswahlkriterien. Die „Auswahl der Bediensteten auf möglichst breiter geographischer Grundlage" ist hingegen lediglich „gebührend zu berücksichtigen." Der Wortlaut ist insoweit eindeutig, dass Qualifikation primär und geographische Ausgewogenheit nur sekundär zu berücksichtigen sind. Auch auf den Telos bzw. das *principle of effectiveness* gestützte Erwägungen sprechen für einen Vorrang des Leistungsprinzips, welches die Effizienz des Sekretariats, die für die Erreichung der Ziele der UN von essenzieller Bedeutung ist, fördert. Das Argument, dass ein ausgewogen zusammengesetztes Sekretariat eher auf die Akzeptanz und Unterstützung möglichst vieler Mitgliedstaaten hoffen kann,[874] muss nach der Entscheidung der Charta eigentlich dahinter zurücktreten.

In der Praxis hat die Generalversammlung jedoch bei zahlreichen Gelegenheiten, gestützt auf ihre Kompetenz aus Art. 101 Abs. 1 SVN, entsprechende Regelungen zu erlassen, eine vorrangige Berücksichtigung der breiten geographischen Grundlage in der Besetzungspolitik des Sekretariats eingefordert und spezifische Direktiven vorgegeben, wie dieses Ziel zu verfolgen ist.[875] Diese Entscheidungen sind vom Sekretariat dahingehend implementiert worden, dass unter anderem regelmäßige Listen mit Staatsangehörigkeiten, die sich für das Auswahlverfahren bewerben können, herausgegeben werden.[876] Sie beruhen auf einem Vergleich zwischen einer Optimal-, Mindest- und Höchstzahl an Mit-

[874] Vgl. Stöckl, in: Simma u. a. (Hrsg.), The Charter of the United Nations, 3. Aufl., Bd. 2, 2012, Art. 101 Rn. 120.

[875] Das Repertory und die Supplements zu Art. 101 SVN enthalten umfangreiche Debatten und Resolutionen der Generalversammlung und ihrer Ausschüsse ebenso wie Reaktionen des Generalsekretärs zum Thema der breiten geographischen Grundlage im Sekretariat: Repertory, Bd. V, Art. 101, Rn. 20-43; Supplement 2, Bd. III, Art. 101, Rn. 12-27; Supplement 3, Bd. IV, Art. 101, Rn. 9-68; Supplement 4, Bd. II, Art. 101, Rn. 7-39; Supplement 5, Bd. V, Art. 101, Rn. 17-60; Supplement 6, Bd. VI, Art. 101, Rn. 15; Supplement 7, Bd. VI, Art. 101, Rn. 10-23; Supplement 8, Bd. VI, Art. 101, Rn. 10-19; Supplement 9, Bd. VI, Art. 101, Rn. 5-27; Supplement 10, Bd. VI, Art. 101, Rn. 15-53.

[876] Vgl. https://careers.un.org/lbw/home.aspx?viewtype=NCE&lang=en-US (28.2.2015).

arbeitern einer jeden Nationalität und den tatsächlich erreichten Mitarbeiterzahlen, der zu den Ergebnissen „unrepräsentiert", „unterrepräsentiert", „innerhalb der Zielgröße" (*within range*) und „überrepräsentiert" führen kann.[877]

Die Literatur geht teilweise von einer Änderung des Art. 101 Abs. 3 SVN durch Praxis aus.[878] In der Tat hat die Abweichung von Wortlaut und Telos, die dazu führen kann, dass ein noch so qualifizierter Kandidat einer bestimmten Nationalität nicht einmal die Möglichkeit erhält, sich zu bewerben, während Angehörige anderer Nationalitäten auch mit einer geringeren Qualifikation leicht angestellt werden können, ein Ausmaß jenseits der Auslegung erreicht.

Fraglich ist, ob diese Praxis auch den Anforderungen genügt, die an eine modifizierende *established practice* zu stellen sind. Dafür sprechen folgende Faktoren: Die Zusammensetzung des Sekretariats und damit Art. 101 Abs. 3 SVN betrifft vor allem die interne Sphäre des Sekretariats und der Organisation, auch wenn die Interessen der Mitgliedstaaten selbstverständlich erheblich betroffen sind. Weiterhin weist die Charta in Art. 101 Abs. 1 SVN der Generalversammlung ausdrücklich die Kompetenz zu, Regelungen über die Ernennung der Bediensteten zu erlassen. Die *rules of the organization* erhöhen damit ihre Autorität in diesem Bereich. Schließlich ist die Praxis der Generalversammlung, in fast jährlichen Resolutionen eine breitere geographische Grundlage zu fordern, hochgradig konsistent.[879]

Problematisch ist jedoch, dass sich diese Praxis nicht klar der akteursbezogenen Kategorie 1, also der einhelligen Praxis eines Plenarorgans, zuordnen lässt. In den Jahren der Geschichte der Organisation, vor allem vor der Dekolonisation, wurden alle Resolutionen zum Thema im Konsensverfahren oder einstimmig erlassen.[880] Danach gab es jedoch, je nachdem, wie weit die jeweilige Resolution ging, immer wieder verein-

---

[877] Z. B. Repertory, Supplement 7, Bd. VI, Art. 101, Rn. 16 ff.

[878] Winkelmann, United Nations Charter, Amendment, in: Wolfrum (Hrsg.), MPEPIL 2007, opil.ouplaw.com/home/ORIL (25.11.2014), Rn. 18; vgl. Schröder, Amendment to and Review of the Charter, in: Wolfrum (Hrsg.), United Nations, Bd. 1, 1995, Rn. 16.

[879] Siehe oben, Fn. 875.

[880] GA Res. 153 (II), 233 (III), 1436 (XIV), 1559 (XV), vgl. für Stimmstatistiken http://www.un. org/documents/resga.htm (16.12.2014).

zelte Enthaltungen und Gegenstimmen.[881] Insgesamt kann aber wohl zumindest eine im Großen und Ganzen einhellige Tendenz zur Betonung des Prinzips der geographischen Ausgewogenheit angenommen werden. Eindeutig gegen eine rechtmäßige informelle Änderung sprechen die Bestimmtheit der Norm und der gelegentliche Widerstand des Generalsekretärs gegen die Einflussnahme der Generalversammlung auf seine Personalpolitik,[882] dem aber langfristig kein Erfolg beschieden war.

Die Beeinflussung des Art. 101 Abs. 3 SVN durch die Praxis der Generalversammlung bewegt sich somit gerade ob des vereinzelten Widerstands einiger Mitgliedstaaten und des Generalsekretärs im Randbereich zwischen einer faktisch-politischen Praxis, die mit der Charta nur schwer in Einklang zu bringen ist, und einer wirksamen Rechtsänderung durch Praxis.

2. Beteiligung von Nichtmitgliedern und Beobachterstatus in Organen

Die Beteiligung von Nichtmitgliedern bzw. der Beobachterstatus in Organen ist ein Bereich, der ganz besonders intensiv von der Praxis der Organisation geprägt wurde. Einerseits handelt es sich nach der hier vertretenen praxisbezogenen Typisierung von Satzungsbestimmungen um eine in seiner Sphäre befindliche Verfahrensfrage des jeweiligen Organs; dies gilt vor allem bei der Beteiligung von *Nicht*mitgliedstaaten, die keinen „Anspruch“ auf den Beobachterstatus geltend machen können. Andererseits ist die Rechtsstellung der betroffenen *Mitglied*staaten innerhalb der Organisation erheblich von der Gewährung oder der Ablehnung einer beobachtenden Teilnahme in einem Organ mit reduzierter Mitgliedschaft wie Sicherheitsrat und ECOSOC betroffen. Somit gehören zumindest Art. 31 und 69 SVN in die Kategorie der gemischten Intra-Organ-Bestimmungen.

---

[881] Z. B. GA Res. 1852 (XVII), 1928 (XVIII), 2359 (XXII).

[882] Z. B. Repertory, Bd. V, Art. 101, Rn. 25, 28.

a) Art. 31 SVN

Der erste relevante Fall betrifft Art. 31 SVN, welcher die Beteiligung von Nichtmitgliedern des Sicherheitsrats, die Mitglieder der UN sind (hier sog. „Outsider"), an den Sitzungen dieses Organs regelt. Voraussetzung dafür ist, dass der Sicherheitsrat „der Auffassung ist, daß die Interessen dieses Mitglieds besonders betroffen sind". Diese Voraussetzung ist unmissverständlich. Weiterhin kann aus ihr ein Ermessen des Sicherheitsrats bei der Beurteilung der Frage abgeleitet werden, ob die besondere Betroffenheit vorliegt.[883]

In der tatsächlichen Anwendung dieser Norm wurde die Voraussetzung der besonderen Betroffenheit vom Sicherheitsrat äußerst großzügig gehandhabt.[884] Aus dem *Repertory* ist nur ein Fall ersichtlich, in dem der Rat entschied, den Antrag eines Mitgliedstaates auf Beteiligung an seinen Erörterungen zurückzuweisen. Einige Zeit später wurde dieser Antrag jedoch einer erneuten Betrachtung unterzogen und positiv beschieden.[885] Unabhängig von der Debatte, ob aufgrund grammatikalischer und teleologischer Auslegung dann, wenn die besondere Betroffenheit festgestellt worden ist, ein Recht auf Teilnahme besteht,[886] lässt sich aus der Praxis des Sicherheitsrats folgern, dass dieses Tatbestandsmerkmal generell massiv an Bedeutung verloren hat. Faktisch folgt aus dem Antrag zur Teilnahme automatisch eine Gewährung derselben, und Be-

---

[883] Art. 31 SVN spricht eben von „der Auffassung" des Sicherheitsrats (engl. „whenever the latter [the Security Council, Anm. des Verfassers] considers that the interests of that member are specially affected"); dazu Dolzer/Kreuter-Kirchhof, in: Simma u. a. (Hrsg.), The Charter of the United Nations, 3. Aufl., Bd. 1, 2012, Art. 31 Rn. 18, 22 ff.

[884] Ebd., Rn. 19; Ferlan, in: Cot/Pellet (Hrsg.), La Charte des Nations Unies, 3. Aufl., Bd. 1, 2005, Art. 31 Rn. 44; Rodiles, Non-Permanent Members of the United Nations Security Council and the Promotion of the International Rule of Law, GoJIL 5 (2013), 333, 365 f. unter Hinweis auf die Praxis der *open (thematic) debates* des Sicherheitsrats und die besondere Bedeutung des Presidential Statement S/2010/507 in diesem Zusammenhang.

[885] Repertory, Bd. II, Art. 31, Rn. 13.

[886] Dazu Dolzer/Kreuter-Kirchhof, in: Simma u. a. (Hrsg.), The Charter of the United Nations, 3. Aufl., Bd. 1, 2012, Art. 31 Rn. 22; vgl. Ferlan, in: Cot/Pellet (Hrsg.), La Charte des Nations Unies, 3. Aufl., Bd. 1, 2005, Art. 31 Rn. 2, 20 f.

zugnahmen auf die besondere Betroffenheit tragen lediglich rituelle, formelhafte Züge.

Daraus auf ein dauerhaftes, uneingeschränktes Recht zur Teilnahme zu schließen bzw. von einer Modifikation in Form einer Teil-*desuetudo* des Tatbestandsmerkmals der besonderen Betroffenheit auszugehen, würde aber zu weit gehen. Aus einer Nichtanwendung geschriebenen Rechts folgt nicht automatisch dessen Erlöschen[887] bzw. eine Überschreitung der Grenzen der Auslegung. Es kann vielmehr davon ausgegangen werden, dass kaum ein hier sog. *shareholder* – außer dem betroffenen Mitgliedstaat selbst – die grundsätzliche Befugnis des Sicherheitsrats, von einer Einladung abzusehen, bestreiten würde. Vieles deutet also auf eine konsolidierte Auslegung des Art. 31 SVN durch spätere Praxis des Sicherheitsrats hin. Diese Auslegung ist ihm ohne Weiteres möglich, weil Art. 31 SVN erstens die Entscheidung seiner Sphäre und seinem Ermessen überantwortet und weil sie zweitens die Teilnahmemöglichkeit der Mitgliedstaaten sehr extensiv bestimmt, ohne in die Rechtsstellung anderer Mitgliedstaaten über die Maßen einzugreifen. Eine der Praxis zustimmende *acquiescence* kann in einem solchen Fall ohne große Schwierigkeiten angenommen werden.

In *Rule 37* der vorläufigen Geschäftsordnung des Sicherheitsrats wurde nicht nur Art. 31 SVN größtenteils gleichlautend umgesetzt, sondern auch die darüber hinausgehende Regelung getroffen, dass Mitgliedstaaten eingeladen werden können, die gem. Art. 35 Abs. 1 SVN die Aufmerksamkeit des Sicherheitsrats auf eine Angelegenheit i.S.d. Art. 34 SVN gelenkt haben.[888] Dies kann als eine notwendige Konkretisierung

---

[887] IGH, Gabcikovo-Nagymaros Project (Hungary v. Slovakia), ICJ Reports 1997, 7, 68; Kohen, Keeping Subsequent Agreements and Practice in Their Right Limits, in: Nolte (Hrsg.), Treaties and Subsequent Practice, 2013, S. 34, 37; Wouters/Verhoeven, Desuetudo, in: Wolfrum (Hrsg.), MPEPIL 2008, opil.ouplaw.com/home/ORIL (25.11.2014), Rn. 10; vgl. Zoller, The "Corporate Will" of the United Nations and the Rights of the Minority, AJIL 81 (1987), 610, 619.

[888] *Rule 37* der Provisional Rules of Procedure of the Security Council, UN Doc. S/96/Rev.7, http://www.un.org/en/sc/inc/pages/pdf/rules.pdf (16.12.2014): „Any Member of the United Nations which is not a member of the Security Council may be invited, as the result of a decision of the Security Council, to participate, without vote, in the discussion of any question brought before the Security Council when the Security Council considers that the interests of that Member are specially affected, or when a Member brings a matter to

des Art. 35 Abs. 1 SVN aufgefasst werden, vor dem Hintergrund, dass ein Mitgliedstaat, der nach Art. 35 Abs. 1 SVN tätig wird, die Möglichkeit haben muss, seine Initiative zu begründen und zu erklären.[889] Dieses Ergebnis einer teleologischen Auslegung kann durch das Argument einer in der Geschäftsordnung geronnenen Praxis des Sicherheitsrats, von deren wirksamer stillschweigender Akzeptanz durch die Mitgliedstaaten ebenso wie beim vorigen Beispiel ausgegangen werden kann, untermauert werden. Dabei handelt es sich um eine Praxis, die sich im Rahmen der Auslegung bewegt.

Problematischer sind bestimmte Einladungen, die aufgrund von *Rule 39* der vorläufigen Geschäftsordnung ergehen. *Rule 39* bestimmt:

> „The Security Council may invite members of the Secretariat or other persons, whom it considers competent for the purpose, to supply it with information or to give other assistance in examining matters within its competence."[890]

Da Art. 31 und 32 SVN für die Sitzungen des Sicherheitsrats lediglich die Teilnahme von Staaten (ob Mitglieder oder Nichtmitglieder der UN) vorsehen, Art. 70 und 71 SVN für den ECOSOC jedoch ausdrücklich auch Sonderorganisationen und NGOs zulassen, könnte z. B. die Einladung von Internationalen Organisationen und NGOs, wie sie in der Praxis des Sicherheitsrats unter *Rule 39* stattfindet,[891] theoretisch zur Systematik der Charta im Widerspruch stehen.[892] Art. 31 und 32 SVN sind aber nicht abschließend formuliert, der Widerspruch zur Charta ist damit eher mittelbar. Ohnehin lässt sich *Rule 39* zumindest bei den NGOs dahingehend interpretieren, dass die Geladenen in ihrer persönlichen Kapazität aufgrund ihres besonderen Sachverstands vor dem Sicherheitsrat auftreten und nicht als Vertreter ihrer Organisation.

---

the attention of the Security Council in accordance with Article 35 (1) of the Charter."

[889] Vgl. Dolzer/Kreuter-Kirchhof, in: Simma u. a. (Hrsg.), The Charter of the United Nations, 3. Aufl., Bd. 1, 2012, Art. 31 Rn. 9.

[890] Provisional Rules of Procedure of the Security Council, UN Doc. S/96/Rev.7, http://www.un.org/en/sc/inc/pages/pdf/rules.pdf (16.12.2014).

[891] Repertoire of the Practice of the Security Council, Supplement 2004-2007, Chapter III, 47, 51 f.; 16th Supplement 2008-2009, Part II, 71 ff.; 17th Supplement 2010-2011, Part II, 51; zur Einladung von NGOs: Hachez, Relations between the United Nations and Civil Society, IOLR 5 (2008), 49, 66.

[892] Mündlicher Hinweis eines Praktikers.

Vor diesem Hintergrund dürfte mehr für einen Vorgang sprechen, der sich im Grenzbereich zwischen autoritativer Auslegung und dem Versuch erweiternder *established practice* bewegt. Jedenfalls entscheidet der Sicherheitsrat in den letzten Jahren in konsistenter Weise ohne Debatte und im Konsens für die entsprechenden Einladungen.[893] Widerspruch von „Outsidern" ist nicht ersichtlich, sodass alles für eine Praxis der akteursbezogenen Kategorie 2 (Praxis eines Organs mit beschränkter Mitgliedschaft, unterstützt durch die übrigen Mitgliedstaaten) spricht. Da die Praxis sich überdies mit Art. 31 SVN auf eine Intra-Organ-Bestimmung bezieht, dürften die Voraussetzungen beider Formen von Praxis, also autoritativer Auslegung und Erweiterung, vorliegen.

b) Art. 70 SVN

Rule 79 der Geschäftsordnung des ECOSOC bestimmt Folgendes:

> „Representatives of intergovernmental organizations accorded permanent observer status by the General Assembly and of other intergovernmental organizations designated on an ad hoc or a continuing basis by the Council on the recommendation of the Bureau, may participate, without the right to vote in the deliberations of the Council on questions within the scope of the activities of the organization."[894]

Demgemäß wurde zahlreichen IGOs, die keine Sonderorganisationen sind, ein dauerhafter Beobachterstatus im ECOSOC eingeräumt.[895] Art. 70 SVN sieht jedoch lediglich eine Teilnahme der Vertreter von Sonderorganisationen i.S.v. Art. 57, 63 SVN vor.

---

[893] Repertoire of the Practice of the Security Council, Supplement 2004-2007, Chapter III, 3; 16th Supplement 2008-2009, Part II, 84; 17th Supplement 2010-2011, Part II, 55.

[894] Provisional Rules of Procedure of the Security Council, UN Doc. S/96/Rev.7, http://www.un.org/en/sc/inc/pages/pdf/rules.pdf (16.12.2014).

[895] Repertory, Supplement 9, Bd. IV, Art. 70, Rn. 5; Moutier-Lopet, in: Cot/Pellet (Hrsg.), La Charte des Nations Unies, 3. Aufl., Bd. 2, 2005, Art. 70, S. 1724 f.; Sonderfälle sind insofern die IAEA als uneigentliche UN-Sonderorganisation und die WTO, der nach einem Briefwechsel zwischen Generalsekretär und Generaldirektor ein Status als *de-facto*-Sonderorganisation zukommt, Landwehr, in: Simma u. a. (Hrsg.), The Charter of the United Nations, 3. Aufl., Bd. 2, 2012, Art. 70 Rn. 17 ff.

Dieser eindeutige Wortlaut spricht dafür, von einer so beträchtlichen inhaltlichen Beeinflussung des Art. 70 SVN durch die Praxis auszugehen, dass sie, um rechtswirksam zu sein, den Anforderungen an eine modifizierende *established practice* entsprechen müsste. Andererseits können die Grenzen zwischen Auslegung und Änderung nicht allein anhand des grammatikalischen Aspektes beurteilt werden, u. a. können auch teleologische, systematische und in geringerem Maße historische Erwägungen einfließen.[896] So lässt Art. 71 SVN die Beteiligung von NGOs an den Sitzungen des ECOSOC zu, sodass *a fortiori* die Rechtmäßigkeit der Beteiligung von anderen IGOs als Sonderorganisationen angenommen werden kann. Insofern könnte man von einem Redaktionsversehen der Urheber der Charta ausgehen, die auch nicht mit dem Ausmaß der Proliferation von Internationalen Organisationen außerhalb der noch zu gründenden UN-Familie nach 1945 gerechnet haben.[897] Schließlich sprechen auch teleologische Erwägungen für eine möglichst breite Beteiligung relevanter Akteure bei der Behandlung von internationalen Wirtschafts- und Sozialfragen. Aus diesen Gründen sollte von einer Interpretationsfrage ausgegangen werden, die sich freilich im Randbereich zur Modifikation bewegt und daher zumindest den Anforderungen an eine autoritative Auslegung gerecht werden sollte. Die konsistente Praxis des ECOSOC, das weitgehende Ausbleiben von kritischen Debatten zu dieser Frage und die größtenteils unkritische Behandlung in der Literatur[898] legen trotz der Schwierigkeiten, das Stimmverhalten im ECOSOC zu rekonstruieren, nahe, dass eine Praxis eines Organs mit beschränkter Mitgliedschaft unter einhelliger Zustimmung der „Outsider" (Kategorie 2) oder immerhin eine sehr deutliche autonome Organpraxis (Kategorie 3) vorliegt, die diesen Anforderungen genügen würde.

Eine weitere Praxis mit einem möglichen Einfluss auf den Inhalt des Art. 70 SVN ist die Entsendung von Vertretern, die an den Beratungen der Sonderorganisationen teilnehmen. Art. 70 SVN legt fest, dass diese Vertreter aus dem ECOSOC stammen. In der Praxis, die sich insbeson-

---

896 Siehe oben, B. III. 3. a) cc).

897 Mündlicher Hinweis eines Praktikers.

898 Unkritisch z. B. Landwehr, in: Simma u. a. (Hrsg.), The Charter of the United Nations, 3. Aufl., Bd. 2, 2012, Art. 70 Rn. 21; ebenso Moutier-Lopet, in: Cot/Pellet (Hrsg.), La Charte des Nations Unies, 3. Aufl., Bd. 2, 2005, Art. 70, S. 1724.

dere im Abschluss von Abkommen mit den Sonderorganisationen i.S.v. Art. 63 SVN niederschlägt,[899] werden die Vertreter jedoch aus verschiedenen Organen der UN entsandt – insbesondere aus dem Sekretariat – und sie vertreten die Organisation als Ganzes.[900] Die einzige aus dem *Repertory* ersichtliche Debatte zu dieser Frage trug sich im Ausschuss des ECOSOC für die Verhandlungen mit den Sonderorganisationen zu, in dem die Mehrheit der Delegierten die Praxis verteidigte, Vertreter der ganzen Organisation zu entsenden.[901] Es scheint, dass seit damals diese Praxis ohne weitere Diskussion bzw. ohne weiteren Protest innerhalb oder außerhalb des ECOSOC verfolgt wurde.

Einerseits handelt es sich um eine Grundentscheidung der Charta, die insbesondere in Art. 57, 63 SVN ihre Ausprägung gefunden hat, dass die Beziehungen zwischen den UN und den Sonderorganisationen vom ECOSOC gestaltet werden sollen. Das ist vor dem Hintergrund der mehrheitlich wirtschaftlichen, sozialen oder kulturellen Tätigkeitsschwerpunkte der Sonderorganisationen nachvollziehbar. Diese Grundentscheidung hat ihren Niederschlag auch im eindeutigen Wortlaut des Art. 70 SVN gefunden.

Andererseits hat sich wegen der von der Charta vorgegebenen Einheitslösung bei der organisatorischen Ausgestaltung der UN gem. Art. 101 Abs. 2 (insbesondere S. 2) SVN[902] der praktische Zwang ergeben, dass auch das Verwaltungspersonal, welches dem ECOSOC zu seiner Unterstützung zugeordnet ist – das *Office for ECOSOC Support and Coordination* des *Department of Economic and Social Affairs* (DESA)[903] – Teil des Sekretariats ist. Daher mangelt es dem ECOSOC am zur Pflege der Beziehungen mit den Sonderorganisationen nötigen Personal. Die einzige Alternative wäre, dass die Delegationen der Mitgliedstaaten diese Aufgabe selbst übernehmen.

---

[899] Vgl. Landwehr, in: Simma u. a. (Hrsg.), The Charter of the United Nations, 3. Aufl., Bd. 1, 2012, Art. 70 Rn. 3.

[900] Repertory, Bd. III, Art. 70, Rn. 2.

[901] Ebd., Rn. 4.

[902] Stöckl, in: Simma u. a. (Hrsg.), The Charter of the United Nations, 3. Aufl., Bd. 2, 2012, Art. 101 Rn. 44; Sicault, in: Cot/Pellet (Hrsg.), La Charte des Nations Unies, 3. Aufl., Bd. 2, 2005, Art. 101, S. 2099.

[903] http://www.un.org/en/development/desa/index.html (16.12.2014); http://www.un.org/en/development/desa/oesc/index.shtml (16.12.2014).

Die erste Gruppe an grammatikalischen, systematischen und teleologischen Argumenten überwiegt eindeutig, sodass von einer materiellen Modifikation dieses Aspektes von Art. 70 SVN ausgegangen werden muss. Somit stellt sich erneut die Frage nach der Rechtmäßigkeit dieser Faktenlage. Hier kann wiederum darauf verwiesen werden, dass sich seit der Debatte über die Entsendung von Vertretern der ganzen Organisation in die ILO keine Proteste gegen diese alltägliche Praxis im *Repertory* finden; und zwar weder von Seiten der Mitgliedstaaten noch des ECOSOC, des Sekretariats oder der Sonderorganisationen. Insbesondere wurden entsprechende Regelungen gem. Art. 63 S. 2 SVN grundsätzlich ohne Gegenstimmen von der Generalversammlung genehmigt.[904] Deshalb kann erneut von einer konsistenten und einhelligen, konkludenten bzw. stillschweigenden Zustimmung zu dieser Praxis ausgegangen werden, welche für die informelle Änderung einer Bestimmung in der Sphäre der Organisation (hier tendenziell eher eine Inter- als eine Intra-Organ-Bestimmung) genügen dürfte.[905]

c) *Beobachterstatus in der Generalversammlung*

Das Konzept des Beobachterstatus in der Generalversammlung hat sich sogar ausschließlich in der Praxis entwickelt, ohne jeglichen Anknüpfungspunkt in der Charta.[906] *Nicht*mitgliedstaaten, der Heilige Stuhl,[907] der Malteser-Orden,[908] das IKRK,[909] zahlreiche IGOs,[910] die PLO,[911]

---

[904] Z. B. GA Res. 50 (I) (lediglich 5 Enthaltungen), 124 (II) (without a vote), für die Abstimmungsstatistiken siehe http://www.un.org/documents/resga.htm (16.12.2014).

[905] Siehe allgemein dazu oben, C. I. 2. b).

[906] Rama-Montaldo, Contribution of the General Assembly to the Constitutional Development and Interpretation of the UN Charter, in: Macdonald/Johnston (Hrsg.), Towards World Constitutionalism, 2005, S. 493, 496 f.

[907] Vgl. GA Res. 58/314.

[908] Repertory, Supplement 8, Bd. IV, Art. 70, Rn. 9; GA Res. 48/265.

[909] GA Res. 45/6.

[910] Magiera, in: Simma u. a. (Hrsg.), The Charter of the United Nations, 3. Aufl., Bd. 1, 2012, Art. 9 Rn. 5 (mit einer Auflistung der einschlägigen Resolutionen der Generalversammlung in Fn. 14).

die Inter-Parlamentarische Union (IPU),[912] das IOC,[913] die *International Union for the Conservation of Nature and Natural Resources* (IUCN)[914] sind nur einige der Akteure, die Beobachterstatus in der Generalversammlung genießen. Die EU hat spätestens mit GA Res. 65/276 vom 11.5.2011 eine besonders hervorgehobene Stellung in der Gruppe der IGO-Beobachter erlangt.

Einige der genannten Beispiele sind von besonderer Signifikanz. Der Malteser-Orden ist ein atypisches Völkerrechtssubjekt.[915] Vor dem Hintergrund, dass es zuvor eine ständige Praxis der Generalversammlung war, nur Staaten und IGOs zuzulassen, kam es zu einer kontroversen Debatte in der Generalversammlung. Zwei Mitgliedstaaten distanzierten sich mit diesem Argument nachträglich von der im Konsens angenommenen Resolution, die dem Malteser-Orden letztendlich den Beobachterstatus verlieh.[916] Noch in derselben Sitzung nahm die Generalversammlung eine Entscheidung an, welche die zukünftige Vergabe des Beobachterstatus auf Staaten und IGOs begrenzen sollte.[917] Die danach erfolgte Zulassung der Nicht-IGOs IOC und IUCN (eine Organisation, deren Mitglieder sowohl Staaten als auch NGOs sind[918]) stellte diese Entscheidung allerdings erneut mehr als nur in Frage. Die Aufwertung der PLO zum *Non-Member Observer State*[919] verdient ebenfalls gesonderte Erwähnung. Dabei handelt es sich freilich um einen hochpolitischen Sonderfall, der kaum allgemeine Aussagekraft für die Praxis der Generalversammlung zum Beobachterstatus besitzen dürfte.

911 GA Res. 3237 (XXIX); inzwischen wurde der Beobachterstatus der PLO noch aufgewertet: Sie wird nunmehr als *Non-Member Observer State* geführt, GA Res. 67/19.

912 GA Res. 57/32.

913 GA Res. 64/3.

914 GA Res. 54/195.

915 Herdegen, Völkerrecht, 13. Aufl. 2014, § 9 Rn. 2; vgl. Epping, in: Ipsen (Hrsg.), Völkerrecht, 6. Aufl. 2014, § 9 Rn. 10.

916 http://research.un.org/en/docs/ga/quick/regular/48 (16.12.2014); Repertory, Supplement 8, Bd. IV, Art. 70, Rn. 10.

917 Ebd., Rn. 12; GA Decision 49/426.

918 http://www.iucn.org/about/union/members/ (16.12.2014).

919 GA Res. 67/19.

Da die Charta durchaus Regeln über den Beobachterstatus und den Konsultativstatus im ECOSOC (Art. 69-71 SVN) enthält, war das Konzept offensichtlich in ihrem Entstehungsprozess präsent. Nichtsdestotrotz wurden keine entsprechenden Regelungen für die Generalversammlung beschlossen. Obwohl eine systematische bzw. historische Auslegung somit eigentlich für einen Ausschluss des Beobachterstatus in der Generalversammlung spricht, lässt sich dieses Ergebnis aus teleologischer Perspektive nicht halten: Es dient den Zielen der Vereinten Nationen (insbesondere der friedlichen Streitbeilegung und der internationalen Zusammenarbeit u. a. in wirtschaftlichen, sozialen, kulturellen und humanitären Angelegenheiten, Art. 1 SVN) auch die Generalversammlung offen für *input* anderer relevanter Akteure als Staaten zu halten und diese ihrerseits für den Einfluss der Vereinten Nationen zu öffnen.[920]

Mangels eines ausdrücklichen Verbots spricht somit viel für die Annahme, dass es sich bei der Etablierung des Beobachterstatus um eine die Charta erfolgreich erweiternde *established practice* handelte. Die rechtliche Möglichkeit und Notwendigkeit des Beobachterstatus dürfte heutzutage von den Mitgliedern und Organen der UN nicht mehr in Zweifel gezogen werden. Der Schluss auf eine einhellige *opinio iuris* zu dieser konsistenten Praxis eines Plenarorgans liegt nahe. Inkonsistenzen und Schwierigkeiten bestehen jedoch nach wie vor bezüglich des genauen Inhalts/der Auslegung dieses Quasi-Gewohnheitsrechts der Organisation, wie die Entscheidung 48/265 und die im Widerspruch dazu erfolgte Aufnahme des IOC illustrieren.[921] Sie wurde im Sechsten Ausschuss – lediglich nach dem Konsens über die *Draft Resolution* – von einigen Delegationen kontrovers diskutiert,[922] was die Entscheidung des Plenums für die Aufnahme aber nicht verhinderte. Die umstrittene

---

920 Rama-Montaldo, Contribution of the General Assembly to the Constitutional Development and Interpretation of the UN Charter, in: Macdonald/Johnston (Hrsg.), Towards World Constitutionalism, 2005, S. 493, 497; vgl. Mower, Observer Countries, International Organization 20 (1966), 266, 276 ff.

921 Siehe oben, Fn. 913.

922 UN Doc. A/C.6/64/SR.10, Rn. 59 ff.; interessant ist der Hinweis auf die vorige Entscheidung, den Kreis der Beobachterkandidaten zu begrenzen, der Wunsch, durch die Akzeptanz des IOC keinen Präzedenzfall zu setzen, sowie die Erwiderung des Vorsitzenden, ein Präzedenzfall sei nun durchaus gesetzt worden, sodass zukünftige Entscheidungen wohl ad hoc getroffen werden müssten.

Aufwertung der PLO illustriert ebenfalls, dass sich das Konzept des Beobachterstatus noch im Fluss befindet.

3. Inter-Organ-Vorschriften

a) Art. 11 Abs. 2, 12 Abs. 1 SVN und Uniting for Peace

Ein prägendes Ereignis in der Geschichte der Vereinten Nationen mit Auswirkungen auf die Funktionen und Kompetenzen der Generalversammlung war die Annahme der Resolution 377 (V) (*Uniting for Peace*), die zwei für eine Untersuchung satzungsrelevanter Organisationspraxis bedeutsame Regelungen traf: Erstens kann, wenn der Sicherheitsrat u. a. bei einer Situation i.S.v. Art. 39 SVN aufgrund des Vetos eines ständigen Mitglieds handlungsunfähig ist, die Generalversammlung an seiner statt tätig werden und Resolutionen zu der Angelegenheit erlassen, die auch Empfehlungen von Zwangsmaßnahmen beinhalten können. Zweitens sollte die Resolution 377 (V) es der Mehrheit der Mitglieder der Generalversammlung und dem Sicherheitsrat (lediglich mit der für prozedurale Entscheidungen erforderlichen Mehrheit von neun Stimmen ohne Vetorecht) ermöglichen, *Emergency Special Sessions* einzuberufen, um sich mit solchen Situationen zu befassen.[923]

Die Handlungsbefugnis der Generalversammlung anstelle eines gelähmten Sicherheitsrats ist problematisch mit Hinblick auf Art. 11 Abs. 2 S. 2 und Art. 12 Abs. 1 SVN[924]: Gem. Art. 11 Abs. 2 S. 2 SVN muss die Generalversammlung eine Frage, welche die Wahrung des Weltfriedens und der internationalen Sicherheit betrifft, an den Sicherheitsrat überweisen, wenn diese Maßnahmen *(action)* erforderlich macht. Gem. Art. 12 SVN[925] kann sie keine Empfehlungen zu einer Streitigkeit oder Situation abgeben, mit der sich der Sicherheitsrat bereits befasst. Die Möglichkeit, *Emergency Special Sessions* einzuberufen, geht über

---

[923] GA Res. 377 A (V) OP 1.

[924] Statt vieler Tomuschat, Uniting for Peace, United Nations Audiovisual Library of International Law, 2008, http://legal.un.org/avl/ha/ufp/ufp.html (16.12.2014), S. 2.

[925] Auf den noch zurückzukommen sein wird, siehe sogleich D. II. 3. b).

Art. 20 SVN hinaus, der lediglich reguläre Sitzungen und Sondersitzungen vorsieht.

Im Rahmen der vorliegenden Arbeit kann die umfangreiche Debatte um die richtige Auslegung von Art. 11 Abs. 2 und Art. 12 Abs. 1 SVN und – damit verbunden – um die Rechtmäßigkeit der *Uniting-for-Peace*-Resolution nicht in vollem Umfang mit allen Argumenten nachvollzogen werden. Ob der Begriff „Maßnahmen" in Art. 11 Abs. 2 SVN nur verbindliche Zwangsmaßnahmen gem. Kapitel VII der Charta meint[926] und dementsprechend Empfehlungen der Generalversammlung für Wirtschaftssanktionen und militärische Maßnahmen zulässig sind,[927] oder ob er auch bei ihrer Unverbindlichkeit mit Art. 41 und 42 SVN vergleichbare Maßnahmen ausschließt,[928] kann hier offen bleiben. Gleiches gilt für die Frage, ob der Sicherheitsrat bei einer Blockade aufgrund des Vetorechts die ihm von der Charta zugewiesenen Aufgaben i.S.v. Art. 12 SVN wirklich wahrnimmt.[929]

Denn es ist bereits sehr aufschlussreich, das Praxisargument vorzuziehen und zunächst isoliert zu betrachten. Die *Uniting-for-Peace*-Resolution wurde nicht einstimmig oder im Konsensverfahren erlassen, sondern sie erging mit fünf Gegenstimmen[930] aus dem damaligen Ostblock, darunter auch der UdSSR. Diese Staaten erhielten ihren Widerstand gegen das Tätigwerden der Generalversammlung im Falle eines Vetos auch später noch aufrecht.[931] Im Zuge der Dekolonisation äußerten mehrere westliche Staaten ebenfalls erhebliche Bedenken gegen diesen Teil von *Uniting for Peace*.[932] Nur in einem Fall, in dem die Gene-

[926] IGH, Certain Expenses, Advisory Opinion, ICJ Reports 1962, 151, 164.

[927] Klein/Schmahl, in: Simma u. a. (Hrsg.), The United Nations Charter, 3. Aufl., Bd. 1, 2012, Art. 10 Rn. 30 ff.; Carswell, Unblocking the UN Security Council, Journal of Conflict and Security Law 18 (2013), 453, 474.

[928] Tomuschat, "Uniting for Peace", FW 76 (2001), 289, 292.

[929] Dazu statt vieler Epping, in: Ipsen (Hrsg.), Völkerrecht, 6. Aufl. 2014, § 6 Rn. 140; Klein/Schmahl, in: Simma u. a. (Hrsg.), The Charter of the United Nations, 3. Aufl., Bd. 1, 2012, Art. 12 Rn. 12 ff.; Ruffert/Walter, Institutionalisiertes Völkerrecht, 2009, Rn. 401 f.

[930] Repertory, Bd. I, Art. 11, Rn. 144.

[931] Siehe die Übersicht bei Conforti/Focarelli, The Law and Practice of the United Nations, 4. Aufl. 2010, S. 315.

[932] Ebd.

ralversammlung zwar nicht ausdrücklich auf Resolution 377 (V), aber auf die Handlungsunfähigkeit des Sicherheitsrats Bezug nahm, empfahl sie militärische Zwangsmaßnahmen.[933] In mehreren weiteren Resolutionen, die keinen Bezug auf *Uniting for Peace* nahmen und selten einstimmig ergingen, stellte die Generalversammlung Friedensbedrohungen fest,[934] empfahl Wirtschaftssanktionen,[935] oder – freilich ohne die Formel der Handlungsunfähigkeit des Sicherheitsrats – militärische Zwangsmaßnahmen.[936] In jüngerer Zeit sind vergleichbare Resolutionen der Generalversammlung nicht mehr vorgekommen.

Sowohl aus dem Widerstand mehrerer Mitglieder der Vereinten Nationen – darunter auch ständige Mitglieder des Sicherheitsrats – als auch aus der zögerlichen Bezugnahme der Generalversammlung auf *Uniting for Peace* lässt sich ableiten, dass das Maß an Zustimmung (es liegt lediglich eine autonome Organpraxis vor), die Konsistenz und die geringen Hinweise für eine *opinio iuris* nicht den Anforderungen an eine modifizierende *established practice* genügen.[937] Auch die Einordnung von Art. 11 Abs. 2 und Art. 12 Abs. 1 SVN als eher der Sphäre der Organisation zuzuordnende Inter-Organ-Bestimmungen kann zu keiner anderen Beurteilung führen. Beide Normen dienen gerade auch dem Schutz der ständigen Mitglieder davor, in Fragen des Friedens und der internationalen Sicherheit trotz ihres Vetorechts überstimmt zu werden.[938] Nimmt man mit einer Ansicht in der Literatur an, dass Art. 11 Abs. 2 und Art. 12 Abs. 1 SVN Empfehlungen wirtschaftlicher und mi-

---

[933] GA Res. 498 (V) (Korea).

[934] Z. B. Repertory, Supplement 3, Bd. I, Art. 11, Rn. 67, GA Res. 2022 (XX) OP 13, angenommen mit 9 Gegenstimmen (Süd-Rhodesien); Repertory, Supplement 4, Bd. I, Art. 10, Rn. 12, GA Res. 2202 A (XXI) (Südafrika); vgl. Repertory, Supplement 6, Bd. II, Art. 12, Rn. 20 (Palästina).

[935] Z. B. GA Res. ES-8/2 (Südafrika) OP 13 f.; GA Res. 41/35.

[936] GA Res. 2022 (XX) OP 11 (vgl. oben, Fn. 934).

[937] Vgl. aber Zacklin, der unter Hinweis auf eine einzelne, einstimmig verabschiedete Resolution (GA Res. 1237 (ES-III)) feststellt, dass wohl eine begrenzte „*de-facto* modification" der Charta vorliegt, welche die einhellige Unterstützung der Mitgliedstaaten genießt: Zacklin, The Amendment of the Constitutive Instruments of the United Nations and the Specialized Agencies, 2005, S. 187 f.

[938] Vgl. bezogen auf Art. 11 Abs. 2 und das vormals sowjetische Vetorecht Kolb, An introduction to the law of the United Nations, 2010, S. 89.

litärischer Zwangsmaßnahmen ausschließen,[939] so kann auch die Praxis – bzw. die Entstehung einer gewohnheitsrechtlichen Regel[940] – keine andere Rechtslage begründen. Vielmehr würde es sich aus dieser Perspektive um rein faktisch-politische Praxis handeln. Folgt man jedoch der gegenteiligen Ansicht,[941] so kann zumindest eine Auslegung durch *Uniting for Peace* mit dem Praxisargument gestützt werden. Nur so viel sei zu dieser Streitfrage angemerkt: Der Wortlaut von Art. 11 Abs. 2 S. 2 und Art. 12 Abs. 1 SVN spricht ebenso wie die zentrale Rolle, welche die Charta dem Sicherheitsrat bei der Friedenserhaltung einräumt (vgl. Art. 24 Abs. 1 SVN und Art. 39 ff. SVN) für die erste Auffassung[942] und damit für einen zumindest rechtlich gescheiterten Modifikationsversuch.

b) Art. 20 SVN und Uniting for Peace

Etwas anderes könnte jedoch für den Teil von *Uniting for Peace* gelten, der die *Emergency Special Sessions* schuf und Art. 20 SVN betrifft.[943] In der Praxis nach 1950 wurden insgesamt zehn dieser Sitzungen unter ausdrücklicher Bezugnahme auf Resolution 377 (V) einberufen, die Mehrzahl vom Sicherheitsrat. Die zehnte und bisher jüngste Sitzung wurde 1997 begonnen und dauert bis heute an. Dies erfolgte teilweise einstimmig,[944] teilweise aber auch gegen den Widerstand (ständiger)

---

939 Siehe oben, Fn. 928.

940 Conforti/Focarelli, The Law and Practice of the United Nations, 4. Aufl. 2010, S. 314 ff.

941 Siehe oben, Fn. 927.

942 Tomuschat, "Uniting for Peace", FW 76 (2001), 289, 292.

943 Obwohl es sich bei Art. 20 SVN strenggenommen um keine Inter-Organ-Vorschrift handelt, bietet es sich an, die diesbezügliche Praxis im Zusammenhang mit der *Uniting-for-Peace*-Resolution zu behandeln.

944 SC Res. 129 (1958) (Libanon).

Mitglieder.[945] Eine Initiative der Generalversammlung für eine *Emergency Special Session* war deutlich seltener.[946]

Auch wenn Art. 20 SVN nur reguläre und Sondersitzungen der Generalversammlung vorsieht, bedeutet das nicht, dass weitere Kategorien von Sitzungen von vornherein ausgeschlossen sind. Eine weitere Kategorie wird sich jedoch auf dem Wege der Auslegung schwer begründen lassen. Vielmehr kann von einer erweiternden *established practice* ausgegangen werden, die bei einer Intra-Organ-Bestimmung[947] wie Art. 20 SVN unter erleichterten Bedingungen angenommen werden kann. Die grundsätzliche Möglichkeit von *Emergency Special Sessions* ist heute nicht mehr umstritten.[948] Auch die ursprünglichen Gegner der *Uniting-for-Peace*-Resolution haben inzwischen selbst solche Sitzungen initiiert[949] und aktiv an ihnen teilgenommen. Das spricht für eine einhellige *opinio iuris*.[950]

c) Art. 12 Abs. 1 SVN

Art. 12 Abs. 1 SVN sieht vor, dass während der Sicherheitsrat seine Aufgaben nach der Charta in Bezug auf eine Streitigkeit oder Situation

---

[945] SC Res. 119 (1956) (Suez), 120 (1956) (Ungarn); 157 (1960) (Kongo); 462 (1980) (Afghanistan).

[946] Die Siebte, Achte und Zehnte Emergency Special Session; siehe Tomuschat, Uniting for Peace, United Nations Audiovisual Library of International Law, 2008, http://legal.un.org/avl/ha/ufp/ufp.html (16.12.2014).

[947] Art. 20 SVN wurde ausnahmsweise bei den Inter-Organ-Bestimmungen behandelt, um nicht aus dem Kontext von *Uniting for Peace* gerissen zu werden.

[948] Vgl. Carswell, Unblocking the UN Security Council, Journal of Conflict and Security Law 18 (2013), 453, 459; Eick, in: Simma u. a. (Hrsg.), The Charter of the United Nations, 3. Aufl., Bd. 1, 2012, Art. 20 Rn. 26.

[949] Binder, Uniting for Peace Resolution (1950), in: Wolfrum (Hrsg.), MPEPIL 2013, opil.ouplaw.com/home/ORIL (25.11.2014), Rn. 23.

[950] Vgl. auch Binder, ebd., Rn. 23, die wohl weitergehend als die hier vertretene Ansicht allgemein (aber zumindest in Bezug auf die „rules of procedure“, also die Bestimmungen über die Einberufung von *Emergency Special Sessions*) von einer allgemeinen Akzeptanz von GA Res. 377 (V) durch *subsequent practice* ausgeht; vgl. Tomuschat, Uniting for Peace, Audiovisual Library of International Law, 2008, http://legal.un.org/avl/ha/ufp/ufp.html (16.12.2014), S. 3.

wahrnimmt, die Generalversammlung keine Empfehlungen zur selbigen abgeben darf.[951]

Die Praxis beider Organe in der Anwendung von Art. 12 Abs. 1 SVN hat sich im Laufe der Jahre gewandelt. In der frühen Geschichte der Organisation war es üblich, dass der Sicherheitsrat Punkte von seiner Tagesordnung entfernte, um die Generalversammlung in die Lage zu versetzen, Empfehlungen zu einer bestimmten Angelegenheit abgeben zu können.[952] Bald begann die Generalversammlung jedoch damit, Empfehlungen zu Fällen abzugeben, die auf der Tagesordnung des Sicherheitsrates verblieben, mit denen er sich aber gerade nicht aktiv beschäftigte. Bereits ab den sechziger Jahren behandelte die Generalversammlung in ihren Empfehlungen dieselben Angelegenheiten parallel mit dem Rat, eine Praxis, die sich seitdem fortgesetzt hat.[953] Schon 1964 anerkannte der *Legal Counsel* der Vereinten Nationen diesen Wandel in der Praxis als eine Abweichung vom tatsächlichen Text des Art. 12 SVN, dem seitens der Mitgliedstaaten nicht widersprochen worden sei.[954] Später konkretisierte er diesen Befund mit der Aussage, dass die Generalversammlung den Ausdruck „wahrnimmt (*is exercising*)" in Art. 12 SVN in der Praxis konsistent als „im Augenblick wahrnimmt (*is exercising [...] at this moment*)" interpretiert.[955]

---

[951] Die einzige ausdrücklich vorgesehene Ausnahme ist eine Anfrage des Rates an die Generalversammlung. Aus dem Repertory ist nicht ersichtlich, dass der Sicherheitsrat jemals ausdrücklich von dieser Ausnahme Gebrauch gemacht hätte. Stattdessen hat er Angelegenheiten mehrfach durch Einberufung einer *Emergency Special Session* auf der Grundlage von *Uniting for Peace* an die Generalversammlung überwiesen (siehe soeben unter a)).

[952] IGH, Wall, Advisory Opinion, ICJ Reports 2004, 136, 149 m.w.N.; Repertory, Bd. I, Art. 12, Rn. 25.

[953] IGH, Wall, Advisory Opinion, ICJ Reports 2004, 136, 149 f.; Klein/Schmahl, in: Simma u. a. (Hrsg.), The Charter of the United Nations, 3. Aufl., Bd. 1, 2012, Art. 12 Rn. 10 f. m.w.N.

[954] United Nations Juridical Yearbook, 1964, S. 237, Rn. 34 (v).

[955] United Nations Juridical Yearbook, 1968, S. 185; Arato, Treaty Interpretation and Constitutional Transformation, Yale Journal of International Law 38 (2013), 289, 326 f. folgert aus der Erwähnung dieses Umstands durch den IGH (Wall, Advisory Opinion, ICJ Reports 2004, 136, 149), dass der Gerichtshof dem Gutachten des Legal Counsel Auslegungsrelevanz als Organpraxis einräumte. Mindestens genauso wahrscheinlich ist aber, dass er damit das von

Die aktuelleren Beispiele dieser Praxis betreffen die Situationen in Bosnien-Herzegowina[956] und im Kosovo.[957] Ein noch jüngerer relevanter Fall ist die Resolution ES-10/18 der Generalversammlung, in der diese zu einem Waffenstillstand im Gazastreifen aufrief. Im Vorfeld ihrer Verabschiedung machte Israel zutreffend geltend, dass sich der Sicherheitsrat ebenfalls mit der Situation im Gazastreifen befasste und noch eine Woche zuvor die Resolution 1860 (2009) verabschiedet hatte. Dementsprechend rügte Israel einen Verstoß gegen Art. 12 Abs. 1 SVN.[958]

Insgesamt erweckt die Praxis aber nicht den Anschein, dass das Plenarorgan der UN den Resolutionen des Sicherheitsrats explizit inhaltlich widersprechen würde,[959] auch wenn es gleichzeitig mit dem Rat tätig wird. Freilich gibt es Fälle, in denen die Praxis der Generalversammlung sich jenseits der vorherrschenden Meinung im Sicherheitsrat bewegt haben mag.[960]

Der IGH hat diese Entwicklung von Art. 12 SVN in seinem Mauer-Gutachten als eine zulässige Auslegung der Charta in der Praxis der Organisation anerkannt.[961] In der Literatur wird hingegen verschiedentlich die Ansicht vertreten, dass die Praxis zu Art. 12 SVN die Grenzen der Auslegung überschritten hat.[962]

---

ihm favorisierte Verständnis der Praxis der Generalversammlung durch das Zitat einer von ihm unabhängigen Quelle untermauern wollte.

956 IGH, Wall, Advisory Opinion, ICJ Reports 2004, 136, 149.

957 GA Res. 53/164; GA Res. 54/183.

958 UN Doc. A/ES-10/PV.32, 2.

959 Klein/Schmahl, in: Simma u. a. (Hrsg.), The Charter of the United Nations, 3. Aufl., Bd. 1, 2012, Art. 12 Rn. 20.

960 Vgl. ebd., Rn. 11.

961 IGH, Wall, Advisory Opinion, ICJ Reports 2004, 136, 149 f.

962 Vgl. Alvarez, Limits of Change by Way of Subsequent Agreements and Practice, in: Nolte (Hrsg.), Treaties and Subsequent Practice, 2013, S. 123, 127: „[...] it appears that subsequent practice of the relevant UN organs, along with apparent acquiescence by the membership, has turned art. 12(1) [...] into effectively a dead letter.“; Arato, Treaty Interpretation and Constitutional Transformation, Yale Journal of International Law 38 (2013), 289, 327: „arguably amounting to a modification of the provision“; Blum, Eroding the United Nations Charter, 1993, S. 130 ff.; vgl. Nolte, Jurisprudence of the International Court of Justice and Arbitral Tribunals of Ad Hoc Jurisdiction Relating to Sub-

Dem ist aus folgenden Gründen beizupflichten: Art. 12 Abs. 1 SVN untersagt mit klaren Worten[963] Empfehlungen der Generalversammlung, wenn sich der Sicherheitsrat mit einer Angelegenheit befasst. Dies entspricht der Grundentscheidung in Art. 24 Abs. 1 SVN, dem Sicherheitsrat die primäre Verantwortung für die Wahrung des Friedens und der internationalen Sicherheit zuzuweisen.[964] Wäre die UN-Charta die Verfassung eines demokratischen Staates, könnte man Art. 12 Abs. 1 SVN als zentrale Gewaltenteilungsnorm bezeichnen, welche Art. 24 Abs. 1 SVN konkretisiert. Zwar spricht die Verwendung des *present progressive* in der englischen Fassung der UN-Charta in der Tat für die Lesart, die vom *Legal Counsel* vertreten wurde („is exercising [...] at the moment"). Doch wie die Praxis zeigt, ist die Generalversammlung keineswegs bei dieser Auslegung stehen geblieben, sie wurde vielmehr zunehmend simultan mit dem Sicherheitsrat tätig. Dies dürfte Art. 12 Abs. 1 SVN bei einer verständigen grammatikalischen und teleologischen Interpretation aber kaum zulassen.[965] Auch die Zurückhaltung der Generalversammlung, die dadurch zum Ausdruck kommt, dass sie dem Sicherheitsrat wenigstens nicht ausdrücklich widerspricht, ändert nichts an dieser Schlussfolgerung: Art. 12 Abs. 1 SVN verlangt ein Unterlassen des gleichzeitigen Tätigwerdens mit dem Sicherheitsrat. Die bloße Vermeidung von Widersprüchen kann vor diesem Hintergrund nicht ausreichen. Denn dann hätte die existente Regelung der Charta, den Entscheidungen des Sicherheitsrats Verbindlichkeit zu verleihen und sie denen der Generalversammlung zu verweigern (vgl. Art. 25 SVN), genügt, und Art. 12 Abs. 1 SVN wäre überflüssig oder allenfalls eine politische Bekräftigung.

Damit wird offensichtlich, dass diese Übung sich entweder im Bereich der rein faktisch-politischen Praxis oder der rechtswirksamen Modifi-

---

sequent Agreements and Subsequent Practice, in: Nolte (Hrsg.), Treaties and Subsequent Practice, 2013, S. 169, 180: „Article 12 of the UN Charter is a provision whose text does not indicate what the subsequent practice of the General Assembly is suggesting."

[963] Vgl. Arato, Treaty Interpretation and Constitutional Transformation, Yale Journal of International Law 38 (2013), 289, 326: „The provision seems categorical, on its face."

[964] Klein/Schmahl, in: Simma u. a. (Hrsg.), The Charter of the United Nations, 3. Aufl., Bd. 1, 2012, Art. 12 Rn. 1.

[965] Ebd., Rn. 24.

kation der Charta durch *established practice* bewegt. Für Letzteres wäre nach den Ergebnissen des zweiten Teils der Arbeit eine klare einhellige Praxis der Kategorie 1, die auch die einhellige Zustimmung des Sicherheitsrats umfasst, zu verlangen. Zwar ist es richtig, dass der Sicherheitsrat sich nicht gegen die Überschreitung der Grenzen des Art. 12 Abs. 1 SVN durch die Generalversammlung verwahrt hat[966] und man sein diesbezügliches Schweigen durchaus als Zustimmung werten kann. Dennoch steht einer *established practice* der akteursbezogenen Kategorie 1 (einhellige Praxis eines Plenarorgans) entgegen, dass die jeweiligen Empfehlungen der Generalversammlung – so z. B. diejenigen, welche der IGH im Mauer-Gutachten zitierte, oder die Resolution ES-10/18 – weder einstimmig noch im Konsens verabschiedet wurden, sondern stets mit Gegenstimmen, die nicht nur von den im Einzelfall betroffenen Staaten stammten.[967] Es ist somit zumindest nicht auszuschließen, dass diese Gegenstimmen ihre Motivation auch in der Überschreitung der Grenzen des Art. 12 Abs. 1 SVN fanden. Auch eine entsprechende *opinio iuris* lässt sich zumindest nicht eindeutig aus den genannten Resolutionen ableiten, denn diese nehmen keinen Bezug auf die Abweichung von Art. 12 Abs. 1 SVN.[968] Schließlich handelt es sich zwar um eine Inter-Organ-Vorschrift, die v. a. für die Beeinflussung durch gemeinsame Praxis von Generalversammlung und Sicherheitsrat offen ist; doch in der Modifikation einer so zentralen Bestimmung zur Kompetenzabgrenzung muss eine nicht einhellige Praxis ihre Grenzen finden. Demgegenüber kann die bloße Konsistenz nicht ausschlaggebend sein.

Aus all diesen Gründen muss zumindest dann, wenn die Generalversammlung gleichzeitig mit dem Sicherheitsrat tätig wird und Empfehlungen abgibt, von einer rein faktisch-politischen Praxis ausgegangen werden, die sich mangels Widerspruchs des Sicherheitsrats und angesichts des Fehlens einer unabhängigen Überprüfungsinstanz durchsetzt; sie ist aber nicht mit Art. 12 Abs. 1 SVN vereinbar.

---

[966] Ebd., Rn. 33.

[967] Siehe oben, C. III. 3. c) bb) (7), insbesondere Fn. 782.

[968] Alvarez, Limits of Change by Way of Subsequent Agreements and Practice, in: Nolte (Hrsg.), Treaties and Subsequent Practice, 2013, S. 123, 127 geht hingegen von einer „apparent acquiescence of the membership“ aus.

d) Art. 60 SVN

Art. 60 SVN sieht vor, dass die Aufgaben der Organisation nach Kapitel IX der Charta von Generalversammlung und ECOSOC wahrgenommen werden, wobei der Rat unter der „authority“ der Generalversammlung steht. Die genaue Ausgestaltung dieses Autoritätsverhältnisses zwischen beiden Organen wird von der Charta nur in einzelnen Bereichen konkretisiert, z. B. durch das Zustimmungserfordernis für Abkommen mit Sonderorganisationen gem. Art. 63 S. 2 SVN. „Authority“ i.S.v. Art. 60 SVN lässt sich somit als offener Rechtsbegriff charakterisieren, offen auch für den interpretativen Einfluss späterer Praxis.[969]

Das erste *Repertory* zu Art. 60 SVN gibt einen allgemeinen Überblick über die frühe Praxis der Generalversammlung bei der Ausübung ihrer „authority“ über den ECOSOC, der nachhaltige Präzedenzwirkung zukam.[970] Es beschreibt vier Begebenheiten, in denen die Generalversammlung den ECOSOC bat, bestimmte Entscheidungen zu überdenken. In drei dieser Fälle entschied sich der Rat, vollständig diesen Bitten zu entsprechen. In einem weiteren Fall implementierte er sie mit einigen Modifikationen.[971] Allerdings gibt es mindestens eine Gelegenheit, bei der der ECOSOC ein Ansinnen der Generalversammlung völlig ignorierte.[972]

Überdies entwickelte die Versammlung eine konsistente Praxis, einen mehr oder weniger direkten Einfluss auf die Kommissionen, die übrigen Nebenorgane und die Ausschüsse des ECOSOC auszuüben. Zum Beispiel erbat sie die Auflösung des Ausschusses zur Verbrechensverhütung und -kontrolle,[973] sie verlangte häufigere Treffen der Kommission über Bevölkerung und Entwicklung[974] und gab eine direkte Empfeh-

---

[969] Vgl. zur Konkretisierung tendenziell offener oder mehrdeutiger Bestimmungen durch spätere Praxis: Nolte, Jurisprudence of the International Court of Justice and Arbitral Tribunals of Ad Hoc Jurisdiction Relating to Subsequent Agreements and Subsequent Practice, in: Nolte (Hrsg.), Treaties and Subsequent Practice, 2013, S. 169, 178.

[970] Repertory, Bd. III, Art. 60, Rn. 5.

[971] Ebd., Rn. 9.

[972] Repertory, Supplement 4, Bd. II, Art. 60, Rn. 15.

[973] Repertory, Supplement 8, Bd. IV, Art. 60, Rn. 5.

[974] Ebd., Rn. 8.

lung an die Kommission für soziale Entwicklung, bestimmte Maßnahmen zu ergreifen.[975]

Über diese einzelnen Beispiele hinaus bemerkt das *Repertory* zu Art. 60 SVN insgesamt eine Tendenz in der Praxis der Generalversammlung, ihre „authority“ in zunehmendem Umfang geltend zu machen.[976] Es kann somit von einer konsistenten Praxis der Generalversammlung bei der Anwendung des Art. 60 SVN ausgegangen werden, in der sie eine vom ECOSOC kaum bestrittene Befugnis für sich in Anspruch nahm, ihm und seinen Neben- und Unterorganen in Form von Empfehlungen vorgetragene – jedoch faktisch der Verbindlichkeit sehr nahekommende – Vorgaben im Bereich des Kapitels IX der Charta zu machen. Für eine solche rechtswirksame Interpretation eines so offenen Begriffes in einer Inter-Organ-Bestimmung dürfte auch eine Organpraxis der Kategorie 3 – also eine Praxis mit satzungsgemäßer Mehrheit gem. Art. 18 SVN – genügen, sodass die tatsächliche Mehrheit der einzelnen Entscheidungen der Generalversammlung nicht nachvollzogen werden muss.

e) Art. 7, 22, 29 SVN: Gemeinsame Nebenorgane

Ein weiteres Ergebnis satzungsrelevanter Organisationspraxis ist die Einrichtung gemeinsamer Nebenorgane durch verschiedene UN-Hauptorgane. Diese Praxis betrifft Art. 7 Abs. 2, 22, und 29 SVN. Ein gutes Beispiel ist die Schaffung der *Peacebuilding Commission*, eines gemeinsamen Nebenorgans der Generalversammlung und des Sicherheitsrats.[977]

Weiterhin existieren gemeinsame Organe der Vereinten Nationen und ihrer Sonderorganisationen. So besteht das *United Nations System Chief Executives Board for Coordination* (CEB), das frühere *Administrative Committee on Coordination* (ACC)[978] aus den höchsten Verwaltungsbeamten der UN, der UN-Sonderorganisationen und der UN-Agenturen und -Programme.[979] Eines der frühesten Beispiele für ein

---

[975] Repertory, Supplement 9, Bd. IV, Art. 60, Rn. 16-18.

[976] Repertory, Supplement 4, Bd. II, Art. 60, Rn. 6.

[977] GA Res. 60/180; SC Res. 1645 (2005).

[978] Eingerichtet durch den Generalsekretär auf Ersuchen des ECOSOC, ESC Res. 13 (III).

[979] http://www.unsceb.org/content/ceb (16.12.2014).

ähnliches Organ ist das *Inter-Governmental Committee for the World Food Programme*, das aus je zehn Vertretern von UN-Mitgliedstaaten und Mitgliedern der FAO bestand, die vom ECOSOC und vom Rat der FAO gewählt wurden.[980] Das Sekretariat verfasste ein Rechtsgutachten (*Legal Opinion*) zur Rechtmäßigkeit eines solchen Organs nach der Charta. Es hob hervor, dass trotz des Fehlens einer entsprechenden Chartabestimmung

> „the setting up of such joint bodies would be considered permissible in appropriate circumstances by the application of the Charter provisions relating to the establishment of subsidiary organs."[981]

Das Gutachten zitierte Art. 7 Abs. 2 SVN und bezog sich auf den erwähnten Ausschuss als Beispiel.[982]

Die Einrichtung von gemeinsamen Nebenorganen wird bereits vom Wortlaut des Art. 7 Abs. 2 SVN miterfasst, in dem von Errichtung „je nach Bedarf" die Rede ist und in dem keine Eingrenzung auf bestimmte Hauptorgane erfolgt. Die spezielleren Ermächtigungen in Art. 22, 29 SVN stehen dem nicht entgegen. Es handelt sich lediglich um Konkretisierungen des Art. 7 Abs. 2 SVN, der selbst als allgemeinere Kompetenzgrundlage für die Einrichtung von Nebenorganen dienen kann.[983] Das spricht für die Annahme einer einfachen Auslegung durch gemeinsame spätere Praxis von Generalversammlung und Sicherheitsrat. Bei dieser Praxis handelte es sich um eine solche der potenziell einflussreichen Kategorien 1 und 2, denn die Generalversammlung verabschiedete ihre Resolution 60/180 zur Gründung der *Peacebuilding Commission* im Konsensverfahren,[984] das vergleichbar mit einer einstimmigen Entscheidung ist, während der Sicherheitsrat seine entsprechende Resolution 1645 (2005) einstimmig billigte[985] und als Organ mit beschränkter Mitgliedschaft auf die – von der Generalversammlung vermittelte – Zustimmung der übrigen Mitglieder traf. Beide beriefen sich im operativen

---

980 Repertory, Supplement 3, Bd. I, Art. 7, Rn. 6.

981 United Nations Juridical Yearbook, 1963, 168.

982 Repertory, Supplement 3, Bd. I, Art. 7, Rn. 10.

983 IGH, Application for Review of Judgment No. 158 of the UNAT, Advisory Opinion, ICJ Reports 1973, 166, 172; Jaenicke, in: Simma u. a. (Hrsg.), The Charter of the United Nations, 2. Aufl., Bd. 1, Art. 7 Rn. 27 f.

984 http://research.un.org/en/docs/ga/quick/regular/60 (16.12.2014).

985 UN Doc. S/PV.5335, 2.

Teil der Resolutionen ausdrücklich auf Art. 22, 27 und 29 SVN,[986] was das subjektive Element bzw. die Übereinkunft, diese Bestimmungen so auszulegen, dass sie die Gründung der *Peacebuilding Commission* gestatten, besonders deutlich machen. Selbst eine wirksam erweiternde oder modifizierende *established practice* könnte unter diesen Umständen angenommen werden.

Die Schaffung von gemeinsamen Organen in der UN-Familie wie CEB hat, wie die Rechtsabteilung des Sekretariats in ihrem Gutachten zutreffend feststellte, zwar keine direkte Grundlage in der Charta, was grundsätzlich für das Erfordernis einer erweiternden *established practice* sprechen würde. Allerdings ist auch hier Art. 7 Abs. 2 SVN in Anbetracht seines offenen Wortlautes als Rechtsgrundlage keineswegs ungeeignet. Schließlich spricht auch eine systematische Auslegung des Art. 7 Abs. 2 SVN, welche die Kompetenzen von Generalversammlung und ECOSOC bei der Koordination der UN-Familie aus Art. 58 und 63 Abs. 2 SVN berücksichtigt, dafür, die Grenze zwischen Auslegung und Erweiterung der Charta in diesem Fall liberal zu bestimmen und eine Auslegung anzunehmen. Die Resolution des ECOSOC,[987] die permanente Umsetzung durch die Verwaltungsspitzen der UN-Familie und das Fehlen ersichtlichen Protestes seitens der Mitgliedstaaten sollten für eine solche einfache Auslegungspraxis mehr als genügen.

4. Materielle Kompetenzen/Rechte und Pflichten der Mitgliedstaaten

a) Art. 10 SVN

Art. 10 SVN spezifiziert die Akteure, an die Empfehlungen der Generalversammlung gerichtet werden können: die Mitgliedstaaten, den Sicherheitsrat oder beide. In der Praxis richtet die Generalversammlung ihre Empfehlungen an eine Vielzahl von weiteren Adressaten: so z. B. an alle Staaten (was auch Nicht-Mitglieder einschließt), alle Regierungen, die internationale Gemeinschaft, Internationale Organisationen, regionale Abmachungen i.S.d. Kapitels VIII der Charta, Nebenorgane anderer UN-Hauptorgane, NGOs, die Medien, bestimmte Einzelpersonen oder Gruppen von Einzelpersonen, den Generalsekretär und das

---

986 GA Res. 60/180 OP 1; SC Res. 1645 (2005) OP 1.

987 ESC Res. 13 (III).

Sekretariat.[988] Das *Repertory* lässt keine Debatten über oder Proteste gegen diese ständige und konsistente Praxis erkennen. Auch die Literatur schweigt weitgehend zur Rechtmäßigkeit dieser Praxis.[989]

Die Auflistung der Adressaten in Art. 10 SVN erscheint abschließend, insbesondere wenn man sein Augenmerk auf die Formulierung „oder an beide“ richtet. Die ständige Praxis der Generalversammlung, Empfehlungen an zahlreiche weitere Akteure zu richten, erscheint somit als informeller Änderungsversuch, der den Anforderungen an eine modifizierende *established practice* genügen müsste. Wenn man im Hinblick auf die Entwicklung des allgemeinen Völkerrechts bzw. auf den zunehmenden Bedeutungsgewinn von anderen Akteuren als Staaten Art. 31 Abs. 3 lit. c WVK bei der Annäherung an die Grenze zwischen Auslegung und Änderung zu Hilfe nimmt, erscheint das jedoch weniger klar; dies gilt umso mehr bei der Einbeziehung teleologischer Gesichtspunkte bzw. des *principle of effectiveness*, das für eine weitergehende adressatenbezogene Handlungsfähigkeit der Generalversammlung spricht, um ihre effektive Aufgabenerfüllung zu gewährleisten. Insofern bewegt sich diese Praxis in einer Grauzone zwischen Auslegung und Änderung.

Doch selbst wenn man vom Wortlaut ausgeht und eine Überschreitung der Grenzen der Auslegung annimmt, kann die Vielzahl der Fälle, die Konsistenz und Eindeutigkeit der Praxis,[990] die fehlende Problematisierung in den Debatten und der weitgehend ausgebliebene Protest der Mitgliedstaaten für eine *established practice* genügen. Die Stimmabgabe wird hier ausnahmsweise nur von geringer Aussagekraft sein, weil das Ausbleiben von Debatten über diese Praxis dafür spricht, dass die substanziellen Fragen der jeweiligen Resolution im Vordergrund standen.

---

[988] Repertory, Bd. 1, Art. 10, Rn. 12 ff.; Supplement 1, Bd. I, Art. 10, Rn. 7 f.; Supplement 2, Bd. I, Art. 10, Rn. 8-10; Supplement 3, Bd. I, Art. 10, Rn. 8 f.; Supplement 4, Bd. I, Art. 10, Rn. 6 f.; Supplement 5, Bd. I, Art. 10, Rn. 10 ff.; Supplement 6, Bd. II, Art. 10, Rn. 13 f.; Supplement 7, Bd. II, Art. 10, Rn. 6; Supplement 8, Bd. II, Art. 10, Rn. 8; Supplement 9, Bd. II, Art. 10, Rn. 6; Supplement 10, Bd. II, Art. 10, Rn. 7.

[989] Siehe z. B. Doumbe-Bille, in: Cot/Pellet (Hrsg.), La Charte des Nations Unies, 3. Aufl., Bd. 1, 2005, Art. 10, S. 641 ff.; Klein/Schmahl, in: Simma u. a. (Hrsg.), The Charter of the United Nations, 3. Aufl., Bd. 1, 2012, Art. 10 Rn. 41.

[990] Siehe oben, Fn. 988.

Ohnehin dürfte es ob der großen Zahl entsprechender Empfehlungen unverhältnismäßig aufwändig sein, eine aussagekräftige Abstimmungsstatistik zu erstellen. Zwar handelt es sich um eine Frage der materiellen Kompetenzen der Generalversammlung bzw. der Organisation als Ganzes, jedoch sind die Rechte und Pflichten der Mitgliedstaaten nur in begrenztem Ausmaß betroffen: Die betreffenden Empfehlungen haben ohnehin nur unverbindlichen Charakter. Vor allem aber sind sie größtenteils an andere Akteure gerichtet. Die Frage nach Änderung oder Auslegung kann somit offen bleiben, da auch die Voraussetzungen für die rechtliche Anerkennung einer informellen Modifikation vorliegen.

b) Art. 17 Abs. 1 SVN

In ihrer Resolution 41/213 vom 19.12.1986 entschied die Generalversammlung, die Empfehlungen der von ihr eingerichteten Group of High-level Intergovernmental Experts to Review the Efficiency of the Administrative and Financial Functioning of the United Nations[991] umzusetzen und dem Sekretariat aufzugeben, in den Jahren, in denen kein regulärer Haushalt zu verabschieden ist (also jedes zweite Jahr), ein sog. *outline of the programme budget* zu erarbeiten, das einen Ausblick auf den folgenden regulären Haushalt beinhalten soll.[992] Dieses wird von der Generalversammlung in einer Entscheidung kommentiert, die bei der Erstellung des regulären Haushalts vom Sekretariat zu berücksichtigen ist.[993] Dieses Verfahren wurde seit 1986 beibehalten.

In Art. 17 Abs. 1 findet nur *der* Haushalt der Organisation Erwähnung, der von der Generalversammlung zu genehmigen ist; damit kann nur der reguläre Haushalt gemeint sein. Von einem Ausblick auf diesen, der ebenfalls die Zustimmung der Generalversammlung benötigt und ihr bereits im Vorfeld seiner Erstellung beträchtlichen Einfluss verschafft, ist nicht die Rede. Gleichzeitig ist aber der kurze Wortlaut des Art. 17 Abs. 1 SVN kaum hinreichend bestimmt, um eine gewisse Flexibilität des Haushaltsverfahrens auszuschließen. Daher ist in diesem Vorgang eher eine autoritative Neuinterpretation des Art. 17 Abs. 1 SVN durch spätere Praxis zu erblicken als eine Erweiterung oder gar Modifikation.

---

[991] Im Annex zu GA Res. 41/213.

[992] Ziffer A.1. des Annexes.

[993] Ziffer A.3. des Annexes.

Bei dieser Praxis handelt es sich um eine solche der potenziell einflussreichen Kategorie 1, denn die Resolution 41/213 wurde vom Plenarorgan im Konsensverfahren verabschiedet.[994] Sie ist angesichts ihrer Beibehaltung bis zum heutigen Tag auch konsistent. Die Voraussetzungen einer autoritativen späteren Praxis sind somit erfüllt.

c) Art. 17 Abs. 2 SVN

Einer der bekanntesten Fälle, in denen die Praxis der Vereinten Nationen eine zentrale Rolle spielte, ist das *Certain-Expenses*-Gutachten des IGH. Konfrontiert mit der Frage, ob operative Ausgaben für die *Peacekeeping*-Missionen Ausgaben der Organisation i.S.v. Art. 17 Abs. 2 SVN darstellen und anteilig von den Mitgliedstaaten getragen werden müssen oder ob dies nur für administrative Kosten gilt, nahm der Gerichtshof ausführlich Bezug auf die bisherige Haushaltspraxis der Generalversammlung. Diese hatte in mehreren Entscheidungen diverse operative Ausgaben im regulären Haushaltsplan verbucht,[995] so auch die Kosten der streitigen Operationen UNEF und ONUC selbst.[996]

Besonders hervorzuheben ist, dass letztere Entscheidungen mit Gegenstimmen bzw. der gem. Art. 18 Abs. 2 SVN erforderlichen Zweidrittelmehrheit ergingen und gerade nicht einstimmig oder im Konsensverfahren verabschiedet wurden.[997] Der IGH hat somit implizit die Satzungsrelevanz von Mehrheitspraxis – nach hier vertretener Terminologie von autonomer Organpraxis (Kategorie 3) – anerkannt. Diese Einschätzung wird in der Literatur geteilt.[998]

---

[994] Siehe http://research.un.org/en/docs/ga/quick/regular/41 (16.12.2014).

[995] IGH, Certain Expenses, Advisory Opinion, ICJ Reports 1962, 151, 160 f.

[996] Ebd., 174 f., 177 f.

[997] Ausdrücklich ebd., 174; die berücksichtigten Resolutionen zu UNEF waren: GA Res. 1089 (XI) (62-8-7); 1151 (XII) (51-11-19); 1337 (XIII) (42-9-27); 1441 (XIV) (49-9-21); 1575 (XV) (50-8-27); zu ONUC berücksichtigte der IGH v. a. GA Res. 1583 (XV) (46-17-24); 1619 (XV) (54-15-23); 1732 (XVI) (67-13-15); Abstimmungsstatistiken aus http://www.un.org/documents/resga.htm (16.12.2014); dazu auch Arato, Treaty Interpretation and Constitutional Transformation, Yale Journal of International Law 38 (2013), 289, 320 f., Fn. 142.

[998] Bernhardt, Die Auslegung völkerrechtlicher Verträge, 1963, S. 171 Fn. 793; vgl. Dörr, Certain Expenses of the United Nations (Advisory Opini-

Bei dieser Praxis zu Art. 17 Abs. 2 SVN könnte es sich entweder um eine Auslegung oder eine informelle Modifikation der Charta handeln. Der IGH selbst scheint von einer Berücksichtigung der Praxis im Rahmen eines Interpretationsvorganges ausgegangen zu sein.[999] In der Tat spricht der Wortlaut nicht dagegen, operative Kosten grundsätzlich als Ausgaben der Organisation zu betrachten.[1000] Auch das systematische Argument, dass Art. 17 Abs. 3 SVN zwischen beiden Kostenarten unterscheidet, Abs. 1 und Abs. 2 dies aber gerade nicht tun,[1001] spricht gegen eine (versuchte) Modifikation des Art. 17 SVN. Wenn die Generalversammlung und der Sicherheitsrat bzw. die Organisation insgesamt die Kompetenz besitzen, *Peacekeeping*-Missionen zu mandatieren, ist die Anwendung des Art. 17 SVN auf die durch sie verursachten Kosten somit eine reine Interpretationsfrage. Davon getrennt zu behandeln ist das Problem der Kompetenz, das sich v. a. nach Art. 11, 12, 14 SVN sowie Kapitel VI und VII der Charta richtet.[1002]

Da Art. 17 Abs. 2 SVN eine der wenigen verbindlichen Entscheidungskompetenzen der Generalversammlung enthält,[1003] ist es naheliegend, von einem Versuch der autoritativen Auslegung dieser Bestimmung durch die Generalversammlung auszugehen. Eine solche kann nur in bestimmten Fällen auf Mehrheitspraxis gegründet werden. In diesem Fall legte die Generalversammlung eine Bestimmung aus, die sich in ihrer Dispositionssphäre befindet und die ihr selbst verbindliche Ent-

---

on), in: Wolfrum (Hrsg.), MPEPIL 2013, opil.ouplaw.com/home/ORIL (25.11.2014), Rn. 13; Karl, Vertrag und spätere Praxis im Völkerrecht, 1983, S. 169.

[999] Im Gutachten des IGH ist ständig von *Auslegung* des Art. 17 SVN bzw. der Charta die Rede, vgl. insbesondere zur Frage der Berücksichtigung von Praxis: IGH, Certain Expenses, Advisory Opinion, ICJ Reports 1962, 151, 157.

[1000] Ebd., 158.

[1001] Ebd., 159.

[1002] Die Frage der Organkompetenz muss im Rahmen dieser Arbeit nicht ausführlicher betrachtet werden: Da inzwischen nur noch der Sicherheitsrat beim *Peacekeeping* tätig wird, dürfte sie obsolet sein. Das Problem der Kompetenz der Organisation, also der Verbandskompetenz, wird hingegen noch zu betrachten sein; siehe unten, D. II. 7.

[1003] Conforti/Focarelli, The Law and Practice of the United Nations, 4. Aufl. 2010, S. 392; Frowein, United Nations (UN), in: Wolfrum (Hrsg.), MPEPIL 2013, opil.ouplaw.com/home/ORIL (25.11.2014), Rn. 34.

scheidungskompetenzen einräumt. Sie tat dies konsistent mit der satzungsgemäßen Mehrheit. Das auf eine solche autoritative Auslegung gerichtete subjektive Element kam in den Resolutionen, welche die Kosten von UNEF und ONUC mehrfach mit verbindlichen Formeln („*Decides*") als Ausgaben der Organisation deklarierten und von einer Zuteilung nach einem Verteilungsschlüssel sprachen,[1004] deutlich zum Ausdruck. All dies überwiegt ausnahmsweise auch bei der Beurteilung von Praxis zu einer Charta-Bestimmung, die auch die Rechte der Mitgliedstaaten betrifft und kein reines Binnenrecht der Organisation ist. Die weitgehende Haushaltsprärogative, welche die Charta der Generalversammlung eindeutig einräumt,[1005] setzt sich durch.

Alles in allem hat die Generalversammlung in ihrer Praxis Art. 17 Abs. 2 SVN also autoritativ dahingehend ausgelegt, dass auch *Peacekeeping*-Kosten von den Mitgliedstaaten verpflichtend zu tragen sind. Die Verweigerung von Zahlungen und die Proteste zahlreicher Mitglieder sind für ordnungsgemäß beschlossene *Peacekeeping*-Missionen auch aus diesem Grund rechtswidrig.

Nach dem *Certain-Expenses*-Gutachten, das von der Generalversammlung mit einer ähnlichen Mehrheit gebilligt wurde wie die in ihm aufgegriffenen Resolutionen,[1006] kam es nach weiterem Protest und weiteren Zahlungsverweigerungen z. B. der UdSSR und Frankreichs zu einem Kompromiss, demzufolge die Finanzierung von UNEF und ONUC auf freiwilliger Basis erfolgen sollte.[1007] In den siebziger Jahren entwickelte sich jedoch nach und nach eine Praxis mit gegenläufiger Tendenz: Die Generalversammlung regelte die Finanzierung von *Peacekeeping*-Missionen – die nur noch vom Sicherheitsrat mandatiert wurden – wieder auf der verpflichtenden Grundlage des Art. 17 SVN, auch wenn dies in gesonderten Haushaltsposten und mit einem anderen Verteilungs-

---

[1004] Z. B. für UNEF: GA Res. 1089 (XI) OP 1; 1151 (XII) OP 5; 1441 (XIV) OP 2.

[1005] Woeste/Thomma, in: Simma u. a. (Hrsg.), The United Nations Charter, 3. Aufl., Bd. 1, 2012, Art. 17 Rn. 51.

[1006] GA Res. 1854 (XVII) (76-17-8), http://research.un.org/en/docs/ga/quick/regular/17 (16.12.2014).

[1007] Repertory, Supplement 3, Bd. I., Art. 19, Rn. 25.

schlüssel als im regulären Budget erfolgte.[1008] Das ist eine konsistente Rückkehr zur geschilderten autoritativen Auslegung des Art. 17 SVN durch die Generalversammlung.

d) Art. 17 Abs. 3 SVN

Gemäß Art. 17 Abs. 3 SVN ist es Aufgabe der Generalversammlung, die Haushalte der UN-Sonderorganisationen zu prüfen, um diesbezügliche Empfehlungen an sie zu richten. Diese Prüfung durch die Generalversammlung und ihren Haushaltsausschuss wurde in den neunziger Jahren erheblich reduziert und weitgehend einem mit unabhängigen Experten besetzten Nebenorgan überlassen, dem *Advisory Committee on Administrative and Budgetary Questions* (ACABQ).[1009] Dieses übermittelte von nun an lediglich eine Zusammenfassung seiner Berichte für die jeweiligen Sonderorganisationen an die Generalversammlung.[1010]

Diese weitreichende Delegation einer Funktion, welche die Generalversammlung nach dem Wortlaut der Charta selbst wahrzunehmen hat, an ein Nebenorgan kommt einer konsistenten Nichtanwendung und damit einer Teil-*desuetudo* des Art. 17 Abs. 3 SVN sehr nahe. Freilich wird das dadurch relativiert, dass die Bestimmung durch die Generalversammlung jederzeit reaktiviert werden könnte, auch wenn auf die langjährige Praxis gestützter Protest der Sonderorganisationen zu erwarten wäre.

e) Art. 19 SVN

Eng mit der Praxis zu Art. 17 SVN verknüpft ist die Praxis zu Art. 19 SVN, der für säumige Mitgliedstaaten die Sanktion des Stimmrechtsverlustes in der Generalversammlung vorsieht. Die Frage, ob diese Rechtsfolge *ipso iure* eintritt, war Gegenstand umfangreicher Debatten. Ein im *Repertory* beschriebener Briefwechsel zwischen der UdSSR und dem

---

[1008] Conforti/Focarelli, The Law and Practice of the United Nations, 4. Aufl. 2010, S. 398 f. mit Nachweisen einschlägiger Resolutionen der Generalversammlung.

[1009] Repertory, Supplement 9, Bd. II, Art. 17 Abs. 3, Rn. 19, 36.

[1010] Repertory, Supplement 9, Bd. II, Art. 17 Abs. 3, Rn. 37.

Generalsekretär während der 22. Sitzungsperiode der Generalversammlung macht dieses Problem anschaulich: Der Ständige Vertreter der UdSSR wies die Vorstellung eines automatischen Stimmrechtsverlusts zurück und forderte einen Beschluss der Generalversammlung in jedem Einzelfall. Dabei berief er sich auf Art. 19 S. 2 und Art. 18 Abs. 2 SVN und postulierte das Erfordernis einer Zweidrittelmehrheit für den temporären Entzug von Mitgliedschaftsrechten. Der Generalsekretär erwiderte darauf, dass der erste Satz des Art. 19 SVN den automatischen Eintritt der Rechtsfolge klar mache und dass das Sekretariat sich verpflichtet fühle, Art. 19 SVN auf der Grundlage dieses Verständnisses auszulegen, es sei denn, die Generalversammlung beschließe etwas anderes.[1011]

Aus der im *Repertory* gesammelten Praxis kann keine klare Entscheidung für eine der beiden Positionen abgeleitet werden. Es gibt sowohl zahlreiche Fälle, in denen im Bericht des Generalsekretärs über Zahlungsrückstände erwähnte Mitgliedstaaten für einen bestimmten Zeitraum nicht abstimmen durften[1012] als auch mehrere Begebenheiten, bei denen die Generalversammlung entschied, das Stimmrecht aufrechtzuerhalten; dabei berief sie sich nicht immer auf die ausdrückliche Ausnahme in Art. 19 S. 2 SVN für Fälle, in denen der Rückstand auf Umständen außerhalb der Kontrolle des säumigen Staates beruht.[1013]

Eine länger anhaltende Praxis der letzteren Art setzte sich nach dem *Certain-Expenses*-Gutachten des IGH im Streit um die Finanzierung von UNEF und ONUC durch. Im Gutachten selbst hatte der IGH sich nicht mit der Rechtsfolge von Beitragsrückständen beschäftigt, die infolge der Zahlungsverweigerungen für die fraglichen *Peacekeeping*-Missionen entstanden waren oder noch entstehen würden.[1014] Unmittelbar nach dem Gutachten stellte sich die Frage der Anwendung von Art. 19 SVN zunächst nicht, da die Generalversammlung nach einem

---

[1011] Repertory, Supplement 4, Bd. I, Art. 19, Rn. 6 ff.

[1012] Z. B. Repertory, Supplement 5, Bd. I, Art. 19, Rn. 9, Fn. 15 (in diesem besonderen Fall wurde eine Übereinkunft mit dem betroffenen Staat getroffen, dass er sein Stimmrecht nicht ausüben würde), Rn. 12; Supplement 6, Bd. II, Art. 19, Rn. 13 ff.; Supplement 9, Bd. II, Art. 19, Rn. 12 ff., siehe auch Rn. 15 f.; Supplement 10, Bd. II, Art. 19 Rn. 2 f.: allein 30 Mitgliedstaaten im Jahr 2000.

[1013] Z. B. Repertory, Supplement 5, Bd. I, Art. 19, Rn. 8, 10; Supplement 6, Bd. II, Art. 19, Rn. 7; Supplement 10, Bd. II, Art. 19, Rn. 6.

[1014] Certain Expenses, Advisory Opinion, ICJ Reports 1962, 151 ff.

Vorschlag ihres Präsidenten entschied, nur Resolutionen und Entscheidungen auf die Tagesordnung zu setzen, die ohne Abstimmung angenommen werden konnten.[1015] Am 1.9.1965 wurde der bereits erwähnte Kompromiss erzielt, dass UNEF und ONUC zukünftig auf freiwilliger Basis finanziert werden sollten. In Bezug auf Art. 19 SVN traf dieser folgende Regelung:

> „(...) (b) That the question of the applicability of Article 19 of the Charter will not be raised with regard to the United Nations Emergency Force and the United Nations Operation in the Congo; (...)."[1016]

Doch auch nachdem die Generalversammlung wieder damit begonnen hatte, sich bei der Finanzierung von *Peacekeeping*-Missionen auf Art. 17 SVN zu stützen, entschied sie sich mehrfach gegen die Rechtsfolge des Art. 19 S. 1 SVN, indem sie z. B. eine förmliche Abstimmung vermied.[1017]

Die wiederholte Nichtanwendung des Art. 19 SVN im Angesicht erheblicher Beitragsrückstände mit unterschiedlichen, selten mit dem Wortlaut der Vorschrift zu vereinbarenden Verfahren und Begründungen hat Stimmen in der Literatur zu der Schlussfolgerung gebracht, dass Art. 19 SVN einer *desuetudo* zum Opfer gefallen sei.[1018] Dagegen wird jedoch zu Recht eingewandt, dass es sich keineswegs um eine ständige, ausnahmslose Nichtanwendung handelt,[1019] im Gegenteil: Der Generalsekretär listet in einem regelmäßigen Bericht die Mitgliedstaaten auf, die sich im Beitragsverzug befinden. Es gab mehrere Fälle, in denen das Stimmrecht tatsächlich entzogen wurde.[1020] Dieses inkonsistente Anwendungsmuster des Art. 19 SVN sollte vielmehr dahingehend verstanden werden, dass es den zunächst recht eindeutigen Wortlaut abge-

---

[1015] Repertory, Supplement 3, Bd. I, Art. 19, Rn. 15 ff.

[1016] Repertory, Supplement 3, Bd. I., Art. 19, Rn. 25.

[1017] Repertory, Supplement 5, Bd. I, Art. 19, Rn. 11.

[1018] Franck, Nation against Nation, 1985, S. 259.

[1019] Tomuschat, in: Simma u. a. (Hrsg.), The United Nations Charter, 3. Aufl., Bd. 1, 2012, Art. 19 Rn. 44; Zoller, The "Corporate Will" of the United Nations and the Rights of the Minority, AJIL 81 (1987), 610, 619.

[1020] Siehe oben, Fn. 1012.

schwächt hat, dass die Norm durch Praxis offener gestaltet wurde.[1021] Ohnehin macht Art. 19 S. 2 SVN deutlich, dass S. 1 von Anfang an nicht strikt und ausnahmslos gelten sollte; insbesondere dadurch, dass er der Generalversammlung mit der Formulierung „nach ihrer Überzeugung" ein weites Ermessen einräumt. Aus teleologischer Perspektive mag ein liberaler Umgang mit Art. 19 SVN konfliktverhütend wirken, insofern die Zahlung verweigernde Staaten nicht an den Pranger gestellt werden müssen und ihr Gesicht wahren können. Demgegenüber kann man das Argument des *principle of effectiveness* hintanstellen, das zugunsten der Effektivität der Organisation eine nachdrückliche Sicherstellung ihrer Finanzierung verlangt.

Alles in allem hat somit autonome Organpraxis (Kategorie 3) zu einer liberaleren Auslegung des Art. 19 SVN geführt, welche der Generalversammlung einen erheblichen Spielraum bei dessen Anwendung gewährt.

f) Kapitel VI der UN-Charta

Eine Untersuchung der satzungsrelevanten Organisationspraxis zu Kapitel VI der Charta unterliegt beträchtlichen Schwierigkeiten. Der Sicherheitsrat spezifiziert äußerst selten die genaue Bestimmung, auf deren Grundlage er seine Empfehlungen erlässt. Es ist auch nur selten möglich, die Rechtsgrundlage einer Resolution aus ihrem Inhalt abzuleiten.[1022]

Daher sind die Bestimmungen des Kapitels VI, die dem Sicherheitsrat Kompetenzen verleihen – nämlich Art. 36 Abs. 1, 37 Abs. 2 und 38 SVN – in ihrer praktischen Anwendung schwer zu unterscheiden, obwohl die theoretische Abgrenzung leichter fällt: Sie sehen teilweise

---

[1021] Vgl. Koschorreck, in: Simma u. a. (Hrsg.), The United Nations Charter, 2. Aufl., Bd. 1, 2002, Art. 17 Rn. 66; vgl. Dinstein, The Interaction between Customary International Law and Treaties, RdC 322 (2006), 243, 410, der diese Aussage zwar für Art. 17 Abs. 2 SVN trifft, jedoch Abgrenzungsschwierigkeiten zu Art. 19 SVN einräumt.

[1022] Vgl. Repertoire of the Practice of the Security Council, Supplement 2004-2007, Chapter X, 31: „As it is not always possible to ascertain the specific provisions of the Charter on which individual Council decisions have been based, the following overview will aim to set out relevant decisions in a systematic order, without ascribing them to specific Articles of the Charter."

leicht unterscheidbare Rechtsfolgen vor, z. B. spezifische Empfehlungen für das von den Parteien zu beschreitende Verfahren der Streitbeilegung gem. Art. 36 Abs. 1 SVN im Gegensatz zu inhaltlichen Empfehlungen für eine Beilegung („terms of settlement") gem. Art. 37 Abs. 2 SVN. Überdies enthalten sie teilweise einfach zu differenzierende Tatbestandsvoraussetzungen: So hängt im Gegensatz zu Art. 37 und 38 SVN die Anwendung des Art. 36 SVN nicht von der Initiative einer oder aller Streitparteien ab.[1023]

Dennoch gibt der Sicherheitsrat häufig auch dann materielle Empfehlungen zur Streitbeilegung – und macht damit Gebrauch von der Rechtsfolge der Art. 37 Abs. 2, 38 SVN – wenn die Tatbestandsvoraussetzungen der Art. 37 Abs. 1, 38 SVN, nämlich das Vorliegen einer Streitigkeit, eine Vorlage durch die Streitparteien und/oder ein Scheitern der Streitbeilegung nach Art. 33 SVN, nicht erfüllt sind.[1024]

Diese Praxis widerspricht sowohl dem Wortlaut als auch der differenzierten Systematik des Kapitels VI, was für eine Praxis des Sicherheitsrats mit potenziell modifizierenden Rechtsfolgen spricht. Andererseits mag das in der Praxis weite Ermessen des Sicherheitsrats, jenseits des engen Korsetts, das Kapitel VI in seiner wortlautgetreuen Interpretation errichtet, einer flexibleren und damit effizienteren Streitbeilegung dienen. Dies würde einer besseren Umsetzung des Art. 2 Nr. 3 SVN aus einem teleologischen Blickwinkel zugutekommen, der das *principle of effectiveness* ins Zentrum rückt.[1025] Auch im Bereich des Kapitels VI bewegt sich die Praxis des Sicherheitsrats also wohl eher in der Grauzone zwischen Auslegung und Änderung.

Eine Betrachtung der im zweiten Teil hergeleiteten Kriterien für die Bestimmung der potenziellen Rechtsfolgen von Organisationspraxis kann trotz dieser Unsicherheit bei der Bestimmung des Ausgangspunktes erhellend sein. Was den Normtyp betrifft, so verleiht Kapitel VI zwar materielle Kompetenzen des Sicherheitsrats/der Organisation und greift in die souveränen Rechte und die Pflichten der Mitgliedstaaten ein, je-

---

1023 Giegerich, in: Simma u. a. (Hrsg.), The Charter of the United Nations, 3. Aufl., Bd. 1, 2012, Article 36 Rn. 35.

1024 Conforti/Focarelli, The Law and Practice of the United Nations, 4. Aufl. 2010, S. 198; vgl. Giegerich, in: Simma u. a. (Hrsg.), The Charter of the United Nations, 3. Aufl., Bd. 1, 2012, Art. 36 Rn. 42.

1025 Vgl. Conforti/Focarelli, The Law and Practice of the United Nations, 4. Aufl. 2010, S. 198.

doch ist dieser Einfluss aufgrund der ausnahmslosen Unverbindlichkeit der Maßnahmen begrenzt. Ein Blick auf die *rules of the organization*, vor allem auf die Charta, zeigt, dass dem Sicherheitsrat bei der Aufgabe der Friedenserhaltung im Rahmen der Kapitel VI und VII ein äußerst weitreichendes Ermessen zukommt. Insbesondere Art. 24 und 39 SVN („Der Sicherheitsrat stellt fest […]“) machen das mehr als deutlich. Ob der geringeren Befugnisse im Rahmen des Kapitels VI wäre es widersinnig, dem Ermessen des Sicherheitsrats hier größere Beschränkungen aufzuerlegen als im Rahmen des Kapitels VII. Die betroffenen Mitgliedstaaten haben Proteste gegen Empfehlungen nach Kapitel VI kaum jemals auf die falsche Wahl der Rechtsgrundlage gestützt, sondern vielmehr auf den Inhalt der jeweiligen Empfehlung.[1026] Die übrige Mitgliedschaft scheint das konsistente Verwischen der Grenzen zwischen den Art. 36, 37 und 38 SVN ebenfalls allgemein akzeptiert zu haben.[1027] Es liegt also eher die Praxis eines Organs mit beschränkter Mitgliedschaft vor, die von den „Outsidern“ einhellig mitgetragen wurde (Kategorie 2).[1028] Somit spricht alles in allem einiges dafür, die geschilderte Praxis des Sicherheitsrats zu Kapitel VI der Charta auch bei Annahme eines Modifikationsversuchs nicht nur als faktisch-politisch, sondern als rechtlich wirksam einzustufen.

Art. 34 SVN sticht unter den übrigen Vorschriften des Kapitels VI hervor, da er die in der Praxis leicht zu erkennende Rechtsfolge einer Untersuchung durch den Sicherheitsrat vorsieht. Er verdient daher eine gesonderte Betrachtung. Die praktische Anwendung des Art. 34 SVN weist ebenfalls Abweichungen von dessen Wortlaut auf. Der Sicherheitsrat hat häufig Ermittlungen eingeleitet und Untersuchungsmissionen eingesetzt, deren Zielsetzung weit über die bloße Feststellung hinausging, ob die „Fortdauer der Streitigkeit oder der Situation die

---

[1026] Vgl. ebd.

[1027] Vgl. ebd.

[1028] Eine genauere diesbezügliche Analyse der Praxis des Sicherheitsrates zu Kapitel VI dürfte wenig erfolgversprechend sein. Die Gründe dafür sind der Umfang der Praxis, die fehlenden Angaben über die jeweils zur Anwendung gebrachten Charta-Bestimmungen, über die genaue rechtliche Qualifikation des Tatbestands (z. B. Streitigkeit oder Situation) und über die prozedurale Vorgeschichte (Vorlage durch die Parteien) sowie schließlich die geringe Aussagekraft des Repertory und des Repertoire of the Practice of the Security Council zu diesem Problemkreis.

Wahrung des Weltfriedens und der internationalen Sicherheit gefährden könnte.“[1029]

Zum Beispiel wurde der – im Vorfeld der Gründung des *Special Tribunal for Lebanon* (STL) vom Sicherheitsrat in seiner Resolution 1595 (2005) eingerichteten – Internationalen Unabhängigen Untersuchungskommission zum Hariri-Attentat folgende Aufgabe übertragen:

> „to assist the Lebanese authorities in their investigation of all aspects of this terrorist act, including to help identify its perpetrators, sponsors, organizers and accomplices“.

Im *Repertoire of the Practice of the Security Council* wird dieser Fall trotz seiner über den Wortlaut des Art. 34 SVN hinausgehenden Rechtsfolgen mit ausdrücklicher Bezugnahme auf diese Vorschrift behandelt.[1030] In einem ähnlichen Fall schuf der Sicherheitsrat eine Kommission, um den Ursprung, den Hintergrund und die Finanzierung von Überfällen auf die Seychellen aufzuklären.[1031]

Nach einer Ansicht in der Literatur ist die Begrenzung in Art. 34 SVN auf die bloße Eruierung der Gefährlichkeit einer Streitigkeit oder Situation im Rahmen des Kapitels VI aus systematischer und teleologischer Perspektive nicht sinnvoll und daher trotz des insoweit eindeutigen Wortlautes abzulehnen.[1032] Dem ist zugute zu halten, dass der Sicherheitsrat die Möglichkeit haben muss, die Tatsachengrundlage, auf der er seine Entscheidungen gem. Kapitel VI und VII der Charta trifft, zuvor hinreichend zu erforschen. Alles andere hätte zur Folge, dass er seine friedenswahrenden Funktionen mangels der notwendigen Informationen nicht hinreichend oder mit negativen Konsequenzen für die inter-

---

[1029] Vgl. Repertory, Bd. II, Art. 34, Rn. 50 ff.; Supplement 5, Bd. II, Art. 34, Rn. 3.

[1030] Repertoire of the Practice of the Security Council, Supplement 2004-2007, Chapter X, 19 f., 23 ff.

[1031] Repertory, Supplement 6, Bd. III, Art. 34, Rn. 12; siehe weitere Beispiele, die auch die Konsistenz dieser Praxis deutlich werden lassen, bei Conforti/Focarelli, The Law and Practice of the United Nations, 4. Aufl. 2010, S. 183 f.

[1032] Ebd., S. 182 f.; Kelsen, The Law of the United Nations, 1951, S. 391; a.A. Kerley, The Powers of Investigation of the United Nations Security Council, AJIL 55 (1961), 892, 900; Schweisfurth, in: Simma u. a. (Hrsg.), The Charter of the United Nations, 3. Aufl., Bd. 1, 2012, Art. 34 Rn. 27.

nationale Sicherheit wahrnehmen könnte.[1033] Diese richtigen Erwägungen, welche die Formulierung des Art. 34 SVN als Redaktionsirrtum erscheinen lassen, verweisen die Praxis des Sicherheitsrats angesichts des eindeutigen Wortlauts erneut in den Grenzbereich zwischen Interpretation und Modifikation.

Diese Praxis entspricht jedoch ohnehin allen Anforderungen an eine modifizierende *established practice.* So wurde sie von der Generalversammlung in ihrer *Declaration on Fact-Finding by the United Nations in the Field of the Maintenance of International Peace and Security*[1034] konkludent[1035] bestätigt, die im Konsensverfahren verabschiedet wurde.[1036] Damit handelt es sich um die allgemein gebilligte Praxis eines Organs mit beschränkter Mitgliedschaft (Kategorie 2): Alle Mitgliedstaaten der Vereinten Nationen haben der Praxis des Sicherheitsrats hinreichend deutlich zugestimmt und ihrer dahingehenden *opinio iuris* Ausdruck verliehen. Die entsprechende Praxis des Sicherheitsrats ist auch in hohem Maße konsistent. Der Charakter des Art. 34 SVN als materielle Kompetenzbestimmung kann angesichts dieser Faktoren zu keiner anderen Schlussfolgerung verleiten, als dass eine *established practice* vorliegt.

g) Kapitel VII der UN-Charta

Die Praxis des Sicherheitsrats bei der Anwendung des Kapitels VII der Charta war bereits Gegenstand umfangreicher Forschungen.[1037] Daher

---

[1033] Conforti/Focarelli, The Law and Practice of the United Nations, 4. Aufl. 2010, S. 182 f.

[1034] GA Res. 46/59.

[1035] Es fehlt eine direkte Bezugnahme auf Art. 34 SVN, jedoch wurde die Kompetenz des Sicherheitsrats zu umfangreichen Tatsachenermittlungen im Vorfeld von friedenswahrenden Maßnahmen ausdrücklich bestätigt.

[1036] http://research.un.org/en/docs/ga/quick/regular/46 (16.12.2014).

[1037] Statt vieler Conforti/Focarelli, The Law and Practice of the United Nations, 4. Aufl. 2010, S. 204 ff.; Krisch, in: Simma u. a. (Hrsg.), 3. Aufl., Bd. 2, 2012, Introduction to Chapter VII Rn. 7 ff.; ebd., Art. 39 Rn. 12 ff.; ebd., Art. 41 Rn. 4 ff.; ebd., Art. 42 Rn. 3 ff.; Herdegen, Der Sicherheitsrat und die autoritative Konkretisierung des VII. Kapitels der UN-Charta, in: Beyerlin u. a. (Hrsg.), Recht zwischen Umbruch und Bewahrung, FS Bernhardt, 1995, S. 103 ff.; Kirgis, The Security Council's First Fifty Years, AJIL 89 (1995), 506,

sollen nur ihre wichtigsten Tendenzen nachvollzogen werden,[1038] gefolgt von einer Analyse ihrer Satzungsrelevanz vor dem Hintergrund der allgemeinen Erkenntnisse zur Organisationspraxis.

aa) Art. 39 SVN

(1) Friedensbedrohung

Insbesondere das Konzept der Friedensbedrohung i.S.v. Art. 39 SVN ist vom Sicherheitsrat auf die verschiedensten – bei Entstehung der Charta entweder gänzlich oder in ihrem Ausmaß nicht vorhergesehenen – Situationen angewandt worden.[1039]

(a) Innerstaatliche Vorgänge, insbesondere Bürgerkriege, Verletzungen der Menschenrechte und des humanitären Völkerrechts

Während bei Entstehung der Charta allgemein die Auffassung vorherrschte, dass das Friedenselement im Begriff der Friedensbedrohung sich auf die Abwesenheit von Gewalt – insbesondere von bewaffneten Konflikten – zwischen Staaten bezog, widmete sich der Sicherheitsrat später zunehmend innerstaatlichen Auseinandersetzungen.[1040] Diese Entwicklung war vor allem nach Ende des Kalten Krieges zu beobach-

---

512 ff.; Lowe u. a. (Hrsg.), The United Nations Security Council and War, 2008; Malone, The Security Council in the Post-Cold War Era, Journal of International Law and Politics, 35 (2003), 487 ff.; de Wet, The Chapter VII Powers of the United Nations Security Council, 2004, S. 149 ff.; Schweigman, The Authority of the Security Council under Chapter VII of the UN Charter, 2001, S. 51 ff.; Stein, Der Sicherheitsrat der Vereinten Nationen und die Rule of Law, 1999.

[1038] Diese Darstellung der Praxis des Sicherheitsrats baut auf dem hervorragenden Überblick bei Krisch, in: Simma u. a. (Hrsg.), The Charter of the United Nations, 3. Aufl., Bd. 2, 2012, Art. 39 Rn. 12 ff., sowie bei Conforti/Focarelli, The Law and Practice of the United Nations, 4. Aufl. 2010, S. 204 ff. auf.

[1039] Statt vieler Herdegen, Völkerrecht, 13. Aufl. 2014, § 41 Rn. 10 ff.; Talmon, The Security Council as World Legislature, AJIL 99 (2005), 175, 180.

[1040] Statt vieler Krisch, in: Simma u. a. (Hrsg.), The Charter of the United Nations, 3. Aufl., Bd. 2, 2012, Art. 39 Rn. 19; Ruffert/Walter, Institutionalisiertes Völkerrecht, 2009, Rn. 412 f.

ten.[1041] Häufig wurde der Sicherheitsrat unter Bezugnahme auf die internationalen Folgewirkungen dieser Konflikte tätig, indem er z. B. auf grenzüberschreitende Flüchtlingsströme oder – freilich sehr pauschal – auf eine Friedensbedrohung in der jeweiligen (Welt-)Region hinwies.[1042] Doch er verabschiedete auch Resolutionen ohne erkennbare Bezugnahme auf die internationale Dimension der bedrohlichen Situation.[1043]

Schwere Verletzungen der Menschenrechte oder des humanitären Völkerrechts waren in zahlreichen Fällen – ausweislich der Präambeln der einschlägigen Resolutionen des Sicherheitsrats – maßgebliche Gründe für die Feststellung einer Friedensbedrohung durch innerstaatliche Vorgänge.[1044] In diesem Bereich sollte die seit 2008 zu beobachtende Praxis des Sicherheitsrates gesondert erwähnt werden, verstärkt gegen sexuelle

---

1041 Es gab jedoch auch vor 1990 Fälle, in denen innerstaatliche Konflikte vom Sicherheitsrat als Friedensbedrohung bezeichnet wurden: z. B. SC Res. 161 B (1961).

1042 Z. B. SC Res. 713 (1991); 724 (1991); 733 (1992); 788 (1993); 918 (1994); 929 (1994); 1072 (1996); 1078 (1996); 1101 (1997); 1114 (1997); 1127 (1997), 1125 (1997); 1132 (1997); 1136 (1997); 1270 (1997); 1289 (2000); 1295 (2000); 1306 (2000); 1556 (2004).

1043 Z. B. SC Res. 794 (1992); 864 B (1993); 1160 (1998); 1264 (1999); 1272 (1999); 1591 (2005); 1973 (2011) (der Sicherheitsrat drückt lediglich in der Präambel seine Besorgnis über die Notlage von Flüchtlingen aus; bei der Feststellung der Friedensbedrohung fehlt jeder internationale Bezug, auch der erwähnte Zusatz „in the region“).

1044 SC Res. 217 (1965); 221 (1966); der Präzedenzcharakter dieser Resolutionen zu Süd-Rhodesien ist umstritten, siehe Krisch, in: Simma u. a. (Hrsg.), The Charter of the United Nations, 3. Aufl., Bd. 2, 2012, Art. 39 Rn. 25 m.w.N.; SC Res. 688 (1991), die von einer „[...] repression of the Iraqui civilian population [...]“ und der „[...] magnitude of human suffering [...]“ spricht, aber auch auf den „[...] massive flow of refugees towards and across international frontiers and to cross-border incursions [...]“ Bezug nimmt; ähnlich SC Res. 1078 (1996); 1296 (2000) OP 5: „Notes that the deliberate targeting of civilian populations or other protected persons and the committing of systematic, flagrant and widespread violations of international humanitarian and human rights law in situations of armed conflict may constitute a threat to international peace and security [...]“; ähnlich SC Res. 1314 (2000) OP 9; vgl. SC Res. 1556 (2004); 1591 (2005); 1970 (2011); 1973 (2011).

Gewalt in bewaffneten Konflikten vorzugehen, sowohl auf generell-abstrakter[1045] als auch auf konkreter Ebene.[1046]

Schon der Wortlaut des Art. 39 SVN ist bezüglich seiner Anwendbarkeit auf innerstaatliche Auseinandersetzungen nicht völlig eindeutig. So wird der Begriff Friedensbedrohung nur dadurch als international qualifiziert, dass die Maßnahmen des Sicherheitsrats zur Beseitigung einer solchen der Wahrung oder Wiederherstellung des *Welt*friedens und der *internationalen* Sicherheit („international peace and security") dienen sollen.[1047] Das schließt ein Tätigwerden bei einem Sachverhalt rein innerstaatlichen Ursprungs, der aber internationale Auswirkungen zeitigt oder zeitigen kann, nicht aus.[1048] Nicht-internationale bewaffnete Konflikte oder Menschenrechtsverletzungen, die sich fast ausschließlich innerhalb der Staatsgrenzen abspielen, sind vom reinen Wortlaut aber nicht umfasst.[1049] Eine systematische Auslegung des Art. 39 SVN bei gleichzeitiger Betrachtung von Art. 2 Nr. 4 SVN spricht ebenfalls dafür,

---

[1045] Siehe die Resolutionen des Sicherheitsrats zum Thema Women and Peace and Security, SC Res. 1820 (2008); 1888 (2009); 1889 (2009); 1960 (2010); 2106 (2013); 2122 (2013); insbesondere den gemeinsamen OP 1: „Reaffirms that sexual violence, when used or commissioned as a tactic of war or as a part of a widespread or systematic attack against civilian populations, can significantly exacerbate and prolong situations of armed conflict and may impede the restoration of international peace and security; affirms in this regard that effective steps to prevent and respond to such acts of sexual violence can significantly contribute to the maintenance of international peace and security; and expresses its readiness, when considering situations on the agenda of the Council, to take, where necessary, appropriate steps to address widespread or systematic sexual violence in situations of armed conflict [...]."; siehe dazu Anderson, Politics by Other Means, International Peacekeeping, 17 (2010), 244, 245 ff.

[1046] Z. B. zum Kongo, inbesondere SC Res. 1856 (2008); 1906 (2009).

[1047] Arntz, Der Begriff der Friedensbedrohung in Satzung und Praxis der Vereinten Nationen, 1975, S. 62; Krisch, in: Simma u. a. (Hrsg.), The Charter of the United Nations, 3. Aufl., Bd. 2, 2012, Art. 39 Rn. 14; Martenczuk, Rechtsbindung und Rechtskontrolle des Weltsicherheitsrats, 1996, S. 228.

[1048] Conforti/Focarelli, The Law and Practice of the United Nations, 4. Aufl. 2010, S. 207; Franck, Recourse to Force, 2002, S. 41.

[1049] Ebd.; Frowein/Krisch, in: Simma u. a. (Hrsg.), The Charter of the United Nations, 2. Aufl., Bd. 1, 2002, Art. 39 Rn. 7 (weniger restriktiv nunmehr die Neuauflage: Krisch, in: Simma u. a. (Hrsg.), The Charter of the United Nations, 3. Aufl., Bd. 2, 2012, Art. 39 Rn. 14).

primär innerstaatliche Vorgänge von der Anwendbarkeit des Kapitels VII auszunehmen: Das Gewaltverbot, dessen Implementierung Kapitel VII vor allem dienen soll, bezieht sich nach wie vor primär auf das Verhalten der Mitgliedstaaten in den internationalen Beziehungen.[1050]

Nichtsdestotrotz hat der Sicherheitsrat in konsistenter Weise bei weitgehend auf den innerstaatlichen Raum begrenzten Situationen auf der Grundlage des Kapitels VII gehandelt.[1051] Diese Praxis überschreitet aber keineswegs eindeutig und zwingend die Grenzen der Auslegung des Art. 39 SVN: Aus dynamisch-teleologischer Perspektive hat sich das Konzept des Friedens und damit auch der Friedensbedrohung durch den Rückgang der Zahl *internationaler* bewaffneter Konflikte, die zunehmende Zahl von Bürgerkriegen, den Bedeutungsgewinn der Menschenrechte und das stärkere Vordringen des humanitären Völkerrechts in den innerstaatlichen Raum gewandelt.[1052] Wichtiger ist jedoch, dass Art. 39 SVN – bzw. damit die *rules of the organization* – dem Sicherheitsrat ein umfangreiches Ermessen bei der Bestimmung von Frie-

---

[1050] Arntz, Der Begriff der Friedensbedrohung in Satzung und Praxis der Vereinten Nationen, 1975, S. 62 f; Randelzhofer, in: Simma u. a. (Hrsg.), The Charter of the United Nations, 2. Aufl., Bd. 1, 2002, Art. 2(4) Rn. 28; Frowein/Krisch, in: Simma u. a. (Hrsg.), The Charter of the United Nations, 2. Aufl., Bd. 1, 2002, Art. 39 Rn. 7 (weniger restriktiv nunmehr die Neuauflage: Krisch, in: Simma u. a. (Hrsg.), The Charter of the United Nations, 3. Aufl., Bd. 2, 2012, Art. 39 Rn. 14).

[1051] Siehe oben, Fn. 1042 f.; die ICTY *Appeals Chamber* hat dies im *Tadic*-Fall nicht nur aufgegriffen, sondern auch ausdrücklich als wirksame *subsequent practice* eingestuft: „Indeed, the practice of the Security Council is rich with cases of civil war or internal strife which it classified as a 'threat to the peace' and dealt with under Chapter VII, with the encouragement or even at the behest of the General Assembly, such as the Congo crisis at the beginning of the 1960s and, more recently, Liberia and Somalia. It can thus be said that there is a common understanding, manifested by the 'subsequent practice' of the membership of the United Nations at large, that the 'threat to the peace' of Article 39 may include, as one of its species, internal armed conflicts.", ICTY, Prosecutor v. Tadic, Decision on the Defence Motion for Interlocutory Appeal on Jurisdiction, 2.10.1995, Rn. 29.

[1052] Herdegen, Völkerrecht, 13. Aufl. 2014, § 41 Rn. 10 ff.; Herdegen, Der Sicherheitsrat und die autoritative Konkretisierung des VII. Kapitels der UN-Charta, in: Beyerlin u. a. (Hrsg.), Recht zwischen Umbruch und Bewahrung, FS Bernhardt, 1995, S. 103, 111 ff.; Stein/v. Buttlar, Völkerrecht, 13. Aufl. 2012, Rn. 858 ff.

densbedrohungen einräumen.[1053] Das verschiebt die Grenze zwischen Interpretation und Modifikation zugunsten des Sicherheitsrats und senkt die Anforderungen an eine Praxis mit diesen Rechtsfolgen.

Dadurch wird die Grauzone zwischen Auslegung und Änderung bei Art. 39 SVN zwar verschoben, aber keineswegs schmaler. Dessen ungeachtet kann es hilfreich sein, sie gedanklich auszublenden und anzunehmen, dass die mehrfache Feststellung einer Friedensbedrohung bei fast ausschließlich innerstaatlichen Vorgängen[1054] oder die abstrakt-generelle Aussage, dass massive Menschrechtsverletzungen grundsätzlich eine Friedensbedrohung darstellen können,[1055] Modifikationsversuche des Sicherheitsrats sind.[1056] Selbst dann müsste angesichts der Autorität des Sicherheitsrates im Bereich des Kapitels VII[1057] und der Konsistenz seiner Praxis ausnahmsweise die teils ausdrückliche, teils konkludente, teils auch nur schweigende Unterstützung der Staatengemeinschaft mit entsprechender *opinio iuris* genügen, um die prinzipielle Möglichkeit einer Friedensbedrohung in solchen Konstellationen – trotz aller fortbestehenden Streitigkeiten im Einzelfall – als Resultat einer *established practice* zu bejahen.

(b) *Responsibility to protect*

Das Konzept der *responsibility to protect* (R2P), welches in seiner heutigen Form eine vorrangige Schutzverantwortung eines jeden Staates für seine Bevölkerung vor massiven Menschenrechtsverletzungen konstatiert und bei deren Scheitern eine subsidiäre Verantwortung der interna-

---

[1053] Statt vieler Stein/v. Buttlar, Völkerrecht, 13. Aufl. 2012, Rn. 879; de Wet, The Chapter VII Powers of the United Nations Security Council, 2004, S. 133 ff.; de Wet, Peace, Threat to, in: Wolfrum (Hrsg.), MPEPIL 2009, opil.ouplaw.com/home/ORIL (25.11.2014), Rn. 16 ff., 23.

[1054] Siehe oben, Fn. 1042 f.

[1055] Siehe oben, Fn. 1044.

[1056] Z. B. Krisch, in: Simma u. a. (Hrsg.), The Charter of the United Nations, 3. Aufl., Bd. 2, 2012, Introduction to Chapter VII Rn. 34 hält eine Modifikation für möglich, tendiert aber dazu, sie zu verneinen; vgl. außerdem Herdegen, Der Sicherheitsrat und die autoritative Konkretisierung des VII. Kapitels der UN-Charta, in: Beyerlin u. a. (Hrsg.), Recht zwischen Umbruch und Bewahrung, FS Bernhardt, 1995, S. 103, 111 ff.

[1057] Siehe oben, C. III. 3. c) bb) (3).

tionalen Gemeinschaft – wahrzunehmen durch den Sicherheitsrat nach seinem Ermessen im Rahmen der Befugnisse aus der UN-Charta – vorsieht,[1058] hat nunmehr auch Eingang in die konkrete Praxis des Sicherheitsrates gefunden. In den Resolutionen zum libyschen Bürgerkrieg, in denen dies erstmals eindeutig geschah, wurde allerdings nur auf die Schutzverantwortung des (libyschen) Staates Bezug genommen.[1059] Angenommen die Weigerung Libyens, dieser Verantwortung gerecht zu werden, war eine der wesentlichen rechtlichen Erwägungen, die dem späteren Eingreifen des Sicherheitsrates zugrundeliegen, könnten diese beiden Resolutionen eine Relevanz für das gesamte Kapitel VII – insbesondere aber für Art. 39 SVN – besitzen. Die ausbleibende Umsetzung der Schutzverantwortung könnte als ein wesentliches Kriterium für die Feststellung einer Friedensbedrohung durch den Sicherheitsrat in den normativen Gehalt des Art. 39 SVN eingeflossen sein. Resolution 1970 (2011) erging einstimmig,[1060] Resolution 1973 (2011) erging ohne Gegenstimmen.[1061] Seitdem nahmen mehrere Sicherheitsratsresolutionen erneut auf die R2P der Staaten Bezug.[1062] Die Praxis hat inzwischen also auch eine gewisse Konsistenz erreicht.

Wenn es damit zu einer Anerkennung der R2P in der Praxis des Sicherheitsrats zu Kapitel VII gekommen sein sollte und sich kein nennenswerter Widerstand gegen das Konzept entwickelt, dürfte es sich aber um eine reine spätere Praxis – also eine Praxis mit Auslegungscharakter – handeln. In ihrer gegenwärtigen Ausprägung, in der sie auch in den Resolutionen 1970 (2011) und 1973 (2011) in Bezug genommen wurde, ermöglicht die R2P weder humanitäre Interventionen einzelner Staaten außerhalb des Kapitels VII, noch schränkt sie das Ermessen des Sicher-

---

[1058] The Responsibility to Protect, Report of the International Commission on Intervention and State Sovereignty, Annex zu UN Doc. A/57/303; Winkelmann, Responsibility to Protect, in: Wolfrum (Hrsg.), MPEPIL 2010, opil.ouplaw.com/home/ORIL (25.11.2014), Rn. 1.

[1059] SC Res. 1970 (2011); 1973 (2011).

[1060] UN Doc. S/PV.6491, 2.

[1061] UN Doc. S/PV.6498, 3; die Enthaltungen wurden auch nicht mit Bedenken gegen die Inbezugnahme der R2P begründet, S/PV.6498, 5 ff.; vgl. auch die prägnante Zusammenfassung der Protokolle bei Antonopoulos, "The Legitimacy to Legitimise", ICLR 14 (2012), 359, 363 f.

[1062] Statt vieler SC Res. 1975 (2011), 1996 (2011); 2014 (2011), 2085 (2012), 2093 (2013), 2109 (2013), 2139 (2014), 2150 (2014), 2165 (2014).

heitsrats, in welchen Fällen er wie tätig wird, in nennenswertem Ausmaß ein.[1063] Es fehlt ihr bereits am dafür erforderlichen Charakter als geltendes Völkerrecht. Momentan handelt es sich allenfalls um eine zukünftige Norm des Völkergewohnheitsrechts *in statu nascendi.*[1064]

(c) Terrorismus

Mit dem erneuten verstärkten Auftreten des internationalen Terrorismus wurden diverse Formen terroristischer Aktivitäten und deren Unterstützung durch staatliche Akteure[1065] ebenso wie allgemein jegliche Akte des Terrorismus[1066] vom Sicherheitsrat zunächst konkludent – durch sein Tätigwerden im Rahmen des Kapitels VII – und schließlich auch ausdrücklich als Friedensbedrohung eingestuft.

Jedenfalls die Klassifizierung einzelner terroristischer Akte von erheblicher Tragweite und mit internationalen Auswirkungen als Friedensbedrohung ist vom Wortlaut und Telos des Art. 39 SVN gedeckt und bewegt sich im Rahmen der Auslegung.[1067] Der Sicherheitsrat ging in seiner ständigen Praxis jedoch weiter, indem er wiederholt auf generell-abstrakter Ebene jeden terroristischen Akt als „threat to peace and

[1063] Entsprechende Aussagen finden sich im Bericht des High-level Panels, des Generalsekretärs und im Ergebnis des World Summit 2005: A More Secure World, Report of the High-level Panel on Threats, Challenges and Change, UN Doc. A/59/565, Rn. 202 f.; In larger freedom, Report of the Secretary-General, UN Doc. A/59/2005, Rn. 135; GA Res. 60/1, Rn. 139.

[1064] Winkelmann, Responsibility to Protect, in: Wolfrum (Hrsg.), MPEPIL 2010, opil.ouplaw.com/home/ORIL (25.11.2014), Rn. 22.

[1065] SC Res. 748 (1992); 1054 (1996); 1070 (1996); 1267 (1999); 1333 (2000).

[1066] SC Res. 1269 (1999), 1373 (2001), 1377 (2001); 1516 (2003) OP 1: „[…] and regards such acts, like any act of terrorism, as a threat to peace and security"; ähnlich SC Res. 1530 (2004) OP 1; noch weiter geht SC Res. 1611 (2005) OP 1: „[…] and regards any act of terrorism as a threat to peace and security"; insoweit identisch SC Res. 1618 (2005) OP 1; zuletzt besonders deutlich SC Res. 2178 (2014), 2195 (2014): „[...] terrorism in all forms and manifestations constitutes one of the most serious threats to international peace and security."

[1067] Vgl. Aston, Die Bekämpfung abstrakter Gefahren für den Weltfrieden durch legislative Maßnahmen des Sicherheitsrats, ZaöRV 62 (2002), 257, 275 f.; vgl. de Wet, The Chapter VII Power of the United Nations Security Council, 2004, S. 172.

security“ einstufte,[1068] scheinbar unabhängig von Ort, Tätern, konkretem Ziel, Opferzahlen und Sachschäden. Selbst wenn man die Unsicherheiten einer jeden Definition des Phänomens Terrorismus und das Fehlen einer solchen in der Praxis des Sicherheitsrats außer Betracht lässt, ist es doch selbst in eindeutigen Fällen eines terroristischen Anschlags mit begrenzten Schäden und noch begrenzteren internationalen Auswirkungen äußerst fraglich, allgemein eine Friedensbedrohung i.S.v. Art. 39 SVN anzunehmen.[1069] Es ist aber auch keineswegs sicher, dass die einschlägigen Resolutionen des Sicherheitsrats wirklich dahingehend auszulegen sind. Vielmehr können sie auch als vorrangig politische Erklärungen interpretiert werden, die eine nachdrückliche Verurteilung des Gesamtphänomens Terrorismus bezwecken und in denen der Sicherheitsrat sich ein Tätigwerden gem. Kapitel VII in jedem Einzelfall vorbehält. Eine solche Praxis würde die Grenzen der Auslegung des Art. 39 SVN nicht überschreiten.

Jedenfalls haben die konsistenten einschlägigen Resolutionen des Sicherheitsrats fast einhellige Unterstützung in der Staatenwelt erfahren,[1070] sodass zumindest eine interpretierende spätere Praxis stattfinden konnte, aber auch eine darüber hinausgehende – Art. 39 SVN teilweise modifizierende – *established practice* nicht ausgeschlossen ist. Die eigentliche Schwierigkeit liegt darin, den genauen Inhalt und die Tragweite der Praxis des Rates und der sie stützenden *opinio iuris* der Mitgliedstaaten zu bestimmen.

(d) Proliferation von Massenvernichtungswaffen

Die Verbreitung von Massenvernichtungswaffen, sowohl an staatliche als auch an nichtstaatliche Akteure, gehört ebenfalls zur Liste der potenziellen Friedensbedrohungen, die vom Sicherheitsrat in der jüngeren Geschichte der Organisation angenommen wurden.[1071] Besondere

---

[1068] Siehe oben, Fn. 1066.

[1069] A.A. Aston, Die Bekämpfung abstrakter Gefahren für den Weltfrieden durch legislative Maßnahmen des Sicherheitsrats, ZaöRV 62 (2002), 257, 276 f.

[1070] Ebd., 279 m.w.N. auch von unterstützenden Resolutionen der Generalversammlung; vgl. zu staatlichen Reaktionen auf SC Res. 1373 (2001): Talmon, The Security Council as World Legislature, AJIL 99 (2005), 175, 177.

[1071] Abstrakt-generelle Einstufung der Proliferation von Massenvernichtungswaffen als Friedensbedrohung: Pres. Statement UN Doc. S/235000 (1992);

Aufmerksamkeit verdient in diesem Zusammenhang die Tätigkeit des Sicherheitsrats auf der Grundlage des Kapitels VII, um der Proliferation an nichtstaatliche Akteure – vor allem Terrorgruppen – entgegenzuwirken. Zumindest konkludent wird auch diese Gefahr als Friedensbedrohung klassifiziert.[1072]

Ob der erheblichen Opferzahlen und Zerstörungen, die Massenvernichtungswaffen verursachen können, dürfte es sich bei der konsistenten Praxis des Sicherheitsrats, allein die Gefahr ihrer Weiterverbreitung als Friedensbedrohung einzustufen, um eine spätere Praxis entsprechend Art. 31 Abs. 3 lit. b WVK i.V.m. Art. 5 WVK handeln, welche die Grenzen der Auslegung nicht überschreitet. Das gilt auch für die Proliferation an nicht-staatliche Akteure, die freilich weiter in die Grauzone, welche die Interpretation von der Modifikation „trennt", vordringt. Die Auffassung des Sicherheitsrats ist jedenfalls auf weitgehende Zustimmung im Kreis der UN-Mitgliedstaaten getroffen – freilich nicht ohne Kritik im Sicherheitsrat und Gegenstimmen in der Generalversammlung.[1073] Da sich diese Praxis wie gesagt im Bereich der Interpretation bewegt, genügt es, dass sie sich auf die klare Mehrheit

---

SC Res. 1172 (1998); SC Res. 1977 (2011); zu Irak: SC Res. 1441 (2002); zu Nordkorea, das den Nichtverbreitungsvertrag 2003 auf umstrittener rechtlicher Grundlage gekündigt hatte: SC Res. 1695 (2006) (noch allgemein gehalten); 1718 (2006): „Expressing profound concern that the test claimed by the DPRK has generated increased tension in the region and beyond, and determining therefore that there is a clear threat to international peace and security"; ähnlich SC Res. 1874 (2009); zum Iran, der immer noch Partei des Nichtverbreitungsvertrages ist: SC Res. 1747 (2007) (zwar stellte der Sicherheitsrat nicht ausdrücklich eine Friedensbedrohung fest, aber er handelte gem. Art. 41 SVN, was eine solche zwingend voraussetzt); ähnlich SC Res. 1803 (2008).

[1072] SC Res. 1540 (2004); SC Res. 1977 (2011).

[1073] Bezüglich der Weiterverbreitung an Staaten illustrieren dies z. B. GA Res. 57/63 und GA Res. 58/44 (beide ergingen mit 12 Gegenstimmen, vgl. http://research.un.org/en/docs/ga/quick/regular/57, http://research.un.org/en/docs/ga/quick/regular/58 (16.12.2014)); vgl. dazu Talmon, The Security Council as World Legislature, AJIL 99 (2005), 175, 181; bezüglich der Weiterverbreitung an nichtstaatliche Akteure ist die einhellige Berichtspraxis der Mitgliedstaaten aufschlussreich: http://www.un.org/en/sc/1540/national-implementation/national-reports.shtml (16.12.2014), trotz anfänglicher Proteste (siehe die Nachweise bei Conforti/Focarelli, The Law and Practice of the United Nations, 2010, S. 241 f.).

der Mitglieder stützen kann und damit der autonomen Organpraxis (Kategorie 3) zuzuordnen ist.

(e) Piraterie

Im Zuge seiner Beschäftigung mit der zunehmenden Piraterie am Horn von Afrika erkannte der Sicherheitsrat wiederholt an, dass Piraterie zur Verschärfung der bereits bestehenden Friedensbedrohung durch die Situation in Somalia führen kann.[1074]

Die Feststellung, dass die Bedrohung zentraler internationaler Seehandelsrouten durch Piraterie potenziell schädlich für die internationale Sicherheit sein kann, bewegt sich unproblematisch im Rahmen von Wortlaut und Telos des Art. 39 SVN und damit im Bereich der Auslegung. Ohne diesen Bereich zu verlassen, wäre sicher auch die weniger vorsichtige Feststellung möglich gewesen, dass die Piraterie auch unabhängig von der Lage in Somalia eine Friedensbedrohung darstellt.[1075] Für eine interpretierende spätere Praxis genügen die einstimmig verabschiedeten[1076] Resolutionen des Sicherheitsrats i.V.m. der einhelligen Meinung der UN-Mitgliedschaft, dass die Piraterie in dieser Region unterbunden werden muss, zweifellos.

(2) Angriffshandlung, Friedensbruch

Der Sicherheitsrat stellte in seiner gesamten Geschichte nur in vier Resolutionen einen Bruch des Friedens fest.[1077] Zum Befund einer Angriffshandlung (allerdings anders als im Wortlaut des Art. 39 SVN als

---

1074 SC Res. 1816 (2008); 1838 (2008); 1846 (2008); 1851 (2008); 1897 (2009); 1950 (2010); 2015 (2011): „Determining that the incidents of piracy and armed robbery at sea off the coast of Somalia exacerbate the situation in Somalia, which continues to constitute a threat to international peace and security in the region […].“

1075 Trésoret, Seepiraterie, 2011, S. 286 m.w.N.

1076 UN Doc. S/PV.5902, 4; UN Doc. S/PV.5987, 2; UN Doc. S/PV.6026, 2; UN Doc. S/PV.6046, 3; UN Doc. S/PV.6226, 2.

1077 SC Res. 82 (1950) (Korea); 502 (1982) (Falkland); 598 (1987) (1. Golfkrieg); 660 (1990) (2. Golfkrieg); Conforti/Focarelli, The Law and Practice of the United Nations, 4. Aufl. 2010, S. 206.

„act of armed aggression") kam es lediglich in zwei Fällen.[1078] Beide Begriffe hatten in der Geschichte der Organisation also eine geringe Bedeutung.[1079] Die Gewichte innerhalb der Tatbestandstrias des Art. 39 SVN haben sich somit durch eine konsistente interpretative Praxis des Sicherheitsrats nachhaltig zugunsten der Friedensbedrohung verschoben.

bb) Art. 41 SVN

Auch die Anwendung des Art. 41 SVN durch den Sicherheitsrat war nach Ende des Kalten Krieges erheblichen Wandlungen unterworfen.[1080] Drei Bereiche verdienen aus dem Blickwinkel der satzungsrelevanten Organisationspraxis besondere Aufmerksamkeit: der Übergang von umfassenden Wirtschaftssanktionen zu sog. *smart sanctions* bzw. *targeted sanctions* gegen besonders gefährliche, nicht für die Daseinsvorsorge der breiten Bevölkerung relevante Wirtschaftszweige sowie (individuelle) staatliche Verantwortungsträger und mit ihnen in Beziehung stehende Personen (1);[1081] die inzwischen ständige Praxis der Verhängung von Individualsanktionen gegen Mitglieder terroristischer Gruppierungen (2);[1082] und das vom Einzelfall unabhängige, gegen den Terrorismus allgemein bzw. die Weitergabe von Massenvernichtungswaffen an Terrorgruppen gerichtete Maßnahmenregime (3).[1083]

[1078] SC Res. 573 (1985); 577 (1985); Conforti/Focarelli, The Law and Practice of the United Nations, 4. Aufl. 2010, S. 207; Gray, in: Evans (Hrsg.), International Law, 4. Aufl. 2014, S. 636.

[1079] Statt vieler Stein/v. Buttlar, Völkerrecht, 13. Aufl. 2012, Rn. 856; Wood, Peace, Breach of, in: Wolfrum (Hrsg.), MPEPIL 2009, opil.ouplaw.com/home/ORIL (25.11.2014), Rn. 6.

[1080] Vgl. Krisch, in: Simma u. a. (Hrsg.), The Charter of the United Nations, 3. Aufl., Bd. 1, 2012, Art. 41 Rn. 4 ff. (Autor bezeichnet dies als „Evolution" der Praxis des Sicherheitsrats); Ruffert/Walter, Institutionalisiertes Völkerrecht, 2009, Rn. 424 sprechen von „einer Ausdehnung der Praxis des Sicherheitsrats."

[1081] Z. B. SC Res. 918 (1994); 1132 (1997); 1306 (2000); 1343 (2003); 1532 (2004); 1572 (2004); 1718 (2006); 1737 (2006); 1760 (2007); 1844 (2008).

[1082] Beginnend mit SC Res. 1267 (1999), gerichtet gegen die Taliban und Al Quaida.

[1083] SC Res. 1373 (2001), gerichtet gegen den internationalen Terrorismus allgemein; SC Res. 1540 (2004), mit der Zielsetzung, die Weiterverbreitung von

(1) *Smart* und *targeted sanctions* gegen Staaten

Der Wortlaut des Art. 41 S. 2 SVN macht nach ganz h.M.[1084] deutlich, dass die in ihm aufgezählten Maßnahmen nicht als abschließend zu betrachten sind: „Sie [die Maßnahmen unter Ausschluss von Waffengewalt] *können* die vollständige oder *teilweise* Unterbrechung der Wirtschaftsbeziehungen [...] einschließen."[1085] Einzelfallbezogene begrenzte Sanktionen lassen sich auf eine bloße Auslegung dieses Wortlauts stützen. Dafür spricht auch die teleologische bzw. systematische Erwägung, dass dem Sicherheitsrat nicht nur auf der Tatbestandsseite, sondern auch auf der Rechtsfolgenseite ein umfassendes Ermessen zukommen muss, um seinen Aufgaben nach Art. 24 Abs. 1 SVN gerecht werden zu können.[1086] Dies gilt auch für individuelle Sanktionen gegen staatliche Funktionäre: Obwohl Art. 41 SVN ursprünglich für Maßnahmen gegen Staaten konzipiert wurde, so ist doch in jeder Unterbrechung der Wirtschaftsbeziehungen eine Individualsanktion gegen einzelne Wirtschaftsakteure enthalten. Sanktionen, die sich gegen staatliche Verantwortungsträger richten (z. B. das Einfrieren von Konten leitender Funktionäre), betreffen zwar Individuen – diese stehen dem Staat jedoch näher als private Wirtschaftsakteure.

Vor diesem Hintergrund beruhen *targeted sanctions* und *smart sanctions* mit Einzelfallbezug und staatlichem Anknüpfungspunkt auf einer interpretierenden späteren Praxis des Sicherheitsrats entsprechend Art. 31

Massenvernichtungswaffen an nicht-staatliche (Terror-)gruppierungen zu verhindern; SC Res. 2178 (2014), die Maßnahmen gegen Reise- und Finanzierungstätigkeiten mit terroristischem Hintergrund betrifft; auf die Darstellung des *Post-Conflict Peacebuilding*, das häufig ebenfalls auf Art. 41 SVN gestützt wird, wurde verzichtet; siehe näher unten, Fn. 1218.

1084 ICTY, Prosecutor v. Tadic, Decision on the Defence Motion for Interlocutory Appeal on Jurisdiction, 2.10.1995, Rn. 35; Conforti/Focarelli, The Law and Practice of the United Nations, 4. Aufl. 2010, S. 234; Goodrich/Hambro/Simons, Charter of the United Nations, 3. Aufl. 1969, S. 312; Krisch, in: Simma u. a. (Hrsg.), The Charter of the United Nations, 3. Aufl., Bd. 2, 2012, Art. 41 Rn. 12.

1085 Ergänzungen in eckigen Klammern und Hervorhebungen des Verfassers.

1086 Vgl. zum offenen Wortlaut des Art. 41 SVN und dem Ermessen des Sicherheitsrats ICTY, Prosecutor v. Tadic, Decision on the Defence Motion for Interlocutory Appeal on Jurisdiction, 2.10.1995, Rn. 31; Krisch, in: Simma u. a. (Hrsg.), The Charter of the United Nations, 3. Aufl., Bd. 2, 2012, Art. 41 Rn. 12.

Abs. 3 lit. b i.V.m. Art. 5 WVK. Deren Voraussetzungen sind ohnehin unproblematisch gegeben: Die grundsätzliche rechtliche Möglichkeit der Verhängung solcher Sanktionen wird von der Staatenwelt abstrakt nicht mehr bestritten. Vielmehr hat die Generalversammlung im Konsensverfahren eine auf der Vorarbeit des Charta-Ausschusses[1087] beruhende Resolution verabschiedet, deren Annex die Zivilbevölkerung schonende Sanktionen sogar als Regelfall postuliert.[1088] Diese ist zwar nicht verbindlich – auch nicht gegenüber dem Sicherheitsrat – aber eine Anerkennung der entsprechenden Praxis durch die Mitgliedstaaten kann darin ohne Weiteres gesehen werden. Darüber hinaus hat auch der Sicherheitsrat selbst abstrakt seine Absicht bekräftigt, in Zukunft vorrangig auf solche begrenzten Sanktionen zurückzugreifen.[1089] Damit liegt eine Praxis der Kategorie 1 bzw. 2 – also einhellige Praxis des Plenarorgans bzw. allgemein gebilligte Praxis eines Organs mit beschränkter Mitgliedschaft – vor. Die konsistente und ausdrückliche Betonung des Schutzes der Zivilbevölkerung deutet darauf hin, dass diese Praxis autoritativer Natur ist.

(2) Individualsanktionen gegen Private

Die Resolution 1267 (1999) steht am Anfang einer ständigen Praxis des Sicherheitsrats, Sanktionen mit Wirkung für terrorverdächtige Individuen zu verhängen, die nicht Verantwortungsträger eines Staates sind, sondern nicht-staatlichen Gruppierungen angehören.[1090]

Die lebhaft diskutierte Frage des individuellen Rechtsschutzes gegen die Aufnahme in eine Terrorliste durch Entscheidung des Sicherheitsrats-

---

[1087] Special Committee on the Charter of the United Nations and on the Strengthening of the Role of the Organization, eingerichtet mit GA Res. 3349 (XXIX).

[1088] GA Res. 64/115, Annex, Abs. 8 ff.; siehe auch schon GA Res. 51/242, Annex II, Abs. 4.

[1089] SC Res. 1730 (2006); 1732 (2006) i.V.m. UN Doc. S/2006/997.

[1090] Das gegen die Taliban und Al-Quaida gerichtete Regime, das mit SC Res. 1267 (2001) begründet worden war, wurde in den SC Res. 1988 (2011) und 1989 (2011) aufgespalten, ebenso wie der Sanktionsausschuss. Das Regime wurde z. B. in den Resolutionen SC Res. 2082 (2012), 2083 (2012), 2160 (2014), 2161 (2014) weiterentwickelt.

ausschusses 1267/1989[1091] ist für eine Betrachtung aus dem Blickwinkel der Organisationspraxis nicht von zentraler Relevanz. Bei den Maßnahmen des Sicherheitsrats zur Verbesserung des Individualrechtsschutzes[1092] handelt es sich nicht um eine unmittelbar satzungsrelevante *subsequent practice* oder *established practice*. Auch wenn die Charta mehrfach auf die Menschenrechte Bezug nimmt[1093] und andeutet, dass sie dem Gedanken der *rule of law* verpflichtet ist,[1094] schweigt sie jedoch zum individuellen Rechtsschutz gegen Maßnahmen des Sicherheitsrats. Überdies sind die bisherigen vorsichtigen Schritte in diese Richtung, wie die Einsetzung einer *Ombudsperson*,[1095] wohl kaum der Schwelle einer die Charta erweiternden *established practice* nahegekommen. Diese zurückhaltenden institutionellen und prozeduralen Innovationen bewegen sich eher im Rahmen der von der Charta bereits vorgegebenen organisatorischen Autonomie des Sicherheitsrats gem. Art. 29 SVN und schaffen keine neuen Regeln, die in ihrer Wirkung den geschriebenen Regeln der Charta gleichkommen könnten. Dafür müssten vielmehr unmittelbar wirkende Individualrechte mit einem institutionell unabhängigen Beschwerdeweg geschaffen werden, welche sich zumindest kurz- oder mittelfristig nicht abzeichnen.

Aus der Perspektive der Organisationspraxis interessanter ist die Frage der Kompetenz des Sicherheitsrats zur Verhängung von Individualsanktionen. Ob sich diese Befugnis aus einer Auslegung des Art. 41 SVN ergeben kann oder ob eine diese Vorschrift modifizierende Praxis erforderlich ist, ist wiederum alles andere als leicht zu beantworten.

Erneut empfiehlt sich zunächst der Blick auf mitgliedstaatliche Unterstützung, Konsistenz der Praxis, betroffene Bestimmungen und Autorität des handelnden Organs. Die Praxis ist in hohem Maße konsistent: Auf SC Res. 1267 (1999) folgten u. a. SC Res. 1333 (2000), 1390 (2002),

---

1091 Statt vieler EuGH, Rs. C-402/05 P und C-415/05 P, Slg. 2008, I-6351 (*Kadi*); Fassbender, Targeted Sanctions and Due Process, http://www.un.org/law/counsel/Fassbender_study.pdf (16.12.2014); Halberstam/Stein, The United Nations, the European Union, and the King of Sweden, CMLR 46 (2009), 13 ff.; Schmalenbach, Bedingt kooperationsbereit, JZ 2009, 35 ff.

1092 Z. B. SC Res. 1730 (2006), 1904 (2009).

1093 Art. 1 Nr. 3, Art. 13 Abs. 1 lit. b, Art. 55 lit. c, Art. 56 SVN.

1094 Präambel, Art. 1 Nr. 1, Art. 13 Nr. 1 SVN.

1095 Siehe oben, Fn. 1092.

1455 (2003) und 1989 (2011).[1096] Grundlegende Proteste der UN-Mitgliedstaaten gegen das 1267-Regime, d. h. solche, die sich überhaupt gegen die Kompetenz zur Verhängung von Individualsanktionen richteten, sind nicht bekannt. Das Ausmaß an Unterstützung zeigt sich auch am Eifer, mit dem die Staaten ihren Berichtspflichten – insbesondere nach der an SC Res. 1267 anknüpfenden SC Res. 1455 (2003) – nachgekommen sind.[1097]

Kritik richtete sich allenfalls gegen den geringen Individualrechtsschutz, der von der Frage der grundsätzlichen Organisations- bzw. Organkompetenz zu trennen ist. Auch der Widerspruch des EuGH im Kadi-Urteil[1098] führt zu keiner anderen Beurteilung. Die mit ihm verknüpften Fragen, inwieweit dieses Urteil des EuGH den EU/UN-Mitgliedstaaten als Widerspruch gegen eine UN-Organpraxis zuzurechnen ist und welche allgemeinen Rückschlüsse auf die Phänomene *subsequent practice* und *established practice* es zulässt, würden hier zu weit führen. Ohnehin war Prüfungsgegenstand des EuGH-Urteils nicht SC Res. 1267 selbst, sondern allein das zu ihrer Implementierung ergangene Unionssekundärrecht.[1099]

Die *rules of the organization* sehen ein weites Ermessen des Sicherheitsrats vor. Seine rechtliche Autorität bei der Anwendung des Kapitels VII und somit auch des Art. 41 SVN ist beträchtlich.[1100] Vor diesem Hintergrund kann die mehr konkludente denn ausdrückliche Zustimmung der Mitgliedstaaten ausnahmsweise für die Annahme einer wirksamen *established practice* der Kategorie 2 genügen, also einer Praxis des Sicherheitsrats, welche die allgemeine Unterstützung der Mitgliedstaaten genießt und deshalb modifizierend wirken kann. Sollte sich die Praxis der Individualsanktionen noch innerhalb der Grenzen der Auslegung bewegen – wofür insbesondere der offene Wortlaut von Art. 39, 41 SVN[1101] und die unangetastete formelle Adressatenstellung der Mit-

---

[1096] Siehe ergänzend oben, Fn. 1090.

[1097] http://www.un.org/sc/committees/1267/memstatesreports.shtml (16.12.2014).

[1098] EuGH, Rs. C-402/05 P und C-415/05 P, Slg. 2008, I-6351 (*Kadi*).

[1099] Ebd., Rn. 286 ff.

[1100] Siehe oben, C. III. 3. c) bb) (3).

[1101] Meerpohl, Individualsanktionen des Sicherheitsrats der Vereinten Nationen, 2008, S. 100 ff.

gliedstaaten sprechen[1102] –, ist erst recht eine autoritative spätere Praxis möglich.

(3) Quasi-legislatives Handeln des Sicherheitsrates

Abstrakte Sanktionen- bzw. Maßnahmenregime, die sich generell gegen den Terrorismus bzw. die Weitergabe von Massenvernichtungswaffen an Terrorgruppen richten, wurden mit den bereits zitierten Sicherheitsratsresolutionen 1373 (2001) und 1540 (2004) geschaffen. Diese sahen auch die Gründung von Ausschüssen zu deren Implementierung vor, die bis heute fortbestehen.[1103] Zuletzt forderte der Sicherheitsrat in seiner verbindlichen Resolution 2178 (2014) gar die Einführung konkreter Straftatbestände, um insbesondere Reisetätigkeiten und finanzielle Transaktionen mit terroristischem Hintergrund zu unterbinden. Bereits anlässlich der beiden erstgenannten Resolutionen entspann sich eine intensive Debatte über die Zulässigkeit des generell-abstrakten, mithin quasi-legislativen Handelns des Sicherheitsrates.[1104] Fraglich ist, ob die betreffenden Resolutionen – sowie die auf ihnen aufbauenden bzw. sie bestätigenden Beschlüsse[1105] – Art. 41 SVN als Organisationspraxis interpretiert oder modifiziert und dem Sicherheitsrat im letzteren Fall eine quasi-legislative Kompetenz verliehen haben, welche ihm ursprünglich nicht zukam.

Beim Erlass generell-abstrakter Maßnahmenpakete spricht viel dafür, dass die Grenze zwischen Auslegung und Änderung überschritten

---

[1102] Conforti/Focarelli, The Law and Practice of the United Nations, 4. Aufl. 2010, S. 252.

[1103] Vgl. die Websites des Security Council Counter Terrorism-Committee (CTC), http://www.un.org/en/sc/ctc/ (16.12.2014) und des 1540 Committee, http://www.un.org/sc/1540/ (16.12.2014); siehe dazu auch Conforti/Focarelli, The Law and Practice of the United Nations, 4. Aufl. 2010, S. 244 f.

[1104] Statt vieler Bianchi, Assessing the Effectiveness of the UN Security Council's Anti-terrorism Measures, EJIL 17 (2006), 881, 887 f.; Conforti/Focarelli, The Law and Practice of the United Nations, 4. Aufl. 2010, S. 239 ff.; Krisch, in: Simma u. a. (Hrsg.), The Charter of the United Nations, 3. Aufl., Bd. 2, 2012, Introduction to Chapter VII Rn. 31 ff.; Neusüß, Legislative Maßnahmen des UN-Sicherheitsrates im Kampf gegen den internationalen Terrorismus, 2008, S. 137 ff.

[1105] Z. B. SC Res. 1624 (2005), 1673 (2006), 1810 (2008), 2195 (2014).

wurde. Der Wortlaut von Art. 39 und Art. 41 SVN ist zwar insoweit nicht ganz eindeutig: Während Angriffs*handlung* und Friedens*bruch* eher nach punktuellen, konkreten Akten klingen, kann eine Friedens-*bedrohung* auch ein abstrakter Zustand von einiger Dauer sein.[1106] Auch der Maßnahmenbegriff sowie das Ziel der Wahrung des Weltfriedens und der internationalen Sicherheit in Art. 39-42 SVN schließen abstrakte Maßnahmen nicht per se aus.[1107] Art. 40 SVN ist insofern aber deutlich aussagekräftiger, als er von einer Verschärfung der Lage und von konkreten Streitparteien spricht.[1108] Überdies beziehen sich die Beispiele für nicht-militärische Zwangsmaßnahmen in Art. 41 S. 2 SVN auf konkrete Maßnahmen gegen spezifische Bedrohungen.[1109] Schließlich befasst sich auch Kapitel VI mit konkreten Streitigkeiten und Situationen.[1110]

Die Systematik der Charta macht somit deutlicher als der Wortlaut, dass der Sicherheitsrat die Aufgabe haben soll, konkrete Maßnahmen gegen spezifische Bedrohungen zu ergreifen.[1111] Darauf beschränkte er

---

[1106] Neusüß, Legislative Maßnahmen des UN-Sicherheitsrates im Kampf gegen den internationalen Terrorismus, 2008, S. 162; Wolfrum, Der Kampf gegen die Verbreitung von Massenvernichtungswaffen, in: Dicke (Hrsg.), Weltinnenrecht, FS Delbrück, 2005, S. 865, 874; a.A. Conforti/Focarelli, The Law and Practice of the United Nations, 4. Aufl. 2010, S. 240; Zimmermann/Elberling, Grenzen der Legislativbefugnisse des Sicherheitsrats, VN 2004, 71 f.

[1107] Neusüß, Legislative Maßnahmen des UN-Sicherheitsrates im Kampf gegen den internationalen Terrorismus, 2008, S. 164 f.; Talmon, The Security Council as World Legislature, AJIL 99 (2005), 175, 181.

[1108] Elberling, The *Ultra Vires* Character of Legislative Action by the Security Council, IOLR 2 (2005), 337, 343; Zimmermann/Elberling, Grenzen der Legislativbefugnisse des Sicherheitsrats, VN 2004, 71, 72.

[1109] Ebd.

[1110] Ebd.

[1111] Elberling, The *Ultra Vires* Character of Legislative Action by the Security Council, IOLR 2 (2005), 337, 343; Neusüß, Legislative Maßnahmen des UN-Sicherheitsrates im Kampf gegen den internationalen Terrorismus, 2008, S. 176 ff. m.w.N. in den *travaux préparatoires* zur UN-Charta (UNCIO Docs); Nolte, The Limits of the Security Council's Powers and its Functions in the International Legal System, in: Byers (Hrsg.), The Role of Law in International Politics, 2000, S. 315, 321: „however far one goes towards accepting that the Council has a power of 'authoritative interpretation', it may not, I submit,

sich im Großen und Ganzen auch bis in die späten neunziger Jahre, in denen erstmals generell-abstrakte Resolutionen zu bestimmten Themen beschlossen wurden.[1112]

Zwar kann man bei der Betrachtung v. a. des Telos zur Schlussfolgerung kommen, dass die zentrale Bedeutung der Erhaltung von Frieden und internationaler Sicherheit sowie die entscheidende Rolle des Sicherheitsrats bei der Erfüllung dieser Aufgabe generell-abstraktes Tätigwerden nicht ausschließen kann.[1113] Überzeugender ist jedoch die Überlegung, dass der Sicherheitsrat mit seinem exklusiven Mitgliederkreis und seinem intransparenten Verfahren nicht als (zusätzlicher) globaler Gesetzgeber für Frieden, internationale Sicherheit und mehr oder weniger damit verbundene Materien wie das humanitäre Völkerrecht[1114] dienen kann, sondern die Setzung des Völkerrechts den souveränen Mitgliedstaaten in ihrer Gesamtheit belassen werden muss.[1115] Auch wenn sich ein UN-Organ mit seiner Praxis damit erneut in der Grauzone zwischen Auslegung und Änderung bewegt, spricht in dieser Konstellation mehr für eine (versuchte) Änderung durch Praxis, die den Anforderungen an eine *established practice* entsprechen muss.

Die Erfüllung dieser Voraussetzungen ist indes nicht unproblematisch. Während sich SC Res. 1373 allgemeiner und nachhaltiger Unterstüt-

---

overstep two limits that are inherent in its function: Security Council law must remain preliminary [Fn. ausgelassen] and situation specific."

1112 U. a. zum Schutz von Zivilisten, insbesondere Frauen und Kindern, in bewaffneten Konflikten (z. B. SC Res 1261 (1999), zuletzt SC Res. 1998 (2011)) und zu HIV/AIDS (z. B. SC Res 1308 (2000)).

1113 Neusüß, Legislative Maßnahmen des UN-Sicherheitsrates im Kampf gegen den internationalen Terrorismus, 2008, S. 224 ff.; Nolte, Lawmaking through the UN Security Council, in: Wolfrum/Röben (Hrsg.), Developments of International Law in Treaty Making, 2005, S. 237, 242; Talmon, The Security Council as World Legislature, AJIL 99 (2005), 175, 181.

1114 Siehe die oben zitierten thematischen Resolutionen zum humanitären Völkerrecht, Fn. 1112.

1115 Elberling, The *Ultra Vires* Character of Legislative Action by the Security Council, IOLR 2 (2005), 337, 348 ff.; ähnlich Nolte, The Limits of the Security Council's Powers and its Functions in the International Legal System, in: Byers (Hrsg.), The Role of Law in International Politics, 2000, S. 315, 321 f.

zung erfreute,[1116] ist insbesondere gegen die – freilich einstimmig verabschiedete[1117] – SC Res. 1540 (2004) erhebliche Kritik von Mitgliedern des Sicherheitsrates und anderen UN-Mitgliedstaaten dokumentiert, die sich teilweise auch unmittelbar gegen das quasi-legislative Tätigwerden nach Kapitel VII der Charta richtete.[1118] Wenigstens in letzteren Fällen ist von einem wirksamen Protest zumindest mancher „Outsider" auszugehen, der eine *established practice* ausschließt. Das wird jedoch wiederum dadurch relativiert, dass alle damals 192 Mitgliedstaaten nicht nur ihre in SC Res. 1373 (2001) sondern auch ihre in SC Res. 1540 (2004) etablierten Berichtspflichten erfüllt haben.[1119] Das könnte nämlich eine zumindest konkludente Anerkennung der legislativen Tätigkeit des Sicherheitsrats bedeuten, auch seitens der ursprünglich protestierenden Staaten. Ein solch widersprüchliches Verhalten mehrerer Staaten spricht gegen die Anerkennung einer *established practice*.[1120] In die gleiche Richtung weist die begrenzte Konsistenz: SC Res. 1373 (2001) und 1540 (2004) sind recht isoliert geblieben.[1121] SC Res. 2178

[1116] Nolte, Lawmaking through the UN Security Council, in: Wolfrum/Röben (Hrsg.), Developments of International Law in Treaty Making, 2005, S. 237, 239.

[1117] UN Doc. S/PV.4956, 2.

[1118] Siehe die Zusammenfassung der Protokolle UN Doc. S/PV.4950 und S/PV.4956 bei Conforti/Focarelli, The Law and Practice of the United Nations, 4. Aufl. 2010, S. 241 f.; siehe auch Elberling, The *Ultra Vires* Character of Legislative Action by the Security Council, IOLR 2 (2005), 337, 346 f. m.w.N.; die gründlichste und übersichtlichste Analyse der Staatenreaktionen findet sich bei Neusüß, Legislative Maßnahmen des UN-Sicherheitsrates im Kampf gegen den internationalen Terrorismus, 2008, S. 244 ff. – Zweifel und ablehnende Reaktionen sind ebd. auf S. 273 ff. dokumentiert.

[1119] http://www.un.org/en/sc/ctc/resources/1373.html (16.12.2014); http://www.un.org/en/sc/1540/national-implementation/national-reports.shtml (16.12.2014).

[1120] Vgl. Elberling, The *Ultra Vires* Character of Legislative Action by the Security Council, IOLR 2 (2005), 337, 345 f., der die Berücksichtigung der Berichte als zustimmende Staatenpraxis ablehnt, da sie lediglich als Zustimmung zum Ziel der Terrorismusbekämpfung gesehen werden könnten und nicht zu den konkreten Mitteln.

[1121] Conforti/Focarelli, The Law and Practice of the United Nations, 4. Aufl. 2010, S. 240.

(2014), die einstimmig verabschiedet wurde,[1122] deutet jedoch darauf hin, dass es nicht dabei bleiben dürfte. Es liegt somit eine autonome Organpraxis (Kategorie 3) mit (noch) beschränkter Konsistenz vor. Daran kann auch die dem Sicherheitsrat durch die Charta bzw. die *rules of the organization* verliehene Autorität im Bereich des Kapitels VII nichts ändern. Die mit einer Verallgemeinerung der betreffenden Resolutionen verbundene erhebliche Erweiterung der materiellen Kompetenzen des Sicherheitsrats und die dadurch ermöglichten weitgehenden Verpflichtungen der Mitgliedstaaten tragen noch weiter zu dem Eindruck bei, dass eine rechtlich anerkennenswerte Modifikation vorerst nicht stattgefunden hat. Dieser Befund ist jedoch im Angesicht der intensiven Kooperation der Mitgliedstaaten bei der Umsetzung der fraglichen Resolutionen und der Verabschiedung der Resolution 2178 (2014) alles andere als eindeutig und muss vor dem Hintergrund weiterer Entwicklungen auf den Prüfstand gestellt werden. Derzeit spricht mehr für eine *ultra-vires*-Praxis des Sicherheitsrates,[1123] die freilich von der weit überwiegenden Mehrheit der Mitgliedstaaten akzeptiert wird und sich faktisch-politisch offensichtlich durchgesetzt hat.[1124]

cc) Art. 42, 48 SVN und *desuetudo* von Art. 43 ff. SVN

Die ständige Praxis des Sicherheitsrats, Mitglieder der Vereinten Nationen oder regionale Sicherheitsorganisationen zur Ausübung militärischen Zwangs zu ermächtigen,[1125] könnte das Ergebnis einer praktischen Weiterentwicklung bzw. einer impliziten Kompetenz aus Art. 42 und/oder 48, 53 SVN sein,[1126] mit anderen Worten das Resultat einer

---

[1122] UN Doc. S/PV.7272, 2.

[1123] Conforti/Focarelli, The Law and Practice of the United Nations, 4. Aufl. 2010, S. 239 ff.; Elberling, The *Ultra Vires* Character of Legislative Action by the Security Council, IOLR 2 (2005), 337 ff.

[1124] Neusüß, Legislative Maßnahmen des UN-Sicherheitsrates im Kampf gegen den internationalen Terrorismus, 2008, S. 326.

[1125] Z. B. SC Res. 83 (1950), 84 (1950), 678 (1990), 929 (1994), 1264 (1999), 1386 (2001), 1444 (2002), 1816 (2008), 1973 (2011).

[1126] Blokker, Is the Authorization Authorized?, EJIL 11 (2000), 541, 552; Krisch, in: Simma u. a. (Hrsg.), The Charter of the United Nations, 3. Aufl., Bd. 2, 2012, Art. 42 Rn. 11 ff.; Sarooshi, The United Nations and the Development of Collective Security, 1999, S. 146 m.w.N.

interpretierenden späteren Praxis des Sicherheitsrats und der sie unterstützenden Mitgliedstaaten.[1127] Es könnte sich aber auch um eine modifizierende *established practice*, erweiternde *established practice*[1128] oder faktisch-politische Praxis handeln.

Die Kehrseite der Delegationspraxis ist die kontinuierliche Nichtanwendung der Art. 43-47 SVN, die den ursprünglich für die Organisation kollektiver militärischer Maßnahmen vorgesehenen Mechanismus enthalten. Diese Nichtanwendung, insbesondere der niemals erfolgte Abschluss der Sonderabkommen gem. Art. 43 Abs. 1 SVN[1129] und die praktische Bedeutungslosigkeit des Generalstabsauschusses nach Art. 47 SVN,[1130] könnte zu einer *desuetudo* dieser Bestimmungen geführt haben.[1131]

Eine erweiternde *established practice* scheidet aus. Auch bei den Ermächtigungen handelt es sich um kollektive militärische Zwangsmaßnahmen. Da Art. 42 SVN die einzige Bestimmung der Charta ist, die solche Maßnahmen auf Beschluss des Sicherheitsrats vorsieht, ist eindeutig, dass sie zumindest einen Anknüpfungspunkt für entsprechende Ermächtigungen darstellt.

Gegen eine Modifikation sprechen im Wesentlichen zwei Faktoren: Zum einen handelt es sich bei den Ermächtigungen um ein *minus* gegenüber der verbindlichen Anordnung militärischen Zwangs, das von Art. 42 SVN erst recht gedeckt sein muss; das gilt gerade in Ermangelung von Sonderabkommen gem. Art. 43 SVN, da andernfalls das Ziel der effektiven Friedenswahrung durch den Sicherheitsrat (Art. 1 Nr. 1,

---

[1127] Ebd., S. 146 ff., 167 ff.

[1128] Vgl. Conforti/Focarelli, The Law and Practice of the United Nations, 4. Aufl. 2010, S. 281, der von der Entstehung von entsprechenden „customary norms“ ausgeht, was der hier vertretenen Auffassung einer *established practice* als Quasi-Gewohnheitsrecht der Organisation nahe kommt.

[1129] Krisch, in: Simma u. a. (Hrsg.), The Charter of the United Nations, 3. Aufl., Bd. 2, 2012, Art. 43 Rn. 10.

[1130] Reinisch/Novak, in: Simma u. a. (Hrsg.), The Charter of the United Nations, 3. Aufl., Bd. 2, 2012, Art. 47 Rn. 1; Introduction, in: Lowe u. a. (Hrsg.), The United Nations Security Council and War, 2008, S. 1, 20.

[1131] Schweigman, The Authority of the Security Council under Chapter VII of the UN Charter, 2001, S. 39.

Art. 24 SVN) gefährdet wäre.[1132] Das Argument des *effet utile* verschiebt somit die Grenze zwischen Modifikation und Auslegung, sodass Ermächtigungen auch durch eine Interpretation des Art. 42 SVN gerade in der Praxis des Sicherheitsrats begründet werden können.[1133] Dies gilt umso mehr, wenn man Art. 48 SVN in die Erwägungen mit einbezieht,[1134] der dem Sicherheitsrat ein Ermessen bei der Auswahl der Mitgliedstaaten gibt, die seine Entscheidungen implementieren sollen.

Somit verbleibt die Möglichkeit der (autoritativen) Interpretation durch spätere Praxis. Die Voraussetzungen für eine solche sind gegeben: Die grundsätzliche rechtliche Möglichkeit der Delegation bzw. Autorisierung wird von der Staatenwelt nicht bestritten. Kritik richtet sich allenfalls gegen das mitunter sehr geringe Maß an Aufsicht und Kontrolle der militärisch handelnden Mitgliedstaaten durch den Rat.[1135] Es liegt also die Praxis eines Organs mit beschränkter Mitgliedschaft bei einhelliger Unterstützung durch die übrigen Mitgliedstaaten vor (Kategorie 2). Diese Praxis ist ob der zahlreichen Fälle[1136] auch konsistent. Sie betrifft zwar eine Bestimmung über die besonders sensiblen materiellen Kompetenzen. Die *rules of the organization*, insbesondere die zentrale Stellung des Sicherheitsrats und sein umfangreiches Ermessen untermauern jedoch die Möglichkeit einer autoritativen Auslegung mit diesem Inhalt. Es darf zwar nicht vergessen werden, dass bei dieser Praxis auch die Gefahr des Missbrauchs durch die ermächtigten Staaten bzw.

[1132] IGH, Certain Expenses, Advisory Opinion, ICJ Reports 1962, 151, 167; Frowein/Krisch, in: Simma u. a. (Hrsg.), The Charter of the United Nations, 2. Aufl., Bd. 1, 2002, Art. 39 Rn. 32 (in der Neuauflage entfallen); Krisch, in: Simma u. a. (Hrsg.), The Charter of the United Nations, 3. Aufl., Bd. 2, 2012, Art. 42 Rn. 11.

[1133] Sarooshi, The United Nations and the Development of Collective Security, 1999, S. 146; a.A. Conforti/Focarelli, The Law and Practice of the United Nations, 4. Aufl. 2010, S. 281 f., der die rechtliche Möglichkeit solcher Autorisationen auf eine „*ad hoc* customary norm" stützt, die nach hier vertretener Auffassung einer *established practice* nahe kommen würde.

[1134] Wie z. B. Krisch es tut, in: Simma u. a. (Hrsg.), The Charter of the United Nations, 3. Aufl., Bd. 2, 2012, Art. 42 Rn. 11.

[1135] Siehe zu entsprechender mitgliedstaatlicher Kritik ebd., Art. 42 Rn. 13.

[1136] Siehe oben, Fn. 1125.

von Rechtsverletzungen gegenüber den betroffenen Staaten steigt.[1137] Das ist jedoch vor allem eine Frage der Umsetzung im Einzelfall und der Kontrolle der Akteure durch den Rat.

Abschließend ist noch kurz auf die Kehrseite der Ermächtigungen, d. h. die mögliche *desuetudo* der Art. 43-47 SVN einzugehen, insbesondere des Art. 43 SVN. Die Tatsache, dass diese Bestimmung nicht ein einziges Mal zur Anwendung gekommen ist, spricht so eindeutig wie in keinem bisher betrachteten Fall für einen Geltungsverlust.[1138] Dennoch bedeutet das nicht, dass Art. 43 SVN langfristig nicht doch vom Sicherheitsrat und manchen Mitgliedern reaktiviert werden könnte, wenn die politischen Begleitumstände dafür günstig sind.

h) Politische Kompetenzen des Generalsekretärs

Kapitel XV der Charta bestimmt die Kompetenzen des Generalsekretärs lediglich in sehr allgemeiner Form. Gemäß Art. 97 SVN ist er der höchste Verwaltungsbeamte der Organisation, nach Art. 98 SVN kann er von der Generalversammlung, dem Sicherheitsrat und ECOSOC mit anderen Aufgaben betraut werden. Schließlich erlaubt ihm Art. 99 SVN, die Aufmerksamkeit des Sicherheitsrats auf Angelegenheiten zu lenken, die seiner Ansicht nach Weltfrieden und internationale Sicherheit gefährden können. Letztere ist die einzige ausdrückliche und originäre politische Kompetenz des Generalsekretärs.[1139]

Im Laufe der Zeit hat der Generalsekretär immer mehr politische Aufgaben in diesem Bereich übernommen, die über die Information des Sicherheitsrats weit hinausreichen. So hat er in zahlreichen Fällen seine sog. *good offices* eingesetzt, d. h. er assistierte Streitparteien informell

---

[1137] Zur Missbrauchsgefahr: Quigley, The "Privatization" of Security Council Enforcement Action, Michigan Journal of International Law 17 (1995/96), 249, 250.

[1138] Vgl. Schweigman, The Authority of the Security Council under Chapter VII of the UN Charter, 2001, S. 39.

[1139] Fiedler, in: Simma u. a. (Hrsg.), The Charter of the United Nations, 2. Aufl., Bd. 2, 2002, Art. 99 Rn. 1; nunmehr etwas relativiert von Chesterman, in: Simma u. a. (Hrsg.), The Charter of the United Nations, 3. Aufl., Bd. 2, 2012, Art. 99 Rn. 1.

mit Mediation und der Unterstützung ihrer Verhandlungen.[1140] Er setzte *fact-finding missions* ein, um die tatsächlichen Hintergründe und Ursachen von Streitigkeiten bzw. sicherheitsgefährdenden Situationen zu untersuchen und somit günstige Bedingungen für ihre Beilegung oder Entschärfung zu schaffen.[1141] Er übernahm eine direkte Funktion in der förmlichen Streitbeilegung im *Rainbow-Warrior*-Disput zwischen Frankreich und Neuseeland.[1142] Er entsandte zahlreiche Sondergesandte in Krisenregionen[1143] und ergriff humanitäre Initiativen, u. a. bei Naturkatastrophen.[1144]

Es ist umstritten, ob diese praktische Erweiterung der politischen Kompetenzen des Generalsekretärs auf einer Auslegung des Art. 99 SVN beruhen kann[1145] oder sich jenseits der Grenzen dieser Norm bewegt.[1146] Das *Repertory* bezeichnet diese vom Generalsekretär ausgeüb-

---

1140 Repertory, Bd. V, Art. 98, Rn. 107; Supplement 1, Bd. II, Art. 98, Rn. 53-56; Supplement 2, Bd. III, Art. 98, Rn. 275-278; Supplement 3, Bd. IV, Art. 98, Rn. 671-676; Supplement 4, Bd. II, Art. 98, Rn. 294-301; Supplement 5, Bd. V, Art. 98, Rn. 686-701; Supplement 6, Bd. VI, Art. 98, Rn. 591-596; Supplement 7, Bd. VI, Art. 98, Rn. 452-456; Supplement 8, Bd. VI, Art. 98, Rn. 75; Supplement 9, Bd. VI, Art. 98, Rn. 72; Supplement 10, Bd. VI, Art. 98, Rn. 33 f., 146.

1141 Repertory, Supplement 2, Bd. III, Art. 98, Rn. 279-282; Supplement 3, Bd. IV, Art. 98, Rn. 677-687; Supplement 5, Bd. V, Art. 98, Rn. 702; Supplement 6, Bd. VI, Art. 98, Rn. 597 f.; Supplement 7, Bd. VI, Art. 98, Rn. 456 f.

1142 Repertory, Supplement 7, Bd. VI, Art. 98, Rn. 454 f.

1143 Repertory, Supplement 2, Bd. III, Art. 98, Rn. 192-194, 242-246; Supplement 3, Bd. IV, Art. 98, Rn. 691-699; Supplement 4, Bd. II, Art. 98, Rn. 703 f.; Supplement 5, Bd. V, Art. 98, z. B. Rn. 100-119, 703 f.; Supplement 6, Bd. VI, Art. 98, Rn. 599; Supplement 7, Bd. VI, Art. 98, Rn. 458; Supplement 10, Bd. VI, Art. 98, Rn. 46, 65 ff., 73 ff.

1144 Repertory, Supplement 5, Bd. V, Art. 98, Rn. 49; Supplement 6, Bd. VI, Art. 98, Rn. 73.

1145 So Chesterman, in: Simma u. a. (Hrsg.), The Charter of the United Nations, 3. Aufl., Bd. 2, 2012, Art. 99 Rn. 9, 13, 16, 17, 26; vgl. Fiedler, in: Simma u. a. (Hrsg.), The Charter of the United Nations, 2. Aufl., Bd. 2, 2002, Art. 99 Rn. 1 ff.

1146 Conforti/Focarelli, The Law and Practice of the United Nations, 4. Aufl. 2010, S. 321, der deshalb Zweifel an der Vereinbarkeit mit der Charta äußert; Conrady, Wandel der Funktionen des UN-Generalsekretärs, 2009, S. 79, der von einem Recht *sui generis* spricht, das so nicht in der Charta vorgesehen sei;

ten Kompetenzen als „The implicit powers of the Secretary-General in the spirit of Article 99“[1147] und behandelt einige von ihnen unter der Überschrift „Powers inherent in the office of the Secretary-General“.[1148]

Das deutet darauf hin, dass das Sekretariat der Vereinten Nationen unter Anlehnung an die *implied-powers*-Doktrin ersterer Position zugeneigt ist.

Von der Entscheidung dieser Frage hängt ab, ob die betreffende Praxis an den Anforderungen einer späteren Praxis oder einer *established practice* zu messen ist. Art. 99 SVN regelt nach seinem eindeutigen Wortlaut nur die Befassung des Sicherheitsrats mit Angelegenheiten, die den Weltfrieden und die internationale Sicherheit nach der Auffassung des Generalsekretärs potenziell gefährden können. Auf dem Wege der Auslegung, sei es durch *implied powers*, dynamische Auslegung oder spätere Praxis, lassen sich damit unter Umständen vorgeschaltete Reisen des Generalsekretärs sowie *fact-finding missions* begründen, die ihn erst in die Lage versetzen, dem Sicherheitsrat die Angelegenheit informiert zu unterbreiten.[1149] Mediation durch *good offices*,[1150] förmliche Vermittlung, die Ernennung von Sonderbeauftragten und humanitäre Initiativen gehen hingegen über den Wortlaut des Art. 99 SVN hinaus. Eine

---

vgl. Schröder, Amendment to and Review of the Charter, in: Wolfrum u. a. (Hrsg.), United Nations, Bd. 1, 1995, Rn. 15.

[1147] Repertory, Supplement 8, Bd. VI, Art. 99, Rn. 5.

[1148] Seit Repertory, Supplement 2, Bd. III, Art. 98, vor Rn. 253 in den folgenden Supplements zu Art. 98 SVN bis einschließlich Supplement 7, Bd. VI, Art. 98 Rn. 4. In späteren Supplements wird der Begriff nicht mehr verwendet.

[1149] Vgl. Conrady, Wandel der Funktionen des Generalsekretärs, 2009, S. 78: „Damit der Generalsekretär sein Initiativrecht nach Art. 99 UN-Charta verantwortungsbewusst ausüben kann, ist es notwendig, dass er im Vorfeld auch ermächtigt ist, alle für die Ausübung seines Entschließungsermessens notwendigen Informationen zu erhalten. [Fn. ausgelassen]“

[1150] Vgl. dazu Franck/Nolte, The Good Offices Function of the UN Secretary-General, in: Roberts (Hrsg.), United Nations, Divided World, 2. Aufl., 1993, S. 143, 144, welche die Ausübung von Good Offices als „the most crucial indicator of the Secretary-General's evolving constitutional role within the UN system“ bezeichnen.

Verfahrensvorschrift wie Art. 99 SVN kann materielle Kompetenzen dieses nicht unerheblichen Umfangs nicht allein begründen.[1151]

Fraglich bleibt, ob die erwähnten Praktiken erweiternden oder modifizierenden Charakter haben. Das lässt sich nicht eindeutig feststellen, da sie zwar einerseits sehr weit vom Wortlaut des Art. 99 SVN entfernt sind, dieser aber andererseits die einzige Vorschrift ist, welche die politischen Kompetenzen des Generalsekretärs ausdrücklich regelt.[1152] Sie bildet somit den natürlichen Anknüpfungspunkt auch für eine über sie hinausgehende Praxis. Eine eindeutige Klassifizierung ist aber auch nicht erforderlich, da viel dafür spricht, dass die Voraussetzungen sowohl modifizierender als auch erweiternder *established practice* vorliegen würden.

Die relevanten Aktivitäten des Generalsekretärs sind nicht auf Proteste aus dem Kreis der Mitgliedstaaten gestoßen und sie wurden auch häufig von Generalversammlung und/oder Sicherheitsrat gebilligt oder gar initiiert,[1153] was gleichzeitig Abgrenzungsfragen zu Art. 98 SVN aufwirft. Die Praxis des Verwaltungsorgans wurde also von den anderen Organen und den Mitgliedern unterstützt und aufgenommen. Sie kann daher

---

[1151] Conforti/Focarelli, The Law and Practice of the United Nations, 4. Aufl. 2010, S. 321.

[1152] Fiedler, in: Simma u. a. (Hrsg.), The Charter of the United Nations, 2. Aufl., Bd. 2, 2002, Art. 99 Rn. 3, der auf die Abgrenzungsproblematik zur Delegation durch andere Organe gem. Art. 98 SVN hinweist, aber zu Recht aufgrund von Art. 97 S. 3 SVN („Er ist der höchste *Verwaltungs*beamte der Organisation.“, Hervorhebung des Verfassers) Art. 99 SVN als alleinige Grundlage politischer Kompetenzen des Generalsekretärs in der Charta begreift. Nunmehr relativiert von Chesterman, in: Simma u. a. (Hrsg.), The Charter of the United Nations, 3. Aufl., Bd. 2, 2012, Art. 99 Rn. 1, freilich ohne Entkräftung dieses Arguments.

[1153] Z. B. GA Res. 43/51 (Declaration on the Prevention and Removal of Disputes and Situations Which May Threaten International Peace and Security and on the Role of the United Nations in this Field); dazu Fischer in: Ipsen (Hrsg.), Völkerrecht, 5. Aufl. 2004, § 62 Rn. 10; siehe auch die Nachweise bei Conforti/Focarelli, The Law and Practice of the United Nations, 4. Aufl. 2010, S. 321 f. Die dort horvorgehobenen kritischen Bemerkungen aus Mitgliedskreisen (u. a. seitens der USA) zu entsprechenden Aktivitäten des Generalsekretärs anlässlich des Kosovo-Konflikts sollten entgegen Conforti/Focarelli nicht vorschnell verallgemeinert werden. Sie können vielmehr auch auf den Umständen des Einzelfalls beruhen.

mit der Praxis eines Organs mit beschränkter Mitgliedschaft, die von den Mitgliedstaaten mitgetragen wird, weitgehend gleichgesetzt werden. Auch die Konsistenz dieser Praxis ist eindeutig zu bejahen.[1154] Zwar betrifft sie eine Bestimmung, welche die materiellen Kompetenzen des Generalsekretärs und auch der Organisation insgesamt absteckt, was Art. 99 SVN grundsätzlich weniger empfänglich für ändernde oder erweiternde Praxis macht. Die hier erörterten Aktivitäten des Generalsekretärs – Vermittlung und Informationssammlung – greifen jedoch nur begrenzt in die Souveränität der Mitgliedstaaten ein. Daher ist von einer wirksamen *established practice* auszugehen.

i) Vertragsschlusskompetenz des Generalsekretärs

Darüber hinaus hat der Generalsekretär in konsistenter Weise eine weitere Funktion übernommen, die zwar für einige Spezialfälle grundsätzlich in der UN-Charta geregelt ist,[1155] aber nicht in Verbindung mit dem Generalsekretär gebracht wird. Die Rede ist vom Abschluss völkerrechtlicher Verträge im Namen der Vereinten Nationen mit Staaten und Internationalen Organisationen – wie Sitzabkommen, Abkommen über Vorrechte und Immunitäten oder Übereinkommen zur Regelung der Beziehungen mit anderen Internationalen Organisationen.[1156] Unter Berufung auf das *implied-powers*-Prinzip ließe sich zwar eine Einordnung dieser Praxis als Auslegung begründen: Dass die Vereinten Nationen als Ganzes Vertragsfähigkeit besitzen, ergibt sich aus Art. 43, 63 Abs. 1 SVN. Es kann teleologisch impliziert werden, dass dem Verwaltungsorgan aufgrund seiner Möglichkeit, als einziges Organ mit einer Stimme für die Organisation zu sprechen, am ehesten die Vertrags-

---

[1154] Vgl. oben, Fn. 1140 ff.

[1155] Art. 43, 63 Abs. 1, 79 SVN.

[1156] Z. B. Repertory, Bd. V, Art. 98, Rn. 126; Supplement 3, Bd. IV, Art. 98, Rn. 712; Supplement 5, Bd. V, Art. 98, Rn. 733; Supplement 6, Bd. VI, Art. 98, Rn. 610; Supplement 7, Bd. VI, Art. 98, Rn. 467: „The Secretary-General continued to exercise his implied powers to negotiate numerous agreements on behalf of the Organization, either on his own initiative or for the purpose of giving effect to the resolutions of United Nations organs that did not specifically request him to enter into agreements."; siehe dazu auch Conrady, Wandel der Funktionen des Generalsekretärs, 2009, S. 54.

schlusskompetenz zukommen sollte, wenn keine ‚abdrängende' Zuweisung besteht.

Andererseits fehlt in der Charta jeglicher Anknüpfungspunkt für eine Organkompetenz des Generalsekretärs. Sie nimmt alle ausdrücklichen Zuweisungen von Vertragsschlusskompetenzen an andere Organe wie z. B. den ECOSOC in Art. 63 SVN vor. Jedenfalls dann, wenn keine Beauftragung durch eines der Hauptorgane gem. Art. 98 S. 1 SVN vorliegt, sprechen diese Argumente entscheidend für die Erforderlichkeit einer erweiternden *established practice*. Anhaltspunkte für Proteste gegen diese Praxis bestehen nicht; andererseits ist die Datenlage kaum ausreichend, um zu beurteilen, ob die Vertragsschlusspraxis des Generalsekretärs den Anforderungen einer *established practice* entspricht.

5. UN-Familie und andere Internationale Organisationen: Art. 57, 63 SVN

Abkommen, welche die Vereinten Nationen in Beziehung mit anderen Internationalen Organisationen brachten, wurden nicht nur mit *Specialized Agencies* abgeschlossen, wie es Art. 57 und 63 SVN ihrem Wortlaut nach vorsehen, sondern auch mit anderen Organisationen. Die IAEA ist das früheste Beispiel für diese Praxis.[1157] Weitere Fälle sind die *Organization for the Prohibition of Chemical Weapons* (OPCW),[1158] der Internationale Strafgerichtshof (IStGH),[1159] der Internationale Seegerichtshof (ITLOS),[1160] die Internationale Meeresbodenbehörde (ISBA)[1161] und die *World Tourism Organization*.[1162] Sonderfälle sind IN-

---

[1157] Vgl. zu den Debatten über den Status und das Statut der IAEA Repertory, Supplement 1, Bd. II, Art. 57, Rn. 5 ff.; für das Sonderabkommen zwischen ECOSOC bzw. den Vereinten Nationen und der IAEA Repertory, Supplement 2, Bd. III, Art. 57, Rn. 3 ff. und den Annex.

[1158] Siehe Agreement concerning the Relationship between the United Nations and the Organization for the Prohibition of Chemical Weapons, Annex zu GA Res. 55/283; Repertory, Supplement 9, Bd. IV, Art. 57, Rn. 17 f.

[1159] Siehe Relationship Agreement between the United Nations and the International Criminal Court, UNTS, Bd. 2283, S. 195.

[1160] Repertory, Supplement 9, Bd. IV, Art. 57, Rn. 14 ff.

[1161] Ebd., Rn. 10 ff.

TERPOL und GATT/WTO: INTERPOL ist eine hybride Organisation mit Eigenschaften sowohl einer IGO als auch einer NGO,[1163] die – obwohl ihr damit wesentliche Voraussetzungen einer Sonderorganisation fehlen – ebenfalls mit den Vereinten Nationen in Beziehung gebracht wurde.[1164] GATT und WTO wurden nicht durch ein formelles Abkommen, sondern informell, durch einen Briefwechsel (*Exchange of Letters*) zwischen dem Generalsekretär der Vereinten Nationen und dem Exekutivsekretär des GATT im Jahre 1952[1165] bzw. dem WTO-Generaldirektor im Jahre 1995[1166] miteinander in Beziehung gebracht. Nach diesen Briefwechseln wurden beide Institutionen als De-facto-Sonderorganisationen bezeichnet.[1167]

Es ist bemerkenswert, dass diese uneigentlichen Sonderabkommen vorwiegend vom Generalsekretär nach einer vorhergehenden Einladung der Generalversammlung und ihrer nachfolgenden Zustimmung geschlossen wurden[1168] – und nicht vom ECOSOC, wie Art. 57 Abs. 1 SVN i.V.m. Art. 63 Abs. 1 SVN es vorsehen. Überdies bezieht sich erstere Vorschrift nur auf Organisationen mit Aufgaben „auf den Gebieten der Wirtschaft, des Sozialwesens, der Kultur, der Erziehung, der Gesundheit und auf verwandten Gebieten". Einige der erwähnten atypischen Sonderorganisationen sind jedoch auf den Gebieten der internationalen Sicherheit, des humanitären Völkerrechts und des internationalen Strafrechts tätig, wie die IAEA, die OPCW und der IStGH.

1162 Bevor sie doch zu einer Sonderorganisation i. e. S. wurde: GA Res. 58/232.

1163 Siehe Art. 4 der INTERPOL-Verfassung: http://www.interpol.int/About-INTERPOL/Legal-materials/Fundamental-texts (16.12.2014).

1164 Repertory, Supplement 5, Bd. III, Art. 57, Rn. 17 ff. Das Übereinkommen wurde nicht als *Special Agreement* oder *Relationship Agreement* bezeichnet, wie bei Abkommen mit Sonderorganisationen üblich, sondern als *Arrangement of Cooperation*.

1165 Repertory, Supplement 8, Bd. IV, Art. 57, Rn. 10.

1166 UN Doc. E/1995/125; Repertory, Supplement 9, Bd. IV, Art. 70, Rn. 6.

1167 Repertory, Supplement 8, Bd. IV, Art. 57, Rn. 10; Repertory, Supplement 9, Bd. IV, Art. 70, Rn. 2.

1168 Siehe z. B. Repertory, Supplement 9, Bd. IV, Art. 57, Rn. 17, GA Res. 51/230; Repertory, Supplement 9, Bd. IV, Art. 57, Rn. 15 f., GA Res. 52/251; Repertory, Supplement 9, Bd. IV, Art. 57, Rn. 12, GA Res. 52/27.

INTERPOL und WTO sind jeweils auf ihre Weise Ausnahmen, die nicht verallgemeinert werden dürfen. Es fehlt an der Konsistenz der Praxis, Nicht-IGOs in eine förmliche Beziehung zu den Vereinten Nationen zu bringen oder ein sonderorganisationsähnliches Verhältnis durch einen einfachen Briefwechsel zu begründen. Gerade die WTO nimmt unter den universellen Internationalen Organisationen als Trägerin des politisch hochsensiblen und umstrittenen Welthandelssystems eine Stellung in den internationalen Beziehungen ein, die eine Eingliederung in die UN-Familie mit den Rechtsfolgen, wie sie z. B. in Art. 17 Abs. 3, 63 Abs. 2 SVN angeordnet sind, erschwert. Hier ist somit von einer faktisch-politischen Praxis auszugehen.

Etwas anderes gilt jedoch für IAEA, OPCW, IStGH, ITLOS und ISBA. Hier wurden systematisch über einen längeren Zeitraum bewusst Organisationen durch Abkommen in eine sonderorganisationsäquivalente Position gebracht, obwohl sie in anderen Bereichen als den in Art. 57 Abs. 1 SVN genannten tätig sind. Dies geschah gerade nicht unter Beteiligung des ECOSOC. Ob es sich um eine spätere Praxis oder eine *established practice* handelt, hängt davon ab, ob man Art. 57 Abs. 1 SVN dahingehend interpretiert, dass die Auflistung der Tätigkeitsfelder abschließend ist bzw. dass eine uneigentliche Sonderorganisation außerhalb dieser Tätigkeitsfelder als Umgehung jenseits der Grenzen der Auslegung zu werten ist. Anhaltspunkte geben Wortlaut und Telos: Die Formulierung „auf verwandten Gebieten" deutet auf eine erhebliche Offenheit der Norm hin. Aus teleologischer Perspektive kann die Kooperation mit universellen Organisationen, die auf dem Gebiet der internationalen Sicherheit i. w. S. tätig sind, den Zielen der Vereinten Nationen – insbesondere gem. Art. 1 Nr. 1 SVN – äußerst zuträglich sein, was gegen ein Verbot spricht. Die Befürchtung, dass dies die zentrale Rolle der Vereinten Nationen auf diesem Gebiet gefährden könnte, ist unbegründet. Im Gegenteil könnte die Existenz entsprechender Organisationen durch ein solches Verbot nicht unterbunden werden. Vielmehr würde es der Kooperation und Koordination mit den Vereinten Nationen im Wege stehen. Daher handelt es sich bei dieser Praxis um eine solche interpretativer Natur.

Die umfangreiche Unterstützung dieser Praxis in der Generalversammlung[1169] und die allgemeine Akzeptanz der Beziehung zwischen den

---

[1169] Die Resolutionen der Generalversammlung, in denen die *Relationship Agreements* mit IAEA, OPCW, IStGH, ITLOS und ISBA gebilligt wurden (GA Res. 1154 (XII), 52/27, 52/251, 55/283, 58/318) ergingen alle im Konsens-

Vereinten Nationen und diesen Organisationen macht sehr deutlich, dass die Voraussetzungen einer späteren Praxis gegeben sind.

6. Sonstige Praxis

a) Art. 23 Abs. 1 S. 3 SVN

Die Regeln für die Wahl der zehn nichtständigen Mitglieder des Sicherheitsrats, niedergelegt in Art. 23 Abs. 1 S. 3 SVN, unterliegen ebenfalls Einflüssen durch Praxis. Der Wortlaut dieser Bestimmung errichtet eine eindeutige Rangfolge zwischen den relevanten Faktoren „Beitrag [...] zur Wahrung des Weltfriedens und der internationalen Sicherheit und zur Verwirklichung der sonstigen Ziele der Organisation" und „angemessene geographische Verteilung der Sitze". Denn der Beitrag zur Friedenswahrung ist „in erster Linie" und die geographische Verteilung „ferner" zu berücksichtigen. In der Praxis spielt die geographische Verteilung jedoch die entscheidende Rolle.[1170] Es existiert ein exakter, von der Generalversammlung förmlich verabschiedeter Schlüssel für die Verteilung der Sitze zwischen den regionalen Gruppen.[1171] Eine vorherige Einigung vorausgesetzt, können diese Gruppen die nichtständigen Mitglieder aus ihrem Kreis häufig faktisch vorherbestimmen, sodass der eigentliche Wahlakt im Plenum der Generalversammlung zur bloßen Formalität werden kann. Freilich kommt es mitunter zu Kampfab-

---

verfahren: http://research.un.org/en/docs/ga/quick/regular/12, http://research.un.org/en/docs/ga/quick/regular/52, http://research.un.org/en/docs/ga/quick/regular/55, http://research.un.org/en/docs/ga/quick/regular/58 (16.12.2014).

[1170] Geiger, in: Simma u. a. (Hrsg.), The Charter of the United Nations, 3. Aufl., Bd. 1, 2012, Art. 23 Rn. 16 f.; Winkelmann, United Nations Charter, Amendment, in: Wolfrum (Hrsg.), MPEPIL 2007, opil.ouplaw.com/home/ORIL (25.11.2014), Rn. 18; Bezugnahmen auf das Kriterium des Beitrags zu den Zielen der UN finden sich kaum in den vom Repertory wiedergegebenen Debatten der Generalversammlung.

[1171] Bezugnahmen auf dieses System finden sich im Repertory, Bd. II, Art. 23, Rn. 16, 19 ff.; Supplement 1, Bd. I, Art. 23, Rn. 5; Supplement 2, Bd. II, Art. 23, Rn. 6; Supplement 5, Bd. II, Art. 23, Rn. 16; Supplement 6, Bd. III, Art. 23, Rn. 5, 13 ff.; GA Res. 1991 A (XVIII) führte gleichzeitig mit der Erweiterung des Sicherheitsrates den folgenden Verteilungsschlüssel ein: fünf afrikanische und asiatische, ein osteuropäischer, zwei lateinamerikanische und zwei westeuropäische und andere (m.a.W. westliche) Staaten.

stimmungen, diese finden jedoch nur zwischen Kandidaten der jeweiligen regionalen Gruppe statt.[1172] Das Verteilungssystem war ursprünglich aus einem (auch im *Repertory* als solches bezeichneten) *gentlemen's agreement* zwischen den ständigen Mitgliedern des Sicherheitsrates hervorgegangen, das 1946 in London geschlossen,[1173] aber niemals in der Charta formalisiert wurde. Nichtsdestoweniger wurde es in äußerst konsistenter Weise von der Generalversammlung zur Anwendung gebracht.

Ob des eindeutigen Wortlautes von Art. 23 Abs. 1 S. 3 SVN sollte von einer Praxis ausgegangen werden, welche die Grenzen der Auslegung überschreitet.[1174] Auch eine teleologische Betrachtungsweise führt zu keinem anderen Ergebnis: Es geht beim vernachlässigten Kriterium ja gerade um die Gewährleistung der bestmöglichen Förderung der Ziele der Vereinten Nationen. Zu erfüllen sind also die Voraussetzungen einer modifizierenden *established practice*.

Das *gentlemen's agreement* wurde lediglich von den ständigen Mitgliedern geschlossen. Resolution 1991 A (XVIII) der Generalversammlung, die neben der Erweiterung des Rates von 11 auf 15 Mitglieder auch den neuen Verteilungsschlüssel festsetzte, erging mit elf Gegenstimmen.[1175] Auch die Wahlen selbst erfolgen weder immer einstimmig noch im Konsensverfahren. Dennoch finden sie seit Jahrzehnten ohne grundsätzliche Proteste auf der Grundlage des Verteilungsschlüssels statt. Der ursprüngliche Widerstand gegen GA Res. 1991 A (XVIII) scheint seit

---

[1172] Vgl. die Wahlen von 2010, wiedergegeben in UN Doc. A/65/PV.28; für die afrikanischen und asiatischen Staaten wurden Südafrika und Indien von der regionalen Gruppe nominiert und gewählt, für die lateinamerikanischen Staaten Kolumbien. In der Gruppe westeuropäischer und anderer Staaten kam es zu einer Kampfabstimmung zwischen Deutschland, Portugal und Kanada, bzw. nach Erreichen der Zweidrittelmehrheit durch Deutschland zwischen Portugal und Kanada, die letztlich durch einen freiwilligen Rückzug Kanadas entschieden wurde.

[1173] Repertory, Bd. II, Art. 23, Rn. 16.

[1174] Vgl. Schröder, Amendment to and Review of the Charter, in: Wolfrum u. a. (Hrsg.), United Nations, Bd. 1., 1995, Rn. 16, der von einer Derogation des Art. 23 SVN spricht, eine De-Facto-Änderung der Charta jedoch anzweifelt.

[1175] http://research.un.org/en/docs/ga/quick/regular/18 (16.12.2014).

langem zum Erliegen gekommen zu sein.[1176] Zumindest was die völlige Konzentration auf die geographische Verteilung und den Verteilungsschlüssel selbst angeht, dürfte die Unterstützung durch die UN-Mitgliedschaft schon seit langer Zeit einhelligen Charakter haben.[1177] Obwohl es sich nicht um eine bloße Inter-Organ-Bestimmung handelt – denn die Rechte und Interessen der Mitgliedstaaten sind erheblich tangiert – dürfte dieses Maß an einmütiger, teilweise ausdrücklicher, teilweise konkludenter Zustimmung, die auch ausreichende Anhaltspunkte für eine entsprechende *opinio iuris* gibt, genügen, um eine wirksam modifizierende *established practice* zu begründen.

b) Art. 23 Abs. 2 S. 1 SVN

Eine mit der Frage der geographischen Verteilung verbundene vorübergehende Praxis bei der Wahl des Sicherheitsrats war die Aufteilung der zweijährigen Wahlperiode nichtständiger Mitglieder zwischen zwei Kandidaten für je ein Jahr, um in streitigen Fällen einen Kompromiss bzw. die gem. Art. 18 Abs. 2 S. 2 SVN notwendige Zweidrittelmehrheit zu erreichen. Art. 23 Abs. 2 S. 1 SVN sieht jedoch nach seinem ausdrücklichen Wortlaut ausnahmslos eine Amtszeit von zwei Jahren vor.

Solche Teilungskompromisse kamen mehrfach in den frühen Jahren der Organisationsgeschichte vor, und zwar in einem Zeitraum von 1955 bis 1965.[1178] Diese Praxis wurde bald nach der Erhöhung der Mitgliedszahl

---

[1176] Siehe auch die Fn. zu *Rule 142* der Geschäftsordnung der Generalversammlung, in welcher der Verteilungsschlüssel wiedergegeben wird. Die Generalversammlung richtet sich inzwischen konsistent und ohne grundsätzliche Aussprache nach *Rule 142*.

[1177] Für die Gültigkeit der Absprachen innerhalb der regionalen Gruppen trifft dies hingegen nicht zu, wie zuletzt die Kandidatur von Pakistan und Swaziland 2010 ohne Nominierung durch den Vorsitz der afrikanisch-asiatischen Gruppe deutlich macht, vgl. UN Doc. A/65/PV.28, 1 f. Das und mindestens ein Präzedenzfall, in dem die Generalversammlung dem Vorschlag der regionalen Gruppe nicht gefolgt ist, spricht gegen eine rechtliche Bindung des Plenums an diesen Vorschlag, Geiger, in: Simma u. a. (Hrsg.), The Charter of the United Nations, 3. Aufl., Bd. 1, 2012, Art. 23 Rn. 18; vgl. zum Ganzen Goodrich/Hambro/Simons, Charter of the United Nations, 3. Aufl. 1969, S. 199.

[1178] Repertory, Supplement 1, Bd. I, Art. 23, Rn. 7, 9; Supplement 3, Bd. II, Art. 23, Rn. 21 ff.

im Sicherheitsrat[1179] aufgegeben. Während der 34. Sitzungsperiode der Generalversammlung kam es zu einer Debatte über einen Resolutionsentwurf, der diese Praxis wiederaufgenommen hätte. Nach einer Diskussion über ihre Vereinbarkeit mit der Charta wurde der Resolutionsentwurf nicht zur Abstimmung gebracht.[1180] Danach kam es nie wieder zu einer Aufteilung der Amtszeit.

Diese Praxis überschritt angesichts des klaren Wortlautes eindeutig die Grenzen der Interpretation.[1181] Fraglich ist, ob sie zumindest zwischen 1955 und 1965 den Anforderungen an eine modifizierende *established practice* entsprach. Dass sie heute keinerlei rechtliche Auswirkungen mehr zeitigt, steht außer Frage. Aber auch im genannten Jahrzehnt war bereits die erforderliche Konsistenz nicht gewährleistet, da nur von Einzelfall zu Einzelfall entsprechend gehandelt wurde und das auch nur, wenn mangels der notwendigen Kompromissbereitschaft in der Generalversammlung eine Vakanz im Sicherheitsrat drohte. Auch erfolgten die Wahlen, welche die jeweiligen Teilungskompromisse billigten, selten ohne Gegenstimmen, und es kam zu Protesten wegen mangelnder Vereinbarkeit mit der Charta.[1182] Es lag also allenfalls eine Praxis der Kategorie 3 vor, die für eine *established practice* nicht genügen konnte. Diese faktisch-politische Praxis war daher nicht nur vorübergehender, sondern auch rechtswidriger Natur.[1183]

c) ECOSOC und equitable geographic distribution

Es gibt in der Charta keine mit Art. 23 Abs. 1 S. 3 SVN vergleichbare Vorschrift, welche die Kriterien für die Auswahl der Mitglieder des ECOSOC bestimmt. Insbesondere existiert keine Bezugnahme auf die angemessene geographische Verteilung. Die Generalversammlung traf

---

[1179] GA Res. 1991 A (XVIII).

[1180] Repertory, Supplement 6, Bd. III, Art. 23, Rn. 27 ff.

[1181] Engel, Procedures for the De Facto Revision of the Charter, ASIL Proc. 59 (1965), 108, 109.

[1182] Repertory, Supplement 3, Bd. II, Art. 23, Rn. 24 ff.

[1183] Vgl. zur Rechtswidrigkeit dieser Praxis Engel, Procedures for the De Facto Revision of the Charter, ASIL Proc. 59 (1965), 108, 109; a.A. Wolfke, Practice of International Organizations and Customary Law, Polish Yearbook of International Law 1 (1966/67), 183, 192.

dennoch die förmliche Entscheidung, dieses Prinzip bei den Wahlen des ECOSOC maßgeblich zu berücksichtigen und einigte sich auf eine Sitzverteilungsformel auf Grundlage der regionalen Gruppen, vergleichbar mit derjenigen für die Wahlen zum Sicherheitsrat.[1184]

Eine Auslegung durch spätere Praxis oder eine Modifikation durch *established practice* scheiden aus, da Art. 61 SVN, der die Zusammensetzung und Wahl des ECOSOC durch die Generalversammlung regelt, kein hinreichender Anknüpfungspunkt für diese Formen von Organisationspraxis ist. Er trifft über die Auswahlkriterien keinerlei Aussage, was vor dem Hintergrund des Art. 23 Abs. 1 S. 3 SVN eher als beredtes Schweigen denn als Redaktionsfehler gedeutet werden sollte. Das legt nahe, aus der Systematik der Charta zu folgern, dass die Kriterien für die Besetzung des ECOSOC im Vergleich zu denen für die Besetzung des Sicherheitsrats von geringerer Bedeutung sind und damit keiner Regelung in der Charta bedürfen. Damit wäre auch eine satzungsäquivalente, erweiternde *established practice* für eine solche Weichenstellung nicht vonnöten. Man sollte daher von einer nicht unmittelbar satzungsrelevanten faktischen Praxis der Generalversammlung mit eher politischer Bindung für die Zukunft ausgehen, von der aus rechtlicher Perspektive auch wieder ohne über die satzungsgemäße Mehrheit hinausgehende Anforderungen abgewichen werden kann.

d) Wahl und Amtszeit des Generalsekretärs

Sowohl die Amtszeit des Generalsekretärs als auch die für seine Wahl erforderliche Mehrheit in der Generalversammlung werden nicht in der Charta festgelegt. Immerhin gibt Art. 18 Abs. 2 SVN einen Hinweis auf die Lösung für letzteres Problem, insofern er die Wahl des Generalsekretärs nicht als mit Zweidrittelmehrheit zu entscheidende wichtige Frage aufzählt. Jedenfalls sind beide Entscheidungen in der Praxis der Generalversammlung getroffen worden. Die Amtszeit des General-

---

[1184] Repertory, Supplement 5, Bd. III, Art. 61, Rn. 16, GA Res. 2847 (XXVI); diese Resolution erging mit nur zwei Gegenstimmen, vgl. http://research.un.org/en/docs/ga/quick/regular/26 (16.12.2014); freilich kam es zwischenzeitig zu Protesten mehrerer Entwicklungsländer: Röben, in: Simma u. a. (Hrsg.), The Charter of the United Nations, 3. Aufl., Bd. 2, 2012, Art. 61 Rn. 10 (etwas detaillierter die Vorauflage: Lagoni/Landwehr, in: Simma u. a. (Hrsg.), The Charter of the United Nations, 2. Aufl., Bd. 2, 2002, Art. 61 Rn. 7, insbesondere Fn. 35).

sekretärs wurde in einer Resolution der Generalversammlung auf fünf Jahre festgelegt[1185] und seine Wahl kann nach derselben Resolution auch mit einfacher Mehrheit der anwesenden und abstimmenden Mitglieder erfolgen.[1186]

Wenn die Charta eine Regelung für diese zwei Fragen getroffen hätte, würde sie sich vermutlich in Art. 18 oder Art. 97 SVN finden. Die Tatsache, dass dies nicht der Fall ist und diese Fragen offen auf der Hand liegen, deutet darauf hin, dass die Charta sie für eine Antwort in der frühen Praxis der Organisation offen lassen sollte, also eine bewusste Regelungslücke gelassen wurde. Die Füllung solcher Lücken wurde bereits als (wenn auch nicht ganz unproblematische) Funktion der Auslegung identifiziert,[1187] sodass eine spätere Praxis dafür genügt. Die einstimmige Einführung der fünfjährigen Amtszeit in GA Res. 11 (I),[1188] die nunmehr konsistente Handhabung dieser Fragen durch Generalversammlung und Sicherheitsrat und die Tatsache, dass beides seit langer Zeit nicht mehr zur Debatte steht, machen mehr als deutlich, dass eine wirksame spätere Praxis vorliegt, welche die Qualität einer autoritativen Auslegung erlangt hat.

e) Art. 93 Abs. 2 SVN

Die Generalversammlung hat gem. Art. 93 Abs. 2 SVN die Kompetenz, auf Empfehlung des Sicherheitsrats Bedingungen zu formulieren, unter denen *Nicht*mitgliedstaaten der Organisation als Parteien des IGH-Statuts zugelassen werden. Dies ist in der Praxis der Organisation mehrfach geschehen, nämlich in den Fällen der Schweiz,[1189] Liechten-

---

[1185] Vorübergehend (1950-1953 und 1961-1971) gab es dreijährige Amtszeiten sowie einige Unstimmigkeiten zwischen Sicherheitsrat und Generalversammlung; siehe dazu den Überblick bei Conforti/Focarelli, The Law and Practice of the United Nations, 4. Aufl. 2010, S. 115 f.

[1186] GA Res. 11 (I); Repertory, Bd. V, Art. 97, Rn. 49, 56; dazu Klein/Schmahl, in: Graf Vitzthum/Proelß (Hrsg.), Völkerrecht, 6. Aufl. 2013, Rn. 169.

[1187] Siehe oben, B. III. 3. a) aa) (2).

[1188] Siehe http://research.un.org/en/docs/ga/quick/regular/1 (16.12.2014).

[1189] Repertory, Bd. V, Art. 93, Rn. 2; GA Res. 91 (I).

steins,[1190] Japans,[1191] San Marinos[1192] und Naurus.[1193] Art. 93 Abs. 2 SVN sieht vor, dass die Bedingungen „jeweils“ festgesetzt werden, die autoritative englische Fassung spricht in deutlicherer Sprache von „conditions to be determined in each case“.

Tatsächlich hat die Generalversammlung in jedem einzelnen Fall die gleichen Bedingungen zur Anwendung gebracht, die vom Expertenausschuss des Sicherheitsrats im ersten Anwendungsfall von Art. 92 Abs. 2 SVN vorgeschlagen worden waren:

> „Switzerland will become a party to the Statute of the Court on the date of the deposit with the Secretary-General of the United Nations of an instrument, signed on behalf of the Government of Switzerland and ratified as may be required by Swiss constitutional law, containing: (a) Acceptance of the provisions of the Statute of the International Court of Justice; (b) Acceptance of all the obligations of a Member of the United Nations under Article 94 of the Charter; (c) An undertaking to contribute to the expenses of the Court such equitable amount as the General Assembly shall assess from time to time after consultation with the Swiss Government.“[1194]

Eine Stellungnahme im Bericht des besagten Ausschusses ist bemerkenswert:

> „Accordingly, the conditions recommended above as appropriate to the case of Switzerland are not intended to constitute a precedent to be followed in any future case under Article 93, paragraph 2, either by the Security Council or by the General Assembly.“[1195]

Genau das, was der Ausschuss offensichtlich vermeiden wollte, ist in der Praxis eingetreten: Seine Vorschläge haben ersichtlich faktische Präzedenzwirkung erhalten.

Auch wenn der Wortlaut zumindest in der englischen Fassung recht eindeutig erscheint, ist aus teleologischer Perspektive kein Grund ersichtlich, warum bewährte Beitrittsbedingungen nicht wiederholt ge-

---

[1190] Repertory, Bd. V, Art. 93, Rn. 2; GA Res. 363 (IV).

[1191] Repertory, Bd. V, Art. 93, Rn. 2; GA Res. 805 (VIII).

[1192] Repertory, Bd. V, Art. 93, Rn. 2; GA Res. 806 (VIII).

[1193] Repertory, Supplement 7, Bd. VI, Art. 93, Rn. 2; GA Res. 42/21.

[1194] Repertory, Bd. V, Art. 93, Rn. 10.

[1195] Ebd., Rn. 14.

stellt werden dürften. Insofern kann von einer Konkretisierung der Beitrittsbedingungen zum IGH-Statut für Nicht-Mitglieder der UN auf dem Wege einhelliger Praxis des Plenarorgans (Kategorie 1) ausgegangen werden.[1196]

f) Art. 100 SVN

Es existiert eine ständige Praxis des Sekretariats, welche einen Einfluss auf Art. 100 SVN gezeitigt haben könnte, der die Neutralität der Sekretariatsmitarbeiter sicherstellen soll: Die Abordnung von Beamten (*secondment*) und von sog. *gratis personnel* von Seiten nationaler Regierungen. Die Mitgliedstaaten transferieren vorübergehend Personal an die Organisation zur Unterstützung ihrer Aktivitäten und tragen bei *gratis personnel* sogar die Personalkosten. Dies legt nahe, dass sie einen erheblichen faktischen Einfluss auf diese Mitarbeiter ausüben können.[1197]

Die Beschäftigung von abgeordneten Beamten und *gratis personnel* bewegt sich im Grenzbereich zwischen Auslegung und Modifikation: So wird *gratis personnel* nach der offiziellen Politik des Sekretariats nicht zu den Bediensteten i.S.v. Art. 100 SVN gezählt, vielmehr soll sein Status dem von *experts on mission* gem. Art. VI Abs. 22 der Konvention über die Vorrechte und Immunitäten der Vereinten Nationen angenähert sein.[1198] Immerhin die Kosten für das *secondment* werden von den Vereinten Nationen getragen.[1199] Im Übrigen gelten für abgeordnete Bedienstete die gleichen Regeln wie für die regulären Bediensteten der Organisation,[1200] also auch Art. 100 SVN. Formell verbleibt der natio-

---

[1196] Alle in den Fn. 1189-1193 erwähnten Resolutionen bis auf GA Res. 363 (IV) (Liechtenstein, verabschiedet mit 2 Gegenstimmen) ergingen entweder einstimmig oder im Konsensverfahren, siehe http://www.un.org/documents/resga.htm (16.12.2014); ohnehin hätte eine Praxis der Kategorie 3 (autonome Organpraxis) genügt.

[1197] Ebner, in: Simma u. a. (Hrsg.), The Charter of the United Nations, 3. Aufl., Bd. 2, 2012, Art. 100 Rn. 36 ff.; Schermers/Blokker, International Institutional Law, 5. Aufl. 2011, §§ 526 f.

[1198] UN Doc. A/51/688.

[1199] Schreuer, Secondment of United Nations Officials from National Civil Service, GYIL 34 (1991), 307.

[1200] Ebd.

nalen Regierung kein Einfluss auf die Dienstausübung; wie groß die faktische, informelle Einwirkungsmöglichkeit ist, lässt sich nicht genau bemessen. Der Einfluss auf Dienstantritt und -beendigung ist jedoch mit Billigung von UNAT und Generalversammlung beträchtlich.[1201] Eine Einwirkung auch auf die Dienstausübung kann damit wohl kaum ausgeschlossen werden, sodass hier manches für einen die Grenzen der Auslegung überschreitenden Modifikationsversuch spricht.[1202]

Die Praxis der Beschäftigung von *gratis personnel* wurde von der Generalversammlung zwar mitunter kritisiert und mit Auflagen versehen, aber dennoch im Wesentlichen von ihr gebilligt.[1203] *Secondment* wurde von ihr nicht nur akzeptiert, sondern sogar ausdrücklich begrüßt,[1204] und zwar im Konsensverfahren.[1205] Dies geschah, obwohl einige Richter des IGH in Sondervoten zu einem Revisionsgutachten über ein Urteil des UNAT[1206] erhebliche Zweifel an der Vereinbarkeit des *secondment* mit Art. 100 SVN ausgedrückt hatten.[1207] Die Annahme liegt nahe, dass jeder Mitgliedstaat, der selbst Beamte und *gratis personnel*

[1201] Ebner, in: Simma u. a. (Hrsg.), The Charter of the United Nations, 3. Aufl., Bd. 2, 2012, Art. 100 Rn. 36 ff.

[1202] Für einen Verstoß gegen Art. 100 SVN: Rede Dag Hammarskjölds v. 30.5.1961 an der Universität Oxford, zitiert in Diss. Op. Schwebel, Application for Review of Judgement No. 333 of the United Nations Administrative Tribunal, ICJ Reports 1987, 210, 230 f.; Klein/Schmahl, in: Graf Vitzthum/Proelß (Hrsg.), Völkerrecht, 6. Aufl. 2013, Rn. 175; Schreuer, Secondment of United Nations Officials from National Civil Service, GYIL 34 (1991), 307, 318 ff.

[1203] GA Res. 51/243; 52/234.

[1204] Repertory, Supplement 9, Bd. VI, Art. 100, Rn. 5; Supplement 10, Bd. VI, Art. 100, Rn. 149; GA Res. 51/226 III B, Rn. 7; 53/221 V, Rn. 24; GA Res. 55/258 IV, Rn. 19.

[1205] Siehe http://research.un.org/en/docs/ga/quick/regular/51; http://research.un.org/en/docs/ga/quick/regular/53; http://research.un.org/en/docs/ga/quick/regular/55 (16.12.2014).

[1206] Yakimetz v. The Secretary-General of the United Nations, UNAT Judgement No. 333, http://untreaty.un.org/unat/UNAT_Judgements/Judgements_E/UNAT_00333_E.pdf (16.12.2014).

[1207] Sep. Op. Ago, Application for Review of Judgement No. 333 of the United Nations Administrative Tribunal, ICJ Reports 1987, 106, 107; Diss. Op. Schwebel, ebd., 110, 128; Diss. Op. Evensen, ebd., 159, 172; diese Zweifel werden, wie erwähnt, in der Literatur geteilt: siehe oben, Fn. 1202.

zur Verfügung stellt oder gestellt hat, konkludent der entsprechenden Praxis zugestimmt hat. Viel spricht also für die einhellige Billigung einer gemeinsamen Praxis des Sekretariats und zahlreicher UN-Mitgliedstaaten (Praxis der Kategorie 2). Es handelt sich zwar um Intra-Organ-Vorschriften in der Sphäre des Sekretariats, sie dienen jedoch dem Schutz seiner Unparteilichkeit, die unmittelbar im Interesse aller Mitgliedstaaten liegt. Aus der Kategorie von Satzungsbestimmungen, denen Art. 100 SVN angehört, lassen sich also keine eindeutigen Schlüsse ziehen. Die Konsistenz der Praxis spricht wiederum für ihre rechtliche Relevanz. Die zitierten Resolutionen der Generalversammlung waren hinreichend deutlich formuliert, um Rückschlusse auf ein dahingehendes subjektives Element zuzulassen, die Praxis der Abordnung mit gewissen Vorbehalten grundsätzlich rechtlich abzusichern. Die Praxis genügt also hohen Ansprüchen; somit dürfte sie auch die Anforderungen an eine wirksame Modifikation des Art. 100 SVN durch *established practice* erfüllen, wenn man sich nicht auf den wohl zu weitgehenden Standpunkt stellt, dass dies mit der Unabhängigkeit des Sekretariats einem der Grundprinzipien der UN-Charta zuwiderläuft.

g) Art. 102 SVN

Die Generalversammlung hat detaillierte Richtlinien (*Regulations*) erlassen, um Art. 102 SVN zu implementieren.[1208] Dabei handelt es sich um den interessanten Fall, dass ein Organ der Vereinten Nationen – ohne dass es die Charta wie z. B. in Art. 101 Abs. 1 SVN selbst vorsieht – ausdrücklich entschieden hat, einen Leitfaden für die Anwendung bzw. die Auslegung einer konkreten Bestimmung der Charta zu erstellen.

In der Präambel zu den Richtlinien, zu Beginn der einstimmig verabschiedeten Resolution 97 (I), macht die Generalversammlung deutlich, dass sie beabsichtigt, verbindliche Regeln für die Anwendung des Art. 102 SVN aufzustellen.[1209] Das wird noch klarer durch die Formu-

---

[1208] Repertory, Bd. V, Art. 102, Rn. 2; GA Res. 97 (I); die ursprünglichen Richtlinien, die zu ihnen erlassenen Änderungen und die Praxis, der bei ihrer Anwendung gefolgt wurde, können im Repertory nachvollzogen werden.

[1209] GA Res. 97 (I), Präambel: „Considering it desirable to establish rules for the application of Article 102 of the Charter of the United Nations [...]"; zur

lierung der einzelnen Artikel, die das Verbindlichkeit zum Ausdruck bringende Verb „shall" enthalten. Das bringt die Existenz eines subjektiven Elements, einer entsprechenden einhelligen Auslegungsübereinkunft der in der Generalversammlung vertretenen Mitgliedstaaten, deutlich zum Ausdruck. Es handelt sich um eine formalisierte bzw. in einem Regelwerk konsolidierte Praxis, insoweit vergleichbar mit Teilen der Geschäftsordnungen der verschiedenen Organe,[1210] ohne dass eine ausdrückliche Kompetenz zu deren Erlass in der Charta zu finden wäre. Die einstimmige Verabschiedung macht deutlich, dass es sich um eine Praxis der Kategorie 1 handelt. Schließlich wurden die Richtlinien auf Vorschlag und im engen Zusammenwirken mit dem Sekretariat erlassen.[1211] Das alles spricht nachdrücklich für eine autoritative Auslegung von Art. 102 SVN i.S.v. Art. 31 Abs. 3 lit. b i.V.m. Art. 5 WVK durch Organpraxis.

Ein erstes Beispiel für die autoritative Konkretisierung des Art. 102 SVN durch die Richtlinien der Generalversammlung ist ihr Art. 12 Abs. 2. Nach dieser Vorschrift hat das Sekretariat die Möglichkeit, bestimmte Arten von völkerrechtlichen Verträgen nicht *in extenso* zu publizieren.[1212] Dieser Artikel der Richtlinien formalisierte eine Praxis, die vom Sekretariat bereits zuvor verfolgt worden war, da es zu kostspielig war, bestimmte technische Annexe vollständig zu publizieren. Art. 102 Abs. 1 SVN macht zwar keine Einschränkung in Bezug auf den Umfang der Veröffentlichung eines Vertrages, verlangt aber auch nicht die vollständige Publikation. Obwohl bei Erlass der Charta noch davon ausgegangen worden sein mag, dass eine solche immer problemlos möglich sein würde, dürfte es nicht dem Zweck der Norm – nämlich für die Zukunft Geheimdiplomatie ob ihrer friedensgefährdenden Implikationen zu unterbinden[1213] – zuwiderlaufen, bestimmte technische Annexe aus Kostengründen von der Veröffentlichung auszunehmen.

Ein weiteres Beispiel für die Satzungsrelevanz der Richtlinien betrifft die Definition von Verträgen und internationalen Übereinkünften

---

Einstimmigkeit siehe http://research.un.org/en/docs/ga/quick/regular/1 (16.12.2014).

[1210] Siehe oben, B. IV. 8.

[1211] GA Res. 97 (I).

[1212] Repertory, Supplement 9, Bd. VI, Art. 102, Annex, Article 12.

[1213] Tabory, Recent Developments in United Nations Treaty Registration and Publication Practices, AJIL 76 (1982), 350.

i.S.d. Art. 102 Abs. 1 SVN. Als die Generalversammlung die Richtlinien annahm, verzichtete sie auf eine solche Definition. Das *Repertory* merkt hierzu an, dass die Frage einer allmählichen Entwicklung durch die Praxis des Sekretariats überlassen werden sollte.[1214] Es hat den Anschein, dass es – zumindest noch vor kurzem – der Position des Sekretariats entsprach, die Definition von Art. 2 Abs. 1 lit. a WVK auch auf Art. 102 Abs. 1 SVN anzuwenden. Supplement 9 des *Repertory* zu Art. 102 SVN, welches den Zeitraum von 1995 bis 1999 abdeckt, erwähnt zum ersten Mal, dass das Sekretariat in seiner Praxis von Art. 2 WVK beeinflusst wird.[1215]

Auch weitgehend unabhängig von den Richtlinien der Generalversammlung ist die *Treaty Section* der Rechtsabteilung des Sekretariats Urheberin einer umfassenden Anwendungspraxis zu Art. 102 SVN, selbstverständlich im Zusammenwirken mit den Mitgliedstaaten, die völkerrechtliche Willenserklärungen zur Registrierung einreichen.

Diesbezüglich sei auf eine weitere satzungsrelevante Praxis hingewiesen: Inzwischen werden Abkommen i.S.d. Art. 102 SVN auch digital im Internet publiziert.[1216] Damit ist in der modernen Praxis des Sekretariats eine Auslegung des Wortes „veröffentlicht“ vorgenommen worden, die bei Entstehung der Charta nicht vorhergesehen werden konnte.

Die digitale Veröffentlichung im Internet wirft zwar einige Abgrenzungsfragen zur dynamischen Auslegung auf;[1217] soweit sie auf die Praxis des Sekretariats gestützt ist, dürfte es sich aber um eine unproblematische einfache Interpretation handeln, welche die Publikation mit modernen, technischen Mitteln effizienter gestaltet und dem Zweck des Art. 102 SVN, Geheimdiplomatie entgegenzuwirken, durch kostenlo-

---

[1214] Repertory, Bd. V, Art. 102, Rn. 29; Supplement 4, Bd. II, Art. 102, Rn. 7 m.w.N. (Fn. 7).

[1215] Repertory, Supplement 9, Bd. VI, Art. 102, Rn. 5: „In the absence of a definition of the term "treaty" and "international agreement" in the provisions of Article 102 as well as in the Regulations adopted by the General Assembly to give effect to it, the Secretariat is guided by the provisions of article 2 of the 1969 Vienna Convention on the Law of Treaties and generally defines the term as a written agreement governed by international law entered into by parties with the requisite treaty-making capacity.“

[1216] Repertory, Supplement 10, Bd. VI, Art. 102, Annex to the General Survey, Note b to Article 12; http://treaties.un.org/ (28.02.2015).

[1217] Siehe dazu allgemein oben, B. II. 3. b).

sen Zugang an weite Bevölkerungskreise sehr entgegenkommt. In die Rechte der Staaten wird dadurch kaum eingegriffen. Es existieren auch keine Anzeichen im *Repertory* oder in der Literatur, dass andere Organe oder Mitgliedsstaaten gegen diese Praxis protestiert hätten. Die Voraussetzungen einer späteren Praxis liegen also mit an Sicherheit grenzender Wahrscheinlichkeit vor.

7. Erweiternde Praxis: Entwicklung des *Peacekeeping*

Die Entwicklung des *Peacekeeping* ist ein – wenn nicht sogar das – Paradebeispiel für politische und rechtliche Innovation durch die Praxis der Vereinten Nationen. Diese Praxis lässt sich ob ihres Umfangs kaum in der gesamten Bandbreite darstellen und analysieren, sodass eine Beschränkung auf die wesentlichen Entwicklungslinien und -tendenzen angezeigt ist.[1218]

[1218] Vor diesem Hintergrund wurde auf eine Analyse des *Post-Conflict Peacebuilding*, also der Einrichtung von Übergangsverwaltungen und Sondertribunalen durch den Sicherheitsrat, verzichtet. Das *Peacebuilding* könnte ebenfalls auf einer erweiternden *established practice* beruhen, wenn man die Position einnimmt, dass sich dafür keine hinreichende Rechtsgrundlage in der Charta findet (so Conforti/Focarelli, The Law and Practice of the United Nations, 4. Aufl. 2010, S. 295 ff.; Kiderlen, Von Triest nach Osttimor, 2008, S. 106 ff.); folgt man hingegen der wohl h.M. in der Literatur, die das *Peacebuilding* auf Art. 41 SVN stützt (ICTY, Prosecutor v. Tadic, Decision on the Defence Motion for Interlocutory Appeal on Jurisdiction, 2.10.1995, Rn. 31 ff.; Krisch, in: Simma u. a. (Hrsg.), The Charter of the United Nations, 3. Aufl., Bd. 2, 2012, Art. 41 Rn. 26 (nur noch in Bezug auf Sondertribunale, Übergangsverwaltungen werden nunmehr unter Art. 42 gefasst: ebd., Rn. 13; anders noch die Vorauflage: Frowein/Krisch, in: Simma u. a. (Hrsg.), The Charter of the United Nations, 2. Aufl., Bd. 1, 2002, Art. 41 Rn. 21); Stahn, International Territorial Administration in the Former Yugoslawia, ZaöRV 61 (2001), 107, 131; Wolfrum, International Administration in Post-Conflict Situations by the United Nations and other International Actors, Max Planck Yearbook of United Nations Law 9 (2005), 649, 668 f.), ist stattdessen eine interpretative spätere Praxis zu dieser Norm denkbar.

a) Praxis

Nach der Einrichtung der ersten UN-Friedensmissionen UNEF zur Bewältigung der Suez-Krise[1219] und ONUC im Kongo[1220] kam es vor allem nach Ende des Kalten Krieges geradezu zu einer Proliferation von Missionen, entsandt vom Sicherheitsrat mit Zustimmung der Zielstaaten. Sie rekrutierten sich aus den Streitkräften kooperationsbereiter UN-Mitgliedstaaten, unterlagen im Wesentlichen der Leitung des Sekretariats und waren mit einem begrenztem Mandat ausgestattet (vornehmlich Trennung der Konfliktparteien, Waffeneinsatz nur zur Selbstverteidigung). Im Laufe der Zeit kamen weitere Aufgaben wie Schutz der Zivilbevölkerung, Unterstützung humanitärer Hilfsmaßnahmen oder Unterbindung von Waffenlieferungen hinzu. Einige jüngere Missionen erhielten ein sog. robustes Mandat, bei dem Waffengewalt auch jenseits der Selbstverteidigung zur Verfolgung der Ziele der Mission eingesetzt werden durfte.[1221]

b) Rechtsgrundlage

Diese Missionen konnten aus politischen Gründen nicht auf Kapitel VII der Charta gestützt werden (mit Ausnahme des *robust peacekeeping*[1222]). Kapitel VI hingegen sieht den Einsatz von Streitkräften als eine den UN zurechenbare Aktivität nicht vor. Die Rechtsgrundlage des *Peacekeeping* wurde daher meist mit dem Konzept der *implied powers* begründet,[1223] mit der Entstehung eines ungeschriebenen Kapitels VI ½ der Charta, das Elemente von Kapitel VI und Kapitel VII miteinander

---

[1219] Durch die Generalversammlung, GA Res. 998 (ES-1), 1000 (ES-1), 1001 (ES-1).

[1220] Durch den Sicherheitsrat, SC Res. 143 (1960).

[1221] Statt vieler: Bothe, in: Graf Vitzthum/Proelß (Hrsg.), Völkerrecht, 6. Aufl. 2013, Rn. 36; Myjer/White, in: Gill/Fleck (Hrsg.), The Handbook of the International Law of Military Operations, 2010, S. 173.

[1222] Ebd.

[1223] IGH, Certain Expenses, Advisory Opinion, ICJ Reports 1962, 151, 168, 172; Blokker, Beyond 'Dili', in: Kreijen u. a. (Hrsg.), State Sovereignty and International Governance, 2002, S. 299, 308.

vereint,[1224] bzw. mit der entsprechenden Praxis des Sicherheitsrats (und anfangs auch der Generalversammlung) unter Billigung der Mitgliedstaaten.[1225]

Mit dem *Peacekeeping* wurde der Instrumentenkatalog der UN-Charta für die Erhaltung von Frieden und internationaler Sicherheit, der ursprünglich einerseits bloße Empfehlungen, andererseits physische Zwangsmaßnahmen wie Wirtschaftssanktionen und militärische Interventionen enthielt, erheblich erweitert. Anfangs waren in der Charta nur zwei Extreme vorgesehen: Maßnahmen, die sich in Worten erschöpften, die nur mit der Kooperation der Störer von Frieden und Sicherheit wirksam werden konnten und physische Eingriffe gegen deren Willen, wie die Entsendung von Truppen. Hinzu trat mit dem *Peacekeeping* mehr als nur ein Kompromiss zwischen beiden Extremen: Den Worten wurde mit Truppen Nachdruck verliehen, die nicht durch ihren gewaltsamen Einsatz, sondern durch ihre bloße physische Präsenz eine befriedende Wirkung entfalteten – das alles aber mit der Zustimmung der Friedensstörer bzw. Konfliktparteien. Eine so weitreichende Ergänzung des von der Charta errichteten Systems der kollektiven Sicherheit lässt sich nur schwerlich als bloße Auslegung abtun, was u. a. gegen die These von den *implied powers* spricht. Das Konzept des *Peacekeeping* weicht dafür zu sehr vom Wortlaut und der Systematik der Charta ab.[1226] Dass dies für den Telos nicht zutrifft,[1227] genügt allein nicht, um

---

[1224] Statt vieler Franck, Recourse to Force, 2002, S. 39 f.; Kadelbach, in: Simma u. a. (Hrsg.), The Charter of the United Nations, 3. Aufl., Bd. 1, 2012, Interpretation Rn. 63; Kolb, An Introduction to the Law of the United Nations, 2010, S. 171.

[1225] Klabbers, An Introduction to International Institutional Law, 2. Aufl. 2009, S. 82; Liang, Modifying the UN Charter through Subsequent Practice, NordJIL 81 (2012), 1, 10 ff.; andere Stimmen wollen *Peacekeeping*-Einsätze je nach Einzelfall unter Kapitel VI oder Kapitel VII subsumieren: Bothe, Peacekeeping Forces, in: Wolfrum (Hrsg.), MPEPIL 2011, opil.ouplaw.com/home/ORIL (25.11.2014), Rn. 32 ff.; ein letzter Ansatz verweist auf Art. 40 SVN: Nasu, International Law on Peacekeeping, 2009, S. 33 ff.

[1226] Vgl. Blokker, Beyond 'Dili', in: Kreijen u. a. (Hrsg.), State Sovereignty and International Governance, 2002, S. 299, 301: „[…] the instrument of UN peacekeeping is completely alien to the Charter […].“; vgl. Klabbers, An Introduction to International Institutional Law, 2. Aufl. 2009, S. 82.

zu einer anderen Beurteilung zu kommen. Vieles weist also nach der hier vertretenen Auffassung in den Bereich der *established practice*, der von der Annahme eines Kapitel VI ½ nicht allzu weit entfernt ist, soweit dabei der Schwerpunkt auf die Rolle der Praxis bei dessen Entstehung gelegt wird.

Für die Annahme einer modifizierenden *established practice* fehlt es somit am Anknüpfungspunkt in den konkreten Bestimmungen der UN-Charta,[1228] sodass nur noch eine Erweiterung in Betracht kommt. Es liegt auf der Hand, dass diese Erweiterung satzungsäquivalent ist.

c) Analyse

Die Praxis der Entsendung von *Peacekeeping*-Missionen ist seit den sechziger Jahren in zahlreichen Fällen und in äußerst konsistenter Weise vom Sicherheitsrat verfolgt worden, auch wenn die Mandate in ihren Einzelheiten variierten. Da jede Mission, die nicht direkt auf Kapitel VII gestützt wird, die Zustimmung der Truppensteller und der Zielländer voraussetzt, liegt die ausdrückliche Zustimmung eines beträchtlichen Teils der UN-Mitglieder zu dieser Praxis vor. Zahlreiche UN-Mitgliedstaaten haben als Mitglieder des UN-Sicherheitsrats *Peacekeeping*-Operationen mitgetragen. Die übrigen Mitglieder widersprechen der grundsätzlichen Möglichkeit, solche Missionen durchzuführen, seit langer Zeit nicht mehr; nur über die politische Opportunität konkreter Missionen und deren Finanzierung wird noch gestritten. Auch die Generalversammlung hat mehrfach einhellig ihre grundsätzliche Unterstützung für die Praxis des *Peacekeeping* ausgedrückt, ganz abgesehen davon, dass sie diese ursprünglich mit der einstimmigen Schaffung von UNEF initiierte.[1229] Es existiert also eindeutig die Praxis eines Organs mit beschränkter Mitgliedschaft, die von den übrigen Mitgliedstaaten

---

[1227] Vgl. IGH, Certain Expenses, Advisory Opinion, ICJ Reports 1962, 151, 168, der UNEF und ONUC indirekt als im Einklang mit dem Ziel der Organisation, Weltfrieden und internationale Sicherheit zu bewahren, beschreibt.

[1228] Zur Unterscheidung zwischen modifizierender und erweiternder Praxis siehe oben, B. III. 4.

[1229] GA Res. 998 (ES-1), 1000 (ES-1), 1001 (ES-1). Die für die Einrichtung von UNEF entscheidenden Resolutionen 998 (ES-1) und 1001 (ES-1) ergingen ohne Gegenstimmen: http://research.un.org/en/docs/ga/quick/emergency (16.12.2014).

einhellig gestützt wurde (Kategorie 2). Das Vorliegen einer diese Praxis als subjektives Element stützenden universellen *opinio iuris*, die *Peacekeeping* als von der Charta gedeckt erachtet, kann nicht bezweifelt werden. Im Angesicht dieser zahlreichen die Praxis stützenden Faktoren ist auch die Schaffung einer ungeschriebenen materiellen Kompetenznorm als Grundlage des *Peacekeeping* durch *established practice* möglich gewesen.

III. Zusammenfassung und Schlussfolgerungen

Bei der Zusammenfassung der vorangehenden Fallstudien könnte man der Verlockung unterliegen, für jede der Kategorien von Satzungsbestimmungen die (autoritativen) Auslegungsvorgänge durch spätere Praxis sowie der Änderungen und Erweiterungen durch *established practice* zu zählen, Quoten zu bilden und daraus Schlussfolgerungen zu ziehen.

Das wäre jedoch ein wenig sinnvolles Unterfangen. Denn obwohl sich die Untersuchung auf das systematisch aufgebaute *Repertory of Practice of United Nations Organs*[1230] stützt, handelt es sich um eine Auswahl aus einer Vielzahl von Fällen, im Bereich der Auslegung durch Organisationspraxis gar nur um eine kleine Stichprobe. Diese wurde anhand von Ermessenskriterien wie *impact* und Anschaulichkeit getroffen,[1231] bei denen sich Subjektivität trotz aller Bemühungen nicht vermeiden lässt. Ohnehin werden auf diesem Wege überdurchschnittlich viele Beispiele von Änderungen und Erweiterungen durch Praxis identifiziert – auch wenn das alle Kategorien gleichermaßen betreffen dürfte und die Vergleichbarkeit zwischen ihnen nicht ausschließt. Überdies ist es methodisch fragwürdig, Fallbeispiele zu zählen und ihnen bei der Auswertung jeweils das gleiche Gewicht einzuräumen. So könnten z. B. die zahlreichen Facetten autoritativer Auslegung einer einzigen Norm durch den Sicherheitsrat, nämlich des Art. 39 SVN,[1232] nicht mit dem gleichen „Zählwert" der informellen Modifikation des Art. 9 Abs. 2 SVN durch die Generalversammlung gegenübergestellt werden.

[1230] Das selbst gelegentlich inkonsistent oder unvollständig ist.

[1231] Siehe oben, D. I.

[1232] Siehe oben, D. II. 4. g) aa).

Die Fälle verschließen sich somit der statistischen Erfassung. Aus einem bestimmten Verhältnis zwischen Auslegungs- und Änderungsvorgängen durch Praxis bei den verschiedenen Kategorien von Satzungsbestimmungen eindeutige Schlussfolgerungen zu ziehen, z. B. dass materielle Normen in den Gründungsverträgen schwerer durch Praxis zu ändern sein würden als Inter-Organ-Bestimmungen, verbietet sich also. Es ist jedoch möglich, auch bei einer überschlägigen Gesamtbetrachtung der Fallstudien signifikante Unterschiede zwischen den Kategorien von Satzungsbestimmungen aufzuzeigen und daraus einige wenige vorsichtige Rückschlüsse zu ziehen oder vielmehr Hypothesen zu bilden.

So ist bemerkenswert, dass bei den Intra-Organ-Bestimmungen eine geringe Gesamtzahl von relevanten Konstellationen aufgefallen ist, die allesamt als *established practice* eingeordnet wurden bzw. eingeordnet werden können. Das dürfte darauf hindeuten, dass Intra-Organ-Bestimmungen der UN-Charta weniger Anpassungsdruck in der Breite und dafür mehr in der Tiefe ausgesetzt waren. Wenige Bestimmungen dieser Kategorie dürften sich als nicht praxistauglich erwiesen haben. Wo dies der Fall war, konnte dem von den Organen durch überwiegend rechtmäßige informelle Modifikationen bzw. Erweiterungen abgeholfen werden.

Die Gesamtzahl der auffälligen Praxisbeispiele im Inter-Organ-Bereich war ähnlich gering. Auch hier kann man einen eher punktuellen Anpassungsdruck vermuten. Es überwiegen aber anders als bei der vorigen Kategorie eindeutig Fälle der Auslegung sowie völkerrechtlich gescheiterter Änderungen. Im komplexen und hochpolitischen Beziehungsgeflecht zwischen Sicherheitsrat und Generalversammlung erhielten die unternommenen Modifikationsversuche nicht die erforderliche Unterstützung, um vor dem Völkerrecht zu bestehen. In anderen Bereichen war eine interpretative Praxis ausreichend, um die als erforderlich empfundenen Anpassungen vorzunehmen.

Bei den materiellen Vorschriften scheint es auf den ersten Blick eine viel reichhaltigere Kasuistik zu geben, jedoch betrifft mehr als die Hälfte der auffälligen Konstellationen Kapitel VII der UN-Charta und der überwiegende Teil davon wiederum Art. 39 SVN. Dennoch lässt sich die wenig überraschende Feststellung treffen, dass materielle Bestimmungen der Charta dem höchsten Anpassungsdruck sowohl in der Breite als auch in der Tiefe ausgesetzt waren. Es gab zahlreiche – vor allem autoritative – Auslegungsvorgänge und die rechtmäßigen Modifikationen und Erweiterungen übertreffen bei weitem die rechtswidrigen Versuche. Interessant ist dabei, dass trotz des theoretisch hohen Einflusses des mitgliedstaatlichen Elements auf diejenige Organisationspraxis, welche die Rechte und Pflichten der Mitgliedstaaten betrifft, eine rechtmäßige *established practice* im materiellen Bereich anscheinend häufiger zustande kam als bei den Inter-Organ-Vorschriften – obwohl bei diesen autonomes Element und Mehrheitspraxis aus dogmatischer Perspektive einflussreicher sind.[1233]

[1233] Siehe oben, C. I. 2. b).

E. Vierter Teil: Die Praxis weiterer Internationaler Organisationen

Der vierte Teil ist einer Auswahl weiterer Internationaler Organisationen gewidmet, die mangels einer systematischen Sammlung weniger umfassend und systematisch behandelt werden können als die Vereinten Nationen; es musste im Wesentlichen auf in der Literatur bereits identifizierte Fallbeispiele zurückgegriffen werden.[1234]

Die Auswahl der Fallstudien folgte den gleichen Kriterien wie im dritten Teil. Begründungsbedürftig ist darüber hinaus aber die Auswahl der untersuchten Organisationen. Begonnen wurde mit den UN-Sonderorganisationen IMO, ICAO, WHO, ILO, IWF und Weltbank, die als eher administrativ-technische und eher unpolitische Organisationen seltener im Fokus der globalen Aufmerksamkeit stehen – von temporären Ausnahmen bei IWF und WHO einmal abgesehen. Bei ihnen liegt die Vermutung nahe, dass notwendige Anpassungen ihrer Gründungsinstrumente oftmals pragmatisch und informell durch Organpraxis vorgenommen werden. Bewusst nicht behandelt wurden organisatorisch eigenständige Strukturen der UN, die keine Sonderorganisationen sind, denen es also insbesondere an einem Gründungsvertrag und einer mitgliedschaftlichen Struktur fehlt, wie UNEP[1235] und UNHCR.[1236] Bei ihnen kann Art. 31 Abs. 3 lit. b WVK in Ermangelung der erforderlichen Subjekte (Parteien/Mitgliedstaaten) und des erforderlichen Objekts (Gründungsvertrag) keine unmittelbare Anwendung finden. Zwar kann die Praxis der UN-Mitgliedstaaten, des UNEP oder des UNHCR einen Einfluss auf die Konventionen des Umwelt- oder Flüchtlingsrechts zeitigen; diese Sonderphänomene von Praxis im insti-

---

[1234] Siehe oben, A.

[1235] Statt vieler Ruffert/Walter, Institutionalisiertes Völkerrecht, 2009, Rn. 635.

[1236] Zum Status des UNHCR: Feller/Klug, Refugees, United Nations High Commissioner, in: Wolfrum (Hrsg.), MPEPIL 2013, opil.ouplaw.com/home/ORIL (25.11.2014), Rn. 16 ff.

tutionalisierten Völkerrecht i. w. S. sollen im Rahmen der Arbeit jedoch nicht behandelt werden.

Des Weiteren werden im vierten Teil die Organisationen NATO und EU behandelt, die als klare Ausnahmefälle an entgegengesetzten Rändern des Spektrums betrachtet werden müssen. Während der Nordatlantikpakt eine sehr offene Struktur aufweist,[1237] sodass die informelle Anpassung durch Praxis eine große Rolle spielen kann, ist die Rechtsordnung der Europäischen Union sehr weit entwickelt, ausdifferenziert und konstitutionalisiert. Mit dem EuGH existiert sogar ein zentrales Rechtsprechungsorgan, das ein Letztentscheidungsrecht bei der Auslegung und Rechtsfortbildung außerhalb formeller Änderungsverfahren beansprucht.[1238] Gerade die Frage, inwieweit ein solches Gericht noch Modifikationen durch Staaten- und Organpraxis zulässt und inwieweit die Union diesbezüglich noch eine völkerrechtliche Grundstruktur aufweist, verdient besondere Aufmerksamkeit, auch vor dem Hintergrund der aktuellen europäischen Schuldenkrise. Bei der Betrachtung der NATO bot sich der informelle Wandel ihres Aufgabenspektrums von einer Verteidigungs- zu einer Sicherheitsorganisation an, also insbesondere das neue strategische Konzept von 1999[1239] sowie dessen Implementierung z. B. durch die Mission in Afghanistan. Zuletzt wurden Internationale Organisationen in Lateinamerika und der arabischen Welt untersucht, stellvertretend für außereuropäische Organisationen mit regionalem Wirkungsbereich. Mit MERCOSUR wurde eine regionale Organisation mit wirtschaftlichem Schwerpunkt und potenziell äußerst relevanten Besonderheiten ihres Rechtssystems ausgewählt. Mit

---

[1237] Vgl. Blokker, Constituent Instruments, Grotius Centre Working Paper 2014/024-PIL, 1, 4; vgl. Nolte, Die „neuen Aufgaben“ von NATO und WEU, ZaöRV 54 (1994), 95, 98 ff.

[1238] Zur weitreichenden Auslegungskompetenz des EuGH: Classen, in: Oppermann/Classen/Nettesheim, Europarecht, 6. Aufl. 2014, § 13 Rn. 70; in der Literatur ist diesbezüglich auch etwas irreführend vom Auslegungsmonopol des Gerichtshofs für das Gemeinschafts-/Unionsrecht die Rede: z. B. Frenz, Handbuch Europarecht, Bd. 5, 2010, Rn. 2299; Schmidt-Räntsch, in: Riesenhuber (Hrsg.), Europäische Methodenlehre, 2. Aufl. 2010, § 23 Rn. 10 ff.; zur Rolle des EuGH bei der Rechtsfortbildung: Calliess, Grundlagen, Grenzen und Perspektiven europäischen Richterrechts, NJW 2005, 929 ff.; Streinz, Europarecht, 9. Aufl. 2012, Rn. 611 ff.

[1239] Vgl. The Alliance’s Strategic Concept, 24.4.1999, http://www.nato.int/cps/en/natolive/official_texts_27433.htm (16.12.2014).

der Arabischen Liga steht neben der NATO eine weitere regionale Sicherheitsorganisation zum Vergleich zur Verfügung. Sie hat nach jahrelanger Stagnation durch den arabischen Frühling zumindest vorübergehend eine besonders dynamische Entwicklung erfahren.

Nicht behandelt wurden u. a. WTO[1240] und Europarat. Wirtschaftliche Organisationen werden bereits mit IWF und Weltbank analysiert, außerdem existieren bereits umfassende Untersuchungen zur WTO.[1241] Der informelle Wandel des Europarats war sogar Gegenstand einer monographischen Untersuchung.[1242]

Der vierte Teil dient als Grundlage für die rechtsvergleichende Betrachtung im abschließenden fünften Teil der Arbeit.[1243]

[1240] Bei der WTO haben sich einige *Panels* und der *Appellate Body* ausgiebig zur späteren Praxis und ihrer Anwendung auf GATT und WTO-Abkommen geäußert: WTO Appellate Body, Japan – Alcoholic Beverages II, 4.10.1996, WT/DS8/AB/R, WT/DS10/AB/R, WT/DS11/AB/R, WTO Panel, Japan – Alcoholic Beverages II, 11.7.1996, WT/DS8/R, WT/DS10/R, WT/DS11/R; WTO Appellate Body, EC – Computer Equipment, 5.6.1998, WT/DS62/AB/R, WT/DS67/AB/R, WT/DS68/AB/R, WTO Panel, EC – Computer Equipment, 5.2.1998, WT/DS62/R, WT/DS67/R, WT/DS68/R; WTO Appellate Body, Chile – Price Band System, 23.9.2002, WT/DS207/AB/R, WTO-Panel, Chile – Price Band System, 3.5.2002, WT/DS207/R; WTO Appellate Body, EC – Chicken Cuts, 12.9.2005, WT/DS269/AB/R,WT/DS286/AB/R, WTO Panel, EC – Chicken Cuts, 30.5.2005, WT/DS269/R, WT/DS286/R; WTO Appellate Body, US – Continued Zeroing, 4.2.2009, WT/DS350/AB/R, WTO Panel, US – Continued Zeroing, 1.10.2008, WT/DS350/R; WTO Panel, EC – IT Products, 16.8.2010, WT/DS375/R, WT/DS376/R, WT/DS377/R.

[1241] Berrisch, The Establishment of New Law Through Subsequent Practice in GATT, North Carolina Journal of International Law and Commercial Regulation 16 (1991), 497 ff.; Nolte, Jurisprudence Under Special Regimes Relating to Subsequent Agreements and Subsequent Practice, in: Nolte (Hrsg.), Treaties and Subsequent Practice, 2013, S. 211, 215 ff.

[1242] Wittinger, Der Europarat, 2005, S. 35 ff.

[1243] Siehe oben, A.

I. UN-Sonderorganisationen

1. IMO

Eine satzungsrelevante Organisationspraxis der IMO wurde bereits in der IMCO *Advisory Opinion* des IGH aufgegriffen.[1244] Gem. Art. 28 lit. a IMCO-Konvention[1245] waren die 14 Mitglieder des Maritimen Sicherheitskomitees von der Versammlung der Organisation zu wählen. Mindestens acht dieser Mitglieder sollten die größten schiffsbesitzenden Nationen („largest ship-owning nations“) sein. Obwohl Liberia und Panama nach Bruttoregistertonnen zu diesen gehört hätten, wurden sie nicht gewählt. Der IGH beantwortete die Frage, ob die größten schiffsbesitzenden Nationen nach Bruttoregistertonnen oder nach dem Umfang des Schiffseigentums von Staatsangehörigen zu bestimmen wären, eindeutig zugunsten der ersten Alternative: Ihm zufolge verletzte die Wahl die IMCO-Konvention.[1246] Dabei spielte die Praxis des Plenarorgans der Organisation, der Versammlung, zu verschiedenen Bestimmungen der IMCO-Konvention eine entscheidende Rolle. Im selben Wahlakt wählte sie anstelle von Panama und Liberia die beiden Staaten, die bezüglich der Bruttoregistertonnen weltweit den neunten und den zehnten Rang einnahmen, was als relevante Praxis zu Art. 28 lit. a IMCO-Konvention aufgefasst werden könnte. Bei der Wahl zweier Ratsmitglieder gem. Art. 17 lit. c IMCO-Konvention berücksichtigte sie ebenfalls die Bruttoregistertonnen. Schließlich erfolgte die Verteilung der zu leistenden Mitgliedsbeiträge gem. Art. 41 IMCO-Konvention anhand des gleichen Kriteriums.[1247]

Der vom IGH überprüfte Wahlakt kann selbst nur schwerlich als relevante Praxis zur Einstufung seiner eigenen Rechtmäßigkeit herhalten. Aus der Wahl der in Bezug auf Bruttoregistertonnen neunt- und zehntplatzierten unter gleichzeitiger Umgehung zweier höher platzierter Staaten, lassen sich kaum eine Auslegungsübereinkunft oder eine *opinio iuris* für die Beachtung des Kriteriums Bruttoregistertonnen ableiten.

[1244] Die IMO trug damals noch die Bezeichnung IMCO (Intergovernmental Maritime Consultative Organization); IGH, IMCO, Advisory Opinion, ICJ Reports 1960, 150; siehe zu diesem Gutachten schon oben, B. III. 2. d).

[1245] UNTS Bd. 289, S. 3, 48 ff.

[1246] IGH, IMCO, Advisory Opinion, ICJ Reports 1960, 150, 170 f.

[1247] Ebd., 167 ff.

Vielmehr gehört dieses Argument in den Bereich des *estoppel* oder der Inkonsistenz.[1248]

Davon abgesehen, handelt es sich bei dem u. a. aus der genannten Praxis gefolgerten Ergebnis des IGH, dass Bruttoregistertonnen den Begriff der „largest ship-owning nations“ determinieren,[1249] um ein solches, dass sich im Rahmen der Auslegung hält. Der Wortlaut schließt das trotz der Verwendung des Partizips *owning* nicht aus. Er ist vielmehr konkretisierungsoffen ausgestaltet. Damit muss nicht privatrechtliches Eigentum gemeint sein: Das Fahren des registrierten Schiffes unter der Flagge des jeweiligen Staates und die Unterwerfung unter sein Recht bzw. seine Jurisdiktion können als Aspekte einer *ownership* verstanden werden. Es ist auch die Beflaggung bzw. Jurisdiktion, die für das Völkerrecht in aller Regel relevant ist und an die es Rechtsfolgen knüpft.[1250] Somit kann die Praxis der IMCO-Versammlung an den Voraussetzungen einer einfachen späteren Praxis gem. Art. 31 Abs. 3 lit. b i.V.m. Art. 5 WVK gemessen werden.

Bei einer systematischen Gesamtbetrachtung erfüllt die Praxis diese Voraussetzungen: Das Plenarorgan der Organisation hat diesen und analoge Rechtsbegriffe der IMCO-Konvention mehrfach mindestens mit satzungsgemäßer Mehrheit[1251] und somit zumindest mit autonomer Organpraxis dahingehend ausgelegt, dass er sich auf Bruttoregistertonnen bezieht. Daraus lässt sich auf das Vorliegen einer grundsätzlichen Auslegungsübereinkunft schließen, von der im konkreten Fall aus politischen Gründen abgewichen wurde.

[1248] Siehe dazu allgemein Karl, Vertrag und spätere Praxis im Völkerrecht, 1983, S. 156 ff., 313 ff.

[1249] IGH, IMCO, Advisory Opinion, ICJ Reports 1960, 150, 170.

[1250] Vgl. ebd., 169; vgl. statt vieler Evans, in: Evans (Hrsg.), International Law, 4. Aufl. 2014, S. 665.

[1251] Aufzeichnungen über die tatsächliche Mehrheit sind nicht öffentlich zugänglich.

2. ICAO

Die ICAO bietet zumindest einen interessanten Fall potenziell satzungsrelevanter Organpraxis. Gem. Art. 56 Chicago-Konvention[1252] ist eine *Air Navigation Commission* zu errichten, deren wichtigste Aufgabe es ist, gem. Art. 57 lit. a Chicago-Konvention die Modifikation der Annexe zur Konvention vorzubereiten und dem Rat zu empfehlen. Diese sollte nach dem ausdrücklichen Wortlaut des Art. 56 Chicago-Konvention bei ihrer erstmaligen Errichtung 1949 zwölf Mitglieder haben, die vom Rat auf eine Nominierung der Vertragsstaaten hin zu wählen waren, gemeinsam mit ihrem Präsidenten.[1253] Es gingen jedoch nur neun Nominierungen ein. Nach einer längeren Diskussion im Rat, wie zu verfahren sei, und einem Memorandum der Rechtsabteilung des Sekretariats, unterbreiteten die USA mit der Unterstützung anderer Ratsmitglieder den Vorschlag, zwischen der Errichtung der Kommission als solche mit einer Sollstärke von zwölf Mitgliedern und der ohne Verzögerung vorzunehmenden Ernennung von neun Mitgliedern zu unterscheiden. Dieser Vorschlag wurde mit 15 Ja-Stimmen und einer Gegenstimme angenommen.[1254] Auch in den folgenden Jahren blieb die *Air Navigation Commission* dauerhaft unterbesetzt.[1255]

Es verwundert nicht, dass *Osieke* diesen Vorgang unter der Überschrift „Unconstitutional Acts of International Organisations“ behandelt und ihn somit als potenziellen *ultra-vires*-Akt auffasst,[1256] denn bereits der

---

[1252] International Convention on Civil Aviation, sog. Chicago-Konvention (diese Bezeichnung wird im Folgenden ebenfalls verwendet), UNTS Bd. 15, S. 295.

[1253] Art. 56 Chicago-Konvention in seiner ursprünglichen Fassung, UNTS Bd. 15, S. 295, 336; Art. 56 in seiner aktuellen Fassung (in Kraft getreten am 18.4.2005) sieht 19 Mitglieder vor, UNTS Bd. 2320, S. 79, 88.

[1254] ICAO Doc. 6575 C-748 und 6576 C-749, ein sehr guter Überblick über den Vorgang findet sich bei Osieke, Unconstitutional Acts of International Organisations, ICLQ 28 (1979), 1, 5 ff.

[1255] MacKenzie, ICAO, 2010, S. 102; inzwischen scheint dem jedoch abgeholfen worden zu sein, ansonsten wären die beiden Erweiterungen auf 15 bzw. 19 Mitglieder (Erweiterung auf 15 Mitglieder: UNTS Bd. 958, S. 218, 219, in Kraft getreten am 19.12.1974; Erweiterung auf 19 Mitglieder: UNTS Bd. 2320, S. 79, 88, in Kraft getreten am 18.4.2005) kaum erforderlich gewesen.

[1256] Osieke, Unconstitutional Acts of International Organisations, ICLQ 28 (1979), 1 ff.

Wortlaut des Art. 56 Chicago-Konvention steht ihm offensichtlich entgegen. Das allein dürfte entscheidend für eine Überschreitung der Grenzen der Auslegung durch diese Praxis des ICAO-Rats sprechen. Die Unterscheidung zwischen Errichtung der gesamten Kommission und Ernennung eines Teils ihrer Mitglieder erscheint als artifiziell konstruierte Umgehung, zumal die Kommission erst deutlich später vervollständigt wurde. Auch die Erwägung aus dem *principle of effectiveness*, dass eine unvollständige Kommission einer inexistenten vorzuziehen ist, vermag das nicht aufzuwiegen. Es handelte sich also um den Versuch einer informellen Änderung durch *established practice*, die deren Voraussetzungen genügen musste.

Der Beschluss wurde von einem Organ mit begrenzter Mitgliedschaft gefasst, sogar mit einer Gegenstimme. Es handelte sich also um autonome Organpraxis (Kategorie 3), mit der eine Modifikation durch *established practice* grundsätzlich nicht möglich ist. Das Ausbleiben von späterem Protest durch die übrige Mitgliedschaft führt zu keiner anderen Beurteilung. Auch die Überlegung, dass die Rechte der Mitgliedstaaten von der Entscheidung kaum betroffen waren,[1257] da keine Nominierung unberücksichtigt blieb und die Kommission auch mit neun Mitgliedern handlungsfähig war, ändert das Ergebnis nicht. Gleiches gilt für die in der Chicago-Konvention deutlich angelegte Unterordnung der Kommission unter den Rat, die Art. 56 Chicago-Konvention offener für eine Gestaltung durch den Rat macht. Obwohl es sich in Anbetracht dieser Gesichtspunkte um einen nicht ganz eindeutigen Grenzfall handelt, kann die Praxis eines beschränkten Organs mit einer Gegenstimme, auch wenn sie im Übrigen auf *acquiescence* trifft, nicht für eine informelle Modifikation genügen. Daher ist von rechtswidriger, faktisch-politischer Praxis auszugehen, die freilich inzwischen wieder aufgegeben wurde.

3. WHO

Eine lehrreiche Fallstudie zur WHO-Verfassung kann wie bei der IMO einem Gutachten des IGH entnommen werden. In *Use of Nuclear We-*

[1257] Ebd.

apons[1258] sollte der Gerichtshof eine Vorlagefrage der WHO-Versammlung nach der Rechtmäßigkeit des Einsatzes von Nuklearwaffen beantworten. Bereits die notwendige Vorfrage, ob der WHO-Versammlung überhaupt eine entsprechende Kompetenz gem. Art. 96 Abs. 2 SVN, Art. 76 WHO-Verfassung[1259] bzw. Art. X Abs. 2 des Abkommens zwischen UNO und WHO[1260] zukam, genauer ob sich diese im Bereich ihrer Aktivitäten bzw. Kompetenzen bewegte, beantwortete der IGH negativ.[1261] Dabei berief er sich u. a. unter direkter Anwendung des gewohnheitsrechtlichen Gehalts von Art. 31 Abs. 3 lit. b WVK auf die (spätere) Praxis der Organisation. Genauer stellte er fest, dass weder eine Resolution der WHO-Versammlung noch ein Bericht des WHO-Sekretariats bzw. eines Expertengremiums sich bisher mit der Frage der Rechtmäßigkeit des Nuklearwaffeneinsatzes befasst hatte. Die einzige Ausnahme in dieser Hinsicht, die Resolution WHA 46.40, mit welcher der IGH angerufen wurde, vermochte er nicht als eine kompetenzbegründende Auslegungsübereinkunft der Mitgliedstaaten der WHO zur Verfassung der Organisation zu werten, u. a. wohl auch, weil sie nicht einstimmig erfolgte.[1262]

Dieser Bewertung des IGH ist im Ergebnis zuzustimmen, auch wenn die Herleitung nach der hier vertretenen Auffassung etwas ungenau ist. So trennt der Gerichtshof nicht präzise zwischen Auslegung und Änderung und scheint auch letztere mit Mitteln des Art. 31 Abs. 3 lit. b WVK für möglich zu halten. Während er zu Beginn des Gutachtens ausführlich darlegt, warum die Rechtmäßigkeit des Nuklearwaffeneinsatzes sich nicht mit dem Wortlaut der Kompetenzvorschriften der WHO-Verfassung begründen lässt und auch eine implizite Ermächtigung nach dem Prinzip der *implied powers* ausscheidet,[1263] scheint er dennoch eine Kompetenzbegründung im Wege der Auslegung durch spätere Praxis i.S.v. Art. 31 Abs. 3 lit. b WVK grundsätzlich für möglich

---

[1258] IGH, Use of Nuclear Weapons, ICJ Reports 1996, 66 ff., siehe zu diesem Gutachten auch oben, C. II. 3., C. V.

[1259] UNTS Bd. 14, S. 185; Art. 76 WHO-Verfassung ist als die relevante Bestimmung des Gründungsvertrags die hier eigentlich interessierende Norm.

[1260] UNTS Bd. 19, S. 193, 202.

[1261] IGH, Use of Nuclear Weapons, ICJ Reports 1996, 66, 84.

[1262] Ebd., 81 f.

[1263] Ebd., 75 ff.

zu halten.[1264] Eine solche Kompetenzbegründung ist jedoch gerade im Hinblick auf die vorherigen Ausführungen als Satzungserweiterung und nicht als Auslegung aufzufassen. Immerhin scheint der IGH für eine solche Kompetenzbegründung, auf welchem Wege auch immer, eine einstimmige Entscheidung der Versammlung bzw. der Mitgliedstaaten zu verlangen.[1265] Dies wäre auch die Voraussetzung für eine kompetenzerweiternde *established practice*, die vorliegend gerade nicht erfüllt war.

Obwohl in diesem Fall nach der hier geteilten Auffassung des IGH eine satzungsrelevante Organisationspraxis gerade nicht zustande gekommen war,[1266] ist er jedoch aufschlussreich für die Voraussetzungen, die an eine kompetenzerweiternde – und nach hier vertretener Auffassung satzungsmodifizierende – Praxis einer UN-Sonderorganisation zu stellen sind.

Eine weitere Fallkonstellation, die in der WHO und der UNESCO aufgetreten ist, ist der Austritt verschiedener Mitgliedstaaten ohne Austrittsklausel im jeweiligen Gründungsvertrag.[1267] In den Jahren 1949 und 1950 traten zehn Mitglieder des damaligen Ostblocks weitgehend ohne rechtliche Begründung aus der WHO aus,[1268] die inzwischen allesamt wieder vollwertige Mitglieder sind.[1269] Das Sekretariat der WHO

1264 Ebd., 81: „Resolution WHA46.40 itself, adopted, not without opposition [...] could not be taken to express or to amount on its own to a practice establishing an agreement between the members of the Organization to interpret its Constitution as empowering it to address the question of the legality of the use of nuclear weapons", zu lesen im Zusammenhang mit S. 75 des Gutachtens.

1265 Ebd.; das kann freilich auch darauf zurückzuführen sein, dass der IGH Art. 31 Abs. 3 lit. b WVK weitgehend unmodifiziert auf die WHO anwenden möchte, sodass er auch für eine Interpretation immer Einstimmigkeit verlangt.

1266 Ebd., 81 f.

1267 Klein, United Nations, Specialized Agencies, in: Wolfrum (Hrsg.), MPEPIL 2006, opil.ouplaw.com/home/ORIL (25.11.2014), Rn. 27.

1268 UdSSR, Weißrussland, Ukraine, Bulgarien, Rumänien, Albanien, CSSR, Ungarn, Polen und China, siehe den Überblick mit Nachweisen bei Zeidler, Der Austritt und Ausschluss von Mitgliedern aus den Sonderorganisationen der Vereinten Nationen, 1990, S. 113 ff.

1269 Bis 1963 nahmen alle bis auf die Ukraine und Weißrussland ihre Mitgliedschaft auf informellem Wege wieder auf. Letztere blieben bis Ende des Kalten Krieges inaktiv, siehe ebd., S. 117 ff. Heute werden beide als volle Mit-

protestierte gegen diese Austritte unter Verweis auf die fehlende Austrittsklausel und entschied sich danach, sie weitgehend zu ignorieren.[1270] Die Meinungen in der Weltgesundheitsversammlung über ein Austrittsrecht waren geteilt: Viele Mitgliedstaaten äußerten sich nicht dazu, und die diesbezüglichen Resolutionen vermieden es, direkt zu der Frage Stellung zu nehmen.[1271] Dennoch wurde die Praxis des Sekretariats von der Versammlung in ihrer Resolution WHA 2.90 anerkannt,[1272] was wohl *Klein* dazu bewogen hat, nicht nur von einem Protest der Organisation, sondern auch der übrigen Mitglieder auszugehen.[1273] U.a. die später erfolgte informelle Wiederaufnahme der betreffenden Staaten ohne Inanspruchnahme des Verfahrens gem. Art. 4 ff. WHO-Verfassung deutet wohl darauf hin, dass ein Austrittsrecht nicht allgemein anerkannt wurde.[1274] Nimmt man kein Austrittsrecht aus einer Internationalen Organisation nach allgemeinem Völkerrecht an,[1275] kommt vor allem ein ungeschriebenes Austrittrecht der WHO in Frage,[1276] das insbesondere durch eine erweiternde *established practice* geschaffen worden sein könnte. Für eine solche kann die wenig explizite und inkonsistente Praxis von Sekretariat und Weltgesundheitsversammlung nach den zehn Austritten für sich nicht genügen. Eine andere Bewertung könnte zwar aus einem von den USA bei ihrem Beitritt ange-

---

glieder auf der WHO-Website geführt, http://www.who.int/countries/blr/en/ (16.12.2014), http://www.who.int/countries/ukr/en/ (16.12.2014).

[1270] Ebd., S. 113 ff.

[1271] Ebd., S. 122 f.

[1272] WHA Res. 2.90, zit. aus ebd., S. 115.

[1273] Klein, United Nations, Specialized Agencies, in: Wolfrum (Hrsg.), MPEPIL 2006, opil.ouplaw.com/home/ORIL (25.11.2014), Rn. 27.

[1274] Zeidler, Der Austritt und Ausschluss von Mitgliedern aus den Sonderorganisationen der Vereinten Nationen, 1990, S. 123.

[1275] Siehe dazu den insofern nicht ganz eindeutigen Art. 56 WVK; dazu Christakis, in: Corten/Klein (Hrsg.), The Vienna Convention on the Law of Treaties, Bd. 2, 2011, Art. 56 WVK Rn. 64 ff. m.w.N.; Schermers/Blokker, International Organizations or Institutions, Membership, in: Wolfrum (Hrsg.), MPEPIL 2008, opil.ouplaw.com/home/ORIL (25.11.2014), Rn. 16; das ist eine Frage, mit der sich die vorliegende Arbeit nicht näher auseinandersetzen kann.

[1276] Zeidler, Der Austritt und Ausschluss von Mitgliedern aus den Sonderorganisationen der Vereinten Nationen, 1990, S. 37 ff., der u. a. die Möglichkeit anerkennt, ein solches durch nachfolgende Praxis zu etablieren, S. 40.

brachten Vorbehalt[1277] folgen, der von der Weltgesundheitsversammlung ausdrücklich und im Konsensverfahren akzeptiert wurde.[1278] Dem widerspricht jedoch gerade die geschilderte, zeitlich spätere Praxis im Anschluss an die fraglichen Austritte selbst. Die Voraussetzungen für eine erweiternde *established practice* lagen daher nicht vor.

Können diese Austritte auch nicht auf allgemeines Völkerrecht gestützt werden, so ist von einer faktisch-politischen Praxis auszugehen, die allerdings nicht zwangsläufig satzungswidrig sein musste, da es ja auch an einem – geschriebenen oder ungeschriebenen – Austrittsverbot fehlte.[1279]

Die Praxis bei und nach den Austritten Polens, Ungarns und der CSSR in den Jahren 1952 und 1953 aus der UNESCO, welche die einzigen Austritte vor der Satzungsänderung von 1954 mit der Einfügung des Art. II Abs. 6 der UNESCO-Verfassung blieben,[1280] war ähnlich undeutlich und inkonsistent wie die der WHO und ihrer Mitglieder,[1281] sodass für sie kaum etwas anderes gelten kann. Es gab nicht einmal einen mit dem akzeptierten Beitrittsvorbehalt der USA zur WHO vergleichbaren Sachverhalt, sodass noch weniger für ein Austrittsrecht kraft *established practice* spricht. Ohnehin ist die Frage bei der UNESCO inzwischen obsolet.

1277 WHO, Official Records 13, 382 f., zit. aus ebd., S. 109.

1278 WHA Res. 1.76, zit. aus ebd., S. 110.

1279 Vgl. Klein, United Nations, Specialized Agencies, in: Wolfrum (Hrsg.), MPEPIL 2006, opil.ouplaw.com/home/ORIL (25.11.2014), Rn. 27; Zeidler, Der Austritt und Ausschluss von Mitgliedern aus den Sonderorganisationen der Vereinten Nationen, 1990, S. 122.

1280 Eingefügt durch Resolution der Generalkonferenz v. 8.12.1954, 8 C/Resolutions, http://unesdoc.unesco.org/images/0011/001145/114586e.pdf (16.12.2014), S. 12; geändert durch Resolution der Generalkonferenz v. 13.11.1995, 28 C/Resolutions, http://unesdoc.unesco.org/images/0010/001018/101803e.pdf (16.12.2014), S. 117; UNESCO-Verfassung: UNTS Bd. 4, S. 275.

1281 Zeidler, Der Austritt und Ausschluss von Mitgliedern aus den Sonderorganisationen der Vereinten Nationen, 1990, S. 95 ff.

4. ILO

Aus einem Bericht der *Delegation on Constitutional Questions* der Internationalen Arbeitskonferenz von 1946 stammt das folgende Zitat:

> „Flexibility is the first essential of a good Constitution. The circumstances in which it may have to be applied in the future cannot now be foreseen and are likely to change greatly in the course of years. Flexibility allows of growth and of adaptation to the needs and opportunities of the unknown future…"[1282]

Auch wenn dieses Zitat ein weit höheres Ausmaß satzungsrelevanter Organisationspraxis erwarten lässt, als tatsächlich konstatiert werden kann, bietet die ILO-Praxis zahlreiche relevante Fallbeispiele.

Ein Charakteristikum der Organisation, der sog. *tripartism*,[1283] beeinflusst aber die Verallgemeinerungsfähigkeit dieser Fallbeispiele. Dieser Begriff umschreibt die Besetzung der Internationalen Arbeitskonferenz (des Plenarorgans) und des Verwaltungsrats (des reduzierten Organs) nicht nur mit Staatenvertretern, sondern auch mit Arbeitnehmer- und Arbeitgebervertretern gem. Art. 3 Abs. 1, 7 Abs. 1 ILO-Verfassung.[1284] Das macht die Bewertung von Organpraxis schwieriger und unzuverlässiger. So müsste z. B. eine Auswertung des Stimmverhaltens, die nah an Art. 31 Abs. 3 lit. b WVK operiert, die Stimmen der Staatenvertreter von denen der anderen Repräsentanten trennen. Ganz abgesehen davon, dass dies praktisch schwer durchführbar ist, würde es auch der Struktur der ILO nicht gerecht werden. Die *rules of the organization*, die nach Art. 5 WVK zu berücksichtigen sind, würden einem solch staatszentrierten Ansatz entgegenstehen. Sie bringen den Interpreten in die Verlegenheit, neben Staaten und Organen zwei weitere Kategorien in die Gleichung mit einzuführen, ohne über zuverlässige Kriterien dafür zu verfügen. So könnte man die privaten Vertreter wie Staatenvertreter behandeln und einfach die satzungsgemäße Mehrheit für spätere Praxis und die Einstimmigkeit für *established practice* verlangen, oder man

---

[1282] International Labour Conference, 29th Session (1946), Record of Proceedings, 352, zitiert aus Osieke, Constitutional Law and Practice in the International Labour Organisation, 1985, S. 125.

[1283] Dazu allgemein Sauer, International Labour Organization, in: Wolfrum (Hrsg.), MPEPIL 2010, opil.ouplaw.com/home/ORIL (25.11.2014), Rn. 7.

[1284] http://www.ilo.org/public/english/bureau/leg/download/constitution.pdf (16.12.2014).

könnte die Stimmen der Staatenvertreter in ihrer Eigenschaft als Vertragsparteien stärker gewichten. Beide Vorgehensweisen bringen Nachteile mit sich. Am überzeugendsten erscheint es, nah an der ILO-Verfassung zu bleiben, die dort gewählte Stimmverteilung zu respektieren und Art. 31 Abs. 3 lit. b WVK als für weitgehend auf dem Wege des Art. 5 WVK abbedungen zu betrachten. Die Fallstudien sollten vor dem Hintergrund dieser Problematik betrachtet werden.

Art. 19 Abs. 1 ILO-Verfassung sieht vor, dass die Internationale Arbeitskonferenz bei ihrer legislativen Tätigkeit die Wahl zwischen zwei alternativen Instrumenten hat, nämlich Konventionen und Empfehlungen. Gemäß Art. 19 Abs. 1 lit. b ILO-Verfassung soll eine Empfehlung dann ergehen, wenn die Konferenz das Thema oder Teile davon zum Zeitpunkt der Verabschiedung nicht als passend oder angemessen für die Regelung durch eine Konvention erachtet. Die Praxis der Konferenz betrachtet den Entwurf von Konventionen einerseits und den Erlass von Empfehlungen andererseits jedoch nicht als Alternative. Vielmehr kommt es häufig zur Annahme von (ratifikationsbedürftigen) Konventionen, die sogleich oder später durch (nicht ratifikationsbedürftige, aber selbstverständlich unverbindliche) Empfehlungen konkretisiert werden.[1285] Neben die von der Satzung vorgesehene alternative Anwendung ist damit eine kumulative getreten.

Fraglich ist, ob diese Praxis die Grenzen der Auslegung überschreitet und somit den erhöhten Anforderungen an eine *established practice* genügen muss. Der Wortlaut ist eindeutig: Zwar kann die Konjunktion *or* in Art. 19 Abs. 1 ILO-Verfassung grundsätzlich auch kumulativ verstanden werden, da sie jedoch mit *whether* ergänzt wurde, ist die Bestimmung zweifelsfrei auf eine alternative Bedeutung festgelegt.[1286] Aus teleologischer Perspektive ist das Ergebnis weniger klar: Gerade unter Berücksichtigung des *principle of effectiveness* scheint es auf der einen Seite für die Ziele der Organisation förderlich zu sein, Konventionen zur Gewährleistung ihrer Eignung für Kompromisse und einer maximalen Ratifikationsquote offen zu formulieren und womöglich unverbindlich zu konkretisieren. Auf der anderen Seite spricht die ebenfalls

---

[1285] Ghebali, The International Labour Organisation, 1989, S. 210 f.; Sauer, International Labour Organization (ILO), in: Wolfrum (Hrsg.), MPEPIL 2010, opil.ouplaw.com/home/ORIL (25.11.2014), Rn. 15.

[1286] Stevenson (Hrsg.), Dictionary of English, 3. Aufl. 2010, „whether: expressing a doubt or choice between alternatives."

teleologische Erwägung der Rechtsklarheit und Rechtssicherheit gegen eine solche Praxis der offenen und unverbindlichen Formulierung von Konventionen. Insbesondere der klare Wortlaut dürfte hier aber entscheidend sein, auch wenn es sich um einen der Fälle handelt, in denen die Grenze zwischen Auslegung und Änderung verwischt ist.

Die Literatur äußert sich zu dieser Frage nicht, aber sie macht doch deutlich, dass es sich um eine ständige Praxis handelt, die seit den sechziger Jahren konsistent verfolgt worden ist, ohne dass es zu problembewussten Debatten in den Organen, zu Staatenprotesten oder zu entsprechend begründeten Verweigerungen der innerstaatlichen Umsetzung gekommen wäre.[1287] Selbstverständlich wird es häufig genug Stimmen gegen die die Konventionen begleitenden Empfehlungen gegeben haben. Das mangelnde Problembewusstsein lässt jedoch die Vermutung zu, dass diese dann wohl inhaltlich und nicht rechtlich begründet waren, dass diese Praxis als solche nicht auf Widerstand gestoßen ist und damit grundsätzlich einhellig war; ganz abgesehen davon, dass auch in der ILO das Konsensverfahren in der Praxis der Internationalen Arbeitskonferenz stetig an Bedeutung gewonnen hat.[1288] Viel spricht also dafür, dass die Voraussetzungen einer modifizierenden *established practice* gegeben sind.[1289]

Gem. Art. 22 ILO-Verfassung trifft die Mitgliedstaaten eine *jährliche* Berichtspflicht über die Implementierung der von ihnen ratifizierten Konventionen. Dies war lediglich in den Anfangstagen der Organisation unproblematisch.[1290] Mit steigender Anzahl der Konventionen wurde von dieser Regelmäßigkeit in der Praxis zunehmend abgewichen; das geschah sowohl im Interesse der Mitgliedstaaten als auch im Interesse des Internationalen Arbeitsamts, dem gem. Art. 22 ILO-Verfassung die Aufgabe der Entgegennahme und Auswertung der Berichte zufällt, sowie schließlich des ebenfalls mit den Berichten befassten Expertenaus-

---

[1287] Vgl. Ghebali, The International Labour Organisation, 1989, S. 210 f.; Sauer, International Labour Organization (ILO), in: Wolfrum (Hrsg.), MPEPIL 2010, opil.ouplaw.com/home/ORIL (25.11.2014), Rn. 15.

[1288] Ghebali, The International Labour Organisation, 1989, S. 153.

[1289] Auch wenn dies nicht zuletzt ob der geschilderten Unsicherheit infolge des *tripartism* und ohne die Möglichkeit einer umfassenden Recherche in den Archiven der Organisation nicht mit Sicherheit festgestellt werden kann.

[1290] Osieke, Constitutional Law and Practice in the International Labour Organisation, 1985, S. 164.

schusses der Internationalen Arbeitskonferenz.[1291] Interessant daran ist, dass diese ausdrückliche Abweichung von der ILO-Verfassung in hohem Maße vom Verwaltungsrat formalisiert und reguliert wurde. Er etablierte verschiedene Stufen mehrjähriger Berichtspflichten für die Implementierung von Konventionen zu verschiedenen Themenbereichen.[1292]

Dass es sich hierbei um eine Überschreitung der Grenzen der Auslegung handelt, liegt auf der Hand. Der unmissverständlich festgelegte Einjahreszeitraum wird systematisch überschritten und der Zweck der Norm, die Implementierung regelmäßig zeitnah zu überwachen, wird damit erheblich geschmälert.

Die Entscheidung wurde vom Verwaltungsrat getroffen, einem Organ mit beschränkter Mitgliedschaft. Ob dies ohne Gegenstimmen geschah, lässt sich nicht feststellen. Aus dem diesbezüglichen Schweigen der Literatur[1293] kann man jedoch folgern, dass diese Praxis auf die konkludente Zustimmung der übrigen Mitgliedstaaten traf, die anscheinend den Anspruch auf die jährlichen Berichte bereitwillig aufgegeben haben. Hier liegt also eine konsistente Praxis der Kategorie 2 zumindest nahe, die grundsätzlich geeignet ist, eine *established practice* zu stützen. Die Praxis des Verwaltungsrats zeichnet sich durch eine hohe Eindeutigkeit und ein offen zum Ausdruck kommendes subjektives Element aus. Die Art der Bestimmung ist ebenfalls relevant. Sie statuiert zwar Pflichten für die Mitgliedstaaten, jedoch werden diese reduziert und nicht verschärft oder gar neu begründet. Rechte anderer Mitgliedstaaten werden dadurch nicht geschmälert, bis auf das eines noch regelmäßigeren *peer review*, auf das sie aber gerade verzichten wollten. Unter der Annahme der Einhelligkeit spricht vieles für eine rechtlich anzuerkennende *established practice*.

[1291] Ebd., S. 164 f.; vgl. Sauer, International Labour Organization (ILO), in: Wolfrum (Hrsg.), MPEPIL 2010, opil.ouplaw.com/home/ORIL (25.11.2014), Rn. 19.

[1292] ILO, Official Bulletin 1977 Series A, No. 2, 45 f. zit. aus Samson, The Changing Pattern of ILO supervision, International Labour Review 118 (1979), 569, 586; Osieke, Constitutional Law and Practice in the International Labour Organisation, 1985, S. 164 f.; Samson, ebd., 569 ff.

[1293] Osieke, Constitutional Law and Practice in the International Labour Organisation, 1985, S. 164 f.; Samson, The Changing Pattern of ILO supervision, International Labour Review 118 (1979), 569 ff.

5. IWF

a) Art. XXIX IWF-Abkommen

Die beiden bedeutendsten wirtschaftlichen Sonderorganisationen der UN-Familie, IWF und Weltbank (die sog. *Bretton-Woods*-Organisationen), müssen in vielerlei Hinsicht gemeinsam betrachtet werden. Zunächst eint sie die Existenz eines äußerst dominanten Mechanismus der autoritativen Auslegung, mit verbindlicher und abschließender („submitted [...] for its decision"[1294]) Auslegungskompetenz des Exekutivdirektoriums bzw. – in zweiter Instanz – des Gouverneursrats, ohne Berufungsmöglichkeit zu Schiedsgerichten oder IGH. Die entsprechende Regelung für den Fonds findet sich in Art. XXIX IWF-Abkommen. Eine solch formalisierte Art der Auslegung durch die Organe einer Organisation kann kaum mehr unter die allgemeine Vorschrift des Art. 31 Abs. 3 lit. b WVK subsumiert werden, auch nicht in ihrer durch Art. 5 WVK modifizierten Form. Vielmehr dürften bei ihrer ausdrücklichen Inanspruchnahme einzig und allein die *rules of the organization* bestimmend sein.

Von dieser Möglichkeit der autoritativen Auslegung wurde jedoch nur zu Beginn der Organisationsgeschichte mehrfach Gebrauch gemacht. Die bisher letzte formelle autoritative Auslegung des IWF erfolgte am 3. November 1961. Danach wurde Art. XXIX IWF-Abkommen (damals noch Art. XVIII) nicht erneut angewendet. Dieser Umstand hat sogar teilweise zu Überlegungen über eine *desuetudo* geführt.[1295] Das bedeutet aber selbstverständlich nicht, dass die Interpretationsaktivitäten des IWF, seiner Mitglieder und Organe damit zum Stillstand gekommen wären. Wie in jeder anderen Internationalen Organisation interpretierten die Organe des IWF das Abkommen fortlaufend im Rahmen ihrer alltäglichen Anwendungspraxis auf informellem Wege.[1296]

Hätte eine ständige Praxis formeller Auslegungsakte informellere Anpassungsmechanismen wie die spätere Praxis i.S.v. Art. 31 Abs. 3 lit. b WVK oder *established practice* womöglich verdrängt oder unterbunden, so verblieb nun ausreichender Spielraum für sie. Dennoch können nicht

---

1294 Art. XXIX lit. a IWF-Abkommen, UNTS Bd. 2, S. 39.

1295 Gold, Interpretation, 1996, S. 161 ff.

1296 Ebd., S. 169 ff.; siehe auch S. 3.

die gleichen Grundsätze wie in einer Organisation ohne eine mit Art. XXIX IWF-Abkommen vergleichbare Bestimmung gelten. Eine solche Norm kann als Grundlage für ein *argumentum a maiore ad minus* dienen: Die von ihr ermächtigten Organe legen zwar nicht explizit autoritativ aus, aber sie haben die Kompetenz es zu tun; warum sollte dann nicht auch den informellen interpretierenden Akten eine gesteigerte Autorität zukommen?[1297] Der auf eine (nur nachrangig zu berücksichtigende) historische Auslegung gestützte Einwand, Art. XXIX IWF-Abkommen sei von den Gründungsmitgliedern des IWF geschaffen worden, um für so einen bedeutenden Schritt wie eine verbindliche Auslegung ein Formerfordernis einzuführen, verfängt dabei nicht mehr. Die Praxis der Mitgliedstaaten hat gezeigt, dass sie inzwischen auf dieses Formerfordernis verzichten wollen.[1298] Die Bestimmung über die autoritative Auslegung kann somit als *rule of the organization* und damit als Art. 31 Abs. 3 lit. b WVK beeinflussender Faktor die Bedeutung gewisser Formen von Organpraxis steigern bzw. ihre Voraussetzungen verringern.[1299]

Art. XXIX IWF-Abkommen unterliegt den üblichen Mehrheiten im IWF, d. h. der einfachen Mehrheit der nach Quoten gewichteten Stimmen.[1300] Eine autoritative spätere Praxis wird folglich dann leichter anzunehmen sein als bei anderen Internationalen Organisationen, wenn ein gem. Art. XXIX IWF-Abkommen zur autoritativen Auslegung ermächtigtes Organ, also Exekutivdirektorium oder Gouverneursrat, interpretativ tätig wird. Auch eine Interpretation durch ersteres Gremium, das ja lediglich ein Organ begrenzter Mitgliedschaft ist, wird zumindest dann, wenn sie einstimmig erfolgt, das Potenzial haben, einer autoritativen Auslegung gleichzukommen. Eine Besonderheit ist insoweit auch, dass die gewählten Mitglieder gem. Art. XII Abs. 3 lit. i

---

[1297] Ebd., S. 169 ff.

[1298] Vgl. Hafner, Subsequent Agreements and Practice, in: Nolte, Treaties and Subsequent Practice, 2013, S. 105, 120, demzufolge formelle Auslegungsverfahren generell nicht zu dem Schluss verleiten sollten, einen anderweitigen Konsens der Parteien zu ignorieren; in diesem Sinne auch (in Bezug auf die vergleichbaren Konstellationen bei WTO und NAFTA): Moloo, When Actions Speak Louder Than Words, Berkeley Journal of International Law 31 (2013), 39, 49 f.

[1299] Siehe oben, C. II. 6. b) aa) (2).

[1300] Gold, Interpretation, 1996, S. 5.

Nr. iii IWF-Abkommen die Stimmen der Staaten mit ausüben, die sie gewählt haben. Somit erscheint Protest der „Outsider" nicht nur weniger wahrscheinlich, sondern auch weniger relevant für die Verhinderung einer späteren Praxis, die vom Exekutivdirektorium ausgeht.

b) Fallstudien

Die Geschichte des IWF wurde von einem generellen Entwicklungstrend geprägt: Ursprünglich vorrangig als Institution zur Sicherstellung von Währungsstabilität bzw. zum Zwecke allgemeiner internationaler wirtschaftlicher Prosperität konzipiert,[1301] wandelte sich der Fonds schon frühzeitig zu einem maßgeblichen Akteur der Entwicklungszusammenarbeit; so vergab er seine Kredite nicht mehr vorrangig zum Ausgleich von Zahlungsbilanzdefiziten aller Mitglieder, sondern konzentrierte sich zunehmend auf die finanzielle Förderung der Wirtschaften von Entwicklungsländern.[1302] Jüngst, nicht nur im Zuge der internationalen Finanz-, Wirtschafts- und Schuldenkrise, scheint sich ein gegenläufiger Trend abzuzeichnen, der den IWF zurück zu seinen Ursprüngen führt: Er konzentriert sich erneut auf die Sicherstellung der internationalen Währungsstabilität,[1303] was die Hilfskredite an Länder hinreichend belegen, die als Hauptverursacher der Euro-Schuldenkrise gelten, aber keine Entwicklungsländer sind.

Diese Entwicklung ist nur schwer als Praxis zu konkreten Bestimmungen des IWF-Abkommens greifbar. Am ehesten könnte es sich um eine Anpassung der in Art. I IWF-Abkommen niedergelegten Zwecke des Fonds handeln, die wie die meisten Zielbestimmungen recht offen formuliert sind. Zwar geben Art. I Nr. i, iii-vi IWF-Abkommen dem Fonds vor allem die Aufgabe, Währungsstabilität und reibungslosen Devisenverkehr zu fördern sowie Ungleichgewichte in den Zahlungsbilanzen zu vermeiden; aber insbesondere Art. I Nr. ii IWF-Abkommen, der die Förderung des Welthandels, des Beschäftigungsgrades, des Realeinkommens und des Produktionspotenzials der Mitglieder nennt, lässt

[1301] Vgl. die Zwecke des IWF, Art. I IWF-Abkommen.

[1302] Krajewski, Wirtschaftsvölkerrecht, 3. Aufl. 2012, Rn. 825; vgl. Schlemmer-Schulte, in: Tietje (Hrsg.), Internationales Wirtschaftsrecht, § 9 Rn. 50, Fn. 93.

[1303] Herdegen, Internationales Wirtschaftsrecht, 10. Aufl. 2014, § 26 Rn. 7.

sich auch im Sinne einer Tätigkeit im Bereich der Entwicklungszusammenarbeit verstehen.[1304]

Ein weiterer möglicher Anknüpfungspunkt sind die Bestimmungen über die Kreditinstrumente, die vorrangig zur finanziellen Unterstützung von Entwicklungsländern eingesetzt werden. Das *stand-by arrangement* ist zwar ausdrücklich in Art. V Abs. 3 lit. a und XXX lit. b IWF-Abkommen angelegt.[1305] Es soll jedoch gemäß ersterer Vorschrift der Überwindung von Zahlungsbilanzschwierigkeiten dienen; von allgemeiner Entwicklungsförderung ist nicht die Rede. Andere Instrumente, wie die *Extended Credit Family* (ECF), die *Rapid Credit Facility* (RCF) und die *Standby Credit Facility* (SCF) dienen speziell letzterem Zweck, sind aber nicht im Abkommen angelegt und erst später durch die Beschlüsse der Organe des Fonds geschaffen worden, was weitreichende Auswirkungen auf die Anwendungsrealität von Art. V IWF-Abkommen hat.[1306]

Nicht nur das Fehlen eines eindeutigen Anknüpfungspunktes im IWF-Abkommen erschwert die Betrachtung dieser Entwicklung aus dem Blickwinkel der Organisationspraxis. Die Kreditvergaben an Entwicklungsländer sind auch so zahlreich und vielgestaltig, dass eine eingehende Analyse z. B. der jeweils hinter ihnen stehenden Mehrheiten und ihrer Konsistenz im hier gesteckten Rahmen kaum sinnvoll wäre. Die Entwicklung mag am ehesten Folge eines Konglomerats aus dynamischer Auslegung (insbesondere in der Ausprägung *emergent purpose*) sowie teils faktischer, teils auch rechtlich anzuerkennender Organisationspraxis sein.

Eindeutiger kann das Urteil über ein konkretes Fallbeispiel ausfallen, den womöglich bekanntesten Vorgang in der Geschichte des IWF: Die einseitige Aufgabe der Goldparität für den Dollar 1971 und die damit

---

[1304] Auch wenn dies im Jahre 1944 in Bretton Woods, als die Bestimmung formuliert wurde, kein Thema war.

[1305] Schlemmer-Schulte, in: Tietje (Hrsg.), Internationales Wirtschaftsrecht, 2009, § 9 Rn. 57, Fn. 108.

[1306] Zu diesen Programmen Krajewski, Wirtschaftsvölkerrecht, 3. Aufl. 2012, Rn. 830, 837; zu den entsprechenden Vorgängerprogrammen bemerkt Lowenfeld, International Economic Law, 2. Aufl. 2008, S. 651: „Thus the original rules, as codified in Article V of the Amended Articles […] have come to serve more as a model than as a limitation on the Fund's activities."

verbundene Ersetzung der gem. Art. IV IWF-Abkommen a.F.[1307] festen Devisenwechselkurse durch solche flexibler Natur in der Praxis aller IWF-Mitgliedstaaten seit 1973. Erst am 1.4.1978 trat die zweite Änderung des IWF-Abkommens in Kraft, mit der Art. IV IWF-Abkommen zugunsten flexibler Wechselkurse neu gefasst wurde.[1308]

Bei der allgemeinen, vom IWF und seinen Organen notgedrungen gebilligten Staatenpraxis, die festen Wechselkurse zu ignorieren, handelte es sich um die offene Aufgabe des Art. IV IWF-Abkommen a.F. bzw. eine konsistente einhellige Praxis von Verstößen gegen diese Norm.[1309] Hier spricht beinahe alles für eine *established practice*[1310] während des fünfjährigen Übergangszeitraums bis zur Änderung der Norm, insbesondere Einhelligkeit, Konsistenz und Eindeutigkeit.

Eine allgemein bekannte und äußerst kontrovers diskutierte Praxis des IWF ist die Knüpfung seiner Kreditvergabe an weitreichende wirtschaftspolitische Bedingungen, die sog. *Washington Consensus Conditionalities*.[1311] Hinzu kommen aber nach wie vor die auch bei der Weltbank üblichen *good-governance*-Klauseln, die bestimmte institutionelle

---

[1307] Der Wortlaut des Art. IV a.F. findet sich bei Gold, Legal and Institutional Aspects of the International Monetary System, Bd. 1, 1979, S. 574.

[1308] Lowenfeld, International Economic Law, 2. Aufl. 2008, S. 633.

[1309] Berrisch, The Establishment of New Law Through Subsequent Practice in GATT, North Carolina Journal of International Law and Commercial Regulation 16 (1991), 497, 509; vgl. Lowenfeld, International Economic Law, 2. Aufl. 2008, S. 629.

[1310] A. Peters, Das Gründungsdokument internationaler Organisationen als Verfassungsvertrag, ZÖR 68 (2013), 1, 44 geht ebenfalls von einer informellen Modifikation aus; vgl. Berrisch, The Establishment of New Law Through Subsequent Practice in GATT, North Carolina Journal of International Law and Commercial Regulation 16 (1991), 497, 509: „Another possibility is that the new practice had become binding as customary law."

[1311] Dazu Schlemmer-Schulte, in: Tietje (Hrsg.), Internationales Wirtschaftsrecht, 2009, § 9 Rn. 52 f.; der IWF ist freilich nach massiver Kritik aus den Wirtschaftswissenschaften spätestens mit der globalen Finanzkrise vom *Washington Consensus* abgerückt: siehe z. B. Strauss-Kahn, "Global Challenges, Global Solutions", Rede v. 4.4.2011, http://www.imf.org/external/np/speeches/2011/040411.htm (16.12.2014); siehe zur ökonomischen Kritik statt vieler Stiglitz, Is there a Post-Washington Consensus Consensus?, in: Serra/Stiglitz (Hrsg.), The Washington Consensus Reconsidered, 2008, S. 41 ff.

Reformen z. B. im Bereich *rule of law* fordern.[1312] Üblicherweise werden diese Bedingungen in einen *letter of intent* aufgenommen, der vom Empfängerstaat vor Vollzug des Kredits an den IWF zu richten ist.[1313]

Bei der erwähnten Kritik ist auch die mögliche Völkerrechtswidrigkeit dieser Bedingungen ein Thema, allerdings geht es dabei weniger um ihre Vereinbarkeit mit dem IWF-Abkommen, sondern vielmehr um die Frage, ob damit nicht zu sehr in die inneren Angelegenheiten der kreditnehmenden Staaten eingegriffen wird,[1314] also ob ein Verstoß gegen die Grundsätze der souveränen Staatengleichheit bzw. des Interventionsverbots vorliegt.

Anders als der Weltbank ist dem IWF eine politische Einflussnahme auf die Mitgliedstaaten nicht ausdrücklich durch seinen Gründungsvertrag untersagt.[1315] Relevant für diese Frage sind angesichts des Fehlens einer entsprechenden Bestimmung Art. I und Art. V Abs. 3 IWF-Abkommen, welche die Zwecke des IWF festlegen bzw. auf mögliche Kreditvergabebedingungen hindeuten. Bei den Zwecken ist v. a. Art. I Nr. ii IWF-Abkommen aussagekräftig, der die Förderung hoher Beschäftigungsraten, eines hohen Realeinkommens und die Entwicklung der wirtschaftlichen Ressourcen der Mitglieder nennt und volkswirtschaftliche bzw. institutionelle Vorgaben mittelbar zu rechtfertigen vermag. Der konkretere Art. V Abs. 3 IWF-Abkommen sieht in lit. c lediglich vor, dass der IWF ein Kreditverlangen auf dessen Konsistenz mit dem IWF-Abkommen und mit den auf seiner Grundlage erlassenen *policies* prüfen muss. Art V Abs. 3 IWF-Abkommen spricht hingegen nicht konkret von umfassenden ökonomischen oder institutionellen Reformen als Kreditbedingungen; die Schwerpunkte liegen vielmehr auf der Zahlungsbilanz, den Währungsreserven des jeweiligen Mitglieds und der Sicherung der Rückzahlung.

1312 Gold, Interpretation, 1996, S. 503 f.; Schlemmer-Schulte, in: Tietje (Hrsg.), Internationales Wirtschaftsrecht, 2009, § 9 Rn. 55.

1313 Herdegen, Internationales Wirtschaftsrecht, 10. Aufl. 2014, § 26 Rn. 8; Krajewski, Wirtschaftsvölkerrecht, 3. Aufl. 2012, Rn. 836.

1314 Lowenfeld, International Economic Law, 2. Aufl. 2008, S. 646 f.; Schlemmer-Schulte, in: Tietje (Hrsg.), Internationales Wirtschaftsrecht, 2009, § 9 Rn. 60.

1315 Gold, Interpretation, 1996, S. 503; Schlemmer-Schulte, in: Tietje (Hrsg.), Internationales Wirtschaftsrecht, 2009, § 9 Rn. 56.

Vor diesem Hintergrund ist es fraglich, ob man lediglich von einer weiten Auslegung der Art. I, V Abs. 3 IWF-Abkommen in der Praxis[1316] bzw. einer späteren Praxis sprechen sollte, einer *established practice* oder einer faktisch-politischen Praxis. Die Beantwortung dieser Frage wird noch komplizierter durch eine Entscheidung des Exekutivdirektoriums, die fordert, dass der IWF sich jeder politischen Einflussnahme enthalten solle.[1317] Diese stellt zwar keine formelle autoritative Auslegung dar, kann aber durchaus als eine ähnlich verbindliche Interpretation auf informellem Wege verstanden werden.[1318]

Es dürfte eine vermittelnde Antwort angebracht sein: Wo sich die Kreditbedingungen noch im volkswirtschaftlichen Bereich bewegen oder lediglich institutionelle Reformen angemahnt werden, die ökonomische Relevanz aufweisen und es weitgehend vermeiden, das politische System des kreditnehmenden Staates zu beeinflussen, dürften sie sich sowohl im Rahmen von Art. I, V Abs. 3 IWF-Abkommen als auch im Rahmen der autoritativen Auslegung des Exekutivdirektoriums bewegen.[1319] Wo sie diese Grenzen überschreiten, müssen sie an den restriktiven Anforderungen einer *established practice* gemessen werden. Dabei sollten die Grenzen zwischen späterer Praxis und *established practice* zugunsten ersterer etwas weiter gezogen werden als bei der Weltbank, weil gerade kein ausdrückliches Verbot politischer Betätigung im Gründungsvertrag niedergelegt ist.

Was die Voraussetzungen beider Formen von Praxis betrifft, so ist zu berücksichtigen, dass jedes Empfängerland eines Kredits, das einen *letter of intent* nach den Bedingungen des IWF abgegeben hat, wohl so

---

[1316] Ebd., Rn. 52, Fn. 99.

[1317] „Specifically, the IMF's judgements should not be influenced by the nature of the political regime of a country, nor should it interfere in domestic or foreign policies of any member.", Guidelines on Conditionality, Decision No. 6056-79/38 v. 2.3.1979, Selected Decisions and Selected Documents of the International Monetary Fund 21 (1996), S. 99.

[1318] Schlemmer-Schulte, in: Tietje (Hrsg.), Internationales Wirtschaftsrecht, 2009, § 9 Rn. 56, Fn. 105.

[1319] Siehe dazu auch Lowenfeld, Monetary Law, International, in: Wolfrum (Hrsg.), MPEPIL 2011, opil.ouplaw.com/home/ORIL (25.11.2014), Rn. 28, der *conditionalities* v. a. mit Hinweis auf Art. V Abs. 3 lit. c IWF-Abkommen für grundsätzlich zulässig erachtet: „Thus conditionality is firmly established in the Amended Articles of Agreement."

behandelt werden muss, als hätte es der ihm zugrunde liegenden Praxis zugestimmt. Auch die Rechtsnatur der *letters of intent* als vornehmlich „politische Absichtserklärung“[1320] führt zu keiner anderen Beurteilung. Für eine ausdrückliche oder konkludente Billigung von späterer Praxis ist kein Rechtsbindungswille i. e. S. erforderlich, vielmehr genügen kongruente Meinungen der Akteure, dass die dem *letter of intent* zugrunde liegende Auslegung des IWF-Abkommen die richtige ist.[1321]

Wenn die aufgezeigten Grenzen jedoch überschritten werden, ist für eine *established practice* eine einhellige und eindeutige Unterstützung aller Mitgliedstaaten und Organe zu fordern. Art. XXIX IWF-Abkommen kann dafür nicht herangezogen werden, und *letters of intent* werden auch nicht per se die erforderliche *opinio iuris* bzw. den nötigen Rechtsbindungswillen zum Ausdruck bringen.

6. Weltbank

a) Art. IX Weltbank-Abkommen und die Rolle des General Counsel

Die Weltbank verfügt mit Art. IX Weltbank-Abkommen über einen dem Art. XXIX IWF-Abkommen sehr ähnlichen autoritativen Auslegungsmechanismus. Er wurde ebenso selten genutzt: Bis 1964 gab es genau zwölf formelle autoritative Interpretationen, seitdem wurden sie mit einer Ausnahme im Jahre 1986 eingestellt.[1322] An die Stelle dieses Mechanismus ist faktisch ein in der Praxis entwickeltes informelles Verfahren getreten, in dem das Exekutivdirektorium Interpretationsfragen aufgrund von Gutachten des *General Counsel* – des ranghöchsten Juristen der Organisation – klärt, in den meisten Fällen durch Billigung der im Gutachten vertretenen Auffassung.[1323] Seitdem führt Art. IX Weltbank-Abkommen ein Schattendasein. Daraus wird in der Literatur gefolgert, dass der *General Counsel* praktisch eine Stellung erlangt hat, die

---

[1320] Krajewski, Wirtschaftsvölkerrecht, 3. Aufl. 2012, Rn. 841.

[1321] Siehe zum Meinungskonsens oben, B. III. 2. a).

[1322] Shihata, The Dynamic Evolution of International Organizations, Journal of the History of International Law 2 (2000), 217, 225.

[1323] Schlemmer-Schulte, in: Tietje (Hrsg.), Internationales Wirtschaftsrecht, 2009, § 9 Rn. 81; Shihata, The Dynamic Evolution of International Organizations, Journal of the History of International Law 2 (2000), 217, 225.

derjenigen der durch das Weltbank-Abkommen geschaffenen Organe gleichkommt.[1324]

Eine solche Quasi-Monopolisierung der (autoritativen) Auslegung durch einen ranghohen Angehörigen des Verwaltungsorgans einer Internationalen Organisation wie den *General Counsel* ist in der Tat bemerkenswert. In diesem Fall hat sich die Interpretation im Lichte der Praxis gemäß den *rules of the organization* noch weiter von den Mitgliedstaaten entfernt. Sie äußert sich hier vornehmlich durch die Billigung eines Gutachtens durch ein Organ mit begrenzter Mitgliedschaft. An diesem Beispiel wird nicht nur besonders deutlich, wie die *rules of the organization* Art. 31 Abs. 3 lit. b WVK bzw. dessen gewohnheitsrechtlichen Gehalt überformen, wenn nicht sogar – angesichts der weit zurückgenommenen Gestaltungsmacht der Mitgliedstaaten – weitgehend verdrängen können. Darüber hinaus illustriert das Beispiel der Weltbank, wie eine ungeschriebene *rule of the organization*, d. h. eine *established practice*, ihrerseits die Voraussetzungen von späterer Praxis erheblich modifizieren und herabsetzen kann.[1325] Zwar geht die Auslegung noch auf die in einem reduzierten Mitgliederorgan versammelten bzw. vertretenen Staaten zurück. Inhaltlich wird sie aber von einem Abteilungsleiter des Verwaltungsorgans weitgehend prädeterminiert. Da solche Auslegungsentscheidungen sich faktisch durchsetzen,[1326] d. h. eine Berufung vor dem Plenarorgan Gouverneursrat, die Art. IX lit. b Weltbank-Abkommen noch vorsah, in der Praxis nicht stattfindet und mit dem vom Exekutivdirektorium gebilligten Gutachten das letzte Wort auch für die Mitgliedstaaten gesprochen zu sein scheint, spricht einiges dafür, dass sich eine *rule of the organization* dahingehend entwickelt hat, dass diese Interpretationen autoritativen Charakter besit-

---

[1324] Schlemmer-Schulte, in: Tietje (Hrsg.), Internationales Wirtschaftsrecht, 2009, § 9 Rn. 81; Schlemmer-Schulte, Die Rolle der internationalen Finanzinstitutionen im Nord-Süd-Konflikt, in: Meng u. a. (Hrsg.), Das internationale Recht im Nord-Süd-Verhältnis, BDGVR 41 (2005), S. 149, 170.

[1325] Siehe für die allgemeine Erörterung dieses Vorgangs oben, C. II. 6. b) aa) (2).

[1326] Schlemmer-Schulte, Die Rolle der internationalen Finanzinstitutionen im Nord-Süd-Konflikt, in: Meng u. a. (Hrsg.), Das internationale Recht im Nord-Süd-Verhältnis, BDGVR 41 (2005), S. 149, 170; Shihata, The Dynamic Evolution of International Organizations, Journal of the History of International Law 2 (2000), 217, 225.

zen.[1327] Das ist die Grundkonstellation, die den folgend geschilderten Fallbeispielen der Weltbank-Praxis zugrunde liegt.

b) Fallstudien

Wie der IWF verwendet die Weltbank bei der Kreditvergabe *good-governance*-Klauseln.[1328] Der Weltbank ist gem. Art. III Abs. 5 lit. b und Art. IV Abs. 10 Weltbank-Abkommen ausdrücklich jegliche politische Einflussnahme gerade auch durch Kreditvergabebedingungen untersagt. Dementsprechend ist bei *good-governance*-Klauseln die Grenze zwischen späterer Praxis und *established practice* noch restriktiver zu bestimmen. Gegen diese ausdrücklichen Verbote vermag sich auch eine quasi-autoritative Auslegung des Exekutivdirektoriums oder des Gouverneursrates in Anlehnung an Art. IX Weltbank-Abkommen nicht durchzusetzen. Es müssen schon die Anforderungen einer *established practice* vorliegen, wenn diese Normen nicht sogar zu den unverfügbaren Kernprinzipien des Weltbank-Abkommens gehören, ohne deren Beachtung die Bank ihren Charakter als politisch neutrale wirtschaftliche Förderinstitution verlieren würde.[1329] Es spricht aber in der Tat einiges dafür, dass zurückhaltende Forderungen nach verbindlichen innerstaatlichen Regeln und geeigneten Rechtssetzungs- und Rechtsdurchsetzungsmechanismen – also insbesondere solchen, die der *rule of law* dienen – sich noch außerhalb des Bereichs der politischen Einflussnahme und damit innerhalb der Sphäre interpretativer späterer Praxis bewegen.[1330]

[1327] Vgl. Schlemmer-Schulte, Die Rolle der internationalen Finanzinstitutionen im Nord-Süd-Konflikt, in: Meng u. a. (Hrsg.), Das internationale Recht im Nord-Süd-Verhältnis, BDGVR 41 (2005), S. 149, 170: „*legal opinions* des General Counsel, die […] *de facto* zur Quelle authentischer Auslegungen wurden".

[1328] Ruffert/Walter, Institutionalisiertes Völkerrecht, 2009, Rn. 578; Schlemmer-Schulte, in: Tietje (Hrsg.), Internationales Wirtschaftsrecht, 2009, § 9 Rn. 93 f., 98.

[1329] Siehe dazu allgemein oben, C. VIII.

[1330] Für die Vereinbarkeit dieser Klauseln mit dem Weltbank-Abkommen: Schlemmer-Schulte, in: Tietje (Hrsg.), Internationales Wirtschaftsrecht, 2009, § 9 Rn. 94; vgl. auch Shihata, The Dynamic Evolution of International Organizations, Journal of the History of International Law 2 (2000), 217, 240 ff., insbesondere: „In its practice, however, the Bank cannot ignore certain political

In der Entwicklung der Weltbank kann eine allgemeine Tendenz beobachtet werden: Aus einer ursprünglich primär zum Zweck des wirtschaftlichen Wiederaufbaus nach dem Zweiten Weltkrieg gegründeten Organisation wurde bald eine Institution der Entwicklungszusammenarbeit, die in den verschiedensten wirtschaftsrelevanten Bereichen finanzierend und beratend tätig ist.[1331]

Die nun folgenden konkreten drei Fallbeispiele wurden bereits von *Shihata*, einem langjährigen *General Counsel* der Weltbank, identifiziert und ausführlich aus dem Blickwinkel der evolutiven bzw. dynamischen Auslegung betrachtet.[1332] Da diese Interpretationen (oder ggf. Modifikationen) allesamt auf der Praxis der aus Vertretern der Mitgliedstaaten konstituierten Organe der Organisation beruhen, können sie auch aus dem Blickwinkel des gewohnheitsrechtlichen Gehalts der Art. 31 Abs. 3 lit. b, 5 WVK und des Art. IX Weltbank-Abkommen betrachtet werden.

Nach Art. I Abs. 2 Weltbank-Abkommen soll die Weltbank private Auslandsinvestitionen mittels Garantien oder einer begrenzten Beteiligung fördern. Nur wenn privates Kapital nicht zu vernünftigen Bedingungen verfügbar ist, soll sie für entsprechende Kredite unmittelbar auf ihre eigenen Ressourcen zugreifen. In der Praxis wurden Garantien für private Investitionen jedoch so gut wie nie gegeben; stattdessen vergab die Weltbank fast ausschließlich unmittelbar eigene Kredite, ohne der Einschränkung der fehlenden Verfügbarkeit privaten Kapitals zu akzeptablen Bedingungen große Beachtung zu schenken.[1333]

---

conditions due to their obvious efects on the feasibility, profitability or performance of the projects it finances.“ [241]; aber: „Creativity in the interpretation of the Bank's Articles of Agreement has been laudable and every effort has been made to ensure its compatibility with a sound construction of the text of these Articles. Attempts to ignore that text and stretch the Bank's mandate beyond its purposes, no matter how moral or idealistic the cause may be, not only represent a violation of the Bank's legal boundaries; but may also in time have adverse effects on the bank and its members as a whole. [Fn. ausgelassen]“ [248].

1331 Schlemmer-Schulte, in: Tietje (Hrsg.), Internationales Wirtschaftsrecht, 2009, § 9 Rn. 79 ff.

1332 Shihata, The Dynamic Evolution of International Organizations, Journal of the History of International Law 2 (2000), 217, 230 ff.

1333 Ebd., 230 f.; Schlemmer-Schulte, Die Rolle der internationalen Finanzinstitutionen im Nord-Süd-Konflikt, in: Meng u. a. (Hrsg.), Das internationale Recht im Nord-Süd-Verhältnis, BDGVR 41 (2005), S. 149, 157.

Hier wurde zwar eine Ausnahme in der Praxis äußerst extensiv ausgelegt; diese Praxis war jedoch im Weltbank-Abkommen bereits angelegt und läuft dem von seiner unmittelbaren Entstehungsgeschichte losgelösten Zweck, nämlich der Förderung hilfsbedürftiger Volkswirtschaften,[1334] nicht zuwider. Vor dem Hintergrund der erheblichen Interpretationskompetenzen der beiden Mitgliederorgane und der Tatsache, dass die Kreditnehmer die treibenden Kräfte hinter dieser Entwicklung waren,[1335] die daraufhin offenbar von den übrigen Mitgliedstaaten mitgetragen wurde, deutet viel auf eine rechtlich anerkennenswerte spätere Praxis hin, die sich freilich im Grenzbereich zur Modifikation bewegt.

In ähnlicher Weise machte eine allgemeine Tendenz in der Praxis der Weltbank eine Ausnahme zur Regel: Während Art. III Abs. 4 Nr. vii Weltbank-Abkommen eindeutig vorsieht, dass Kredite der Bank grundsätzlich der Verwirklichung spezifischer Projekte dienen sollen und eine Ausnahme nur unter besonderen Umständen gilt, sind allgemeinere *policy-based loans* bzw. das sog. *non-project lending* schon lange allgemein üblich und weit verbreitet.[1336] Diese Praxis beruht jedoch wesentlich auf einer förmlichen autoritativen Auslegungsentscheidung des Exekutivdirektoriums vom 20.9.1946.[1337] Die Ausweitung einer Ausnahmeregelung dürfte sich noch innerhalb – der durch Art. IX Weltbank-Abkommen ohnehin leicht erweiterten – Grenzen der Auslegung halten. Somit konnten in diesem Fall die *rules of the organization* die allgemeinen Regeln zur späteren Praxis weitgehend verdrängen. Art. IX Weltbank-Abkommen ist insoweit abschließende *lex specialis.*[1338]

Das dritte Fallbeispiel von *Shihata* betrifft die äußerst umfangreichen Dokumentations-, Forschungs- und Beratungsaktivitäten der Weltbank (Stichwort: „*The Knowledge Bank*“), die ohne ausdrückliche Grundla-

---

[1334] Vgl. die soeben gemachten Ausführungen zur allgemeinen Transformation der Weltbank.

[1335] Shihata, The Dynamic Evolution of International Organizations, Journal of the History of International Law 2 (2000), 217, 230.

[1336] Ebd., 233; Schlemmer-Schulte, Die Rolle der internationalen Finanzinstitutionen im Nord-Süd-Konflikt, in: Meng u. a. (Hrsg.), Das internationale Recht im Nord-Süd-Verhältnis, BDGVR 41 (2005), S. 149, 157 m.w.N.

[1337] Shihata, The Dynamic Evolution of International Organizations, Journal of the History of International Law 2 (2000), 217, 233.

[1338] Siehe dazu allgemein oben, C. II. 6. b) aa) (2), C. III. 3. a) bb) (2).

ge im Weltbank-Abkommen erhebliche Ausmaße erreicht haben.[1339] In Art. V Abs. 13 Weltbank-Abkommen wird der Bank lediglich die Kompetenz eingeräumt, Berichte zu publizieren und an die Mitgliedstaaten zu verteilen. Auch dieser Praxis liegt also eine äußerst weite Auslegung einer Bestimmung des Weltbank-Abkommens zu Grunde. Hierbei ist jedoch zu berücksichtigen, dass diese Satzungsbestimmung nicht besonders intensiv in die Rechte und Pflichten der Mitgliedstaaten eingreift. Forschung und Beratung sind keine verbindlichen Maßnahmen, ja sie erreichen nicht einmal die Suggestivkraft einer Empfehlung. Art. V Abs. 13 Weltbank-Abkommen ist somit empfänglich für eine extensive Auslegung durch einfache spätere Praxis, bei der es in Anbetracht der mehrfach beschriebenen liberalen Auslegungsregeln der Organisation auch nicht auf eine besonders eindeutige Unterstützung durch eine große Mehrheit der Mitgliedstaaten ankommen kann. Es hat ohnehin den Anschein, dass die Staaten, welche die Praxis nicht ausdrücklich mittragen, ihr zumindest mit wohlwollendem Schweigen (*acquiescence*) gegenüberstehen.

Das abschließende Beispiel satzungsrelevanter Organisationspraxis der Weltbank wurde von *Schlemmer-Schulte* identifiziert. Ihr zufolge ist die

> „wichtigste Befugnis […] [des Weltbankpräsidenten] das Initiativrecht, das sich gewohnheitsrechtlich in Folge einer Abmachung zwischen einem der ersten Weltbankpräsidenten und dem Exekutivdirektorium seit 1947 herausgebildet hat [Fn. ausgelassen]. Dieses Recht ermöglicht es dem Präsidenten, dem Exekutivdirektorium konkrete Projektfinanzierungen und allgemeine Finanzierungsbedingungen zur Entscheidung vorzulegen."[1340]

Darüber hinaus legen *Mason/Asher* sogar nahe, dass sich das gesamte Verhältnis zwischen Präsident und Exekutivdirektorium durch die von *Schlemmer-Schulte* erwähnte informelle Abmachung dahingehend gestaltet hat, dass der Präsident das eigentliche Management der Bank übernimmt, wohingegen das Exekutivdirektorium im Wesentlichen auf eine Aufsichtsfunktion beschränkt wurde,[1341] was Art. V Abs. 4 lit. a Weltbank-Abkommen gerade bei einer Betrachtung im Zusammenhang

---

1339 Ebd., 235.

1340 Schlemmer-Schulte, in: Tietje (Hrsg.), Internationales Wirtschaftsrecht, 2009, § 9 Rn. 87 unter Verweis auf Mason/Asher, The World Bank since Bretton Woods, 1973, S. 49 [f.].

1341 Ebd., S. 50.

mit Art. V Abs. 5 lit. b S. 1 Weltbank-Abkommen zuwiderläuft. Denn letztere Vorschrift verleiht dem Präsidenten lediglich die Befugnis, das alltägliche Geschäft („ordinary business") der Bank abzuwickeln, während die Direktoren gem. ersterer Bestimmung im Rahmen der Delegation durch den Gouverneursrat für die allgemeinen Aktivitäten („conduct of the general operations") der Bank verantwortlich sind.

Diese Praxis erweckt den Anschein einer Überschreitung der Grenzen der Auslegung und damit einer *established practice*. Es kann aber nicht mit Sicherheit festgestellt werden, ob die Voraussetzungen einer solchen vorliegen. Die Zustimmung der Exekutivdirektoren zu dieser Modifikation wird als ursprünglich widerwillig beschrieben.[1342] Das sagt aber nichts über die aktuelle Auffassung des Gremiums zu Initiativrecht und Kompetenzabgrenzung aus. Ohnehin ist das Exekutivdirektorium ein Organ mit begrenzter Mitgliedschaft, was freilich durch die bereits im Zusammenhang mit dem IWF geschilderte Gruppenabstimmung relativiert wird. Der Präsident erscheint als treibender Akteur der Praxis, aber als von den Mitgliedstaaten weitgehend unabhängiges Verwaltungsorgan ist sein rechtlicher Einfluss auf eine *established practice* gering. Bei einer zurückhaltenden Gesamtbetrachtung deutet somit mehr auf eine faktisch-politische Kompetenzverschiebung zwischen Präsident und Exekutivdirektorium hin.

Ein Zitat des ehemaligen *General Counsel Shihata* fasst die analysierten Entwicklungen hervorragend zusammen:

> „Without changing its charter which defines its purposes and sets out explicit limits on its work the World Bank has greatly broadened the scope of its operations beyond anything envisaged at the time of its establishment. Although it may not be unique among international organizations in this respect, the extent of its expansion is probably unparalleled."[1343]

[1342] Ebd.; Interview with Richard H. Demuth, Oral History Project der University of Columbia, 10.8.1961, S. 9, http://siteresources.worldbank.org/EXTARCHIVES/Resources/Richard_Demuth_Oral_History_Transcript_44_01.pdf (16.12.2014).

[1343] Shihata, The Dynamic Evolution of International Organizations, Journal of the History of International Law 2 (2000), 217, 247.

II. NATO – Wandlung vom Verteidigungs- zum Sicherheitsbündnis

Bei der NATO bietet sich die Betrachtung eines Prozesses an, welcher sich nicht auf eine konkrete Bestimmung oder einen Abschnitt des – ohnehin mit 14 Artikeln im Vergleich sehr kurzen – NATO-Vertrags beschränkt hat, sondern den Charakter der Organisation veränderte. Die Rede ist von der Umwandlung eines Bündnisses, das primär zur kollektiven Selbstverteidigung und nur sekundär zur Projektion von Sicherheit im weiteren Sinne gegründet wurde, in eines, dessen prominenteste Aktivitäten im Bereich der Krisenprävention, -bewältigung sowie -nachsorge außerhalb des Bündnisgebietes stattfinden.[1344] Die aktuelle Rückbesinnung der Organisation auf ihre ursprüngliche Funktion im Angesicht der Ukraine-Krise mag diesen Prozess aufhalten oder vielleicht sogar teilweise rückgängig machen – dies schmälert jedoch nicht seine Relevanz für das Thema dieser Arbeit. Bei Betrachtung der Organisationspraxis fällt auf, dass sich dieser Transformationsprozess nicht an einer Vielzahl von Empfehlungen und Entscheidungen in der alltäglichen Anwendung des Gründungsvertrags festmachen lässt, wie es häufig bei den Vereinten Nationen und ihren Sonderorganisationen der Fall ist. Stattdessen wurde dieser Prozess wesentlich durch zwei auf Ebene der Staats- und Regierungschefs mit großer öffentlicher Aufmerksamkeit beschlossene strategische Konzepte des Nordatlantikrats vorangetrieben.[1345] Insbesondere das Konzept von 1999 bedeutete einen Quantensprung, insofern als es das Krisenmanagement in und um das Euro-Atlantische Gebiet auch durch sog. „Nicht-Artikel-5-Opera-

---

[1344] Allgemein dazu Bauer-Savage, Die völkerrechtliche Verwandlung der NATO aus Sicht der U.S. Constitution und des deutschen Grundgesetzes, 2005; Geiger, Die völker- und verfassungsrechtlich wirksame Erweiterung des Aufgabenspektrums von NATO und WEU um Krisenmanagementaufgaben, NZWehrR 2001, 133; Nolte, Die „neuen Aufgaben“ von NATO und WEU, ZaöRV 54 (1994), 95; Reiter, Die neue Sicherheitsarchitektur der NATO, KJ 40 (2007), 124; Warg, Von der Verteidigung zur kollektiven Sicherheit, 2004.

[1345] The Alliance's Strategic Concept, 24.4.1999, http://www.nato.int/cps/en/natolive/official_texts_27433.htm (16.12.2014); Active Engagement, Modern Defence, 19.11.2010, http://www.nato.int/cps/en/natolive/official_texts_68580.htm (16.12.2014).

tionen" zu den Zielen der Organisation hinzufügte.[1346] Über die Bedeutung der strategischen Konzepte darf nicht deren praktische Vorbereitung im ehem. Jugoslawien, insbesondere im Kosovo, und ihre Anwendung in den militärischen Einsätzen der NATO in Afghanistan und Libyen vergessen werden.

1. Relevante Charakteristika des NATO-Vertrags

Einige Besonderheiten der NATO und ihrer Satzung im Vergleich zu den bisher untersuchen Organisationen sind für die Klassifikation und Bewertung der NATO-Praxis von hoher Relevanz: Der NATO-Vertrag beinhaltet keine spezielle Änderungsklausel, sodass grundsätzlich die allgemeinen Regeln des Völkergewohnheitsrechts eingreifen, kodifiziert in Art. 39 ff. WVK. Art. 12 NATO-Vertrag sieht nämlich lediglich eine Überprüfung des Vertrags nach frühestens zehn Jahren vor, schweigt jedoch zu Verfahren und Voraussetzungen einer Änderung.[1347] An die Stelle eines konkret ausgestalteten formellen Änderungsverfahrens, wie es in Art. 108 SVN und den entsprechenden Bestimmungen der Gründungsverträge der UN-Sonderorganisationen vorgesehen ist, tritt also die allgemeine Regel, dass der Vertrag mit Übereinstimmung der Vertragsparteien geändert werden kann (Art. 39 WVK) und dass alle Parteien die Möglichkeit haben müssen, an Verhandlungsprozess und Abschluss teilzunehmen (Art. 40 Abs. 2 WVK). Das kann nach der richtigen ganz h.M. auch auf informellem Wege geschehen, wobei die Änderung durch (Organisations-)Praxis jedoch, wie im ersten Teil ausgeführt, vom Anwendungsbereich der Art. 39 f. WVK ausgenommen werden sollte und vielmehr im Völkergewohnheitsrecht zu suchen ist.[1348] Jedenfalls ist beim NATO-Vertrag die Gefahr der Umgehung einer spezifischen Änderungsklausel mit einem ausgefeilten, dem Schutz

[1346] The Alliance's Strategic Concept, 24.4.1999, http://www.nato.int/cps/en/natolive/official_texts_27433.htm (16.12.2014), Punkt 6, 10, 29, 31; zur Bedeutung des strategischen Konzepts: Klein/Schmahl, Die neue NATO-Strategie und ihre völkerrechtlichen und verfassungsrechtlichen Implikationen, RuP 35 (1999), 198; Zivier, Der Kosovo-Einsatz als Präzedenzfall?, RuP 35 (1999), 210.

[1347] Bauer-Savage, Die völkerrechtliche Verwandlung der NATO aus Sicht der U.S. Constitution und des deutschen Grundgesetzes, 2005, S. 61 f.

[1348] Siehe oben, B. III. 3. c).

der Interessen der Mitgliedstaaten dienenden Änderungsverfahren, vor dem Hintergrund des Art. 40 Abs. 2 WVK zumindest deutlich geringer. Dies lässt bei der NATO mehr Raum für informelle Anpassungsmechanismen,[1349] insbesondere auch für Anpassungen durch authentische bzw. autoritative spätere Praxis oder gar durch *established practice*. Darüber hinaus sprechen die besonders offene und flexible Formulierung des NATO-Vertrags, die mit seiner Kürze einhergeht, generell für eine höhere Empfänglichkeit dieses Instruments für informelle Anpassungsmechanismen.[1350]

Weiterhin weist Art. 9 des NATO-Vertrags mittelbar darauf hin, dass dem Nordatlantikrat eine bedeutende Rolle bei der Auslegung des NATO-Vertrags zukommt,[1351] denn er verleiht ihm die Befugnis, Angelegenheiten zu behandeln, welche die Anwendung des Vertrags betreffen. Es würde zu weit gehen, daraus eine autoritative Interpretationskompetenz i. e. S. zu folgern, dennoch ist eine Vorstufe der Anwendung die Interpretation – und der Nordatlantikrat wird als einziges Organ ausdrücklich mit dieser Aufgabe betraut. Es ist somit kein Zufall, dass die strategischen Konzepte vom Nordatlantikrat verabschiedet werden.

2. Analyse der strategischen Konzepte

Fraglich ist, ob es sich bei den strategischen Konzepten und insbesondere der Einführung der sog. *out-of-area-* oder *non-Article-5-*Einsätze der NATO um eine (authentische bzw. autoritative) Auslegung oder eine informelle Änderung des NATO-Vertrags handelt.[1352]

[1349] Kühne, Friedenssicherung durch regionale Organisationen in Europa, 1998, S. 194 f.; a.A. BVerfGE 90, 286, 373 (Sondervotum der Richterinnen und Richter Limbach, Böckenförde, Kruis und Sommer).

[1350] Ignarski, North Atlantic Treaty Organization, in: Bernhardt (Hrsg.), EPIL Bd. 3, 1997, S. 646, 650 f.; Simma, NATO, the UN and the Use of Force, EJIL 10 (1999), 1, 18.

[1351] Bauer-Savage, Die völkerrechtliche Verwandlung der NATO aus Sicht der U.S. Constitution und des deutschen Grundgesetzes, 2005, S. 64.

[1352] Zu dieser Frage: BVerfGE 104, 151, 199 ff.; Bauer-Savage, Die völkerrechtliche Verwandlung der NATO aus Sicht der U.S. Constitution und des deutschen Grundgesetzes, 2005, S. 59 ff.; Klein/Schmahl, Die neue NATO-

Aus dem NATO-Vertrag lässt sich keine definitive Begrenzung der Aktivitäten der Organisation auf die Selbstverteidigung bzw. ein Ausschluss sonstiger Sicherheitsaktivitäten ableiten.[1353] Das folgt zum einen aus der Präambel, die auch Relevanz für den Vertragszweck besitzt. Dort ist nämlich von der Bewahrung des Friedens und der Sicherheit sowie von der Stabilität des nordatlantischen Gebiets die Rede.[1354] Zum anderen beschäftigen sich Art. 2, 4, 10, 12 NATO-Vertrag mit Fragen der Sicherheit und Stabilität i. w. S.[1355] Dass lediglich zur Selbstverteidigung in Art. 5 NATO-Vertrag konkrete Maßnahmen vorgesehen werden, bedeutet allenfalls, dass sich keine ausdrückliche Grundlage für Stabilisierungseinsätze im Vertrag findet. Daraus folgt jedoch keineswegs ein abschließender Charakter dieser Norm bzw. ein Ausschluss anderer Aktivitäten.[1356] Art. 6 NATO-Vertrag kommt insoweit als Definition des bewaffneten Angriffs auf Parteien des Vertrags nur eine dienende Funktion für Art. 5 NATO-Vertrag zu. Aus der geographischen Begrenzung auf das Gebiet nördlich des Wendekreises des Krebses folgt daher keine eigenständige Rechtsfolge, die *out-of-area*-Einsätze rechtswidrig werden ließe.[1357] Eine informelle Vertragsänderung durch Praxis scheidet also aus.

Freilich können die strategischen Konzepte von 1999 und 2010 sowie die vor und nach ihnen erfolgten Einsätze die Grenzen der Auslegung anderweitig überschreiten und eine Erweiterung des Vertrags darstellen. Wenn auch aus Art. 5 NATO-Vertrag bei systematischer und teleologischer Auslegung kein Verbot der Krisenbewältigungseinsätze folgt, so war der Charakter des Bündnisses jedoch von Anfang an auch rechtlich

---

Strategie und ihre völkerrechtlichen und verfassungsrechtlichen Implikationen, RuP 35 (1999), 198, 200, 205; Kühne, Friedenssicherung durch regionale Organisationen in Europa, 1998, S. 183 ff.

[1353] Reiter, Die neue Sicherheitsarchitektur der NATO, KJ 40 (2007), 124, 134; Zivier, Der Kosovo-Einsatz als Präzedenzfall?, RuP 35 (1999), 210, 211.

[1354] Bauer-Savage, Die völkerrechtliche Verwandlung der NATO aus Sicht der U.S. Constitution und des deutschen Grundgesetzes, 2005, S. 28 ff.; Nolte, Die „neuen Aufgaben" von NATO und WEU, ZaöRV 54 (1994), 95, 101.

[1355] Nolte, ebd., 101 f.; Reiter, Die neue Sicherheitsarchitektur der NATO, KJ 40 (2007), 124, 134.

[1356] Siehe oben, Fn. 1353.

[1357] Bauer-Savage, Die völkerrechtliche Verwandlung der NATO aus Sicht der U.S. Constitution und des deutschen Grundgesetzes, 2005, S. 34 f.

auf kollektive Selbstverteidigung im Kontext des Kalten Krieges ausgerichtet. Art. 5 NATO-Vertrag macht das unmissverständlich. Er kann somit auch nicht als normativer Anknüpfungspunkt für eine interpretative spätere Praxis dienen. Eine weitgehende Verschiebung der Schwerpunkte in den Aktivitäten der Organisation von der Verteidigung zur Projektion von Sicherheit, die zweifelsohne stattgefunden hat, bedeutet auch dann, wenn letzteres grundsätzlich nicht verboten ist, wenn auch keine Änderung, so doch eine Erweiterung des Vertrags.[1358] Folglich sollten die strategischen Konzepte und ihre Implementierung am Maßstab und den Voraussetzungen einer erweiternden *established practice* gemessen werden.

Die strategischen Konzepte wurden im Nordatlantikrat in hochrangiger Zusammensetzung im Konsens entschieden. Das Konzept von 1999 wurde im Nachfolgepapier von 2010 ausdrücklich bestätigt.[1359] Mehrere darauf folgende Krisenbewältigungseinsätze, die nicht unter Art. 5 NATO-Vertrag, aber unter Punkt 31 des Konzepts von 1999 subsu-

---

[1358] Gegen eine informelle Änderung und für eine Fortentwicklung im Rahmen der Auslegung: BVerfGE 104, 151, 199 ff.; Nolte, Die „neuen Aufgaben" von NATO und WEU, ZaöRV 54 (1994), 95, 110 (bereits vor Verabschiedung des strategischen Konzepts von 1999); Zivier, Der Kosovo-Einsatz als Präzedenzfall?, RuP 35 (1999), 210, 211; für eine informelle Änderung, sei es durch einen rechtsgeschäftlichen Vorgang auf der Grundlage des Art. 39 WVK, sei es durch Völkergewohnheitsrecht, sprechen sich u. a. folgende Stimmen aus, die zwar nicht zwischen Änderung und Erweiterung unterscheiden, aber darin einig sind, dass der Vorgang mehr als eine (authentische) Auslegung war: Bauer-Savage, Die völkerrechtliche Verwandlung der NATO aus Sicht der U.S. Constitution und des deutschen Grundgesetzes, 2005, S.68 ff.; Blokker, Constituent Instruments, Grotius Centre Working Paper 2014/024-PIL, 1, 4; Kadelbach, Domestic Constitutional Concerns with Respect to the Use of Subsequent Agreements and Practice at the International Level, in: Nolte (Hrsg.), Treaties and Subsequent Practice, 2013, S. 145, 151; Klein/Schmahl, Die neue NATO-Strategie und ihre völkerrechtlichen und verfassungsrechtlichen Implikationen, RuP 35 (1999), 198, 200; Kühne, Friedenssicherung durch regionale Organisationen in Europa, 1998, S. 190 (bereits vor Verabschiedung des strategischen Konzepts von 1999).

[1359] Siehe oben, Fn. 1345; dazu Varwick, Das neue strategische Konzept der NATO, APuZ 50 (2010), 23 ff.; möglicherweise relevante Erweiterungen des Konzepts von 1999 durch das von 2010 sind die Terror- (Punkt 19) und Aufstandsbekämpfung (Punkt 25), die Abwehr von Cyberangriffen (Punkt 19), die Konfliktnachsorge (Punkt 24) und dabei die Zusammenarbeit mit dem zivilen Sektor (Punkt 25).

mierbar sind,[1360] wurden ebenfalls im Konsens beschlossen. Daher ist die Praxis hochgradig konsistent und genügt als Konsens-Entscheidung eines Plenarorgans (Kategorie 1) auch den akteursbezogenen Anforderungen. Sie zeichnet sich auch durch ein sehr hohes Maß an Ausdrücklichkeit und Eindeutigkeit aus. Wie bereits ausgeführt, erleichtern das Fehlen eines formellen Änderungsverfahrens sowie die offene Formulierung des NATO-Vertrags bzw. die offene rechtliche Struktur der Organisation eine solche Ergänzung durch Praxis. Gleiches gilt für die Übung der NATO, alle Entscheidungen im Konsensverfahren zu treffen.[1361] Damit unterliegen diese Entscheidungen nicht den gleichen Beschränkungen wie die anderer Internationaler Organisationen, die teilweise mit Mehrheit getroffen werden oder sogar in Organen mit begrenzter Mitgliedschaft. Auch muss eine informelle Erweiterung geringeren Anforderungen genügen als die Modifikation einer der Praxis widersprechenden Norm, die nur im Ausnahmefall möglich ist.[1362]

Nicht unproblematisch ist das subjektive Element der erweiternden *established practice*, also aus einem gewohnheitsrechtlichen Blickwinkel die *opinio iuris* bzw. aus einer eher rechtsgeschäftlichen Perspektive die

---

[1360] Zum Afghanistan-Einsatz (ISAF): BVerfGE 118, 244, 265 f.; ähnliches gilt auch für den Libyen-Einsatz: Obwohl Russland und China die extensive Auslegung des UN-Mandats gem. SC Res. 1973 (2011) durch die NATO-Staaten scharf kritisierten, dürfte dieses Mandat jedoch genügt haben, um die Operation mit Art. 7 NATO-Vertrag und den strategischen Konzepten von 1999 und 2010 zu vereinbaren. Der Kosovo-Einsatz ist diesbezüglich schwieriger zu beurteilen, da er ohne Mandat des UN-Sicherheitsrats erfolgte, nach der wohl h.L. als völkerrechtswidrig einzustufen (statt vieler Nolte, Kosovo und Konstitutionalisierung, ZaöRV 59 (1999), 941, 959; Simma, NATO, the UN and the Use of Force, EJIL 10 (1999), 1; vgl. Tomuschat, Völkerrechtliche Aspekte des Kosovo-Konflikts, FW 74 (1999), 33, 37) und aus dieser Perspektive auch mit Punkt 31 des kurz nach Ende des Einsatzes erlassenen strategischen Konzepts von 1999 nicht vereinbar ist. Diese in der Literatur umfassend diskutierte Frage kann und soll hier nicht erneut besprochen werden. Zumindest für die generelle Möglichkeit von Nicht-Art.-5-Einsätzen kann diese Operation als relevante Praxis eingestuft werden. Zur Frage, ob das strategische Konzept die Möglichkeit solcher Einsätze ohne UN-Mandat mit einschließt, siehe z. B. Zivier, Der Kosovo-Einsatz als Präzedenzfall, RuP 35 (1999), 210, 211.

[1361] Simma, NATO, the UN and the Use of Force, EJIL 10 (1999), 1, 18 f.; dabei handelt es sich wiederum um eine *established practice/rule of the organization.*

[1362] Siehe oben, B. III. 4.

mit Rechtsbindungswillen getroffene Parteiübereinkunft.[1363] Die Mitgliedstaaten der NATO gingen nach ihren öffentlichen Erklärungen im Zusammenhang mit den Krisenbewältigungseinsätzen davon aus, dass sie auf Grundlage des NATO-Vertrags handelten und gerade keine Änderung oder Ergänzung vornahmen.[1364] Das geht auch mittelbar aus Punkt 5 des strategischen Konzepts von 1999 hervor.[1365] Von einer eindeutig erkennbaren Absicht der Parteien, den NATO-Vertrag zu erweitern, kann also kaum die Rede sein.[1366] Darauf kann es allerdings nicht ankommen: Die weitgehenden Auswirkungen der Transformation der Organisation von einem reinen Verteidigungsbündnis in ein Sicherheitsbündnis auf den NATO-Vertrag werden den Mitgliedstaaten nicht verborgen geblieben sein. Insbesondere bei der Formulierung „non-Article 5 crisis response operations" wird ihnen die zentrale Bedeutung von Art. 5 NATO-Vertrag bewusst gewesen sein. Sie fühlten sich dennoch zur Verabschiedung der strategischen Konzepte berechtigt. Das genügt für die Annahme des subjektiven Elements, das für eine erweiternde *established practice* vonnöten ist.[1367]

Dem steht auch nicht entgegen, dass diese Praxis den Zweck der Organisation oder ihre Grundstruktur so grundlegend gewandelt hätte, dass die materiellen Grenzen informeller Erweiterung überschritten wären.

[1363] Wie erwähnt, ist die *established practice* einer Internationalen Organisation vor allem quasi-gewohnheitsrechtlicher Natur. Die offene, wenig körperschaftliche Struktur der NATO und die Verabschiedung der schriftlichen strategischen Konzepte durch den Nordatlantikrat in hochrangiger Zusammensetzung könnte aber ausnahmsweise auf einen eher rechtsgeschäftlichen Charakter hindeuten. Dies wird dadurch veranschaulicht, dass die strategischen Konzepten der NATO in Literatur und Rechtsprechung als einer der in Internationalen Organisationen seltenen Anwendungsfälle der späteren Übereinkünfte gem. Art. 31 Abs. 3 lit. a WVK diskutiert werden: so BVerfGE 104, 151, 206; Zivier, Der Kosovo-Einsatz als Präzedenzfall?, RuP 35 (1999), 210, 211.

[1364] Vgl. Geiger, Die völker- und verfassungsrechtlich wirksame Erweiterung des Aufgabenspektrums von NATO und WEU um Krisenmanagementaufgaben, NZWehrR 2001, 133, 138 f.; Kühne, Friedenssicherung durch regionale Organisationen in Europa, 1998, S. 188 m.w.N.

[1365] Siehe oben, Fn. 1345 (dt. Fassung): „Es [das strategische Konzept] bringt Zweck und Wesen des Bündnisses, die unverändert bleiben, sowie dessen grundlegende Sicherheitsaufgaben zum Ausdruck […]".

[1366] Siehe oben, Fn. 1364.

[1367] Siehe oben, B. III. 3. c) bb), C. II. 6. c).

Zwar wandelte sich der Zweck von der reinen kollektiven Selbstverteidigung innerhalb des Vertragsgebietes zur darüber hinausreichenden Projektion von Sicherheit auch in entfernte Einsatzgebiete. Der Grundzweck, die Sicherheit der Mitglieder, ist jedoch der gleiche geblieben. Die institutionelle Grundstruktur ist ebenfalls nach wie vor intakt: Die wichtigsten Organe und die militärische Kommandostruktur bestehen weiter, letztere wurde nur reformiert.[1368]

Weder der *soft-law*-Charakter der strategischen Konzepte[1369] noch ihre Einschätzung als in großen Teilen politische Absichtserklärungen[1370] stehen dieser Klassifikation als erweiternde *established practice* entgegen. Denn unverbindliches *soft law* kann unter bestimmten Voraussetzungen in spätere Praxis und sogar in verbindliche oder kompetenzerweiternde *established practice* erwachsen: Wenn einhellig, konsistent und von einem überschießenden subjektiven Element begleitet, kann aus per se unverbindlichen Dokumenten i.V.m. weiterer Praxis Recht entstehen.[1371] Wenn die strategischen Konzepte weiterhin zu großen Teilen als politische Absichtserklärungen zu klassifizieren sind, so gilt dies jedoch nicht für ihre Gesamtheit. Regelungen wie Punkt 31 des Konzepts von 1999[1372] besitzen zweifellos einen rechtlichen Gehalt.

III. Europäische Union

1. Sonderstellung als supranationale und konstitutionalisierte Organisation

Die Europäische Union nimmt unter allen untersuchten Organisationen eine Sonderstellung ein. Bereits die Frage, ob sie überhaupt als Internationale Organisation eingestuft werden kann, ist nach dem Stand

---

[1368] Vgl. Reiter, Die neue Sicherheitsarchitektur der NATO, KJ 40 (2007), 124, 134.

[1369] Bernhardt, Völkerrechtliche und verfassungsrechtliche Aspekte konkludenter Vertragsänderung, in: Arndt u.a. (Hrsg.), Völkerrecht und deutsches Recht, FS Rudolf, 2001, S. 15, 19.

[1370] Zivier, Der Kosovo-Einsatz als Präzedenzfall?, RuP 35 (1999), 210 f.

[1371] Siehe oben, C. I. 2. c) bb).

[1372] Siehe oben, Fn. 1345.

des wissenschaftlichen Diskurses insbesondere im Europarecht nur schwer zu beantworten; und das trotz ihres völkervertraglichen Ursprungs und ihrer der Methode nach völkerrechtlichen Änderungsmechanismen.[1373] Die Vielzahl der alternativ bei ihrer Beschreibung verwendeten Begriffe – z. B. supranationale Organisation,[1374] Staatenverbund,[1375] Verfassungsverbund[1376] machen das mehr als deutlich. Insbesondere durch die unmittelbare Wirkung und den Vorrang des Unionsrechts unterscheidet sich die EU von allen anderen Internationalen Organisationen. Ihr Primärrecht gilt trotz des Scheiterns des Verfassungsvertrages als Europäisches Verfassungsrecht[1377] und der Prozess der Konstitutionalisierung ist bei ihr so weit fortgeschritten wie bei keiner anderen überstaatlichen Entität.

Dennoch gibt es zwei gute Gründe dafür, die Organisationspraxis der Europäischen Union gemeinsam mit derjenigen klassischer Internationaler Organisationen zu betrachten.

Der erste dieser Gründe ist der Einfluss des Verfassungscharakters der Satzungen auf die Rolle von Organisationspraxis. Die fortgeschrittene Konstitutionalisierung der EU kann zweierlei für die Empfänglichkeit ihrer Gründungsverträge für Organisationspraxis bedeuten: Entweder ist das EU-Primärrecht als Verfassungsordnung besonders anpassungsbedürftig und damit auch anpassungsoffen, oder es ist (nicht zuletzt aus dem Blickwinkel der *rule of law*) so verfestigt, dass nur noch wenig Raum für rechtliche Evolution durch Praxis verbleibt.[1378]

Der zweite – damit eng zusammenhängende – Grund sind die besonderen informellen und (semi-)formellen Anpassungsmechanismen, über welche die EU verfügt. Das sind insbesondere das Letztentscheidungs-

---

[1373] De Witte, Rules of Change in International Law, NYIL 25 (1994), 299, 331 f.

[1374] Dazu statt vieler: Ohler, in: Grabitz/Hilf/Nettesheim (Hrsg.), Das Recht der Europäischen Union, Bd. 1, 45. EL. 2011, Art. 48 EUV Rn. 14.

[1375] Statt vieler BVerfGE 89, 155, 190.

[1376] Pernice, Bestandssicherung der Verfassungen, in: Bieber/Widmer (Hrsg.), Der europäische Verfassungsraum, 1995, S. 225, 262.

[1377] Statt vieler v. Bogdandy (Hrsg.), Principles of the European Constitutional Law, 2. Aufl. 2010; Calliess (Hrsg.), Verfassungswandel im europäischen Staaten- und Verfassungsverbund, 2007.

[1378] Siehe oben, C. I. 2. a).

recht des EuGH bei der Auslegung des Unionsrechts sowie seine Rolle bei der Fortbildung der Verträge nach Art. 19 EUV n.F. i.V.m. Art. 267 AEUV[1379] und die sog. Vertragsabrundungsklausel in Art. 352 AEUV. Die vereinfachten Änderungsverfahren gem. Art. 48 Abs. 6 und 7 EUV n.F., die der formellen Revision stark angenähert sind, sie aber erheblich vereinfachen, sind ebenfalls relevant. Schließlich ist selbstverständlich zu berücksichtigen, dass die europäischen Verträge trotz der erforderlichen Einstimmigkeit sowohl beim Abschluss als auch bei der Ratifikation von Änderungsverträgen häufiger und umfassender förmlich geändert wurden als alle bisher betrachteten Gründungsverträge zusammengenommen.

Art. 31 Abs. 3 lit. b WVK und Art. 5 WVK können freilich allenfalls mit großer Vorsicht auf die Verträge des Sonderfalles EU angewendet werden.[1380] Die Erkenntnisse des ersten und zweiten Teils der Arbeit sind nur sehr begrenzt auf die Praxis der EU übertragbar. Zumindest der Rechtsgedanke des Art. 5 WVK ergibt aber auch durchaus für die EU Sinn: Die besonderen *rules of the organization* sind so sehr ausgeprägt, dass für die allgemeinen Regeln nur noch wenig Raum verbleibt. Die *lex specialis* der Verträge verdrängt die *lex generalis* der WVK weitgehend.

Zweifellos unterliegt die EU dem gleichen – wenn nicht sogar einem höheren – faktischen Anpassungsdruck wie andere Internationale Organisationen. Dies ist zuletzt durch die europäische Schulden- und

---

[1379] Zur weitreichenden Auslegungskompetenz des EuGH: Classen, in: Oppermann/Classen/Nettesheim, Europarecht, 6. Aufl. 2014, § 13 Rn. 70; in der Literatur ist diesbezüglich auch etwas irreführend vom Auslegungsmonopol des Gerichtshofs für das Gemeinschafts-/Unionsrecht die Rede: z. B. Frenz, Handbuch Europarecht, Bd. 5, 2010, Rn. 2299; Schmidt-Räntsch, in: Riesenhuber (Hrsg.), Europäische Methodenlehre, 2. Aufl. 2010, § 23 Rn. 10 f.; zur Rolle des EuGH bei der Rechtsfortbildung: Calliess, Grundlagen, Grenzen und Perspektiven europäischen Richterrechts, NJW 2005, 929 ff.; Streinz, Europarecht, 9. Aufl. 2012, Rn. 611 ff.

[1380] Gegen die Anwendbarkeit von Art. 31 WVK auf das supranationale Gemeinschaftsrecht: Pechstein/Drechsler, in: Riesenhuber (Hrsg.), Europäische Methodenlehre, 2. Aufl. 2010, Rn. 13 (unter ausdrücklicher Ablehnung einer Anwendung von Art. 31 Abs. 3 lit. b WVK); Schwarze, in: Schwarze (Hrsg.), EU-Kommentar, 2. Aufl. 2009, Art. 220 EGV Rn. 27; Schwarze, Das allgemeine Völkerrecht in den innergemeinschaftlichen Rechtsbeziehungen, EuR 1983, 1, 15.

Wirtschaftskrise ganz besonders deutlich geworden. Eine Frage ist nun, ob die speziellen Anpassungsmechanismen der EU genügen, um diesen Druck aufzufangen, oder ob bzw. in welchem Umfang auf den allgemeinen informellen Anpassungsmechanismus Organisationspraxis zurückgegriffen wird. Eine solche Praxis würde in der besonders konstitutionalisierten EU ernsthafte Zweifel an ihrer Rechtmäßigkeit aufwerfen.

Schließlich wird bei der Betrachtung der satzungsrelevanten Praxis der EU wieder die klassische Frage des Europarechts nach dem Verhältnis von Union und Mitgliedstaaten relevant. Anders gesagt könnte die bekannte Formel von den Mitgliedstaaten als „Herren der Verträge“[1381] nicht nur für ihre Änderung, sondern auch für ihre informelle Anpassung durch Praxis gelten, und zwar in verschiedenen Phasen der Integration in verschiedenem Maße. Die folgenden Erörterungen zur Rolle und Rechtsprechung des EuGH sowie die gewohnte Analyse von Fallbeispielen können diese Fragen zwar nicht abschließend beantworten; das Aufzeigen von Tendenzen, vorsichtige Schlussfolgerungen und Anregungen für weitere Forschung auf diesem Gebiet dürften jedoch möglich sein.

2. Insbesondere: Der EuGH als Hindernis für spätere Praxis

Der EuGH hat seine ihm von Art. 19 EUV n.F., Art. 267 AEUV zugewiesene zentrale Stellung bei der letztinstanzlichen autoritativen Auslegung des primären Unionsrechts sowie bei dessen Fortbildung faktisch mehrfach dadurch verteidigt, dass er die Relevanz von Praxis sowohl der Kommission als auch des Rates (und damit der Mitgliedstaaten) für die Auslegung und den Inhalt der Verträge zurückgewiesen hat.[1382]

In ständiger Rechtsprechung wurde so verneint, dass die schlichte Praxis des Rates, eine bestimmte Rechtsgrundlage für den Erlass von Sekundärrecht zu wählen, eine Präjudizwirkung bzw. einen Einfluss auf die Auslegung dieser Rechtsgrundlage hat.[1383] In einem Urteil traf der

---

[1381] Siehe oben, Fn. 55.

[1382] A. Peters, Das Gründungsdokument internationaler Organisationen als Verfassungsvertrag, ZÖR 68 (2013), 1, 50.

[1383] EuGH, Rs. C-131/86, Slg. 1988, 905, Rn. 29; Gutachten 1/94, Slg. 1995, I-5276, Rn. 52, 61; Rs. C-84/94, Slg. 1996, I-5755, Rn. 19; Rs. C-271/94, Slg.

EuGH sogar die über die Kompetenzfrage hinausgehende allgemeine Aussage: „Eine bloße Praxis des Rates vermag Regeln des Vertrags nicht abzuändern.“[1384]

Besonders erwähnenswert ist ein Urteil zu einer französischen Nichtigkeitsklage gegen ein Abkommen im Bereich des Wettbewerbsrechts, das die Kommission mit den USA abgeschlossen hatte.[1385] Frankreich berief sich dabei auf Art. 228 EWGV a.F.,[1386] welcher der Kommission nur eine Verhandlungsbefugnis, aber keine Abschlussbefugnis für völkerrechtliche Verträge zuwies.[1387] Die Kommission machte dagegen geltend, es handele sich um ein Verwaltungsabkommen und solche Abkommen schließe sie in ständiger Praxis bereits selbst ab.[1388] Der Gerichtshof wies dieses Argument zurück: „Schließlich kann jedenfalls eine schlichte Praxis die Vorschriften des EWG-Vertrags nicht überspielen.“[1389] Zum einen ist das Urteil von Bedeutung, weil sich der EuGH mit der Relevanz der Kommissionspraxis für das Primärrecht beschäftigt, die er erwartungsgemäß nicht höher bewertet als die der Ratspraxis, hinter der ja immerhin häufig die Gesamtheit der Mitgliedstaaten steht. Zum anderen ist bemerkenswert, dass der Gerichtshof hier in noch größerer Allgemeinheit aussprach, dass er das Primärrecht als weitgehend praxisfest betrachtet.

Von besonderem Interesse sind noch drei weitere Urteile: erstens das wegen seiner Bedeutung für die Arbeitnehmerfreizügigkeit und die Drittwirkung der Grundfreiheiten bekannte *Bosman*-Urteil, in dem der EuGH der Kommission die „[...] Befugnis, gegen den Vertrag verstoßende Verhaltensweisen zu genehmigen“, absprach.[1390] Zweitens hat der EuGH bei mindestens zwei Gelegenheiten judiziert, dass er die

---

1996, I-1689, Rn. 24; zuletzt bestätigt in Gutachten 1/08, Slg. 2009, I-1129, Rn. 172.

[1384] EuGH Rs. C-68/86, Slg. 1988, 855, Rn. 24.

[1385] EuGH Rs. C-327/91, Slg. 1994, I-3641; dazu Kuijper, The Court and the Tribunal of the EC and the Vienna Convention on the Law of Treaties 1969, Legal Issues of European Integration 25 (1998), 1, 10.

[1386] Heute Art. 218 AEUV.

[1387] EuGH, Rs. C-327/91, Slg. 1994, I-3641, Rn. 20.

[1388] Ebd., Rn. 21, 30.

[1389] Ebd., Rn. 36.

[1390] EuGH, Rs. C-415/93, Slg. 1995, I-4921, Rn. 136.

Entscheidungspraxis der Kommission zum Beihilfecharakter einer Maßnahme bei der Auslegung von Art. 87 Abs. 1 EGV a.F.[1391] nicht berücksichtigt, sondern diese Prüfung nur auf Grundlage der Norm selbst vornimmt.[1392]

Der Gerichtshof hat also in verschiedenen *obiter dicta* faktisch alles dafür getan, seine im europäischen Verfassungsgefüge hervorgehobene Stellung bei Auslegung und Rechtsfortbildung gegen Aspirationen von Organen und Mitgliedstaaten, mit ihrer Praxis die Verträge zu beeinflussen, zu verteidigen. Diese Rechtsprechung ist nicht nur unter dem Gesichtspunkt der institutionellen Selbstbehauptung verständlich. Ebenso wie in einer staatlichen (zumindest kontinentalen) Verfassungsordnung die Praxis der nicht-verfassungsändernden Legislative, der Exekutive und der Judikative v. a. aufgrund des Vorrangs der Verfassung – bzw. des Rechtsstaatsprinzips / der jeweiligen Ausprägung der *rule of law* – nur von begrenzter Relevanz sein kann,[1393] kann für eine so weitgehend konstitutionalisierte Ordnung wie das europäische Primärrecht nichts anderes gelten. Das wird durch das einer Gewaltenteilung stark angenäherte institutionelle Gleichgewicht der Union[1394] noch untermauert. Der EuGH, der gem. Art. 19 EUV n.F. mit der Wahrung des Rechts betraut ist, darf demnach keine konkurrierenden Akteure bei der autoritativen Auslegung – und schon gar nicht bei der Rechtsfortbildung – neben sich dulden.

Der Gerichtshof verstand sich lange Zeit als Motor der Integration und legte die Verträge gerade in einer Zeit ohne Vertragsreformen dynamisch aus bzw. betrieb aggressiv Rechtsfortbildung.[1395] Die bekanntesten Beispiele dafür sind die Rechtssachen *Van Gend en Loos* und *Costa/ENEL*, in denen die unmittelbare Wirkung und der Anwendungsvorrang des Gemeinschaftsrechts begründet wurden,[1396] und die

---

[1391] Inzwischen Art. 107 Abs. 1 AEUV.

[1392] EuGH, Rs. C-459/10 P, Slg. 2011, I-109, Rn. 136.

[1393] Thym, Die völkerrechtlichen Verträge der Europäischen Union, ZaöRV 66 (2006), 863, 869 m.w.N.

[1394] Nettesheim, in: Oppermann/Classen/Nettesheim, Europarecht, 6. Aufl. 2014, § 5 Rn. 15 ff.

[1395] Siehe oben, Fn. 1238.

[1396] EuGH, Rs. C-26/62, Slg. 1963, 7, 25, 27 (*Van Gend en Loos*); Rs. C-6/24, Slg. 1964, 1253, 1269-1270 (*Costa v. E.N.E.L*).

Schaffung der ungeschriebenen europäischen Grundrechte.[1397] Damit fing der EuGH einen großen Teil des faktischen Anpassungsdrucks auf, der ansonsten womöglich über andere informelle Anpassungsmechanismen bewältigt worden wäre. Seine ablehnende Haltung zur Praxis der Organisation und der Mitgliedstaaten kann auch in diesen Kontext eingeordnet werden.

3. Fallstudien

a) Luxemburger Kompromiss 1966

Im Luxemburger Kompromiss von 1966 vereinbarten die damaligen Mitgliedstaaten der EWG, dass sie bei Entscheidungen des Rates, die gem. Art. 148 EWGV a.F. mit einfacher oder qualifizierter Mehrheit zu treffen waren,[1398] dann auf eine Abstimmung verzichten und bis zum Konsens weiterverhandeln würden, wenn mindestens ein Mitgliedstaat dies unter Hinweis auf seine „sehr wichtigen Interessen" verlangt.[1399] Nicht nur in der zeitgenössischen Literatur wurde es für naheliegend und möglich gehalten, dass es sich bei dieser Übereinkunft und insbesondere ihrer späteren praktischen Umsetzung um eine konkludente, informelle Vertragsänderung durch Praxis handelte.[1400]

Nach den im zweiten Teil der Arbeit aufgestellten Kriterien wäre von einer *established practice* auszugehen, vergleichbar mit der Konsenspra-

---

[1397] EuGH, Rs. 29/69, Slg. 1969, 419, Rn. 7 (*Stauder*).

[1398] Obwohl die Entscheidung mit der Mehrheit der Mitglieder als rechtlicher Regelfall normiert wurde („soweit in diesem Vertrag nichts anderes bestimmt ist", Art. 148 Abs. 1 EWGV), war damals ob der zahlreichen abweichenden Regelungen in den speziellen Kompetenznormen die einstimmige Entscheidung oder die Entscheidung mit qualifizierter Mehrheit praktisch die Regel.

[1399] Im Originalwortlaut zitiert bei Mosler, National- und Gemeinschaftsinteressen im Verfahren des EWG-Ministerrats, ZaöRV 26 (1966), 1 ff.

[1400] Ebd., 26 f.; Ress, in: Ress u. a. (Hrsg.), Wechselwirkungen zwischen Völkerrecht und Verfassung bei der Auslegung völkerrechtlicher Verträge, 1982, S. 7, 25; Ress, Die Bedeutung der nachfolgenden Praxis für die Vertragsinterpretation nach der Wiener Vertragsrechtskonvention (WVRK), in: Bieber/Ress (Hrsg.), Die Dynamik des Europäischen Gemeinschaftsrechts, 1987, S. 49, 69; Seidl-Hohenveldern/Loibl, Das Recht der Internationalen Organisationen einschließlich der Supranationalen Gemeinschaften, 7. Aufl. 2000, Rn. 1541.

xis in anderen Internationalen Organisationen, aber mit einem entscheidenden Unterschied: Anders als bei anderen Organisationen, in denen eine Mehrheitsentscheidung trotz der Konsenspraxis immer noch durchgesetzt werden kann, wäre dies bei verbindlicher Anwendung des Luxemburger Kompromisses in der EWG nicht möglich gewesen. Vielmehr hätte der Kompromiss Art. 148 EWGV a.F. modifiziert. Seine Verbindlichkeit kann jedoch auch bezweifelt werden.[1401] Ohnehin gilt der Luxemburger Kompromiss inzwischen als überholt und gegenstandslos[1402] und ist somit von vorrangig rechtshistorischem Interesse. Weiterhin sind die allgemeinen völkerrechtlichen Regeln zur Organisationspraxis kaum auf die EG/EU übertragbar, sodass nur vorsichtig Parallelen zur Praxis anderer Organisationen aufgezeigt werden können. Dies gilt auch für die Rechtslage im Jahr 1966; denn obwohl die EWG damals noch nicht annähernd den heutigen Integrationsgrad erreicht hatte, war sie doch von Beginn an supranational ausgestaltet.

b) Völkerrechtspersönlichkeit der EU

Die Frage der Völkerrechtspersönlichkeit der EU war eine klassische Problemstellung des europäischen Rechts unter der durch den Vertrag von Lissabon überholten Säulenstruktur der Gemeinschaften und der Union. Ein wesentliches Argument für die Rechtspersönlichkeit war in dieser Diskussion Art. 24 EUV a.F. i.V.m. der ständigen Praxis der Union, selbst völkerrechtliche Verträge abzuschließen.[1403] Inzwischen ist die Rechtspersönlichkeit der einheitlichen Entität EU in Art. 47 EUV n.F. ausdrücklich normiert und das Problem damit ebenfalls obsolet.

Dennoch ist dieses historische Fallbeispiel instruktiv. Es zeigt, dass völkerrechtliche Methodik und mit ihr auch die Organisationspraxis in den intergouvernementalen und damit tendenziell völkerrechtlichen Bestandteilen des EU-Primärrechts (die mit der GASP auch nach dem Vertrag von Lissabon fortbestehen) durchaus relevant war und immer

---

[1401] So Mosler, National- und Gemeinschaftsinteressen im Verfahren des EWG-Ministerrats, ZaöRV 26 (1966), 27.

[1402] Calliess, in: Calliess/Ruffert (Hrsg.), EUV/AEUV, 4. Aufl. 2011, Art. 16 Rn. 26.

[1403] Statt vieler Thym, Die völkerrechtlichen Verträge der Europäischen Union, ZaöRV 66 (2006), 863, 868 m.w.N.

noch ist.[1404] Weiterhin illustriert es die Aussage des IGH im *Reparation-for-Injuries*-Gutachten, dass die Praxis einer Internationalen Organisation relevant für die Entstehung bzw. Annahme ihrer Völkerrechtspersönlichkeit sein kann.[1405]

c) Schaffung und Kompetenzgewinn des Europäischen Rates

Der Europäische Rat entstand durch Praxis jenseits der Verträge.[1406] Auch diese Praxis wurde *ex post* durch die Einheitliche Europäische Akte und den Vertrag von Maastricht formalisiert. Das mitgliedstaatliche Element wurde durch die Schaffung des Europäischen Rats gegenüber den genuinen Gemeinschaftsorganen Kommission und Parlament gestärkt,[1407] was nicht ohne Einfluss auf die Rolle von Staatenpraxis in der EU allgemein geblieben sein dürfte.

Dieser anfangs hochpolitische, rechtlich schwer zu fassende Vorgang lässt sich trotz des intergouvernementalen Charakters des Europäischen Rates, der auch im Vertrag von Maastricht festgeschrieben wurde, wiederum nur schwerlich in das völkerrechtliche Korsett der allgemeinen Ausführungen zur Organisationspraxis zwängen. Am ehesten dürfte er

---

[1404] So allgemein auch Pechstein/Drechsler, in: Riesenhuber (Hrsg.), Europäische Methodenlehre, 2. Aufl. 2010, § 8 Rn. 43; a.A. zumindest „aus der unionsrechtlichen Binnenperspektive“: Thym, Die völkerrechtlichen Verträge der Europäischen Union, ZaöRV 66 (2006), 863, 869.

[1405] IGH, Reparations for Injuries, Advisory Opinion, ICJ Reports 1949, 174, 180; ein anderer Fall, in dem dies eine Rolle spielt, ist die langsame Entwicklung der hier nicht näher behandelten OSZE von einem *Soft-Law*-Organismus in Richtung auf eine Internationale Organisation mit Völkerrechtspersönlichkeit, die bisher nicht als abgeschlossen betrachtet werden kann; siehe dazu Hobe, Einführung in das Völkerrecht, 10. Aufl. 2014, S. 147 f.; Schweisfurth, Die juristische Mutation der KSZE, in: Beyerlin u. a. (Hrsg.), Recht zwischen Umbruch und Bewahrung, FS Bernhardt, 1995, S. 213 ff.

[1406] Erster Gipfel der Staats- und Regierungschefs der Europäischen Gemeinschaft im Jahre 1969, seit 1974 (mit dem Gipfel von Paris) offizielle Bezeichnung als Europäischer Rat und Vereinbarung von regelmäßigen Treffen, Calliess in: Calliess/Ruffert, EUV/AEUV, 4. Aufl. 2011, Art. 15 Rn. 1.

[1407] EPC/Egmont/CEPS (Hrsg.), The Treaty of Lisbon, 2010, http://www.ceps.eu/book/treaty-lisbon-second-look-institutional-innovations (16.12.2014), 7.

mit einer erweiternden *established practice* vergleichbar sein. Dafür fehlt es weder an Einhelligkeit noch an Konsistenz.

IV. MERCOSUR

Der MERCOSUR, eine Organisation der regionalen Wirtschaftsintegration mit den Mitgliedern Argentinien, Brasilien, Paraguay, Uruguay und Venezuela[1408] kann wie die EU als ein Sonderfall beschrieben werden, und zwar auch in Bezug auf die hier interessierende satzungsrelevante Organisationspraxis.

Der MERCOSUR besitzt ein Rechtssystem *sui generis*, das mit dem anderer Internationaler Organisationen – auch mit dem der ansonsten durchaus Parallelen aufweisenden Organisationen EU und *Comunidad Andina de Naciones* (CAN) – kaum vergleichbar ist.[1409] Das *Tribunal Permanente de Revisión del MERCOSUR* (TPR) machte dies in seiner ersten Entscheidung deutlich, in der es vom „Integrationsrecht" des MERCOSUR sprach, das zwar noch kein „Gemeinschaftsrecht" sei, aber diesen Status anstrebe und sich u. a. dadurch vom Völkerrecht absetze.[1410]

Zwar verfügt der MERCOSUR v. a. mit seinem Gründungsvertrag, dem *Tratado de Asunción* (1991, folgend TA)[1411] sowie den später abgeschlossenen formellen Änderungsprotokollen, unter denen insbesondere das *Protocolo de Ouro Preto* (1994, folgend POP)[1412] und das *Proto-*

[1408] Bolivien befand sich bei Bearbeitungsschluss dieser Dissertation im Beitrittsprozess.

[1409] Schmidt, MERCOSUR, in: Wolfrum (Hrsg.), MPEPIL 2008, opil.ouplaw.com/home/ORIL (25.11.2014), Rn. 25.

[1410] TPR, Laudo N° 01/2005, in: Laudos, Aclaraciones y Opiniones Consultivas de los Tribunales del MERCOSUR, http://www.mercosur.int/innovaportal/v/677/2/innova.front/laudos_aclaraciones_y_opiniones_consultivas_de_los_tribunales_del_mercosur (16.12.2014), 317, 321 (Rn. 9); dazu Klumpp, Schiedsgerichtsbarkeit und Ständiges Revisionsgericht des Mercosur, 2013, S. 143 ff.; Pavón/Schmidt, Der EuGH als Vorbild, EuZW 2006, 301, 303; beide verwenden die zitierte Übersetzung der Begriffe „derecho de integración" und „derecho comunitario."

[1411] UNTS Bd. 2140, S. 257.

[1412] UNTS Bd. 2145, S. 298.

colo de Olivos (2002, folgend PO)[1413] hervorgehobene Bedeutung besitzen, über ein allgemein als solches anerkanntes Primärrecht, zu dem auch die zahlreichen im Rahmen des MERCOSUR abgeschlossenen völkerrechtlichen Vereinbarungen zählen; von diesem kann auch ein Sekundärrecht unterschieden werden, welches sich vor allem aus den verbindlichen Entscheidungen des Rates (*Consejo del Mercado Común*, CMC), den Resolutionen der Gruppe des Gemeinsamen Marktes (*Grupo Mercado Común,* GMC) und den verbindlichen Richtlinien sowie unverbindlichen Vorschlägen der Handelskommission (*Comisión de Comercio del MERCOSUR*, CCM) zusammensetzt.[1414] Jedoch ist trotz dieser terminologischen Differenzierung die Existenz einer Hierarchie zwischen den Rechtsquellen alles andere als eindeutig, da nämlich mehrere Fälle existieren, in denen z. B. spätere Entscheidungen des CMC das Primärrecht erfolgreich modifiziert oder erweitert haben.[1415] Folgerichtig fordert *Samtleben* sogar die generelle Anwendung der *lex-posterior*-Regel.[1416]

Ein Beispiel für einen potenziell das Primärrecht modifizierenden Beschluss ist die Einrichtung der Handelskommission CCM durch einfache Entscheidung des Rates CMC[1417] trotz Art. 18 TA, der institutionelle Reformen solcher Tragweite einer Revisionskonferenz vorbehielt; dieser Gründungsakt wurde erst mehrere Monate später in Art. 16 ff.

1413 UNTS Bd. 2251, S. 243.

1414 Klumpp, Schiedsgerichtsbarkeit und Ständiges Revisionsgericht des Mercosur, 2013, S. 83 ff., 104 ff.; Schmidt, MERCOSUR, in: Wolfrum (Hrsg.), MPEPIL 2008, opil.ouplaw.com/home/ORIL (25.11.2014), Rn. 26.

1415 Klumpp, Schiedsgerichtsbarkeit und Ständiges Revisionsgericht des Mercosur, 2013, S. 148; Samtleben, Der MERCOSUR als Rechtssystem, in: Basedow/Samtleben (Hrsg.), Wirtschaftsrecht des MERCOSUR, 2001, S. 58 ff. unter Verweis auf Art. 53 POP, der alle Bestimmungen des TA aufhebt, die mit den zwischenzeitig ergangenen Entscheidungen des Rates nicht vereinbar sind; Schmidt, MERCOSUR, in: Wolfrum (Hrsg.), MPEPIL 2008, opil.ouplaw.com/home/ORIL (25.11.2014), Rn. 27.

1416 Ebd., S. 60.

1417 MERCOSUR/CMC/DEC N° 9/94, http://www.mercosur.int/innovaportal/v/2620/1/secretaria/decisiones_1994 (16.12.2014).

POP primärrechtlich formalisiert.[1418] Das ist zumindest eine den TA erweiternde Praxis, vieles deutet jedoch auf eine Modifikation bzw. den Versuch einer solchen hin.

Ein rechtlich ähnlich gelagerter Fall betrifft die Kompetenzen des MERCOSUR-Sekretariats. Durch eine Ratsentscheidung wurden diese gegenüber dem detaillierten – und somit wahrscheinlich bei Erlass als abschließend betrachteten – Katalog des Art. 32 POP, der hauptsächlich administrative Tätigkeiten vorsieht, um weitgehende beratende Tätigkeiten wie die Erstellung von Studien und die Überprüfung der Vereinbarkeit von Sekundärrecht mit Primärrecht erweitert.[1419]

Die Anerkennung des *lex-posterior*-Prinzips u. a. aufgrund dieser Fallbeispiele würde bedeuten, dass bestimmte verbindliche Formen von Organpraxis grundsätzlich geeignet wären, das Primärrecht zu modifizieren, einen entsprechenden Willen der Mitgliedstaaten vorausgesetzt. Die Entscheidung dieser Streitfrage ist entbehrlich; sie würde ohnehin zu weit führen. Bereits ihre Existenz macht deutlich, dass die Rechtsordnung des MERCOSUR bzw. ihre *rules of the organization* i.S.v. Art. 5 WVK sich weitgehend von denen anderer Internationaler Organisationen unterscheiden,[1420] zumindest was satzungsrelevante Organisationspraxis betrifft.[1421] Die Erkenntnisse des ersten und zweiten Teils

---

[1418] Edler, Die Integration der südamerikanischen Staaten durch den Mercosur, 2013, S. 91; Fuders, Die Wirtschaftsverfassung des MERCOSUR, 2008, S. 51 f.

[1419] MERCOSUR/CMC/DEC N° 30/02, http://www.mercosur.int/innovaportal/v/578/1/secretaria/decisiones_2002 (16.12.2014); Klumpp, Schiedsgerichtsbarkeit und Ständiges Revisionsgericht des Mercosur, 2013, S. 56 f.; Schmidt, Neue Impulse durch institutionelle Reformen, EuZW 2005, 139 f.; die Beauftragung des Sekretariats durch den Rat mit der Überprüfung des Sekundärrechts am Maßstab des Primärrechts deutet im Übrigen darauf hin, dass die *lex-posterior*-These nicht dem aktuellen Willen der Vertragsparteien entspricht.

[1420] Vgl. oben, Fn. 1409 f.

[1421] Auch wenn die unverbindlich entscheidenden Schiedsgerichte des MERCOSUR die WVK grundsätzlich für anwendbar erklären, so auch für Art. 31 WVK, Tribunal Arbitral *Ad Hoc* del MERCOSUR, Laudo IV (en el marco del Protocolo de Brasilia), in: Laudos, Aclaraciones y Opiniones Consultivas de los Tribunales del MERCOSUR, http://www.mercosur.int/innovaportal/v/677/2/innova.front/laudos_aclaraciones_y_opiniones_consultivas_de_los_tribunales_del_mercosur (16.12.2014), 85, 123 (Rn. 147).

der Arbeit können daher wie bereits bei der EU nur bedingt fruchtbar gemacht werden.

Dennoch dürfte zumindest ein weiteres Fallbeispiel zum Verständnis der enormen Rolle von Organisationspraxis im Rechtssystem des MERCOSUR beitragen. Anders als das Sekundärrecht grundsätzlich vergleichbarer Organisationen der regionalen Wirtschaftsintegration wie EU und CAN bedürfen Akte des sekundären MERCOSUR-Rechts eines nationalen Umsetzungsaktes. Art. 40 POP sieht vor diesem Hintergrund ein komplexes Verfahren vor, um das simultane Inkrafttreten gemeinschaftlich verabschiedeten Sekundärrechts in allen Mitgliedstaaten sicherzustellen. Vorgesehen ist nach Erlass des nationalen Umsetzungsaktes eine Notifikation an das MERCOSUR-Sekretariat. Nach Eingang aller Notifikationen sollen die Mitgliedstaaten über das Vorliegen aller Umsetzungsakte informiert werden. Erst 30 Tage später soll der entsprechende Rechtsakt in allen Mitgliedstaaten in Kraft treten. In der Praxis wird dieses Verfahren jedoch nicht beachtet; stattdessen treten die Rechtsakte direkt nach Wirksamwerden des nationalen Umsetzungsaktes in jedem Mitgliedstaat zu unterschiedlichen Zeitpunkten in Kraft.[1422]

Eine erweiternde Praxis kommt hier nicht in Betracht, die Alternativen heißen Modifikation oder Rechtswidrigkeit. Im Hinblick auf Erstere ist bereits fraglich, ob eine Übereinstimmung der Mitgliedstaaten, also ein subjektives Element vorliegt. Diese Nichtbeachtung des Art. 40 POP könnte sich auch lediglich eingebürgert haben, weil die nationalen Rechtssetzungsverfahren eine Verzögerung des Inkrafttretens nicht vorsehen und somit schlichtweg aus Gewohnheit entsprechend verfahren wurde – ohne dass dies gewollt und zwischen den Staaten abgesprochen wäre. Dann würde in der Tat einiges für eine rechtswidrige Praxis sprechen.

Abschließend soll noch auf die Rolle des TPR hingewiesen werden. Dieses hat vor allem in seinem ersten Schiedsspruch weitreichende Aussagen über das MERCOSUR-Recht getroffen. So hat es das MERCOSUR-Recht als Integrationsrecht bezeichnet, das eine Vorstufe zum supranationalen Gemeinschaftsrecht sei; es hat die Autonomie des MERCOSUR-Rechts gegenüber dem allgemeinen Völkerrecht ange-

---

1422 Klumpp, Schiedsgerichtsbarkeit und Ständiges Revisionsgericht des Mercosur, 2013, S. 108 m. w. N.; Schmidt, MERCOSUR, in: Wolfrum (Hrsg.), MPEPIL 2008, opil.ouplaw.com/home/ORIL (25.11.2014), Rn. 29.

nommen; und es hat für sich die Kompetenz beansprucht, Regelungslücken zu füllen bzw. das Recht des MERCOSUR zu ergänzen und weiterzuentwickeln.[1423] Im Hinblick auf die Rolle von Organisationspraxis bedeutet das Folgendes: Es wird denkbar, dass das TPR ähnlich wie der EuGH zu einem Motor der Integration wird und das Primärrecht auf dem Wege der dynamischen Auslegung fortentwickelt.[1424] Das hätte womöglich die entsprechenden Konsequenzen für die Rolle der Praxis von Organen und Mitgliedstaaten: Sie könnte erheblich an Bedeutung verlieren, wenn das TPR damit beginnt, Auslegung und Rechtsfortbildung zu monopolisieren. Dabei hat das Gericht allerdings deutlich schlechtere Ausgangsbedingungen, denn seine Besetzung findet gem. Art. 20 Abs. 1 PO nach wie vor *ad hoc* statt, es gibt keine Klagemöglichkeit natürlicher Personen und auch an einem mit dem Vorabentscheidungsverfahren der EU vergleichbaren Mechanismus fehlt es.[1425] Es ist somit nicht nur offen, ob die Rechtsprechung des TPR die vom EuGH vorgelebte Entwicklung nehmen wird,[1426] wie die geringe Zahl der Entscheidungen seit seiner Einrichtung verdeutlicht;[1427] auch die etwaige Reaktion der Mitgliedstaaten ist unsicher. Fraglich ist, ob sie selbstbewusste Entscheidungen akzeptieren würden, sodass sich eine dynamische Auslegung ungehindert entfalten könnte oder der Rechtsprechung des Gerichts gar selbst die Qualität späterer Praxis (oder von *established practice*) zukäme.

1423 TPR, Laudo N° 01/2005, in: Laudos, Aclaraciones y Opiniones Consultivas de los Tribunales del MERCOSUR, http://www.mercosur.int/innovaportal/v/677/2/innova.front/laudos_aclaraciones_y_opiniones_consultivas_de_los_tribunales_del_mercosur (16.12.2014), 317, 321 ff. (Rn. 9, 10, 14); dazu Pavón/Schmidt, Der EuGH als Vorbild, EuZW 2006, 301, 303 f.

1424 Vgl. Klumpp, Schiedsgerichtsbarkeit und Ständiges Revisionsgericht des Mercosur, 2013, S. 424, 437; Pavón/Schmidt, Der EuGH als Vorbild, EuZW 2006, 301, 304.

1425 Schmidt, Neue Impulse durch institutionelle Reformen, EuZW 2005, 139, 141 f.

1426 Pavón/Schmidt, Der EuGH als Vorbild, EuZW 2006, 301, 304.

1427 Je eine Entscheidung in den Jahren 2005-2008 sowie nach einer langen Pause im Jahr 2012, in der das TPR mangels Zulässigkeit nicht auf die Begründetheit einging: http://www.tprmercosur.org/es/sol_contr_laudos.htm (15.2.2015); TPR, Laudo N° 01/2012, Decisión, Rn. 1-4, http://www.tprmercosur.org/es/sol_contr_laudos.htm (15.2.2015).

Ernste Konflikte innerhalb des MERCOSUR – z. B. über die in einem Freihandelsbündnis hochproblematischen Import- und Kapitalverkehrsbeschränkungen Venezuelas und Argentiniens[1428] – deuten darauf hin, dass eine weitere Integration durch Reformen oder Rechtsprechung zumindest kurz- und mittelfristig unwahrscheinlich sein dürfte.[1429]

V. Arabische Liga

Infolge der Umwälzungen in der arabischen Welt, die allgemein unter dem Begriff „Arabischer Frühling" zusammengefasst werden, wurde die Arabische Liga seit 2011 – insbesondere durch den Bürgerkrieg in Syrien – erheblichen nicht nur politischen, sondern auch rechtlichen Wandlungen ausgesetzt, hinter denen als maßgebliche Akteure Qatar, Saudi-Arabien und ihr Generalsekretär, *Nabil al-Arabi*, standen.[1430] Zahlreiche dieser Innovationen sind nur schwer mit dem Wortlaut des Paktes der Liga der Arabischen Staaten[1431] (im Folgenden PAL) in Einklang zu bringen. Sie waren teilweise sehr auf den Einzelfall bezogen. Die beschränkte Quellenlage erlaubt auch keine genauere Prüfung ihrer Rechtmäßigkeit. Schließlich lässt sich die zukünftige Entwicklung bzw. die Konsistenz der Praxis schwer absehen. Im Herbst 2014 deutete einiges darauf hin, dass die Liga ihre Dynamik aus der Anfangszeit des Arabischen Frühlings eingebüßt hatte und sich u. a. wegen ernster Differenzen zwischen Saudi-Arabien und Qatar im politischen Stillstand

---

[1428] Oehrlein, Zwietracht, FAZ v. 23.5.2013; Moses, Südamerikas Handelsverband ist wirtschaftlich abgehängt, FAZ v. 14.8.2013; Oehrlein, Chaos und Abstoßung, FAZ v. 1.7.2014; Argentina and Brazil admit trade disagreements between Mercosur main partners, MercoPress v. 12.2.2015, http://en.mercopress.com/2015/02/12/argentina-and-brazil-admit-trade-disagreements-between-mercosur-main-partners (15.2.2015).

[1429] Vgl. Oehrlein, Chaos und Abstoßung, FAZ v. 1.7.2014: „[...] der Mercosur, der als Wirtschafts- und Zollunion gegründet wurde, inzwischen aber eher ein Zusammenschluss mit politischen Zielen ist, existiert praktisch nur auf dem Papier."

[1430] Herrmann, Neuer Geist dank gemeinsamer Feindschaft, FAZ v. 5.12.2011; Herrmann, Mitschwimmen im Golfstaatenstrom, FAZ v. 9.3.2012.

[1431] UNTS Bd. 241, S. 237.

befand.[1432] Dies dürfte sich auch auf die informellen rechtlichen Neuerungen niedergeschlagen haben. Aus diesen Gründen soll sich der folgende Abschnitt darauf beschränken, die Praxis sowie ihre wesentlichen Probleme darzustellen und, wo dies möglich ist, auch Tendenzen hin zu einer Auslegung, Modifikation oder Ergänzung aufzuzeigen.

Erstens wurden die Mitgliedschaften Libyens und Syriens suspendiert. Art. 18 Abs. 2 PAL sieht aber keine bloße Suspendierung vor, sondern einen Ausschluss. Diese Entscheidung muss nach derselben Vorschrift einstimmig getroffen werden (mit Ausnahme des betroffenen Staates). Die Suspendierung Syriens erfolgte aber gegen die Stimmen des Jemens und des Libanons, während der Irak sich enthielt.[1433] Hier wurden die Grenzen der Auslegung überschritten, und zwar in einem Einzelfall, mit erheblicher Unklarheit des subjektiven Elements und lediglich mit einer Mehrheitsentscheidung. Das genügt für eine *established practice* bei weitem nicht.

Zweitens sieht Art. 7 Abs. 1 PAL vor, dass verbindliche Entscheidungen des Rates der Liga einstimmig zu treffen sind und dass Mehrheitsentscheidungen nur die konsentierenden Staaten binden. Ausnahmen bestehen gem. Art. 16 PAL lediglich für ausgewählte Binnenangelegenheiten der Organisation. Der Presse ist zu entnehmen, dass sich zwischenzeitig auch für materielle Beschlüsse auf informellem Wege grundsätzlich eine Zweidrittelmehrheit durchgesetzt hat.[1434] Das deutet darauf hin, dass die jeweils überstimmten Staaten sich entweder der grundsätzlichen Möglichkeit solcher Mehrheitsbeschlüsse fügen oder ihr Protest von der Mehrheit ignoriert wird. Nur im ersten Fall wäre auf lange Sicht eine *established practice* denkbar.

Drittens beschloss der Rat der Arabischen Liga Wirtschaftssanktionen gegen Syrien.[1435] Eine Kompetenzgrundlage dafür findet sich im PAL nicht. Art. 6 Abs. 2 PAL sieht lediglich Maßnahmen zur Abwehr einer Angriffshandlung gegen einen Mitgliedstaat vor. Diese Bestimmung kann offensichtlich nicht für Maßnahmen anlässlich eines internen

[1432] Bickel, Auf den langen Fluren eines Papiertigers, FAZ v. 9.9.2014.

[1433] MacFarquhar, Arab League Votes to Suspend Syria Over Crackdown, NY Times v. 12.11.2011.

[1434] Herrmann, Mitschwimmen im Golfstaatenstrom, FAZ v. 9.3.2012.

[1435] Herrmann, Neuer Geist dank gemeinsamer Feindschaft, FAZ v. 5.12.2011; Herrmann, Mitschwimmen im Golfstaatenstrom, FAZ v. 9.3.2012.

Konfliktes herangezogen werden. Vonnöten wäre also eine erweiternde *established practice.* Freilich ist es auch hier zu früh, um Aussagen zur Konsistenz der Praxis und zu einer über den Einzelfall hinausgehenden *opinio iuris* zu treffen. Jedenfalls wurden die Sanktionen wiederum nur von 19 der 21 weiteren Mitgliedstaaten getragen,[1436] was *prima facie* gegen eine solche Praxis spricht.

Schließlich ist die Entsendung einer Beobachtermission der Liga nach Syrien zu nennen; auch für diese Maßnahme fehlte es an einer ausdrücklichen Grundlage im PAL. Für sie gelten die zuletzt gemachten Ausführungen entsprechend. Freilich fehlt es nicht an einem Präzedenzfall: Von 1977 bis 1983, während des libanesischen Bürgerkriegs, entsandte die Arabische Liga gar eine Friedenstruppe in das Land.[1437]

[1436] Der Irak enthielt sich und der Libanon distanzierte sich („dissociated“) von der Resolution des Rates der Liga: MacFarquhar/Bakri, Isolating Syria, Arab League Imposes Broad Sanctions, NY Times v. 27.11.2011.

[1437] Dazu Nolte, Die „neuen Aufgaben“ von NATO und WEU, ZaöRV 54 (1994), 95, 106.

F. Fünfter Teil: Zusammenfassung, Rechtsvergleichung und Ausblick

I. Rechtsvergleichende Betrachtung Internationaler Organisationen in Bezug auf Organisationspraxis

1. Allgemeines zur rechtsvergleichenden Betrachtung Internationaler Organisationen und zur gewählten Methode

Zu Beginn soll die Rolle, die satzungsrelevante Organisationspraxis für die Gründungsverträge der bisher betrachteten Internationalen Organisationen spielt, verglichen werden. Dabei werden zugleich Schlussfolgerungen aus dem dritten und vierten Teil der Arbeit gezogen, die sich jenseits der einfachen Beurteilung der Rechtsfolgen einzelner Fallbeispiele bewegen.[1438] Die bestehenden Ansätze zu einer Rechtsvergleichung zwischen verschiedenen Internationalen Organisationen[1439] sollen hier für den Bereich der Organisationspraxis aufgegriffen werden.

Dabei bietet sich eine Vorgehensweise an, die in einem ersten Schritt die übliche Typologie Internationaler Organisationen fruchtbar macht, also ihre Unterteilung in die Gruppen der universellen, regionalen, Wirtschafts-, Sicherheits-, politischen, administrativen Organisationen etc.[1440] In einem zweiten Schritt sollen verschiedene abstrakte Merkma-

---

[1438] Für eine Zusammenfassung des ersten und zweiten Teils der Arbeit siehe bereits oben, C. IX.

[1439] Ress, Die Bedeutung der Rechtsvergleichung für das Recht internationaler Organisationen, ZaöRV 36 (1976), 227, 247 ff.; Schermers/Blokker, International Institutional Law, 5. Aufl. 2011 (allgemein zur Rechtsvergleichung § 12).

[1440] Amerasinghe, Principles of the institutional law of international organisations, 2. Aufl. 2005, S. 9 ff.; Klabbers, An Introduction to International Institutional Law, 2. Aufl. 2009, S. 21 ff.; Köck/Fischer, Das Recht der Internationalen Organisationen, 3. Aufl. 1997, S. 62 ff.; Sands/Klein, Bowett's Law of International Institutions, 6. Aufl. 2009, Rn. 1-031 ff.; Schermers/Blokker, International Institutional Law, 5. Aufl. 2011, §§ 48 ff.; Seyersted, Common Law of International Organizations, 2008, S. 9 ff.; zur Bedeutung der Typisierung Internatio-

le der Gründungsverträge Internationaler Organisationen, welche einen Einfluss auf die Rolle von Organisationspraxis haben können, wie z. B. die Existenz einer ausdrücklichen autoritativen Auslegung durch bestimmte Organe, identifiziert und in den Vergleich mit einbezogen werden. Dies kommt einer eigenen Kategorienbildung anhand bestimmter, von mehreren Organisationen geteilter Merkmale sehr nahe.

Da die Gründungsverträge Internationaler Organisationen teilweise über einen unterschiedlich ausgeprägten Verfassungscharakter verfügen,[1441] bietet es sich an, in diesem Kontext auch Methoden der Verfassungsvergleichung anzuwenden.

Dabei kommt zunächst der Funktionalismus in Betracht, der nach der Beziehung zwischen zwei konstitutionellen Regelungen aufgrund der Erfüllung einer vergleichbaren Funktion fragt;[1442] weiterhin der Kontextualismus, der davon ausgeht, dass eine Norm in ihrem historischen, wirtschaftlichen, politischen und kulturellen Kontext verstanden und somit auch verglichen werden muss.[1443] Die letzten beiden Herangehensweisen an die Verfassungsvergleichung sind der Expressivismus (eine Unterform des Kontextualismus), der mit der Annahme operiert, dass eine Gesellschaft in der Verfassung ihrem fundamentalen Selbstverständnis Ausdruck verleiht[1444] und der normative Universalismus, der sich bei der Vergleichung auf universell geteilte Werte konzentriert.[1445] Diese beiden letztgenannten Ansätze sind jedoch kaum übertragbar auf den hier interessierenden Vergleich, da sie mit universellen Werten und nationalem Selbstverständnis operieren,[1446] die für die Regeln einer In-

---

naler Organisationen für die Rechtsvergleichung: Ress, Die Bedeutung der Rechtsvergleichung für das Recht internationaler Organisationen, ZaöRV 36 (1976), 227, 229 f.

[1441] Siehe oben, C. I. 2. a).

[1442] Siehe allgemein zum Funktionalismus in der Rechtsvergleichung: Michaels, The Functional Method of Comparative Law, in: Reimann/Zimmermann (Hrsg.), The Oxford Handbook of Comparative Law, 2006, S. 339 ff.; Örücü, Methodology of comparative law, in: Smits (Hrsg.), Elgar Encyclopedia of Comparative Law, 2. Aufl. 2012, S. 560, 561 f.

[1443] Ebd., S. 563.

[1444] Tushnet, Some reflections on method in comparative constitutional law, in: Choudhry (Hrsg.), The Migration of Constitutional Ideas, 2007, S. 67, 68.

[1445] Ebd.

[1446] Ebd.

ternationalen Organisation über ihre satzungsrelevante Praxis kaum operationalisierbar sind.

Funktionalistisch ließen sich *subsequent practice* und *established practice* so verstehen, dass sie beide dem Zweck dienen, dem Anpassungsdruck auf das Gründungsinstrument der Organisation zu begegnen, und dass sie dies je nach Intensität des Drucks und den alternativen Mechanismen, welche die gleiche Funktion erfüllen können, mehr oder weniger tun.

Kontextualismus könnte z. B. anhand der rechtskulturellen Besonderheiten einer Weltregion erklären, warum in einer Regionalorganisation Praxis eine bestimmte Rolle spielt oder weshalb im Sicherheits- und Verteidigungskontext die NATO durch ihre Praxis eine außerordentlich dynamische Entwicklung genommen hat. Dies sollte auch im Zusammenhang mit der Fragmentierung des Völkerrechts gesehen werden: Beim Vergleich verschiedener „Fragmente" der Völkerrechtsordnung, also auch verschiedener Regime, denen jeweils Internationale Organisationen angehören, hat die kontextualistische Methode besondere Berechtigung. Dabei kann auch auf außerrechtliche Erwägungen zurückgegriffen werden, z. B. auf den politischen und historischen Kontext,[1447] in dem sich Internationale Organisationen bewegen.

Ein wichtiger Gedanke der allgemeinen Rechtsvergleichung, der vorliegend fruchtbar gemacht werden kann, ist die Vorstellung der Migration rechtlicher Konzepte zwischen verschiedenen Rechtsordnungen, der sog. *legal transplants*.[1448] Eine solche ist auch zwischen verschiedenen Internationalen Organisationen möglich. So kann der (v. a. informelle) Einfluss der UNO auf die UN-Sonderorganisationen oder die Rechtsprechung des IGH insbesondere zur Praxis der UN[1449] zu einer Rezeption durch die Sonderorganisationen, mit anderen Worten zu einer

[1447] Siehe oben, Fn. 1443.

[1448] Fedtke, Legal transplants, in: Smits (Hrsg.), Elgar Encyclopedia of Comparative Law, 2. Aufl. 2012, S. 550 ff.; Graziadei, Comparative Law as the Study of Transplants and Receptions, in: Reimann/Zimmermann (Hrsg.), The Oxford Handbook of Comparative Law, 2006, S. 441 ff.

[1449] IGH, Reparations for Injuries, Advisory Opinion, ICJ Reports 1949, 174; Certain Expenses, Advisory Opinion, ICJ Reports 1962, 151; Namibia, Advisory Opinion, ICJ Reports 1971, 16; Wall, Advisory Opinion, ICJ Reports 2004, 136.

Migration der entsprechenden *rules of the organization* bzw. *established practice* der UN, geführt haben.

2. Herkömmliche Typologien

a) Politisch und administrativ

Zunächst bietet sich ein Vergleich von politischen und administrativen bzw. technischen Organisationen an. Damit sind einerseits Organisationen gemeint, die sich klassischen hochpolitischen Angelegenheiten wie Frieden und internationaler Sicherheit widmen und dabei im Zentrum des Interesses der Öffentlichkeit stehen, und andererseits Organisationen technisch-administrativer Natur, die sich mit Detailfragen des internationalen Verkehrs, der Gesundheit, der Arbeit usw. beschäftigen.[1450]

Konkret empfehlen sich für den Vergleich insbesondere die UNO und die Sonderorganisationen, da ihre im Schwerpunkt politische bzw. administrative Aufgabenstellung ein wesentliches Unterscheidungsmerkmal zwischen ihnen ist. Gleichzeitig weisen sie zusätzlich zu ihrem universellen Charakter mehrere Parallelen in anderen Bereichen auf, wie z. B. ihre ähnlich gestaltete Organstruktur, sodass der Vergleich anhand des funktionalen Kriteriums nicht so sehr von anderen Faktoren verfälscht wird.

Eine naheliegende Ausgangsthese als Anknüpfungspunkt des Vergleichs ist, dass politische Organisationen wie die UNO einem erhöhten Anpassungsdruck unterliegen, ihn nur bedingt durch formelle Änderungen abfangen können (wie die im Sande verlaufene Reformdebatte illustriert) und folglich gezwungen sind, verstärkt auf informelle Anpassungsmechanismen zurückzugreifen. Andererseits könnte Letzteres wiederum durch die globale politische Aufmerksamkeit gehemmt werden, insbesondere wenn es um konsistente Abweichungen vom Gründungsvertrag geht, die als Vertragsverstöße kritisiert werden können.

[1450] Amerasinghe, Principles of the institutional law of international organizations, 2. Aufl. 2005, S. 9; Sands/Klein, Bowett's Law of International Institutions, 6. Aufl. 2009, Rn. 1-031; kritisch Klabbers, An Introduction to International Institutional Law, 2. Aufl. 2009, S. 21 f.; trotz terminologischer Unterschiede sind jeweils die gleichen Typen Internationaler Organisationen gemeint.

Umgekehrt würden technisch-administrative Organisationen mehr im Verborgenen agieren, und die informelle Adaptation ihrer Satzungen würde weitestgehend Spezialisten aus den Ministerien der Mitgliedstaaten respektive aus den organisationseigenen Sekretariaten überlassen. Diese könnten liberaler mit dem Wortlaut des Gründungsdokuments umgehen. Andererseits sind bei ihnen auch formelle Änderungen aus funktionalistischer Perspektive eher zu erwarten: Die Notwendigkeit, in technisch-administrativen Angelegenheiten zum Vorteil aller Mitgliedstaaten konstruktiv zusammenzuarbeiten, um z. B. die möglichst reibungslose Funktion des Seehandels und des internationalen Luftverkehrs zu gewährleisten, könnte zu einer größeren Bereitschaft führen, den faktischen Anpassungsdruck wenn nötig durch förmliche Änderungen aufzufangen. Dadurch würde die Bedeutung informeller Mechanismen wie spätere Praxis abnehmen.

Inwieweit können solche Effekte nun empirisch beobachtet werden? Die Betrachtungen im dritten und vierten Teil der Arbeit zeigen nur geringe Unterschiede bezüglich der Modalitäten von späterer Praxis und *established practice*, wenn man einzelne Normen oder Normkomplexe in den Blick nimmt.

Auffällig ist aber, dass der Anteil von Beispielen, die anhand der Erkenntnisse des zweiten Teils als *established practice* oder rein faktisch-politische Praxis klassifiziert wurden, bei den Sonderorganisationen höher ist.[1451] Das sollte jedoch nicht überbewertet werden, da es auch auf die Methode der Erhebung zurückgeführt werden kann: Während bei der Mutterorganisation auf das deutlich objektivere und repräsentativere *Repertory of Practice of United Nations Organs* zurückgegriffen werden konnte, war etwas Vergleichbares bei den Sonderorganisationen nicht möglich. Stattdessen musste die ohnehin weniger breite Untersuchung auf der jeweils verfügbaren Literatur aufbauen, der es an Repräsentativität mangelt. Das wirkt selbstverständlich auf die Auswahl der Fallbeispiele zurück: Es liegt nahe, dass Fälle deutlicher und konsistenter Abweichungen vom Gründungsvertrag auf erheblich mehr Aufmerksamkeit in der Literatur gestoßen sind, als interpretative Feinjustierungen durch spätere Praxis.

[1451] Im dritten Teil der Arbeit beträgt das Verhältnis zwischen Fällen von *subsequent practice* und *established practice* bzw. faktisch-politischer Praxis in etwa 1:1; bei den Sonderorganisationen beträgt es 1:3.

Validere Aussagen lassen sich aber über den Einfluss formeller Änderungen auf die Rolle von Organisationspraxis für die Fortentwicklung der UN-Charta einerseits und der Satzungen der Sonderorganisationen andererseits treffen. Während Art. 108 SVN in nur drei Fällen erfolgreich angewendet wurde,[1452] welche v. a. die Mitgliederzahl und die Mehrheiten in Sicherheitsrat und ECOSOC erweiterten, wurden die Gründungsverträge der Sonderorganisationen deutlich häufiger förmlich geändert.[1453]

Das Bild der formellen Satzungsänderungen der Sonderorganisationen ist jedoch im Vergleich untereinander alles andere als einheitlich: Zahlreiche Satzungen wurden, wenn überhaupt, nur sehr zurückhaltend förmlich modifiziert, manche befanden sich in einem fortwährenden Prozess der Revision.[1454] Nicht nur das Ausmaß, sondern auch der Umfang und der Gegenstand der vorgenommenen Änderungen variierten beträchtlich.[1455] Schließlich existiert auch eine erhebliche Bandbreite verschiedener Änderungsklauseln: So gibt es teilweise Unterscheidungen zwischen wesentlichen Änderungen, welche die Pflichten der Mitgliedstaaten modifizieren und deshalb strengeren Anforderungen genügen müssen, und solchen, für die dies nicht gilt;[1456] meist sind in einem zweistufigen Verfahren Änderungen ratifizierungsbedürftig, teilweise genügt aber auch die bloße Verabschiedung durch das Plenar-

---

1452 GA Res. 1991 (XVIII); 2101 (XX); 2847 (XXIV).

1453 Phillips, Constitutional Revision in the Specialized Agencies, AJIL 62 (1968), 654 ff., identifiziert allein bis 1966 61 formelle Änderungsbeschlüsse von elf UN-Sonderorganisationen und der IAEA, die teilweise mehrere konkrete Änderungen umfassten, ebd. 657 f. Ein aktueller und ebenso vollständiger Überblick findet sich bei A. Peters, Das Gründungsdokument internationaler Organisationen als Verfassungsvertrag, ZÖR 68 (2013), 1, 30.

1454 Ebd.; Phillips, Constitutional Revision in the Specialized Agencies, AJIL 62 (1968), 654, 676.

1455 A. Peters, Das Gründungsdokument internationaler Organisationen als Verfassungsvertrag, ZÖR 68 (2013), 1, 30; Phillips, Constitutional Revision in the Specialized Agencies, AJIL 62 (1968), 654, 658 ff.

1456 Art. XX Abs. 2 FAO-Verfassung (Basic texts of the Food and Agriculture Organization of the United Nations, Bd. 1, 2011, http://www.fao.org/docrep/meeting/022/K8024E.pdf (16.12.2014)); Art. XIII Abs. 1 UNESCO-Verfassung, UNTS Bd. 4, S. 275, 292; Art. 28 lit. b, c WMO-Konvention, UNTS Bd. 77, S. 143, 164.

organ;[1457] zwar ist eine Änderung bei allen Sonderorganisationen mit Mehrheitsentscheidung möglich, aber die Anforderungen variieren.[1458]

Wie dem auch sei, diese Einschränkung widerspricht keineswegs der Einschätzung, dass die Sonderorganisationen einen größeren Teil des Anpassungsdrucks, dem sie jeweils ausgesetzt waren, durch formelle Änderungen auffangen konnten als ihre Mutterorganisation. Es liegt nahe, dass dies zumindest auch ihrem technisch-administrativen Charakter und dem Umstand der leichteren politischen Kompromissfindung bei funktionaler Notwendigkeit und geringerem Interesse der globalen politischen Öffentlichkeit(en) zu verdanken ist. Hinzu kommen die im Vergleich zu Art. 108 SVN teilweise deutlich geringeren rechtlichen Hürden für förmliche Änderungen.[1459] Diese können aber ihrerseits auch auf den technisch-administrativen Charakter und seine Begleitumstände zurückgeführt werden; letztere waren nämlich schon bei der Aushandlung der Gründungsverträge präsent.

Aus den Erkenntnissen des dritten und vierten Teils der Arbeit lässt sich freilich nicht ableiten, dass die geringeren Hürden für förmliche Modifikationen die Relevanz von Organisationspraxis bedeutend geschmälert hätten.[1460] Zwar erscheinen die vorgenommenen formellen Änderungen bei vergleichender Betrachtung mit der UNO recht signifikant. Eine isolierte, materielle Betrachtung ergibt jedoch, dass Zweck und Grundstruktur der untersuchten Sonderorganisationen von formellen Änderungen weitgehend unberührt geblieben sind[1461] (mit der

---

[1457] Art. VII lit. c IFC-Abkommen, UNTS Bd. 264, S. 117, 146; Art. XX Abs. 1, 2 FAO-Verfassung; Art. XX Abs. 1 UNESCO-Verfassung; Art. 28 lit. b WMO-Verfassung, für die Fundstellen siehe jeweils oben, Fn. 1456; in allen übrigen UN-Sonderorganisationen ist eine Ratifikation erforderlich: Phillips, Constitutional Revision in the Specialized Agencies, AJIL 62 (1968), 654, 668.

[1458] Ebd., 669.

[1459] Siehe oben, Fn. 1457.

[1460] Vgl. A. Peters, Das Gründungsdokument internationaler Organisationen als Verfassungsvertrag, ZÖR 68 (2013), 1, 53: „Die erste Durchsicht der Änderungspraxis hat keine Korrelation zwischen der Schwerfälligkeit der Verfahren und der wirklichen Änderungspraxis gezeigt."

[1461] Vgl. Phillips, Constitutional Revision in the Specialized Agencies, AJIL 62 (1968), 654, 657: „Most agencies have made a very limited number of changes in their constitutions. Moreover, nearly two thirds of all amending activity is accounted for by two agencies – F.A.O. and UNESCO."; vgl. mit einem sehr guten Überblick, aber ohne abschließende Enschätzung A. Peters, Das Grün-

Ausnahme des IWF nach dem Zusammenbruch des *Bretton-Woods*-Systems[1462]). Auch die technisch-administrativen Sonderorganisationen sind aber gleichzeitig in erheblichem Maße auf informellem Wege umgestaltet worden, wie der vierte Teil der Arbeit zeigt. Es kann vermutet werden, dass dieser Effekt bei restriktiverer Ausgestaltung der Änderungsklauseln und anderer Interessenlage der Mitgliedstaaten noch intensiver ausgefallen wäre.

Ein Umstand, der im vierten Teil sehr deutlich wird, ist das Phänomen, dass informelle Modifikationen oder Modifikationsversuche in der Praxis der Sonderorganisationen in die Satzung überführt und damit ‚abgesichert' oder formalisiert werden. Dies konnte beim IWF beobachtet werden, der die durch den Zusammenbruch des *Bretton-Woods*-Systems bedingten Änderungen in das IWF-Abkommen übernahm,[1463] bei der IMO, die das *Maritime Safety Committee* auf alle Mitgliedstaaten erweiterte,[1464] und auch außerhalb der UN-Sonderorganisationen beim MERCOSUR, der die informelle Einrichtung der Handelskommission CCM später ausdrücklich im POP regelte.[1465] Das unterscheidet die administrativen Organisationen von den Vereinten Nationen, die niemals die Charta änderten, um eine Praxis zu formalisieren.

Anders als die UN-Charta verfügen die Satzungen mehrerer UN-Sonderorganisationen über Bestimmungen, die Organe zum Zwecke der Streitbeilegung mit einer autoritativen Auslegungskompetenz ausstatten. Besonders weit geht dies bei IWF und Weltbank.[1466] Andere Satzungen sind in Bezug auf ihre Organe zurückhaltender und räumen stattdessen dem IGH oder *ad-hoc*-Schiedsgerichten eine größere Rolle bei der Beilegung von Auslegungsstreitigkeiten ein, bis hin zu einer intern verbindlichen Entscheidungskompetenz.[1467]

---

dungsdokument internationaler Organisationen als Verfassungsvertrag, ZÖR 68 (2013), 1, 30, 53, die bei der ITU als einziger UN-Sonderorganisation von „wichtigen institutionellen Änderungen" spricht.

[1462] Siehe oben, E. I. 5. b).

[1463] Siehe oben, E. I. 5. b).

[1464] Siehe oben, E. I. 1.

[1465] Siehe oben, E. IV.

[1466] Art. XXIX IWF-Abkommen, Art. IX Weltbank-Abkommen.

[1467] Art. XVII FAO-Verfassung (siehe oben, Fn. 1456); Art. 84 Chicago-Konvention (siehe oben, Fn. 1253); Art. 37 ILO-Verfassung (siehe oben,

Wie im vierten Teil ausgeführt, wurde bei IWF und Weltbank nur in den Anfangstagen der Organisationen von diesen Bestimmungen Gebrauch gemacht, die zunehmend von den klassischen informellen Anpassungsmechanismen der Organisationspraxis bzw. der dynamischen Auslegung verdrängt wurden.[1468] Bei den übrigen Sonderorganisationen ist die Datenlage bis auf die resultierenden Gutachten des IGH unsicher.[1469] Die auf den ersten Blick durchaus naheliegende Annahme, dass diese ausdrücklichen Auslegungsregeln Anpassungsdruck auffangen und die satzungsrelevante Organisationspraxis verdrängen, wird durch die Betrachtung der Fallstudien also nicht bestätigt. Das Kooperationsinteresse der Mitgliedstaaten dieser technisch-administrativen Organisationen, das ursprünglich zu Satzungsbestimmungen geführt hatte, welche die Möglichkeit der Staaten zur autonomen Auslegung deutlich einschränken, konnte offensichtlich auch auf informellerem Wege zufriedenstellend verwirklicht werden. Dennoch fällt ins Auge, dass ausgerechnet die Organisationen mit der umfassendsten autoritativen Auslegungsermächtigung für ihre Organe, nämlich IWF und Weltbank, den tiefgreifendsten informellen Wandel durchlaufen haben, von einer Währungs- bzw. einer Wiederaufbauorganisation zu maßgeblichen Akteuren der Entwicklungszusammenarbeit.[1470] Auch wenn der Mechanismus nur zu Beginn der Organisationsgeschichte genutzt wurde, bringt er doch die grundlegende Disposition einer Organisation für Fortentwicklung auch ohne formelle Änderungen zum Ausdruck.

Abschließend kann nun auf der Grundlage der Fallstudien des vierten Teils eine Aussage über die allgemeine Rolle satzungsrelevanter Organisationspraxis in der UN einerseits und den Sonderorganisationen andererseits getroffen werden.

Fn. 1284); Art. 69 f. IMO-Konvention (siehe oben, Fn. 266); Art. XIV Abs. 2 UNESCO-Verfassung (siehe oben, Fn. 1456); guter, aber älterer Überblick bei Raju/Chandrasekhara Rao, The Specialised Agencies and their Interpretative Mechanism, IJIL 1 (1961), 613 ff.; weniger umfassend, aber aktueller: Amerasinghe, Interpretation of Texts in Open International Organizations, BYIL 65 (1994), 175, 178 ff.

[1468] Siehe oben, E. I. 5. und 6.

[1469] Vgl. Raju/Chandrasekhara Rao, The Specialised Agencies and their Interpretative Mechanism, IJIL 1 (1961), 613, 628.

[1470] Siehe oben, E. I. 5. und 6.

Die UN-Charta war insgesamt erheblichen Wandlungen durch Praxis unterworfen. Insbesondere die Kapitel IV, V, VII, XI und XV haben sich in der Praxis weit von ihrer ursprünglichen Konzeption entfernt. Dieser Prozess hat sich insbesondere nach Ende des Kalten Krieges beschleunigt. Im Vergleich dazu kann die informelle Fortentwicklung der Sonderorganisationen als moderat eingestuft werden, trotz weitgehender Änderungen im Detail und in der Tiefe, weniger in der Breite. Ausnahmen bilden insoweit IWF und Weltbank, deren Entwicklung an Zweckwandel grenzt,[1471] und in geringerem Maße auch die ILO.[1472]

Das deutet bei einer Gesamtbetrachtung darauf hin, dass der faktische Anpassungsdruck auf die hochpolitische UNO in der Tat höher war und dass die globale politische Aufmerksamkeit für eventuelle Vertragsverstöße eine informelle Reaktion auf diesen Druck kaum behinderte. Im Gegenteil, häufig trafen Tendenzen der Abweichung von der UN-Charta zum Zwecke einer erfolgreicheren Wahrung von Frieden und internationaler Sicherheit auf die Unterstützung der Mitgliedstaaten und der übrigen politisch relevanten internationalen Öffentlichkeit.

Wo vergleichbare Anpassungsnotwendigkeiten für die Sonderorganisationen bei hoher internationaler Aufmerksamkeit bestanden, wie z. B. beim Kollaps des *Bretton-Woods*-Systems (IWF) oder bei den wirtschaftlichen Folgen des Kolonialismus, die mit der Dekolonisierung offen zu Tage traten – wie bei IWF und Weltbank – waren ähnlich weitgehende informelle Entwicklungen möglich. Andere Organisationen, wie z. B. ICAO und IMO, die ihre administrative Tätigkeit eher im Verborgenen wahrnahmen, konnten sich den politisch wenig kontroversen technischen Wandlungen ihrer Aufgabenfelder in aller Stille und meist mit vertraglich vorgesehenen Mechanismen widmen.[1473] Der Auffangeffekt durch einfachere formelle Änderungen und durch autoritative Auslegungsmechanismen war aber im Vergleich zur Mutterorganisation nicht so signifikant, wie man erwarten würde.

[1471] Siehe oben, E. I. 5. und 6.

[1472] Vgl. Ghebali, The International Labour Organisation, 1985, S. xvi, 269 f.; vgl. Osieke, Constitutional Law and Practice in the International Labour Organisation, 1989, S. 3.

[1473] Alvarez, International Organizations as Law-Makers, 2005, S. 218 f.

b) Universell und regional

Vergleicht man universelle und regionale Organisationen, so fallen zwei zentrale Unterschiede ins Auge, die für den Vergleich eine besondere Relevanz besitzen dürften: erstens natürlich die deutlich geringere Zahl der Mitgliedstaaten regionaler Organisationen; zweitens die nicht minder selbstverständliche kulturell und politisch häufig deutlich homogenere Mitgliedsstruktur. Die zweite Eigenschaft ist aus kontextualistisch vergleichender Perspektive bedeutsam (vielleicht sogar aus quasi-expressivistischer[1474]), die erste insbesondere aus funktionalistischer. Konkret wird der Vergleich natürlich vor allem anhand der analysierten Beispielsorganisationen vorgenommen, also zwischen der UN-Familie einerseits und NATO, EU, MERCOSUR und Arabischer Liga andererseits.

Es bietet sich an, mit der Anzahl der Mitgliedstaaten zu beginnen. Wenn eine Internationale Organisation wenige Mitglieder hat, müsste es theoretisch einfacher werden, satzungsrelevante Organisationspraxis zu kreieren, insbesondere zum für sie erforderlichen subjektiven Element zu kommen.[1475] Gerade Einhelligkeit ist leichter zu erzielen, wenn weniger Akteure mit Vetorecht vorhanden sind.

Es kann aber auch das Gegenteil der Fall sein. Bei einer großen universellen Organisation kann sich eine gewisse Trägheit der „Masse" der Mitgliedstaaten einstellen. Diese kann z. B. darauf beruhen, dass nur die besonders einflussreichen Staaten die institutionelle Stellung (z. B. durch die Mitgliedschaft im einflussreichen reduzierten Mitgliedsorgan) oder die personellen, finanziellen und machtpolitischen Ressourcen besitzen, um die Praxis nachhaltig zu prägen. Dies mag wiederum dazu führen, dass eine große Zahl der ‚Staaten in der zweiten Reihe' eine

---

[1474] So bringen die Mitgliedstaaten bei der Gründung einer Regionalorganisation mitunter kulturelle Besonderheiten und gewisse Elemente ihres Selbstverständnisses in der Satzung deutlich zum Ausdruck: vgl. z. B. die Präambel und Art. 3 des AU-Gründungsvertrags, UNTS Bd. 2158, 1 und Art. 2 des NATO-Vertrags.

[1475] Vgl. Murphy, The Relevance of Subsequent Agreement and Subsequent Practice for the Interpretation of Treaties, in: Nolte (Hrsg.), Treaties and Subsequent Practice, 2013, S. 82, 92 f., der eine entsprechende Hypothese für bilaterale im Gegensatz zu multilateralen Verträgen aufstellt; vgl. Hafner, Subsequent Agreements and Practice, in: Nolte (Hrsg.), Treaties and Subsequent Practice, 2013, S. 105.

Praxis im Plenarorgan unter dem Einfluss der ‚aktiven' Staaten mitträgt bzw. dass die Praxis eines Organs mit beschränkter Mitgliedschaft auf eine breite Akzeptanz durch *acquiescence* trifft.[1476] Die Zusammensetzung der ‚aktiven' und der ‚passiven' Gruppe kann selbstverständlich von Fall zu Fall und/oder im Verlauf der Organisationsgeschichte variieren. Kurz zusammengefasst: Große universelle Organisationen sind einerseits träge und bis zu einem gewissen Maß an Anpassungsdruck veränderungsavers, aber die gleiche Trägheit bzw. Passivität kann auch begünstigend für informelle Adaptationsprozesse wirken, wenn sie sich z. B. in *acquiescence* niederschlägt.

In kleinen regionalen Organisationen hingegen gibt es kaum Organe mit beschränkter Mitgliedschaft, und die verfügbaren Ressourcen der Staaten variieren in MERCOSUR, EU und NATO nicht ganz so stark wie in universellen Organisationen.[1477] Eine konsensfördernde „Massenträgheit" entsteht in Organen überschaubarer Größe, die über sensitive wirtschaftliche und verteidigungspolitische Fragen entscheiden, wohl kaum. Wenn seine Interessen berührt sind, wird sich ein Mitgliedstaat selten scheuen, einer Mehrheitspraxis entgegenzutreten. Andererseits kann die Lähmung einer Organisation mit weitreichenden Kompetenzen in besonders sensitiven wirtschaftlichen oder militärischen Bereichen für die Mitgliedstaaten mit so hohen Kosten verbunden sein, dass sie einer für sie mitunter schwer akzeptablen Praxis doch zustimmen, um Schlimmeres im Interesse des Ganzen zu verhüten.

Auch die kulturell und politisch homogene Mitgliedsstruktur sowie die geographische Nähe sind ambivalent. Zwar ist es aus kontextualistischer oder gar expressivistischer Sicht vorstellbar, dass ein „Korpsgeist" bzw. ein Gemeinschaftssinn entstehen, die informelle Anpassungen durch Praxis begünstigen. Ein solcher existiert z. B. in der EU, wenn er auch häufig durch Krisen und Sonderwege einzelner Mitgliedstaaten relativiert wurde. Gleiches gilt für die NATO während des Kalten Krie-

---

[1476] Vgl. dazu oben, C. III. 3. a) aa) (3), C. III. 3. b) aa) (3).

[1477] Freilich gibt es auch in diesen Organisationen besonders dominante oder aktive Staaten, man denke nur an die ökonomische Dominanz Deutschlands in der EU oder Brasiliens und Argentiniens im MERCOSUR oder den militärischen Vorsprung der USA und in deutlich geringerem Maße des Vereinigten Königreichs und Frankreichs in der NATO.

ges und auch über lange Jahre danach.[1478] Ein solcher „Korpsgeist" kann rechtliche Innovationen durch Praxis durchaus begünstigen.

In anderen Regionalorganisationen wie der AU, der OAS, der Arabischen Liga und dem Europarat kann man einen solchen Effekt jedoch allenfalls in Ansätzen feststellen. Im Gegenteil führt Nachbarschaft auch häufig zu verschärften Konflikten, die Parteiübereinkunft oder *opinio iuris* verhindern oder unterminieren können: Im Zweifel kann die erste reflexhafte Reaktion auf eine Praxis, die von verfeindeten Nachbarstaaten maßgeblich betrieben oder unterstützt wird, ein Protest sein, der zumindest eine *established practice* rechtlich unterminiert.

Welche dieser Überlegungen wird nun von den Fallstudien des dritten und vierten Teils gestützt? Was die erleichterte Genese des subjektiven Elements der Organisationspraxis infolge einer geringeren Mitgliederzahl betrifft, so lässt sich diese nur schwer aus den Fallstudien ableiten.[1479] Bei NATO, EU und MERCOSUR konnten fast ausschließlich Beispiele von Organisationspraxis identifiziert werden, die einhellige Unterstützung fanden. Nur bei der Arabischen Liga hat sich auch Mehrheitspraxis – zumindest faktisch-politisch – durchgesetzt. Dies sollte aber nicht zu der voreiligen Schlussfolgerung verleiten, dass die Genese des subjektiven Elements in der Tat bei Regionalorganisationen einfacher ist. Fälle des Scheiterns einer Praxis am subjektiven Element kommen nämlich selten ans Licht der Öffentlichkeit und schlagen sich dementsprechend nicht in der Literatur nieder, auf die im vierten Teil der Arbeit hauptsächlich zurückgegriffen wurde. Es lässt sich aber eine dahingehende Tendenz aufzeigen.

Schließlich kann ein ‚Korpsgeist' bzw. Gemeinschaftssinn bei manchen der untersuchten Organisationen eine Rolle gespielt haben, wie insbesondere aus den strategischen Konzepten der NATO und der Schaffung des Europäischen Rates in der EU deutlich geworden ist.

[1478] Freilich relativiert durch den Ausstieg Frankreichs aus den gemeinsamen militärischen Kommandostrukturen 1966 und nach Ende des Kalten Krieges durch Konflikte wie 2003 während des Irakkrieges oder 2011 beim Libyen-Einsatz.

[1479] Vgl. zum entsprechenden Ergebnis beim Vergleich von bilateralen und multilateralen Verträgen: Nolte, Jurisprudence of the International Court of Justice and Arbitral Tribunals of Ad Hoc Jurisdiction Relating to Subsequent Agreements and Subsequent Practice, in: Nolte (Hrsg.), Treaties and Subsequent Practice, 2013, S. 169, 183.

c) Besonderheiten von Wirtschaftsorganisationen

Bei IWF und Weltbank fällt auf, dass reale wirtschaftliche Macht, die sich über das *weighted voting* in die formellen Entscheidungsprozesse und die institutionelle Ordnung der Organisationen übersetzt, auch einen Einfluss auf die Organisationspraxis hat. So gilt das *weighted voting* auch bei förmlichen autoritativen Auslegungsentscheidungen gem. Art. XXIX IWF-Abkommen und Art. IX Weltbank-Abkommen. Von diesen wird zwar kaum mehr Gebrauch gemacht.[1480] Das heißt aber nicht, dass die Stimmgewichtung nicht auch eine Rolle in der nunmehrigen Organisationspraxis spielen würde, denn diese Praxis beruht ja größtenteils auf regulären Organbeschlüssen, die ebenfalls mit *weighted voting* gefasst werden.

Es ist auch kein Zufall, dass IWF und Weltbank unter den administrativen UN-Sonderorganisationen diejenigen sind, die sich am intensivsten informell transformiert haben. Wie der Zusammenbruch des *Bretton-Woods*-Systems und die Reaktion des IWF zeigen, können wirtschaftliche Notwendigkeiten die Rechtsordnung einer primär wirtschaftlichen Organisation tiefgreifend verändern. Das kann so weit gehen, dass rechtliche Strukturen ‚zerrissen' oder aufgelöst und anschließend völlig neu gestaltet werden können. Letzteres ist im IWF nach dem Kollaps des Weltwährungssystems der Nachkriegszeit im Rahmen einer formellen Satzungsrevision geschehen.

d) Regionale Sicherheits- und Verteidigungsorganisationen

Sicherheits- und Verteidigungsorganisationen weisen ebenfalls relevante Besonderheiten bezüglich ihrer Organisationspraxis auf, die sich vor allem bei vergleichender Betrachtung zeigen. Stellt man die NATO den übrigen untersuchten Organisationen gegenüber, fällt die geringe Regulierungsdichte des NATO-Vertrags auf, welche diesen besonders offen für informelle Umgestaltung durch Praxis macht; ein solcher Prozess hat mit den strategischen Konzepten, insbesondere dem von 1999, auch in erheblichem Maße stattgefunden, bis hin zum weitreichenden Zweckwandel der Organisation.[1481]

[1480] Siehe oben, E. I. 5. und 6.

[1481] Siehe oben, E. II.

Die geringe Regulierungsdichte und die damit zusammenhängenden rapiden informellen Veränderungen hängen nicht nur mit dem besprochenen regionalen Charakter und dem „Korpsgeist“ der NATO zusammen, sondern auch mit dem Kontext der Verteidigungs- respektive Sicherheitspolitik. Dieser Bereich wurde von den Staaten bei Gründung der NATO als so sensitiv eingeschätzt, dass eine detailreichere Regelung der gemeinsamen Verteidigungsabsprachen schon aus Sicherheits- und Geheimhaltungsgründen ein Risiko dargestellt hätte. Die NATO fand ihre wesentlichen Fundamente weniger im Recht, sondern im gegenseitigen Vertrauen und der geteilten Gefahr. Überdies ist die Verteidigungspolitik traditionell eine Domäne des souveränen Nationalstaates, bei der er aus der Befürchtung heraus, der Freund von heute könnte der Feind von morgen sein, nur sehr zurückhaltend kooperiert, wenn nicht eine geteilte Bedrohung die Bedenken in den Hintergrund drängt. Eine detaillierte rechtliche Festschreibung dieser Kooperation wäre auch mit nationalstaatlichen Souveränitätsvorstellungen kaum vereinbar gewesen. Das unterscheidet Verteidigungsorganisationen wie die NATO fundamental von anderen Organisationen mit administrativen und wirtschaftlichen Zielsetzungen. Dementsprechend stand der NATO-Vertrag dem rapiden Wandel infolge des politischen Anpassungsdrucks nach Zusammenbruch des Warschauer Paktes nicht entgegen.

Obwohl bei der Arabischen Liga die Ausgangssituation eine andere war, sie von Anfang an nicht (nur) als Verteidigungsorganisation, sondern vor allem als – auch nach innen gerichtete – Organisation der kollektiven Sicherheit gegründet wurde und die politisch-konstitutionellen Ausgangsbedingungen in den Mitgliedstaaten vollkommen anders sind, gibt es rechtliche Parallelen zur NATO. Der PAL hat eine nur geringfügig höhere Regulierungsdichte als der NATO-Vertrag. Er ist ebenfalls äußerst souveränitätsschonend konzipiert (vgl. Art. 7, 8 PAL). Auch die Empfänglichkeit für politischen Anpassungsdruck scheint vergleichbar zu sein. Was für die NATO das Ende des Kalten Krieges war, war für die Arabische Liga der Arabische Frühling – ein politisches Ereignis, das zu bedeutenden rechtlichen Innovationen führte. Wie in der NATO übernahmen dabei einige besonders einflussreiche Staaten eine Führungsrolle. Ihr Einfluss beruhte jedoch auf anderen Faktoren als militärischen oder rein machtpolitischen Kapazitäten. Saudi-Arabien und Qatar stießen vorübergehend in ein durch die Revolutionen in Ägypten und Syrien sowie die Instabilität des Iraks bedingtes Führungsvakuum in der arabischen Welt; dabei spielten Faktoren wie der traditionelle religiöse Führungsanspruch Saudi-Arabiens oder der ökonomische und mediale Einfluss beider Länder eine Rolle.[1482]

3. Spezielle Typologie nur in Bezug auf Organisationspraxis

Es können einige rechtliche Merkmale Internationaler Organisationen als Faktoren identifiziert werden, die satzungsrelevante Praxis hemmen oder begünstigen.

a) Schwierigkeit formeller Änderungen

Der erste relevante Faktor ist die Schwierigkeit einer formellen Änderung. Je geringer die Anforderungen an Verfahren, Mehrheit und Ratifikation sind, die eine formelle Änderungsklausel stellt, desto eher wird sie in der Lage sein, Anpassungsdruck aufzufangen. Das heißt jedoch nicht zwangsläufig, dass von dieser Möglichkeit auch so umfassend Gebrauch gemacht wird, dass sie die Organisationspraxis verdrängt.[1483]

b) Ausdrückliche autoritative Auslegungskompetenz

Klauseln, die eine autoritative Auslegungskompetenz für bestimmte Mitgliederorgane vorsehen – wie Art. XXIX IWF-Abkommen und Art. IX Weltbank-Abkommen –, haben ebenfalls das Potenzial, Anpassungsdruck zu absorbieren. Die Fallstudien des vierten Teils haben jedoch gezeigt, dass davon nur sehr zurückhaltend Gebrauch gemacht wurde. Die verdrängende Wirkung auf Organisationspraxis sollte daher nicht überschätzt werden.[1484]

[1482] Siehe zum Ganzen Herrmann, Mitschwimmen im Golfstaatenstrom, FAZ v. 9.3.2012.

[1483] Siehe oben, F. I. 2. a).

[1484] Siehe oben, E. I. 5. und 6.

c) Gerichtsförmiger Streitbeilegungsmechanismus

Ein dominanter gerichtsförmiger Streitbeilegungsmechanismus hemmt die Durchsetzungskraft von Organisationspraxis, wie insbesondere der EuGH demonstriert.[1485] Für weniger dominante Gerichte, wie den IGH und das TPR des MERCOSUR, gilt das jedoch nur begrenzt. Die Rechtsprechung des IGH hatte sogar verschiedentlich einen die Rolle von Organisationspraxis befördernden Effekt, indem er diese ausdrücklich anerkannte und sie zur Auslegung der UN-Charta und der WHO-Verfassung heranzog.[1486] Der Einfluss internationaler Gerichte hängt dabei nicht nur von ihrer rechtlichen bzw. institutionellen Stellung ab, sondern auch von ihrer Autorität.[1487]

d) Mehrheitserfordernisse in den Gründungsverträgen

In den Gründungsverträgen vorgesehene Abstimmungsmodi haben ebenfalls einen Einfluss auf die Voraussetzungen und damit auch die Rolle zumindest interpretativer Praxis in der jeweiligen Organisation. Wenn Resolutionen und Entscheidungen, die ja so gut wie immer eine Auslegung des Gründungsvertrages implizieren, in bestimmten Bereichen grundsätzlich mit einer bestimmten Mehrheit getroffen werden, kann man daran bei der Annäherung an die Anforderungen für interpretative Organisationspraxis in der jeweiligen Organisation nicht vorbeigehen. Gleichzeitig sollte man sich jedoch davor hüten, formelle und informelle Mehrheitserfordernisse gleichzusetzen, insbesondere bei Satzungsmodifikationen. Denn ein Verfahren hat eine gewisse Legitimati-

---

[1485] Siehe oben, E. III. 2.

[1486] IGH, Reparations for Injuries, Advisory Opinion, ICJ Reports 1949, 174, 180; Certain Expenses, Advisory Opinion, ICJ Reports 1962, 151, 157 ff.; Namibia, Advisory Opinion, ICJ Reports 1971, 16, 22; Use of Nuclear Weapons, Advisory Opinion, ICJ Reports 1996, 66, 75 ff.; Wall, Advisory Opinion, ICJ Reports 2004, 136, 149 ff.; dazu Arato, Treaty Interpretation and Constitutional Transformation, Yale Journal of International Law 38 (2013), 289, 316 ff.

[1487] Vgl. zur Autorität des IGH: ebd., 317; vgl. allgemein zur Autorität internationaler Institutionen: Miehsler, Zur Autorität von Beschlüssen internationaler Institutionen, in: Schreuer (Hrsg.), Autorität und internationale Ordnung, 1979, S. 35 ff.; Schmalenbach, Die rechtliche Wirkung der Vertragsauslegung durch IGH, EuGH und EGMR, ZÖR 59 (2004), 213, 215.

onswirkung; es kann Gleichheit und Fairness sicherstellen.[1488] Daran fehlt es mitunter bei informellen Vorgängen.[1489]

e) Regulierungsdichte des Gründungsvertrags

Die Regulierungsdichte der jeweiligen Satzung hat erheblichen Einfluss auf die Offenheit für satzungsrelevante Praxis, wie insbesondere das Beispiel der NATO im Vergleich mit administrativen UN-Sonderorganisationen illustriert.[1490]

f) Konstitutionalisierungsgrad einer Organisation

Der Konstitutionalisierungsgrad der jeweiligen Organisation bzw. der Verfassungscharakter des jeweiligen Gründungsvertrags kann theoretisch für die Rolle von Organisationspraxis bedeutsam sein. Er kann sowohl einen praxishemmenden (Stichwort: *rule of law*) als auch einen für sie förderlichen Einfluss (Stichwort: Entwicklungsoffenheit konstitutioneller Ordnungen) haben.[1491] Für die besonders weitgehend konstitutionalisierte EU wurden beide Effekte deutlich.[1492] Die Fallstudien zur Praxis der Vereinten Nationen haben ob der erheblichen Wandlungen der in deutlich geringerem Maße konstitutionalisierten Organisation vor allem den hemmenden Effekt eines höheren Konstitutionalisierungsgrades bestätigt.

g) Kommunikationskanäle innerhalb der Organisation

Schließlich und endlich macht es einen Unterschied, wie die Kommunikationskanäle innerhalb der Internationalen Organisation, insbesondere die zwischen Organen, zwischen Organen und Mitgliedstaaten sowie

---

[1488] A. Peters, Das Gründungsdokument internationaler Organisationen als Verfassungsvertrag, ZÖR 68 (2013), 1, 51.

[1489] Siehe oben, insbesondere B. III. 3. b) und C. I. 2. a).

[1490] Siehe oben, E. II. 1., F. I. 2. d) und vgl. oben, E. I.

[1491] Siehe oben, C. I. 2. a).

[1492] Siehe oben, E. III.

zwischen Mitgliedstaaten (letztere in Bezug auf die Organisation) ausgestaltet sind. Davon hängt u. a. das Vorliegen einer *acquiescence* ab.

Dies wird z. B. durch die Interaktion von Sicherheitsrat und Generalversammlung der UN im Bereich des Art. 12 SVN veranschaulicht: Während die Generalversammlung ihre Kompetenz, Empfehlungen zu Angelegenheiten zu geben, mit denen sich der Sicherheitsrat beschäftigte, beharrlich ausdehnte, wurde dies vom Sicherheitsrat und seinen Mitgliedern weitgehend nicht kommentiert; das hat die Praxis der Generalversammlung begünstigt.[1493]

Die Kommunikationskanäle in der EU unterscheiden sich deutlich von denen der UN. Es kommt häufig zu konfrontativer Kommunikation zwischen den Organen und Mitgliedstaaten, die in einigen Fällen durch Verfahren vor dem EuGH justiziell kanalisiert wird. Einer Praxis der Kommission oder des Rates wurde häufig durch den Gerichtshof Einhalt geboten und die Organisationspraxis somit gehemmt.[1494] Dies ist freilich eng mit den soeben geschilderten Faktoren Konstitutionalisierungsgrad und gerichtsförmiger Streitbeilegungsmechanismus verbunden.[1495]

II. Die Praxis der Vereinten Nationen als Modell?

Aufbauend auf den bisherigen rechtsvergleichenden Überlegungen kann nun eine Annäherung an die Frage stattfinden, ob die satzungsrelevante Praxis der Vereinten Nationen als Modell für diejenige anderer Internationaler Organisationen dient oder dienen kann. Nach einer kurzen Einführung (1.) sollen zunächst die bedeutendsten Faktoren betrachtet werden, die dagegen sprechen (2.), sodann diejenigen, die dafür sprechen (3.).

[1493] Klein/Schmahl, in: Simma u. a. (Hrsg.), The Charter of the United Nations, 3. Aufl., Bd. 1, 2012, Art. 12 Rn. 33.

[1494] Siehe oben, E. III. 2.

[1495] Siehe oben, F. I. 3. c) und f).

1. Die Ausnahmestellung der Vereinten Nationen in den internationalen Beziehungen

Die Vereinten Nationen suchen unter den Internationalen Organisationen ihresgleichen. Sie sind nicht nur *die* Organisation der kollektiven Sicherheit mit universeller Mitgliedschaft, sodass sich bei fast jedem militärischen Konflikt viele Blicke nach New York richten. Von ihnen gehen oder gingen auch zentrale globale Kooperationsanstrengungen im Bereich Wirtschaft, Soziales und Menschenrechte aus, z. B. durch die Menschenrechtspakte oder die Initiativen zur Gründung der UN-Sonderorganisationen. Erst in jüngerer Zeit drangen zunehmend nicht nur wie bisher auf regionaler, sondern auch auf globaler Ebene informelle Kooperationsforen wie die G-7/G-8 und die G-20 indirekt in ihre Domänen vor.[1496] Vor diesem allgemeinen politisch-historischen Kontext liegt es auf der Hand, dass den Vereinten Nationen eine Vorbildfunktion für andere Internationale Organisationen zukommt. Gleichzeitig verleiht ihnen dieser Kontext auch einen Ausnahmecharakter.

Beides schlägt sich in der rechtlichen Struktur der UN-Charta und auch in der Praxis der Organisation nieder. Dies kann nicht ohne Auswirkungen auf die unterschiedlichen Voraussetzungen, Rechtsfolgen und die allgemeine Rolle von Organisationspraxis in der UNO und in anderen Organisationen bleiben.

2. Argumente gegen den Modellcharakter der Vereinten Nationen

a) Die besondere Rolle des Sicherheitsrates

Der Sicherheitsrat ist unter den Organen Internationaler Organisationen ob seiner Kompetenzfülle zweifellos einzigartig.[1497] Obwohl viele UN-Sonderorganisationen über einflussreiche Organe mit beschränkter Mitgliedschaft verfügen, suchen die Befugnisse des Sicherheitsrats ihresgleichen. Die gem. Art. 25 SVN verbindliche Verhängung von Sanktionen und der Beschluss von Zwangsmaßnahmen gem. Art. 41 f. SVN, die legislative Tätigkeit, die erheblichen autoritativen Befugnisse bei der

---

[1496] Siehe oben, Fn. 662.

[1497] Introduction, in: Lowe u. a. (Hrsg.), The United Nations Security Council and War, 2008, S. 1, 34.

Auslegung der Charta sowie die primäre Verantwortung für die Erhaltung von Frieden und internationaler Sicherheit gem. Art. 24 SVN sprechen eine deutliche Sprache. Hinzu kommt das beispiellose Vetorecht der (teilweise ehemals) einflussreichsten Staaten der internationalen Gemeinschaft.

Dass die Praxis dieses Organs und vor allem der intensive Einfluss, den sie auf die UN-Charta ausgeübt hat, nur begrenzt Rückschlüsse auf die Organpraxis anderer Organisationen zulassen, liegt auf der Hand. Freilich lässt sich anhand des Sicherheitsrats und seiner Präsenz in der Völkerrechtspraxis das Zusammenwirken der Praxis von Organen mit beschränkter Mitgliedschaft und der Reaktionen der Mitgliedstaaten besonders gut exemplifizieren, gerade in Bezug auf das Phänomen *acquiescence*. Jedoch wird sich die Praxis des Sicherheitsrats tendenziell eher durchsetzen als die Praxis von Organen mit geringerer rechtlicher und politischer Autorität.

b) Charakteristika besonderer Normen der UN-Charta

Art. 39 SVN, der in der Praxis geradezu revolutionären Wandel erfahren hat, lässt sich nur schwer mit Vorschriften der Gründungsverträge anderer Internationaler Organisationen vergleichen. Er ist das Einfallstor für die einzigartigen Zwangsmaßnahmen nach Kapitel VII der UN-Charta und er ist zugleich äußerst offen formuliert, sodass er dem Sicherheitsrat ein umfangreiches Ermessen einräumt.[1498] Seine Evolution in der Praxis kann vor diesem Hintergrund kaum als aussagekräftiges Vorbild für den informellen Wandel der Klauseln anderer Gründungsverträge dienen.

Auch die praktische Fortentwicklung der hier sog. doppelspurigen Bestimmungen,[1499] die zugleich vertragliche Regeln sowie solche des Völkergewohnheitsrechts sind und zumeist zu den Grundprinzipien der Völkerrechtsordnung zählen – wie Art. 2 Nr. 4 und Nr. 7 SVN –, gehorcht speziellen Regeln. Ihre Auslegung oder Modifikation durch

---

[1498] Siehe oben, Fn. 1086.

[1499] Siehe oben, C. I. 2. b).

Praxis ist mit derjenigen ‚gewöhnlicher' bzw. ‚einspuriger' Normen anderer Satzungen Internationaler Organisationen nicht vergleichbar.[1500]

3. Argumente für den Modellcharakter der Vereinten Nationen

a) Rechtsprechung des IGH

Der Einfluss des IGH auf die Wahrnehmung von Voraussetzungen, Rechtsfolgen und Relevanz der Organisationspraxis kann sowohl förderlich als auch hinderlich auf einen diesbezüglichen Modellcharakter der Vereinten Nationen wirken. Vier der einschlägigen Gutachten des Gerichtshofs – *Reparation for Injuries, Certain Expenses, Namibia, Wall*[1501] – bezogen sich auf die UN selbst, nur eines, *Use of Nuclear Weapons*,[1502] beschäftigte sich mit der WHO, freilich einer UN-Sonderorganisation. In all diesen Gutachten nahm der IGH bekanntlich eine positive Haltung zur Rolle von Organisationspraxis ein und zeigte sich sehr liberal in Bezug auf ihre Voraussetzungen und Rechtsfolgen.[1503] Der Fokus auf die Vereinten Nationen liegt natürlich in der Jurisdiktion des IGH begründet: Ihm konnten auf der Grundlage von Art. 96 SVN, Art. 65 ff. IGH-Statut und der jeweiligen Bestimmungen in den Satzungen der Sonderorganisationen nur Fragen des Organisati-

---

[1500] Siehe ausführlich zu den Besonderheiten der Auslegung und Modifikation hier sog. „doppelspuriger" Bestimmungen: Villiger, Customary International Law and Treaties, 1997, Rn. 417 ff.; Beispiele für den Einfluss der Weiterentwicklung des Völkergewohnheitsrechts auf parallele vertragliche Normen bei Nolte, Subsequent Agreements and Subsequent Practice of States Outside of Judicial or Quasi-judicial Proceedings, in: Nolte (Hrsg.), Treaties and Subsequent Practice, 2013, S. 307, 350 ff.

[1501] IGH, Reparations for Injuries, Advisory Opinion, ICJ Reports 1949, 174, 180; Certain Expenses, Advisory Opinion, ICJ Reports 1962, 151, 157 ff.; Namibia, Advisory Opinion, ICJ Reports 1971, 16, 22; Wall, Advisory Opinion, ICJ Reports 2004, 136, 149 ff.

[1502] IGH, Use of Nuclear Weapons, Advisory Opinion, ICJ Reports 1996, 66, 75 ff.

[1503] Siehe oben, C. III. 3. c) bb) (7); Arato, Treaty Interpretation and Constitutional Transformation, Yale Journal of International Law 38 (2013), 289, 316 ff., 327.

onsrechts der UN-Familie unterbreitet werden;[1504] die UN-Generalversammlung war in der Vorlagepraxis recht dominant.[1505]

Es ist naheliegend, dass die Gutachten des IGH zur UN-Praxis in den Rechtsabteilungen der Sonderorganisationen besonders aufmerksam wahrgenommen wurden. Die dort geäußerte Auffassung des IGH konnte potenziell in zukünftigen Gutachten auch deren Praxis betreffen. Darüber hinaus ist zu erwarten, dass diese Gutachten verstärkt durch ihre Rezeption in der Fachliteratur auch die Vorstellungen in den Außenministerien sowie in anderen Internationalen Organisationen mitgeprägt haben. Mit anderen Worten ist eine begrenzte Migration der Konzeption des IGH zur Praxis der Vereinten Nationen denkbar. Bekanntermaßen prägt der Gerichtshof das Völkerrecht nachhaltig, weit über die unmittelbare rechtliche Wirkung seiner Urteile und Gutachten gem. Art. 38 lit. d, 59 IGH-Statut hinaus.[1506]

b) UN-Familie

Auch jenseits des Einflusses des IGH haben die Vereinten Nationen und ihre Sonderorganisationen schon wegen ihrer ähnlichen Organstruktur eine vergleichbare Organisationspraxis ausgeprägt. Ihre institutionellen Strukturen haben in der Praxis häufig analoge Unzulänglichkeiten offenbart, was auch zu parallelen informellen Entwicklungen geführt hat. Die generelle Kompetenzausweitung der Sekretariate, die im dritten und vierten Teil der Arbeit vor allem bei UNO und ILO näher behandelt wurde,[1507] aber auch bei anderen UN-Sonderorganisationen beobachtet werden kann,[1508] ist ein Beispiel für diese Entwicklung.

[1504] Oellers-Frahm, in: Simma u. a. (Hrsg.), The Charter of the United Nations, 3. Aufl., Bd. 2, 2012, Art. 96 Rn. 4.

[1505] Ebd., Rn. 22: Zwischen 1947 und 2002 stammten 14 von 24 Anforderungen eines Gutachtens von der Generalversammlung.

[1506] Statt vieler Lauterpacht, The Development of International Law by the International Court, 1958, S. 20 ff.

[1507] Siehe oben, D. II. 4. h), E. I. 4.

[1508] Vgl. Schermers/Blokker, International Institutional Law, 5. Aufl. 2011, § 465.

c) *Verfassungscharakter der UN-Charta*

Der Verfassungscharakter der UN-Charta, der – wie im zweiten Teil der Arbeit theoretisch hergeleitet[1509] – organisationsintern einen hemmenden oder unterstützenden Effekt auf Organisationspraxis haben kann, mag auch darüber hinaus von Bedeutung sein. Wenn man die UN-Charta mit *Fassbender* als *die* Verfassung der internationalen Gemeinschaft begreift[1510] oder ihr vorsichtiger immerhin konstitutionelle Relevanz für die Verfassung der internationalen Gemeinschaft insgesamt einräumt, kommt ihr in dieser Eigenschaft erst recht eine Vorbildfunktion für andere Internationale Organisationen zu, und zwar auch im Bereich der Organisationspraxis.[1511]

4. Fazit

Die Vereinten Nationen sind sowohl Modell – insbesondere für die UN-Sonderorganisationen – als auch Sonderfall, was die Voraussetzungen, Rechtsfolgen und die allgemeine Bedeutung von Organisationspraxis betrifft. Vieles hängt von den jeweils betroffenen Bestimmungen ab; so gibt es beispielsweise besondere Überschneidungen bei institutionellen Regeln.

Ansonsten beruhen Gemeinsamkeiten aber weniger auf dem Modellcharakter der Vereinten Nationen, sondern vielmehr auf den abstrakten Gemeinsamkeiten aller Internationalen Organisationen, ihrem allgemeinen Recht,[1512] das im Bereich der Organisationspraxis auch intensiv mit dem Recht der Verträge interagiert. Die jeweiligen Besonderheiten können dabei mit dem Konzept der *rules of the organization* gem. Art. 5 WVK am besten erfasst werden.

[1509] Siehe oben, C. I. 2. a).

[1510] Fassbender, The United Nations Charter As Constitution of the International Community, Columbia Journal of Transnational Law 36 (1997/98), 529 ff.

[1511] Siehe dazu unten, F. III. 1.

[1512] Dazu allgemein Seyersted, Common Law of International Organizations, 2008.

III. Organisationspraxis und die generellen Entwicklungslinien des Völkerrechts

Organisationspraxis hat Implikationen für die Völkerrechtsordnung in ihrer Gesamtheit. Für ihre Untersuchung bietet sich insbesondere die analytische Perspektive der Konstitutionalisierung an. Anschließend kann diese mit einigen kurzen Überlegungen zur Fragmentierung kontrastiert werden.

1. Konstitutionalisierung[1513]

a) Die Makro- und die Mikroebene der Konstitutionalisierung des Völkerrechts

Angestoßen von *Alfred Verdross'* „Die Verfassung der Völkerrechtsgemeinschaft" (1926)[1514] kam es zu einem intensiven Gedankenaustausch über internationale konstitutionelle Tendenzen – über ein Verfassungsrecht der Staatengemeinschaft, später sogar der internationalen Gemeinschaft in ihrer Gesamtheit.[1515] In seinem Rahmen werden heutzutage meist prägende Charakteristika des Völkerrechts wie das zwingende Völkergewohnheitsrecht, die Verpflichtungen *erga omnes*, Art. 103 UN-Charta, der internationale Schutz der Menschenrechte, die internationale *rule of law* sowie gewisse Ansätze zur Demokratisierung untersucht und Merkmale anderer Verfassungen, die häufig aus westlichen

---

1513 Die folgenden Gedanken (unter F. III. 1.) wurden bereits in einem Aufsatz des Verfassers formuliert: C. Peters, Informelle Anpassungsmechanismen der Gründungsverträge Internationaler Organisationen und ihre Bedeutung für die Konstitutionalisierung des Völkerrechts, in: Pernice/Müller/C. Peters (Hrsg.), Konstitutionalisierung jenseits des Staates, 2012, S. 17 ff.

1514 Verdross, Die Verfassung der Völkerrechtsgemeinschaft, 1926.

1515 Kadelbach/Kleinlein, Überstaatliches Verfassungsrecht, AVR 44 (2006), 235 ff.; Klabbers/A. Peters/Ulfstein, The Constitutionalization of International Law, 2009; Ley, Kant versus Locke, ZaöRV 69 (2009), 317 ff.; Mosler, The International Society as a Legal Community, RdC 140 (1974-IV), 1 ff.; Pernice, The Global Dimension of Multilevel Constitutionalism, in: Dupuy u. a. (Hrsg.), Völkerrecht als Wertordnung, FS Tomuschat, 2006, S. 973 ff.; Tomuschat, Obligations Arising for States Without or Against Their Will, RdC 241 (1993-IV), 195 ff.

Nationalstaaten stammen, zum Vergleich herangezogen; Beispiele sind das Primat der Verfassung, der Schutz von elementaren subjektiven Rechten und die Gewaltenteilung.[1516] Aus einer normativen Perspektive können so Parallelen herausgearbeitet, Kritik geäußert und gewisse weitere Annäherungen gefordert werden.

Erst in jüngerer Zeit wurde die Konstitutionalisierung des Rechts einzelner Internationaler Organisationen zunehmend in den Rahmen dieses umfassenderen Diskurses eingebettet: *Fassbender* entwickelte Ansätze von *Verdross* und *Simma*[1517] weiter und regte an, den Gründungsvertrag einer Internationalen Organisation, nämlich die UN-Charta, als *die* Verfassung der internationalen Gemeinschaft aufzufassen.[1518] *Anne Peters* assoziierte die „sektorielle Konstitutionalisierung" einzelner Satzungen zurückhaltend mit der Konstitutionalisierung des Völkerrechts insgesamt.[1519]

Schlagwortartig kann man, soweit die internationale Gemeinschaft in ihrer Gesamtheit gemeint ist, von einer Konstitutionalisierung auf der Makroebene sprechen, während der Prozess, der einzelnen Gründungsverträgen Verfassungscharakter verleihen mag, am besten mit dem Begriff der Konstitutionalisierung auf der Mikroebene umschrieben wird.[1520]

[1516] Statt vieler Fassbender, The United Nations Charter As Constitution of the International Community, Columbia Journal of Transnational Law 36 (1997), 529, 573 ff.; Ley, Kant versus Locke, ZaöRV 69 (2009), 317, 331 ff.; Pernice, The Global Dimension of Multilevel Constitutionalism, in: Dupuy u. a. (Hrsg.), Völkerrecht als Wertordnung, FS Tomuschat, 2006, S. 973, 993 ff.

[1517] Verdross/Simma, Universelles Völkerrecht, 3. Aufl. 1984.

[1518] Fassbender, The United Nations Charter As Constitution of the International Community, Columbia Journal of Transnational Law 36 (1997), 529 ff.

[1519] A. Peters, in: Klabbers/A. Peters/Ulfstein, The Constitutionalization of International Law, 2009, S. 202; siehe auch Ruffert/Walter, Institutionalisiertes Völkerrecht, 2009, Rn. 64, 135.

[1520] Die Termini Mikro- und Makroebene sollten dabei mehr im wirtschaftswissenschaftlichen als im naturwissenschaftlichen Sinne verstanden werden. Der Begriff „macro-constitutionalization" wurde, soweit ersichtlich, zuerst beiläufig von Anne Peters gebraucht, A. Peters, in: Klabbers/A. Peters/Ulfstein, The Constitutionalization of International Law, 2009, S. 203.

b) Organisationspraxis wirkt auch auf die Makroebene

Eine Ordnung, die mit dem Attribut konstitutionell assoziiert wird – und so auch die Untermenge des normativen völkerrechtlichen Bestands, der mit guten Gründen als die Verfassung der internationalen Gemeinschaft betrachtet wird[1521] – benötigt ein institutionelles Grundgerüst.[1522] Ein solches wird aus Organen gebildet, die einer Kompetenzordnung unterliegen – nichts anderes gewährleisten die Gründungsverträge Internationaler Organisationen. So ist es möglich, die wichtigsten Internationalen Organisationen als überstaatliche institutionelle Grundstruktur für wesentliche Teile der Verfassung der internationalen Gemeinschaft zu verstehen.[1523] Pluralistische[1524] und Mehrebenenansätze[1525] deuten darauf hin, dass diese Annahme nicht auf die UN-Charta beschränkt sein muss. Vielmehr sind mehrere universelle, aber auch regionale Organisationen wie z. B. die WTO, die ILO und die EU von konstitutioneller Relevanz,[1526] insbesondere – aber nicht

[1521] Vgl. Fassbender, The United Nations Charter As Constitution of the International Community, Columbia Journal of Transnational Law 36 (1997), 529 ff.; Mosler, The International Society as a Legal Community, RdC 140 (1974-IV), 1 ff.; Tomuschat, Obligations Arising for States Without or Against Their Will, RdC 241 (1993-IV), 195 ff.

[1522] Fassbender, The United Nations Charter As Constitution of the International Community, Columbia Journal of Transnational Law 36 (1997), 529, 566 f.; vgl. Ruffert/Walter, Institutionalisiertes Völkerrecht, 2009, Rn. 64; Uerpmann, Internationales Verfassungsrecht, JZ 2001, 565, 566.

[1523] Vgl. Fassbender, The United Nations Charter As Constitution of the International Community, Columbia Journal of Transnational Law 36 (1997), 529, 566 f.; vgl. Ruffert/Walter, Institutionalisiertes Völkerrecht, 2009, Rn. 64; vgl. Uerpmann, Internationales Verfassungsrecht, JZ 2001, 565, 566.

[1524] Halberstam, Local, Global, and Plural Constitutionalism, in: de Búrca/Weiler (Hrsg.), The Worlds of European Constitutionalism, 2011, S. 150 ff.; siehe auch Krisch, Beyond Constitutionalism, 2010, der sich weitgehend zugunsten des Pluralismus vom Konstitutionalismus verabschiedet.

[1525] Pernice, The Global Dimension of Multilevel Constitutionalism, in: Dupuy u. a. (Hrsg.), Völkerrecht als Wertordnung, FS Tomuschat, 2006, S. 973 ff.

[1526] WTO: Cass, The ‚Constitutionalization‘ of International Trade Law, EJIL 12 (2001), 39 ff.; Jackson, The World Trade Organization, 1998; Petersmann, The GATT/WTO Dispute Settlement System, 1997; ILO: Osieke, Constitutional Law and Practice in the International Labour Organisation, 1985, insbesondere S. 1 ff.; in der EU ist die Debatte über ein Europäisches Verfas-

ausschließlich – für die Wirtschaftsverfassung der internationalen Gemeinschaft.

Veränderungen in den Satzungen konstitutionell relevanter Internationaler Organisationen durch Organisationspraxis betreffen nicht nur die konstitutionelle Struktur der einzelnen Internationalen Organisation. Stattdessen zeitigen sie, vermittelt durch deren Modifikation, Auswirkungen auf die Makroebene, auf die Verfassung der internationalen Gemeinschaft als Ganzes. Dies gilt natürlich nur für die Veränderung von prägenden Bestimmungen in den jeweiligen Gründungsverträgen.[1527]

c) Meta-Regeln über Organisationspraxis als Teil des makrokonstitutionellen Rechts

Organisationspraxis übt aber nicht nur einen materiellen Einfluss auf das makrokonstitutionelle Recht aus. Darüber hinaus deutet einiges darauf hin, dass die ungeschriebenen Regeln über die Bedingungen und Rechtsfolgen von Organisationspraxis ebenfalls ein Teil des konstitutionellen Rechts auf der Makroebene sind. Die Regeln über Auslegung und Änderung können als wichtiger Bestandteil einer jeden konstitutionellen Ordnung verstanden werden.[1528] Insbesondere die Vertragsschluss-, Auslegungs- und Vertragsänderungsregeln der WVK,[1529]

---

sungsrecht weit gediehen; siehe statt vieler v. Bogdandy (Hrsg.), Principles of the European Constitutional Law, 2. Aufl. 2010; für die globale Relevanz dieses Europäischen Verfassungsrechts siehe Pernice, The Global Dimension of Multilevel Constitutionalism, in: Dupuy u. a. (Hrsg.), Völkerrecht als Wertordnung, FS Tomuschat, 2006, S. 973 ff.

[1527] Beispiele bei C. Peters, Informelle Anpassungsmechanismen der Gründungsverträge Internationaler Organisationen und ihre Bedeutung für die Konstitutionalisierung des Völkerrechts, in: Pernice/Müller/C. Peters, Konstitutionalisierung jenseits des Staates, 2012, S. 17, 38 f.

[1528] Tomuschat, Obligations Arising for States Without or Against Their Will, RdC 241 (1993-IV), 195, 216; für die WVK als „internationales Verfassungsrecht im materiellen Sinn“: Uerpmann, Internationales Verfassungsrecht, JZ 2001, 565, 567.

[1529] Ebd.

Art. 108, 109 SVN[1530] sowie die Rechtsquellenlehre gem. Art. 38 IGH-Statut[1531] wurden bereits ähnlich eingeordnet. Dies legt es nahe, die Regeln über spätere Praxis und *subsequent agreements*, über evolutive Auslegung und *established practice* – zumindest im Hinblick auf die Satzungen Internationaler Organisationen – ebenfalls als makrokonstitutionelles Recht zu qualifizieren.[1532]

2. Fragmentierung

Obwohl Organisationspraxis sicher auch fragmentierende Wirkung haben kann und denkbar ist, dass Internationale Organisationen sich durch ihre divergierende Praxis weiter voneinander und vom allgemeinen Völkerrecht entfernen, als es in ihren Gründungsverträgen angelegt ist, haben die Fallstudien des dritten und vierten Teils keine belastbaren Beispiele für Fragmentierung durch Organisationspraxis geliefert.

Die Absetzungstendenzen z. B. der Europäischen Union und des MERCOSUR vom allgemeinen Völkerrecht, wie sie in *Van Gend en Loos, Costa/ENEL*[1533] und *Kadi*[1534] bzw. im ersten Schiedsspruch des TPR[1535] zum Ausdruck gekommen sind, lassen sich viel eher dem Bereich der dynamischen Auslegung durch internationale Gerichte als dem der staatengestützten Organisationspraxis zuordnen, auch wenn die Grenzen hier wie gesagt fließend verlaufen.[1536] Die aus dieser Per-

---

[1530] Vgl. Fassbender, The United Nations Charter As Constitution of the International Community, Columbia Journal of Transnational Law 36 (1997), 529, 578 f., 598 ff.

[1531] Vgl. Tomuschat, Obligations Arising for States Without or Against Their Will, RdC 241 (1993-IV), 195, 239 f.; Uerpmann, Internationales Verfassungsrecht, JZ 2001, 565, 567.

[1532] Dazu ausführlicher C. Peters, Informelle Anpassungsmechanismen der Gründungsverträge Internationaler Organisationen und ihre Bedeutung für die Konstitutionalisierung des Völkerrechts, in: Pernice/Müller/C. Peters, Konstitutionalisierung jenseits des Staates, 2012, S. 17, 38 f.

[1533] Siehe oben, Fn. 1396.

[1534] EuGH, Rs. C-402/05 P und C-415/05 P, Slg. 2008, I-6351 (*Kadi*).

[1535] Siehe oben, Fn. 1410.

[1536] Siehe oben, B. II. 3. b).

spektive ebenfalls interessante WTO[1537] war aus anderen Gründen nicht Gegenstand der Untersuchung.

Wo festgestellt wurde, dass die *rules of the organization* zu weitgehenden Abweichungen von der allgemeinen Regel des Art. 31 Abs. 3 lit. b WVK führen, ist dies bereits im allgemeinen Recht der Verträge, in Art. 5 WVK, angelegt und kann somit nicht als Fragmentierungseffekt eingestuft werden. Entsprechendes gilt für die gewohnheitsrechtlichen Meta-Regeln zur Modifikation und Erweiterung von Gründungsverträgen, von denen wohl kaum mehr Uniformität erwartet werden kann als von den Auslegungsregeln.

IV. Fazit und Ausblick: Organisationspraxis als Möglichkeit für die Anpassung Internationaler Organisationen an gewandelte Gegebenheiten?

1. Flexibilität

Rechtliche Flexibilität Internationaler Organisationen ist ein vages Konzept. Gesellschaftlicher Wandel, Veränderung der politischen Realitäten, der Internationalen Beziehungen und technische Innovationen[1538] sind äußerst unbestimmte Faktoren, die rechtlich kaum fassbar sind und dennoch als Begründung für den informellen Wandel der Satzungen Internationaler Organisationen herhalten müssen. Die große Zahl innerstaatlicher Konflikte, das Zunehmen des internationalen Terrorismus, Finanz- und Staatsschuldenkrisen, Proliferation von Massenvernichtungswaffen sind so vielfältige und ihrerseits unbestimmte Beispiele für diese Faktoren, dass sie die Ursachen des Flexibilitätsbedürfnisses kaum konkretisieren. Wie kann für die Reaktion auf all diese Phänomene ein gemeinsamer Ordnungsrahmen gefunden werden, um Völkerrecht diesen Gegebenheiten anzupassen?

[1537] Dazu statt vieler Jackson, Fragmentation or Unification among International Institutions, N.Y.U. Journal of International Law and Politics 31 (1998-1999), 823 ff.

[1538] Vgl. Helmersen, Evolutive Treaty Interpretation, EJLS 6 (2013), 127, 129 f.

Das Völkerrecht bietet mit Art. 31 Abs. 3 lit. b und Art. 5 WVK sowie den gewohnheitsrechtlichen Regeln zur Modifikation und Erweiterung durch Praxis eine konventionelle Antwort, die im Wesentlichen auf Staatenkonsens beruht und für Internationale Organisationen nicht unerheblich modifiziert wird. Die theoretischen bzw. völkerrechtsdogmatischen Ausführungen in dieser Arbeit dürften gezeigt haben, dass damit eine gute Annäherung an einen solchen Ordnungsrahmen möglich ist, die in vielen Fällen zu überzeugenden Ergebnissen führt.

Dass es sich dabei aber lediglich um eine Annäherung handelt, die manchmal auch keine ausreichende Antwort zu geben vermag, hat sich im dritten und vierten Teil der Arbeit gezeigt. Dort wurden sowohl bei den UN als auch bei anderen Organisationen Fälle identifiziert, in denen die Grenzen der WVK und des Völkergewohnheitsrechts überschritten wurden, es zu einer faktisch-politischen Praxis kam, die sich dennoch durchgesetzt hat. Dies geschah häufig, weil Modifikationen ohne Zustimmung aller Mitgliedstaaten durchgesetzt wurden.[1539] Solche Praxis mag man völkerrechtswidrig nennen oder als Handeln *ultra vires* klassifizieren, es ändert nichts an der Tatsache, dass die Völkerrechtslehre auf solche Phänomene der konsistenten *non-compliance* bisher keine überzeugende Antwort gefunden hat.

Eine faktisch-politische Praxis muss zwar auch als Gegenreaktion auf Defizite sowohl der bestehenden formellen[1540] als auch der informellen Anpassungsverfahren begriffen werden. Das ändert aber nichts daran, dass sie überaus kritikwürdig ist. Auch älteres Völkerrecht kann nicht beliebig nach den Anforderungen moderner Zeiten – oder nach Gegebenheiten, die von Akteuren in ihrem Eigeninteresse als solche Anforderungen ausgegeben werden – umgestaltet werden.

Selbst dann, wenn die Modifikationen nicht faktisch-politischer Natur sind und sich im Rahmen des allgemeinen Rechts der Verträge, der Internationalen Organisationen und der *rules of the organization* halten,

---

1539 Siehe z. B. oben, D. II. 3. c), D. II. 4. g) bb) (3).

1540 Hexner, Teleological Interpretation of Basic Instruments of International Organizations, in: Engel u. a. (Hrsg.), Law, State and International Legal Order, 1964, S. 119, 121 f.; Liang, Modifying the UN Charter through Subsequent Practice, NordJIL 81 (2012), 1, 2; Wolfke, Treaties and Custom, in: Klabbers u. a. (Hrsg.), Essays on the Law of Treaties, 1998, S. 31, 38.

werfen sie immer noch Fragen der *rule of law*[1541] und der Legitimation[1542] auf. Auch wenn eine Modifikation durch Praxis vom Konsens der Staaten gedeckt ist, heißt das nicht, dass sie auch grundsätzlich legitim ist. Staatenkonsens ist zwar nach wie vor eine notwendige Bedingung für eine legitime völkerrechtliche Regel,[1543] aber nicht immer eine hinreichende: In der Völkerrechtstheorie und -philosophie wird zu Recht normativ eine breitere Legitimationsgrundlage postuliert.[1544]

Über die spektakulären Fälle der rechtmäßigen und der faktischen informellen Änderung, die sich nicht allein mit Flexibilitätsargumenten rechtfertigen lassen, darf aber nicht aus dem Blick geraten, dass es unzählige Fälle der Auslegung von Gründungsverträgen durch spätere Praxis gibt, die eine sinnvolle und legitime Konkretisierung leisten. Im dritten und vierten Teil der Arbeit konnten nur einige aufgezeigt werden, die meist ausgewählt wurden, weil sie den Regelfall der routinierten Anpassung einer Norm in der Praxis besonders gut illustrieren, oder aber weil sie lehrreiche, besonders interessante Sonderfälle darstellen. Wenn man bedenkt, dass der Wortlaut niemals völlig klar sein kann[1545] und es somit häufig mehr als nur eine Variante der Implementierung der Vorschriften von (Gründungs-)Verträgen gibt; dass viele Unklarheiten wenig kontrovers durch eine Mehrheit oder im Konsens ausgeräumt werden; dass dies in der Geschichte einer Organisation in Bezug auf dieselbe Bestimmung mitunter mehrfach vonnöten ist – dann kann man vielleicht eine ungefähre Vorstellung davon entwickeln,

---

[1541] Blum, Eroding the United Nations Charter, 1993, S. 253 ff.; vgl. Rosenne, Developments of the Law of Treaties 1945-1986, 1989, S. 225 ff.; vgl. White, The law of international organisations, 2. Aufl. 2005, S. 28; siehe oben, B. III. 3. b).

[1542] Vgl. A. Peters, in: Klabbers/A. Peters/Ulfstein, The Constitutionalization of International Law, 2009, S. 293 f.

[1543] Statt vieler Buchanan, The Legitimacy of International Law, in: Besson/Tasioulas (Hrsg.), The Philosophy of International Law, 2010, S. 79, 92 f.; Klabbers, in: Klabbers/A. Peters/Ulfstein, The Constitutionalization of International Law, 2009, S. 39.

[1544] Statt vieler Buchanan, The Legitimacy of International Law, in: Besson/Tasioulas (Hrsg.), The Philosophy of International Law, 2010, S. 79, 93 f.; A. Peters, in: Klabbers/A. Peters/Ulfstein, The Constitutionalization of International Law, 2009, S. 263 ff.

[1545] Statt vieler Koskenniemi, From Apology to Utopia, 2005, S. 333 f., 530 ff.

welche Vielzahl von Fällen späterer Praxis Internationaler Organisationen es gibt.

Es ist – nicht nur im Völkerrecht bzw. im Recht der Internationalen Organisationen – unvermeidbar, dass neue außerrechtliche Entwicklungen ins Recht einfließen. Es kann nicht auf dem Stand der Mitte des 20. Jahrhunderts verharren. Anderenfalls würde es zur abgeschlossenen Gegenrealität verkommen und könnte seine friedenswahrenden, kooperations- und wohlstandfördernden Funktionen nicht mehr glaubhaft wahrnehmen. Die spätere Praxis und wegen der mehrfach genannten Bedenken im geringeren Maße auch die *established practice* sind geeignete Mechanismen, um diesem Anpassungsbedarf in vielen Fällen gerecht zu werden. Anders als die dynamische Auslegung beruhen sie auf dem Staatenkonsens und folgen, wie der erste und der zweite Teil der Arbeit aufgezeigt haben, in vielerlei Hinsicht nachvollziehbaren Kriterien, sodass sie ein nicht unerhebliches Maß an traditioneller völkerrechtlicher Legitimation und auch an Rechtssicherheit gewährleisten können.

2. Legitimation

Das durch Organisationspraxis (v. a. solche modifizierenden Charakters) ausgelöste Legitimationsproblem wurde schon mehrfach angesprochen. Das Legitimationsdefizit der Organisationspraxis hat zwei wesentliche – miteinander verbundene – Aspekte: Erstens wird bei informellen Modifikationen die legitimierende Wirkung des förmlichen Änderungsverfahrens umgangen, welches theoretisch die Beteiligungsmöglichkeiten aller *shareholder* – also der Mitgliedstaaten und Organe – garantiert und zu umfassenden Deliberationsprozessen in einem geregelten Prozess führt.[1546] Entsprechendes gilt, wenn bei Existenz eines autoritativen Auslegungsverfahrens eine informelle Interpretation durch spätere Praxis stattfindet.

Zweitens besteht die Gefahr, dass innerhalb demokratisch verfasster Mitgliedstaaten parlamentarische Zustimmungserfordernisse, die für

[1546] A. Peters, Das Gründungsdokument internationaler Organisationen als Verfassungsvertrag, ZÖR 68 (2013), 1, 51 ff.; zur Legitimation durch Verfahren siehe auch Klabbers, in: Klabbers/A. Peters/Ulfstein, The Constitutionalization of International Law, 2009, S. 38.

förmliche Vertragsänderungen bestehen, umgangen werden.[1547] Vor einigen Jahrzehnten wäre dies aus völkerrechtlicher Perspektive noch als rein innerstaatliches Verfassungsproblem betrachtet worden,[1548] das durch nationale (Verfassungs-)Gerichte zu lösen ist.[1549] Es mehren sich indes zu Recht die Stimmen, die u. a. mit Hinweis auf die Menschenrechtspakte das Vordringen demokratischer Grundsätze auch ins Völkerrecht konstatieren und dabei dem Zweig der nationalstaatlich vermittelten Legitimation Bedeutung beimessen.[1550] Aus dieser Perspektive stellen sich die beträchtlichen Fortentwicklungsmöglichkeiten für die Exekutiven der Mitgliedstaaten, die nur vor der erstmaligen Ratifikation des Gründungsvertrags (also unter Umständen vor sechs Jahrzehnten) parlamentarisch abgesegnet wurden, in der Tat als „Blanko-

---

[1547] United Nations Conference on the Law of Treaties, Official Records, 1st Session, UN Doc. A/CONF.39/11, 208 ff.; Meyring, Die Entwicklung zustimmungsbedürftiger völkerrechtlicher Verträge nach ihrem Abschluss und ihre Auswirkungen in der deutschen Rechtsordnung, 2001, S. 24 ff; A. Peters, Das Gründungsdokument internationaler Organisationen als Verfassungsvertrag, ZÖR 68 (2013), 1, 52 ff.; vgl. A. Peters, in: Klabbers/A. Peters/Ulfstein, The Constitutionalization of International Law, 2009, S. 293 f.; Ruffert/Walter, Institutionalisiertes Völkerrecht, 2009, Rn. 133; siehe bereits oben, B. III. 3. a) aa) (6).

[1548] So z. B. Karl, Vertrag und spätere Praxis im Völkerrecht, 1983, S. 294; Seidl-Hohenveldern, Das Recht der Internationalen Organisationen einschließlich der Supranationalen Gemeinschaften, 7. Aufl. 2000, Rn. 1539.

[1549] Diese Gerichte sind dann freilich vor die Wahl gestellt, ob sie bestimmte Fortentwicklungen internationaler Kooperation verfassungsrechtlich unterbinden und somit einen Sonderweg ihres Landes vorzeichnen wollen. Das Bundesverfassungsgericht hat sich in seinen Urteilen zur Transformation der NATO gegen einen solchen Weg entschieden, indem es Art. 59 Abs. 2 GG aus einer sehr formellen Perspektive auslegte. Diese Rechtsprechung wurde in der Literatur bereits eingehend analysiert: z. B. Paulus, Quo Vadis Democratic Control?, GLJ 3 (2002), http://www. germanlawjournal.com/index.php?pageID=11&art ID=123 (16.12.2014).

[1550] A. Peters, in: Klabbers/A. Peters/Ulfstein, The Constitutionalization of International Law, 2009, S. 273 ff.

Scheck-Problem“ dar.[1551] Dies lässt sich auch als „Exekutivierung“ umschreiben.[1552]

Diesem Problem wurden sowohl aus völkerrechtlicher als auch aus verfassungsrechtlicher Perspektive Monographien gewidmet[1553] – und dennoch kann es nach wie vor kaum als gelöst bezeichnet werden.

Dabei darf aber nicht vergessen werden, dass es auch legitimatorische Erwägungen gibt, die zugunsten der Organisationspraxis angeführt werden können. Sie wird von deliberativen[1554] und vor allem von *output*-Legitimationskonzepten[1555] gestützt. Praxis, die sich getragen von den Organen und Mitgliedstaaten durchsetzt, hat häufig – ob berechtigt oder unberechtigt, ist eine andere Frage – das Argument der Ergebnisorientierung, des Pragmatismus und der Bewährung auf ihrer Seite, also letztendlich der guten Resultate.[1556] Wenn sie auf Einflüssen verschiedener Akteure beruht, die darüber hinaus auch als ‚Experten‘ für den jeweiligen Bereich der komplexen *global governance* gelten können, wird sie dadurch partiell legitimiert – so eine übliche Argumentationsstruktur,[1557] übertragen auf Organisationspraxis. Doch das Argument der *output*-Legitimation allein verfängt nicht und reiner Staaten-*input* kann aus einem konstitutionellen Blickwinkel auf das Völkerrecht, der hier grundsätzlich geteilt wird,[1558] nicht in jedem Fall genügen.

[1551] Ebd., S. 293 f.

[1552] A. Peters, Das Gründungsdokument internationaler Organisationen als Verfassungsvertrag, ZÖR 68 (2013), 1, 54.

[1553] Baumbach, Vertragswandel und demokratische Legitimation, 2008; Meyring, Die Entwicklung zustimmungsbedürftiger völkerrechtlicher Verträge nach ihrem Abschluss und ihre Auswirkungen in der deutschen Rechtsordnung, 2001.

[1554] Dryzek, Deliberative Democracy and Beyond, 2002, S. 115 ff.

[1555] Klabbers, in: Klabbers/A. Peters/Ulfstein, The Constitutionalization of International Law, 2009, S. 40; vgl. Scharpf, Governing in Europe, 1999, S. 10 ff.

[1556] Vgl. McGinley, Practice as a Guide to Treaty Interpretation, Fletcher Forum 9 (1985), 211, 227 ff., der freilich nicht aus Legitimationsperspektive argumentiert.

[1557] Z. B. Bodansky, The Legitimacy of International Governance, AJIL 93 (1999), 596, 619 ff.; vgl. Scharpf, Governing in Europe, 1999, S. 15 f.

[1558] Siehe oben, C. I. 2. a), F. III. 1.

Dennoch ist auch der Staaten-*input* ein Faktor, dem nicht jede legitimierende Wirkung abgesprochen werden sollte.[1559] Im Gegenteil: Die Legitimation des Völkerrechts fußt nach wie vor im Wesentlichen auf dem Konsens der Staaten.[1560] Es befindet sich als Rechtsordnung noch lange nicht auf einem konstitutionellen Entwicklungsstand, der andere Legitimationskonzepte – wie das der demokratischen Legitimation – in den Vordergrund rücken würde. Der Grundsatz der souveränen Staatengleichheit ist nach wie vor der *status quo* der Völkerrechtsordnung, mit allen positiven – z. B. friedenserhaltenden – und negativen Konsequenzen, die das mit sich bringt. Die spätere Praxis allgemein und auch die Organisationspraxis haben einer rein dynamisch-evolutiven Auslegung z. B. durch internationale Gerichte voraus, dass sie gerade auf diesem für die Völkerrechtsordnung so zentralen Konsens souveräner Staaten beruhen.[1561] Durch die Einbindung zumindest der interessierten (Mitglied-)Staaten und Organe kann immerhin das Maß an Entropie im dezentralen völkerrechtlichen Auslegungs- und Rechtsetzungssystem reduziert werden.

[1559] Vgl. Arato, Treaty Interpretation and Constitutional Transformation, Yale Journal of International Law 38 (2013), 289, 353 ff.; vgl. Kadelbach, in: Simma u. a. (Hrsg.), The Charter of the United Nations, 3. Aufl., Bd. 1, 2012, Interpretation Rn. 37; vgl. Kadelbach, Domestic Constitutional Concerns with Respect to the Use of Subsequent Agreements and Practice at the International Level, in: Nolte (Hrsg.), Treaties and Subsequent Practice, 2013, S. 145, 150.

[1560] Statt vieler Arato, Treaty Interpretation and Constitutional Transformation, Yale Journal of International Law 38 (2013), 289, 356; Klabbers, in: Klabbers/A. Peters/Ulfstein, The Constitutionalization of International Law, 2009, S. 39.

[1561] Dazu ist zwar anzumerken, dass internationale Gerichte andere legitimatorische Vorteile wie ihre Unparteilichkeit und ihren Expertenstatus genießen. Von einer besseren demokratischen Legitimation können aber auch sie nicht profitieren: Auch bei ihnen besteht das von Anne Peters beschriebene „Blanko-Scheck-Problem": A. Peters, in: Klabbers/A. Peters/Ulfstein, The Constitutionalization of International Law, 2009, S. 293 f.; vgl. Arato, Treaty Interpretation and Constitutional Transformation, Yale Journal of International Law 38 (2013), 289, 307, 353 ff. der dies jedoch nur für die klassische spätere Praxis zu einfachen bi- und multilateralen Vertragswerken bejaht. Organisationspraxis lässt die Legitimation durch Staatenkonsens nach seiner Ansicht weitgehend zurück. Dabei unterschätzt er jedoch das mitgliedstaatliche Element, das auch der Organisationspraxis innewohnt.

3. *Rule of law* und rechtspolitische Erwägungen

Dass sich insbesondere informelle Modifikationen durch Praxis und die *rule of law* nur schwerlich miteinander vereinbaren lassen, wurde im Rahmen dieser Abhandlung bereits mehrfach offenbar.[1562] Insbesondere widerspricht es dem Gedanken der Rechtssicherheit, der auch Teil der internationalen *rule of law* ist,[1563] wenn sich der ‚wahre' Inhalt einer Norm nicht in ihrem Text widerspiegelt.[1564] Das ist eng mit der soeben erörterten Legitimationsproblematik verwoben: Es ist der Text der Norm, der von den Staaten im geordneten völkerrechtlichen Verfahren verabschiedet wurde und im geordneten verfassungsrechtlichen Verfahren (parlamentarische) Zustimmung erfahren hat. Eine Modifikation durch Praxis lässt sich, anders gewendet, auch als Legitimierung konsistenter Rechtsverstöße verstehen,[1565] als „rechtlicher Nihilismus".[1566] Ebenso problematisch sind Rechtsklarheit und -bestimmtheit: Es ist diesem Element der internationalen *rule of law*[1567] alles andere als zuträglich, wenn sich hinter dem Wortlaut noch andere, durch Praxis geschaffene Bedeutungsebenen verbergen oder sie diesen sogar derogieren.[1568]

Vor diesem Hintergrund ist es verfehlt, unter Verweis auf das vage Konzept der Flexibilität,[1569] auf Effektivität und Relevanz in der Ge-

---

1562 Siehe insbesondere oben, B. III. 3. b), C. I. 2. a).

1563 Siehe oben, Fn. 382.

1564 A. Peters, Das Gründungsdokument internationaler Organisationen als Verfassungsvertrag, ZÖR 68 (2013), 1, 51.

1565 Blum, Eroding the United Nations Charter, 1993, S. 253 ff.; Hexner, Teleological Interpretation of Basic Instruments of International Organizations, in: Engel u. a. (Hrsg.), Law, State and International Legal Order, 1964, S. 119, 129; siehe oben, B. III. 3. b).

1566 Rosenne, Developments of the Law of Treaties 1945-1986, 1989, S. 225 ff.; A. Peters, Das Gründungsdokument internationaler Organisationen als Verfassungsvertrag, ZÖR 68 (2013), 1, 51, bezeichnet dies als „*Schmälerung der normativen Kraft dieses Rechtstextes* [Fn. ausgelassen]."

1567 Chesterman, An International Rule of Law?, American Journal of Comparative Law 56 (2008), S. 331, 359.

1568 A. Peters, Das Gründungsdokument internationaler Organisationen als Verfassungsvertrag, ZÖR 68 (2013), 1, 51.

1569 Siehe dazu bereits oben, F. IV. 1.

genwart, die *rule of law* weitgehend beiseite zu schieben und Modifikationen durch Praxis normativ für grundsätzlich wünschenswert zu erklären, um beispielsweise die Reform der Vereinten Nationen voranzutreiben.[1570] Auch der politische Charakter einer Organisation und ihrer Organe bzw. das Fehlen eines *judicial-review*-Mechanismus in den meisten Internationalen Organisationen können als Argument dafür nicht genügen.[1571]

Förmliche Änderungsverfahren mögen zwar ihre Defizite haben und in der Praxis selten vorkommen,[1572] ihre strengen Anforderungen sind aber nicht grundlos: Werden nicht alle Mitgliedstaaten in die Diskussion von Änderungsvorschlägen mit einbezogen und diese Vorschläge nicht in einem geordneten Verfahren zumindest von einer breiten Mehrheit akzeptiert, droht die Fragmentierung der Organisation, sind deren universeller oder regional-repräsentativer Charakter durch Austritte der marginalisierten Staatenminderheit bedroht.

Die Gründungsverträge Internationaler Organisationen sind das Ergebnis mühsam ausgehandelter Kompromisse, die eine internationale Kooperation in bestimmten Bereichen überhaupt erst ermöglichen und eine friedenswahrende Funktion in den internationalen Beziehungen übernommen haben. Der Diskurs der Staaten in den Organen ist nachhaltig vom Recht geprägt[1573] und der Verweis auf den Wortlaut des jeweiligen Gründungsvertrages ist an der Tagesordnung. Er ist ein entscheidender Faktor, der Gemeinsamkeit zwischen den Staaten schafft, jenseits der aktuellen politischen Konfiguration. Die UN-Charta ist gar ein Dokument, das seit ihrem Inkrafttreten – und noch mehr seit 1990 – die Weltpolitik nachhaltig geprägt hat, als Forum für Gespräch und Kooperation sowie als gewalthemmender Faktor. Solche Fortschritte könnten durch eine Opferung der *rule of law* auf dem Altar der Flexibilität, Modernität und Effektivität gefährdet werden, insbesondere dann, wenn sie nicht einhellig und konsistent von allen Mitgliedstaaten und Organen mitgetragen werden.

[1570] So aber Liang, Modifying the UN Charter through Subsequent Practice, NordJIL 81 (2012), 1, 15 ff.

[1571] So aber Liang, ebd. 13 f.; vgl. Engel, The Changing Charter of the United Nations, Yearbook of World Affairs 7 (1953), 71, 96 ff.

[1572] Siehe oben, Fn. 1540.

[1573] Vgl. für die UN Higgins, The Development of International Law by the Political Organs of the United Nations, ASIL Proc. 59 (1965), 116, 118.

Gleichzeitig können informelle Modifikationen eine entlastende, Anpassungsdruck und damit Konfliktpotenzial abmildernde Wirkung haben und verhindern, dass die Rechtsordnung einer Organisation vollends von der Realität überholt wird. Angestrebt werden sollte vor diesem Hintergrund aber nicht eine völlige Flexibilisierung, eine Art ‚Gummi-Recht' Internationaler Organisationen, sondern vielmehr ein „Gleichgewicht" zwischen der *rule of law* und der notwendigen Dynamik.[1574]

Die *rule of law* steht als wesentlicher Beweggrund hinter den Ausführungen in den vorangegangenen Teilen der Arbeit. Um die soeben erwähnte, von *Sohn* zu Recht geforderte „Balance" zwischen ihr und der dennoch notwendigen Flexibilität[1575] zu finden, war es zunächst einmal erforderlich, die allgemeinen Regeln, die das Völkerrecht zur späteren Praxis allgemein und zur Organisationspraxis im Besonderen enthält, konkret nachzuzeichnen. Dies ermöglichte es im dritten und im vierten Teil der Arbeit, historische Beispiele von Praxis in verschiedenen Organisationen darzustellen und sie vor dem Hintergrund der WVK bzw. des in ihr zum Ausdruck kommenden Völkergewohnheitsrechts hinsichtlich ihrer normativen Konsequenzen zu klassifizieren – wenn erforderlich, auch als völkerrechtswidrig.

Wenn das schwer überschaubare Konglomerat der satzungsrelevanten Praxis systematisiert und seine Voraussetzungen, möglichen Rechtsfolgen und vor allem Grenzen näher bestimmt werden, verliert es einen Teil seines Schreckens für die *rule of law*.[1576] Dies bedeutet aber, dass eine Praxis, nur weil sie sich durchgesetzt und bewährt hat sowie womöglich kooperationsfördernde oder befriedende Wirkung besitzt, nicht allein deshalb utilitaristisch als im Einklang mit dem geltenden Völkerrecht eingeschätzt werden sollte. Ihr muss, wenn nötig, der Spiegel der Rechtswidrigkeit vorgehalten werden.[1577] Die Aufgabe der Völkerrechtswissenschaft ist es auch, Fehlentwicklungen aufzuzeigen, z. B.

[1574] Siehe oben, Fn. 384.

[1575] Sohn, Expulsion or Forced Withdrawal from an International Organization, Harvard Law Review 77 (1964), 1381, 1423.

[1576] Das sieht auch Liang, die aber die Voraussetzungen für eine modifizierende Praxis zu liberal bestimmt: Liang, Modifying the UN Charter through Subsequent Practice, NordJIL 81 (2012), 1, 16 ff.

[1577] A. Peters, Das Gründungsdokument internationaler Organisationen als Verfassungsvertrag, ZÖR 68 (2013), 1, 52.

wenn eine informelle Modifikation faktisch ohne ausreichende Zustimmung oder gar gegen den Protest einer Minderheit durchgesetzt wurde. Denn das birgt die Gefahr, dass der ursprüngliche für Frieden, Kooperation und Wohlstand nicht minder förderliche Konsens, der im Gründungsvertrag seinen Niederschlag gefunden hat, verlassen wird – die Folge sind womöglich desintegrierende und fragmentierende Auswirkungen auf die Organisation. Genauso wenig wie das Völkerrecht sich der Realpolitik unterordnen sollte, kann die Völkerrechtswissenschaft manchen Ansätzen in der Politik- und Sozialwissenschaft darin folgen, dass sie Regeln als Verhandlungsmasse oder bloße Konsequenz sozialer Kräfte begreift, welche die Regeln beliebig formen und umgestalten können.[1578] Um seine kooperationsfördernde und friedensschaffende Funktion zu erfüllen, muss Völkerrecht Beachtung finden. Selbst wenn es nicht durchsetzbar ist, heißt das nicht, dass die faktischen Zwänge, die zu seiner Nichtbeachtung führen, es beliebig formbar machen.

Dennoch sind informelle Veränderungen durch Praxis möglich, wenn die Voraussetzungen, welche die konstitutionellen Meta-Regeln der Völkerrechtsordnung an sie stellen, gegeben sind. Es war die Aufgabe der Arbeit, diese Meta-Regeln und die in ihnen erkennbare Struktur herauszuarbeiten: den völkerrechtlichen Ordnungsrahmen für den Vertragswandel Internationaler Organisationen.

Wenn alle Staaten und betroffenen Organe einhellig, konsistent und innerhalb der Ziele des Vertrags informell handeln, kann auch die Umgehung eines versperrten formellen Wegs kein Hinderungsgrund sein.[1579] Dann ist eine Modifikation des Gründungsvertrags trotz der verbleibenden Legitimationsbedenken möglich.

Im Gegensatz zur Modifikation kann Auslegung im Lichte der Praxis der Rechtssicherheit im Sinne der internationalen *rule of law* auch äußerst dienlich sein. So können offen formulierte Normen – häufig das Ergebnis politischer Formelkompromisse in besonders umstrittenen und gleichzeitig wichtigen Fragen – durch Schaffung von Präzedenzfäl-

---

[1578] Überblick über solche Ansätze m.w.N. bei Humrich, Kritische Theorie, in: Schieder/Spindler (Hrsg.), Theorien der Internationalen Beziehungen, 3. Aufl. 2010, S. 461, 481.

[1579] Siehe oben, B. III. 3. b), siehe auch C. III. 3. a) bb) (3), C. III. 3. b) bb) (3), C. IX.

len konkretisiert werden,[1580] wenn sich der Streit zwischen den Staaten abgekühlt hat und sich administrative Kompromisse abzeichnen. Das schafft Klarheit für die zukünftige Anwendung der Norm.

Es ist denkbar, dass informelle Mechanismen in Zukunft an Bedeutung verlieren werden, falls sich das Völkerrecht auf bereits angelegten Konstitutionalisierungspfaden weiterentwickelt. Wenn Verfahren bereitstehen, die neben Staateninteressen auch solche des Individuums berücksichtigen und aufgrund einer veränderten politischen Konstellation leichter gangbar sind als derzeitige Änderungsverfahren, könnten sie an die Stelle informeller Anpassungsmechanismen treten.[1581]

Aber das sind nur Mutmaßungen über eine ferne Zukunft. Auf dem jetzigen Stand des Völkerrechts kann die Lösung über den informellen Staatenkonsens zwar u. a. aus konstitutionalistischer Perspektive kritisiert werden. Doch der friedenserhaltende und kooperationsfördernde Sinn sollte dieser Lösung nicht abgesprochen werden. Insbesondere die interpretative Konkretisierung durch Staaten- und Organpraxis öffnet das Völkerrecht in vernünftigem Maße für dynamische Veränderungen der vertragsexternen Realität, ohne die Gefahr heraufzubeschwören, dass es die Bodenhaftung verliert. Für informelle Änderungen, die deutlich strengeren Anforderungen genügen, gilt Ähnliches.

Das Völkerrecht ist nach wie vor primär das Recht der Staaten; genau wie seine Durchsetzung ist auch seine Fortentwicklung, ob formell oder informell, in erster Linie dezentral und den Staaten bzw. den Organen überantwortet, in denen die Staaten sich zusammenfinden. Dass diese informelle Fortentwicklung ihrerseits einem völkerrechtlichen Ordnungsrahmen unterworfen ist, der in dieser Arbeit näher untersucht wurde, ist ein Sicherungsmechanismus gegen die Gefahr, dass sich in der Praxis die Macht bestimmter Staaten oder der Mehrheit gegen souveräne Staatengleichheit und Fairness, gegen *rule of law* und Legitimation durchsetzt.

1580 Karl, Vertrag und spätere Praxis im Völkerrecht, 1983, S. 170; Hafner, Subsequent Agreements and Practice, in: Nolte (Hrsg.), Treaties and Subsequent Practice, 2013, S. 105, 106 f.; White, The law of international organisations, 2. Aufl. 2005, S. 28.

1581 Arato, Treaty Interpretation and Constitutional Transformation, Yale Journal of International Law 38 (2013), 289, 356 f.

Summary[1582]

Subsequent Practice of International Organizations

International treaties are subject to considerable change in the course of time. The dynamics of international relations and swift social, economic and technological development on regional and global scales put these legal instruments under permanent pressure to adapt. The rise of international terrorism, the financial and debt crisis as well as the acceleration of climate change illustrate this fact. Sometimes the reaction is a new treaty, but more frequently, existing treaties have to be adapted to changing circumstances. Due to complicated formal amendment procedures demanding long negotiations, express agreement from a majority or all parties and, possibly, consent of domestic bodies, this adaptation often occurs informally. There are basically two ways of informal adaptation: interpretation and informal amendment/modification. Both ways can be implemented through the subsequent practice of the parties to the treaty. It rests upon the basic idea that it is the exclusive responsibility of the parties as creators of the treaty to dispose of its rules informally with their concordant practice of application. Article 31 (3) (b) of the Vienna Convention on the Law of Treaties (VCLT) acknowledges subsequent practice as a means of interpretation, customary international law recognizes practice as a basis for informal modification of a treaty.

This book examines how subsequent practice, a concept from the law of treaties, operates within international organizations. Organs apply the founding treaties of their organization on a daily basis and have to solve issues of their application themselves. The practice of these organs and its interplay with the actions of member states inside or outside them deserve closer scrutiny. The exercise of the vital tasks and functions entrusted to international organizations in the realms of security, maintenance of the peace, global economy, protection of human rights and of the environment is influenced by their practice.

1582 All relevant bibliographical references can be found in the main part and the bibliography (*Literaturverzeichnis*) of this book.

This book is divided into five parts. The first part deals with the concept of subsequent practice in the law of treaties and its interplay with the sources of international law. Under the general law of treaties, subsequent practice should be defined as consistent, treaty-related actions or omissions of treaty parties or treaty organs on the international level which reflect the common subjective perception of the parties on the interpretation or the content of the treaty.

Subsequent practice according to Article 31 (3) (b) VCLT is one of several means of interpretation which are integrated into the interpretational procedure via a single combined operation. It can – but need not – lead to an authentic or authoritative interpretation which is binding and, consequently, has to be considered with precedence over the results of other means of interpretation. In these cases the delimitation between interpretation and amendment becomes particularly difficult. However, this is no reason to avoid it.

There is also practice which falls under Article 32 VCLT: for example, practice which does not constitute an agreement of (all) the parties. Such practice can only be taken into consideration in the case of uncertainties or illogical results achieved with other means of interpretation.

Subsequent practice has to be delimited from dynamic interpretation. The three aspects of dynamic interpretation – that is, the change of generic terms, the change of other rules of international law according to Article 31 (3) (c) VCLT, and the change of object and purpose – can also be supported by state or organ practice. But this is no necessary condition.

Not only can subsequent practice serve interpretation but also amendment. Customary international law permits an informal modification through practice. However, interpretation and amendment have to be distinguished, which leads to a dilemma. On the one hand, the distinction cannot be precise. Indeed, uncertainties are unavoidable. On the other hand, there are clear cases of interpretation and clear cases of amendment. A denial of this difference would lead to a debilitation of the rule of law. Behaviour which violates international law could be justified easier. Wording is no sufficient criterion for the delimitation between interpretation and amendment. The delimitation itself is an interpretational procedure, a single combined operation, which has to integrate, *inter alia*, object and purpose as well as systematic aspects.

Another category of practice can extend a treaty. It comes closer to an informal amendment than to an interpretation with practice. The decisive questions in this regard are: if the innovation still has some basis in the treaty, and if the innovation is so important that a regulation in the treaty is necessary.

Amendments via practice can – depending on the individual case – either be understood as new treaty arrangements or as new treaty-related customary international law which modifies the treaty as *lex posterior*.

The second part of this book focuses on the specifics of "practice of the organization." The constituent instruments of international organizations feature some important structural differences in comparison with other treaty regimes, which lead to significant particularities with regard to subsequent practice. Moreover, the constitutional character of the founding treaties can either hinder (e. g., the international rule of law can require more legal certainty) or promote practice (i.e., if the treaty is understood as a living constitution). Though the VCLT – or customary international law expressed in the VCLT – is applicable to the constituent instruments of international organizations according to its Article 5, the same Article provides for certain particularities.

Under the law of international organizations, treaty-modifying (and treaty-extending) practice should be referred to as "established practice." This follows from Art. 5 VCLT and its reference to the "rules of the organization" together with other (draft) conventions of the International Law Commission as well as the underlying customary international law. As such, "established practice" is the quasi-customary law of the particular organization.

Whereas under the general law of treaties a requirement of unanimity also applies to interpretative subsequent practice according to Art. 31 (3) (b) VCLT, this is not self-evident for interpretative "practice of the organization." According to Article 5 VCLT the "rules of the organization" can modify the application of Article 31 (3) (b) VCLT, so that with regard to organ practice a majority can suffice to constitute a regular (that is, non-authoritative) interpretation. Yet, the legal effect of majority practice depends on certain additional factors: the type of constitutional provision concerned, the characteristics of the organization, and the consistency and clearness of the practice.

However, a strict rule of unanimity must prevail for "established practice", which can only be relaxed in the case of treaty-extending practice. This follows from an *a fortiori* argument based on Article 31 (3) (b) VCLT and the rule of law. Above all, majority requirements for formal amendment procedures cannot be transferred to informal modifications as such procedures guarantee a higher degree of legitimacy by reliably embedding all "shareholders" into the decision process, that is, the member states and organs. This compensates the abandonment of the unanimity rule.

It is possible to distinguish three actor-related categories of "practice of the organization": the first encompasses the unanimous practice of plenary organs, and the second, the unanimous practice of organs with a limited membership which is supported by the other member states (possibly also through acquiescence). The third category refers to autonomous organ practice, that is, mere majority practice or practice of organs which are formally independent from the member states. From category one to category three the variety of possible legal effects decreases. A modification is only conceivable in practices of categories one and two. In principle, this also holds true for treaty-extending practice.

Informal treaty modifications and extensions are not limitless: they cannot violate the purpose of the organization or alter the basic structure of the international organization concerned. Everything beyond these requires a formal amendment, if not dissolution and a new foundation.

The third and fourth part of this book consider specific cases of practice with a bearing on the constituent instruments of various international organizations. The practical cases are examined both by regarding the effect of the practice on the constituent instrument (interpretation or authoritative interpretation by subsequent practice; modification or extension of the instrument by established practice) and the lawfulness of this effect. The first and second part prepared this analysis. The cases were chosen due to their impact on the constituent instrument or because they were interesting special constellations.

The third part focuses on relevant case studies from the "Repertory of Practice of United Nations Organs": the practice of the Security Council to count voluntary abstentions as concurring votes in terms of Article 27 (3) UN-Charter; the introduction of "adoption without a vote" in UN organs; the creation of an observer status in the General Assembly without explicit legal basis in the Charter; the practice of simultaneous activity of Security Council and General Assembly with regard to matters of international peace and security; the creation of common subsidiary organs; the introduction of peacekeeping; the classification of peacekeeping expenses as expenses of the organization; the broadening of the term "threat to the peace" according to Article 39 UN-Charter; the introduction of smart, targeted and individual sanctions; legislative action of the Security Council; the increase of political powers of the Secretary-General.

It is conspicuous that most of the case studies concerning Charter rules on the internal functioning of UN organs (intra-organ-provisions) could be classified as established practice. This suggests that there was less pressure to adapt in breadth, but more pressure to adapt in depth. Only few provisions of this type were revealed as impractical, but those that did needed significant change, that is, informal modification. Substantive provisions, however, were subject to intense pressure to adapt both in breadth and in depth. There were numerous – above all, authoritative – interpretations through practice. Lawful treaty modifications or extensions outnumbered illegal attempts to change the constituent instrument by insufficient practice.

The fourth part examines practice in other international organizations. These organizations are the UN Specialized Agencies International Maritime Organization (IMO), International Civil Aviation Organization (ICAO), World Health Organization (WHO), International Labour Organization (ILO), International Monetary Fund (IMF) and the World Bank, as well as the North Atlantic Treaty Organization (NATO), the European Union (EU), the Mercado Común del Sur (MERCOSUR) and the Arab League. Mentionable examples are the temporary practice of some states to leave the WHO, the practice of the ILO to adopt Conventions and Recommendations cumulatively on the same topic, the shift of IMF and World Bank activities to development aid, the introduction of flexible exchange rates, the transformation of NATO from a defence to a security organization, the creation of the European Council, and the measures of the Arab League against Libya and Syria.

In the fifth part of this book, these case studies are used to compare practices in different types of international organizations: political and administrative, universal and regional, economic and security. In addition, a second comparative analysis based on a new typology was conducted. Bringing together the results of the first four parts, certain features of international organizations were identified which influence the role and importance of "practice of the organization" such as the complexity of formal amendments, the existence of an explicit power to provide authoritative interpretations, the specificity of regulation by the constituent instrument and the degree of constitutionalization of the organization.

This comparison leads to the question whether the United Nations can be considered a model for all other international organizations with regard to "practice of the organization". The conclusion of this book is that the UN is both a model and a special case, depending on the constitutional provisions concerned. Similarities are due rather to the common features of all international organizations.

"Practice of the organization" needs to be put into the context of two aspects of the general development of international law, constitutionalization and fragmentation. It is suggested that the rules on the creation, effects and limitations of "practice of the organization" belong to the body of international constitutional meta-rules: international organizations are the basic institutional structure of the international community, and meta-rules for their informal change are vital for its development.

The work closes with thoughts on the potential of "practice of the organization" under current international law to provide for the necessary flexibility of international organizations. Despite serious tensions between this concept, on the one hand, and the rule of law as well as the legitimacy of international law-making, on the other hand, it comes to the conclusion that the relevant international law as it stands today provides for an appropriate balance between stability and flexibility: an international legal framework for informal constitutional change of international organizations.

Literaturverzeichnis

Ago, Roberto, Der Begriff des positiven Rechts in der Völkerrechtstheorie, AVR 6 (1956/57), S. 257

Akehurst, Michael, Custom as a Source of International Law, BYIL 47 (1974-75), S. 1

Akehurst, Michael, The Hierarchy of the Sources of International Law, BYIL 47 (1974-75), S. 273

Alvarez, José E., Constitutional interpretation in international organizations, in: Jean-Marc Coicaud u. a. (Hrsg.), The legitimacy of international organizations, Tokyo u. a. 2001, S. 104

Alvarez, José E., International Organizations as Law-Makers, Oxford u. a. 2005

Alvarez, José E., Limits of Change by Way of Subsequent Agreements and Practice, in: Georg Nolte (Hrsg.), Treaties and Subsequent Practice, Oxford 2013, S. 123

Amerasinghe, Chittharanjan Felix, Interpretation of Texts in open International Organizations, BYIL 65 (1994), S. 175

Amerasinghe, Chittharanjan Felix, Principles of the institutional law of international organizations, 2. Aufl., Cambridge u. a. 2005

Anderson, Leticia, Politics by Other Means: When does Sexual Violence Threaten International Peace and Security? International Peacekeeping, 17 (2010), S. 244

Angelet, Nicolas, Protest against Security Council Decisions, in: Karel Wellens (Hrsg.), International Law: Theory and Practice, Den Haag u. a. 1998, S. 277

Antonopoulos, Constantine, "The Legitimacy to Legitimise": The Security Council Action in Libya under Resolution 1973 (2011), ICLR 14 (2012), S. 359

Arato, Julian, Subsequent Practice and Evolutive Interpretation: Techniques of Treaty Interpretation over Time and Their Diverse Consequences, The Law and Practice of International Courts and Tribunals 9 (2010), S. 443

Arato, Julian, Treaty Interpretation and Constitutional Transformation: Informal Change in International Organizations, The Yale Journal of International Law, 38 (2013), S. 289

v. Arnauld, Andreas, Völkerrecht, 2. Aufl., Heidelberg u. a. 2014

Arntz, Joachim, Der Begriff der Friedensbedrohung in Satzung und Praxis der Vereinten Nationen, Berlin 1975

Aust, Helmut Philipp; Rodiles, Alejandro; Staubach, Peter, Unity or Uniformity? Domestic Courts and Treaty Interpretation, LJIL 27 (2014), S. 75

Bauer-Savage, Timo, Die völkerrechtliche Verwandlung der NATO aus Sicht der U.S. Constitution und des deutschen Grundgesetzes, Frankfurt a.M. u. a. 2005

Baumbach, Martin, Vertragswandel und demokratische Legitimation – Auswirkungen moderner völkerrechtlicher Handlungsformen auf das innerstaatliche Recht, Berlin 2008

Berner, Katharina, Treaty Bodies and Subsequent Practice, http://ssrn.com/abstract=2042461 (20.12.2014)

Bernhardt, Rudolf, Die Auslegung völkerrechtlicher Verträge – insbesondere in der neuen Rechtsprechung internationaler Gerichte, Köln u. a. 1963

Bernhardt, Rudolf, Interpretation and Implied (Tacit) Modification of Treaties – Comments on Arts. 27, 28, 29 and 38 of the ILC's 1966 Draft Articles on the Law of Treaties, ZaöRV 27 (1967), S. 491

Bernhardt, Rudolf, Interpretation in International Law, in: Rudolf Bernhardt (Hrsg.), Encyclopedia of Public International Law, Bd. 2, Amsterdam u. a. 1995, S. 1416

Bernhardt, Rudolf, Ultra Vires Activities of International Organizations, in: Jerzy Makarczyk (Hrsg.), Theory of International Law at the Threshold of the 21st Century – Essays in honour of Krzysztof Skubiszewski, Den Haag u. a. 1996, S. 599

Bernhardt, Rudolf, Evolutive Treaty Interpretation, Especially of the European Convention on Human Rights, GYIL 42 (1999), S. 11

Bernhardt, Rudolf, Völkerrechtliche und verfassungsrechtliche Aspekte konkludenter Vertragsänderung, in: Hans-Wolfgang Arndt (Hrsg.), Völkerrecht und deutsches Recht, Festschrift für Walter Rudolf zum 70. Geburtstag, München 2001, S. 15

Berrisch, Georg M., The Establishment of New Law Through Subsequent Practice in GATT, North Carolina Journal of International Law and Commercial Regulation 16 (1991), S. 497

Bianchi, Andrea, Assessing the Effectiveness of the UN Security Council's Anti-terrorism Measures: The Quest for Legitimacy and Cohesion, EJIL 17 (2006), S. 881

Bieber, Roland; Ress Georg (Hrsg.), Die Dynamik des Europäischen Gemeinschaftsrechts, Baden-Baden 1987

Binder, Christina, Uniting for Peace Resolution (1950), in: Rüdiger Wolfrum (Hrsg.), Max Planck Encyclopedia of Public International Law, Oxford 2013, opil.ouplaw.com/home/ORIL (25.11.2014)

Blokker, Niels, Is the Authorization Authorized?, Powers and Practice of the UN Security Council to Authorize the Use of Force by 'Coalitions of the Able and Willing', EJIL 11 (2000), S. 541

Blokker, Niels, Beyond 'Dili': On the Powers and Practice of International Organizations, in: Gerard Kreijen u. a. (Hrsg.), State Sovereignty and International Governance, Oxford u. a. 2002, S. 299

Blokker, Niels, International Organizations or Institutions, Implied Powers, in: Rüdiger Wolfrum (Hrsg.), Max Planck Encyclopedia of Public International Law, Oxford 2013, opil.ouplaw.com/home/ORIL (25.11.2014)

Blokker, Niels, Constituent Instruments: Creating a genie that may escape from the bottle?, Grotius Centre Working Paper 2014/024-PIL, S. 1

Blum, Yehuda Z., Eroding the United Nations Charter, Dordrecht u. a. 1993

Bodansky, Daniel, The Legitimacy of International Governance: A Coming Challenge for International Environmental Law? AJIL 93 (1999), S. 596

von Bogdandy, Armin, Globalization and Europe: How to Square Democracy, Globalization, and International Law, EJIL 15 (2004), S. 885

von Bogdandy, Armin; Bast, Jürgen (Hrsg.), Principles of the European Constitutional Law, 2. Aufl., München u. a. 2010

Boisson de Chazournes, Laurence, Subsequent Practice, Practices, and 'Family-Resemblance': Towards Embedding Subsequent Practice in its Operative Milieu, in: Georg Nolte (Hrsg.), Treaties and Subsequent Practice, Oxford 2013, S. 53

Bos, Marten, Theory and Practice of Treaty Interpretation, NILR 27 (1980), S. 1, 135

Bos, Marten, The Interpretation of Decisions of International Organizations, NILR 28 (1980), S. 1

Bothe, Michael, Peacekeeping Forces, in: Rüdiger Wolfrum (Hrsg.), Max Planck Encyclopedia of Public International Law, Oxford 2011, opil.ouplaw.com/home/ORIL (25.11.2014)

Bowett, Derek W., Estoppel before International Tribunals and its Relation to Acquiescence, BYIL 33 (1957), S. 176

Brölmann, Catherine, The Institutional Veil in Public International Law – International Organisations and the Law of Treaties, Oxford u. a. 2007

Brölmann, Catherine, Specialized Rules of Treaty Interpretation: International Organizations, in: Duncan B. Hollis (Hrsg.), The Oxford Guide to Treaties, Oxford 2012, S. 507

Brownlie, Sir Ian, Principles of Public International Law, 6. Aufl., Oxford u. a. 2003

Brunnée, Jutta, Treaty Amendments, in: Duncan B. Hollis (Hrsg.), The Oxford Guide to Treaties, Oxford 2012, S. 347

Buchanan, Allen, The Legitimacy of International Law, in: Samantha Besson; John Tasioulas (Hrsg.), The Philosophy of International Law, Oxford u. a. 2010, S. 79

Buchanan, Allen; Powell, Russell, Survey Article: Constitutional Democracy and the Rule of International Law: Are They Compatible?, Journal of Political Philosophy 16 (2008), S. 326

Calliess, Christian, Grundlagen, Grenzen und Perspektiven europäischen Richterrechts, NJW 2005, S. 929

Calliess, Christian (Hrsg.), Verfassungswandel im europäischen Staaten- und Verfassungsverbund, Tübingen 2007

Calliess, Christian; Ruffert, Matthias, EUV/AEUV – Das Verfassungsrecht der Europäischen Union mit Europäischer Grundrechtecharta – Kommentar, 4. Aufl., München 2011

Cameron, Iain, Treaties, Declarations of Interpretation, in: Rüdiger Wolfrum (Hrsg.), Max Planck Encyclopedia of Public International Law, Oxford 2007, opil.ouplaw.com/home/ORIL (25.11.2014)

Canaris, Claus-Wilhelm, Die Feststellung von Lücken im Gesetz – Eine methodologische Studie über Voraussetzungen und Grenzen der richterlichen Rechtsfortbildung praeter legem, 2. Aufl., Berlin 1983

Carswell, Andrew J., Unblocking the UN Security Council: The *Uniting for Peace* Resolution, Journal of Conflict and Security Law 18 (2013), S. 453

Casanovas la Rosa, Oriol, La modificación de los acuerdos internacionales por la práctica posterior, Revista Española de Derecho Internacional 21 (1968), S. 328

Cass, Deborah Z., The 'Constitutionalization' of International Trade Law: Judicial Norm-Generation as the Engine of Constitutional Development in International Trade, EJIL 12 (2001), S. 39

Cassese, Antonio, Self-Determination of Peoples: A Legal Reappraisal, Cambridge u. a. 1995

Chesterman, Simon, An International Rule of Law?, American Journal of Comparative Law 56 (2008), S. 331

Chesterman, Simon, Rule of Law, in: Rüdiger Wolfrum (Hrsg.), Max Planck Encyclopedia of Public International Law, Oxford 2007, opil.ouplaw.com/home/ORIL (25.11.2014)

Churchill, Robin R.; Ulfstein, Geir, Autonomous Institutional Arrangements in Multilateral Environmental Agreements: A Little-Noticed Phenomenon in International Law, AJIL 94 (2000), S. 623

Conforti, Benedetto; Focarelli, Carlo, The Law and Practice of the United Nations, 4. Aufl., Leiden u. a. 2010

Conrady, Jan, Wandel der Funktionen des UN-Generalsekretärs, Berlin 2009

Corten, Olivier; Klein, Pierre (Hrsg.), Les Conventions de Vienne sur le Droit des Traités – Commentaire article par article, Bd. 1, Brüssel 2006

Corten, Olivier; Klein, Pierre (Hrsg.), Les Conventions de Vienne sur le Droit des Traités – Commentaire article par article, Bd. 2, Brüssel 2006

Corten, Olivier; Klein, Pierre (Hrsg.), The Vienna Convention on the Law of Treaties – A Commentary, bearb. v. Anderson, David Heywood; Angelet, Nicolas; Ardault, Karine u. a., Bd. 1, Oxford u. a. 2011

Corten, Olivier; Klein, Pierre (Hrsg.), The Vienna Convention on the Law of Treaties – A Commentary, bearb. v. Anderson, David Heywood; Angelet, Nicolas; Ardault, Karine u. a., Bd. 2, Oxford u. a. 2011

Cot, Jean-Pierre, La Conduite Subséquente des Parties à un Traité, RGDIP 70 (1966), S. 632

Cot, Jean-Pierre; Pellet, Alain (Hrsg.), La Charte des Nations Unies – Commentaire article par article, 3. Aufl., Bd. 1, Paris 2005

Cot, Jean-Pierre; Pellet, Alain (Hrsg.), La Charte des Nations Unies – Commentaire article par article, 3. Aufl., Bd. 2, Paris 2005

Cottier, Thomas; Müller, Jörg Paul, Estoppel, in: Rüdiger Wolfrum (Hrsg.), Max Planck Encyclopedia of Public International Law, Oxford 2007, opil.ouplaw.com/home/ORIL (25.11.2014)

Crawford, James, The Charter of the United Nations as a Constitution, in: Hazel Fox (Hrsg.), The Changing Constitution of the United Nations, London 1997, S. 3

Crawford, James, Brownlie's Principles of Public International Law, 8. Aufl., Oxford 2012

Crawford, James, A Consensualist Interpretation of Article 31(3) of the Vienna Convention on the Law of Treaties, in: Georg Nolte (Hrsg.), Treaties and Subsequent Practice, Oxford 2013, S. 29

Dahl, Robert, Can International Organizations Be Democratic? A Sceptic's View, in: Ian Shapiro; Casiano Hacker-Cordón (Hrsg.), Democracy's Edges, Cambridge u. a. 1999, S. 19

Dahm, Georg; Delbrück, Jost; Wolfrum, Rüdiger (Hrsg.), Völkerrecht, 2. Aufl., Bd. I/3: Die Formen des völkerrechtlichen Handelns; die inhaltliche Ordnung der internationalen Gemeinschaft, Berlin 2002

D'Amato, Anthony A., The Concept of Custom in International Law, Ithaca u. a. 1971

Danchin, Peter G.; Fischer, Horst (Hrsg.), United Nations Reform and the New Collective Security, Cambridge u. a. 2010

de Wet, Erika, The Chapter VII Powers of the United Nations Security Council, Oxford u. a. 2004

de Wet, Erika; Wood, Michael C., Peace, Threat to, in: Rüdiger Wolfrum (Hrsg.), Max Planck Encyclopedia of Public International Law, Oxford 2009, opil.ouplaw.com/home/ORIL (25.11.2014)

de Witte, Bruno, Rules of Change in International Law: how special is the European Community, NYIL 25 (1994), S. 299

Dinstein, Yoram, The Interaction between Customary International Law and Treaties, RdC 322 (2006), S. 243

Dinstein, Yoram, War, Aggression and Self-Defence, 5. Aufl., Cambridge u. a. 2012

Distefano, Giovanni, La Pratique Subséquente des Etats Parties à un Traité, AFDI 40 (1994), S. 41

Dixon, Martin, Textbook on International Law, 7. Aufl., Oxford 2013

Dörr, Oliver, „Privatisierung" des Völkerrechts, JZ 2005, S. 905

Dörr, Oliver, Certain Expenses of the United Nations (Advisory Opinion), in: Rüdiger Wolfrum (Hrsg.), Max Planck Encyclopedia of Public International Law, Oxford 2013, opil.ouplaw.com/home/ORIL (25.11.2014)

Dörr, Oliver, Declaration, in: Rüdiger Wolfrum (Hrsg.), Max Planck Encyclopedia of Public International Law, Oxford 2006, opil.ouplaw.com/home/ORIL (25.11.2014)

Dörr, Oliver; Schmalenbach, Kirsten (Hrsg.), Vienna Convention on the Law of Treaties – A Commentary, bearb. v. Philip Bittner; Oliver Dörr; Thomas Giegerich u. a., Berlin u. a. 2012

Dryzek, John S., Deliberative Democracy and Beyond – Liberals, Critics, Contestations, Oxford u. a. 2002

Dupuy, Pierre-Marie, The Constitutional Dimension of the Charter of the United Nations revisited, Max Planck Yearbook of United Nations Law 1 (1997), S. 1

Dupuy, René-Jean, Le Droit International, 10. Aufl., Paris 1996

Edler, Christoph, Die Integration der südamerikanischen Staaten durch den Mercosur, München 2013

Eick, Christophe, Protest, in: Rüdiger Wolfrum (Hrsg.), Max Planck Encyclopedia of Public International Law, Oxford 2006, opil.ouplaw.com/home/ORIL (25.11.2014)

Elberling, Björn, The *Ultra Vires* Character of Legislative Action by the Security Council, IOLR 2 (2005), S. 337

Engel, Salo, The Changing Charter of the United Nations, Yearbook of World Affairs 7 (1953), S. 71

Engel, Salo, Procedures for the De Facto Revision of the Charter, ASIL Proc. 59 (1965), S. 108

Engel, Salo, "Living" International Constitutions and the World Court (The Subsequent Practice of International Organs under Their Constituent Instruments), ICLQ 16 (1967), S. 865

EPC/Egmont/CEPS (Hrsg.), The Treaty of Lisbon: A Second Look at the Institutional Innovations, 2010, http://www.ceps.eu/book/treaty-lisbon-second-look-institutional-innovations (16.12.2014)

Evans, Malcolm D. (Hrsg.), International Law, 4. Aufl., Oxford 2014

Fassbender, Bardo, The United Nations Charter As Constitution of The International Community, Columbia Journal of Transnational Law 36 (1997/98), S. 529

Fassbender, Bardo, UN Security Council Reform and the Right of Veto – A Constitutional Perspective, Den Haag u. a. 1998

Fassbender, Bardo, Die souveräne Gleichheit der Staaten – ein angefochtenes Grundprinzip des Völkerrechts, APuZ 43 (2004), S. 7

Fassbender, Bardo, Targeted Sanctions and Due Process – The responsibility of the UN Security Council to ensure that fair and clear procedures are made available to individuals and entities targeted with sanctions under Chapter VII of the UN Charter, Study commissioned by the United Nations Office of Legal Affairs, Office of the Legal Counsel, 20 March 2006, http://www.un.org/law/counsel/Fassbender_study.pdf (16.12.2014)

Fedtke, Jörg, Legal transplants, in: Jan M. Smits (Hrsg.), Elgar Encyclopedia of Comparative Law, 2. Aufl., Cheltenham u. a. 2012, S. 550

Feller, Erika; Klug, Anja, Refugees, United Nations High Commissioner, in: Rüdiger Wolfrum (Hrsg.), Max Planck Encyclopedia of Public International Law, Oxford 2013, opil.ouplaw.com/home/ORIL (25.11.2014)

Fitzmaurice, Gerald, The Law and Procedure of the International Court of Justice: Treaty Interpretation and Certain Other Treaty Points, BYIL 28 (1951), S. 1

Fitzmaurice, Gerald, The Law and Procedure of the International Court of Justice, 1951-54: General Principles and Sources of Law, BYIL 30 (1953), S. 1

Fitzmaurice, Gerald, The Law and Procedure of the International Court of Justice 1951-4: Treaty Interpretation and other Treaty Points, BYIL 33 (1957), S. 203

Fitzmaurice, Gerald, Hersch Lauterpacht – The Scholar as Judge, BYIL 39 (1963), S. 133

Franck, Thomas, Nation against Nation – What happened to the U.N. Dream and what the U.S. can do about it, Oxford u. a. 1985

Franck, Thomas, The Emerging Right to Democratic Governance, AJIL 86 (1992), S. 46

Franck, Thomas, Recourse to Force – State Action Against Threats and Armed Attacks, Cambridge u. a. 2002

Franck, Thomas; Nolte, Georg, The Good Offices Function of the UN Secretary-General, in: Adam Roberts (Hrsg.), United Nations, Divided World: The UN's Role in International Relations, 2. Aufl., Oxford 1993, S. 143

French, Duncan, Treaty Interpretation and the Incorporation of Extraneous Legal Rules, ICLQ 55 (2006), S. 281

Frenz, Walter, Handbuch Europarecht, Bd. 5: Wirkungen und Rechtsschutz, Berlin u. a. 2010

Frowein, Jochen A., Are there Limits to the Amendment Procedures in Treaties constituting International Organisations?, in: Gerhard Hafner u. a. (Hrsg.), Liber amicorum: Professor Ignaz Seidl-Hohenveldern in honour of his 80th birthday, Den Haag u. a. 1998, S. 201

Frowein, Jochen A., United Nations (UN), in: Rüdiger Wolfrum (Hrsg.), Max Planck Encyclopedia of Public International Law, Oxford 2013, opil.ouplaw.com/home/ORIL (25.11.2014)

Fuders, Felix, Die Wirtschaftsverfassung des MERCOSUR – Eine rechtsvergleichende Darstellung unter besonderer Berücksichtigung des Rechts der Europäischen Union, Berlin 2008

Gaja, Giorgio, A New Vienna Convention on Treaties between States and International Organizations or between International Organizations: A Critical Commentary, BYIL 58 (1987), S. 253

Gardiner, Richard, Treaty Interpretation, Oxford u. a. 2008

Gardiner, Richard, The Vienna Convention Rules on Treaty Interpretation, in: Duncan B. Hollis (Hrsg.), The Oxford Guide to Treaties, Oxford 2012, S. 475

Geiger, Gunnar, Die völker- und verfassungsrechtlich wirksame Erweiterung des Aufgabenspektrums von NATO und WEU um Krisenmanagementaufgaben, NZWehrR 2001, S. 133

Ghebali, Victor-Yves, The International Labour Organisation – A Case Study on the Evolution of U.N. Specialized Agencies, Dordrecht u. a. 1989

Gill, Terry D.; Fleck, Dieter (Hrsg.), The Handbook of the International Law of Military Operations, Oxford u. a. 2010

Gold, Joseph, Legal and Institutional Aspects of the International Monetary System, Selected Essays, Bd. 1, Washington 1979

Gold, Joseph, Interpretation: The IMF and International Law, London u. a. 1996

Goodrich, Leland Matthew; Hambro, Edvard; Simons, Anne Patricia, Charter of the United Nations: commentary and documents, 3. Aufl., New York u. a. 1969

Grabitz, Eberhard; Hilf, Meinhard; Nettesheim, Martin (Hrsg.), Das Recht der Europäischen Union, Bd. 1, München, Stand: 53. Ergänzungslieferung 2014

Graf Vitzthum, Wolfgang; Proelß, Alexander (Hrsg.), Völkerrecht, 6. Auflage, Berlin u. a. 2013

Gramlich, Ludwig, Eine neue internationale „Finanzarchitektur" oder: Der IMF in der Krise?, AVR 38 (2000), S. 399

Gray, Christine, International Law and the Use of Force, 3. Aufl., Oxford u. a. 2008

Graziadei, Michele, Comparative Law as the Study of Transplants and Receptions, in: Mathias Reimann; Reinhard Zimmermann (Hrsg.), The Oxford Handbook of Comparative Law, Oxford 2006, S. 441

Hachez, Nicolas, Relations between the United Nations and Civil Society: Past, Present and Future, IOLR 5 (2008), S. 49

Hafner, Gerhard, Subsequent Agreements and Practice: Between Interpretation, Informal Modification, and Formal Amendment, in: Georg Nolte (Hrsg.), Treaties and Subsequent Practice, Oxford 2013, S. 105

Halberstam, Daniel, Local, Global, and Plural Constitutionalism: Europe Meets the World, in: Gráinne de Búrca; Joseph H. H. Weiler (Hrsg.), The Worlds of European Constitutionalism, Cambridge u. a. 2011, S. 150

Halberstam, Daniel; Stein, Eric, The United Nations, the European Union, and the King of Sweden: Economic Sanctions and Individual Rights in a Pluralist World Order, CMLR 46 (2009), S. 13

Hammarskjöld, Dag, „Do We Need the United Nations?", Address Before the Students' Association, Kopenhagen, 2.5.1959, UN Press Release SG/812, http://www.un.org/depts/dhl/dag/docs/needun.pdf (16.12.2014)

Harris, David, Cases and Materials on International Law, 7. Aufl., London 2010

Heintze, Hans-Joachim, Selbstbestimmungsrecht und Minderheitenrecht im Völkerrecht – Herausforderungen an den globalen und regionalen Menschenrechtsschutz, Baden-Baden 1994

Helmersen, Sondre Torp, Evolutive Treaty Interpretation: Legality, Semantics and Distinctions, EJLS 6 (2013), S. 127

Herdegen, Matthias, Der Sicherheitsrat und die autoritative Konkretisierung des VII. Kapitels der UN-Charta in: Ulrich Beyerlin u. a. (Hrsg.), Recht zwischen Umbruch und Bewahrung, Festschrift für Rudolf Bernhardt, Berlin 1995, S. 103

Herdegen, Matthias, Internationales Wirtschaftsrecht, 10. Aufl., München 2014

Herdegen, Matthias, Völkerrecht, 13. Aufl., München 2014

Hexner, Ervin P., Teleological Interpretation of Basic Instruments of International Organizations, in: Salo Engel u. a. (Hrsg.), Law, State and International Legal Order – Essays in Honour of Hans Kelsen, Knoxville 1964, S. 119

Higgins, Rosalyn, The Development of International Law by the Political Organs of the United Nations, ASIL Proc. 59 (1965), S. 116

Hobe, Stephan, Die Zukunft des Völkerrechts im Zeitalter der Globalisierung – Perspektiven der Völkerrechtsentwicklung im 21. Jahrhundert, AVR 37 (1999), S. 253

Hobe, Stephan, Einführung in das Völkerrecht, 10. Aufl., Tübingen 2014

Ignarski, Jonathan S., North Atlantic Treaty Organisation, in: Rudolf Bernhardt (Hrsg.), Encyclopedia of Public International Law, Bd. 3, Amsterdam u. a. 1997

Ipsen, Knut (Hrsg.), Völkerrecht, 5. Aufl., München 2004

Ipsen, Knut (Hrsg.), Völkerrecht, 6. Aufl., München 2014

Jackson, John H., The World Trade Organization: Constitution and Jurisprudence, London 1998

Jackson, John H., Fragmentation or Unification among International Institutions: The World Trade Organization, N.Y.U. Journal of International Law and Politics 31 (1998-1999), S. 823

Jacobs, Francis G., Varieties of Approach to Treaty Interpretation: With Special Reference to the Draft Convention on the Law of Treaties before the Vienna Diplomatic Conference, ICLQ 18 (1969), S. 318

Jaenicke, Günther, Die Sicherung des übernationalen Charakters der Organe internationaler Organisationen, ZaöRV 14 (1951/52), S. 46

Kadelbach, Stefan; Kleinlein, Thomas, Überstaatliches Verfassungsrecht – Zur Konstitutionalisierung im Völkerrecht, AVR 44 (2006), S. 235

Kadelbach, Stefan, Domestic Constitutional Concerns with Respect to the Use of Subsequent Agreements and Practice at the International Level, in: Georg Nolte (Hrsg.), Treaties and Subsequent Practice, Oxford 2013, S. 145

Karl, Wolfram, Vertragsauslegung – Vertragsänderung, in: Christoph Schreuer (Hrsg.), Autorität und internationale Ordnung – Aufsätze zum Völkerrecht, Berlin 1979, S. 9

Karl, Wolfram, Vertrag und spätere Praxis im Völkerrecht, Zum Einfluß der Praxis auf Inhalt und Bestand völkerrechtlicher Verträge, Berlin u. a. 1983

Karl, Wolfram, Die spätere Praxis im Rahmen eines dynamischen Vertragsbegriffs, in: Roland Bieber; Georg Ress (Hrsg.), Die Dynamik des Europäischen Gemeinschaftsrechts, Baden-Baden 1987, S. 81

Keller, Helen, Friendly Relations Declaration (1970), in: Rüdiger Wolfrum (Hrsg.), Max Planck Encyclopedia of Public International Law, Oxford 2009, opil.ouplaw.com/home/ORIL (25.11.2014)

Kelsen, Hans, The Law of the United Nations: A Critical Analysis of its Fundamental Problems, London 1951

Kerley, Ernest, The Powers of Investigation of the United Nations Security Council, AJIL 55 (1961), S. 892

Kiderlen, Hans Fabian, Von Triest nach Osttimor – Der völkerrechtliche Rahmen für die Verwaltung von Krisengebieten durch die Vereinten Nationen, Berlin u. a. 2008

Kirgis, Frederic L., The Security Council's First Fifty Years, AJIL 89 (1995), S. 506

Klabbers, Jan, An Introduction to International Institutional Law, 2. Aufl., Cambridge u. a. 2009

Klabbers, Jan, Treaties, Amendment and Revision, in: Rüdiger Wolfrum (Hrsg.), Max Planck Encyclopedia of Public International Law, Oxford 2006, opil.ouplaw.com/home/ORIL (25.11.2014)

Klabbers, Jan; Peters, Anne; Ulfstein, Geir (Hrsg.), The Constitutionalization of International Law, Oxford u. a. 2009

Klein, Eckart, Zur Beschränkung von Mitgliedsrechten in den Vereinten Nationen, Eine Untersuchung zum Südafrika-Beschluß der Generalversammlung vom 12. November 1974, VN 1975, S. 51

Klein, Eckart, Vertragsauslegung und „spätere Praxis" Internationaler Organisationen, in: Roland Bieber; Georg Ress (Hrsg.), Die Dynamik des Europäischen Gemeinschaftsrechts: Die Auslegung des Europäischen Gemeinschaftsrechts im Lichte nachfolgender Praxis der Mitgliedstaaten und der EG-Organe; Baden-Baden 1987, S. 101

Klein, Eckart, United Nations, Specialized Agencies, in: Rüdiger Wolfrum (Hrsg.), Max Planck Encyclopedia of Public International Law, Oxford 2006, opil.ouplaw.com/home/ORIL (25.11.2014)

Klein, Eckart; Schmahl, Stefanie, Die neue NATO-Strategie und ihre völkerrechtlichen und verfassungsrechtlichen Implikationen, RuP 35 (1999), S. 198

Kleinlein, Thomas, Konstitutionalisierung im Völkerrecht – Konstruktion und Elemente einer idealistischen Völkerrechtslehre, Berlin u. a. 2012

Klumpp, Marianne, Schiedsgerichtsbarkeit und Ständiges Revisionsgericht des Mercosur, Heidelberg u. a. 2013

Köck, Heribert, Vertragsinterpretation und Vertragsrechtskonvention: Zur Bedeutung der Artikel 31 und 32 der Wiener Vertragsrechtskonvention 1969, Berlin 1976

Köck, Heribert; Fischer, Peter, Das Recht der Internationalen Organisationen, 3. Aufl., Wien 1997

Kohen, Marcelo G., Keeping Subsequent Agreements and Practice in Their Right Limits, in: Georg Nolte (Hrsg.), Treaties and Subsequent Practice, Oxford 2013, S. 34

Kolb, Robert, An introduction to the law of the United Nations, Oxford u. a. 2010

Kontou, Nancy, The Termination and Revision of Treaties in the Light of New Customary International Law, Oxford 1994

Koskenniemi, Martti, From Apology to Utopia – The Structure of International Legal Argument, Cambridge u. a. 2005

Koskenniemi, Martti, Fragmentation of International Law: Difficulties Arising from the Diversification and Expansion of International Law, Report of the Study Group of the International Law Commission, UN Doc. A/CN.4/L.682, 13. April 2006

Krajewski, Markus, International Organizations or Institutions, Democratic Legitimacy, in: Rüdiger Wolfrum (Hrsg.), Max Planck Encyclopedia of Public International Law, Oxford 2008, opil.ouplaw.com/home/ORIL (25.11.2014)

Krajewski, Markus, Wirtschaftsvölkerrecht, 3. Aufl., Heidelberg u. a. 2012

Krisch, Nico, Beyond Constitutionalism: The Pluralist Structure of Postnational Law, Oxford u. a. 2010

Kühne, Hartmut, Friedenssicherung durch regionale Organisationen in Europa, Frankfurt a.M. u. a. 1998

Kuijper, Pieter Jan, The Court and the Tribunal of the EC and the Vienna Convention on the Law of Treaties 1969, Legal Issues of European Integration 25 (1998), S. 1

Kunig, Philip, United Nations Charter, Interpretation of, in: Rüdiger Wolfrum (Hrsg.), Max Planck Encyclopedia of Public International Law, Oxford 2006, opil.ouplaw.com/home/ORIL (25.11.2014)

Kunz, Josef L., The Nature of Customary International Law, AJIL 47 (1953), S. 662

Larenz, Karl; Canaris, Wilhelm, Methodenlehre der Rechtswissenschaft, 3. Aufl., Berlin u. a. 1995

Lauterpacht, Elihu, The Development of the Law of International Organization by the Decisions of International Tribunals, RdC 152 (1976-IV), S. 379

Lauterpacht, Hersch, The Development of International Law by the International Court, London 1958

Ley, Isabelle, Kant versus Locke: Europarechtlicher und völkerrechtlicher Konstitutionalismus im Vergleich, ZaöRV 69 (2009), S. 317

Liang, Jessica, Modifying the UN Charter through Subsequent Practice: Prospects for the Charter's Revitalisation, NordJIL 81 (2012), S. 1

Linderfalk, Ulf, On the Interpretation of Treaties – The Modern International Law as Expressed in the 1969 Vienna Convention on the Law of Treaties, Dordrecht 2007

Linderfalk, Ulf, Doing the Right Thing for the Right Reason: Why Dynamic or Static Approaches Should be Taken in the Interpretation of Treaties, ICLR 10 (2008), S. 109

Lowe, Vaughan; Roberts, Sir Adam; Welsh, Jennifer; Zaum, Dominik (Hrsg.), Introduction, in: The United Nations Security Council and War – The Evolution of Thought and Practice since 1945, Oxford u. a. 2008, S. 1

Lowenfeld, Andreas F., International Economic Law, 2. Aufl., Oxford u. a. 2008

Lowenfeld, Andreas F., Monetary Law, International, in: Rüdiger Wolfrum (Hrsg.), Max Planck Encyclopedia of Public International Law, Oxford 2011, opil.ouplaw.com/home/ORIL (25.11.2014)

MacGibbon, Iain C., The Scope of Acquiescence in International Law, BYIL 31 (1954), S. 143

MacGibbon, Iain C., Customary International Law and Acquiescence, BYIL 33 (1957), S. 115

MacGibbon, Iain C., Means for the Identification of International Law – General Assembly Resolutions: Custom, Practice and Mistaken Identity, in: Bin Cheng (Hrsg.), International Law: Teaching and Practice, London 1982, S. 10

MacKenzie, David, ICAO: a History of the International Civil Aviation Organization, Toronto u. a. 2010

Malone, David M., The Security Council in the Post-Cold War Era: A Study in the Creative Interpretation of the U.N. Charter, Journal of International Law and Politics, 35 (2003), S. 487

Marceau, Gabrielle, WTO Dispute Settlement and Human Rights, EJIL 13 (2002), S. 753

Marek, Krystyna, Thoughts on Codification, ZaöRV 31 (1971), S. 489

Marques Antunes, Nuno Sérgio, Acquiescence, in: Rüdiger Wolfrum (Hrsg.), Max Planck Encyclopedia of Public International Law, Oxford 2006, opil.ouplaw.com/home/ORIL (25.11.2014)

Martenczuk, Bernd, Rechtsbindung und Rechtskontrolle des Weltsicherheitsrats, Berlin 1996

Mason, Edward S.; Asher, Robert. E, The World Bank since Bretton Woods, Washington 1973

Maunz/Dürig, Herzog, Roman u. a. (Hrsg.), Grundgesetz – Kommentar, Bd. 6, München, Stand: 71. Ergänzungslieferung März 2014

Maurer, Hartmut, Staatsrecht I – Grundlagen, Verfassungsorgane, Staatsfunktionen, 6. Aufl., München 2010

McDougal, Myres S.; Lasswell, Harold D.; Miller, James C., The Interpretation of Agreements and World Public Order – Principles of Content and Procedure, New Haven u. a. 1967

McGinley, Gerald P., Practice as a Guide to Treaty Interpretation, Fletcher Forum 9 (1985), S. 211

McGinnis, John O.; Somin, Ilya, Should International Law be Part of our Law?, Stanford Law Review 59 (2007), S. 1175

McLachlan, Campbell, The Principle of the Systemic Integration and Article 31 (3) (c) of the Vienna Convention, ICLQ 54 (2005), S. 279

McNair, Arnold, The Law of Treaties, Oxford u. a. 1961

McWhinney, Edward, Judicial Wisdom, and the World Court as Special Constitutional Court, in: Ulrich Beyerlin u. a. (Hrsg.), Recht zwischen Umbruch und Bewahrung, Festschrift für Rudolf Bernhardt, Berlin u. a. 1995, S. 705

Meerpohl, Thomas, Individualsanktionen des Sicherheitsrats der Vereinten Nationen – Das Sanktionsregime gegen die Taliban und Al-Qaida vor dem Hintergrund des Rechts der VN und der Menschenrechte, München 2008

Mendelson, Maurice H., The Formation of Customary International Law, RdC 272 (1998), S. 155

Meyring, Bernd, Die Entwicklung zustimmungsbedürftiger völkerrechtlicher Verträge nach ihrem Abschluss und ihre Auswirkungen in der deutschen Rechtsordnung, Berlin 2001

Michaels, Ralf, The Functional Method of Comparative Law, in: Mathias Reimann; Reinhard Zimmermann (Hrsg.), The Oxford Handbook of Comparative Law, Oxford 2006, S. 339

Miehsler, Herbert, Zur Autorität von Beschlüssen internationaler Institutionen, in: Christoph Schreuer (Hrsg.), Autorität und internationale Ordnung – Aufsätze zum Völkerrecht, Berlin 1979, S. 35

Moloo, Rahim, When Actions Speak Louder Than Words: The Relevance of Subsequent Party Conduct to Treaty Interpretation, Berkeley Journal of International Law 31 (2013), S. 39

Moore, John Norton, Treaty Interpretation, the Constitution and the Rule of Law, Virginia Journal of International Law 42 (2001), S. 163

Moravcsik, Andrew, Is there a 'Democratic Deficit' in World Politics? A Framework for Analysis, Government and Opposition 39 (2004), S. 336

Mosler, Herrmann, Die Aufnahme in Internationale Organisationen, ZaöRV 19 (1958), S. 275

Mosler, Herrmann, National- und Gemeinschaftsinteressen im Verfahren des EWG-Ministerrats, ZaöRV 26 (1966), S. 1

Mosler, Hermann, The International Society as a Legal Community, RdC 140 (1974-IV), S. 1

Mowbray, Alastair, Crisis Measures of Institutional Reform for the European Court of Human Rights, Human Rights Law Review 9 (2009), S. 647

Mower, Glenn, Observer Countries: Quasi Members of the United Nations, International Organization 20 (1966), S. 266

Müller, Friedrich; Christensen, Ralph, Juristische Methodik, 11. Aufl., Bd. 1: Grundlegung für die Arbeitsmethoden der Rechtspraxis, Berlin 2013

Müller, Jörg P., Vertrauensschutz im Völkerrecht, Köln u. a. 1971

Murphy, Sean D., The Relevance of Subsequent Agreement and Subsequent Practice for the Interpretation of Treaties, in: Georg Nolte (Hrsg.), Treaties and Subsequent Practice, Oxford 2013, S. 82

Napolitano, Giulio, The two ways of global governance after the financial crisis: Multilateralism versus cooperation among governments, ICON 9 (2011), S. 310

Nasu, Hitoshi, International Law on Peacekeeping – A Study of Article 40 of the UN Charter, Leiden 2009

Neusüß, Peter, Legislative Maßnahmen des UN-Sicherheitsrats im Kampf gegen den internationalen Terrorismus – eine Untersuchung des Inhalts und der Rechtmäßigkeit von Resolution 1373 unter besonderer Berücksichtigung der Reaktionen der Staaten, München 2008

Nolte, Georg, Die „neuen Aufgaben" von NATO und WEU: Völker- und verfassungsrechtliche Fragen, ZaöRV 54 (1994), S. 95

Nolte, Georg, Kosovo und Konstitutionalisierung: Zur humanitären Intervention der NATO-Staaten, ZaöRV 59 (1999), S. 941

Nolte, Georg, The Limits of the Security Council's Powers and its Functions in the International Legal System: Some Reflections, in: Michael Byers (Hrsg.), The Role of Law in International Politics, Oxford u. a. 2000, S. 315

Nolte, Georg, Lawmaking through the UN Security Council – A Comment on Erika de Wet's Contribution, in: Rüdiger Wolfrum; Volker Röben (Hrsg.), Developments of International Law in Treaty Making, Berlin u. a. 2005, S. 237

Nolte, Georg, Treaties over time – in particular: Subsequent Agreement and Practice, Annex A to the ILC Report 2008 (UN Doc. A/63/10), http://legal.un.org/ilc/reports/2008/english/annexA. pdf (16.12.2014)

Nolte, Georg, Persisting and Developing between Hope and Threat: International Law during the Past Two Decades and Beyond, in: Select Proceedings of the European Society of International Law 3 (2010), S. 75

Nolte, Georg, Introduction, in: Georg Nolte (Hrsg.), Treaties and Subsequent Practice, Oxford 2013, S. 1

Nolte, Georg, Jurisprudence of the International Court of Justice and Arbitral Tribunals of Ad Hoc Jurisdiction Relating to Subsequent Agreements and Subsequent Practice – Introductory Report for the ILC Study Group on Treaties over Time, in: Georg Nolte (Hrsg.), Treaties and Subsequent Practice, Oxford 2013, S. 169

Nolte, Georg, Jurisprudence Under Special Regimes Relating to Subsequent Agreements and Subsequent Practice – Second Report for the ILC Study Group on Treaties over Time, in: Georg Nolte (Hrsg.), Treaties and Subsequent Practice, Oxford 2013, S. 210

Nolte, Georg, Subsequent Agreements and Subsequent Practice of States Outside of Judicial or Quasi-judicial Proceedings – Third Report for the ILC Study Group on Treaties over Time, in: Georg Nolte (Hrsg.), Treaties and Subsequent Practice, Oxford 2013, S. 307

Nolte, Georg, First report on subsequent agreements and subsequent practice in relation to treaty interpretation, UN Doc. A/CN.4/660, 19. März 2013

Nolte, Georg, Second report on subsequent agreements and subsequent practice in relation to the interpretation of treaties, UN Doc. A/CN.4/671, 26. März 2014

Örücü, Esin A., Methodology of comparative law, in: Jan M. Smits (Hrsg.), Elgar Encyclopedia of Comparative Law, 2. Aufl., Cheltenham u. a. 2012, S. 560

Oppermann, Thomas; Classen, Claus Dieter; Nettesheim, Martin, Europarecht – Ein Studienbuch, 6. Aufl., München 2014

Orakhelashvili, Alexander, The Interpretation of Acts and Rules in Public International Law, Oxford u. a. 2008

Osieke, Ebere, Unconstitutional Acts of International Organisations: The Law and Practice of the ICAO, ICLQ 28 (1979), S. 1

Osieke, Ebere, The Legal Validity of Ultra Vires Decisions of International Organizations, AJIL 77 (1983), S. 239

Osieke, Ebere, Constitutional Law and Practice in the International Labour Organisation, Dordrecht u. a. 1985

Pan, Eric J., Authoritative Interpretation of Agreements: Developing more responsive International Administrative Regimes, Harvard International Law Journal 38 (1997), S. 503

Paulus, Andreas, Quo Vadis Democratic Control? The Afghanistan Decision of the Bundestag and the Decision of the Federal Constitutional Court in the NATO Strategic Concept Case, GLJ 3 (2002), http://www. germanlawjournal.com/index.php?pageID=11&artID=123 (16.12.2014).

Pavón Piscitello, Daniel; Schmidt, Jan Peter, Der EuGH als Vorbild: Erste Entscheidung des ständigen Mercosur-Gerichts, EuZW 2006, S. 301

Pellet, Alain, Third Report on Reservations to Treaties, Addendum 4, UN Doc. A/CN.4/491/Add.4

Pellet, Alain, Tenth Report on Reservations to Treaties, Addendum 1, UN Doc. A/CN.4/558/Add.1

Pernice, Ingolf, Bestandssicherung der Verfassungen: Verfassungsrechtliche Mechanismen zur Wahrung der Verfassungsordnung, in: Roland Bieber; Pierre Widmer (Hrsg.), L'espace constitutionnel européen – Der europäische Verfassungsraum – The European constitutional area, Zürich 1995, S. 225

Pernice, Ingolf, The Global Dimension of Multilevel Constitutionalism, in: Pierre-Marie Dupuy u. a. (Hrsg.), Völkerrecht als Wertordnung – Common Values in International Law, Festschrift für Christian Tomuschat, Kehl 2006, S. 973

Peters, Anne, Das Gründungsdokument internationaler Organisationen als Verfassungsvertrag, ZÖR 68 (2013), S. 1

Peters, Christopher, Subsequent Practice and Established Practice of International Organizations: Two Sides of the Same Coin?, GoJIL 3 (2011), S. 617

Peters, Christopher, Informelle Anpassungsmechanismen der Gründungsverträge Internationaler Organisationen und ihre Bedeutung für die Konstitutionalisierung des Völkerrechts, in: Ingolf Pernice; Manuel Müller; Christopher Peters (Hrsg.), Konstitutionalisierung jenseits des Staates: Zur Verfassung der Weltgemeinschaft und den Gründungsverträgen Internationaler Organisationen, Baden-Baden 2012, S. 17

Petersmann, Ernst-Ulrich, The GATT/WTO Dispute Settlement System – International Law, International Organizations and Dispute Settlement, London u. a. 1997

Phillips, Lester H., Constitutional Revision in the Specialized Agencies, AJIL 62 (1968), S. 654

Pollux, The Interpretation of the Charter, BYIL 23 (1946), S. 54

Quigley, John, The "Privatization" of Security Council Enforcement Action: a Threat to Multilateralism, Michigan Journal of International Law 17 (1995/96), S. 249

Rajamani, Lavanya, The Cancun Climate Agreements: Reading the Text, Subtext and Tea Leaves, ICLQ 60 (2011), S. 499

Raju, G.S.; Chandrasekhara Rao, P., The Specialised Agencies and their Interpretative Mechanism, IJIL 1 (1961), S. 613

Rama-Montaldo, Manuel, Contribution of the General Assembly to the Constitutional Development and Interpretation of the UN Charter, in: Ronald Macdonald/Douglas M. Johnston (Hrsg.), Towards World Constitutionalism – Issues in the Legal Ordering of the World Community, Leiden 2005, S. 493

Reiter, Heiko, Die neue Sicherheitsarchitektur der NATO – Vom Verteidigungsbündnis zur Interessengemeinschaft, KJ 40 (2007), S. 124

Ress, Georg, Die Bedeutung der Rechtsvergleichung für das Recht internationaler Organisationen, ZaöRV 36 (1976), S. 227

Ress, Georg, Wechselwirkungen zwischen Völkerrecht und Verfassung bei der Auslegung völkerrechtlicher Verträge, in: Georg Ress u. a. (Hrsg.), Wechselwirkungen zwischen Völkerrecht und Verfassung bei der Auslegung völkerrechtlicher Verträge, Heidelberg 1982, S. 7

Ress, Georg, Die Bedeutung der nachfolgenden Praxis für die Vertragsinterpretation nach der Wiener Vertragsrechtskonvention (WVRK), in: Roland Bieber; Georg Ress (Hrsg.), Die Dynamik des Europäischen Gemeinschaftsrechts: Die Auslegung des Europäischen Gemeinschaftsrechts im Lichte nachfolgender Praxis der Mitgliedstaaten und der EG-Organe, Baden-Baden 1987, S. 49

Ress, Georg, Verfassungsrechtliche Auswirkungen der Fortentwicklung völkerrechtlicher Verträge, in: Walter Fürst u. a. (Hrsg.), Festschrift für Wolfgang Zeidler, Bd. 2, Berlin u. a. 1987

Reuter, Paul, Introduction to the law of treaties, 2. Aufl., London u. a. 1995

Riesenhuber, Karl, Europäische Methodenlehre – Handbuch für Ausbildung und Praxis, 2. Aufl., Berlin u. a. 2010

Robinson, Nicholas A., The Sands of Time: Reflections on the Copenhagen Climate Negotiations, Pace Environmental Law Review 27 (2010), S. 599

Rodiles, Alejandro, Non-Permanent Members of the United Nations Security Council and the Promotion of the International Rule of Law, GoJIL 5 (2013), S. 333

Rosenne, Shabtai, Developments of the Law of Treaties 1945-1986, Cambridge u. a. 1989

Roucounas, Emmanuel, Practice as a Relevant Factor for the Responsibility of International Organizations, in: Maurizio Ragazzi (Hrsg.), Responsibility of International Organizations – Essays in Memory of Sir Ian Brownlie, Leiden u. a. 2013

Rüthers, Bernd; Fischer, Christian; Birk, Axel, Rechtstheorie mit Juristischer Methodenlehre, 7. Aufl., München 2013

Ruffert, Matthias; Walter, Christian, Institutionalisiertes Völkerrecht, München 2009

Ruiz Fabri, Hélène, Subsequent Practice, Domestic Separation of Powers, and Concerns of Legitimacy, in: Georg Nolte (Hrsg.), Treaties and Subsequent Practice, Oxford 2013, S. 160

Salmon, Jean, Representatives of States in International Relations, in: Rüdiger Wolfrum (Hrsg.), Max Planck Encyclopedia of Public International Law, Oxford 2007, opil.ouplaw.com/home/ORIL (25.11.2014)

Samson, K. T., The Changing Pattern of ILO supervision, International Labour Review 118 (1979), S. 569

Samtleben, Jürgen, Der MERCOSUR als Rechtssystem, in: Jürgen Basedow; Jürgen Samtleben (Hrsg.), Wirtschaftsrecht des MERCOSUR – Horizont 2000, Baden-Baden 2001

Sands, Philippe; Klein, Pierre, Bowett's Law of International Institutions, 6. Aufl., London 2009

Sarooshi, Danesh, The United Nations and the Development of Collective Security – The Delegation by the UN Security Council of its Chapter VII Powers, Oxford 1999

Sato, Tetsuo, Evolving Constitutions of International Organizations – A Critical Analysis of the Interpretative Framework of the Constituent Instruments of International Organizations, Den Haag u. a. 1996

Sauer, Heiko, International Labour Organization (ILO), in: Rüdiger Wolfrum (Hrsg.), Max Planck Encyclopedia of Public International Law, Oxford 2010, opil.ouplaw.com/home/ORIL (25.11.2014)

Scalia, Antonin, Originalism: The Lesser Evil, University of Cincinnati Law Review 57 (1989), S. 849

Scharpf, Fritz W., Governing in Europe: Effective and Democratic?, Oxford u. a. 1999

Schermers, Henry G.; Blokker, Niels M., International Organizations or Institutions, Membership, in: Rüdiger Wolfrum (Hrsg.), Max Planck Encyclopedia of Public International Law, Oxford 2008, opil.ouplaw.com/home/ORIL (25.11.2014)

Schermers, Henry G.; Blokker, Niels M., International Institutional Law – Unity within diversity, 5. Aufl., Boston u. a. 2011

Scheuner, Ulrich, Zur Auslegung der Charta durch die Generalversammlung – Die Erklärung über freundschaftliche Beziehungen und Zusammenarbeit der Staaten, VN 1978, S. 111

Schieder, Siegfried; Spindler, Manuela (Hrsg.), Theorien der Internationalen Beziehungen, 3. Aufl., Opladen u. a. 2010

Schlaich, Klaus; Korioth, Stefan, Das Bundesverfassungsgericht – Stellung, Verfahren, Entscheidungen, 9. Aufl., München 2012

Schlemmer-Schulte, Sabine, Die Rolle der internationalen Finanzinstitutionen im Nord-Süd-Konflikt, in: Werner Meng u. a. (Hrsg.), Das internationale Recht im Nord-Süd-Verhältnis, BDGVR 41, Heidelberg 2005, S. 149

Schmalenbach, Kirsten, Die rechtliche Wirkung der Vertragsauslegung durch IGH, EuGH und EGMR, ZÖR 59 (2004), S. 213

Schmalenbach, Kirsten, International Organizations or Institutions, General Aspects, in: Rüdiger Wolfrum (Hrsg.), Max Planck Encyclopedia of Public International Law, Oxford 2006, opil.ouplaw.com/home/ORIL (25.11.2014)

Schmalenbach, Kirsten, Bedingt kooperationsbereit: Der Kontrollanspruch des EuGH bei gezielten Sanktionen der Vereinten Nationen, JZ 2009, S. 35

Schmidl, Matthias, The Changing Nature of Self-Defence in International Law, Wien 2009

Schmidt, Jan Peter, Neue Impulse durch institutionelle Reformen – der Mercosur ist wieder auf Kurs, EuZW 2005, S. 139

Schmidt, Jan Peter, MERCOSUR, in: Rüdiger Wolfrum (Hrsg.), Max Planck Encyclopedia of Public International Law, Oxford 2008, opil.ouplaw.com/home/ORIL (25.11.2014)

Schöneweiß, Dirk, Die parlamentarische Kontrolle der authentischen Vertragsauslegung im Völkerrecht, Hamburg 2002

Schollendorf, Kai, Die Auslegung völkerrechtlicher Verträge in der Spruchpraxis des Appellate Body der Welthandelsorganisation, Berlin 2005

Schreuer, Christoph, Die Bedeutung Internationaler Organisationen im heutigen Völkerrecht, AVR 22 (1984), S. 363

Schreuer, Christoph, Secondment of United Nations Officials from National Civil Service, GYIL 34 (1991), S. 307

Schröder, Meinhard, Amendment to and Review of the Charter, in: Rüdiger Wolfrum u. a. (Hrsg.), United Nations: Law, Policies and Practice, Bd. 1, Dordrecht u. a. 1995, S. 701

Schwarze, Jürgen, Das allgemeine Völkerrecht in den innergemeinschaftlichen Rechtsbeziehungen, EuR 1983, S. 1

Schwarze, Jürgen (Hrsg.), EU-Kommentar, 2. Aufl., Baden-Baden 2009

Schweigman, David, The Authority of the Security Council under Chapter VII of the UN Charter – Legal Limits and the Role of the International Court of Justice, Den Haag 2001

Schweisfurth, Theodor, Die juristische Mutation der KSZE, in: Ulrich Beyerlin u. a. (Hrsg.), Recht zwischen Umbruch und Bewahrung, Festschrift für Rudolf Bernhardt, Berlin u. a. 1995, S. 213

Seidl-Hohenveldern, Ignaz; Loibl, Gerhard, Das Recht der Internationalen Organisationen einschließlich der Supranationalen Gemeinschaften, 7. Aufl., Köln u. a. 2000

Seyersted, Finn, Common Law of International Organizations, Leiden u. a. 2008

Shihata, Ibrahim F.I., The Dynamic Evolution of International Organizations: The Case of the World Bank, Journal of the History of International Law 2 (2000), S. 217

Simma, Bruno, From Bilateralism to Community Interest in International Law, RdC 250 (1994-VI), S. 221

Simma, Bruno, NATO, the UN and the Use of Force: Legal Aspects, EJIL 10 (1999), S. 1

Simma, Bruno; Mosler, Herrmann; Randelzhofer, Albrecht; Tomuschat, Christian; Wolfrum, Rüdiger (Hrsg.), The Charter of the United Nations – A Commentary, 2. Aufl., Bd. 1, bearb. v. Rudolf Bernhardt; Albert Bleckmann; Michael Bothe u. a., Oxford 2002

Simma, Bruno; Mosler, Herrmann; Randelzhofer, Albrecht; Tomuschat, Christian; Wolfrum, Rüdiger (Hrsg.), The Charter of the United Nations – A Commentary, 2. Aufl., Bd. 2, bearb. v. Rudolf Bernhardt; Albert Bleckmann; Michael Bothe u. a., Oxford 2002

Simma, Bruno; Khan, Daniel-Erasmus; Nolte, Georg; Paulus, Andreas; Wessendorf, Nikolai (Hrsg.), The Charter of the United Nations – A Commentary, 3. Aufl., Bd. 1, bearb. Jan-Michael v. Arend; Helmut Philipp Aust; Philip Bittner u. a., Oxford 2012

Simma, Bruno; Khan, Daniel-Erasmus; Nolte, Georg; Paulus, Andreas; Wessendorf, Nikolai (Hrsg.), The Charter of the United Nations – A

Commentary, 3. Aufl., Bd. 2, bearb. Jan-Michael v. Arend; Helmut Philipp Aust; Philip Bittner u. a., Oxford 2012

Sinclair, Sir Ian, The Vienna Convention on the Law of Treaties, 2. Aufl., Manchester 1973

Skubisziewski, Krzysztof, Elements of Custom and the Hague Court, ZaöRV 31 (1971), S. 810

Skubisziewski, Krzysztof, Remarks on the Interpretation of the United Nations Charter, in: Rudolf Bernhardt u. a. (Hrsg.), Völkerrecht als Rechtsordnung, Internationale Gerichtsbarkeit, Menschenrechte, Festschrift für Hermann Mosler, Berlin u. a. 1983, S. 891

Skubiszewski, Krzysztof, Implied Powers of International Organizations, in: Yoram Dinstein u. a. (Hrsg.), International Law at a time of perplexity, Essays in Honour of Shabtai Rosenne, Dordrecht u. a. 1989

Sohn, Louis B., Expulsion or Forced Withdrawal from an International Organization, Harvard Law Review 77 (1964), S. 1381

Sohn, Louis B., The UN System as Authoritative Interpreter of its Law, in: Oscar Schachter u. a. (Hrsg.), United Nations Legal Order, Bd. 1, Cambridge u. a. 1995, S. 169

Sørenson, Max, Principes de Droit International Public, RdC 101 (1960-III), S. 1

Stahn, Carsten, International Territorial Administration in the Former Yugoslawia: Origins, Developments and Challenges Ahead, ZaöRV 61 (2001), S. 107

Stahn, Carsten, Responsibility to Protect: Political Rhetoric or Emerging Legal Norm?, AJIL 101 (2007), S. 99

Stavropoulos, Constantin A., The Practice of Voluntary Abstentions by Permanent Members of the Security Council Under Article 27, Paragraph 3, of the Charter of the United Nations, AJIL 61 (1967), S. 737

Stein, Andreas, Der Sicherheitsrat der Vereinten Nationen und die Rule of Law: Auslegung und Rechtsfortbildung des Begriffs der Friedensbedrohung bei humanitären Interventionen auf der Grundlage des Kapitels VII der Charta der Vereinten Nationen, Baden-Baden 1999

Stein, Torsten; von Buttlar, Christian, Völkerrecht, 13. Aufl., Köln u. a. 2012

Stevenson, Angus (Hrsg.), Oxford Dictionary of English, 3. Aufl., Oxford u. a. 2010

Stiglitz, Joseph E., Is there a Post-Washington Consensus Consensus?, in: Narcis Serra; Joseph E. Stiglitz (Hrsg.), The Washington Consensus Reconsidered, Oxford u. a. 2008, S. 41

Streinz, Rudolf, Europarecht, 9. Aufl., Heidelberg u. a. 2012

Sur, Serge, L'Interpretation en Droit International Public, Paris 1974

Tabory, Mala, Recent Developments in United Nations Treaty Registration and Publication Practices, AJIL 76 (1982), S. 350

Talmon, Stefan, The Security Council as World Legislature, AJIL 99 (2005), S. 175

Tammes, A. J. P., Decisions of International Organs as a Source of International Law, RdC 94 (1958-II), S. 261

Thirlway, Hugh, International Customary Law and Codification – An examination of the continuing role of custom in the present period of codification in international law, Leiden 1972

Thirlway, Hugh, The Law and Procedure of the International Court of Justice 1960-1989, BYIL 62 (1991), S. 1

Thym, Daniel, Die völkerrechtlichen Verträge der Europäischen Union, ZaöRV 66 (2006), S. 863

Tietje, Christian (Hrsg.), Internationales Wirtschaftsrecht, Berlin 2009

Tomuschat, Christian, Obligations Arising for States Without or Against Their Will, RdC 241 (1993-IV), S. 195

Tomuschat, Christian, Völkerrechtliche Aspekte des Kosovo-Konflikts, FW 74 (1999), S. 33

Tomuschat, Christian, "Uniting for Peace" – Ein Rückblick nach 50 Jahren, FW 76 (2001), S. 289

Tomuschat, Christian, Uniting for Peace, Audiovisual Library of International Law, 2008, http://legal.un.org/avl/ha/ufp/ufp.html (16.12.2014)

Trésoret, Michael, Seepiraterie – Völkerrechtliche, europarechtliche und verfassungsrechtliche Rahmenbedingungen der Auslandsentsendung deutscher Streitkräfte zur Bekämpfung der Seeräuberei, Baden-Baden 2011

Treves, Tullio, Customary International Law, in: Rüdiger Wolfrum (Hrsg.), Max Planck Encyclopedia of Public International Law, Oxford 2006, opil.ouplaw.com/home/ORIL (25.11.2014)

Tunkin, Grigory I., The Legal Nature of the United Nations, RdC 119 (1966-III), S. 1

Tushnet, Mark, Some reflections on method in comparative constitutional law, in: Sujit Choudhry (Hrsg.), The Migration of Constitutional Ideas, Cambridge u. a. 2007, S. 67

Uerpmann, Robert, Internationales Verfassungsrecht, JZ 2001, S. 565

Varwick, Johannes, Die Reform der Vereinten Nationen – Weltorganisation unter Anpassungsdruck, APuZ 44 (2004), S. 37

Varwick, Johannes, Das neue strategische Konzept der NATO, APuZ 50 (2010), S. 23

Varwick, Johannes; Zimmermann, Andreas (Hrsg.), Die Reform der Vereinten Nationen – Bilanz und Perspektiven, Berlin 2006

Verdross, Alfred, Die Verfassung der Völkerrechtsgemeinschaft, Wien u. a. 1926

Verdross, Alfred, Entstehungsweisen und Geltungsgrund des universellen völkerrechtlichen Gewohnheitsrechts, ZaöRV 29 (1969), S. 635

Verdross, Alfred; Simma, Bruno, Universelles Völkerrecht – Theorie und Praxis, 3. Aufl., Berlin 1984

Verweij, Marco; Josling, Timothy E., Special Issue: Deliberately Democratizing Multilateral Organization, Governance 16 (2003), S. 1

Villiger, Mark E., Customary International Law and Treaties, 2. Aufl., Den Haag u. a. 1997

Villiger, Mark E., Commentary on the 1969 Vienna Convention on the Law of Treaties, Leiden u. a. 2009

Voïcu, Ioan, De l'Interprétation Authentique des Traités Internationaux, Paris 1968

Warg, Gunter, Von der Verteidigung zur kollektiven Sicherheit: Der NATO-Vertrag auf Rädern, Frankfurt a.M. u. a. 2004

Watts, Sir Arthur, The International Rule of Law, GYIL 36 (1993), S. 15

White, Nigel D., The United Nations System: Toward International Justice, Boulder u. a. 2002

White, Nigel D., The law of international organisations, 2. Aufl., Manchester u. a. 2005

Winkelmann, Ingo, United Nations Charter, Amendment, in: Rüdiger Wolfrum (Hrsg.), Max Planck Encyclopedia of Public International Law, Oxford 2007, opil.ouplaw.com/home/ORIL (25.11.2014)

Winkelmann, Ingo, Responsibility to Protect, in: Rüdiger Wolfrum (Hrsg.), Max Planck Encyclopedia of Public International Law, Oxford 2010, opil.ouplaw.com/home/ORIL (25.11.2014)

Wittinger, Michaela, Der Europarat: Die Entwicklung seines Rechts und der „europäischen Verfassungswerte", Baden-Baden 2005

Wolfke, Karol, Practice of International Organizations and Customary Law, Polish Yearbook of International Law 1 (1966/67), S. 183

Wolfke, Karol, Treaties and Custom: Aspects of Interrelation, in: Jan Klabbers u. a. (Hrsg.), Essays on the Law of Treaties, Den Haag u. a. 1998, S. 31

Wolfrum, Rüdiger, Der Kampf gegen die Verbreitung von Massenvernichtungswaffen: eine neue Rolle für den Sicherheitsrat, in: Klaus Dicke u. a. (Hrsg.), Weltinnenrecht, Liber amicorum Jost Delbrück, Berlin 2005, S. 865

Wolfrum, Rüdiger, International Administration in Post-Conflict Situations by the United Nations and other International Actors, Max Planck Yearbook of United Nations Law 9 (2005), S. 649

Wolfrum, Rüdiger, Legitimacy of International Law from a Legal Perspective: Some Introductory Considerations, in: Rüdiger Wolfrum; Volker Röben (Hrsg.), Legitimacy in International Law, Berlin u. a. 2008, S. 1

Wood, Michael C., The Interpretation of Security Council Resolutions, Max Planck Yearbook of United Nations Law 2 (1998), S. 73

Wood, Michael C., Peace, Breach of, in: Rüdiger Wolfrum (Hrsg.), Max Planck Encyclopedia of Public International Law, Oxford 2009, opil.ouplaw.com/home/ORIL (25.11.2014)

Wouters, Jan; Verhoeven, Sten, Desuetudo, in: Rüdiger Wolfrum (Hrsg.), Max Planck Encyclopedia of Public International Law, Oxford 2008, opil.ouplaw.com/home/ORIL (25.11.2014)

Wouters, Jan; Verhoeven, Sten, Prescription, in: Rüdiger Wolfrum (Hrsg.), Max Planck Encyclopedia of Public International Law, Oxford 2008, opil.ouplaw.com/home/ORIL (25.11.2014)

Wuerth, Ingrid, Treaty Interpretation, Subsequent Agreements and Practice, and Domestic Constitutions, in: Georg Nolte (Hrsg.), Treaties and Subsequent Practice, Oxford 2013, S. 154

Yasseen, Mustafa Kamil, L'interprétation des traités d'après la Convention de Vienne sur le droit des traités, RdC 151 (1976-III), S. 1

Zacklin, Ralph, The Amendment of the Constitutive Instruments of the United Nations and Specialized Agencies, Leiden u. a. 2005 (unveränderter Nachdruck der Originalausgabe von 1968).

Zeidler, Frank, Der Austritt und Ausschluss von Mitgliedern aus den Sonderorganisationen der Vereinten Nationen, Frankfurt a.M. u. a. 1990

Zemanek, Karl, What is "State Practice" and who Makes It?, in: Ulrich Beyerlin u. a. (Hrsg.), Recht zwischen Umbruch und Bewahrung, Festschrift für Rudolf Bernhardt, Berlin 1995, S. 289

Zimmermann, Andreas; Elberling, Björn, Grenzen der Legislativbefugnisse des Sicherheitsrats – Resolution 1540 und abstrakte Bedrohungen des Weltfriedens, VN 2004, S. 71

Zivier, Ernst R., Der Kosovo-Einsatz als Präzedenzfall? – Zum strategischen Konzept der NATO vom 23./24. April 1999, RuP 35 (1999), S. 210

Zoller, Elisabeth, The "Corporate Will" of the United Nations and the Rights of the Minority, AJIL 81 (1987), S. 610

Verzeichnis der Rechtsprechung

StIGH

Competence of the ILO in Regard to International Regulation of the Conditions of Labour of Persons Employed in Agriculture, Advisory Opinion, PCIJ Series B, No. 2 (1922), 9

Interpretation of Article 3, Paragraph 2, of the Treaty of Lausanne, Advisory Opinion, PCIJ Series B, No. 12 (1925), 6

Competence of the ILO to Regulate, Incidentally, The Personal Work of the Employer, Advisory Opinion, PCIJ Series B, No. 13 (1926), 6

European Commission of the Danube, PCIJ Series B, No. 14 (1927), 57

Jurisdiction of the Courts of Danzig, Advisory Opinion, PCIJ Series B, No. 15 (1928), 4

IGH

Corfu Channel Case (UK v. Albania), ICJ Reports 1949, 4

Reparations for Injuries, Advisory Opinion, ICJ Reports 1949, 174

Competence of Admission, Advisory Opinion, ICJ Reports 1950, 15

Peace Treaties (second phase), Advisory Opinion, ICJ Reports 1950, 221

Asylum Case (Colombia v. Peru), ICJ Reports 1950, 266

Reservations to Genocide Convention, Advisory Opinion, ICJ Reports 1951, 15

Anglo-Iranian Oil Co. Case (UK v. Iran), ICJ Reports 1952, 93

US Nationals in Morocco (France v. USA), ICJ Reports 1952, 176

Effects of Awards made by the United Nations Administrative Tribunal, Advisory Opinion, ICJ Reports 1954, 47

IMCO, Advisory Opinion, ICJ Reports 1960, 150

Arbitral Award made by the King of Spain (Honduras v. Nicaragua), ICJ Reports 1960, 192

Temple of Preah Vihear (Cambodia v. Thailand), ICJ Reports 1962, 6

Certain Expenses, Advisory Opinion, ICJ Reports 1962, 151

Namibia, Advisory Opinion, ICJ Reports 1971, 16

Application for Review of Judgment No. 158 of the UNAT, Advisory Opinion, ICJ Reports 1973, 166

Western Sahara, Advisory Opinion, ICJ Reports 1975, 12

Aegean Sea Continental Shelf Case (Greece v. Turkey), ICJ Reports 1978, 3

Military and Paramilitary Activities (Nicaragua v. USA), Jurisdiction and Admissibility, ICJ Reports 1984, 392

Military and Paramilitary Activities (Nicaragua v. USA), ICJ Reports 1986, 14

Border and Transborder Armed Actions (Nicaragua v. Honduras), Jurisdiction and Admissibility, ICJ Reports 1988, 69

Greenland and Jan Mayen (Denmark v. Norway), ICJ Reports 1993, 38

Libya v. Chad, ICJ Reports 1994, 6

Qatar v. Bahrain, Jurisdiction and Admissibility, ICJ Reports 1994, 112

Use of Nuclear Weapons, Advisory Opinion, ICJ Reports 1996, 66

Threat or Use of Nuclear Weapons, Advisory Opinion, ICJ Reports 1996, 226

Oil Platforms (Iran v. USA), Preliminary Objections, ICJ Reports 1996, 803

Gabcikovo-Nagymaros Project (Hungary v. Slovakia), ICJ Reports 1997, 7

Lockerbie (Libya v. USA/Libya v. UK), Preliminary Objections, ICJ Reports 1998, 9/115

Kasikili/Sedudu Island (Botswana v. Namibia), ICJ Reports 1999, 1045

LaGrand Case (Germany v. United States of America), ICJ Reports 2001, 466

Pulau Ligitan and Pulau Sipadan (Indonesia v. Malaysia), ICJ Reports 2002, 625

Wall, Advisory Opinion, ICJ Reports 2004, 136

Legality of the Use of Force (Serbia and Montenegro v. Belgium), Preliminary Objections, ICJ Reports 2004, 279

Costa Rica v. Nicaragua, ICJ Reports 2009, 213

Kosovo, Advisory Opinion, ICJ Reports 2010, 403

IGH, Separate and Dissenting Opinions, Declarations

Diss. Op. Alvarez, Competence of Admission, ICJ Reports 1950, 12

Diss. Op. Azevedo, Competence of Admission, ICJ Reports 1950, 22

Sep. Op. Lauterpacht, South West Africa Voting Procedure, ICJ Reports 1955, 90

Sep. Op. Spender, Certain Expenses, ICJ Reports 1962, 182

Sep. Op. Fitzmaurice, Certain Expenses, ICJ Reports 1962, 198

Sep. Op. Dillard, Namibia, ICJ Reports 1971, 153

Joint Diss. Op. Onyeama, Dillard, Jiménez de Aréchaga, Waldock, Nuclear Tests (Australia v. France), ICJ Reports 1974, 312

Sep. Op. Ago, Application for Review of Judgement No. 333 of the United Nations Administrative Tribunal, ICJ Rep. 1987, 106

Diss. Op. Evensen, Application for Review of Judgement No. 333 of the United Nations Administrative Tribunal, ICJ Rep. 1987, 159

Diss. Op. Schwebel, Application for Review of Judgement No. 333 of the United Nations Administrative Tribunal, ICJ Reports 1987, 210

Sep. Op. Skotnikov, Costa Rica v. Nicaragua, ICJ Reports 2009, 283

Declaration Judge ad hoc Guillaume, Costa Rica v. Nicaragua, ICJ Reports 2009, 290

Schiedsgerichte

Island of Palmas Case (Netherlands v. USA), 4.4.1928, UNRIAA Bd. II, 829

Air Transport Services Agreement (USA v. France), 22.12.1963, UNRIAA Bd. XVI, 5

The Indo-Pakistan Western Boundary (Rann of Kutch) between India and Pakistan, 30.6.1965, UNRIAA Bd. XVII, 1

Beagle Channel Arbitration (Argentina v. Chile), 18.2.1977, UNRIAA Bd. XXI, 53

ICTY

Prosecutor v. Tadic, Decision on the Defence Motion for Interlocutory Appeal on Jurisdiction, 2.10.1995

UNAT

Yakimetz v. The Secretary-General of the United Nations, UNAT Judgement No. 333, http://untreaty.un.org/unat/UNAT_Judgements/Judgements_E/UNAT_00333_E.pdf (16.12.2014)

EuGH

Rs. C-9/56, Slg. 1958, 11 (*Meroni/EGKS Hohe Behörde*)

Rs. C-26/62, Slg. 1963, 7 (*Van Gend en Loos*)

Rs. C-6/24, Slg. 1964, 1253 (*Costa v. E.N.E.L*)

Rs. 29/69, Slg. 1969, 419 (*Stauder*)

Rs. C-68/86, Slg. 1988, 855

Rs. C-131/86, Slg. 1988, 905

Rs. C-327/91, Slg. 1994, I-3641

Rs. C-415/93, Slg. 1995, I-4921 (*Bosman*)

Gutachten 1/94, Slg. 1995, I-5276

Rs. C-271/94, Slg. 1996, I-1689

Rs. C-84/94, Slg. 1996, I-5755

Rs. C-402/05 P und C-415/05 P, Slg. 2008, I-6351 (*Kadi*)

Gutachten 1/08, Slg. 2009, I-1129

Rs. C-459/10 P, Slg. 2011, I-109

EGMR

Golder v. United Kingdom, 21.2.1975, Series A, No. 18

Tyrer v. The United Kingdom, 25.4.1978, Series A, No. 26

Marckx v. Belgium, 13.6.1979, Series A, No. 31

Soering v. The United Kingdom, 7.7.1989, Series A, No. 161

Loizidou v. Turkey, 23.3.1995, Series A, No. 310

Austin and Others v. The United Kingdom, 15.3.2012, http://hudoc.echr.coe.int/sites/eng/pages/search.aspx?i=001-109581 (28.2.2015)

WTO Appellate Body

Japan – Alcoholic Beverages II, 4.10.1996, WT/DS8/AB/R, WT/DS10/AB/R, WT/DS11/AB/R

EC – Computer Equipment, 5.6.1998, WT/DS62/AB/R, WT/DS67/AB/R, WT/DS68/AB/R

Chile – Price Band System, 23.9.2002, WT/DS207/AB/R

EC – Chicken Cuts, 12.9.2005, WT/DS269/AB/R,WT/DS286/AB/R

US – Continued Zeroing, 4.2.2009, WT/DS350/AB/R

WTO Panels

Japan – Alcoholic Beverages II, 11.7.1996, WT/DS8/R, WT/DS10/R, WT/DS11/R

EC – Computer Equipment, 5.2.1998, WT/DS62/R, WT/DS67/R, WT/DS68/R

Chile – Price Band System, 3.5.2002, WT/DS207/R

EC – Chicken Cuts, 30.5.2005, WT/DS269/R, WT/DS286/R

US – Continued Zeroing, 1.10.2008, WT/DS350/R

EC – IT Products, 16.8.2010, WT/DS375/R, WT/DS376/R, WT/DS377/R

MERCOSUR-Schiedsgerichte

TPR, Laudo N° 01/2005, in: Laudos, Aclaraciones y Opiniones Consultivas de los Tribunales del MERCOSUR, http://www.mercosur.int/innovaportal/v/677/2/innova.front/laudos_aclaraciones_y_opiniones_consultivas_de_los_tribunales_del_mercosur (16.12.2014), 317

TPR, Laudo N° 01/2012, http://www.tprmercosur.org/es/sol_contr_laudos.htm (15.2.2015)

Tribunal Arbitral *Ad Hoc* del MERCOSUR, Laudo IV (en el marco del Protocolo de Brasilia), in: Laudos, Aclaraciones y Opiniones Consultivas de los

Tribunales del MERCOSUR, http://www.mercosur.int/innovaportal/v/677/2/innova.front/laudos_aclaraciones_y_opiniones_consultivas_de_los_tribunales_del_mercosur (16.12.2014), 85

Bundesverfassungsgericht

BVerfGE 89, 155

BVerfGE 90, 286

BVerfGE 104, 151

BVerfGE 118, 244

U.S. Supreme Court

Missouri v. Holland, 252 U.S. 416

Verzeichnis der Verträge, Rechtsakte, Organbeschlüsse, Dokumente, Reden und Internetseiten

Völkerrechtliche Verträge (Kurztitel)

Charta der Vereinten Nationen

Wiener Vertragsrechtskonvention, UNTS Bd. 1155, S. 331

AU-Gründungsvertrag: UNTS Bd. 2158, S. 1

Chicago-Konvention: UNTS Bd. 15, S. 295

Änderungsvertrag zur Chicago-Konvention, UNTS Bd. 958, S. 218

Änderungsvertrag zur Chicago-Konvention, UNTS Bd. 2320, S. 79

FAO-Verfassung: Basic texts of the Food and Agriculture Organization of the United Nations, Bd. 1, 2011, http://www.fao.org/docrep/meeting/022/K8024E.pdf (16.12.2014)

IFC-Abkommen: UNTS Bd. 264, S. 117

ILO-Verfassung: http://www.ilo.org/public/english/bureau/leg/download/constitution.pdf (16.12. 2014)

IMCO-Konvention, nunmehr IMO-Konvention: UNTS Bd. 289, S. 3

IWF-Abkommen, UNTS Bd. 2, S. 39

UNESCO-Verfassung: UNTS Bd. 4, S. 275

Weltbank-Abkommen, UNTS Bd. 2, S. 134

WHO-Verfassung: UNTS Bd. 14, S. 85

WMO-Konvention: UNTS Bd. 77, S. 143

WTO-Abkommen: UNTS Bd. 1867, S. 3

INTERPOL-Verfassung, http://www.interpol.int/About-INTERPOL/Legal-materials/Fundamental-texts (16.12.2014)

Relationship Agreement between the United Nations and the International Criminal Court, UNTS Bd. 2283, S. 195

Agreement concerning the Relationship between the United Nations and the Organization for the Prohibition of Chemical Weapons, Annex zu GA Res. 55/283

Agreement between the United Nations and the World Health Organization: UNTS Bd. 19, S. 193

Europarats-Satzung, UNTS Bd. 87, S. 103

Pakt der Liga der Arabischen Staaten: UNTS Bd. 241, S. 237

Tratado de Asunción: UNTS Bd. 2140, S. 257

Protocolo de Ouro Preto: UNTS Bd. 2145, S. 298

Protocolo de Olivos: UNTS Bd. 2251, S. 243

Europäische Verträge

Vertrag über die Europäische Union (in der Fassung nach dem Vertrag von Lissabon), EU-Amtsbl. C 115/13

Vertrag über die Arbeitsweise der Europäischen Union, EU-Amtsbl. C 115/47

Vertrag über die Europäische Union (in der Fassung nach dem Vertrag von Nizza), EG-Amtsbl. C 325/5

Vertrag über die Europäische Gemeinschaft (in der Fassung nach dem Vertrag von Nizza), EG-Amtsbl. C 325/33

Vertrag zur Gründung der Europäischen Wirtschaftsgemeinschaft, UNTS Bd. 294, S. 17

Vertragsentwürfe, noch nicht in Kraft getreten

Vienna Convention on the Representation of States in their Relations with International Organizations of Universal Character, UN Doc. A/CONF.67/16

Vienna Convention on the Law of Treaties between States and International Organizations or between International Organizations, UN Doc. A/CONF.129/15

Draft Articles on Responsibility of International Organizations, http://legal.un.org/ilc/texts/9_11.htm (16.12.2014)

Geschäftsordnungen

Rules of Procedure of the General Assembly, UN Doc. A/520/Rev.17, http://www.un.org/en/ga/about/ropga/ (16.12.2014)

Provisional Rules of Procedure of the Security Council, UN Doc. S/96/Rev.7, http://www.un.org/en/sc/inc/pages/pdf/rules.pdf (16.12.2014)

Rules of Procedure of the Economic and Social Council, UN Doc. E/5715/Rev.2, http://www.un.org/en/ecosoc/about/pdf/rules.pdf (16.12.2014)

United Nations Treaty Collection, Status of Treaties

UNTC, http://treaties.un.org/ (28.2.2015)

UNTC Chapter XIII Nr. 1, https://treaties.un.org/pages/ViewDetailsIII.aspx?&src=TREATY&mtdsg_no=XXIII~1&chapter=23&Temp=m tdsg3&lang=en (28.2.2015)

UNTC Chapter XXIII Nr. 3, https://treaties.un.org/Pages/ViewDetails.aspx?src=TREATY&mtdsg_no=XXIII-3&chapter=23&lang=en (16.12.2014)

Repertory of Practice of United Nations Organs

http://www.un.org/law/repertory/ (16.12.2014)

Supplement 3, Bd. I, Art. 7

Bd. I, Art. 9

Bd. I, Art. 10

Supplement 1, Bd. I, Art. 10

Supplement 2, Bd. I, Art. 10

Supplement 3, Bd. I, Art. 10

Supplement 4, Bd. I, Art. 10

Supplement 5, Bd. I, Art. 10

Supplement 6, Bd. II, Art. 10

Supplement 7, Bd. II, Art. 10

Supplement 8, Bd. II, Art. 10

Supplement 9, Bd. II, Art. 10

Supplement 10, Bd. II, Art. 10

Bd. I, Art. 11

Supplement 3, Bd. I, Art. 11

Bd. I, Art. 12

Supplement 6, Bd. II, Art. 12

Supplement 9, Bd. II, Art. 17 Abs. 3

Bd. I, Art. 18

Supplement 2, Bd. II, Art. 18

Supplement 4, Bd. I, Art. 18

Supplement 7, Bd. II, Art. 18

Supplement 10, Bd. II, Art. 18

Supplement 3, Bd. I., Art. 19

Supplement 4, Bd. I, Art. 19

Supplement 5, Bd. I, Art. 19

Supplement 6, Bd. II, Art. 19

Supplement 9, Bd. II, Art. 19

Supplement 10, Bd. II, Art. 19

Bd. II, Art. 23

Supplement 1, Bd. I, Art. 23

Supplement 2, Bd. II, Art. 23

Supplement 3, Bd. II, Art. 23
Supplement 5, Bd. II, Art. 23
Supplement 6, Bd. III, Art. 23
Supplement 6, Bd. III, Art. 27
Bd. II, Article 31
Bd. II, Art. 34
Supplement 5, Bd. II, Art. 34
Supplement 6, Bd. III, Art. 34
Supplement 1, Bd. II, Art. 57
Supplement 2, Bd. III, Art. 57
Supplement 5, Bd. III, Art. 57
Supplement 8, Bd. IV, Art. 57
Supplement 9, Bd. IV, Art. 57
Bd. III, Art. 60
Supplement 4, Bd. II, Art. 60
Supplement 8, Bd. IV, Art. 60
Supplement 9, Bd. IV, Art. 60
Supplement 5, Bd. III, Art. 61
Bd. III, Art. 70
Supplement 8, Bd. IV, Art. 70
Supplement 9, Bd. IV, Art. 70
Bd. V, Art. 93
Supplement 7, Bd. VI, Art. 93
Bd. V, Art. 97
Bd. V, Art. 98
Supplement 1, Bd. II, Art. 98
Supplement 2, Bd. III, Art. 98
Supplement 3, Bd. IV, Art. 98
Supplement 4, Bd. II, Art. 98
Supplement 5, Bd. V, Art. 98
Supplement 6, Bd. VI, Art. 98
Supplement 7, Bd. VI, Art. 98
Supplement 8, Bd. VI, Art. 98
Supplement 9, Bd. VI, Art. 98
Supplement 10, Bd. VI, Art. 98
Supplement 8, Bd. VI, Art. 99

Supplement 9, Bd. VI, Art. 100
Supplement 10, Bd. VI, Art. 100
Bd. V, Art. 101
Supplement 2, Bd. III, Art. 101
Supplement 3, Bd. IV, Art. 101
Supplement 4, Bd. II, Art. 101
Supplement 5, Bd. V, Art. 101
Supplement 6, Bd. VI, Art. 101
Supplement 7, Bd. VI, Art. 101
Supplement 8, Bd. VI, Art. 101
Supplement 9, Bd. VI, Art. 101
Supplement 10, Bd. VI, Art. 101
Bd. V, Art. 102
Supplement 4, Bd. II, Art. 102
Supplement 9, Bd. VI, Art. 102
Supplement 10, Bd. VI, Art. 102

Repertoire of the Practice of the Security Council
Supplement 2004-2007, Chapter III
Supplement 2004-2007, Chapter IV
Supplement 2004-2007, Chapter X
16th Supplement 2008-2009, Part II
17th Supplement 2010-2011, Part II

Resolutionen und Entscheidungen der UN-Generalversammlung
GA Res. 11 (I)
GA Res. 50 (I)
GA Res. 91 (I)
GA Res. 97 (I)
GA Res. 124 (II)
GA Res. 153 (II)
GA Res. 233 (III)
GA Res. 351 A (IV)
GA Res. 363 (IV)
GA Res. 377 A (V)
GA Res. 498 (V)

GA Res. 46/59
GA Res. 48/265
GA Res. 51/226
GA Res. 51/230
GA Res. 51/242
GA Res. 51/243
GA Res. 52/27
GA Res. 52/234
GA Res. 52/251
GA Res. 53/164
GA Res. 53/221
GA Res. 54/183
GA Res. 54/195
GA Res. 55/258
GA Res. 55/283
GA Res. 57/32
GA Res. 57/63
GA Res. 58/44
GA Res. 58/232
GA Res. 58/314
GA Res. 58/318
GA Res. 60/1
GA Res. 60/180
GA Res. 61/261
GA Res. 62/228
GA Res. 64/3
GA Res. 64/115
GA Res. 65/259
GA Res. 998 (ES-1)
GA Res. 1000 (ES-1)
GA Res. 1001 (ES-1)
GA Res. ES-8/2
GA Decision 49/426

Protokolle der UN-Generalversammlung und ihrer Ausschüsse

UN Doc. A/PV.985

UN Doc. A/PV.1270
UN Doc. A/PV.1883
UN Doc. A/65/PV.28
UN Doc. A/65/PV.73
UN Doc. A/ES-10/PV.32
UN Doc. A/C.6/64/SR.10

Resolutionen des UN-Sicherheitsrats

SC Res. 82 (1950)
SC Res. 83 (1950)
SC Res. 84 (1950)
SC Res. 119 (1956)
SC Res. 120 (1956)
SC Res. 129 (1958)
SC Res. 143 (1960)
SC Res. 157 (1960)
SC Res. 161 B (1961)
SC Res. 217 (1965)
SC Res. 221 (1966)
SC Res. 462 (1980)
SC Res. 502 (1982)
SC Res. 573 (1985)
SC Res. 577 (1985)
SC Res. 598 (1987)
SC Res. 660 (1990)
SC Res. 678 (1990)
SC Res. 688 (1991)
SC Res. 706 (1991)
SC Res. 713 (1991)
SC Res. 724 (1991)
SC Res. 733 (1992)
SC Res. 748 (1992)
SC Res. 788 (1993)
SC Res. 794 (1992)
SC Res. 864 B (1993)
SC Res. 918 (1994)

SC Res. 929 (1994)
SC Res. 1054 (1996)
SC Res. 1070 (1996)
SC Res. 1072 (1996)
SC Res. 1078 (1996)
SC Res. 1101 (1997)
SC Res. 1114 (1997)
SC Res. 1125 (1997)
SC Res. 1127 (1997)
SC Res. 1136 (1997)
SC Res. 1160 (1998)
SC Res. 1172 (1998)
SC Res. 1261 (1999)
SC Res. 1264 (1999)
SC Res. 1267 (1999)
SC Res. 1269 (1999)
SC Res. 1270 (1997)
SC Res. 1272 (1999)
SC Res. 1289 (2000)
SC Res. 1295 (2000)
SC Res. 1296 (2000)
SC Res. 1306 (2000)
SC Res. 1308 (2000)
SC Res. 1314 (2000)
SC Res. 1333 (2000)
SC Res. 1343 (2003)
SC Res. 1373 (2001)
SC Res. 1377 (2001)
SC Res. 1386 (2001)
SC Res. 1441 (2002)
SC Res. 1444 (2002)
SC Res. 1455 (2003)
SC Res. 1516 (2003)
SC Res. 1530 (2004)
SC Res. 1532 (2004)
SC Res. 1540 (2004)

SC Res. 1556 (2004)
SC Res. 1572 (2004)
SC Res. 1591 (2005)
SC Res. 1611 (2005)
SC Res. 1618 (2005)
SC Res. 1624 (2005)
SC Res. 1645 (2005)
SC Res. 1673 (2006)
SC Res. 1695 (2006)
SC Res. 1718 (2006)
SC Res. 1730 (2006)
SC Res. 1732 (2006)
SC Res. 1737 (2006)
SC Res. 1747 (2007)
SC Res. 1760 (2007)
SC Res. 1803 (2008)
SC Res. 1810 (2008)
SC Res. 1816 (2008)
SC Res. 1820 (2008)
SC Res. 1838 (2008)
SC Res. 1844 (2008)
SC Res. 1846 (2008)
SC Res. 1851 (2008)
SC Res. 1856 (2008)
SC Res. 1874 (2009)
SC Res. 1888 (2009)
SC Res. 1889 (2009)
SC Res. 1897 (2009)
SC Res. 1904 (2009)
SC Res. 1906 (2009)
SC Res. 1950 (2010)
SC Res. 1960 (2010)
SC Res. 1970 (2011)
SC Res. 1973 (2011)
SC Res. 1975 (2011)
SC Res. 1977 (2011)

SC Res. 1988 (2011)
SC Res. 1989 (2011)
SC Res. 1998 (2011)
SC Res. 2015 (2011)
SC Res. 2082 (2012)
SC Res. 2083 (2012)
SC Res. 2106 (2013)
SC Res. 2122 (2013)
SC Res. 2160 (2014)
SC Res. 2161 (2014)
SC Res. 2178 (2014)
SC Res. 2195 (2014)

Presidential Statements des Sicherheitsrats
UN Doc. S/235000 (1992)

Protokolle des Sicherheitsrats
UN Doc. S/PV.4950
UN Doc. S/PV.4956
UN Doc. S/PV.5335
UN Doc. S/PV.5902
UN Doc. S/PV.5987
UN Doc. S/PV.6026
UN Doc. S/PV.6046
UN Doc. S/PV.6226
UN Doc. S/PV.6491
UN Doc. S/PV.6498
UN Doc. S/PV.7272

Resolutionen des ECOSOC
ESC Res. 13 (III)

International Law Commission
Yearbook of the International Law Commission 1963 Bd. 2
Yearbook of the International Law Commission 1964 Bd. 2
Yearbook of the International Law Commission 1966 Bd. 2

Yearbook of the International Law Commission 1982 Bd. 2 Teil 2

Conclusions of the work of the Study Group on the Fragmentation of International Law, http://legal.un.org/ilc/texts/1_9.htm (16.12.2014)

ILC Report on the work of its sixty-first session, UN Doc. A/64/10 (2009)

ILC Report on the work of its sixty-third session, UN Doc. A/66/10 (2011)

ILC Report on the work of its sixty-fifth session, UN Doc. A/68/10 (2013)

ILC Report on the work of its sixty-sixth session, UN Doc. A/69/10 (2014)

Sonstige UN-Dokumente, UN-Publikationen und Reden

UNCIO Doc. 750, IV/2/B/1

United Nations Conference on the Law of Treaties, Official Records, 1st Session, UN Doc. A/CONF.39/11

United Nations Conference on the Law of Treaties, Official Records, 2nd session, UN Doc. A/CONF.39/11/Add.1

The Responsibility to Protect, Report of the International Commission on Intervention and State Sovereignty, Annex zu UN Doc. A/57/303

The rule of law and transitional justice in conflict and post-conflict societies, Report of the Secretary-General, UN Doc. S/2004/616

A More Secure World: our shared responsibility, Report of the High-Level Panel on Threats, Challenges and Change, UN Doc. A/59/565 (2004)

Report of the Secretary-General, In larger freedom: towards development, security and human rights for all, UN Doc A/59/2005

Brief des Präsidenten der Generalversammlung an die Mitgliedstaaten v. 11.2.2010, http://www.un.org/ga/president/64/letters/sc110210.pdf (16.12.2014)

Responsibility of international organizations – Comments and observations received from international organizations, UN Doc. A/CN.4/637 (2011)

United Nations Juridical Yearbook, 1963

United Nations Juridical Yearbook, 1964

United Nations Juridical Yearbook, 1968

UN Doc. A/51/688

UN Doc. S/2006/997

UN Doc. E/1995/125

Rede Dag Hammarskjölds v. 30.5.1961 an der Universität Oxford

Dokumente von UN-Sonderorganisationen

ICAO, ICAO Doc. 6575 C-748

ICAO, ICAO Doc. 6576 C-749

ILO, International Labour Conference, 29th Session (1946), Record of Proceedings

ILO, Official Bulletin 1977 Series A, No. 2

IWF, Guidelines on Conditionality, Decision No. 6056-79/38 v. 2.3.1979, Selected Decisions and Selected Documents of the International Monetary Fund, 21 (1996)

IWF, Strauss-Kahn, "Global Challenges, Global Solutions", Rede v. 4.4.2011 an der George Washington University, http://www.imf.org/external/np/speeches/2011/040411.htm (16.12.2014)

UNESCO, Resolution der Generalkonferenz v. 8.12.1954, 8 C/Resolutions http://unesdoc.unesco.org/images/0011/001145/114586e.pdf (16.12.2014)

UNESCO, Resolution der Generalkonferenz v. 13.11.1995, 28 C/Resolutions, http://unesdoc.unesco.org/images/0010/001018/101803e.pdf (16.12.2014)

Weltbank, Interview with Richard H. Demuth, Oral History Project der University of Columbia, 10.8.1961, S. 9, http://siteresources.worldbank.org/EXTARCHIVES/Resources/Richard_Demuth_Oral_History_Transcript_44_01.pdf (16.12.2014)

WHO, WHA Res. 1.76

WHO, WHA Res. 2.90

WHO, WHA Res. 46.40

WHO, Official Records 13

Europäische Union

VO 407/2010

NATO

The Alliance's Strategic Concept, 24.4.1999, http://www.nato.int/cps/en/natolive/official_texts_27433.htm (16.12.2014)

Active Engagement, Modern Defence, 19.11.2010, http://www.nato.int/cps/en/natolive/official_texts_68580.htm (16.12.2014)

MERCOSUR

MERCOSUR/CMC/DEC N° 9/94, http://www.mercosur.int/innovaportal/v/2620/1/secretaria/decisiones_1994 (16.12.2014)

MERCOSUR/CMC/DEC N° 30/02, http://www.mercosur.int/innovaportal/v/578/1/secretaria/decisiones_2002 (16.12.2014)

Völkerbund

Resolution der Völkerbundversammlung vom 18.4.1946, Société des Nations, Journal Officiel, Supplément Spécial No. 194, Actes des vingtième (fin) et vingt et unième sessions ordinaires

Presse

MacFarquhar, Neil, Arab League Votes to Suspend Syria Over Crackdown, NY Times v. 12.11.2011

MacFarquhar, Neil; Bakri, Nada, Isolating Syria, Arab League Imposes Broad Sanctions, NY Times v. 27.11.2011

Herrmann, Rainer, Neuer Geist dank gemeinsamer Feindschaft, FAZ v. 5.12.2011

Wohl doch wieder ein Amerikaner für die Weltbank, FAZ v. 21.2.2012

Herrmann, Rainer, Mitschwimmen im Golfstaatenstrom, FAZ v. 9.3.2012

Oehrlein, Josef, Zwietracht, FAZ v. 23.5.2013

Moses, Carl, Südamerikas Handelsverband ist wirtschaftlich abgehängt, FAZ v. 14.8.2013

Oehrlein, Josef, Chaos und Abstoßung, FAZ v. 1.7.2014

Bickel, Markus, Auf den langen Fluren eines Papiertigers, FAZ v. 9.9.2014

Internetseiten

http://www.un.org/documents/resga.htm (16.12.2014)

http://research.un.org/en/docs/ga/quick/regular/1 (16.12.2014)

http://research.un.org/en/docs/ga/quick/regular/12 (16.12.2014)

http://research.un.org/en/docs/ga/quick/regular/17 (16.12.2014)

http://research.un.org/en/docs/ga/quick/regular/18 (16.12.2014)

http://research.un.org/en/docs/ga/quick/regular/25 (16.12.2014)

http://research.un.org/en/docs/ga/quick/regular/26 (16.12.2014)

http://research.un.org/en/docs/ga/quick/regular/41 (16.12.2014)

http://research.un.org/en/docs/ga/quick/regular/46 (16.12.2014)

http://research.un.org/en/docs/ga/quick/regular/48 (16.12.2014)

http://research.un.org/en/docs/ga/quick/regular/51 (16.12.2014)

http://research.un.org/en/docs/ga/quick/regular/52 (16.12.2014)

http://research.un.org/en/docs/ga/quick/regular/53 (16.12.2014)

http://research.un.org/en/docs/ga/quick/regular/55 (16.12.2014)

http://research.un.org/en/docs/ga/quick/regular/57 (16.12.2014)

http://research.un.org/en/docs/ga/quick/regular/58 (16.12.2014)

http://research.un.org/en/docs/ga/quick/regular/60 (16.12.2014)

http://www.un.org/Depts/dhl/resguide/remerspec.htm (16.12.2014)

http://www.un.org/sc/committees/1267/memstatesreports.shtml (16.12.2014)

http://www.un.org/en/sc/ctc/ (16.12.2014)

http://www.un.org/en/sc/ctc/resources/1373.html (16.12.2014) http://www.un.org/en/sc/1540/national-implementation/national-reports.shtml (16.12.2014)

http://www.un.org/sc/1540/ (16.12.2014)

http://www.un.org/en/development/desa/index.html (16.12.2014)

http://www.un.org/en/development/desa/oesc/index.shtml (16.12.2014)

http://www.unsceb.org/content/ceb (16.12.2014)

https://careers.un.org/lbw/home.aspx?viewtype=NCE&lang=en-US (28.2.2015)

http://www.iucn.org/about/union/members/ (16.12.2014)

http://www.who.int/countries/blr/en/ (16.12.2014)

http://www.who.int/countries/ukr/en/ (16.12.2014)

http://www.tprmercosur.org/es/sol_contr_laudos.htm (15.2.2015)

Argentina and Brazil admit trade disagreements between Mercosur main partners, MercoPress v. 12.2.2015, http://en.mercopress.com/2015/02/12/argentina-and-brazil-admit-trade-disagreements-between-mercosur-main-partners (15.2.2015)

Sachregister

Max-Planck-Institut für ausländisches öffentliches Recht und Völkerrecht

Beiträge zum ausländischen öffentlichen Recht und Völkerrecht

Hrsg.: A. von Bogdandy, A. Peters

Bde. 27–59 erschienen im Carl Heymanns Verlag KG Köln, Berlin (Bestellung an: Max-Planck-Institut für Völkerrecht, Im Neuenheimer Feld 535, 69120 Heidelberg); ab Band 60 im Springer Heidelberg New York Dordrecht London

---

256 Christopher *Peters*: **Praxis Internationaler Organisationen - Vertragswandel und völkerrechtlicher Ordnungsrahmen.** 2016. XXVIII, 498 Seiten. Geb. € 99,99

255 Nicole *Appel*: **Das internationale Kooperationsrecht der Europäischen Union.** 2016. XVIII, 608 Seiten. Geb. € 109,99

254 Christian *Wohlfahrt*: **Die Vermutung unmittelbarer Wirkung des Unionsrechts.** 2016. XIX, 300 Seiten. Geb. € 84,99

253 Katja *Göcke*: **Indigene Landrechte im internationalen Vergleich.** 2016. XVII, 818 Seiten. Geb. € 139,99

252 Julia *Heesen*: **Interne Abkommen.** 2015. XXI, 473 Seiten. Geb. € 94,99

251 Matthias *Goldmann*: **Internationale öffentliche Gewalt.** 2015. XXIX, 636 Seiten. Geb. € 109,99

250 Isabelle *Ley*: **Opposition im Völkerrecht.** 2014. XXIII, 452 Seiten. Geb. € 94,99

249 Matthias *Kottmann*: **Introvertierte Rechtsgemeinschaft.** 2014. XII, 352 Seiten. Geb. € 84,99

248 Jelena *von Achenbach*: **Demokratische Gesetzgebung in der Europäischen Union.** 2014. XVI, 522 Seiten. Geb. € 94,99

247 Jürgen *Friedrich*: **International Environmental "soft law".** 2014. XXI, 503 Seiten. Geb. € 94,99 zzgl. landesüblicher MwSt.

246 Anuscheh *Farahat*: **Progressive Inklusion.** 2014. XXIV, 429 Seiten. Geb. € 94,99

245 Christina *Binder*: **Die Grenzen der Vertragstreue im Völkerrecht.** 2013. XL, 770 Seiten. Geb. € 119,99

244 Cornelia *Hagedorn*: **Legitime Strategien der Dissensbewältigung in demokratischen Staaten.** 2013. XX, 551 Seiten. Geb. € 99,99

243 Marianne *Klumpp*: **Schiedsgerichtsbarkeit und Ständiges Revisionsgericht des Mercosur.** 2013. XX, 512 Seiten. Geb. € 94,99

242 Karen *Kaiser* (Hrsg.): **Der Vertrag von Lissabon vor dem Bundesverfassungsgericht.** 2013. XX, 1635 Seiten. Geb. € 199,99

241 Dominik *Steiger*: **Das völkerrechtliche Folterverbot und der „Krieg gegen den Terror".** 2013. XXX, 821 Seiten. Geb. € 139,99

240 Silja *Vöneky*, Britta *Beylage-Haarmann*, Anja *Höfelmeier*, Anna-Katharina *Hübler* (Hrsg.): **Ethik und Recht - Die Ethisierung des Rechts/Ethics and Law - The Ethicalization of Law.** 2013. XVIII, 456 Seiten. Geb. € 94,99

239 Rüdiger *Wolfrum*, Ina *Gätzschmann* (eds.): **International Dispute Settlement: Room for Innovations?** 2013. XIV, 445 Seiten. Geb. € 94,95 zzgl. landesüblicher MwSt.

238 Isabel *Röcker*: **Die Pflicht zur rahmenbeschlusskonformen Auslegung nationalen Rechts.** 2013. XXIII, 410 Seiten. Geb. € 89,95

237 Maike *Kuhn*: **Die Europäische Sicherheits- und Verteidigungspolitik im Mehrebenensystem.** 2012. XIII, 325 Seiten. Geb. € 79,95

236 Armin *von Bogdandy*, Ingo *Venzke* (eds.): **International Judicial Lawmaking.** 2012. XVII, 509 Seiten. Geb. € 94,95 zzgl. landesüblicher MwSt.

235 Susanne *Wasum-Rainer*, Ingo *Winkelmann*, Katrin *Tiroch* (eds.): **Arctic Science, International Law and Climate Change.** 2012. XIX, 374 Seiten. Geb. € 84,95 zzgl. landesüblicher MwSt.

234 Mirja A. *Trilsch*: **Die Justiziabilität wirtschaftlicher, sozialer und kultureller Rechte im innerstaatlichen Recht.** 2012. XIX, 559 Seiten. Geb. € 99,95

233 Anja *Seibert-Fohr* (ed.): **Judicial Independence in Transition.** 2012. XIII, 1378 Seiten. Geb. € 169,95 zzgl. landesüblicher MwSt.

232 Sandra *Stahl*: **Schutzpflichten im Völkerrecht - Ansatz einer Dogmatik.** 2012. XXX, 505 Seiten. Geb. € 94,95

231 Thomas *Kleinlein*: **Konstitutionalisierung im Völkerrecht.** 2012. XLII, 940 Seiten. Geb. € 149,95

230 Roland *Otto*: **Targeted Killings and International Law.** 2012. XVIII, 661 Seiten. Geb. € 109,95 zzgl. landesüblicher MwSt.

229 Nele *Matz-Lück*, Mathias *Hong* (Hrsg.): **Grundrechte und Grundfreiheiten im Mehrebenensystem - Konkurrenzen und Interferenzen.** 2012. VIII, 394 Seiten. Geb. € 89,95

228 Matthias *Ruffert*, Sebastian *Steinecke*: **The Global Administrative Law of Science**, 2011. IX, 140 Seiten. Geb. € 59,95 zzgl. landesüblicher MwSt.

227 Sebastian *Pritzkow*: **Das völkerrechtliche Verhältnis zwischen der EU und Russland im Energiesektor.** 2011. XXIV, 304 Seiten. Geb. € 79,95

226 Sarah *Wolf*: **Unterseeische Rohrleitungen und Meeresumweltschutz.** 2011. XXIII, 442 Seiten. Geb. €94,95

225 Clemens *Feinäugle*: **Hoheitsgewalt im Völkerrecht.** 2011. XXVI, 418 Seiten. Geb. € 89,95

224 David *Barthel*: **Die neue Sicherheits- und Verteidigungsarchitektur der Afrikanischen Union.** 2011. XXV, 443 Seiten. Geb. € 94,95

223 Tilmann *Altwicker*: **Menschenrechtlicher Gleichheitsschutz.** 2011. XXX, 549 Seiten. Geb. € 99,95

222 Stephan *Bitter*: **Die Sanktion im Recht der Europäischen Union.** 2011. XV, 351 Seiten. Geb. € 84,95

221 Holger *Hestermeyer*, Nele *Matz-Lück*, Anja *Seibert-Fohr*, Silja *Vöneky* (eds.): **Law of the Sea in Dialogue.** 2011. XII, 189 Seiten. Geb. € 69,95 zzgl. landesüblicher MwSt.

220 Jan *Scheffler*: **Die Europäische Union als rechtlich-institutioneller Akteur im System der Vereinten Nationen.** 2011. XXXV, 918 Seiten. Geb. € 149,95

219 Mehrdad *Payandeh*: **Internationales Gemeinschaftsrecht.** 2010. XXXV, 629 Seiten. Geb. € 99,95

218 Jakob *Pichon*: **Internationaler Strafgerichtshof und Sicherheitsrat der Vereinten Nationen.** 2011. XXVI, 399 Seiten. Geb. € 89,95

217 Michael *Duchstein*: **Das internationale Benchmarkingverfahren und seine Bedeutung für den gewerblichen Rechtsschutz.** 2010. XXVI, 528 Seiten. Geb. € 99,95

216 Tobias *Darge*: **Kriegsverbrechen im nationalen und internationalen Recht.** 2010. XXXV, 499 Seiten. Geb. € 94,95

215 Markus *Benzing*: **Das Beweisrecht vor internationalen Gerichten und Schiedsgerichten in zwischenstaatlichen Streitigkeiten.** 2010. L, 846 Seiten. Geb. € 139,95

214 Urs *Saxer*: **Die internationale Steuerung der Selbstbestimmung und der Staatsentstehung.** 2010. XLII, 1140 Seiten. Geb. € 169,95

213 Rüdiger *Wolfrum*, Chie *Kojima* (eds.): **Solidarity: A Structural Principle of International Law.** 2010. XIII, 238 Seiten. Geb. € 69,95 zzgl. landesüblicher MwSt.

212 Ramin S. *Moschtaghi*: **Die menschenrechtliche Situation sunnitischer Kurden in der Islamischen Republik Iran.** 2010. XXIII, 451 Seiten. Geb. € 94,95

211 Georg *Nolte* (ed.): **Peace through International Law. The Role of the International Law Commission.** 2009. IX, 195 Seiten. Geb. € 64,95 zzgl. landesüblicher MwSt.

210 Armin *von Bogdandy*, Rüdiger *Wolfrum*, Jochen *von Bernstorff*, Philipp *Dann*, Matthias *Goldmann* (eds.): **The Exercise of Public Authority by International Institutions.** 2010. XIII, 1005 Seiten. Geb. € 149,95 zzgl. landesüblicher MwSt.

209 Norman *Weiß*: **Kompetenzlehre internationaler Organisationen.** 2009. XVIII, 540 Seiten. Geb. € 99,95

208 Michael *Rötting*: **Das verfassungsrechtliche Beitrittsverfahren zur Europäischen Union.** 2009. XIV, 317 Seiten. Geb. € 79,95

207 Björn *Ahl*: **Die Anwendung völkerrechtlicher Verträge in China.** 2009. XIX, 419 Seiten. Geb. € 89,95

206 Mahulena *Hofmann*: **Von der Transformation zur Kooperationsoffenheit?** 2009. XIX, 585 Seiten. Geb. € 99,95

GPSR Compliance
The European Union's (EU) General Product Safety Regulation (GPSR) is a set of rules that requires consumer products to be safe and our obligations to ensure this.

If you have any concerns about our products, you can contact us on

ProductSafety@springernature.com

In case Publisher is established outside the EU, the EU authorized representative is:

Springer Nature Customer Service Center GmbH
Europaplatz 3
69115 Heidelberg, Germany

www.ingramcontent.com/pod-product-compliance
Lightning Source LLC
LaVergne TN
LVHW020451051026
849527LV00001B/349
9783662496459